全国公共图书馆缩微文献联合目录 古籍编

本书编委会◎编

{ 4 }

NLCPH

国家图书馆出版社
National Library of China Publishing House

《全国公共图书馆缩微文献联合目录·古籍编》

第四卷编辑委员会

主编：许新龙　张　莉

编委：金　龙　周　玲　吴小溪　邢　君

第四卷目录

集部

楚辞类

00O001679
楚骚：五卷 / (战国)屈原[等]撰．附录：一卷 / (汉)司马迁撰
明正德十五年(1520)熊宇刻本
1986年摄制． -- 1盘卷片(13米270拍) : 1:10, 2B ; 35mm银盐
收藏馆：缩微中心，国图

00O014622
楚骚：五卷 / (战国)屈原[等]撰．附录：一卷 / (汉)司马迁撰
明万历二十九年(1601)朱燮元朱一龙刻本
1992年摄制． -- 1盘卷片(14米261拍) : 1:10, 2B ; 35mm银盐
收藏馆：缩微中心，国图

000O006940
楚辞：八卷 / (战国)屈原[等]撰．屈原传：一卷 / (汉)司马迁撰
明正德十六年(1521)冯惟讷刻本
1986年摄制． -- 1盘卷片(6.1米106拍) : 1:10, 2B ; 35mm银盐
收藏馆：缩微中心，国图

000O016036
楚辞：二卷 / (战国)屈原撰．屈原传：一卷 / (汉)司马迁撰
明万历六年(1578)茹天成刻本
1993年摄制． -- 1盘卷片(6米81拍) : 1:10, 2B ; 35mm银盐
收藏馆：缩微中心，国图

00O018629
楚辞：二卷 / (战国)屈原[等]撰．屈原传：一卷 / (汉)司马迁撰
明万历十三年(1585)汪道昆刻本
1992年摄制． -- 1盘卷片(5.7米96拍) : 1:11, 2B ; 35mm银盐
收藏馆：缩微中心，重庆

00O009199
楚辞：二卷 / (战国)屈原[等]撰．屈原传：一卷 / (汉)司马迁撰
明万历四十八年(1620)闵齐伋刻三色套印本
1988年摄制． -- 1盘卷片(7米117拍) : 1:10, 2B ; 35mm银盐
收藏馆：缩微中心，湖南

00O025926
楚辞：二卷 / (战国)屈原[等]撰．屈原传：一卷 / (汉)司马迁撰
明万历四十八年(1620)闵齐伋刻三色套印本． -- (清)丁丙跋。
1996年摄制． -- 1盘卷片(8米135拍) : 1:10, 2B ; 35mm银盐
收藏馆：缩微中心，南京

000O005484
楚辞：二卷 / (战国)屈原[等]撰．屈原传：一卷 / (汉)司马迁撰
明万历四十八年(1620)闵齐伋刻三色套印本
1987年摄制． -- 1盘卷片(6.5米117拍) : 1:10, 2B ; 35mm银盐
收藏馆：缩微中心，山西

000O001789
楚辞：二卷 / (战国)屈原[等]撰．屈原传：一卷 / (汉)司马迁撰
明(1368-1644)新安吴勉学刻本． -- (清)蓝涟跋。
1986年摄制． -- 1盘卷片(7米113拍) : 1:10, 2B ; 35mm银盐
收藏馆：缩微中心，国图

000O009890
楚辞句解评林：十七卷附录一卷 / (汉)刘向集；(汉)王逸章句；(明)冯绍祖辑评
明万历十五年(1587)刻本
1989年摄制． -- 1盘卷片(12米238拍) : 1:10, 2B ; 35mm银盐
收藏馆：缩微中心，浙江

000O017251
楚辞：十卷 / (汉)刘向辑；(明)吴勉学校
明(1368-1644)刻本
1993年摄制． -- 1盘卷片(7米127拍) : 1:10, 2B ; 35mm银盐
收藏馆：缩微中心，天津

000O000800
楚辞章句：十七卷 / (汉)王逸撰
明正德十三年(1518)黄省曾高第刻本． -- (清)袁廷梼校并跋。
1985年摄制． -- 1盘卷片(11.2米229拍) : 1:10, 2B ; 35mm银盐
收藏馆：缩微中心，国图

00O006554
楚辞章句：十七卷 / (汉)王逸撰
明正德十三年(1518)黄省曾高第刻本
1987年摄制． -- 1盘卷片(12米244拍) :

1:10，2B；35mm银盐
收藏馆：缩微中心，国图

00O029327

楚辞章句：十七卷 / (汉)王逸撰
明万历四十七年(1619)刘广刻本
1999年摄制. -- 1盘卷片(16米324拍)：
1:10，2B；35mm银盐
收藏馆：缩微中心，湖南

00O004108

楚辞章句：十七卷 / (汉)王逸撰；(宋)洪兴祖补注
明(1368-1644)刻本
1986年摄制. -- 1盘卷片(18米388拍)：
1:10，2B；35mm银盐
收藏馆：缩微中心，国图

00O000443

楚辞章句：十七卷；疑字直音补：一卷 / (汉)王逸撰
明隆庆五年(1571)豫章夫容馆刻本
1985年摄制. -- 1盘卷片(14.7米314拍)：
1:10，2B；35mm银盐
收藏馆：缩微中心，国图

00O017561

楚辞章句：十七卷；疑字直音补：一卷 / (汉)王逸撰
明隆庆五年(1571)豫章夫容馆刻本. -- (清)傅承霖跋。
1993年摄制. -- 1盘卷片(16米289拍)：
1:10，2B；35mm银盐
收藏馆：缩微中心，国图

00O006662

楚辞章句：十七卷；疑字直音补：一卷 / (汉)王逸撰
明万历(1573-1620)朱燮元朱一龙刻本
1987年摄制. -- 1盘卷片(15米319拍)：
1:10，2B；35mm银盐
收藏馆：缩微中心，国图

00O014623

楚辞章句：十七卷；疑字直音补：一卷 / (汉)王逸撰
明万历(1573-1620)朱燮元朱一龙刻本
1992年摄制. -- 1盘卷片(15米286拍)：
1:10，2B；35mm银盐
收藏馆：缩微中心，国图

00O001570

楚辞章句：十七卷；疑字直音补：一卷 / (汉)王

逸撰
明万历(1573-1620)朱燮元朱一龙刻本
1986年摄制. -- 1盘卷片(14.5米307拍)：
1:10，2B；35mm银盐
收藏馆：缩微中心，国图

00O012580

楚辞章句：十七卷；疑字直音补：一卷 / (汉)王逸撰
明崇祯十七年(1644)严敏刻本
1990年摄制. -- 1盘卷片(15.2米324拍)：
1:10，2B；35mm银盐
收藏馆：缩微中心，辽宁

00O028655

楚辞章句：十七卷附录一卷 / (汉)王逸撰
明万历十四年(1586)冯绍祖观妙斋刻本. -- (清)丁丙跋。
1996年摄制. -- 1盘卷片(15米303拍)：
1:10，2B；35mm银盐
收藏馆：缩微中心，南京

00O004008

楚辞章句：十七卷附录一卷 / (汉)王逸撰
明万历十四年(1586)冯绍祖观妙斋刻本
1986年摄制. -- 1盘卷片(18米389拍)：
1:10，2B；35mm银盐
收藏馆：缩微中心，国图

00O015684

楚辞章句：十七卷附录一卷 / (汉)王逸撰
明万历十四年(1586)冯绍祖观妙斋刻本
1993年摄制. -- 1盘卷片(16米282拍)：
1:10，2B；35mm银盐
收藏馆：缩微中心，国图

00O012923

楚辞章句：十七卷 / (汉)王逸撰；(宋)洪兴祖补注
明(1368-1644)刻本. -- (清)丁丙跋。
1991年摄制. -- 1盘卷片(18米388拍)：
1:10，2B；35mm银盐
收藏馆：缩微中心，南京

00O007288

楚辞章句：十七卷 / (汉)王逸撰；(宋)洪兴祖补注
明(1368-1644)刻本. -- 存三卷：卷九至卷十一。
1987年摄制. -- 1盘卷片(4米53拍)：1:10，2B；35mm银盐
收藏馆：缩微中心，国图

000O026318
楚辞：十七卷 / (汉)王逸撰；(宋)洪兴祖补注
清初(1644-1722)海虞毛氏汲古阁刻本. -- 据
清初(1644-1722)吴郡宝翰楼印本刻。(清)谢
章铤校跋。
1996年摄制. -- 1盘卷片(18.6米378拍) :
1:10，2B ; 35mm银盐
收藏馆：缩微中心，福建

000O026278
楚辞章句：十七卷 / (汉)王逸撰
清初(1644-1722)海虞毛氏汲古阁刻本. -- 王
国维校。
1996年摄制. -- 1盘卷片(18米346拍) :
1:10，2B ; 35mm银盐
收藏馆：缩微中心，国图

000O027595
楚辞：十七卷 / (汉)王逸撰；(宋)洪兴祖补注
清初(1644-1722)海虞毛氏汲古阁刻本. -- 存
五卷：卷一至卷五。(清)王念孙校注。
1997年摄制. -- 1盘卷片(11米185拍) :
1:10，2B ; 35mm银盐
收藏馆：缩微中心，国图

000O009872
楚辞：十七卷 / (汉)王逸章句；(宋)洪兴祖补注
清同治十一年(1872)金陵书局刻本. -- (清)
谭献校并跋。
1989年摄制. -- 1盘卷片(18米380拍) :
1:10，2B ; 35mm银盐
收藏馆：缩微中心，浙江

000O009328
楚辞章句：十七卷 / (汉)王逸撰；(宋)洪兴祖补
注
清咸丰元年至清末(1851-1911)长沙聚德堂刻
本. -- 王闿运批注。
1988年摄制. -- 1盘卷片(20米405拍) :
1:10，2B ; 35mm银盐
收藏馆：缩微中心，湖南

000O006033
楚辞注评：十七卷附录一卷 / (汉)王逸注；(宋)
洪兴祖,(明)刘凤[等]补注；(明)陈深批点
明万历(1573-1620)吴兴凌毓枬刻朱墨套印本
1987年摄制. -- 1盘卷片(10米204拍) :
1:10，2B ; 35mm银盐
收藏馆：缩微中心，国图

000O019254
楚辞注评：十七卷附录一卷 / (汉)王逸注；(宋)
洪兴祖,(明)刘凤[等]补注；(明)陈深批点
明万历(1573-1620)吴兴凌毓枬刻朱墨套印本
1994年摄制. -- 1盘卷片(10米179拍) :
1:10，2B ; 35mm银盐
收藏馆：缩微中心，国图

000O031901
楚辞注评：十七卷附录一卷 / (汉)王逸注；(宋)
洪兴祖,(明)刘凤[等]补注；(明)陈深批点
明万历(1573-1620)吴兴凌毓枬刻朱墨套印本
2010年摄制. -- 1盘卷片(12米216拍) :
1:10，2B ; 35mm银盐
收藏馆：缩微中心，国图

000O032001
楚辞注评：十七卷附录一卷 / (汉)王逸注；(宋)
洪兴祖,(明)刘凤[等]补注；(明)陈深批点
明万历(1573-1620)吴兴凌毓枬刻朱墨套印
本. -- 八行十八字白口四周单边。
2010年摄制. -- 1盘卷片(12米203拍) :
1:12，2B ; 35mm银盐
收藏馆：缩微中心，国图

000O002007
楚辞注：十卷 / (汉)王逸注
明万历十四年(1586)俞初刻本
1986年摄制. -- 1盘卷片(11米211拍) :
1:10，2B ; 35mm银盐
收藏馆：缩微中心，国图

000O007049
楚辞注：十卷 / (汉)王逸注
明万历十四年(1586)俞初刻本
1987年摄制. -- 1盘卷片(12米212拍) :
1:10，2B ; 35mm银盐
收藏馆：缩微中心，国图

000O015677
楚辞注：十卷 / (汉)王逸注
明万历十四年(1586)俞初刻本
1993年摄制. -- 1盘卷片(11米195拍) :
1:10，2B ; 35mm银盐
收藏馆：缩微中心，国图

000O010768
楚辞：八卷 / (宋)朱熹集注
明(1368-1644)刻本
1988年摄制. -- 1盘卷片(14米300拍) :
1:10，2B ; 35mm银盐
收藏馆：缩微中心，天津

000O025327
楚辞集注：八卷辨证二卷后语六卷 / (宋)朱熹
撰

元(1271-1368)刻本
1996年摄制. -- 1盘卷片(6米85拍) : 1:10,
2B ; 35mm银盐
收藏馆：缩微中心，国图

000028666
楚辞集注：八卷辨证二卷后语六卷 / (宋)朱熹撰
明正德十四年(1519)沈圻刻本. -- (清)丁丙
跋。
1990年摄制. -- 1盘卷片(17米369拍) ：
1:10, 2B ; 35mm银盐
收藏馆：缩微中心，南京

000O001593
楚辞集注：八卷辨证二卷后语六卷 / (宋)朱熹撰
明正德十四年(1519)沈圻刻本
1986年摄制. -- 1盘卷片(17米358拍) ：
1:10, 2B ; 35mm银盐
收藏馆：缩微中心，国图

000O006037
楚辞集注：八卷辨证二卷后语六卷 / (宋)朱熹撰
明正德十四年(1519)沈圻刻本
1987年摄制. -- 1盘卷片(17米357拍) ：
1:10, 2B ; 35mm银盐
收藏馆：缩微中心，国图

000O008403
楚辞集注：八卷辨证二卷后语六卷 / (宋)朱熹撰
明正德十四年(1519)沈圻刻本
1988年摄制. -- 1盘卷片(17米356拍) ：
1:10, 2B ; 35mm银盐
收藏馆：缩微中心，国图

000O029869
楚辞集注：八卷辨证二卷后语六卷 / (宋)朱熹撰
明正德十四年(1519)沈圻刻本
2001年摄制. -- 1盘卷片(18米372拍) ：
1:10, 2B ; 35mm银盐
收藏馆：缩微中心，国图

000O001785
楚辞集注：八卷辨证二卷后语六卷 / (宋)朱熹撰
明万历(1573-1620)朱崇沐刻本
1986年摄制. -- 1盘卷片(16米349拍) ：
1:10, 2B ; 35mm银盐
收藏馆：缩微中心，国图

000O011518
楚辞集注：八卷辨证二卷后语六卷 / (宋)朱熹撰
明万历(1573-1620)刻本
1990年摄制. -- 1盘卷片(22米455拍) ：
1:10, 2B ; 35mm银盐

收藏馆：缩微中心，甘肃

000O001684
楚辞集注：八卷辨证二卷后语六卷 / (宋)朱熹撰
明(1368-1644)胡尧元刻本. -- 集注卷三至卷
四配抄本。缺辨证二卷。
1986年摄制. -- 1盘卷片(14米305拍) ：
1:10, 2B ; 35mm银盐
收藏馆：缩微中心，国图

000O010796
楚辞集注：八卷辨证二卷后语六卷 / (宋)朱熹撰
明(1368-1644)刻本
1988年摄制. -- 1盘卷片(17米360拍) ：
1:10, 2B ; 35mm银盐
收藏馆：缩微中心，天津

000O003380
楚辞集注：八卷辨证二卷后语六卷 / (宋)朱熹撰
明(1368-1644)刻本
1986年摄制. -- 1盘卷片(19米398拍) ：
1:10, 2B ; 35mm银盐
收藏馆：缩微中心，国图

000O006440
楚辞集注：八卷辨证二卷后语六卷 / (宋)朱熹撰
明(1368-1644)刻本
1987年摄制. -- 1盘卷片(19米403拍) ：
1:10, 2B ; 35mm银盐
收藏馆：缩微中心，国图

000O006268
陈章侯绣像楚辞：五卷 / (汉)王逸章句；(宋)朱
熹集注；(明)黄象玉[等]校．九歌图：一卷 / (明)
陈洪绶绘
明末(1621-1644)刻本
1987年摄制. -- 1盘卷片(9米148拍) : 1:10,
2B ; 35mm银盐
收藏馆：缩微中心，吉林

000O015676
楚辞集注：八卷辨证二卷后语六卷 / (宋)朱熹撰
明(1368-1644)刻递修本
1993年摄制. -- 1盘卷片(17米326拍) ：
1:10, 2B ; 35mm银盐
收藏馆：缩微中心，国图

000O001814
楚辞集注：八卷 / (宋)朱熹撰
明嘉靖十七年(1538)杨上林刻本. -- 附：各
家楚辞书目一卷。
1987年摄制. -- 1盘卷片(8.2米159拍) ：
1:10, 2B ; 35mm银盐

收藏馆：缩微中心，国图

000○005141
楚辞集注：八卷 / (宋)朱熹撰
明嘉靖十七年(1538)杨上林刻本. -- 附：各家楚辞书目一卷。
1986年摄制. -- 1盘卷片(9米166拍)：1:10, 2B；35mm银盐
收藏馆：缩微中心，国图

000○019560
楚辞集注：八卷 / (宋)朱熹撰
明嘉靖十七年(1538)杨上林刻本. -- 附：各家楚辞书目一卷。
1994年摄制. -- 1盘卷片(9米147拍)：1:10, 2B；35mm银盐
收藏馆：缩微中心，国图

000○019778
楚辞集注：八卷 / (宋)朱熹撰
明嘉靖三十八年(1559)叶邦荣刻本
1994年摄制. -- 1盘卷片(9米141拍)：1:10, 2B；35mm银盐
收藏馆：缩微中心，国图

000○005366
楚辞集注：八卷辨证二卷后语六卷 / (宋)朱熹撰
明嘉靖十四年(1535)袁褧刻本. -- 还有合刻著作：反离骚一卷/(汉)扬雄撰。
1986年摄制. -- 1盘卷片(15米322拍)：1:10, 2B；35mm银盐
收藏馆：缩微中心，国图

000○006984
楚辞集注：八卷辨证二卷后语六卷 / (宋)朱熹撰
明嘉靖十四年(1535)袁褧刻本. -- 还有合刻著作：反离骚一卷/(汉)扬雄撰。
1987年摄制. -- 1盘卷片(15米323拍)：1:10, 2B；35mm银盐
收藏馆：缩微中心，国图

000○016661
楚辞集注：八卷辨证二卷后语六卷 / (宋)朱熹撰
明嘉靖十四年(1535)袁褧刻本. -- 还有合刻著作：反离骚一卷/(汉)扬雄撰。(清)何煌校。
1993年摄制. -- 1盘卷片(16米289拍)：1:10, 2B；35mm银盐
收藏馆：缩微中心，国图

000○029870
楚辞集注：八卷辨证二卷后语六卷 / (宋)朱熹撰
明嘉靖十四年(1535)袁褧刻本. -- 还有合刻

著作：反离骚一卷/(汉)扬雄撰。
2001年摄制. -- 1盘卷片(11米218拍)：1:10, 2B；35mm银盐
收藏馆：缩微中心，国图

000○011560
楚辞集注：八卷辨证二卷后语六卷 / (宋)朱熹撰
明天启六年(1626)蒋之翘刻本. -- 还有合刻著作：[楚辞集注]附览二卷总评二卷/(明)蒋之翘辑。
1990年摄制. -- 1盘卷片(20米416拍)：1:10, 2B；35mm银盐
收藏馆：缩微中心，甘肃

000○018524
楚辞集注：八卷辨证二卷后语六卷 / (宋)朱熹撰
明天启六年(1626)蒋之翘刻本. -- 还有合刻著作：[楚辞集注]附览二卷总评二卷/(明)蒋之翘辑。
1993年摄制. -- 1盘卷片(21米397拍)：1:10, 2B；35mm银盐
收藏馆：缩微中心，国图

000○021129
楚辞：五卷 / (宋)朱熹集注
明崇祯(1628-1644)萧山黄氏刻本
1994年摄制. -- 1盘卷片(7米122拍)：1:10, 2B；35mm银盐
收藏馆：缩微中心，国图

000○019198
楚辞：十卷 / (宋)朱熹集注；(明)张凤翼辑
明末(1621-1644)刻本. -- 郑振铎跋。
1994年摄制. -- 1盘卷片(9米144拍)：1:10, 2B；35mm银盐
收藏馆：缩微中心，国图

000○018686
楚骚绮语：六卷 / (明)张之象辑
明万历四年(1576)凌迪知刻文林绮绣本
1994年摄制. -- 1盘卷片(11米180拍)：1:10, 2B；35mm银盐
收藏馆：缩微中心，国图

000○021601
楚辞集解：十五卷蒙引二卷考异二卷大序一卷小序一卷 / (明)汪瑗撰辑.
明万历(1573-1620)汪文英刻本
1995年摄制. -- 2盘卷片(41米766拍)：1:10, 2B；35mm银盐
收藏馆：缩微中心，国图

000O019635
楚辞集解：□□卷蒙引二卷 / (明)汪瑗撰；(明)
汪仲弘补．大序：一卷小序一卷 / (明)汪瑗辑
明万历(1573-1620)刻本． -- 存十八卷：离骚
二卷、九歌一卷、九章九卷、远游一卷、卜居
一卷、渔父一卷，大序一卷，小序一卷，蒙引
离骚上。
1994年摄制． -- 1盘卷片(27米556拍)：
1:10, 2B ；35mm银盐
收藏馆：缩微中心，国图

000O019290
楚辞补注：二卷 / (明)汪仲弘撰
明万历四十六年(1618)刻本
1994年摄制． -- 1盘卷片(6米95拍)： 1:10,
2B ；35mm银盐
收藏馆：缩微中心，国图

000O023669
删注楚辞：不分卷；史记屈原传 / (明)张京元撰
明万历四十六年(1618)淮阳张京元刻本
1996年摄制． -- 1盘卷片(6米101拍)： 1:10,
2B ；35mm银盐
收藏馆：缩微中心，浙江

000O026312
楚辞述注：十卷 / (明)林兆珂撰
明万历(1573-1620)刻本
1996年摄制． -- 1盘卷片(11.5米216拍)：
1:10, 2B ；35mm银盐
收藏馆：缩微中心，福建

000O029290
楚辞听直：八卷合论一卷 / (明)黄文焕撰
明崇祯十六年(1643)晋安刻本． -- (□)杨浚
题识。
1999年摄制． -- 1盘卷片(16米330拍)：
1:10, 2B ；35mm银盐
收藏馆：缩微中心，湖南

000O023439
楚辞述注：五卷 / (明)来钦之撰．九歌图：一卷 /
(明)陈洪绶绘
明崇祯(1628-1644)刻本
1995年摄制． -- 1盘卷片(8米119拍)： 1:10,
2B ；35mm银盐
收藏馆：缩微中心，国图

000O017905
楚辞述注：五卷 / (明)来钦之撰．九歌图：一卷 /
(明)陈洪绶绘
明崇祯(1628-1644)刻本
1993年摄制． -- 1盘卷片(8米124拍)： 1:10,

2B ；35mm银盐
收藏馆：缩微中心，国图

000O017585
楚辞述注：五卷 / (明)来钦之撰．九歌图：一卷 /
(明)陈洪绶绘
清康熙三十年(1691)刻本
1993年摄制． -- 1盘卷片(8米124拍)： 1:10,
2B ；35mm银盐
收藏馆：缩微中心，国图

000O018531
楚辞述注：五卷 / (明)来钦之撰．九歌图：一卷 /
(明)陈洪绶绘
清康熙三十年(1691)刻本
1993年摄制． -- 1盘卷片(8米120拍)： 1:10,
2B ；35mm银盐
收藏馆：缩微中心，国图

000O017255
楚辞疏：十九卷；读楚辞语：一卷；楚辞杂论：
一卷 / (明)陆时雍撰．屈原传 / (汉)司马迁撰
明末(1621-1644)缉柳斋刻本
1993年摄制． -- 1盘卷片(15米304拍)：
1:10, 2B ；35mm银盐
收藏馆：缩微中心，天津

000O021261
楚辞疏：十九卷；读楚辞语：一卷；读楚杂论：
一卷 / (明)陆时雍撰．屈原传：一卷 / (汉)司马
迁撰
明末(1621-1644)缉柳斋刻本
1995年摄制． -- 1盘卷片(15米293拍)：
1:10, 2B ；35mm银盐
收藏馆：缩微中心，国图

000O021231
楚辞榷：八卷 / (明)陆时雍疏；(明)金兆清参评
明末(1621-1644)刻本
1995年摄制． -- 1盘卷片(11米194拍)：
1:10, 2B ；35mm银盐
收藏馆：缩微中心，国图

000O010761
楚辞灯：四卷；楚怀襄二王在位事迹考一卷 /
(清)林云铭撰．屈原列传：一卷 / (汉)司马迁撰
清康熙三十六年(1697)晋安挹奎楼刻本
1988年摄制． -- 1盘卷片(12米195拍)：
1:10, 2B ；35mm银盐
收藏馆：缩微中心，天津

000O009157
楚辞通释：十四卷末一卷 / (清)王夫之撰

清康熙四十八年(1709)刻本
1988年摄制. -- 1盘卷片(12.2米244拍)：
1:10，2B；35mm银盐
收藏馆：缩微中心，湖南

000O004496
山响斋别集饮骚：十卷 / (清)贺宽撰
清康熙(1662-1722)丹阳华天章刻本
1986年摄制. -- 1盘卷片(10.5米213拍)：
1:10，2B；35mm银盐
收藏馆：缩微中心，国图

000O009452
山带阁注楚辞：六卷首一卷余论二卷说韵一卷 / (清)蒋骥撰
清雍正五年(1727)蒋氏山带阁刻本
1987年摄制. -- 1盘卷片(17.1米363拍)：
1:9，2B；35mm银盐
收藏馆：缩微中心，重庆

000O027493
山带阁注楚辞：六卷首一卷余论二卷说韵一卷 / (清)蒋骥撰
清雍正五年(1727)蒋氏山带阁刻本. -- (清)
谢章铤校.
1996年摄制. -- 1盘卷片(17米347拍)：
1:10，2B；35mm银盐
收藏馆：缩微中心，福建

000O026253
楚辞新集注：八卷末一卷 / (清)屈复集注；(清)屈启贤编. 楚怀襄二王在位事迹考：一卷 / (清)林云铭撰
清乾隆三年(1738)刻本
1997年摄制. -- 1盘卷片(10米159拍)：
1:10，2B；35mm银盐
收藏馆：缩微中心，国图

000O010764
楚辞节注：六卷 / (清)姚培谦撰. 楚辞叶音：一卷 / (清)刘维谦撰
清乾隆六年(1741)刻本
1988年摄制. -- 1盘卷片(7米117拍)：1:10，
2B；35mm银盐
收藏馆：缩微中心，天津

000O019737
离骚经：一卷 / (战国)屈原撰
清康熙五十一年(1712)汪士铉抄本. -- (清)
王澍、邵松年跋。
1994年摄制. -- 1盘卷片(3米13拍)：1:10，
2B；35mm银盐
收藏馆：缩微中心，国图

000O019991
离骚集传：一卷 / (宋)钱杲之撰
清乾隆四十七年(1782)吴翌凤抄本. -- (清)
吴翌凤跋，(清)鲍廷博校并跋。
1994年摄制. -- 1盘卷片(3米22拍)：1:10，
2B；35mm银盐
收藏馆：缩微中心，国图

000O009943
离骚经订注：一卷 / (明)赵南星撰. 屈原传：一卷 / (汉)司马迁撰
明万历四十一年(1613)刻本
1988年摄制. -- 1盘卷片(4米71拍)：1:10，
2B；35mm银盐
收藏馆：缩微中心，天津

000O028466
释骚：一卷 / (明)何乔远撰
清(1644-1911)杨浚冠悔堂抄本
1996年摄制. -- 1盘卷片(2.7米27拍)：
1:10，2B；35mm银盐
收藏馆：缩微中心，福建

000O026279
离骚辩：不分卷 / (清)朱冀撰
清康熙(1662-1722)绿筠堂刻本
1996年摄制. -- 1盘卷片(7米117拍)：1:10，
2B；35mm银盐
收藏馆：缩微中心，国图

000O027525
离骚草木疏：四卷 / (宋)吴仁杰撰
宋庆元六年(1200)罗田县庠刻本
1997年摄制. -- 1盘卷片(4米50拍)：1:10，
2B；35mm银盐
收藏馆：缩微中心，国图

000O014568
离骚草木疏：四卷 / (宋)吴仁杰撰
明(1368-1644)抄本
1992年摄制. -- 1盘卷片(5米70拍)：1:10，
2B；35mm银盐
收藏馆：缩微中心，国图

000O029812
离骚草木疏：四卷 / (宋)吴仁杰撰
清(1644-1911)方甘白抄本. -- (清)方甘白录
(清)鲍廷博校跋。
2001年摄制. -- 1盘卷片(5米74拍)：1:10，
2B；35mm银盐
收藏馆：缩微中心，国图

00O003064
离骚草木疏：四卷 / (宋)吴仁杰撰
清(1644-1911)抄本
1986年摄制. -- 1盘卷片(4米64拍) : 1:10,
2B ; 35mm银盐
收藏馆：缩微中心，国图

00O009535
离骚草木疏补：四卷 / (明)屠本畯撰
明万历(1573-1620)刻本
1988年摄制. -- 1盘卷片(4.4米67拍) :
1:11, 2B ; 35mm银盐
收藏馆：缩微中心，重庆

00O013534
离骚草木史：九卷；离骚拾细：一卷 / (清)周拱
辰撰
清初(1644-1722)周氏圣雨斋刻本. -- 离骚草
木史和离骚拾细为连卷：卷一至卷十。
1991年摄制. -- 1盘卷片(13米240拍) :
1:10, 2B ; 35mm银盐
收藏馆：缩微中心，浙江

00O026862
杨诚斋先生天问天对解：一卷 / (战国)屈原撰；
(宋)杨万里解
清初(1644-1722)毛昇林学本刻本
1996年摄制. -- 1盘卷片(5米64拍) : 1:10,
2B ; 35mm银盐
收藏馆：缩微中心，南京

00O016898
屈子：七卷评一卷参疑一卷 / (战国)屈原撰；
(明)毛晋辑. 楚辞：二卷 / (明)毛晋参定
明万历四十六年(1618)毛氏绿君亭刻屈陶合刻
本
1993年摄制. -- 1盘卷片(8米141拍) : 1:10,
2B ; 35mm银盐
收藏馆：缩微中心，国图

00O026793
屈子贯：五卷 / (清)张诗撰
清康熙(1662-1722)孝友堂刻本
1996年摄制. -- 1盘卷片(9米154拍) : 1:10,
2B ; 35mm银盐
收藏馆：缩微中心，南京

00O021235
屈子说志：六卷首一卷末一卷 / (清)陈远新辑
清乾隆(1736-1795)慎余斋刻本
1995年摄制. -- 1盘卷片(8米127拍) : 1:10,
2B ; 35mm银盐
收藏馆：缩微中心，国图

00O026293
屈原赋注：七卷通释二卷 / (清)戴震撰. 音义：
三卷 / (清)汪梧凤撰
清乾隆(1736-1795)刻本
1996年摄制. -- 1盘卷片(7米112拍) : 1:10,
2B ; 35mm银盐
收藏馆：缩微中心，国图

00O031244
屈原赋注：七卷通释二卷 / (清)戴震撰. 音义：
三卷 / (清)汪梧凤撰
清乾隆(1736-1795)刻本
2004年摄制. -- 1盘卷片(8米125拍) : 1:9,
2B ; 35mm银盐
收藏馆：缩微中心，国图

00O019487
离骚图：不分卷 / (清)萧云从绘并注
清初(1644-1722)刻本
1994年摄制. -- 1盘卷片(7米106拍) : 1:10,
2B ; 35mm银盐
收藏馆：缩微中心，国图

00O026522
离骚图：不分卷 / (清)萧云从绘并注
清初(1644-1722)刻本. -- (清)钮树玉校。
1997年摄制. -- 1盘卷片(5米55拍) : 1:10,
2B ; 35mm银盐
收藏馆：缩微中心，国图

00O027596
离骚图：不分卷 / (清)萧云从绘并注
清初(1644-1722)刻本. -- (清)王立承跋。
1997年摄制. -- 1盘卷片(8米113拍) : 1:10,
2B ; 35mm银盐
收藏馆：缩微中心，国图

别集类

汉魏六朝之属

00O000947
扬子云集：六卷 / (汉)扬雄撰；(明)郑樸辑
明(1368-1644)刻本
1985年摄制. -- 1盘卷片(14.5米306拍) :
1:10, 2B ; 35mm银盐
收藏馆：缩微中心，国图

00O028553
扬子云集：六卷 / (汉)扬雄撰
清(1644-1911)抄本. -- (清)盛凤翔校，(清)
丁丙跋。
1996年摄制. -- 1盘卷片(14米275拍) :

1:10，2B ；35mm银盐
收藏馆：缩微中心，南京

00O026781
汉蔡中郎集：六卷 / (汉)蔡邕撰
明嘉靖二十七年(1548)杨贤刻本. -- (清)丁
丙跋。
1996年摄制. -- 1盘卷片(10米186拍) ：
1:10，2B ；35mm银盐
收藏馆：缩微中心，南京

00O005827
汉蔡中郎集：六卷 / (汉)蔡邕撰
明嘉靖二十七年(1548)杨贤刻本
1987年摄制. -- 1盘卷片(9.7米194拍) ：
1:10，2B ；35mm银盐
收藏馆：缩微中心，国图

00O020716
汉蔡中郎集：六卷 / (汉)蔡邕撰
明嘉靖二十七年(1548)杨贤刻本
1994年摄制. -- 1盘卷片(10米168拍) ：
1:10，2B ；35mm银盐
收藏馆：缩微中心，国图

00O000340
汉蔡中郎集：六卷 / (汉)蔡邕撰
明(1368-1644)覆刻本. -- 据明嘉靖(1522-1566)
杨贤刻本覆刻。
1985年摄制. -- 1盘卷片(9.5米189拍) ：
1:10，2B ；35mm银盐
收藏馆：缩微中心，国图

00O005182
汉蔡中郎集：六卷 / (汉)蔡邕撰
明(1368-1644)覆刻本. -- 据明嘉靖(1522-1566)
杨贤刻本覆刻。
1986年摄制. -- 1盘卷片(9.5米89拍) ：
1:10，2B ；35mm银盐
收藏馆：缩微中心，国图

00O021966
汉蔡中郎集：十一卷 / (汉)蔡邕撰
明万历八年(1580)茅一相文霞阁刻本
1995年摄制. -- 1盘卷片(12米197拍) ：
1:10，2B ；35mm银盐
收藏馆：缩微中心，国图

00O005951
蔡中郎集：八卷 / (汉)蔡邕撰
明(1368-1644)汪士贤刻汉魏六朝二十名家集
本. -- 徐鸿宝校补并跋。
1987年摄制. -- 1盘卷片(9.1米178拍) ：

1:10，2B ；35mm银盐
收藏馆：缩微中心，国图

00O015051
蔡中郎集：十卷外纪一卷外集四卷末一卷 / (汉)蔡邕撰
清咸丰二年(1852)杨氏海源阁刻本. -- (清)
许瀚校。
1992年摄制. -- 1盘卷片(17米340拍) ：
1:10，2B ；35mm银盐
收藏馆：缩微中心，国图

00O007980
蔡中郎集：十卷外纪一卷外集四卷末一卷 / (汉)蔡邕撰
清(1644-1911)抄本
1988年摄制. -- 1盘卷片(17.6米365拍) ：
1:10，2B ；35mm银盐
收藏馆：缩微中心，湖南

00O003656
蔡中郎文集：十卷外传一卷 / (汉)蔡邕撰
清(1644-1911)抄本. -- 据明兰雪堂铜活字印
本影抄。佚名录(清)黄丕烈、(清)顾广圻校。
1985年摄制. -- 1盘卷片(8米146拍) ：1:10，
2B ；35mm银盐
收藏馆：缩微中心，国图

00O001771
蔡中郎文集：十卷外传一卷 / (汉)蔡邕撰
明(1368-1644)影刻本. -- 据兰雪堂铜活字本
影刻。
1986年摄制. -- 1盘卷片(9米165拍) ：1:10，
2B ；35mm银盐
收藏馆：缩微中心，国图

00O006570
蔡中郎文集外传：一卷 / (汉)蔡邕撰
明万历三十九年(1611)马维骥刻本
1987年摄制. -- 1盘卷片(9.1米180拍) ：
1:10，2B ；35mm银盐
收藏馆：缩微中心，国图

00O003734
蔡中郎文集：十卷外传一卷 / (汉)蔡邕撰
明(1368-1644)影刻本. -- 据兰雪堂铜活字本
影刻。卷八以下(清)瞿镛录(清)黄丕烈、(清)
顾广圻校。
1985年摄制. -- 1盘卷片(8.5米147拍) ：
1:10，2B ；35mm银盐
收藏馆：缩微中心，国图

00O019955

蔡中郎文集：十卷外传一卷 / (汉)蔡邕撰
明(1368-1644)影刻本. -- 据兰雪堂铜活字本影刻。
1994年摄制. -- 1盘卷片(8米133拍) : 1:10, 2B ; 35mm银盐
收藏馆：缩微中心，国图

00O001913

蔡中郎文集：十卷外传一卷 / (汉)蔡邕撰
明万历三十九年(1611)马维骥刻本
1986年摄制. -- 1盘卷片(10米186拍) : 1:10, 2B ; 35mm银盐
收藏馆：缩微中心，国图

00O016086

汉蔡中郎集：十一卷 / (汉)蔡邕撰
明万历(1573-1620)刻本
1993年摄制. -- 1盘卷片(11米192拍) : 1:10, 2B ; 35mm银盐
收藏馆：缩微中心，国图

00O017821

汉蔡中郎集：十一卷 / (汉)蔡邕撰
明万历(1573-1620)刻本. -- 郑振铎跋。
1993年摄制. -- 1盘卷片(11米189拍) : 1:10, 2B ; 35mm银盐
收藏馆：缩微中心，国图

00O017675

蔡中郎文集：十卷外传一卷 / (汉)蔡邕撰
明万历(1573-1620)刻本
1993年摄制. -- 1盘卷片(9米139拍) : 1:10, 2B ; 35mm银盐
收藏馆：缩微中心，国图

00O004532

蔡中郎文集：十卷外传一卷 / (汉)蔡邕撰
明(1368-1644)刻本
1987年摄制. -- 1盘卷片(8米148拍) : 1:10, 2B ; 35mm银盐
收藏馆：缩微中心，国图

00O007004

蔡中郎文集：十卷外传一卷 / (汉)蔡邕撰
明(1368-1644)刻本
1987年摄制. -- 1盘卷片(8米157拍) : 1:10, 2B ; 35mm银盐
收藏馆：缩微中心，国图

00O023658

蔡中郎文集：十卷外传一卷 / (汉)蔡邕撰
清顺治(1644-1661)刘嗣美刻本

1995年摄制. -- 1盘卷片(9米164拍) : 1:10, 2B ; 35mm银盐
收藏馆：缩微中心，浙江

00O016662

新刊蔡中郎文集：十卷外传一卷 / (汉)蔡邕撰
明(1368-1644)郑氏刻本
1993年摄制. -- 1盘卷片(10米193拍) : 1:10, 2B ; 35mm银盐
收藏馆：缩微中心，国图

00O004540

蔡中郎文集：八卷外传一卷 / (汉)蔡邕撰
清(1644-1911)抄本. -- 徐鸿宝校。
1987年摄制. -- 1盘卷片(7米125拍) : 1:10, 2B ; 35mm银盐
收藏馆：缩微中心，国图

00O005955

校蔡中郎文集疏证：十卷外集疏证一卷；蔡中郎文集补：一卷 / (清)吴志忠撰
清(1644-1911)稿本. -- 王邕跋。
1987年摄制. -- 1盘卷片(11米226拍) : 1:10, 2B ; 35mm银盐
收藏馆：缩微中心，国图

00O009833

蔡中郎集举正：十卷 / (清)罗以智撰
清光绪五年(1879)朱桂模抄本
1989年摄制. -- 1盘卷片(6米106拍) : 1:10, 2B ; 35mm银盐
收藏馆：缩微中心，浙江

00O012706

陈思王集：十卷 / (魏)曹植撰
明万历二十年(1592)李祯刻本
1990年摄制. -- 1盘卷片(8.3米163拍) : 1:10, 2B ; 35mm银盐
收藏馆：缩微中心，辽宁

00O004380

曹子建集：十卷 / (魏)曹植撰
明万历三十一年(1603)郑士豪刻本
1986年摄制. -- 1盘卷片(8米148拍) : 1:10, 2B ; 35mm银盐
收藏馆：缩微中心，国图

00O005952

曹子建集：十卷 / (魏)曹植撰
明(1368-1644)铜活字印本
1987年摄制. -- 1盘卷片(8.2米156拍) : 1:10, 2B ; 35mm银盐
收藏馆：缩微中心，国图

00O017286
曹子建集：十卷 / (魏)曹植撰
明(1368-1644)铜活字印本. -- (清)王士禛
跋。
1992年摄制. -- 1盘卷片(8米132拍) ： 1:10,
2B ； 35mm银盐
收藏馆：缩微中心，国图

00O003281
曹子建集：十卷 / (魏)曹植撰
明(1368-1644)铜活字印本. -- 赵元方跋。
1986年摄制. -- 1盘卷片(8米147拍) ： 1:10,
2B ； 35mm银盐
收藏馆：缩微中心，国图

00O019388
曹子建文集：十卷 / (魏)曹植撰
明(1368-1644)抄本. -- (清)翁同书跋。
1994年摄制. -- 1盘卷片(6米93拍) ： 1:10,
2B ； 35mm银盐
收藏馆：缩微中心，国图

00O005236
陈思王集：十卷 / (魏)曹植撰
明正德五年(1510)舒贞刻本
1986年摄制. -- 1盘卷片(8米144拍) ： 1:10,
2B ； 35mm银盐
收藏馆：缩微中心，国图

00O015224
陈思王集：十卷 / (魏)曹植撰
明正德五年(1510)舒贞刻本
1992年摄制. -- 1盘卷片(8米123拍) ： 1:10,
2B ； 35mm银盐
收藏馆：缩微中心，国图

00O015682
陈思王集：十卷 / (魏)曹植撰
明嘉靖二十年(1541)胡缵宗刻本
1993年摄制. -- 1盘卷片(8米125拍) ： 1:10,
2B ； 35mm银盐
收藏馆：缩微中心，国图

00O017560
陈思王集：十卷 / (魏)曹植撰
明嘉靖二十年(1541)胡缵宗刻本
1993年摄制. -- 1盘卷片(8米125拍) ： 1:10,
2B ； 35mm银盐
收藏馆：缩微中心，国图

00O015681
曹子建集：十卷疑字音释一卷 / (魏)曹植撰
明嘉靖二十一年(1542)郭云鹏刻本

1993年摄制. -- 1盘卷片(8米137拍) ： 1:10,
2B ； 35mm银盐
收藏馆：缩微中心，国图

00O015026
曹子建集：十卷 / (魏)曹植撰 ； (明)李梦阳[等]评
明天启(1621-1627)刻套印本. -- 评者还有：
(明)王世贞等。(清)周星诒校并跋。
1992年摄制. -- 1盘卷片(12米222拍) ：
1:10, 2B ； 35mm银盐
收藏馆：缩微中心，国图

00O031952
曹子建集：十卷 / (魏)曹植撰 ； (明)李梦阳[等]评
明天启(1621-1627)刻套印本. -- 评者还有：
(明)王世贞等。(清)周星诒校并跋。
2010年摄制. -- 1盘卷片(15米260拍) ：
1:12, 2B ； 35mm银盐
收藏馆：缩微中心，国图

00O010178
**曹子建集：十卷叙录一卷年谱一卷 / (魏)曹植撰 ；
(清)朱绪曾辑**
清道光(1821-1850)朱绪曾抄本. -- (清)朱绪
曾校。
1989年摄制. -- 1盘卷片(9米166拍) ： 1:10,
2B ； 35mm银盐
收藏馆：缩微中心，山东

00O025496
**曹子建集：十卷补遗一卷 / (魏)曹植撰 ； (清)朱
绪曾辑 . 叙录：一卷年谱一卷 / (清)朱绪曾辑**
清(1644-1911)抄本. -- (清)莫友芝、(清)王
颂蔚跋。
1996年摄制. -- 1盘卷片(19米386拍) ：
1:10, 2B ； 35mm银盐
收藏馆：缩微中心，国图

00O001409
阮嗣宗集：二卷 / (魏)阮籍撰
明嘉靖二十二年(1543)范钦陈德文刻本
1985年摄制. -- 1盘卷片(5.3米86拍) ：
1:10, 2B ； 35mm银盐
收藏馆：缩微中心，国图

00O005906
阮嗣宗集：二卷 / (魏)阮籍撰
明(1368-1644)汪士贤刻汉魏六朝二十名家集
本
1987年摄制. -- 1盘卷片(6米90拍) ： 1:10,
2B ； 35mm银盐
收藏馆：缩微中心，国图

000O000213
阮嗣宗集：四卷 / (魏)阮籍撰
明天启三年(1623)及朴刻本
1985年摄制. -- 1盘卷片(5.6米96拍) ：
1:10, 2B ；35mm银盐
收藏馆：缩微中心，国图

000O009841
咏怀诗：一卷 / (魏)阮籍撰
明(1368-1644)刻本
1989年摄制. -- 1盘卷片(4米63拍) ： 1:10,
2B ；35mm银盐
收藏馆：缩微中心，浙江

000O003083
嵇中散集：十卷 / (魏)嵇康撰
明嘉靖四年(1525)黄省曾南星精舍刻本
1986年摄制. -- 1盘卷片(6米103拍) ： 1:10,
2B ；35mm银盐
收藏馆：缩微中心，国图

000O016331
嵇中散集：十卷 / (魏)嵇康撰
明(1368-1644)抄本. -- (清)□夏校并跋。
1992年摄制. -- 1盘卷片(7米104拍) ： 1:10,
2B ；35mm银盐
收藏馆：缩微中心，国图

000O005404
嵇中散集：十卷 / (魏)嵇康撰
明(1368-1644)程荣刻本. -- 缪荃孙校并录
(清)黄丕烈、(清)张燕昌题识。
1986年摄制. -- 1盘卷片(7米133拍) ： 1:10,
2B ；35mm银盐
收藏馆：缩微中心，国图

000O027396
嵇中散集：十卷 / (魏)嵇康撰
明万历(1573-1620)刻汉魏六朝诸家文集
本. -- (清)周世敬校并录(清)张燕昌、(清)
黄丕烈跋。
1996年摄制. -- 1盘卷片(8米134拍) ： 1:10,
2B ；35mm银盐
收藏馆：缩微中心，南京

000O009839
汉诸葛武侯全集：四卷 / (蜀)诸葛亮撰；(明)诸
清臣辑
明天启元年(1621)诸清臣刻本
1989年摄制. -- 1盘卷片(8米158拍) ： 1:10,
2B ；35mm银盐
收藏馆：缩微中心，浙江

000O025935
汉丞相忠武侯书：三卷 / (蜀)诸葛亮撰
明崇祯(1628-1644)诸葛羲刻本
1996年摄制. -- 1盘卷片(5米89拍) ： 1:10,
2B ；35mm银盐
收藏馆：缩微中心，南京

000O019361
蜀丞相诸葛亮文集：六卷 / (蜀)诸葛亮撰
明正德十二年(1517)阎钦刻本. -- 存三卷：
卷四至卷六。
1994年摄制. -- 1盘卷片(3米27拍) ： 1:10,
2B ；35mm银盐
收藏馆：缩微中心，国图

000O009834
傅中丞集：不分卷 / (晋)傅咸撰
清(1644-1911)抄本
1989年摄制. -- 1盘卷片(5米79拍) ： 1:10,
2B ；35mm银盐
收藏馆：缩微中心，浙江

000O003736
陆士龙文集：十卷 / (晋)陆云撰
明正德十四年(1519)陆元大刻晋二俊文集
本. -- (明)叶恭焕题款。
1985年摄制. -- 1盘卷片(7.6米143拍) ：
1:10, 2B ；35mm银盐
收藏馆：缩微中心，国图

000O019383
陆士龙文集：十卷 / (晋)陆云撰
明正德十四年(1519)陆元大刻晋二俊文集本
1994年摄制. -- 1盘卷片(8米124拍) ： 1:10,
2B ；35mm银盐
收藏馆：缩微中心，国图

000O021976
陆士龙文集：十卷 / (晋)陆云撰
明(1368-1644)抄本. -- (清)孙原湘跋。
1995年摄制. -- 1盘卷片(7米118拍) ： 1:10,
2B ；35mm银盐
收藏馆：缩微中心，国图

000O014157
陆士龙文集：十卷 / (晋)陆云撰
明(1368-1644)汪士贤刻汉魏六朝二十名家集
本. -- 四库底本。
1992年摄制. -- 1盘卷片(8米138拍) ： 1:10,
2B ；35mm银盐
收藏馆：缩微中心，国图

00O004412
支道林集：一卷 / (晋)释支遁撰
明嘉靖十九年(1540)皇甫涍刻本
1986年摄制. -- 1盘卷片(3.2米38拍) ：
1:10, 2B ；35mm银盐
收藏馆：缩微中心，国图

00O013353
支道林集：一卷 / (晋)释支遁撰；(明)皇甫涍辑.
外集：一卷 / (明)史玄辑
明末(1621-1644)吴家騆刻本. -- (清)吴仰贤
跋。
1991年摄制. -- 1盘卷片(4米40拍) ： 1:10,
2B ；35mm银盐
收藏馆：缩微中心，国图

00O004541
陶渊明集：十卷 / (晋)陶潜撰
清(1644-1911)影宋(960-1279)抄本
1987年摄制. -- 1盘卷片(7米127拍) ： 1:10,
2B ；35mm银盐
收藏馆：缩微中心，国图

00O026102
陶渊明文集：十卷 / (晋)陶潜撰
清康熙三十三年(1694)汲古阁刻本
1996年摄制. -- 1盘卷片(9米197拍) ： 1:10,
2B ；35mm银盐
收藏馆：缩微中心，河南

00O013510
陶渊明集：十卷 / (晋)陶潜撰
清(1644-1911)周锡瓒抄本. -- (清)周锡瓒
校。
1991年摄制. -- 1盘卷片(7米112拍) ： 1:10,
2B ；35mm银盐
收藏馆：缩微中心，国图

00O027399
陶渊明集：十卷附录二卷 / (晋)陶潜撰
明(1368-1644)刻本. -- (清)段玉裁批校。
1996年摄制. -- 1盘卷片(9米164拍) ： 1:10,
2B ；35mm银盐
收藏馆：缩微中心，南京

00O017062
陶渊明集：八卷 / (晋)陶潜撰
明嘉靖二十九年(1550)怀易堂刻本
1993年摄制. -- 1盘卷片(7米103拍) ： 1:10,
2B ；35mm银盐
收藏馆：缩微中心，国图

00O008646
陶渊明集：八卷 / (晋)陶潜撰
明末(1621-1644)乐愚堂刻本
1988年摄制. -- 1盘卷片(12米213拍) ：
1:10, 2B ；35mm银盐
收藏馆：缩微中心，山东

00O025938
陶靖节先生集：八卷附录一卷 / (晋)陶潜撰
明(1368-1644)刻本. -- (清)丁丙跋。
1996年摄制. -- 1盘卷片(7米118拍) ： 1:10,
2B ；35mm银盐
收藏馆：缩微中心，南京

00O022467
陶渊明集：八卷首一卷 / (晋)陶潜撰
清光绪五年(1879)广州翰墨园刻本. -- 章炳
麟批。
1995年摄制. -- 1盘卷片(8.5米147拍) ：
1:10, 2B ；35mm银盐
收藏馆：缩微中心，南京

00O027394
陶渊明集：八卷首一卷末一卷 / (晋)陶潜撰
清光绪五年(1879)广州翰墨园刻套印本. --
章炳麟批。
1996年摄制. -- 1盘卷片(8米147拍) ： 1:10,
2B ；35mm银盐
收藏馆：缩微中心，南京

00O021638
陶靖节集：六卷 / (晋)陶潜撰
明(1368-1644)刻本. -- 佚名录(清)何焯批
校。
1995年摄制. -- 1盘卷片(7米96拍) ： 1:10,
2B ；35mm银盐
收藏馆：缩微中心，国图

00O017054
陶渊明全集：四卷 / (晋)陶潜撰
明(1368-1644)刻本. -- (清)王仲甫跋。
1993年摄制. -- 1盘卷片(6米74拍) ： 1:10,
2B ；35mm银盐
收藏馆：缩微中心，国图

00O007970
陶靖节集：二卷 / (晋)陶潜撰
明(1368-1644)何湛之刻本
1988年摄制. -- 1盘卷片(8米131拍) ： 1:10,
2B ；35mm银盐
收藏馆：缩微中心，湖南

00O004961

陶靖节集：十卷总论一卷 / (晋)陶潜撰；(宋)汤汉笺注

明嘉靖二十五年(1546)蒋孝刻本

1987年摄制. -- 1盘卷片(10米199拍) ：1:10, 2B ；35mm银盐

收藏馆：缩微中心，国图

00O017670

陶靖节集：十卷总论一卷 / (晋)陶潜撰；(宋)汤汉笺注

明嘉靖二十五年(1546)蒋孝刻本

1993年摄制. -- 1盘卷片(10米175拍) ：1:10, 2B ；35mm银盐

收藏馆：缩微中心，国图

00O020409

陶靖节集：十卷总论一卷 / (晋)陶潜撰；(宋)汤汉笺注

明嘉靖二十七年(1548)张存诚九江郡斋刻本

1994年摄制. -- 1盘卷片(11米178拍) ：1:10, 2B ；35mm银盐

收藏馆：缩微中心，国图

00O004542

陶靖节集：十卷总论一卷 / (晋)陶潜撰；(宋)汤汉笺注

明万历四年(1576)周敬松刻本

1987年摄制. -- 1盘卷片(11米223拍) ：1:10, 2B ；35mm银盐

收藏馆：缩微中心，国图

00O005981

陶靖节集：十卷总论一卷 / (晋)陶潜撰；(宋)汤汉笺注

明万历四年(1576)周敬松刻本. -- (清)吴骞批。

1986年摄制. -- 1盘卷片(10.7米218拍) ：1:10, 2B ；35mm银盐

收藏馆：缩微中心，国图

00O018464

陶靖节集：十卷 / (晋)陶潜撰；(宋)汤汉笺注

明万历四年(1576)周敬松刻本. -- 徐汤殷跋。

1993年摄制. -- 1盘卷片(11米189拍) ：1:10, 2B ；35mm银盐

收藏馆：缩微中心，国图

00O007855

陶靖节集：十卷总论一卷 / (晋)陶潜撰；(宋)汤汉笺注

明万历七年(1579)休阳程氏刻本

1987年摄制. -- 1盘卷片(9.5米187拍) ：1:9, 2B ；35mm银盐

收藏馆：缩微中心，重庆

00O022471

陶靖节集：十卷 / (晋)陶潜撰

明万历七年(1579)蔡汝贤刻本

1995年摄制. -- 1盘卷片(8.5米147拍) ：1:10, 2B ；35mm银盐

收藏馆：缩微中心，南京

00O010620

陶靖节集：十卷总论一卷 / (晋)陶潜撰；(宋)汤汉笺注

明万历十五年(1587)休阳程氏刻本

1989年摄制. -- 1盘卷片(11米217拍) ：1:10, 2B ；35mm银盐

收藏馆：缩微中心，浙江

00O011181

陶靖节集：十卷总论一卷 / (晋)陶潜撰；(宋)汤汉笺注

明万历(1573-1620)刻本

1989年摄制. -- 1盘卷片(10米200拍) ：1:10, 2B ；35mm银盐

收藏馆：缩微中心，山东

00O027457

陶靖节集：十卷总论一卷 / (晋)陶潜撰；(宋)汤汉笺注

明天启七年(1627)马之升刻本

1996年摄制. -- 1盘卷片(10米196拍) ：1:10, 2B ；35mm银盐

收藏馆：缩微中心，南京

00O001920

陶靖节集：十卷总论一卷 / (晋)陶潜撰；(宋)汤汉笺注

明(1368-1644)刻本

1986年摄制. -- 1盘卷片(11米208拍) ：1:10, 2B ；35mm银盐

收藏馆：缩微中心，国图

00O003578

陶靖节集：十卷总论一卷 / (晋)陶潜撰；(宋)汤汉笺注

明(1368-1644)刻本

1985年摄制. -- 1盘卷片(10米202拍) ：1:10, 2B ；35mm银盐

收藏馆：缩微中心，国图

00O005379

陶靖节集：十卷总论一卷 / (晋)陶潜撰；(宋)汤

汉笺注

明(1368-1644)刻本

1986年摄制. -- 1盘卷片(10米193拍) :
1:10, 2B ; 35mm银盐

收藏馆：缩微中心，国图

000O005729

陶靖节集：十卷总论一卷 / (晋)陶潜撰；(宋)汤
汉笺注

明(1368-1644)刻本

1987年摄制. -- 1盘卷片(10米200拍) :
1:10, 2B ; 35mm银盐

收藏馆：缩微中心，国图

000O017680

陶靖节集：十卷总论一卷 / (晋)陶潜撰；(宋)汤
汉笺注

明(1368-1644)刻本

1993年摄制. -- 1盘卷片(10米175拍) :
1:10, 2B ; 35mm银盐

收藏馆：缩微中心，国图

000O017681

陶靖节集：十卷总论一卷 / (晋)陶潜撰；(宋)汤
汉笺注

明(1368-1644)刻本

1993年摄制. -- 1盘卷片(10米168拍) :
1:10, 2B ; 35mm银盐

收藏馆：缩微中心，国图

000O018432

陶靖节集：十卷总论一卷 / (晋)陶潜撰；(宋)汤
汉笺注

明(1368-1644)刻本

1993年摄制. -- 1盘卷片(10米178拍) :
1:10, 2B ; 35mm银盐

收藏馆：缩微中心，国图

000O021099

陶靖节集：十卷总论一卷 / (晋)陶潜撰；(宋)汤
汉笺注

明(1368-1644)刻本. -- 存四卷：卷一至卷
四。

1994年摄制. -- 1盘卷片(7米99拍) : 1:10,
2B ; 35mm银盐

收藏馆：缩微中心，国图

000O003084

陶靖节先生集：十卷附录一卷 / (晋)陶潜撰；
(宋)汤汉笺注

明万历四十二年(1614)刻本. -- (清)孙淇校
补，(清)王元让跋。

1986年摄制. -- 1盘卷片(11.2米230拍) :

1:10, 2B ; 35mm银盐

收藏馆：缩微中心，国图

000O022575

陶靖节先生集：十卷附录一卷 / (晋)陶潜撰；
(宋)汤汉笺注

明万历四十二年(1614)刻本

1995年摄制. -- 1盘卷片(12米231拍) :
1:10, 2B ; 35mm银盐

收藏馆：缩微中心，襄阳

000O006651

陶渊明集：十卷附录一卷 / (晋)陶潜撰；(宋)汤
汉笺注

明(1368-1644)弹琴室刻本

1987年摄制. -- 1盘卷片(9米161拍) : 1:10,
2B ; 35mm银盐

收藏馆：缩微中心，国图

000O017074

陶渊明集：十卷附录一卷 / (晋)陶潜撰；(宋)汤
汉笺注

明(1368-1644)弹琴室刻本

1993年摄制. -- 1盘卷片(9米157拍) : 1:10,
2B ; 35mm银盐

收藏馆：缩微中心，国图

000O015424

陶靖节集：十卷 / (晋)陶潜撰；(宋)汤汉笺注 . 总
论：一卷；年谱：一卷 / (宋)吴仁杰撰

明(1368-1644)刻本

1992年摄制. -- 1盘卷片(11米220拍) :
1:10, 2B ; 35mm银盐

收藏馆：缩微中心，国图

000O003738

笺注陶渊明集：十卷 / (晋)陶潜撰；(宋)汤汉笺
注 . 总论：一卷 / (宋)李公焕辑

明(1368-1644)刻本

1985年摄制. -- 1盘卷片(10.3米207拍) :
1:10, 2B ; 35mm银盐

收藏馆：缩微中心，国图

000O017669

笺注陶渊明集：十卷 / (晋)陶潜撰；(宋)汤汉笺
注 . 总论：一卷 / (宋)李公焕辑

明(1368-1644)刻本

1993年摄制. -- 1盘卷片(11米187拍) :
1:10, 2B ; 35mm银盐

收藏馆：缩微中心，国图

000O017052

陶靖节集：八卷总论一卷 / (晋)陶潜撰；(宋)汤

汉笺注

明(1368-1644)凌濛初刻套印本

1993年摄制. -- 1盘卷片(7米113拍) ：1:10,
2B ；35mm银盐

收藏馆：缩微中心，国图

000O020599

陶靖节集：八卷总论一卷 / (晋)陶潜撰；(宋)汤
汉笺注

明(1368-1644)凌濛初刻套印本

1994年摄制. -- 1盘卷片(7米113拍) ：1:10,
2B ；35mm银盐

收藏馆：缩微中心，国图

000O031945

陶靖节集：八卷总论一卷 / (晋)陶潜撰；(宋)汤
汉笺注

明(1368-1644)凌濛初刻套印本

2010年摄制. -- 1盘卷片(9米137拍) ：1:12,
2B ；35mm银盐

收藏馆：缩微中心，国图

000O026666

陶靖节集：十卷 / (晋)陶潜撰；(明)何孟春注

明正德十三年(1518)刻本

1996年摄制. -- 1盘卷片(9.3米173拍) ：
1:10, 2B ；35mm银盐

收藏馆：缩微中心，福建

000O026670

陶靖节集：十卷 / (晋)陶潜撰；(明)何孟春注

明嘉靖二年(1523)范永銮重刻本. -- (清)蒋
玢跋。

1996年摄制. -- 1盘卷片(9.1米167拍) ：
1:10, 2B ；35mm银盐

收藏馆：缩微中心，福建

000O010621

陶靖节集：十卷 / (晋)陶潜撰；(明)何孟春注

明(1368-1644)绵眇阁刻本

1989年摄制. -- 1盘卷片(11米213拍) ：
1:10, 2B ；35mm银盐

收藏馆：缩微中心，浙江

000O017082

陶靖节集：十卷 / (晋)陶潜撰；(宋)汤汉笺注

明嘉靖二十七年(1548)江州郡斋刻本. -- 存
七卷：卷四至卷十。

1993年摄制. -- 1盘卷片(6米99拍) ：1:10,
2B ；35mm银盐

收藏馆：缩微中心，国图

000O009266

陶靖节集：十卷首一卷 / (晋)陶潜撰；(清)陶澍
集注

清(1644-1911)抄本. -- 存二卷：卷三至卷
四。

1988年摄制. -- 1盘卷片(11米210拍) ：
1:10, 2B ；35mm银盐

收藏馆：缩微中心，湖南

000O016098

陶渊明集：十卷存疑一卷附录一卷 / (晋)陶潜撰

清同治十二年(1873)刘履芬抄本

1993年摄制. -- 1盘卷片(5米76拍) ：1:10,
2B ；35mm银盐

收藏馆：缩微中心，国图

000O015104

陶靖节集：诗一卷文一卷 / (晋)陶潜撰. 总评：一
卷参疑一卷杂附一卷集圣贤群辅录一卷 / (明)
毛晋撰

明天启五年(1625)毛氏绿君亭刻本

1992年摄制. -- 1盘卷片(11米202拍) ：
1:10, 2B ；35mm银盐

收藏馆：缩微中心，国图

000O027395

陶元亮诗：四卷 / (晋)陶潜撰；(明)黄文焕注

明末(1621-1644)刻本. -- (清)萧梦松跋。

1996年摄制. -- 1盘卷片(8米141拍) ：1:10,
2B ；35mm银盐

收藏馆：缩微中心，南京

000O016069

陶诗集注：四卷 / (清)詹夔锡撰. 东坡和陶诗：
一卷 / (宋)苏轼撰

清康熙三十三年(1694)詹氏宝墨堂刻本. --
章钰校并跋。

1993年摄制. -- 1盘卷片(9米146拍) ：1:10,
2B ；35mm银盐

收藏馆：缩微中心，国图

000O000514

陶诗汇注：四卷首一卷末一卷 / (清)吴瞻泰辑.
论陶：一卷 / (清)吴菘撰

清康熙四十四年(1705)程釜刻本

1985年摄制. -- 1盘卷片(8.2米159拍) ：
1:10, 2B ；35mm银盐

收藏馆：缩微中心，国图

000O018735

陶诗汇注：四卷首一卷末一卷 / (清)吴瞻泰辑.
论陶：一卷 / (清)吴菘撰

清康熙四十四年(1705)程釜刻本

1994年摄制. -- 1盘卷片(9米143拍) : 1:10,
2B ; 35mm银盐
收藏馆：缩微中心，国图

00O017257
陶诗衍：二卷 / (明)陈龙正辑
明崇祯十六年(1643)刻本
1993年摄制. -- 1盘卷片(7米115拍) : 1:10,
2B ; 35mm银盐
收藏馆：缩微中心，天津

000O009705
陶诗本义：四卷 / (晋)陶潜撰；(清)马墣辑注
清乾隆三十五年(1770)与善堂刻本
1988年摄制. -- 1盘卷片(5米114拍) : 1:10,
2B ; 35mm银盐
收藏馆：缩微中心，湖北

000O028604
陈兰甫先生陶诗编年：一卷 / (晋)陶潜撰；(清)
陈澧编年
清(1644-1911)抄本. -- (清)陈澧朱笔校点。
1998年摄制. -- 1盘卷片(6米90拍) : 1:10,
2B ; 35mm银盐
收藏馆：缩微中心，广东

000O007198
谢康乐集：四卷 / (南朝宋)谢灵运撰
明(1368-1644)刻本
1987年摄制. -- 1盘卷片(8米146拍) : 1:10,
2B ; 35mm银盐
收藏馆：缩微中心，山东

000O008993
谢康乐集：四卷 / (南朝宋)谢灵运撰
明万历(1573-1620)刻本. -- 武昌徐氏依沈启
原本校。
1988年摄制. -- 1盘卷片(9米145拍) : 1:10,
2B ; 35mm银盐
收藏馆：缩微中心，湖北

000O000446
谢康乐集：四卷 / (南朝宋)谢灵运撰；(明)沈启
原辑
明万历十一年(1583)沈启原刻本
1985年摄制. -- 1盘卷片(7米124拍) : 1:10,
2B ; 35mm银盐
收藏馆：缩微中心，国图

000O003831
鲍氏集：十卷 / (南朝宋)鲍照撰
明正德(1506-1521)朱应登刻本. -- 佚名录
(清)钱曾校，瞿熙邦校并跋。

1985年摄制. -- 1盘卷片(5米109拍) : 1:10,
2B ; 35mm银盐
收藏馆：缩微中心，国图

00O002129
鲍氏集：十卷 / (南朝宋)鲍照撰
明正德五年(1510)朱应登刻本. -- (清)周星
诒校并跋。
1986年摄制. -- 1盘卷片(7米117拍) : 1:10,
2B ; 35mm银盐
收藏馆：缩微中心，国图

000O020014
鲍氏集：十卷 / (南朝宋)鲍照撰
清初(1644-1722)毛氏汲古阁影宋(960-1279)
抄本
1994年摄制. -- 1盘卷片(7米99拍) : 1:10,
2B ; 35mm银盐
收藏馆：缩微中心，国图

000O003059
鲍氏集：十卷 / (南朝宋)鲍照撰
清(1644-1911)抄本
1986年摄制. -- 1盘卷片(7米114拍) : 1:10,
2B ; 35mm银盐
收藏馆：缩微中心，国图

000O020106
鲍氏集：八卷 / (南朝宋)鲍照撰
明嘉靖(1522-1566)刻六朝诗集本. -- (清)何
煌校。
1994年摄制. -- 1盘卷片(5米64拍) : 1:10,
2B ; 35mm银盐
收藏馆：缩微中心，国图

000O004962
谢朓集：五卷 / (齐)谢朓撰
明嘉靖十六年(1537)黎晨刻本
1987年摄制. -- 1盘卷片(5米65拍) : 1:10,
2B ; 35mm银盐
收藏馆：缩微中心，国图

000O016671
谢朓集：五卷 / (齐)谢朓撰
明嘉靖十六年(1537)黎晨刻本
1993年摄制. -- 1盘卷片(4米53拍) : 1:10,
2B ; 35mm银盐
收藏馆：缩微中心，国图

000O016413
谢宣城集：五卷首一卷 / (齐)谢朓撰
明万历七年(1579)史元熙览翠亭刻本
1993年摄制. -- 1盘卷片(5米108拍) : 1:10,

2B ；35mm银盐
收藏馆：缩微中心，国图

00O025497
谢宣城集：六卷首一卷 / (齐)谢朓撰
清康熙四十六年(1707)郭威剑鐾轩刻本
1996年摄制. -- 1盘卷片(7米114拍) ：1:10,
2B ；35mm银盐
收藏馆：缩微中心，国图

00O005982
谢宣城诗集：五卷 / (齐)谢朓撰
清康熙四十九年(1710)蒋杲抄本. -- (清)韩
应陛跋，(清)蒋杲跋并录(清)何焯校。
1986年摄制. -- 1盘卷片(5米72拍) ：1:10,
2B ；35mm银盐
收藏馆：缩微中心，国图

00O000490
谢宣城诗集：五卷 / (齐)谢朓撰
清嘉庆元年(1796)吴氏拜经楼刻本. -- 傅增
湘校跋并录(清)马曰璐题识。
1985年摄制. -- 1盘卷片(5.1米84拍) ：
1:10, 2B ；35mm银盐
收藏馆：缩微中心，国图

00O015105
谢宣城诗集：五卷 / (齐)谢朓撰
清嘉庆元年(1796)吴氏拜经楼刻本. -- (清)
王芑孙批点并跋。
1992年摄制. -- 1盘卷片(5米72拍) ：1:10,
2B ；35mm银盐
收藏馆：缩微中心，国图

00O001594
谢宣城诗集：五卷 / (齐)谢朓撰
清(1644-1911)影宋(960-1279)抄本
1986年摄制. -- 1盘卷片(5.1米84拍) ：
1:10, 2B ；35mm银盐
收藏馆：缩微中心，国图

00O001426
沈隐侯集：四卷 / (梁)沈约撰；(明)沈启原辑
明万历十三年(1585)沈启原刻本
1985年摄制. -- 1盘卷片(12.2米252拍) ：
1:10, 2B ；35mm银盐
收藏馆：缩微中心，国图

00O003905
沈隐侯集：四卷 / (梁)沈约撰；(明)沈启原辑
明万历十三年(1585)沈启原刻本
1986年摄制. -- 1盘卷片(10米196拍) ：
1:10, 2B ；35mm银盐

收藏馆：缩微中心，国图

00O004545
沈隐侯集：四卷 / (梁)沈约撰；(明)沈启原辑
明万历十三年(1585)沈启原刻本
1987年摄制. -- 1盘卷片(10米195拍) ：
1:10, 2B ；35mm银盐
收藏馆：缩微中心，国图

00O027397
沈隐侯集：四卷 / (梁)沈约撰；(明)沈启原辑
明万历十三年(1585)沈启原刻本. -- (清)朱
梓之跋。
1996年摄制. -- 1盘卷片(10米193拍) ：
1:10, 2B ；35mm银盐
收藏馆：缩微中心，南京

00O020886
沈休文集：五卷 / (梁)沈约撰
明万历(1573-1620)刻本
1994年摄制. -- 1盘卷片(12米212拍) ：
1:10, 2B ；35mm银盐
收藏馆：缩微中心，国图

00O007149
梁江文通集：十卷 / (梁)江淹撰；(明)胡之骥注
明万历二十六年(1598)刻本
1987年摄制. -- 1盘卷片(14.1米293拍) ：
1:10, 2B ；35mm银盐
收藏馆：缩微中心，重庆

00O024856
梁江文通集：十卷 / (梁)江淹撰；(明)胡之骥注
明万历二十六年(1598)刻本. -- (清)黄彭年
跋并录(清)郑簠题识，(清)丁丙跋。
1996年摄制. -- 1盘卷片(15米316拍) ：
1:10, 2B ；35mm银盐
收藏馆：缩微中心，南京

00O007430
醴陵集：十卷 / (梁)江淹撰
清乾隆(1736-1795)刻本
1987年摄制. -- 1盘卷片(10米190拍) ：
1:10, 2B ；35mm银盐
收藏馆：缩微中心，吉林市

00O004178
江文通文集：十卷 / (梁)江淹撰
明(1368-1644)汪士贤刻汉魏六朝名家集
本. -- 伦明校并跋。
1986年摄制. -- 1盘卷片(9米165拍) ：1:10,
2B ；35mm银盐
收藏馆：缩微中心，国图

00〇018441
梁江文通文集：十卷 / (梁)江淹撰
明(1368-1644)抄本
1993年摄制. -- 1盘卷片(9米140拍) : 1:10,
2B ; 35mm银盐
收藏馆：缩微中心，国图

00〇001421
华阳陶隐居集：二卷 / (梁)陶弘景撰
明末(1621-1644)毛氏汲古阁刻本
1985年摄制. -- 1盘卷片(3.4米44拍) :
1:10, 2B ; 35mm银盐
收藏馆：缩微中心，国图

00〇024112
贞白先生陶隐居集：二卷 / (梁)陶弘景撰
清(1644-1911)抄本. -- 缪荃孙校并跋。
1996年摄制. -- 1盘卷片(4米70拍) :
2B ; 35mm银盐
收藏馆：缩微中心，湖北

00〇017822
梁陶贞白先生文集：二卷 / (梁)陶弘景撰
明嘉靖三十一年(1552)黄注刻本. -- 存一
卷：卷二。郑振铎跋。
1993年摄制. -- 1盘卷片(4米35拍) : 1:10,
2B ; 35mm银盐
收藏馆：缩微中心，国图

00〇014414
梁昭明太子文集：五卷 / (梁)萧统撰
明嘉靖三十四年(1555)周满刻本
1992年摄制. -- 1盘卷片(6米69拍) : 1:10,
2B ; 35mm银盐
收藏馆：缩微中心，国图

00〇025951
何水部集：三卷 / (梁)何逊撰. 阴常侍集：一卷
清(1644-1911)抄本. -- (明)文嘉、(清)丁丙跋。
1996年摄制. -- 1盘卷片(5米67拍) : 1:10,
2B ; 35mm银盐
收藏馆：缩微中心，南京

00〇011579
徐孝穆全集：六卷 / (陈)徐陵撰；(清)吴兆宜笺注
清康熙(1662-1722)吴兆宜宝翰刻本. -- (清)
彭元瑞校。
1989年摄制. -- 1盘卷片(14米259拍) :
1:10, 2B ; 35mm银盐
收藏馆：缩微中心，湖北

00〇009559
庾子山集：十六卷 / (北周)庾信撰
清初(1644-1722)刻本
1988年摄制. -- 2盘卷片(43米930拍) :
1:10, 2B ; 35mm银盐
收藏馆：缩微中心，吉林市

00〇003984
庾开府诗集：四卷 / (北周)庾信撰
明正德十六年(1521)朱承爵存余堂刻本
1986年摄制. -- 1盘卷片(5米68拍) : 1:10,
2B ; 35mm银盐
收藏馆：缩微中心，国图

00〇003457
庾开府诗集：四卷 / (北周)庾信撰
明正德十六年(1521)朱承爵存余堂刻本
1986年摄制. -- 1盘卷片(5米67拍) : 1:10,
2B ; 35mm银盐
收藏馆：缩微中心，国图

00〇026768
庾开府诗集：六卷 / (北周)庾信撰
明(1368-1644)朱曰藩刻本. -- (清)丁丙跋。
1996年摄制. -- 1盘卷片(8米121拍) : 1:10,
2B ; 35mm银盐
收藏馆：缩微中心，南京

唐五代之属

00〇004598
虞世南集：一卷 / (唐)虞世南撰
明(1368-1644)铜活字印本
1987年摄制. -- 1盘卷片(3米25拍) : 1:10,
2B ; 35mm银盐
收藏馆：缩微中心，国图

00〇029820
虞世南集：一卷 / (唐)虞世南撰
明(1368-1644)铜活字印本
2001年摄制. -- 1盘卷片(3米25拍) : 1:10,
2B ; 35mm银盐
收藏馆：缩微中心，国图

00〇014356
东皋子集：三卷附录一卷 / (唐)王绩撰
明崇祯(1628-1644)刻本. -- (清)黄丕烈、
(清)李芝绶跋。
1992年摄制. -- 1盘卷片(6米87拍) : 1:10,
2B ; 35mm银盐
收藏馆：缩微中心，国图

00O000809
东皋子集：三卷附录一卷 / (唐)王绩撰
明(1368-1644)刻本
1985年摄制. -- 1盘卷片(5米72拍) ：1:10,
2B ；35mm银盐
收藏馆：缩微中心，国图

00O005946
王无功文集：五卷 / (唐)王绩撰
清同治四年(1865)陈氏晚晴轩抄本
1987年摄制. -- 1盘卷片(5.1米85拍) ：
1:10, 2B ；35mm银盐
收藏馆：缩微中心，国图

00O018818
王无功文集：五卷补遗一卷附录一卷 / (唐)王绩
撰 . 沈云卿文集：五卷补遗一卷 / (唐)沈佺期撰
清(1644-1911)李氏研录山房抄本
1994年摄制. -- 1盘卷片(9米155拍) ：1:10,
2B ；35mm银盐
收藏馆：缩微中心，国图

00O004521
许敬宗集：一卷 / (唐)许敬宗撰
明(1368-1644)铜活字印本
1987年摄制. -- 1盘卷片(3米24拍) ：1:10,
2B ；35mm银盐
收藏馆：缩微中心，国图

00O004601
唐太宗皇帝集：二卷 / (唐)太宗李世民撰
明(1368-1644)铜活字印本
1986年摄制. -- 1盘卷片(3米34拍) ：1:10,
2B ；35mm银盐
收藏馆：缩微中心，国图

00O019609
唐太宗集：二卷 / (唐)太宗李世民撰
清(1644-1911)胡介祉谷园刻本
1994年摄制. -- 1盘卷片(4米39拍) ：1:10,
2B ；35mm银盐
收藏馆：缩微中心，国图

00O015233
寒山子诗集：一卷 / (唐)释寒山子撰 . 拾得诗：
一卷 / (唐)释拾得撰
明万历七年(1579)计谦亨刻本
1992年摄制. -- 1盘卷片(5米76拍) ：1:10,
2B ；35mm银盐
收藏馆：缩微中心，国图

00O016677
寒山子诗集：一卷 / (唐)释寒山子撰

明(1368-1644)刻本
1993年摄制. -- 1盘卷片(5米69拍) ：1:10,
2B ；35mm银盐
收藏馆：缩微中心，国图

00O026696
寒山诗集：五卷 / (唐)释寒山子撰 . 拾得丰干诗：
一卷 / (唐)释丰干,(唐)释拾得撰
明万历二十七年(1599)朱世椿刻本
1996年摄制. -- 1盘卷片(5.8米95拍) ：
1:10, 2B ；35mm银盐
收藏馆：缩微中心，福建

00O001870
寒山诗：一卷 / (唐)释寒山子撰 . 天台山国清禅
寺三隐集记：一卷 / (宋)释志南撰 . 慈受深和尚
拟寒山诗：一卷 / (宋)释怀深撰
朝鲜刻本. -- 还有合刻著作：丰干拾得诗一
卷 / (唐)释丰干、(唐)释拾得撰。(清)黄丕烈
跋。
1986年摄制. -- 1盘卷片(7米117拍) ：1:10,
2B ；35mm银盐
收藏馆：缩微中心，国图

00O002839
卢照邻集：二卷 / (唐)卢照邻撰
明(1368-1644)铜活字印本
1986年摄制. -- 1盘卷片(4米57拍) ：1:10,
2B ；35mm银盐
收藏馆：缩微中心，国图

00O004906
卢照邻集：二卷 / (唐)卢照邻撰
明(1368-1644)铜活字印本
1987年摄制. -- 1盘卷片(4米57拍) ：1:10,
2B ；35mm银盐
收藏馆：缩微中心，国图

00O019541
卢照邻诗：一卷 / (唐)卢照邻撰
明(1368-1644)活字印本
1994年摄制. -- 1盘卷片(4米42拍) ：1:10,
2B ；35mm银盐
收藏馆：缩微中心，国图

00O022177
卢照邻诗集：一卷 / (唐)卢照邻撰
明嘉靖二十七年(1548)张明刻唐四杰集本
1995年摄制. -- 1盘卷片(7米113拍) ：1:10,
2B ；35mm银盐
收藏馆：缩微中心，国图

00O021777
幽忧子集：七卷附录一卷 / (唐)卢照邻撰
明崇祯十三年(1640)张燮曹荃刻初唐四子集本
1995年摄制. -- 1盘卷片(8米116拍) : 1:10,
2B ; 35mm银盐
收藏馆：缩微中心，国图

00O009855
类选注释骆丞全：四卷 / (唐)骆宾王撰；(明)顾从敬辑；(明)陈继儒注
明(1368-1644)刻本
1989年摄制. -- 1盘卷片(17米356拍) :
1:10, 2B ; 35mm银盐
收藏馆：缩微中心，浙江

00O003292
骆宾王集：二卷 / (唐)骆宾王撰
明(1368-1644)铜活字印本
1986年摄制. -- 1盘卷片(7米89拍) : 1:10,
2B ; 35mm银盐
收藏馆：缩微中心，国图

00O004712
骆宾王集：二卷 / (唐)骆宾王撰
明(1368-1644)铜活字印本
1986年摄制. -- 1盘卷片(4.2米72拍) :
1:10, 2B ; 35mm银盐
收藏馆：缩微中心，国图

00O013888
新刊骆子集注：四卷 / (唐)骆宾王撰；(明)陈魁士注
明万历七年(1579)刘大烈[等]刻本
1992年摄制. -- 1盘卷片(15米287拍) :
1:10, 2B ; 35mm银盐
收藏馆：缩微中心，国图

00O019071
新刊骆子集注：四卷 / (唐)骆宾王撰；(明)陈魁士注
明万历七年(1579)刘大烈[等]刻本
1994年摄制. -- 1盘卷片(15米287拍) :
1:10, 2B ; 35mm银盐
收藏馆：缩微中心，国图

00O017818
重订骆丞集：六卷 / (唐)骆宾王撰；(明)黄兰芳评注
明万历三十年(1602)刻本
1993年摄制. -- 1盘卷片(10米182拍) :
1:10, 2B ; 35mm银盐
收藏馆：缩微中心，国图

00O031916
唐骆先生集：八卷 / (唐)骆宾王撰；(明)王衡[等]评
明(1368-1644)凌毓枏刻套印本
2010年摄制. -- 1盘卷片(12米197拍) :
1:11, 2B ; 35mm银盐
收藏馆：缩微中心，国图

00O022470
新刻注释骆丞集：十卷 / (唐)骆宾王撰
明万历(1573-1620)林绍刻本
1995年摄制. -- 1盘卷片(9米160拍) : 1:10,
2B ; 35mm银盐
收藏馆：缩微中心，南京

00O009048
骆临海集：十卷 / (唐)骆宾王撰
清康熙四十六年(1707)黄之琦觉非斋刻本
1988年摄制. -- 1盘卷片(10米200拍) :
1:10, 2B ; 35mm银盐
收藏馆：缩微中心，湖北

00O019570
骆丞文集：十卷 / (唐)骆宾王撰
明万历八年(1580)胡维新原一魁刻本
1994年摄制. -- 1盘卷片(7米110拍) : 1:10,
2B ; 35mm银盐
收藏馆：缩微中心，国图

00O026044
骆宾王文集：十卷 / (唐)骆宾王撰
明(1368-1644)刻本. -- (清)赵宗建校，(清)丁丙跋。
1990年摄制. -- 1盘卷片(7米115拍) : 1:10,
2B ; 35mm银盐
收藏馆：缩微中心，南京

00O007021
骆宾王文集：十卷 / (唐)骆宾王撰
明(1368-1644)刻本
1987年摄制. -- 1盘卷片(7米117拍) : 1:10,
2B ; 35mm银盐
收藏馆：缩微中心，国图

00O019850
唐骆先生文集：六卷 / (唐)骆宾王撰；(明)虞九章,(明)陆弘祚,(明)唐昌祚注释
明万历(1573-1620)刻本
1994年摄制. -- 1盘卷片(9米158拍) : 1:10,
2B ; 35mm银盐
收藏馆：缩微中心，国图

000O014597

新刻唐骆先生文集注释评林：六卷 / (唐)骆宾王撰；(明)虞九章,(明)陆弘祚,(明)唐昌祚注释
明万历(1573-1620)书林余仙源刻本
1992年摄制. -- 1盘卷片(7米107拍)：1:10,2B；35mm银盐
收藏馆：缩微中心，国图

000O002064

灵隐子：六卷 / (唐)骆宾王撰；(明)陈魁士注
明万历二十四年(1596)陈大科刻本
1986年摄制. -- 1盘卷片(13米274拍)：1:10, 2B；35mm银盐
收藏馆：缩微中心，国图

000O008831

灵隐子：六卷 / (唐)骆宾王撰；(明)陈魁士注
明万历二十四年(1596)陈大科刻本
1988年摄制. -- 1盘卷片(13米272拍)：1:10, 2B；35mm银盐
收藏馆：缩微中心，天津

000O028897

刻梅太史评释骆宾王文抄神驹：四卷 / (唐)骆宾王撰；(明)梅之焕释
明万历三十五年(1607)闽书林刘大易刻本
1990年摄制. -- 1盘卷片(9米162拍)：1:10,2B；35mm银盐
收藏馆：缩微中心，南京

000O003354

鼎镌施会元评注选辑唐骆宾王狐白：三卷 / (唐)骆宾王撰；(明)施凤来评注
明万历(1573-1620)余文杰自新斋刻本
1986年摄制. -- 1盘卷片(8米147拍)：1:10,2B；35mm银盐
收藏馆：缩微中心，国图

000O007023

李峤集：三卷 / (唐)李峤撰
明嘉靖三十三年(1554)黄氏浮玉山房刻唐诗二十六家本
1987年摄制. -- 1盘卷片(4米59拍)：1:10,2B；35mm银盐
收藏馆：缩微中心，国图

000O004779

李峤集：三卷 / (唐)李峤撰
明(1368-1644)铜活字印本
1986年摄制. -- 1盘卷片(5米67拍)：1:10,2B；35mm银盐
收藏馆：缩微中心，国图

000O029816

李峤集：三卷 / (唐)李峤撰
明(1368-1644)铜活字印本. -- 存二卷：卷上、卷中。
2001年摄制. -- 1盘卷片(4米44拍)：1:10,2B；35mm银盐
收藏馆：缩微中心，国图

000O004759

杜审言集：二卷 / (唐)杜审言撰
明(1368-1644)铜活字印本
1987年摄制. -- 1盘卷片(3米26拍)：1:10,2B；35mm银盐
收藏馆：缩微中心，国图

000O020785

杜审言集：二卷 / (唐)杜审言撰
明(1368-1644)铜活字印本
1994年摄制. -- 1盘卷片(3米16拍)：1:10,2B；35mm银盐
收藏馆：缩微中心，国图

000O002837

王勃集：二卷 / (唐)王勃撰
明(1368-1644)铜活字印本
1986年摄制. -- 1盘卷片(4米55拍)：1:10,2B；35mm银盐
收藏馆：缩微中心，国图

000O004787

王勃集：二卷 / (唐)王勃撰
明(1368-1644)铜活字印本
1986年摄制. -- 1盘卷片(4米53拍)：1:10,2B；35mm银盐
收藏馆：缩微中心，国图

000O019471

王勃诗：一卷 / (唐)王勃撰
明(1368-1644)活字印本. -- (清)杨桐凤跋。
1994年摄制. -- 1盘卷片(4米39拍)：1:10,2B；35mm银盐
收藏馆：缩微中心，国图

000O001742

王子安集佚文：一卷 / (唐)王勃撰；罗振玉辑．校记：一卷 / 罗振玉撰
清(1644-1911)稿本
1986年摄制. -- 1盘卷片(3.2米38拍)：1:10,2B；35mm银盐
收藏馆：缩微中心，国图

000O002838

杨炯集：二卷 / (唐)杨炯撰

明(1368-1644)铜活字印本
1986年摄制. -- 1盘卷片(4米42拍) ： 1:10,
2B ； 35mm银盐
收藏馆：缩微中心，国图

明(1368-1644)刻本
1992年摄制. -- 1盘卷片(11.2米209拍) ：
1:10, 2B ； 35mm银盐
收藏馆：缩微中心，辽宁

00O004785
杨炯集：二卷 / (唐)杨炯撰
明(1368-1644)铜活字印本
1986年摄制. -- 1盘卷片(4米42拍) ： 1:10,
2B ； 35mm银盐
收藏馆：缩微中心，国图

00O003740
杨盈川集：十三卷 / (唐)杨炯撰；(明)张燮辑
清(1644-1911)文选阁抄本
1985年摄制. -- 1盘卷片(10.1米203拍) ：
1:10, 2B ； 35mm银盐
收藏馆：缩微中心，国图

000O029793
杨炯集：二卷 / (唐)杨炯撰
明(1368-1644)铜活字印本
2001年摄制. -- 1盘卷片(4米44拍) ： 1:10,
2B ； 35mm银盐
收藏馆：缩微中心，国图

00O004716
沈佺期集：四卷 / (唐)沈佺期撰
明(1368-1644)铜活字印本
1987年摄制. -- 1盘卷片(4米61拍) ： 1:10,
2B ； 35mm银盐
收藏馆：缩微中心，国图

000O029956
杨炯集：二卷 / (唐)杨炯撰
明(1368-1644)铜活字印本
2001年摄制. -- 1盘卷片(4米43拍) ： 1:10,
2B ； 35mm银盐
收藏馆：缩微中心，国图

00O005957
沈佺期集：四卷 / (唐)沈佺期撰
明(1368-1644)铜活字印本
1987年摄制. -- 1盘卷片(4米61拍) ： 1:10,
2B ； 35mm银盐
收藏馆：缩微中心，国图

000O007308
杨盈川集：十卷附录一卷 / (唐)杨炯撰；(明)童珮辑
明万历三年(1575)韩邦宪涂杰刻本
1987年摄制. -- 1盘卷片(9米183拍) ： 1:10,
2B ； 35mm银盐
收藏馆：缩微中心，国图

00O029792
沈佺期集：四卷 / (唐)沈佺期撰
明(1368-1644)铜活字印本
2001年摄制. -- 1盘卷片(4米60拍) ： 1:10,
2B ； 35mm银盐
收藏馆：缩微中心，国图

000O021990
杨盈川集：十卷附录一卷 / (唐)杨炯撰；(明)童珮辑
明万历三年(1575)韩邦宪涂杰刻本
1995年摄制. -- 1盘卷片(9米156拍) ： 1:10,
2B ； 35mm银盐
收藏馆：缩微中心，国图

00O018819
沈云卿文集：五卷补遗一卷 / (唐)沈佺期撰．王无功文集：五卷补遗一卷附录一卷 / (唐)王绩撰
清(1644-1911)李氏研录山房抄本
1994年摄制. -- 1盘卷片(4米42拍) ： 1:10,
2B ； 35mm银盐
收藏馆：缩微中心，国图

000O026767
杨盈川集：十卷附录一卷 / (唐)杨炯撰；(明)童珮辑
明万历三年(1575)韩邦宪涂杰刻本. -- (清)丁丙跋。
1996年摄制. -- 1盘卷片(9米173拍) ： 1:10,
2B ； 35mm银盐
收藏馆：缩微中心，南京

00O016285
宋之问集：二卷 / (唐)宋之问撰
明(1368-1644)崦西精舍刻本
1993年摄制. -- 1盘卷片(4米53拍) ： 1:10,
2B ； 35mm银盐
收藏馆：缩微中心，国图

000O014904
杨盈川集：十卷附录一卷 / (唐)杨炯撰

00O003262
宋之问集：二卷 / (唐)宋之问撰
明(1368-1644)刻本
1986年摄制. -- 1盘卷片(4.2米65拍) ：
1:10, 2B ； 35mm银盐

收藏馆：缩微中心，国图

00O006034
宋学士集：九卷附录一卷 / (唐)宋之问撰；(明)张燚辑
明崇祯(1628-1644)刻本
1987年摄制. -- 1盘卷片(10米196拍) ：
1:10，2B ；35mm银盐
收藏馆：缩微中心，国图

00O004790
陈子昂集：二卷 / (唐)陈子昂撰
明(1368-1644)铜活字印本
1986年摄制. -- 1盘卷片(4米46拍) ：1:10，
2B ；35mm银盐
收藏馆：缩微中心，国图

00O029863
陈子昂集：二卷 / (唐)陈子昂撰
明(1368-1644)铜活字印本
2001年摄制. -- 1盘卷片(4米48拍) ：1:10，
2B ；35mm银盐
收藏馆：缩微中心，国图

00O001812
子昂集：十卷附录一卷 / (唐)陈子昂撰
明嘉靖四十四年(1565)王廷刻本
1985年摄制. -- 1盘卷片(10.7米217拍) ：
1:10，2B ；35mm银盐
收藏馆：缩微中心，国图

00O014563
子昂集：十卷附录一卷 / (唐)陈子昂撰
明嘉靖四十四年(1565)王廷刻本
1992年摄制. -- 1盘卷片(11米220拍) ：
1:10，2B ；35mm银盐
收藏馆：缩微中心，国图

00O002942
陈伯玉文集：十卷附录一卷 / (唐)陈子昂撰
明弘治四年(1491)杨澄刻本
1986年摄制. -- 1盘卷片(11米208拍) ：
1:10，2B ；35mm银盐
收藏馆：缩微中心，国图

00O005907
陈伯玉文集：十卷 / (唐)陈子昂撰
明弘治四年(1491)杨澄刻本
1987年摄制. -- 1盘卷片(11米212拍) ：
1:10，2B ；35mm银盐
收藏馆：缩微中心，国图

00O005947
陈伯玉文集：十卷 / (唐)陈子昂撰
明弘治四年(1491)杨澄刻本
1987年摄制. -- 1盘卷片(11.2米230拍) ：
1:10，2B ；35mm银盐
收藏馆：缩微中心，国图

00O029837
陈伯玉文集：十卷 / (唐)陈子昂撰
明弘治四年(1491)杨澄刻本. -- (清)胡珽跋。
2001年摄制. -- 1盘卷片(12米226拍) ：
1:10，2B ；35mm银盐
收藏馆：缩微中心，国图

00O008701
陈伯玉文集：十卷附录一卷 / (唐)陈子昂撰；(明)杨春辑
明万历三十七年(1609)舒其志刻华崇印本
1987年摄制. -- 1盘卷片(17.7米377拍) ：
1:9，2B ；35mm银盐
收藏馆：缩微中心，重庆

00O007995
陈伯玉文集：十卷附录一卷 / (唐)陈子昂撰；(明)杨春辑
明万历三十七年(1609)舒其志刻李嵘慈印本
1988年摄制. -- 1盘卷片(15米304拍) ：
1:10，2B ；35mm银盐
收藏馆：缩微中心，湖南

00O023657
陈拾遗文集：十卷 / (唐)陈子昂撰
清(1644-1911)抄本
1995年摄制. -- 1盘卷片(14米266拍) ：
1:10，2B ；35mm银盐
收藏馆：缩微中心，浙江

00O004794
张说之集：八卷 / (唐)张说撰
明(1368-1644)铜活字印本
1986年摄制. -- 1盘卷片(6米104拍) ：1:10，
2B ；35mm银盐
收藏馆：缩微中心，国图

00O029789
张说之集：八卷 / (唐)张说撰
明(1368-1644)铜活字印本
2001年摄制. -- 1盘卷片(6米104拍) ：1:10，
2B ；35mm银盐
收藏馆：缩微中心，国图

00O005344
张说之文集：二十五卷 / (唐)张说撰
明嘉靖十六年(1537)伍氏龙池草堂刻本
1986年摄制. -- 1盘卷片(17米366拍) :
1:10, 2B ; 35mm银盐
收藏馆：缩微中心，国图

00O017564
张说之文集：二十五卷 / (唐)张说撰
明嘉靖十六年(1537)伍氏龙池草堂刻本
1993年摄制. -- 1盘卷片(17米333拍) :
1:10, 2B ; 35mm银盐
收藏馆：缩微中心，国图

00O004085
张说之文集：二十五卷 / (唐)张说撰
明嘉靖十六年(1537)伍氏龙池草堂刻万历十一
年(1583)项笃寿重修本
1986年摄制. -- 1盘卷片(17米362拍) :
1:10, 2B ; 35mm银盐
收藏馆：缩微中心，国图

00O004547
张说之文集：二十五卷 / (唐)张说撰
明嘉靖十六年(1537)伍氏龙池草堂刻万历
(1573-1620)重修本
1986年摄制. -- 1盘卷片(17米367拍) :
1:10, 2B ; 35mm银盐
收藏馆：缩微中心，国图

00O021996
张燕公集：二十五卷 / (唐)张说撰
清乾隆(1736-1795)武英殿聚珍版丛书活字印
本. -- (清)徐松校。
1995年摄制. -- 1盘卷片(19米367拍) :
1:10, 2B ; 35mm银盐
收藏馆：缩微中心，国图

00O004629
张说之文集：二十五卷 / (唐)张说撰
清(1644-1911)抄本. -- 存十卷：卷一至卷
十。
1987年摄制. -- 1盘卷片(7米105拍) : 1:10,
2B ; 35mm银盐
收藏馆：缩微中心，国图

00O021975
张说之文集：三十卷 / (唐)张说撰
明(1368-1644)抄本. -- 存二十卷：卷一至卷
二十。(清)彭元瑞跋。
1995年摄制. -- 1盘卷片(11米194拍) :
1:10, 2B ; 35mm银盐
收藏馆：缩微中心，国图

00O025499
张说之文集：二十五卷补遗五卷 / (唐)张说撰
清光绪三十一年(1905)仁和朱氏刻结一庐朱氏
剩余丛书本。 -- 王国维校。
1996年摄制. -- 1盘卷片(18米352拍) :
1:10, 2B ; 35mm银盐
收藏馆：缩微中心，国图

00O005958
张说之文集：三十卷补遗一卷 / (唐)张说撰
清(1644-1911)东武李氏研录山房抄本
1987年摄制. -- 1盘卷片(19米420拍) :
1:10, 2B ; 35mm银盐
收藏馆：缩微中心，国图

00O004781
苏廷硕集：二卷 / (唐)苏颋撰
明(1368-1644)铜活字印本
1987年摄制. -- 1盘卷片(3.2米39拍) :
1:10, 2B ; 35mm银盐
收藏馆：缩微中心，国图

00O029802
苏廷硕集：二卷 / (唐)苏颋撰
明(1368-1644)铜活字印本
2001年摄制. -- 1盘卷片(4米41拍) : 1:10,
2B ; 35mm银盐
收藏馆：缩微中心，国图

00O000571
张曲江集：二卷 / (唐)张九龄撰
明(1368-1644)刻二张集本
1985年摄制. -- 1盘卷片(5米73拍) : 1:10,
2B ; 35mm银盐
收藏馆：缩微中心，国图

00O004786
张九龄集：六卷 / (唐)张九龄撰
明(1368-1644)铜活字印本
1986年摄制. -- 1盘卷片(6米89拍) : 1:10,
2B ; 35mm银盐
收藏馆：缩微中心，国图

00O021992
张文献公集：十二卷 / (唐)张九龄撰
明嘉靖二十四年(1545)李而进刻递刻本
1995年摄制. -- 1盘卷片(14米266拍) :
1:10, 2B ; 35mm银盐
收藏馆：缩微中心，国图

00O009677
唐丞相曲江张先生文集：十二卷 / (唐)张九龄撰
明崇祯十一年(1638)刻本. -- 版框高二十一

厘米宽十四厘米。

1989年摄制. -- 1盘卷片(18米389拍)：
1:10，2B；35mm银盐

收藏馆：缩微中心，广东

00O010790

唐丞相曲江张文献公集：十二卷附录一卷；千秋金鉴录：五卷 / (唐)张九龄撰

清雍正(1723-1735)刻本

1989年摄制. -- 1盘卷片(24米498拍)：
1:10，2B；35mm银盐

收藏馆：缩微中心，天津

00O005746

张子寿文集：二十卷 / (唐)张九龄撰

明成化九年(1473)苏恭刻本

1987年摄制. -- 1盘卷片(13米267拍)：
1:10，2B；35mm银盐

收藏馆：缩微中心，国图

00O013160

唐丞相曲江张先生文集：二十卷 / (唐)张九龄撰

明嘉靖十五年(1536)湛若水刻本

1991年摄制. -- 1盘卷片(14.5米310拍)：
1:10，2B；35mm银盐

收藏馆：缩微中心，辽宁

00O006031

唐丞相曲江张先生文集：二十卷附录一卷 / (唐)张九龄撰

明(1368-1644)刻本

1987年摄制. -- 1盘卷片(15米322拍)：
1:10，2B；35mm银盐

收藏馆：缩微中心，国图

00O020715

唐丞相曲江张先生文集：二十卷附录一卷 / (唐)张九龄撰

明(1368-1644)刻本

1994年摄制. -- 1盘卷片(15米289拍)：
1:10，2B；35mm银盐

收藏馆：缩微中心，国图

00O017090

曲江张文献先生文集：十二卷附录一卷 / (唐)张九龄撰

明万历四十四年(1616)谢正蒙刻本

1993年摄制. -- 1盘卷片(18米363拍)：
1:10，2B；35mm银盐

收藏馆：缩微中心，国图

00O022459

唐张文献公曲江集：十二卷附录一卷 / (唐)张九

龄撰

明天启四年(1624)顾懋光刻本

1995年摄制. -- 1盘卷片(20米406拍)：
1:10，2B；35mm银盐

收藏馆：缩微中心，南京

00O004604

唐玄宗皇帝集：二卷 / (唐)玄宗李隆基撰

明(1368-1644)铜活字印本

1986年摄制. -- 1盘卷片(3米29拍)：1:10，2B；35mm银盐

收藏馆：缩微中心，国图

00O025684

孟浩然集：四卷 / (唐)孟浩然撰

明(1368-1644)刻本. -- (清)丁丙跋。

1996年摄制. -- 1盘卷片(5米82拍)：1:10，2B；35mm银盐

收藏馆：缩微中心，南京

00O004796

孟浩然集：三卷 / (唐)孟浩然撰

明(1368-1644)铜活字印本

1986年摄制. -- 1盘卷片(5.1米87拍)：
1:10，2B；35mm银盐

收藏馆：缩微中心，国图

00O005959

孟浩然集：三卷 / (唐)孟浩然撰

明(1368-1644)铜活字印本. -- 傅增湘跋。

1987年摄制. -- 1盘卷片(5.1米85拍)：
1:10，2B；35mm银盐

收藏馆：缩微中心，国图

00O019977

孟浩然集：三卷 / (唐)孟浩然撰；(宋)刘辰翁评点

明(1368-1644)刻本

1994年摄制. -- 1盘卷片(5米69拍)：1:10，2B；35mm银盐

收藏馆：缩微中心，国图

00O007553

孟浩然诗集：三卷补遗一卷 / (唐)孟浩然撰；(宋)刘辰翁评点；(明)顾道洪参校．襄阳外编：一卷 / (明)顾道洪辑

明万历(1573-1620)刻本. -- (清)邵日诚题款。

1987年摄制. -- 1盘卷片(7米131拍)：1:10，2B；35mm银盐

收藏馆：缩微中心，国图

00O007372

孟浩然诗集：三卷补遗一卷襄阳外编一卷拾遗

一卷 / (唐)孟浩然撰．襄阳外编：一卷 / (明)顾道洪辑
明万历四年(1576)刻本
1987年摄制. -- 1盘卷片(7.2米132拍)：1:9, 2B；35mm银盐
收藏馆：缩微中心，重庆

000O021994
孟浩然诗集：三卷 / (唐)孟浩然撰；(宋)刘辰翁评点；(明)顾道洪参校
明万历(1573-1620)刻本
1995年摄制. -- 1盘卷片(5米66拍)：1:10, 2B；35mm银盐
收藏馆：缩微中心，国图

000O006028
孟浩然诗集：二卷 / (唐)孟浩然撰；(宋)刘辰翁,(明)李梦阳评
明(1368-1644)凌濛初刻套印本
1987年摄制. -- 1盘卷片(7米114拍)：1:10, 2B；35mm银盐
收藏馆：缩微中心，国图

000O020326
孟浩然诗集：二卷 / (唐)孟浩然撰；(宋)刘辰翁,(明)李梦阳评
明(1368-1644)凌濛初刻套印本
1994年摄制. -- 1盘卷片(7米97拍)：1:10, 2B；35mm银盐
收藏馆：缩微中心，国图

000O025947
孟浩然诗集：二卷 / (唐)孟浩然撰；(宋)刘辰翁,(明)李梦阳评
明(1368-1644)凌濛初刻套印本. -- (清)丁丙跋。
1996年摄制. -- 1盘卷片(7米110拍)：1:10, 2B；35mm银盐
收藏馆：缩微中心，南京

000O031922
孟浩然诗集：二卷 / (唐)孟浩然撰；(宋)刘辰翁,(明)李梦阳评
明(1368-1644)凌濛初刻套印本
2010年摄制. -- 1盘卷片(7米115拍)：1:13, 2B；35mm银盐
收藏馆：缩微中心，国图

000O004726
王昌龄集：二卷 / (唐)王昌龄撰
明(1368-1644)铜活字印本
1986年摄制. -- 1盘卷片(4米42拍)：1:10, 2B；35mm银盐

收藏馆：缩微中心，国图

000O004769
李顾集：三卷 / (唐)李顾撰
明(1368-1644)铜活字印本
1986年摄制. -- 1盘卷片(3.7米52拍)：1:10, 2B；35mm银盐
收藏馆：缩微中心，国图

000O027393
唐李顾诗集：一卷 / (唐)李顾撰；(明)凌登瀛辑
明万历十四年(1586)吴敏道刻本. -- (清)丁丙跋。
1996年摄制. -- 1盘卷片(5米69拍)：1:10, 2B；35mm银盐
收藏馆：缩微中心，南京

000O004766
孙逖集：一卷 / (唐)孙逖撰
明(1368-1644)铜活字印本
1987年摄制. -- 1盘卷片(3米29拍)：1:10, 2B；35mm银盐
收藏馆：缩微中心，国图

000O017046
王摩诘集：六卷 / (唐)王维撰
明嘉靖十六年(1537)屠倬陈凤[等]刻王孟集本
1993年摄制. -- 1盘卷片(7米102拍)：1:10, 2B；35mm银盐
收藏馆：缩微中心，国图

000O007018
王摩诘集：六卷 / (唐)王维撰
明(1368-1644)刻本
1987年摄制. -- 1盘卷片(7米118拍)：1:10, 2B；35mm银盐
收藏馆：缩微中心，国图

000O027354
王摩诘诗集：六卷 / (唐)王维撰；(宋)刘辰翁评点
明(1368-1644)刻本. -- (清)潘德舆批并跋,(清)王鸿翔、(清)段朝瑞、(清)邵祖寿跋。
1996年摄制. -- 1盘卷片(7米135拍)：1:10, 2B；35mm银盐
收藏馆：缩微中心，南京

000O004798
王摩诘集：六卷 / (唐)王维撰
明(1368-1644)铜活字印本
1986年摄制. -- 1盘卷片(7.2米136拍)：1:10, 2B；35mm银盐
收藏馆：缩微中心，国图

00O018021
王摩诘集：六卷 / (唐)王维撰
清(1644-1911)项氏玉渊堂刻本
1993年摄制. -- 1盘卷片(7米99拍) ： 1:10,
2B ；35mm银盐
收藏馆：缩微中心，国图

00O019493
王摩诘集：六卷 / (唐)王维撰
清(1644-1911)项氏玉渊堂刻本
1994年摄制. -- 1盘卷片(7米97拍) ： 1:10,
2B ；35mm银盐
收藏馆：缩微中心，国图

00O028676
蓝田王摩诘诗：六卷 / (唐)王维撰
明(1368-1644)刻本
1990年摄制. -- 1盘卷片(9米165拍) ： 1:10,
2B ；35mm银盐
收藏馆：缩微中心，南京

00O021251
王右丞集：二十八卷首一卷末一卷 / (唐)王维撰；
(清)赵殿成笺注
清乾隆(1736-1795)刻本
1995年摄制. -- 1盘卷片(32米656拍) ：
1:10, 2B ；35mm银盐
收藏馆：缩微中心，国图

00O007409
王右丞集：三十卷 / (唐)王维撰
清(1644-1911)目耕堂刻本
1987年摄制. -- 1盘卷片(36米689拍) ：
1:10, 2B ；35mm银盐
收藏馆：缩微中心，吉林

00O004599
唐王右丞诗刘须溪校本：六卷 / (唐)王维撰；
(宋)刘辰翁评
明弘治十七年(1504)吕夔刻本. -- (清)黄丕
烈跋。
1986年摄制. -- 1盘卷片(7米117拍) ： 1:10,
2B ；35mm银盐
收藏馆：缩微中心，国图

00O004603
类笺唐王右丞诗集：十卷年谱一卷文集四卷集
外编一卷 / (唐)王维撰；(明)顾起经辑注
明嘉靖三十五年(1556)无锡顾氏奇字斋刻本
1986年摄制. -- 1盘卷片(27米595拍) ：
1:10, 2B ；35mm银盐
收藏馆：缩微中心，国图

00O005176
类笺唐王右丞诗集：十卷年谱一卷 / (唐)王维撰；
(明)顾起经辑注
明嘉靖三十五年(1556)无锡顾氏奇字斋刻本
1986年摄制. -- 1盘卷片(28米625拍) ：
1:10, 2B ；35mm银盐
收藏馆：缩微中心，国图

00O007979
类笺唐王右丞诗集：十卷 / (唐)王维撰；(明)顾
起经辑注
明嘉靖三十五年(1556)无锡顾氏奇字斋刻本
1988年摄制. -- 1盘卷片(29米605拍) ：
1:10, 2B ；35mm银盐
收藏馆：缩微中心，湖南

00O017907
类笺唐王右丞诗集：十卷年谱一卷 / (唐)王维撰；
(明)顾起经辑注
明嘉靖三十五年(1556)无锡顾氏奇字斋刻本
. -- 郑振铎跋。
1993年摄制. -- 1盘卷片(28米555拍) ：
1:10, 2B ；35mm银盐
收藏馆：缩微中心，国图

00O015635
类笺唐王右丞诗集：十卷年谱一卷 / (唐)王维撰；
(明)顾起经辑注
明嘉靖三十五年(1556)无锡顾氏奇字斋刻本
1993年摄制. -- 1盘卷片(27米556拍) ：
1:10, 2B ；35mm银盐
收藏馆：缩微中心，国图

00O005748
唐王右丞诗集注说：六卷 / (明)顾可久撰
明万历十八年(1590)吴氏漱玉斋刻本
1987年摄制. -- 1盘卷片(11米212拍) ：
1:10, 2B ；35mm银盐
收藏馆：缩微中心，国图

00O015055
唐王右丞诗集注说：六卷 / (唐)王维撰；(明)顾
可久注
明万历十八年(1590)吴氏漱玉斋刻本
1992年摄制. -- 1盘卷片(10米181拍) ：
1:10, 2B ；35mm银盐
收藏馆：缩微中心，国图

00O017079
唐王右丞诗集注说：六卷 / (唐)王维撰；(明)顾
可久注
明万历十八年(1590)吴氏漱玉斋刻本
1993年摄制. -- 1盘卷片(11米180拍) ：

1:10, 2B ; 35mm银盐
收藏馆：缩微中心，国图

000O008965
王摩诘诗集：六卷 / (唐)王维撰；(宋)刘辰翁评点
明万历(1573-1620)刻本. -- (明)佚名批点。
1988年摄制. -- 1盘卷片(7米123拍) : 1:10, 2B ; 35mm银盐
收藏馆：缩微中心，湖北

000O020310
王摩诘诗集：七卷 / (唐)王维撰；(宋)刘辰翁,(明)顾璘评
明(1368-1644)凌濛初刻套印本
1994年摄制. -- 1盘卷片(9米142拍) : 1:10, 2B ; 35mm银盐
收藏馆：缩微中心，国图

000O001488
王摩诘集：十卷 / (唐)王维撰
明嘉靖(1522-1566)刻本
1986年摄制. -- 1盘卷片(10米209拍) : 1:10, 2B ; 35mm银盐
收藏馆：缩微中心，吉林

000O018763
王摩诘集：十卷 / (唐)王维撰
明(1368-1644)刻本
1994年摄制. -- 1盘卷片(11米185拍) : 1:10, 2B ; 35mm银盐
收藏馆：缩微中心，国图

000O004755
王摩诘集：十卷 / (唐)王维撰
清(1644-1911)抄本. -- (清)邵恩多录(清)何焯校跋。
1987年摄制. -- 1盘卷片(10米205拍) : 1:10, 2B ; 35mm银盐
收藏馆：缩微中心，国图

000O004802
祖咏集：一卷 / (唐)祖咏撰
明(1368-1644)铜活字印本
1986年摄制. -- 1盘卷片(3米21拍) : 1:10, 2B ; 35mm银盐
收藏馆：缩微中心，国图

000O029817
祖咏集：一卷 / (唐)祖咏撰
明(1368-1644)铜活字印本
2001年摄制. -- 1盘卷片(3米23拍) : 1:10, 2B ; 35mm银盐

收藏馆：缩微中心，国图

000O029871
祖咏集：一卷 / (唐)祖咏撰
明(1368-1644)铜活字印本
2001年摄制. -- 1盘卷片(3米25拍) : 1:10, 2B ; 35mm银盐
收藏馆：缩微中心，国图

000O000254
李翰林集：十卷 / (唐)李白撰
明正德十四年(1519)陆元大刻本. -- (清)何焯校并跋。
1985年摄制. -- 1盘卷片(5.9米101拍) : 1:10, 2B ; 35mm银盐
收藏馆：缩微中心，国图

000O001534
唐李白诗：十二卷 / (唐)李白撰
明嘉靖十八年(1539)刻本
1986年摄制. -- 1盘卷片(16.5米357拍) : 1:10, 2B ; 35mm银盐
收藏馆：缩微中心，吉林

000O018636
唐翰林李白诗类编：十二卷 / (唐)李白撰
明(1368-1644)刻本
1993年摄制. -- 1盘卷片(16.4米346拍) : 1:11, 2B ; 35mm银盐
收藏馆：缩微中心，重庆

000O008481
唐翰林李白诗类编：十二卷 / (唐)李白撰
明(1368-1644)刻本
1988年摄制. -- 1盘卷片(16米333拍) : 1:10, 2B ; 35mm银盐
收藏馆：缩微中心，国图

000O020134
唐翰林李白诗类编：十二卷 / (唐)李白撰
明(1368-1644)刻本
1994年摄制. -- 1盘卷片(16米293拍) : 1:10, 2B ; 35mm银盐
收藏馆：缩微中心，国图

000O007460
分类补注李太白诗文：三十卷 / (唐)李白撰；(宋)杨齐贤集注；(元)萧士赟补注
明嘉靖二十三年(1544)郭云鹏宝善堂刻本
1987年摄制. -- 2盘卷片(41米838拍) : 1:10, 2B ; 35mm银盐
收藏馆：缩微中心，国图

000O006022
李翰林集：二十五卷 / (唐)李白撰；(宋)杨齐贤
集注；(元)萧士赟补注
明(1368-1644)刻崇祯三年(1630)毛氏汲古阁
重修本
1987年摄制. -- 2盘卷片(43米925拍)：
1:10, 2B；35mm银盐
收藏馆：缩微中心，国图

000O016333
分类补注李太白诗：二十五卷 / (唐)李白撰；
(宋)杨齐贤集注；(元)萧士赟补注
元(1271-1368)建安余氏勤有堂刻明(1368-1644)
重修本
1992年摄制. -- 1盘卷片(29米547拍)：
1:10, 2B；35mm银盐
收藏馆：缩微中心，国图

000O003055
分类补注李太白诗：二十五卷 / (唐)李白撰；
(宋)杨齐贤集注；(元)萧士赟补注
元(1271-1368)建安余氏勤有堂刻明(1368-1644)
重修本
1986年摄制. -- 1盘卷片(27米604拍)：
1:10, 2B；35mm银盐
收藏馆：缩微中心，国图

000O004597
分类补注李太白诗：二十五卷 / (唐)李白撰；
(宋)杨齐贤集注；(元)萧士赟补注
元(1271-1368)建安余氏勤有堂刻明(1368-1644)
重修本
1987年摄制. -- 1盘卷片(27米598拍)：
1:10, 2B；35mm银盐
收藏馆：缩微中心，国图

000O007991
分类补注李太白诗：二十五卷 / (唐)李白撰；
(宋)杨齐贤集注；(元)萧士赟补注
明正德十五年(1520)安正书堂刻本
1988年摄制. -- 1盘卷片(32米679拍)：
1:10, 2B；35mm银盐
收藏馆：缩微中心，湖南

000O000759
分类补注李太白诗：二十五卷 / (唐)李白撰；
(宋)杨齐贤集注；(元)萧士赟补注 . 年谱：一卷 /
(宋)薛仲邕撰
明嘉靖二十五年(1546)玉几山人刻本
1985年摄制. -- 2盘卷片(51.9米1158拍)：
1:10, 2B；35mm银盐
收藏馆：缩微中心，国图

000O005368
分类补注李太白诗：二十五卷 / (宋)杨齐贤撰；
(元)萧士赟补 . 年谱：一卷 / (宋)薛仲邕撰
明嘉靖二十五年(1546)玉几山人刻本
1986年摄制. -- 2盘卷片(51米1149拍)：
1:10, 2B；35mm银盐
收藏馆：缩微中心，国图

000O006026
分类补注李太白诗：二十五卷 / (唐)李白撰；
(宋)杨齐贤集注；(元)萧士赟补注 . 年谱：一卷 /
(宋)薛仲邕撰
明嘉靖二十五年(1546)玉几山人刻本
1987年摄制. -- 2盘卷片(53米1210拍)：
1:10, 2B；35mm银盐
收藏馆：缩微中心，国图

000O018103
分类补注李太白诗：二十五卷 / (唐)李白撰；
(宋)杨齐贤集注；(元)萧士赟补注 . 年谱：一卷 /
(宋)薛仲邕撰
明嘉靖二十五年(1546)玉几山人刻本 . --
(明)李延之跋。
1993年摄制. -- 2盘卷片(53米1158拍)：
1:10, 2B；35mm银盐
收藏馆：缩微中心，山东

000O008841
分类补注李太白诗：二十五卷 / (唐)李白撰；
(宋)杨齐贤集注；(元)萧士赟补注 . 年谱：一卷 /
(宋)薛仲邕撰
明嘉靖二十五年(1546)玉几山人刻本 . --
(明)玉几山人校。
1988年摄制. -- 2盘卷片(51米1137拍)：
1:10, 2B；35mm银盐
收藏馆：缩微中心，天津

000O020729
分类补注李太白诗：二十五卷 / (唐)李白撰；
(宋)杨齐贤集注；(元)萧士赟补注
明(1368-1644)刻本 . -- 存三卷：卷七至卷
九。
1994年摄制. -- 1盘卷片(5米68拍)：1:10,
2B；35mm银盐
收藏馆：缩微中心，国图

000O027476
分类补注李太白诗：二十五卷 / (唐)李白撰；
(宋)杨齐贤集注；(元)萧士赟补注
明(1368-1644)刻本
1996年摄制. -- 1盘卷片(27米583拍)：
1:10, 2B；35mm银盐
收藏馆：缩微中心，南京

000O021999
分类补注李太白诗：二十五卷文集一卷 / (唐)李白撰；(宋)杨齐贤集注；(元)萧士赟补注
朝鲜铜活字印本． -- 存十卷：卷一至卷二、卷六至卷九、卷十二至卷十四，文集一卷。
1995年摄制． -- 1盘卷片(24米484拍) : 1:10, 2B ; 35mm银盐
收藏馆：缩微中心，国图

000O003497
分类补注李太白诗文：三十卷 / (唐)李白撰；(宋)杨齐贤集注；(元)萧士赟补注
明嘉靖二十二年(1543)郭云鹏宝善堂刻本
1985年摄制． -- 2盘卷片(38米826拍) : 1:10, 2B ; 35mm银盐
收藏馆：缩微中心，国图

000O019082
分类补注李太白诗文：三十卷 / (唐)李白撰；(宋)杨齐贤集注；(元)萧士赟补注
明嘉靖二十二年(1543)郭云鹏宝善堂刻本
1994年摄制． -- 2盘卷片(40米774拍) : 1:10, 2B ; 35mm银盐
收藏馆：缩微中心，国图

000O006024
分类补注李太白诗：二十五卷 / (唐)李白撰；(宋)杨齐贤集注；(元)萧士赟补注
明(1368-1644)霏玉斋刻本
1987年摄制． -- 1盘卷片(23米501拍) : 1:10, 2B ; 35mm银盐
收藏馆：缩微中心，国图

000O016020
分类补注李太白诗：二十五卷 / (唐)李白撰；(宋)杨齐贤集注；(元)萧士赟补注．分类编次李太白文：五卷 / (唐)李白撰
明(1368-1644)霏玉斋刻本
1993年摄制． -- 1盘卷片(25米494拍) : 1:10, 2B ; 35mm银盐
收藏馆：缩微中心，国图

000O017069
李翰林分类诗：八卷赋集一卷 / (唐)李白撰；(明)李齐芳[等]分类
明万历二年(1574)李齐芳潘应诏刻本． -- 分类者还有：(明)李茂年等。郑振铎跋。
1993年摄制． -- 1盘卷片(19米359拍) : 1:10, 2B ; 35mm银盐
收藏馆：缩微中心，国图

000O009447
李翰林诗范德机批选：四卷 / (唐)李白撰；(明)

郑鼎辑
明嘉靖(1522-1566)郑鼎刻本． -- (元)范椁批点。
1987年摄制． -- 1盘卷片(7.5米140拍) : 1:10, 2B ; 35mm银盐
收藏馆：缩微中心，重庆

000O016367
李诗选：十卷 / (唐)李白撰；(明)张含辑；(明)杨慎批点
明嘉靖二十四年(1545)张氏家塾刻本
1993年摄制． -- 1盘卷片(6米84拍) : 1:10, 2B ; 35mm银盐
收藏馆：缩微中心，国图

000O003925
李诗选注：十三卷辩疑二卷 / (明)朱谏撰
明隆庆六年(1572)朱守行刻本
1986年摄制． -- 2盘卷片(37米778拍) : 1:10, 2B ; 35mm银盐
收藏馆：缩微中心，国图

000O010651
李翰林集：三十卷 / (唐)李白撰
明正德嘉靖(1506-1566)刻本
1989年摄制． -- 1盘卷片(21米450拍) : 1:10, 2B ; 35mm银盐
收藏馆：缩微中心，吉林

000O005956
李太白文集：三十卷 / (唐)李白撰
清康熙五十六年(1717)缪曰芑刻本． -- (清)黄丕烈校。
1987年摄制． -- 1盘卷片(17米374拍) : 1:10, 2B ; 35mm银盐
收藏馆：缩微中心，国图

000O018537
李太白文集：三十卷 / (唐)李白撰
清康熙五十六年(1717)缪曰芑刻本
1993年摄制． -- 1盘卷片(18米347拍) : 1:10, 2B ; 35mm银盐
收藏馆：缩微中心，国图

000O001508
李太白文集：三十六卷 / (唐)李白撰；(清)王琦辑注
清乾隆二十五年(1760)宝笏楼刻本
1986年摄制． -- 2盘卷片(60.6米1232拍) : 1:10, 2B ; 35mm银盐
收藏馆：缩微中心，山西

000O017495
高常侍集：十卷 / (唐)高适撰
明(1368-1644)刻本. -- 郑振铎跋。
1993年摄制. -- 1盘卷片(6米92拍)：1:10,
2B；35mm银盐
收藏馆：缩微中心，国图

000O020696
高常侍集：十卷 / (唐)高适撰
明(1368-1644)刻本
1994年摄制. -- 1盘卷片(6米90拍)：1:10,
2B；35mm银盐
收藏馆：缩微中心，国图

000O026702
高常侍集：十卷 / (唐)高适撰
明(1368-1644)刻本. -- (清)丁丙跋。
1990年摄制. -- 1盘卷片(7米111拍)：1:10,
2B；35mm银盐
收藏馆：缩微中心，南京

000O007312
高常侍集：十卷 / (唐)高适撰
明(1368-1644)抄本. -- 存五卷：卷一至卷
五。
1987年摄制. -- 1盘卷片(4.2米61拍)：
1:10, 2B；35mm银盐
收藏馆：缩微中心，国图

000O001615
高常侍集：十卷 / (唐)高适撰
清初(1644-1722)影宋(960-1279)抄本
1986年摄制. -- 1盘卷片(7米112拍)：1:10,
2B；35mm银盐
收藏馆：缩微中心，国图

000O004801
高常侍集：八卷 / (唐)高适撰
明(1368-1644)铜活字印本
1986年摄制. -- 1盘卷片(6米101拍)：1:10,
2B；35mm银盐
收藏馆：缩微中心，国图

000O029795
高常侍集：八卷 / (唐)高适撰
明(1368-1644)铜活字印本
2001年摄制. -- 1盘卷片(7米111拍)：1:10,
2B；35mm银盐
收藏馆：缩微中心，国图

000O006019
鲁公文集：十五卷 / (唐)颜真卿撰
明万历二十四年(1596)颜胤祚刻本

1987年摄制. -- 1盘卷片(10米204拍)：
1:10, 2B；35mm银盐
收藏馆：缩微中心，国图

000O017665
鲁公文集：十五卷 / (唐)颜真卿撰
明万历二十四年(1596)颜胤祚刻本
1993年摄制. -- 1盘卷片(10米178拍)：
1:10, 2B；35mm银盐
收藏馆：缩微中心，国图

000O016554
颜鲁公文集：二十卷 / (唐)颜真卿撰
明万历(1573-1620)颜欲章刻本
1992年摄制. -- 1盘卷片(16.5米358拍)：
1:10, 2B；35mm银盐
收藏馆：缩微中心，辽宁

000O007799
**颜鲁公文集：十五卷补遗一卷附录一卷 / (唐)颜
真卿撰．年谱：一卷 / (宋)留元刚撰**
明嘉靖二年(1523)锡山安氏馆刻本
1988年摄制. -- 1盘卷片(13.3米275拍)：
1:11, 2B；35mm银盐
收藏馆：缩微中心，重庆

000O016664
**颜鲁公文集：十五卷补遗一卷 / (唐)颜真卿撰．
年谱：一卷 / (宋)留元刚撰**
明嘉靖二年(1523)锡山安氏馆刻本. -- 赵元
方跋。
1993年摄制. -- 1盘卷片(13米237拍)：
1:10, 2B；35mm银盐
收藏馆：缩微中心，国图

000O004974
**颜鲁公文集：十五卷补遗一卷附录一卷 / (唐)颜
真卿撰．年谱：一卷 / (宋)留元刚撰**
明(1368-1644)锡山安氏馆铜活字印本
1987年摄制. -- 1盘卷片(12米248拍)：
1:10, 2B；35mm银盐
收藏馆：缩微中心，国图

000O020736
**颜鲁公文集：十五卷补遗一卷附录一卷 / (唐)颜
真卿撰**
明万历十七年(1589)刘思诚刻本
1994年摄制. -- 1盘卷片(14米241拍)：
1:10, 2B；35mm银盐
收藏馆：缩微中心，国图

000O024857
颜鲁公文集：十五卷补遗一卷 / (唐)颜真卿撰．

年谱：一卷；行状：一卷 / (宋)留元刚撰
明万历十七年(1589)刘思诚刻本. -- 还有合刻著作：颜鲁公神道碑铭一卷 / (宋)留元刚撰，颜鲁公文集旧史本传一卷 / (宋)留元刚撰，颜鲁公文集新史本传一卷 / (宋)留元刚撰。(清)丁丙跋。
1996年摄制. -- 1盘卷片(14米275拍) : 1:10，2B ; 35mm银盐
收藏馆：缩微中心，南京

000O029150
颜鲁公文集：十五卷补遗一卷附录一卷 / (唐)颜真卿撰. 年谱：一卷 / (宋)留元刚撰
明万历十七年(1589)刘思诚刻本
1999年摄制. -- 1盘卷片(14米322拍) : 1:10，2B ; 35mm银盐
收藏馆：缩微中心，国图

000O019727
颜鲁公文集：十五卷补遗一卷附录一卷 / (唐)颜真卿撰
明万历十八年(1590)刘思诚刻本
1994年摄制. -- 1盘卷片(13米247拍) : 1:10，2B ; 35mm银盐
收藏馆：缩微中心，国图

000O025509
颜鲁公文集：十五卷补遗一卷附录一卷 / (唐)颜真卿撰. 年谱：一卷 / (宋)留元刚撰
清嘉庆七年(1802)颜崇櫆刻本. -- (清)李慈铭校。
1996年摄制. -- 1盘卷片(11米203拍) : 1:10，2B ; 35mm银盐
收藏馆：缩微中心，国图

000O004080
昼上人集：十卷 / (唐)释皎然撰
明(1368-1644)叶氏赐书楼抄本. -- (明)叶恭焕跋。
1986年摄制. -- 1盘卷片(10米171拍) : 1:10，2B ; 35mm银盐
收藏馆：缩微中心，国图

000O019053
杼山集：十卷 / (唐)释皎然撰
明(1368-1644)湖东精舍抄本. -- 存七卷：卷一至卷七。
1994年摄制. -- 1盘卷片(8米127拍) : 1:10，2B ; 35mm银盐
收藏馆：缩微中心，国图

000O013362
昼上人集：十卷 / (唐)释皎然撰

清(1644-1911)抄本
1991年摄制. -- 1盘卷片(8米139拍) : 1:10，2B ; 35mm银盐
收藏馆：缩微中心，国图

000O004976
皎然集：十卷 / (唐)释皎然撰
清(1644-1911)绣佛斋抄本
1987年摄制. -- 1盘卷片(10.1米177拍) : 1:10，2B ; 35mm银盐
收藏馆：缩微中心，国图

000O017970
钱考功集：十卷 / (唐)钱起撰
唐(618-907)刻本. -- 存三卷：卷五至卷七。
1993年摄制. -- 1盘卷片(4米44拍) : 1:10，2B ; 35mm银盐
收藏馆：缩微中心，国图

000O029861
钱考功集：十卷 / (唐)钱起撰
明(1368-1644)铜活字印本. -- 存七卷：卷一至卷七。
2001年摄制. -- 1盘卷片(7米114拍) : 1:10，2B ; 35mm银盐
收藏馆：缩微中心，国图

000O004800
钱考功集：十卷 / (唐)钱起撰
明(1368-1644)铜活字印本
1986年摄制. -- 1盘卷片(8米147拍) : 1:10，2B ; 35mm银盐
收藏馆：缩微中心，国图

000O020013
杜少陵集：十卷 / (唐)杜甫撰
明(1368-1644)刻本
1994年摄制. -- 1盘卷片(22米419拍) : 1:10，2B ; 35mm银盐
收藏馆：缩微中心，国图

000O009174
杜工部集：十八卷 / (唐)杜甫撰
清(1644-1911)杭世骏抄本
1988年摄制. -- 1盘卷片(14米282拍) : 1:10，2B ; 35mm银盐
收藏馆：缩微中心，湖南

000O007247
杜工部集：二十卷附录一卷年谱一卷诸家诗话一卷唱酬题咏附录一卷 / (唐)杜甫撰；(清)钱谦益笺注
清康熙六年(1667)季氏静思堂刻本. -- (清)

沈岩圈点批注。
1987年摄制. -- 1盘卷片（30米674拍）：
1:10, 2B ; 35mm银盐
收藏馆：缩微中心，国图

000O010031
杜工部集：二十卷附录一卷年谱一卷诸家诗话一卷唱酬题咏附录一卷 / (唐)杜甫撰；(清)钱谦益笺注
清康熙六年(1667)季氏静思堂刻本. -- 版框高十八厘米宽十四厘米。清嘉庆元年(1796)端甫朱墨笔过录(清)俞犀月、(清)李天生批校并圈点。
1989年摄制. -- 2盘卷片（34米692拍）：
1:10, 2B ; 35mm银盐
收藏馆：缩微中心，广东

000O010176
杜工部集：二十卷附录一卷年谱一卷诸家诗话一卷唱酬题咏附录一卷 / (唐)杜甫撰；(清)钱谦益笺注
清康熙六年(1667)季氏静思堂刻本. -- 佚名录(清)王士禛、(清)何焯、(清)查慎行批校。
1989年摄制. -- 1盘卷片（30米668拍）：
1:10, 2B ; 35mm银盐
收藏馆：缩微中心，山东

000O010177
杜工部集：二十卷附录一卷年谱一卷诸家诗话一卷唱酬题咏附录一卷 / (唐)杜甫撰；(清)钱谦益笺注
清康熙六年(1667)季氏静思堂刻本. -- (清)桂馥批校。
1989年摄制. -- 1盘卷片（23米444拍）：
1:10, 2B ; 35mm银盐
收藏馆：缩微中心，山东

000O010920
杜工部集：二十卷附录一卷年谱一卷诸家诗话一卷唱酬题咏附录一卷 / (唐)杜甫撰；(清)钱谦益笺注
清康熙六年(1667)季氏静思堂刻本
1989年摄制. -- 1盘卷片（30.5米678拍）：
1:10, 2B ; 35mm银盐
收藏馆：缩微中心，湖北

000O010950
杜工部集：二十卷诸家诗话一卷 / (唐)杜甫撰；(清)钱谦益笺注
清康熙六年(1667)季氏静思堂刻本. -- (清)查慎行、(清)邵长蘅评。
1989年摄制. -- 2盘卷片（35.5米745拍）：
1:10, 2B ; 35mm银盐

收藏馆：缩微中心，湖北

000O010963
杜工部集：二十卷附录一卷年谱一卷诸家诗话一卷唱酬题咏附录一卷 / (唐)杜甫撰；(清)钱谦益笺注
清康熙六年(1667)季氏静思堂刻本. -- (清)俞犀月等批校。
1989年摄制. -- 2盘卷片（36.5米711拍）：
1:10, 2B ; 35mm银盐
收藏馆：缩微中心，湖北

000O010966
杜工部集：二十卷附录一卷年谱一卷诸家诗话一卷唱酬题咏附录一卷 / (唐)杜甫撰；(清)钱谦益笺注
清康熙六年(1667)季氏静思堂刻本. -- (清)陈治批校并录。
1989年摄制. -- 2盘卷片（36.5米697拍）：
1:10, 2B ; 35mm银盐
收藏馆：缩微中心，湖北

000O011584
杜工部集：二十卷附录一卷年谱一卷诸家诗话一卷唱酬题咏附录一卷 / (唐)杜甫撰；(清)钱谦益笺注
清康熙六年(1667)季氏静思堂刻本. -- (清)商盘批点。
1989年摄制. -- 2盘卷片（38米770拍）：
1:10, 2B ; 35mm银盐
收藏馆：缩微中心，湖北

000O016360
杜工部集：二十卷附录一卷年谱一卷诸家诗话一卷唱酬题咏附录一卷 / (唐)杜甫撰；(清)钱谦益笺注
清康熙六年(1667)季氏静思堂刻本. -- (清)钱陆灿批点并跋。
1992年摄制. -- 1盘卷片（31米631拍）：
1:10, 2B ; 35mm银盐
收藏馆：缩微中心，国图

000O024252
杜工部集：二十卷 / (唐)杜甫撰
清同治十一年(1872)致一斋刻本. -- (清)方苞、(清)张裕钊批
1996年摄制. -- 2盘卷片（36米812拍）：
1:10, 2B ; 35mm银盐
收藏馆：缩微中心，安徽

000O010705
重雕老杜诗史押韵：八卷 / (唐)杜甫撰
元(1271-1368)刻本

1989年摄制. -- 1盘卷片(6米95拍) : 1:10,
2B ; 35mm银盐
收藏馆：缩微中心，湖南

000O025504
杜工部草堂诗笺：四十卷补遗十卷外集一卷 /
(宋)蔡梦弼撰．诗话：二卷 / (宋)蔡梦弼辑．年
谱：二卷 / (宋)鲁訔,(宋)赵子栎撰
清光绪十年(1884)黎庶昌刻古逸丛书本. --
王国维校并跋。
1996年摄制. -- 2盘卷片(40米804拍) :
1:10, 2B ; 35mm银盐
收藏馆：缩微中心，国图

000O004023
杜工部草堂诗笺：四十卷补遗十卷外集一卷 /
(宋)蔡梦弼撰．诗话：二卷 / (宋)蔡梦弼辑．年
谱：二卷 / (宋)鲁訔;(宋)赵子栎撰
朝鲜世宗十三年(1431)刻本
1985年摄制. -- 2盘卷片(39米850拍) :
1:10, 2B ; 35mm银盐
收藏馆：缩微中心，国图

000O006661
杜工部草堂诗笺：五十卷外集一卷 / (唐)杜甫撰；
(宋)蔡梦弼笺．诗话：二卷 / (宋)蔡梦弼辑．年
谱：二卷 / (宋)鲁訔,(宋)赵子栎撰
清(1644-1911)抄本. -- (清)钱泰吉跋。
1987年摄制. -- 2盘卷片(44米937拍) :
1:10, 2B ; 35mm银盐
收藏馆：缩微中心，国图

000O028761
王状元集百家注编年杜陵诗史：三十二卷 / (唐)
杜甫撰；[题](宋)王十朋集注
宋(960-1279)刻本
1998年摄制. -- 2盘卷片(34米618拍) :
1:10, 2B ; 35mm银盐
收藏馆：缩微中心，苏州

000O021833
集千家注分类杜工部诗：二十五卷 / (唐)杜甫撰；
(宋)徐居仁编次．年谱：一卷 / (宋)黄鹤撰
元皇庆元年(1312)余志安勤有堂刻本
1995年摄制. -- 2盘卷片(42米845拍) :
1:10, 2B ; 35mm银盐
收藏馆：缩微中心，南京

000O020720
集千家注分类杜工部诗：二十五卷序跋姓氏一
卷目录一卷文集二卷 / (唐)杜甫撰；(宋)徐居仁
编次；(宋)黄鹤补注．年谱：一卷 / (宋)黄鹤撰
明正德十四年至嘉靖元年(1519-1522)汪谅金

台书院刻本
1994年摄制. -- 2盘卷片(43米814拍) :
1:10, 2B ; 35mm银盐
收藏馆：缩微中心，国图

000O008039
集千家注分类杜工部诗：二十五卷文集二卷 /
(唐)杜甫撰；(宋)徐居仁编；(宋)黄鹤补注
明(1368-1644)刻本
1988年摄制. -- 2盘卷片(40米831拍) :
1:10, 2B ; 35mm银盐
收藏馆：缩微中心，湖南

000O030727
黄氏补千家集注杜工部诗史：三十六卷 / (唐)杜
甫撰；(宋)黄鹤补注
元(1271-1368)詹光祖月崖书堂刻本. -- 卷一
配宋(960-1279)刻本。
2004年摄制. -- 2盘卷片(47米976拍) :
1:10, 2B ; 35mm银盐
收藏馆：缩微中心，国图

000O022001
集千家注批点杜工部诗集：二十卷文集二卷 /
(唐)杜甫撰；(宋)黄鹤补注；(宋)刘辰翁评点
明初(1368-1424)刻本. -- 存十卷：卷六至卷
二十，文集。
1995年摄制. -- 1盘卷片(14米264拍) :
1:10, 2B ; 35mm银盐
收藏馆：缩微中心，国图

000O007030
集千家注批点补遗杜工部诗集：二十卷附录一
卷年谱一卷 / (唐)杜甫撰；(宋)黄鹤补注；(宋)
刘辰翁评点
明正德十四年(1519)刘氏安正堂刻本. --
(清)瞿子邑、(清)□曼如跋。
1987年摄制. -- 1盘卷片(28米626拍) :
1:10, 2B ; 35mm银盐
收藏馆：缩微中心，国图

000O028998
集千家注批点补遗杜工部诗集：二十卷年谱一
卷附录一卷 / (唐)杜甫撰；(宋)黄鹤补注；(宋)
刘辰翁评点
明嘉靖九年(1530)王九之刻本. -- (清)丁丙
跋。
1990年摄制. -- 1盘卷片(25米509拍) :
1:10, 2B ; 35mm银盐
收藏馆：缩微中心，南京

000O022348
集千家注批点杜工部诗集：二十卷 / (唐)杜甫撰；

(宋)黄鹤补注；(宋)刘辰翁评点

元(1271-1368)刻本

1995年摄制. -- 1盘卷片(21米390拍) :
1:10, 2B ; 35mm银盐

收藏馆：缩微中心, 国图

000O003057

集千家注批点杜工部诗集：二十卷文集二卷年
谱一卷附录一卷 / (唐)杜甫撰；(宋)黄鹤补注；
(宋)刘辰翁评点

明初(1368-1424)刻本

1986年摄制. -- 1盘卷片(21米446拍) :
1:10, 2B ; 35mm银盐

收藏馆：缩微中心, 国图

000O006443

集千家注批点杜工部诗集：二十卷年谱一卷 /
(唐)杜甫撰；(宋)黄鹤补注；(宋)刘辰翁评点

明嘉靖八年(1529)朱邦苧懋德堂刻本

1987年摄制. -- 2盘卷片(44米951拍) :
1:10, 2B ; 35mm银盐

收藏馆：缩微中心, 国图

000O020731

集千家注杜工部诗集：二十卷 / (唐)杜甫撰；
(宋)黄鹤补注

明嘉靖十五年(1536)玉几山人刻本. -- 存二
卷：卷四至卷五。

1994年摄制. -- 1盘卷片(6米79拍) : 1:10,
2B ; 35mm银盐

收藏馆：缩微中心, 国图

000O020778

集千家注杜工部诗集：二十卷 / (唐)杜甫撰；
(宋)黄鹤补注

明嘉靖十五年(1536)玉几山人刻本. -- 存一
卷：卷十六。

1994年摄制. -- 1盘卷片(4米31拍) : 1:10,
2B ; 35mm银盐

收藏馆：缩微中心, 国图

000O021268

集千家注杜工部诗集：二十卷文集二卷附录一
卷 / (唐)杜甫撰；(宋)黄鹤补注

明嘉靖十五年(1536)玉几山人刻本

1995年摄制. -- 2盘卷片(51米990拍) :
1:10, 2B ; 35mm银盐

收藏馆：缩微中心, 国图

000O003904

集千家注杜工部诗集：二十卷文集二卷附录一
卷 / (唐)杜甫撰；(宋)黄鹤补注

明嘉靖十五年(1536)玉几山人刻明易山人印本

1986年摄制. -- 2盘卷片(49.3米1042拍) :
1:10, 2B ; 35mm银盐

收藏馆：缩微中心, 国图

000O021743

集千家注杜工部诗集：二十卷文集二卷附录一
卷 / (唐)杜甫撰；(宋)黄鹤补注

明嘉靖十五年(1536)明易山人刻本

1995年摄制. -- 2盘卷片(48米991拍) :
1:10, 2B ; 35mm银盐

收藏馆：缩微中心, 国图

000O006553

集千家注杜工部诗集：二十卷文集二卷附录一
卷 / (唐)杜甫撰；(宋)黄鹤补注

明嘉靖十五年(1536)玉几山人刻本

1987年摄制. -- 2盘卷片(47米1040拍) :
1:10, 2B ; 35mm银盐

收藏馆：缩微中心, 国图

000O008037

集千家注杜工部诗集：二十卷文集二卷 / (唐)杜
甫撰；(宋)黄鹤补注

明嘉靖十五年(1536)玉几山人刻本

1988年摄制. -- 2盘卷片(51米1072拍) :
1:10, 2B ; 35mm银盐

收藏馆：缩微中心, 湖南

000O016461

集千家注杜工部诗集：二十卷文集二卷附录一
卷 / (唐)杜甫撰；(宋)黄鹤补注

明嘉靖十五年(1536)玉几山人刻本

1992年摄制. -- 2盘卷片(49米990拍) :
1:10, 2B ; 35mm银盐

收藏馆：缩微中心, 国图

000O019276

集千家注杜工部诗集：二十卷 / (唐)杜甫撰；
(宋)黄鹤补注

明嘉靖十五年(1536)明易山人刻本

1994年摄制. -- 2盘卷片(47米904拍) :
1:10, 2B ; 35mm银盐

收藏馆：缩微中心, 国图

000O015303

集千家注杜工部诗集：二十卷文集二卷附录一
卷 / (唐)杜甫撰；(宋)黄鹤补注

清乾隆七年(1742)怡府明善堂刻本

1992年摄制. -- 2盘卷片(36米694拍) :
1:10, 2B ; 35mm银盐

收藏馆：缩微中心, 国图

000O008685

杜工部诗：二十卷文集二卷 / (唐)杜甫撰；(宋)黄鹤补注

明嘉靖二十四年(1545)戴鲸刻本

1988年摄制. -- 2盘卷片(34.2米725拍)：
1:10，2B；35mm银盐

收藏馆：缩微中心，重庆

000O008936

杜工部诗集：二十卷文集二卷 / (唐)杜甫撰；
(宋)黄鹤补注

明末(1621-1644)毛晋刻本

1988年摄制. -- 2盘卷片(38.5米808拍)：
1:10，2B；35mm银盐

收藏馆：缩微中心，湖北

000O008824

集千家注杜工部诗集：二十卷文集二卷年谱一
卷附录一卷 / (唐)杜甫撰；(唐)黄升校

明万历(1573-1620)刻本

1988年摄制. -- 2盘卷片(50米1000拍)：
1:10，2B；35mm银盐

收藏馆：缩微中心，天津

000O013509

集千家注分类杜工部诗：二十五卷文集□卷 /
(唐)杜甫撰；(宋)徐居仁编次；(宋)黄鹤补注

明(1368-1644)抄本. -- 存十一卷：卷一至卷
三、卷五至卷九、卷十一至卷十二，文集卷
四。

1991年摄制. -- 2盘卷片(38米693拍)：
1:10，2B；35mm银盐

收藏馆：缩微中心，国图

000O022004

集千家注分类杜工部诗：二十五卷 / (唐)杜甫撰；
(宋)徐居仁编次；(宋)黄鹤补注

元(1271-1368)积庆堂刻本. -- 存二十三卷：
卷一至卷五、卷八至卷二十五。

1995年摄制. -- 2盘卷片(37米686拍)：
1:10，2B；35mm银盐

收藏馆：缩微中心，国图

000O020671

集千家注分类杜工部诗：二十五卷 / (唐)杜甫撰；
(宋)徐居仁编次；(宋)黄鹤补注

明初(1368-1424)潘屏山圭山书院刻本. -- 存
五卷：卷九至卷十三。

1994年摄制. -- 1盘卷片(8米134拍)：1:10，
2B；35mm银盐

收藏馆：缩微中心，国图

000O022008

纂注分类杜诗：二十五卷 / (唐)杜甫撰；(宋)蔡
梦弼,(宋)黄鹤[等]注

朝鲜铜活字印本. -- 存二十一卷：卷一至卷
三、卷五至卷九、卷十一至卷十五、卷十七至
卷十九、卷二十一至卷二十五。

1995年摄制. -- 2盘卷片(59米1180拍)：
1:10，2B；35mm银盐

收藏馆：缩微中心，国图

000O005908

须溪批点杜工部诗注：二十二卷 / (唐)杜甫撰；
(宋)刘辰翁批点

明初(1368-1424)刻本. -- 存十八卷：卷二至
卷三、卷七至卷二十二。

1987年摄制. -- 1盘卷片(13米268拍)：
1:10，2B；35mm银盐

收藏馆：缩微中心，国图

000O023660

须溪批点选注杜工部诗：二十二卷 / (宋)刘辰翁
批点；(元)虞集注解；(元)赵汸选注. 增赵汸类
选杜工部诗：一卷；增虞伯生注杜工部诗：一
卷 / (宋)刘辰翁批点

明正德四年(1509)云根书屋刻本. -- (清)蒋
光焴批校。

1995年摄制. -- 1盘卷片(22米436拍)：
1:10，2B；35mm银盐

收藏馆：缩微中心，浙江

000O014009

须溪批点选注杜工部诗：二十四卷 / (唐)杜甫撰；
(宋)刘辰翁集；(元)虞集,(元)赵汸批注

明(1368-1644)云根书屋刻本

1992年摄制. -- 1盘卷片(19米368拍)：
1:10，2B；35mm银盐

收藏馆：缩微中心，国图

000O013405

虞邵庵分类杜诗注：不分卷 / (唐)杜甫撰；(元)
虞集注

明正统(1436-1449)石璞刻本

1991年摄制. -- 1盘卷片(7米115拍)：1:10，
2B；35mm银盐

收藏馆：缩微中心，国图

000O015739

杜工部七言律诗：二卷 / (唐)杜甫撰；(元)虞集注

明(1368-1644)刻本

1993年摄制. -- 1盘卷片(7米105拍)：1:10，
2B；35mm银盐

收藏馆：缩微中心，国图

000O016464
杜工部七言律诗：不分卷 / (唐)杜甫撰；(元)虞集注
明(1368-1644)刻本
1993年摄制. -- 1盘卷片(8米141拍)：1:10, 2B；35mm银盐
收藏馆：缩微中心，国图

000O018224
杜律七言注解：一卷 / (唐)杜甫撰；(元)虞集注
明(1368-1644)刻本
1993年摄制. -- 1盘卷片(4米61拍)：1:10, 2B；35mm银盐
收藏馆：缩微中心，山东

000O014192
杜律七言注解：四卷 / (唐)杜甫撰；(元)虞集注 . 诗法家数：一卷
明万历十六年(1588)吴怀保七松居刻本
1992年摄制. -- 1盘卷片(7米97拍)：1:10, 2B；35mm银盐
收藏馆：缩微中心，国图

000O018182
杜律七言注解：四卷 / (唐)杜甫撰；(元)虞集注 . 诗法家数：一卷
明万历十六年(1588)吴怀保七松居刻本. -- (清)静缘斋主人跋。
1993年摄制. -- 1盘卷片(7米119拍)：1:10, 2B；35mm银盐
收藏馆：缩微中心，山东

000O010771
杜律七言注解：□□卷 / (元)虞集撰
明嘉靖(1522-1566)崔廷槐刻本. -- 崔廷槐刻杜律注解本。存一卷：卷一。
1989年摄制. -- 1盘卷片(5米68拍)：1:10, 2B；35mm银盐
收藏馆：缩微中心，天津

000O003226
杜律注：二卷 / (元)虞集撰
明万历(1573-1620)苏民怀桐花馆刻本
1986年摄制. -- 1盘卷片(9米166拍)：1:10, 2B；35mm银盐
收藏馆：缩微中心，国图

000O000981
杜工部七言律诗注：二卷 / (元)虞集撰
明(1368-1644)刻本
1985年摄制. -- 1盘卷片(7.6米143拍)：1:10, 2B；35mm银盐
收藏馆：缩微中心，国图

000O017577
翰林考正杜律五言赵注句解：三卷 / (唐)杜甫撰；(元)赵汸注
明万历十六年(1588)书林郑云竹刻本
1993年摄制. -- 1盘卷片(6米94拍)：1:10, 2B；35mm银盐
收藏馆：缩微中心，国图

000O014096
杜律五言注解：三卷 / (唐)杜甫撰；(元)赵汸注
明万历十六年(1588)吴怀保七松居刻本
1992年摄制. -- 1盘卷片(6米88拍)：1:10, 2B；35mm银盐
收藏馆：缩微中心，国图

000O000941
杜工部五言律诗：二卷 / (唐)杜甫撰；(元)赵汸注
明(1368-1644)刻本
1985年摄制. -- 1盘卷片(7.2米129拍)：1:10, 2B；35mm银盐
收藏馆：缩微中心，国图

000O003868
杜工部五言律诗：二卷 / (唐)杜甫撰；(元)赵汸注
明(1368-1644)刻本
1985年摄制. -- 1盘卷片(7米124拍)：1:10, 2B；35mm银盐
收藏馆：缩微中心，国图

000O020975
赵子常选杜律五言注：三卷；虞伯生选杜律七言注：三卷
清(1644-1911)查弘道亦山草堂刻本
1993年摄制. -- 1盘卷片(9.6米197拍)：1:10, 2B；35mm银盐
收藏馆：缩微中心，辽宁

000O008844
杜律二注：四卷 / (明)章美中辑
明嘉靖二十六年(1547)熊凤仪刻本
1988年摄制. -- 1盘卷片(12米216拍)：1:10, 2B；35mm银盐
收藏馆：缩微中心，天津

000O008930
刻杜少陵先生诗分类集注：二十三卷目录一卷 / (唐)杜甫撰；(明)邵宝注；(明)过栋参笺
明万历二十年(1592)周子文刻本
1988年摄制. -- 3盘卷片(81.5米1790拍)：1:10, 2B；35mm银盐
收藏馆：缩微中心，湖北

000O008842
杜工部诗：八卷 / (唐)杜甫撰；(明)郑樸编
明万历三十年(1602)郑氏刻本
1988年摄制. -- 1盘卷片(16米381拍)：
1:10，2B；35mm银盐
收藏馆：缩微中心，天津

000O002046
杜诗分类：五卷 / (唐)杜甫撰；(明)傅振商辑
明万历四十一年(1613)傅振商刻本
1986年摄制. -- 1盘卷片(24米532拍)：
1:10，2B；35mm银盐
收藏馆：缩微中心，国图

000O028022
杜诗钞述注：十六卷 / (明)林兆珂撰
明万历(1573-1620)林氏刻本
1996年摄制. -- 1盘卷片(31.6米668拍)：
1:10，2B；35mm银盐
收藏馆：缩微中心，福建

000O026672
杜律七言集解：二卷 / (唐)杜甫撰；(明)邵傅集
明万历十五年(1587)刻本
1996年摄制. -- 1盘卷片(6.3米106拍)：
1:10，2B；35mm银盐
收藏馆：缩微中心，福建

000O001538
杜工部七言律诗分类集：二卷 / (明)薛益集注
明崇祯(1628-1644)刻本
1986年摄制. -- 1盘卷片(11米223拍)：
1:10，2B；35mm银盐
收藏馆：缩微中心，吉林

000O020653
杜子美七言律：一卷 / (唐)杜甫撰；(明)郭正域批点
明万历(1573-1620)闵齐伋刻三色套印本
1994年摄制. -- 1盘卷片(5米62拍)：1:10，
2B；35mm银盐
收藏馆：缩微中心，国图

000O005314
杜诗胥钞：十五卷 / (唐)杜甫撰；(清)卢世潅辑
明崇祯七年(1634)卢氏尊水园刻本
1986年摄制. -- 1盘卷片(22.5米498拍)：
1:10，2B；35mm银盐
收藏馆：缩微中心，国图

000O021751
杜诗胥钞：十五卷 / (唐)杜甫撰；(清)卢世潅辑
明崇祯七年(1634)卢氏尊水园刻本

1995年摄制. -- 1盘卷片(24米447拍)：
1:10，2B；35mm银盐
收藏馆：缩微中心，国图

000O028677
杜诗胥钞：十五卷 / (唐)杜甫撰；(清)卢世潅辑
明崇祯七年(1634)卢氏尊水园刻本. -- (清)
孙承泽批校并跋，(清)陈珩跋。
1990年摄制. -- 1盘卷片(22米483拍)：
1:10，2B；35mm银盐
收藏馆：缩微中心，南京

000O012735
辟疆园杜诗注解：五言律十二卷七言律五卷年谱一卷 / (唐)杜甫撰；(清)顾宸注
清康熙二年(1663)顾氏辟疆园刻本
1990年摄制. -- 2盘卷片(49米1097拍)：
1:10，2B；35mm银盐
收藏馆：缩微中心，辽宁

000O001503
杜诗详注：二十五卷首一卷附编二卷 / (唐)杜甫撰；(清)仇兆鳌辑注
清康熙(1662-1722)刻本
1986年摄制. -- 3盘卷片(82.1米1659拍)：
1:10，2B；35mm银盐
收藏馆：缩微中心，山西

000O013817
怀园集杜诗：八卷；集李诗：八卷 / (清)车万育撰
清康熙二十八年(1689)车万育刻本
1991年摄制. -- 1盘卷片(16米279拍)：
1:10，2B；35mm银盐
收藏馆：缩微中心，国图

000O007854
读书堂杜工部诗集注解：二十卷；读书堂杜工部文集注解：二卷；杜工部编年诗史谱目：一卷 / (唐)杜甫撰；(清)张潜注
清康熙三十七年(1698)张氏读书堂刻本
1987年摄制. -- 2盘卷片(47.7米1040拍)：
1:9，2B；35mm银盐
收藏馆：缩微中心，重庆

000O029291
杜律通解：四卷 / (清)李文炜释；(清)赵世锡考订
清雍正三年(1725)刻本. -- (清)赵弘训分校。
1999年摄制. -- 1盘卷片(14米280拍)：
1:10，2B；35mm银盐
收藏馆：缩微中心，湖南

000O021773

杜工部诗钞：五卷 / (唐)杜甫撰

清(1644-1911)抄本

1995年摄制. -- 1盘卷片(16米315拍)：1:10，2B；35mm银盐

收藏馆：缩微中心，国图

000O005071

杜工部诗集：二十卷集外诗一卷文集二卷 / (唐)杜甫撰；(清)朱鹤龄辑注. 年谱：一卷 / (清)朱鹤龄撰

清康熙(1662-1722)金陵叶永茹刻本. -- 伦明跋并录(清)钱载、(清)翁方纲、(清)浦起龙评注。

1986年摄制. -- 2盘卷片(47米1046拍)：1:10，2B；35mm银盐

收藏馆：缩微中心，国图

000O009664

杜工部诗：二十卷集外诗一卷文集二卷 / (唐)杜甫撰；(清)朱鹤龄辑注

清康熙(1662-1722)金陵叶永茹万卷楼刻本

1988年摄制. -- 2盘卷片(52米1103拍)：1:10，2B；35mm银盐

收藏馆：缩微中心，甘肃

000O027516

知本堂读杜诗：二十四卷 / (唐)杜甫撰；(清)汪灏读

清康熙四十三年(1704)刻本. -- 佚名批，(□)大林山人跋。

1997年摄制. -- 2盘卷片(38米695拍)：1:10，2B；35mm银盐

收藏馆：缩微中心，苏州

000O018265

杜诗七言律注例：四卷 / (清)张笃行撰

清(1644-1911)稿本

1993年摄制. -- 1盘卷片(6米88拍)：1:10，2B；35mm银盐

收藏馆：缩微中心，山东

000O010947

杜诗本义：二卷 / (唐)杜甫撰；(清)齐翀集注

清乾隆四十七年(1782)刻本

1989年摄制. -- 1盘卷片(10米170拍)：1:10，2B；35mm银盐

收藏馆：缩微中心，湖北

000O018171

杜诗精华：六卷 / (唐)杜甫撰；(清)朱琦辑

清乾隆(1736-1795)朱琦抄本. -- (清)朱琦批校。

1993年摄制. -- 1盘卷片(12米235拍)：

1:10，2B；35mm银盐

收藏馆：缩微中心，山东

000O027980

赏音阁杜诗问津：□□卷 / (唐)杜甫撰

清(1644-1911)抄本. -- 存二卷：卷一、卷六。

1997年摄制. -- 1盘卷片(5米112拍)：1:10，2B；35mm银盐

收藏馆：缩微中心，河南

000O016432

杜工部五言诗选直解：三卷七言诗选直解二卷年谱一卷 / (唐)杜甫撰；(清)范廷谋注释

清雍正(1723-1735)范氏稼石堂刻本

1992年摄制. -- 1盘卷片(19米380拍)：1:10，2B；35mm银盐

收藏馆：缩微中心，国图

000O003407

杜工部文集：二卷 / (唐)杜甫撰；(宋)刘辰翁评点

明初(1368-1424)刻本

1986年摄制. -- 1盘卷片(4米59拍)：1:10，2B；35mm银盐

收藏馆：缩微中心，国图

000O000101

读杜诗愚得：十八卷 / (明)单复撰

明天顺元年(1457)朱熊刻本

1985年摄制. -- 2盘卷片(37.9米757拍)：1:10，2B；35mm银盐

收藏馆：缩微中心，国图

000O017093

读杜诗愚得：十八卷 / (明)单复撰

明天顺元年(1457)朱熊梅月轩刻本. -- 存七卷：卷一、卷九至卷十、卷十五至卷十八。

1993年摄制. -- 1盘卷片(15米279拍)：1:10，2B；35mm银盐

收藏馆：缩微中心，国图

000O018625

读杜诗愚得：十八卷 / (明)单复撰

明(1368-1644)刻本

1993年摄制. -- 2盘卷片(37米742拍)：1:10，2B；35mm银盐

收藏馆：缩微中心，重庆

000O002063

杜律单注：十卷 / (明)单复撰；(明)陈明辑

明(1368-1644)景姚堂刻本

1986年摄制. -- 1盘卷片(14米304拍)：

1:10，2B ；35mm银盐
收藏馆：缩微中心，国图

000O005393
杜律韵集：四卷 / (明)张三畏撰
明嘉靖(1522-1566)张氏溪山草堂刻本
1986年摄制. -- 1盘卷片(9.3米182拍)：
1:10，2B ；35mm银盐
收藏馆：缩微中心，国图

000O000951
杜工部诗通：十六卷 / (明)张綖撰
明隆庆六年(1572)张守中刻本
1985年摄制. -- 1盘卷片(13.5米284拍)：
1:10，2B ；35mm银盐
收藏馆：缩微中心，国图

000O008843
杜律詹言：二卷 / (明)谢杰撰
明万历二十五年(1597)张应泰金士衡刻本
1988年摄制. -- 1盘卷片(10米188拍)：
1:10，2B ；35mm银盐
收藏馆：缩微中心，天津

000O009859
杜律詹言：二卷 / (明)谢杰撰
明万历二十五年(1597)张应泰金士衡刻本
1989年摄制. -- 1盘卷片(7米125拍)：1:10，
2B ；35mm银盐
收藏馆：缩微中心，浙江

000O027296
杜注水中盐：五卷 / (明)杨德周撰
清(1644-1911)刻本
1997年摄制. -- 1盘卷片(12米232拍)：
1:10，2B ；35mm银盐
收藏馆：缩微中心，国图

000O018536
杜诗论文：五十六卷 / (清)吴见思撰；(清)潘眉评
清康熙(1662-1722)岱渊堂刻本. -- 存四十一卷：卷一至卷三十四、卷四十三至卷四十九。(清)方育盛跋并录(清)方拱乾批注题识。
1993年摄制. -- 2盘卷片(39米786拍)：
1:10，2B ；35mm银盐
收藏馆：缩微中心，国图

000O007167
杜诗论文：五十六卷 / (清)吴见思撰；(清)潘眉评
清康熙十一年(1672)刻本
1987年摄制. -- 2盘卷片(52米1139拍)：

1:10，2B ；35mm银盐
收藏馆：缩微中心，山东

000O008041
杜诗论文：五十六卷 / (清)吴见思撰；(清)潘眉评
清康熙十一年(1672)岱渊堂常州刻本
1988年摄制. -- 2盘卷片(53米1134拍)：
1:10，2B ；35mm银盐
收藏馆：缩微中心，湖南

000O029017
杜诗论文：五十六卷 / (清)吴见思撰；(清)潘眉评
清康熙十一年(1672)岱渊堂常州刻本. -- (清)徐大临等四色批校圈点。
1999年摄制. -- 2盘卷片(50米1060拍)：
1:10，2B ；35mm银盐
收藏馆：缩微中心，湖南

000O001543
杜诗阐：三十三卷 / (清)卢元昌编
清康熙(1662-1722)刻本
1986年摄制. -- 2盘卷片(42米920拍)：
1:10，2B ；35mm银盐
收藏馆：缩微中心，吉林

000O010928
读杜心解：六卷首二卷 / (清)浦起龙讲解
清雍正二年至三年(1724-1725)浦氏宁我斋刻本. -- (清)徐恕录(清)鲁通甫评点。
1989年摄制. -- 2盘卷片(35.5米762拍)：
1:10，2B ；35mm银盐
收藏馆：缩微中心，湖北

000O010979
读杜心解：六卷首二卷 / (清)浦起龙讲解
清雍正二年至三年(1724-1725)浦氏宁我斋刻本. -- (清)秦应逵批。
1989年摄制. -- 2盘卷片(35.5米764拍)：
1:10，2B ；35mm银盐
收藏馆：缩微中心，湖北

000O011177
读杜心解：六卷首二卷 / (清)浦起龙撰
清雍正二年至三年(1724-1725)浦氏宁我斋刻本
1989年摄制. -- 2盘卷片(37米763拍)：
1:10，2B ；35mm银盐
收藏馆：缩微中心，山东

000O015633
读杜心解：六卷首二卷 / (清)浦起龙撰

清雍正二年至三年(1724-1725)浦氏宁我斋刻本
1993年摄制. -- 2盘卷片(36米714拍) : 1:10, 2B ; 35mm银盐
收藏馆：缩微中心，国图

000O000052
杜诗偶评：四卷 / (清)沈德潜撰
清乾隆十二年(1747)潘承松赋闲草堂刻本
1986年摄制. -- 1盘卷片(7.9米149拍) : 1:10, 2B ; 35mm银盐
收藏馆：缩微中心，山西

000O006458
杜诗偶评：四卷 / (清)沈德潜撰
清乾隆十二年(1747)潘承松赋闲草堂刻本. -- (清)管庭芬录(清)汪琬、(清)查慎行、(清)吴农祥、(清)俞犀月批点。
1987年摄制. -- 1盘卷片(9米148拍) : 1:10, 2B ; 35mm银盐
收藏馆：缩微中心，国图

000O027492
杜诗镜铨：二十卷年谱一卷附录一卷 / (清)杨伦编辑
清乾隆(1736-1795)九柏山房刻本. -- (清)谢章铤校。
1996年摄制. -- 2盘卷片(38米775拍) : 1:10, 2B ; 35mm银盐
收藏馆：缩微中心，福建

000O029284
杜诗镜铨：二十卷附录一卷 / (清)杨伦撰
清乾隆(1736-1795)九柏山房刻本
1999年摄制. -- 2盘卷片(38米774拍) : 1:10, 2B ; 35mm银盐
收藏馆：缩微中心，湖南

000O010579
杜诗镜铨：二十卷年谱一卷附录一卷 / (清)杨伦撰
清乾隆五十七年(1792)九柏山房刻本. -- 版框高十九厘米宽十四厘米。
1989年摄制. -- 2盘卷片(38米806拍) : 1:10, 2B ; 35mm银盐
收藏馆：缩微中心，广东

000O000023
杜诗镜铨：二十卷年谱一卷附录一卷 / (清)杨伦撰
清乾隆五十七年(1792)九柏山房刻本
1986年摄制. -- 2盘卷片(36.7米772拍) : 1:10, 2B ; 35mm银盐

收藏馆：缩微中心，山西

000O010917
杜诗集评：十五卷 / (清)刘浚辑
清嘉庆九年(1804)海宁藜照堂刻本. -- (清)吴广需批并跋。
1989年摄制. -- 1盘卷片(28米618拍) : 1:10, 2B ; 35mm银盐
收藏馆：缩微中心，湖北

000O000327
杜诗琐证：二卷 / (清)史炳撰
清道光五年(1825)史氏句俭山房刻本
1985年摄制. -- 1盘卷片(7.2米132拍) : 1:10, 2B ; 35mm银盐
收藏馆：缩微中心，国图

000O031676
杜诗琐证：二卷 / (清)史炳撰
清道光五年(1825)史氏句俭山房刻本
2005年摄制. -- 1盘卷片(12米230拍) : 1:10, 2B ; 35mm银盐
收藏馆：缩微中心，国图

000O024133
红萼轩杜诗汇：二种六卷 / (清)孔传铎辑
清(1644-1911)抄本
1996年摄制. -- 1盘卷片(21米450拍) : 1:10, 2B ; 35mm银盐
收藏馆：缩微中心，湖北

000O027755
杜诗字评：十八卷 / (清)董文涣辑
清(1644-1911)稿本. -- 存十六卷：卷一至卷七、卷十至卷十八。(清)长赞校并跋。
1996年摄制. -- 1盘卷片(19.6米402拍) : 1:10, 2B ; 35mm银盐
收藏馆：缩微中心，福建

000O024103
玉山堂诗集：一卷文集一卷杂志一卷 / (唐)田颖撰
清(1644-1911)抄本
1996年摄制. -- 1盘卷片(5米70拍) : 1:10, 2B ; 35mm银盐
收藏馆：缩微中心，湖北

000O018623
徐侍郎集：二卷附录一卷 / (唐)徐安贞撰
明(1368-1644)刻本
1992年摄制. -- 1盘卷片(3米34拍) : 1:12, 2B ; 35mm银盐
收藏馆：缩微中心，重庆

00O003662
常建集：二卷 / (唐)常建撰
明(1368-1644)铜活字印本
1985年摄制. -- 1盘卷片(3米29拍) : 1:10,
2B ; 35mm银盐
收藏馆：缩微中心，国图

00O004770
常建集：二卷 / (唐)常建撰
明(1368-1644)铜活字印本
1986年摄制. -- 1盘卷片(2.8米29拍) :
1:10, 2B ; 35mm银盐
收藏馆：缩微中心，国图

00O004771
常建集：二卷 / (唐)常建撰
明(1368-1644)铜活字印本
1986年摄制. -- 1盘卷片(2.8米29拍) :
1:10, 2B ; 35mm银盐
收藏馆：缩微中心，国图

00O004804
崔曙集：一卷 / (唐)崔曙撰
明(1368-1644)铜活字印本
1986年摄制. -- 1盘卷片(2.1米18拍) :
1:10, 2B ; 35mm银盐
收藏馆：缩微中心，国图

00O005917
崔曙集：一卷 / (唐)崔曙撰
明(1368-1644)铜活字印本
1987年摄制. -- 1盘卷片(2.1米16拍) :
1:10, 2B ; 35mm银盐
收藏馆：缩微中心，国图

00O029797
崔曙集：一卷 / (唐)崔曙撰
明(1368-1644)铜活字印本
2001年摄制. -- 1盘卷片(3米18拍) : 1:10,
2B ; 35mm银盐
收藏馆：缩微中心，国图

00O004768
崔颢集：二卷 / (唐)崔颢撰
明(1368-1644)铜活字印本
1986年摄制. -- 1盘卷片(2.8米28拍) :
1:10, 2B ; 35mm银盐
收藏馆：缩微中心，国图

00O029796
崔颢集：二卷 / (唐)崔颢撰
明(1368-1644)铜活字印本
2001年摄制. -- 1盘卷片(3米30拍) : 1:10,
2B ; 35mm银盐
收藏馆：缩微中心，国图

00O008825
刘随州诗集：十卷 / (唐)刘长卿撰
明万历二十一年(1593)祝以豳刻本
1988年摄制. -- 1盘卷片(9米177拍) : 1:10,
2B ; 35mm银盐
收藏馆：缩微中心，天津

00O004795
刘随州集：十卷 / (唐)刘长卿撰
明(1368-1644)铜活字印本. -- 袁克文跋。
1986年摄制. -- 1盘卷片(9米167拍) : 1:10,
2B ; 35mm银盐
收藏馆：缩微中心，国图

00O029788
刘随州集：十卷 / (唐)刘长卿撰
明(1368-1644)铜活字印本
2001年摄制. -- 1盘卷片(9米170拍) : 1:10,
2B ; 35mm银盐
收藏馆：缩微中心，国图

00O015222
刘随州诗集：十二卷 / (唐)刘长卿撰
明万历十六年(1588)汉东瑞珠堂刻本
1992年摄制. -- 1盘卷片(9米147拍) : 1:10,
2B ; 35mm银盐
收藏馆：缩微中心，国图

00O004996
刘随州文集：十一卷 / (唐)刘长卿撰
清乾隆四十一年(1776)卢文弨抄本. -- (清)
卢文弨校跋并录(清)何焯题识。
1987年摄制. -- 1盘卷片(7.2米132拍) :
1:10, 2B ; 35mm银盐
收藏馆：缩微中心，国图

00O004975
岑嘉州集：八卷 / (唐)岑参撰
明(1368-1644)刻本. -- 吴慈培校并补目，周
叔弢校并跋。
1987年摄制. -- 1盘卷片(7.2米136拍) :
1:10, 2B ; 35mm银盐
收藏馆：缩微中心，国图

00O020827
岑嘉州集：八卷 / (唐)岑参撰
明(1368-1644)刻本
1994年摄制. -- 1盘卷片(7米105拍) : 1:10,
2B ; 35mm银盐
收藏馆：缩微中心，国图

00O007796
岑嘉州集：八卷 / (唐)岑参撰
明(1368-1644)刻本
1988年摄制. -- 1盘卷片(7.1米130拍) ：
1:9, 2B ； 35mm银盐
收藏馆：缩微中心，重庆

00O004799
岑嘉州集：八卷 / (唐)岑参撰
明(1368-1644)铜活字印本
1986年摄制. -- 1盘卷片(8米140拍) ： 1:10,
2B ； 35mm银盐
收藏馆：缩微中心，国图

00O004241
岑嘉州诗：八卷 / (唐)岑参撰
明(1368-1644)抄本. -- (清)黄丕烈跋。
1985年摄制. -- 1盘卷片(7米125拍) ： 1:10,
2B ； 35mm银盐
收藏馆：缩微中心，国图

00O014421
岑嘉州诗：四卷 / (唐)岑参撰
明正德十五年(1520)沈恩刻本
1992年摄制. -- 1盘卷片(5米59拍) ： 1:10,
2B ； 35mm银盐
收藏馆：缩微中心，国图

00O021997
岑嘉州诗：七卷 / (唐)岑参撰
明正德十五年(1520)熊相高屿刻本
1995年摄制. -- 1盘卷片(7米113拍) ： 1:10,
2B ； 35mm银盐
收藏馆：缩微中心，国图

00O003815
岑嘉州诗：七卷 / (唐)岑参撰
明正德十五年(1520)熊相高屿刻本. -- (清)
王振声校并跋。
1985年摄制. -- 1盘卷片(7.2米128拍) ：
1:10, 2B ； 35mm银盐
收藏馆：缩微中心，国图

00O009832
李员外遗集：二卷 / (唐)李华撰
清(1644-1911)抄本
1989年摄制. -- 1盘卷片(7米134拍) ： 1:10,
2B ； 35mm银盐
收藏馆：缩微中心，浙江

00O013869
**萧茂挺集：一卷 / (唐)萧颖士撰 . 唐刘蜕集：六
卷 / (唐)刘蜕撰**

清(1644-1911)环碧山房抄本. -- (清)汪继培
校并跋。
1992年摄制. -- 1盘卷片(5米55拍) ： 1:10,
2B ； 35mm银盐
收藏馆：缩微中心，国图

00O001352
唐元次山文集：十卷拾遗一卷 / (唐)元结撰
明正德十二年(1517)郭勋刻本
1985年摄制. -- 1盘卷片(7.6米141拍) ：
1:10, 2B ； 35mm银盐
收藏馆：缩微中心，国图

00O005242
唐元次山文集：十卷拾遗一卷 / (唐)元结撰
明正德十二年(1517)郭勋刻本. -- (□)鲜知
道人校并跋。
1986年摄制. -- 1盘卷片(8米148拍) ： 1:10,
2B ； 35mm银盐
收藏馆：缩微中心，国图

00O006020
唐元次山文集：十卷拾遗一卷 / (唐)元结撰
明正德十二年(1517)郭勋刻本
1987年摄制. -- 1盘卷片(7米137拍) ： 1:10,
2B ； 35mm银盐
收藏馆：缩微中心，国图

00O017241
唐元次山文集：十卷拾遗一卷 / (唐)元结撰
明嘉靖(1522-1566)刻万历十一年(1583)夏镗
补刻本. -- (明)湛若水、(明)郭勋校。
1993年摄制. -- 1盘卷片(7米137拍) ： 1:10,
2B ； 35mm银盐
收藏馆：缩微中心，天津

00O016347
唐元次山文集：十卷拾遗一卷 / (唐)元结撰
明(1368-1644)刻本
1992年摄制. -- 1盘卷片(8米119拍) ： 1:10,
2B ； 35mm银盐
收藏馆：缩微中心，国图

00O007810
唐元次山文集：十二卷 / (唐)元结撰
明末(1621-1644)刻本
1988年摄制. -- 1盘卷片(9.7米191拍) ：
1:10, 2B ； 35mm银盐
收藏馆：缩微中心，重庆

00O026833
唐元次山文集：十二卷 / (唐)元结撰
明末(1621-1644)德藻堂刻本. -- (清)张鸿

校。
1996年摄制. -- 1盘卷片(10米184拍) :
1:10, 2B ; 35mm银盐
收藏馆: 缩微中心, 南京

000〇015575
漫叟拾遗: 一卷 / (唐)元结撰
明(1368-1644)抄本
1993年摄制. -- 1盘卷片(3米28拍) : 1:10,
2B ; 35mm银盐
收藏馆: 缩微中心, 国图

000〇004808
司空曙集: 二卷 / (唐)司空曙撰
明(1368-1644)铜活字印本
1986年摄制. -- 1盘卷片(3.4米44拍) :
1:10, 2B ; 35mm银盐
收藏馆: 缩微中心, 国图

000〇005967
司空曙集: 二卷 / (唐)司空曙撰
明(1368-1644)铜活字印本
1986年摄制. -- 1盘卷片(4米44拍) : 1:10,
2B ; 35mm银盐
收藏馆: 缩微中心, 国图

000〇017068
司空曙集: 二卷 / (唐)司空曙撰
明(1368-1644)铜活字印本
1993年摄制. -- 1盘卷片(4米32拍) : 1:10,
2B ; 35mm银盐
收藏馆: 缩微中心, 国图

000〇001842
毗陵集: 二十卷 / (唐)独孤及撰
清初(1644-1722)抄本. -- (清)孙素民校。
1985年摄制. -- 1盘卷片(17米362拍) :
1:10, 2B ; 35mm银盐
收藏馆: 缩微中心, 国图

000〇003053
毗陵集: 二十卷 / (唐)独孤及撰
清顺治五年(1648)抄本. -- 佚名校并跋。
1986年摄制. -- 1盘卷片(12米232拍) :
1:10, 2B ; 35mm银盐
收藏馆: 缩微中心, 国图

000〇007992
毗陵集: 二十卷 / (唐)独孤及撰
清光绪(1875-1908)粘熙元刻本
1988年摄制. -- 1盘卷片(12米235拍) :
1:10, 2B ; 35mm银盐
收藏馆: 缩微中心, 湖南

000〇004533
毗陵集: 二十卷 / (唐)独孤及撰
清(1644-1911)抄本. -- (清)钱天树跋。
1987年摄制. -- 1盘卷片(13米279拍) :
1:10, 2B ; 35mm银盐
收藏馆: 缩微中心, 国图

000〇020222
毗陵集: 二十卷 / (唐)独孤及撰
清(1644-1911)抄本
1994年摄制. -- 1盘卷片(14米264拍) :
1:10, 2B ; 35mm银盐
收藏馆: 缩微中心, 国图

000〇008829
毗陵集: 二十卷补遗一卷附录一卷 / (唐)独孤及
撰
清乾隆五十六年(1791)武进赵怀玉亦有生斋刻
本
1988年摄制. -- 1盘卷片(15米315拍) :
1:10, 2B ; 35mm银盐
收藏馆: 缩微中心, 天津

000〇024860
毗陵集: 二十卷补遗一卷附录一卷 / (唐)独孤及
撰
清乾隆五十六年(1791)赵怀玉亦有生斋刻
本. -- (清)鲍廷博校。
1996年摄制. -- 1盘卷片(15米300拍) :
1:10, 2B ; 35mm银盐
收藏馆: 缩微中心, 南京

000〇019502
毗陵集: 三十卷 / (唐)独孤及撰
清(1644-1911)抄本
1994年摄制. -- 1盘卷片(16米319拍) :
1:10, 2B ; 35mm银盐
收藏馆: 缩微中心, 国图

000〇004752
严武集: 一卷 / (唐)严武撰
明(1368-1644)铜活字印本
1986年摄制. -- 1盘卷片(2米14拍) : 1:10,
2B ; 35mm银盐
收藏馆: 缩微中心, 国图

000〇004811
戴叔伦集: 二卷 / (唐)戴叔伦撰
明(1368-1644)铜活字印本
1986年摄制. -- 1盘卷片(3.2米41拍) :
1:10, 2B ; 35mm银盐
收藏馆: 缩微中心, 国图

000O029801

戴叔伦集：二卷 / (唐)戴叔伦撰
明(1368-1644)铜活字印本
2001年摄制. -- 1盘卷片(4米45拍)：1:10,
2B；35mm银盐
收藏馆：缩微中心，国图

000O003052

韦苏州集：十卷拾遗一卷 / (唐)韦应物撰
明弘治九年(1496)李瀚刘玘刻递修本
1986年摄制. -- 1盘卷片(9米181拍)：1:10,
2B；35mm银盐
收藏馆：缩微中心，国图

000O005376

韦苏州集：十卷拾遗一卷 / (唐)韦应物撰
明嘉靖二十年(1541)周桃村刻本
1986年摄制. -- 1盘卷片(9米182拍)：1:10,
2B；35mm银盐
收藏馆：缩微中心，国图

000O008673

韦苏州集：十卷拾遗一卷 / (唐)韦应物撰
明万历(1573-1620)何湛之刻本. -- 何湛之刻
陶韦合刻本。
1987年摄制. -- 1盘卷片(11.1米224拍)：
1:10, 2B；35mm银盐
收藏馆：缩微中心，重庆

000O006014

韦苏州集：十卷拾遗一卷 / (唐)韦应物撰
明(1368-1644)刻本
1987年摄制. -- 1盘卷片(10米207拍)：
1:10, 2B；35mm银盐
收藏馆：缩微中心，国图

000O007010

韦苏州集：十卷拾遗一卷 / (唐)韦应物撰
明(1368-1644)刻本
1987年摄制. -- 1盘卷片(10米207拍)：
1:10, 2B；35mm银盐
收藏馆：缩微中心，国图

000O008033

韦苏州集：十卷拾遗一卷 / (唐)韦应物撰
明(1368-1644)刻本
1988年摄制. -- 1盘卷片(12米239拍)：
1:10, 2B；35mm银盐
收藏馆：缩微中心，湖南

000O010503

韦苏州集：十卷拾遗一卷 / (唐)韦应物撰
明(1368-1644)刻本. -- 卷首第四至五页共一

页，卷六第二十一至二十二页共一页。
1989年摄制. -- 1盘卷片(10米189拍)：
1:10, 2B；35mm银盐
收藏馆：缩微中心，天津

000O024556

韦苏州集：十卷拾遗一卷 / (唐)韦应物撰
明末(1621-1644)余怀刻本. -- (清)佚名录
(清)卢文弨批校
1996年摄制. -- 1盘卷片(12.5米245拍)：
1:10, 2B；35mm银盐
收藏馆：缩微中心，浙江

000O004605

韦苏州集：十卷 / (唐)韦应物撰
明万历(1573-1620)何湛之刻本. -- 王国维校
并跋。
1987年摄制. -- 1盘卷片(10米201拍)：
1:10, 2B；35mm银盐
收藏馆：缩微中心，国图

000O028647

韦苏州集：十卷 / (唐)韦应物撰
明万历四十年(1612)董伯起刻本
1998年摄制. -- 1盘卷片(11米212拍)：
1:10, 2B；35mm银盐
收藏馆：缩微中心，广东

000O000232

韦苏州集：十卷 / (唐)韦应物撰
明(1368-1644)铜活字印本. -- 存八卷：卷一
至卷八。
1985年摄制. -- 1盘卷片(8米153拍)：1:10,
2B；35mm银盐
收藏馆：缩微中心，国图

000O005777

韦苏州集：十卷 / (唐)韦应物撰
明(1368-1644)铜活字印本. -- 卷一至卷二配
抄本。
1987年摄制. -- 1盘卷片(10.1米201拍)：
1:10, 2B；35mm银盐
收藏馆：缩微中心，国图

000O019760

韦苏州集：十卷 / (唐)韦应物撰
清(1644-1911)项氏玉渊堂刻本
1994年摄制. -- 1盘卷片(8米140拍)：1:10,
2B；35mm银盐
收藏馆：缩微中心，国图

000O023240

韦苏州集：十卷拾遗一卷 / (唐)韦应物撰；(宋)

刘辰翁校注
明成化弘治(1465-1505)张习刻递修本
1995年摄制. -- 1盘卷片(8米125拍) : 1:10,
2B ; 35mm银盐
收藏馆：缩微中心，国图

000O020337
韦苏州集：十卷拾遗一卷 / (唐)韦应物撰；(宋)
刘辰翁,(明)高棅,(明)顾璘[等]评
明(1368-1644)刻套印本. -- 评者还有：(明)
杨慎、(明)钟惺、(明)谭元春。
1994年摄制. -- 1盘卷片(12米206拍) :
1:10, 2B ; 35mm银盐
收藏馆：缩微中心，国图

000O013430
韦刺史诗集：十卷附录一卷 / (唐)韦应物撰
明嘉靖二十七年(1548)华云太华书院刻本
1991年摄制. -- 1盘卷片(8米135拍) : 1:10,
2B ; 35mm银盐
收藏馆：缩微中心，国图

000O016659
韦刺史诗集：十卷附录一卷 / (唐)韦应物撰
明嘉靖二十七年(1548)华云太华书院刻本
1993年摄制. -- 1盘卷片(8米135拍) : 1:10,
2B ; 35mm银盐
收藏馆：缩微中心，国图

000O008826
韦苏州集：十卷附录一卷 / (唐)韦应物撰；(明)
吴世泽校
明(1368-1644)刻本
1988年摄制. -- 1盘卷片(11米226拍) :
1:10, 2B ; 35mm银盐
收藏馆：缩微中心，天津

000O017674
韦苏州诗集：十卷补遗一卷 / (唐)韦应物撰
明(1368-1644)刻本
1993年摄制. -- 1盘卷片(10米185拍) :
1:10, 2B ; 35mm银盐
收藏馆：缩微中心，国图

000O011523
顾华阳集：三卷 / (唐)顾况撰；(明)顾名端编
明万历四十一年(1613)刻本
1990年摄制. -- 1盘卷片(8米146拍) : 1:10,
2B ; 35mm银盐
收藏馆：缩微中心，甘肃

000O015383
李嘉祐集：二卷 / (唐)李嘉祐撰

明(1368-1644)铜活字印本
1992年摄制. -- 1盘卷片(4米32拍) : 1:10,
2B ; 35mm银盐
收藏馆：缩微中心，国图

000O000229
台阁集：一卷 / (唐)李嘉祐撰
明末(1621-1644)毛氏汲古阁刻唐人八家诗
本. -- 缪荃孙校。
1985年摄制. -- 1盘卷片(3.2米39拍) :
1:10, 2B ; 35mm银盐
收藏馆：缩微中心，国图

000O016663
宗玄先生文集：三卷；南统大君内丹九章经：
一卷；玄纲论：一卷 / (唐)吴筠撰
明(1368-1644)抄本
1993年摄制. -- 1盘卷片(7米96拍) : 1:10,
2B ; 35mm银盐
收藏馆：缩微中心，国图

000O019725
宗玄先生文集：三卷 / (唐)吴筠撰
清(1644-1911)抄本. -- (清)翁同龢跋。
1994年摄制. -- 1盘卷片(5米58拍) : 1:10,
2B ; 35mm银盐
收藏馆：缩微中心，国图

000O004807
皇甫冉集：三卷 / (唐)皇甫冉撰
明(1368-1644)铜活字印本
1986年摄制. -- 1盘卷片(4.2米63拍) :
1:10, 2B ; 35mm银盐
收藏馆：缩微中心，国图

000O016224
皇甫冉集：三卷 / (唐)皇甫冉撰 . 皇甫曾集：二
卷 / (唐)皇甫曾撰
明(1368-1644)铜活字印本
1993年摄制. -- 1盘卷片(4米51拍) : 1:10,
2B ; 35mm银盐
收藏馆：缩微中心，国图

000O029858
皇甫冉集：三卷 / (唐)皇甫冉撰
明(1368-1644)铜活字印本. -- 存二卷：卷
中、卷下。
2001年摄制. -- 1盘卷片(4米46拍) : 1:10,
2B ; 35mm银盐
收藏馆：缩微中心，国图

000O004806
皇甫曾集：二卷 / (唐)皇甫曾撰

明(1368-1644)铜活字印本
1986年摄制. -- 1盘卷片(2.5米24拍) ：
1:10, 2B ; 35mm银盐
收藏馆：缩微中心, 国图

000O016225
皇甫曾集：二卷 / (唐)皇甫曾撰
明(1368-1644)铜活字印本. -- 还有合刻著作：皇甫冉集三卷/(唐)皇甫冉撰。
1993年摄制. -- 1盘卷片(3米12拍) ：1:10, 2B ; 35mm银盐
收藏馆：缩微中心, 国图

000O004900
郎士元集：二卷 / (唐)郎士元撰
明(1368-1644)铜活字印本
1987年摄制. -- 1盘卷片(3米29拍) ：1:10, 2B ; 35mm银盐
收藏馆：缩微中心, 国图

000O005966
秦隐君集：一卷 / (唐)秦系撰
明(1368-1644)铜活字印本
1986年摄制. -- 1盘卷片(3米21拍) ：1:10, 2B ; 35mm银盐
收藏馆：缩微中心, 国图

000O029821
秦隐君集：一卷 / (唐)秦系撰
明(1368-1644)铜活字印本
2001年摄制. -- 1盘卷片(3米23拍) ：1:10, 2B ; 35mm银盐
收藏馆：缩微中心, 国图

000O002321
唐秦隐君诗集：一卷 / (唐)秦系撰
清同治五年(1866)周星诒抄本. -- (清)周星诒跋并录(清)毛扆校。
1986年摄制. -- 1盘卷片(3米23拍) ：1:10, 2B ; 35mm银盐
收藏馆：缩微中心, 国图

000O013512
韩君平集：三卷 / (唐)韩翃撰
明万历四十一年(1613)江元褆刻本
1991年摄制. -- 1盘卷片(5米67拍) ：1:10, 2B ; 35mm银盐
收藏馆：缩微中心, 国图

000O004602
韩君平集：三卷 / (唐)韩翃撰
明(1368-1644)铜活字印本
1986年摄制. -- 1盘卷片(4米56拍) ：1:10,

2B ; 35mm银盐
收藏馆：缩微中心, 国图

000O004813
李益集：二卷 / (唐)李益撰
明(1368-1644)铜活字印本
1986年摄制. -- 1盘卷片(3.5米46拍) ：1:10, 2B ; 35mm银盐
收藏馆：缩微中心, 国图

000O004978
李益集：二卷 / (唐)李益撰
明(1368-1644)铜活字印本
1987年摄制. -- 1盘卷片(3.5米46拍) ：1:10, 2B ; 35mm银盐
收藏馆：缩微中心, 国图

000O003335
李君虞诗集：二卷 / (唐)李益撰
清初(1644-1722)钱谦贞竹深堂抄本
1986年摄制. -- 1盘卷片(3米35拍) ：1:10, 2B ; 35mm银盐
收藏馆：缩微中心, 国图

000O004812
卢纶集：六卷 / (唐)卢纶撰
明(1368-1644)铜活字印本
1986年摄制. -- 1盘卷片(5.9米104拍) ：1:10, 2B ; 35mm银盐
收藏馆：缩微中心, 国图

000O004977
唐卢纶诗集：三卷 / (唐)卢纶撰
明正德十年(1515)刘成德刻本
1987年摄制. -- 1盘卷片(3.8米54拍) ：1:10, 2B ; 35mm银盐
收藏馆：缩微中心, 国图

000O021040
唐卢户部诗集：十卷 / (唐)卢纶撰
明(1368-1644)刻本
1994年摄制. -- 1盘卷片(6米78拍) ：1:10, 2B ; 35mm银盐
收藏馆：缩微中心, 国图

000O001336
孟东野诗集：十卷 / (唐)孟郊撰
明弘治十二年(1499)杨一清于睿刻本
1985年摄制. -- 1盘卷片(9米174拍) ：1:10, 2B ; 35mm银盐
收藏馆：缩微中心, 国图

00O003691
孟东野诗集：十卷 / (唐)孟郊撰
明弘治十二年(1499)杨一清于睿刻本
1985年摄制. -- 1盘卷片(9米165拍) : 1:10,
2B ; 35mm银盐
收藏馆：缩微中心，国图

00O004895
孟东野诗集：十卷 / (唐)孟郊撰
明弘治十二年(1499)杨一清刻本. -- (清)周
锡瓒校并跋，(清)黄丕烈跋，周叔弢校。
1986年摄制. -- 1盘卷片(7.8米186拍) :
1:10, 2B ; 35mm银盐
收藏馆：缩微中心，国图

00O015358
孟东野诗集：十卷 / (唐)孟郊撰
明弘治十二年(1499)杨一清于睿刻本
1992年摄制. -- 1盘卷片(9米146拍) : 1:10,
2B ; 35mm银盐
收藏馆：缩微中心，国图

00O010180
孟东野诗集：十卷 / (唐)孟郊撰；(宋)国材评
明(1368-1644)刻本
1989年摄制. -- 1盘卷片(10米191拍) :
1:10, 2B ; 35mm银盐
收藏馆：缩微中心，山东

00O016015
孟东野诗集：十卷 / (唐)孟郊撰
清康熙(1662-1722)席启寓琴川书屋刻唐人百
家诗本. -- 章钰校并跋。
1993年摄制. -- 1盘卷片(8米145拍) : 1:10,
2B ; 35mm银盐
收藏馆：缩微中心，国图

00O008709
孟东野诗集：八卷 / (唐)孟郊撰
明嘉靖六年(1527)杨谦刻嘉靖四十四年(1565)
重修本
1988年摄制. -- 1盘卷片(8.3米159拍) :
1:11, 2B ; 35mm银盐
收藏馆：缩微中心，重庆

00O015607
孟东野诗集：十卷 / (唐)孟郊撰
明嘉靖三十五年(1556)秦禾刻本. -- (清)沈
岩校跋并录(清)朱良育、(清)冯班题识。
1992年摄制. -- 1盘卷片(11米192拍) :
1:10, 2B ; 35mm银盐
收藏馆：缩微中心，国图

00O026763
**孟东野诗集：十卷；孟东野诗集联句：一卷 /
(唐)孟郊撰**
明嘉靖三十五年(1556)秦禾刻崇祯(1628-1644)
秦伯钦秦镪重修本. -- (清)丁丙跋。
1996年摄制. -- 1盘卷片(12米218拍) :
1:10, 2B ; 35mm银盐
收藏馆：缩微中心，南京

00O006587
**孟东野诗集：十卷 / (唐)孟郊撰；(宋)国材,(宋)
刘辰翁评**
明(1368-1644)凌濛初刻套印本
1987年摄制. -- 1盘卷片(11.4米232拍) :
1:10, 2B ; 35mm银盐
收藏馆：缩微中心，国图

00O018482
**孟东野诗集：十卷 / (唐)孟郊撰；(宋)国材,(宋)
刘辰翁评**
明(1368-1644)凌濛初刻套印本
1993年摄制. -- 1盘卷片(11米199拍) :
1:10, 2B ; 35mm银盐
收藏馆：缩微中心，国图

00O031924
**孟东野诗集：十卷 / (唐)孟郊撰；(宋)国材,(宋)
刘辰翁评**
明(1368-1644)凌濛初刻套印本
2010年摄制. -- 1盘卷片(15米251拍) :
1:13, 2B ; 35mm银盐
收藏馆：缩微中心，国图

00O021139
唐陆宣公集：二十二卷 / (唐)陆贽撰
明宣德三年(1428)胡概刻本
1992年摄制. -- 1盘卷片(23米457拍) :
1:10, 2B ; 35mm银盐
收藏馆：缩微中心，南京

00O021839
唐陆宣公集：二十二卷 / (唐)陆贽撰
明天顺元年(1457)延祥刻本
1995年摄制. -- 1盘卷片(23米493拍) :
1:10, 2B ; 35mm银盐
收藏馆：缩微中心，南京

00O000661
唐陆宣公集：二十二卷 / (唐)陆贽撰
明万历九年(1581)叶逢春刻本
1985年摄制. -- 1盘卷片(21.7米480拍) :
1:10, 2B ; 35mm银盐
收藏馆：缩微中心，国图

000O001639
唐陆宣公集：二十二卷 / (唐)陆贽撰
明万历九年(1581)叶逢春刻本
1986年摄制. -- 1盘卷片（22米482拍）：
1:10，2B ；35mm银盐
收藏馆：缩微中心，国图

000O008827
唐陆宣公集：二十二卷 / (唐)陆贽撰
明(1368-1644)光裕堂刻本
1988年摄制. -- 1盘卷片（19米409拍）：
1:10，2B ；35mm银盐
收藏馆：缩微中心，天津

000O020854
唐陆宣公集：二十二卷 / (唐)陆贽撰
明(1368-1644)光裕堂刻本. -- 存十八卷：卷
一至卷十八。
1994年摄制. -- 1盘卷片（15米282拍）：
1:10，2B ；35mm银盐
收藏馆：缩微中心，国图

000O028093
唐陆宣公集：二十二卷 / (唐)陆贽撰
明万历三十四年(1606)吴继武光裕堂校刻本
1997年摄制. -- 1盘卷片（20米407拍）：
1:10，2B ；35mm银盐
收藏馆：缩微中心，广东

000O005963
唐陆宣公集：二十二卷 / (唐)陆贽撰
明(1368-1644)刻本
1987年摄制. -- 1盘卷片（16.2米350拍）：
1:10，2B ；35mm银盐
收藏馆：缩微中心，国图

000O016363
唐陆宣公集：二十二卷 / (唐)陆贽撰
清雍正元年(1723)年龚尧刻本
1992年摄制. -- 1盘卷片（21米404拍）：
1:10，2B ；35mm银盐
收藏馆：缩微中心，国图

000O001596
唐陆宣公集：二十四卷 / (唐)陆贽撰
明嘉靖二十七年(1548)沈伯咸西清书舍刻本
1986年摄制. -- 1盘卷片（19.6米431拍）：
1:10，2B ；35mm银盐
收藏馆：缩微中心，国图

000O006017
唐陆宣公集：二十四卷 / (唐)陆贽撰
明嘉靖二十七年(1548)沈伯咸西清书舍刻本

1987年摄制. -- 1盘卷片（21米463拍）：
1:10，2B ；35mm银盐
收藏馆：缩微中心，国图

000O003661
唐陆宣公集：二十四卷 / (唐)陆贽撰
明嘉靖(1522-1566)刻本
1985年摄制. -- 1盘卷片（14米296拍）：
1:10，2B ；35mm银盐
收藏馆：缩微中心，国图

000O016017
唐陆宣公集：二十四卷 / (唐)陆贽撰
明嘉靖(1522-1566)刻本
1993年摄制. -- 1盘卷片（15米277拍）：
1:10，2B ；35mm银盐
收藏馆：缩微中心，国图

000O013233
唐陆宣公集：二十四卷 / (唐)陆贽撰
明万历三十五年(1607)陆基忠刻本. -- (清)
丁丙跋。
1991年摄制. -- 1盘卷片（20米472拍）：
1:10，2B ；35mm银盐
收藏馆：缩微中心，南京

000O016361
唐陆宣公集：二十四卷 / (唐)陆贽撰
明(1368-1644)不负堂刻本
1992年摄制. -- 1盘卷片（18米338拍）：
1:10，2B ；35mm银盐
收藏馆：缩微中心，国图

000O028407
唐陆宣公集：二十四卷 / (唐)陆贽撰
明(1368-1644)不负堂刻本. -- (清)丁丙跋。
1996年摄制. -- 1盘卷片（17米361拍）：
1:10，2B ；35mm银盐
收藏馆：缩微中心，南京

000O007866
陆宣公全集：二十四卷 / (唐)陆贽撰；(明)汤宾尹评
明崇祯元年(1628)刻本
1988年摄制. -- 1盘卷片（23.9米523拍）：
1:9，2B ；35mm银盐
收藏馆：缩微中心，重庆

000O007795
陆宣公集：二十四卷 / (唐)陆贽撰；(明)陈仁锡评
明末(1621-1644)刻本
1988年摄制. -- 1盘卷片（24.3米530拍）：

1:9, 2B ; 35mm银盐
收藏馆：缩微中心，重庆

00O009856
陆宣公集：二十四卷 / (唐)陆贽撰；(明)钟惺评
明末(1621-1644)文萃堂刻本
1989年摄制. -- 1盘卷片(19米406拍) : 1:10, 2B ; 35mm银盐
收藏馆：缩微中心，浙江

00O001507
唐陆宣公翰苑集：二十四卷 / (唐)陆贽撰；(清)张佩芳注
清乾隆(1736-1795)张氏希音堂刻本
1986年摄制. -- 1盘卷片(29.6米642拍) : 1:10, 2B ; 35mm银盐
收藏馆：缩微中心，山西

00O012801
陆宣公文选：十五卷 / (唐)陆贽撰；(明)叶秉敬评
明万历三十八年(1610)刻本
1989年摄制. -- 1盘卷片(16米330拍) : 1:10, 2B ; 35mm银盐
收藏馆：缩微中心，湖南

00O016328
欧阳四门文集：十卷附录一卷 / (唐)欧阳詹撰
清(1644-1911)传砚斋抄本
1992年摄制. -- 1盘卷片(8米126拍) : 1:10, 2B ; 35mm银盐
收藏馆：缩微中心，国图

00O023942
欧阳行周集：十卷附录一卷 / (唐)欧阳詹撰
清(1644-1911)抄本
1996年摄制. -- 1盘卷片(9米197拍) : 1:10, 2B ; 35mm银盐
收藏馆：缩微中心，河南

00O005119
欧阳行周文集：十卷 / (唐)欧阳詹撰
明弘治十七年(1504)庄概吴晟刻公文纸印本. -- (清)刘喜海跋。
1986年摄制. -- 1盘卷片(7米120拍) : 1:10, 2B ; 35mm银盐
收藏馆：缩微中心，国图

00O003040
欧阳行周文集：十卷 / (唐)欧阳詹撰
明(1368-1644)刻本. -- (清)吴卓信跋并录(清)何焯校跋。
1986年摄制. -- 1盘卷片(7米112拍) : 1:10, 2B ; 35mm银盐
收藏馆：缩微中心，国图

00O017562
欧阳行周文集：十卷 / (唐)欧阳詹撰
明(1368-1644)抄本. -- □蔼人校。
1993年摄制. -- 1盘卷片(11米196拍) : 1:10, 2B ; 35mm银盐
收藏馆：缩微中心，国图

00O009568
唐欧阳先生文集：八卷附录一卷 / (唐)欧阳詹撰；(明)徐𤊹辑
明万历三十四年(1606)叶向高刻本
1988年摄制. -- 1盘卷片(10米179拍) : 1:10, 2B ; 35mm银盐
收藏馆：缩微中心，山东

00O026766
唐欧阳先生文集：八卷附录一卷 / (唐)欧阳詹撰
明万历三十四年(1606)叶向高[等]刻本. -- (清)韩崇跋并录(清)何焯批题识，(清)丁丙跋。
1996年摄制. -- 1盘卷片(9米179拍) : 1:10, 2B ; 35mm银盐
收藏馆：缩微中心，南京

00O004814
严维集：二卷 / (唐)严维撰
明(1368-1644)铜活字印本
1986年摄制. -- 1盘卷片(2.7米27拍) : 1:10, 2B ; 35mm银盐
收藏馆：缩微中心，国图

00O022306
严维集：三卷 / (唐)严维撰
明(1368-1644)铜活字印本
1995年摄制. -- 1盘卷片(3米15拍) : 1:10, 2B ; 35mm银盐
收藏馆：缩微中心，国图

00O004574
武元衡集：三卷 / (唐)武元衡撰
明(1368-1644)铜活字印本
1986年摄制. -- 1盘卷片(4米58拍) : 1:10, 2B ; 35mm银盐
收藏馆：缩微中心，国图

00O029857
武元衡集：三卷 / (唐)武元衡撰
明(1368-1644)铜活字印本
2001年摄制. -- 1盘卷片(4米60拍) : 1:10, 2B ; 35mm银盐

收藏馆：缩微中心，国图

000○005825
权德舆集：二卷 / (唐)权德舆撰
明(1368-1644)铜活字印本
1987年摄制. -- 1盘卷片(3.6米50拍)：
1:10，2B；35mm银盐
收藏馆：缩微中心，国图

000○005968
权德舆集：二卷 / (唐)权德舆撰
明(1368-1644)铜活字印本
1986年摄制. -- 1盘卷片(4米49拍)：1:10，
2B；35mm银盐
收藏馆：缩微中心，国图

000○029862
权德舆集：二卷 / (唐)权德舆撰
明(1368-1644)铜活字印本
2001年摄制. -- 1盘卷片(4米51拍)：1:10，
2B；35mm银盐
收藏馆：缩微中心，国图

000○004234
权载之文集：五十卷摭遗一卷附录一卷 / (唐)权德舆撰
清(1644-1911)抄本. -- 杨绍和跋。
1986年摄制. -- 1盘卷片(29米639拍)：
1:10，2B；35mm银盐
收藏馆：缩微中心，国图

000○014346
新刊权文公文集：十卷 / (唐)权德舆撰
明嘉靖二十年(1541)刘大谟刻本
1992年摄制. -- 1盘卷片(9米163拍)：1:10，
2B；35mm银盐
收藏馆：缩微中心，国图

000○004810
耿沣集：三卷 / (唐)耿沣撰
明(1368-1644)铜活字印本
1986年摄制. -- 1盘卷片(3.6米49拍)：
1:10，2B；35mm银盐
收藏馆：缩微中心，国图

000○005739
耿沣集：三卷 / (唐)耿沣撰
明(1368-1644)铜活字印本
1987年摄制. -- 1盘卷片(4米50拍)：1:10，
2B；35mm银盐
收藏馆：缩微中心，国图

000○029800
耿沣集：三卷 / (唐)耿沣撰
明(1368-1644)铜活字印本
2001年摄制. -- 1盘卷片(4米51拍)：1:10，
2B；35mm银盐
收藏馆：缩微中心，国图

000○023654
耿沣诗集：不分卷 / (唐)耿沣撰
清(1644-1911)抄本
1995年摄制. -- 1盘卷片(4米48拍)：1:10，
2B；35mm银盐
收藏馆：缩微中心，浙江

000○006396
李端集：二卷 / (唐)李端撰
明(1368-1644)铜活字印本. -- 存二卷：卷三至卷四。
1987年摄制. -- 1盘卷片(2米46拍)：1:10，
2B；35mm银盐
收藏馆：缩微中心，国图

000○024526
唐李元宾文集：三卷附录一卷 / (唐)李观撰
明(1368-1644)抄本
1996年摄制. -- 1盘卷片(6米93拍)：1:10，
2B；35mm银盐
收藏馆：缩微中心，浙江

000○018684
李元宾文编：三卷 / (唐)李观撰
清(1644-1911)抄本
1994年摄制. -- 1盘卷片(4米42拍)：1:10，
2B；35mm银盐
收藏馆：缩微中心，国图

000○018801
李元宾文集：五卷附一卷 / (唐)李观撰
明(1368-1644)平庵抄本
1994年摄制. -- 1盘卷片(8米87拍)：1:10，
2B；35mm银盐
收藏馆：缩微中心，国图

000○001578
李元宾文集：五卷附一卷 / (唐)李观撰
清(1644-1911)抄本. -- (清)翁心存校，(清)翁同书跋。
1986年摄制. -- 1盘卷片(5.3米86拍)：
1:10，2B；35mm银盐
收藏馆：缩微中心，国图

000○032064
李元宾文集：五卷附一卷 / (唐)李观撰

清(1644-1911)抄本. -- 十行二十字无格。
(清)翁心存校，(清)翁同书跋。
2011年摄制. -- 1盘卷片(6米89拍)：1:12,
2B；35mm银盐
收藏馆：缩微中心，国图

00O017293
李元宾文集：五卷 / (唐)李观撰
明(1368-1644)抄本
1992年摄制. -- 1盘卷片(7米105拍)：1:10,
2B；35mm银盐
收藏馆：缩微中心，国图

000O025954
李元宾文集：五卷 / (唐)李观撰
清(1644-1911)抄本. -- (清)何焯校，(清)丁
丙跋。
1996年摄制. -- 1盘卷片(7米103拍)：1:10,
2B；35mm银盐
收藏馆：缩微中心，南京

000O018217
唐李元宾文集：五卷 / (唐)李观撰
清(1644-1911)西甫蒋氏抄本. -- (清)王贡忱
录(清)吴翌凤批校。
1993年摄制. -- 1盘卷片(6米84拍)：1:10,
2B；35mm银盐
收藏馆：缩微中心，山东

000O029877
王建诗集：十卷 / (唐)王建撰
明(1368-1644)抄本
2001年摄制. -- 1盘卷片(6米106拍)：1:10,
2B；35mm银盐
收藏馆：缩微中心，国图

000O004572
王司马集：八卷 / (唐)王建撰
清康熙(1662-1722)胡介祉谷园刻本
1986年摄制. -- 1盘卷片(8米152拍)：1:10,
2B；35mm银盐
收藏馆：缩微中心，国图

000O014080
**编注王司马百首宫词：二卷附录唐诸家宫词注
一卷 / (明)顾起经撰**
明万历十四年(1586)顾祖美刻本
1992年摄制. -- 1盘卷片(6米90拍)：1:10,
2B；35mm银盐
收藏馆：缩微中心，国图

000O019512
唐张司业诗集：六卷 / (唐)张籍撰

明嘉靖二十九年(1550)蒋孝刻中唐十二家诗本
1994年摄制. -- 1盘卷片(7米86拍)：1:10,
2B；35mm银盐
收藏馆：缩微中心，国图

00O006590
张司业诗集：八卷附录一卷 / (唐)张籍撰
明(1368-1644)抄本
1987年摄制. -- 1盘卷片(7米124拍)：1:10,
2B；35mm银盐
收藏馆：缩微中心，国图

000O026835
张司业诗集：八卷 / (唐)张籍撰
清康熙(1662-1722)席氏琴川书屋刻唐人百家
诗本. -- (清)孙曰秉批校，(清)孙冯翼校并
跋。
1996年摄制. -- 1盘卷片(9米169拍)：1:10,
2B；35mm银盐
收藏馆：缩微中心，南京

000O008984
**韩昌黎先生全集：四十卷外集十卷补集一卷 /
(唐)韩愈撰；(宋)廖莹中校正．朱子校昌黎先生
集传：一卷 / (宋)朱熹撰；(明)陈仁锡评**
明崇祯七年(1634)陈仁锡刻本
1988年摄制. -- 2盘卷片(55.5米1165拍)：
1:10, 2B；35mm银盐
收藏馆：缩微中心，湖北

000O011182
**昌黎先生全集：四十卷外集十卷遗文一卷传一
卷 / (唐)韩愈撰；(明)葛鼎校**
明末(1621-1644)葛氏永怀堂刻本
1989年摄制. -- 1盘卷片(30米630拍)：
1:10, 2B；35mm银盐
收藏馆：缩微中心，山东

000O012875
**朱文公校昌黎先生集：四十卷外集十卷遗文一
卷集传一卷 / (唐)韩愈撰；(宋)朱熹考异并集传**
宋绍定六年(1233)临江军学刻本. -- 存
三十八卷：卷一至卷十四、卷十七至卷四十。
1990年摄制. -- 3盘卷片(66.3米1461拍)：
1:10, 2B；35mm银盐
收藏馆：缩微中心，辽宁

000O009851
**昌黎先生集：四十卷外集十卷遗文一卷 / (唐)韩
愈撰；(宋)廖莹中校正**
明(1368-1644)徐氏东雅堂刻本
1989年摄制. -- 2盘卷片(57米1278拍)：
1:10, 2B；35mm银盐

收藏馆：缩微中心，浙江

000O005389
昌黎先生集：四十卷遗文一卷外集十卷 / (唐)韩愈撰；(宋)廖莹中校正．朱子校昌黎先生集传：一卷 / (宋)朱熹撰
明(1368-1644)东吴徐氏东雅堂刻本
1986年摄制． -- 2盘卷片(55米1236拍)：1:10，2B；35mm银盐
收藏馆：缩微中心，国图

000O007309
昌黎先生集：四十卷外集十卷遗文一卷 / (唐)韩愈撰；(宋)廖莹中校正．朱子校昌黎先生集传：一卷 / (宋)朱熹撰
明(1368-1644)东吴徐氏东雅堂刻本
1987年摄制． -- 2盘卷片(59米1255拍)：1:10，2B；35mm银盐
收藏馆：缩微中心，国图

000O014934
昌黎先生集：四十卷外集十卷遗文一卷 / (唐)韩愈撰；(宋)廖莹中校正．朱子校昌黎先生集传：一卷 / (宋)朱熹撰
明(1368-1644)徐氏东雅堂刻本． -- (清)阮葵生批注，(清)丁晏批注并跋。
1992年摄制． -- 2盘卷片(58米1175拍)：1:10，2B；35mm银盐
收藏馆：缩微中心，国图

000O019390
昌黎先生集：四十卷外集十卷遗文一卷 / (唐)韩愈撰；(宋)廖莹中校正．朱子校昌黎先生集传：一卷 / (宋)朱熹撰
明(1368-1644)徐氏东雅堂刻本
1994年摄制． -- 2盘卷片(58米1169拍)：1:10，2B；35mm银盐
收藏馆：缩微中心，国图

000O010957
昌黎先生集：四十卷外集十卷遗文一卷 / (唐)韩愈撰；(宋)廖莹中校正．朱子校昌黎先生集传：一卷 / (宋)朱熹撰
明万历(1573-1620)徐氏东雅堂刻本． -- (清)何焯评校。
1989年摄制． -- 3盘卷片(67米1330拍)：1:10，2B；35mm银盐
收藏馆：缩微中心，湖北

000O004408
昌黎先生集：四十卷外集十卷遗文一卷 / (唐)韩愈撰；(宋)廖莹中校正．朱子校昌黎先生集传：一卷 / (宋)朱熹撰

明(1368-1644)东吴徐氏东雅堂刻清(1644-1911)冠山堂重修本． -- (清)沈岩校并跋。
1986年摄制． -- 2盘卷片(55米1223拍)：1:10，2B；35mm银盐
收藏馆：缩微中心，国图

000O013460
昌黎先生集：四十卷外集十卷遗文一卷 / (唐)韩愈撰；(宋)廖莹中校正．朱子校昌黎先生集传：一卷 / (宋)朱熹撰
明(1368-1644)东吴徐氏东雅堂刻清初(1644-1722)冠山堂重修本． -- (清)沈钦韩校注。
1991年摄制． -- 2盘卷片(56米1164拍)：1:10，2B；35mm银盐
收藏馆：缩微中心，国图

000O010039
昌黎先生集：四十卷目录一卷 / (唐)韩愈撰；(唐)李汉编
清同治九年(1870)广东述古堂刻本． -- 版框高十九厘米宽十四厘米。朱启璜批点。
1989年摄制． -- 1盘卷片(28米600拍)：1:10，2B；35mm银盐
收藏馆：缩微中心，广东

000O010935
昌黎先生集：四十卷外集十卷遗文一卷 / (唐)韩愈撰；(宋)廖莹中校正．朱子校昌黎先生集传：一卷 / (宋)朱熹撰
清同治八年(1869)江苏书局重刊明东雅堂刻本
1996年摄制． -- 2盘卷片(61.5米1291拍)：1:10，2B；35mm银盐
收藏馆：缩微中心，湖北

000O016092
昌黎先生集：十卷外集一卷遗文一卷 / (唐)韩愈撰；(宋)廖莹中校正
清同治八年(1869)江苏书局刻本． -- (清)刘履芬跋并录(清)查慎行、(清)查嗣瑮评点。
1993年摄制． -- 1盘卷片(18米363拍)：1:10，2B；35mm银盐
收藏馆：缩微中心，国图

000O008296
顾瑞屏太史评阅韩昌黎先生集：四十卷 / (唐)韩愈撰；(明)顾锡畴评
明崇祯六年(1633)胡文柱刻本
1988年摄制． -- 2盘卷片(50米975拍)：1:10，2B；35mm银盐
收藏馆：缩微中心，山东

000O021090
顾瑞屏太史评阅韩昌黎先生全集：四十卷 / (唐)

韩愈撰；(明)顾锡畴评
明崇祯(1628-1644)明德堂刻本
1994年摄制. -- 2盘卷片(48米907拍)：
1:10，2B ；35mm银盐
收藏馆：缩微中心，国图

00O010943
昌黎先生诗集注：十一卷年谱一卷 / (唐)韩愈撰；
(清)顾嗣立注．息翁先生韩诗辨证：一卷 / (清)塏
叶录
清康熙三十八年(1699)顾氏秀野草堂刻本. --
息翁先生韩诗辨证一卷配抄。(清)方世举批
点。
1989年摄制. -- 1盘卷片(16米307拍)：
1:10，2B ；35mm银盐
收藏馆：缩微中心，湖北

00O008828
昌黎先生诗集注：十一卷年谱一卷 / (唐)韩愈撰；
(清)顾嗣立删补
清康熙三十八年(1699)秀野草堂刻本
1988年摄制. -- 1盘卷片(15米302拍)：
1:10，2B ；35mm银盐
收藏馆：缩微中心，天津

00O008926
昌黎先生诗集注：十一卷年谱一卷 / (唐)韩愈撰；
(清)顾嗣立删补
清康熙三十八年(1699)顾氏秀野草堂刻本
1988年摄制. -- 1盘卷片(15.5米298拍)：
1:10，2B ；35mm银盐
收藏馆：缩微中心，安陆

00O013572
昌黎先生诗集注：十一卷年谱一卷 / (唐)韩愈撰；
(清)顾嗣立删补
清康熙三十八年(1699)顾氏秀野草堂刻本. --
(清)张问陶批校。
1991年摄制. -- 1盘卷片(16米304拍)：
1:10，2B ；35mm银盐
收藏馆：缩微中心，浙江

00O017260
昌黎先生诗集注：十一卷年谱一卷 / (唐)韩愈撰；
(清)顾嗣立删补
清康熙三十八年(1699)秀野草堂刻本. --
(清)吴庠录(清)查慎行等批校并跋。
1993年摄制. -- 1盘卷片(14米301拍)：
1:10，2B ；35mm银盐
收藏馆：缩微中心，天津

00O019959
昌黎先生诗集注：十一卷年谱一卷 / (唐)韩愈撰；

(清)顾嗣立删补
清康熙三十八年(1699)顾氏秀野草堂刻本
1994年摄制. -- 1盘卷片(15米271拍)：
1:10，2B ；35mm银盐
收藏馆：缩微中心，国图

00O010991
韩昌黎诗集编年笺注：十二卷 / (唐)韩愈撰；
(清)方世举考订
清乾隆二十三年(1758)卢见曾雅雨堂刻本. --
(清)陈豫钟录(清)陈兆仑评点。
1989年摄制. -- 1盘卷片(23.5米473拍)：
1:10，2B ；35mm银盐
收藏馆：缩微中心，湖北

00O010996
韩昌黎诗集编年笺注：十二卷 / (唐)韩愈撰；
(清)方世举考订
清乾隆二十三年(1758)卢见曾雅雨堂刻本
1989年摄制. -- 1盘卷片(23.5米474拍)：
1:10，2B ；35mm银盐
收藏馆：缩微中心，湖北

00O031262
韩昌黎诗集编年笺注：十二卷 / (唐)韩愈撰；
(清)方世举考订
清乾隆二十三年(1758)卢见曾雅雨堂刻本. --
(清)翁同龢跋并录(清)严虞惇、(清)沈德潜等
批注。
2004年摄制. -- 1盘卷片(21米435拍)：1:9，
2B ；35mm银盐
收藏馆：缩微中心，国图

00O005188
韩文：四十卷外集十卷遗集一卷集传一卷 / (唐)
韩愈撰
明嘉靖十六年(1537)游居敬刻韩柳文本
1986年摄制. -- 1盘卷片(24.6米545拍)：
1:10，2B ；35mm银盐
收藏馆：缩微中心，国图

00O011163
韩文：四十卷外集十卷遗集一卷集传一卷 / (唐)
韩愈撰
明嘉靖十六年(1537)游居敬刻韩柳文本
1989年摄制. -- 1盘卷片(27米560拍)：
1:10，2B ；35mm银盐
收藏馆：缩微中心，山东

00O011893
韩文：四十卷外集十卷遗集一卷集传一卷 / (唐)
韩愈撰
明嘉靖十六年(1537)游居敬刻韩柳文本. --

(清)管晏、(清)谢宗陶跋。
1990年摄制. -- 1盘卷片(26米567拍) ：
1:10，2B ；35mm银盐
收藏馆：缩微中心，山东

000O021749
韩文：四十卷外集十卷遗集一卷集传一卷 / (唐)韩愈撰；(唐)李汉编
明嘉靖十六年(1537)游居敬刻韩柳文本
1995年摄制. -- 1盘卷片(26米517拍) ：
1:10，2B ；35mm银盐
收藏馆：缩微中心，国图

000O021653
韩文：四十卷外集十卷遗集一卷集传一卷 / (唐)韩愈撰
明嘉靖四十一年(1562)何镗刻本. -- (清)孙峻跋。
1995年摄制. -- 1盘卷片(28米524拍) ：
1:10，2B ；35mm银盐
收藏馆：缩微中心，国图

000O002076
韩文钞：不分卷 / (唐)韩愈撰
清(1644-1911)裛爽楼抄本. -- (清)翁同龢跋并录(清)何焯、(清)李光地批校。
1986年摄制. -- 1盘卷片(9米166拍) ：1:10，
2B ；35mm银盐
收藏馆：缩微中心，国图

000O032056
韩文钞：不分卷 / (唐)韩愈撰
清(1644-1911)裛爽楼抄本. -- 十行二十四字无格。(清)翁同龢跋并录(清)何焯、(清)李光地批校。
2011年摄制. -- 1盘卷片(10米168拍) ：
1:10，2B ；35mm银盐
收藏馆：缩微中心，国图

000O005497
新刊五百家注音辩昌黎先生文集：四十卷 / (唐)韩愈撰；(宋)魏仲举辑注
清乾隆四十九年(1784)刻本
1987年摄制. -- 2盘卷片(47.3米1014拍) ：
1:10，2B ；35mm银盐
收藏馆：缩微中心，山西

000O010179
新刊五百家注音辩昌黎先生文集：四十卷 / (唐)韩愈撰；(宋)魏仲举辑注
清乾隆四十九年(1784)刻本. -- (清)吴汝纶批校。
1989年摄制. -- 2盘卷片(43米1002拍) ：

1:10，2B ；35mm银盐
收藏馆：缩微中心，山东

000O028675
新刊五百家注音辩昌黎先生文集：四十卷 / (唐)韩愈撰；(宋)魏仲举辑注
清乾隆四十九年(1784)刻本. -- (清)洪汝奎跋并录(清)沈钦韩、(清)胡承珙批注。
1990年摄制. -- 2盘卷片(45米1019拍) ：
1:10，2B ；35mm银盐
收藏馆：缩微中心，南京

000O024895
朱文公校昌黎先生集：四十卷外集十卷附录一卷 / (唐)韩愈撰；(宋)朱熹考异
宋(960-1279)刻本. -- 存二卷：外集卷三至卷四。
1996年摄制. -- 1盘卷片(2米28拍) ：1:10，
2B ；35mm银盐
收藏馆：缩微中心，南京

000O026442
朱文公校昌黎先生集：□□卷 / (唐)韩愈撰；(宋)朱熹考异；(宋)王伯大音释
元(1271-1368)刻本. -- 存五卷：卷一至卷五。
1993年摄制. -- 1盘卷片(4米88拍) ：1:10，
2B ；35mm银盐
收藏馆：缩微中心，哈尔滨

000O017133
朱文公校昌黎先生集：四十卷 / (唐)韩愈撰；(宋)朱熹考异
元(1271-1368)刻本. -- 存十二卷：卷二、卷五、卷十至卷十四、卷十九至卷二十、卷三十二至卷三十三、卷四十。
1993年摄制. -- 1盘卷片(11.4米235拍) ：
1:10，2B ；35mm银盐
收藏馆：缩微中心，辽宁

000O003049
朱文公校昌黎先生文集：四十卷外集十卷遗文一卷传一卷 / (唐)韩愈撰；(宋)朱熹考异；(宋)王伯大音释
明洪武二十一年(1388)书林王宗玉刻本
1986年摄制. -- 1盘卷片(27米612拍) ：
1:10，2B ；35mm银盐
收藏馆：缩微中心，国图

000O004548
朱文公校昌黎先生文集：四十卷 / (唐)韩愈撰；(宋)朱熹考异；(宋)王伯大音释
明洪武二十一年(1388)书林王宗玉刻本.

卷一配清(1644-1911)抄本。存十八卷：卷一
至卷十二、卷二十二至卷二十七。
1986年摄制. -- 1盘卷片(12米255拍) ：
1:10, 2B ；35mm银盐
收藏馆：缩微中心，国图

000O020327
朱文公校昌黎先生文集：四十卷 / (唐)韩愈撰；(宋)朱熹考异；(宋)王伯大音释
明洪武二十一年(1388)书林王宗玉刻本
1994年摄制. -- 1盘卷片(26米498拍) ：
1:10, 2B ；35mm银盐
收藏馆：缩微中心，国图

000O001535
朱文公校昌黎先生文集：四十卷外集十卷遗文一卷传一卷 / (唐)韩愈撰
明初(1368-1424)刻本
1986年摄制. -- 1盘卷片(31.8米720拍) ：
1:10, 2B ；35mm银盐
收藏馆：缩微中心，吉林

000O001848
朱文公校昌黎先生文集：四十卷外集十卷遗文一卷传一卷 / (唐)韩愈撰；(宋)朱熹考异；(宋)王伯大音释
明初(1368-1424)刻本
1985年摄制. -- 1盘卷片(28米612拍) ：
1:10, 2B ；35mm银盐
收藏馆：缩微中心，国图

000O005185
朱文公校昌黎先生文集：四十卷 / (唐)韩愈撰；(宋)朱熹考异；(宋)王伯大音释
明初(1368-1424)刻本. -- 存十八卷：卷一至卷十八。
1986年摄制. -- 1盘卷片(15米318拍) ：
1:10, 2B ；35mm银盐
收藏馆：缩微中心，国图

000O008840
朱文公校昌黎先生文集：四十卷外集十卷遗文一卷传一卷 / (唐)韩愈撰；(唐)李汉编集
明嘉靖(1522-1566)刻本
1988年摄制. -- 2盘卷片(38米808拍) ：
1:10, 2B ；35mm银盐
收藏馆：缩微中心，天津

000O014916
朱文公校昌黎先生文集：四十卷外集十卷遗文一卷传一卷 / (唐)韩愈撰；(宋)朱熹考异；(宋)王伯大音释
明(1368-1644)朱崇沐刻本

1992年摄制. -- 2盘卷片(48米995拍) ：
1:10, 2B ；35mm银盐
收藏馆：缩微中心，国图

000O011187
朱文公校昌黎先生文集：四十卷外集十卷遗文一卷传一卷 / (唐)韩愈撰；(宋)朱熹考异；(宋)王伯大音释
明万历(1573-1620)朱崇沐刻本. -- (清)顾广圻批校。
1989年摄制. -- 2盘卷片(48米1047拍) ：
1:10, 2B ；35mm银盐
收藏馆：缩微中心，山东

000O013239
朱文公校昌黎先生集：四十卷外集十卷遗文一卷传一卷 / (唐)韩愈撰；(宋)朱熹考异；(宋)王伯大音释
明(1368-1644)刻本. -- (清)丁丙跋。
1991年摄制. -- 1盘卷片(30米705拍) ：
1:10, 2B ；35mm银盐
收藏馆：缩微中心，南京

000O018631
朱文公校昌黎先生文集：四十卷外集十卷遗文一卷传一卷 / (唐)韩愈撰；(宋)朱熹考异；(宋)王伯大音释
明(1368-1644)刻本. -- 佚名录(明)唐顺之、(明)茅坤、(清)何焯批校，(清)钱棨跋。
1992年摄制. -- 1盘卷片(29.1米641拍) ：
1:12, 2B ；35mm银盐
收藏馆：缩微中心，重庆

000O007390
朱文公校昌黎先生集：五十二卷 / (唐)韩愈撰
明(1368-1644)刻本. -- 据元(1271-1368)本翻刻。
1987年摄制. -- 2盘卷片(51米1125拍) ：
1:10, 2B ；35mm银盐
收藏馆：缩微中心，吉林

000O003388
朱文公校昌黎先生文集：二十卷外集一卷遗文一卷传一卷 / (唐)韩愈撰；(宋)朱熹考异；(宋)王伯大音释
明(1368-1644)刻本
1986年摄制. -- 1盘卷片(23.5米524拍) ：
1:10, 2B ；35mm银盐
收藏馆：缩微中心，国图

000O016772
朱文公校昌黎先生文集：二十卷外集一卷遗文一卷传一卷 / (唐)韩愈撰；(宋)朱熹考异；(宋)

王伯大音释
明(1368-1644)刻本. -- (清)韩应陛校并跋。
1993年摄制. -- 2盘卷片(49米1001拍)：
1:10，2B ；35mm银盐
收藏馆：缩微中心，国图

000O025007
唐大家韩文公文钞：十六卷 / (唐)韩愈撰；(明)茅坤辑
明万历七年(1579)茅一桂刻唐宋八大家文钞本
1996年摄制. -- 1盘卷片(22米463拍)：
1:10，2B ；35mm银盐
收藏馆：缩微中心，安徽

000O021098
韩文公文抄：十六卷 / (唐)韩愈撰；(明)茅坤辑
明(1368-1644)闵氏刻套印本
1994年摄制. -- 1盘卷片(20米389拍)：
1:10，2B ；35mm银盐
收藏馆：缩微中心，国图

000O032058
韩文公文抄：十六卷 / (唐)韩愈撰；(明)茅坤辑
明(1368-1644)闵氏刻套印本. -- 九行二十字白口四周单边。
2011年摄制. -- 1盘卷片(24米431拍)：
1:12，2B ；35mm银盐
收藏馆：缩微中心，国图

000O007934
王荆石先生批评韩文：十卷 / (唐)韩愈撰；(明)王锡爵评
明(1368-1644)刻本
1988年摄制. -- 2盘卷片(37.1米775拍)：
1:10，2B ；35mm银盐
收藏馆：缩微中心，湖南

000O011520
韩昌黎文选：二卷 / (唐)韩愈撰
清康熙(1662-1722)抄本. -- (清)何焯批校。
1989年摄制. -- 1盘卷片(7米123拍)：1:10，
2B ；35mm银盐
收藏馆：缩微中心，甘肃

000O016433
昌黎先生集考异：十卷 / (宋)朱熹撰
清康熙四十七年(1708)李光地刻本
1992年摄制. -- 1盘卷片(12米213拍)：
1:10，2B ；35mm银盐
收藏馆：缩微中心，国图

000O019639
昌黎先生集考异：十卷 / (宋)朱熹撰

清康熙四十七年(1708)李光地刻本
1994年摄制. -- 1盘卷片(12米213拍)：
1:10，2B ；35mm银盐
收藏馆：缩微中心，国图

000O003603
韩集举正：十卷外集举正一卷叙录一卷 / (宋)方崧卿撰
清(1644-1911)影宋(960-1279)抄本
1985年摄制. -- 1盘卷片(10米196拍)：
1:10，2B ；35mm银盐
收藏馆：缩微中心，国图

000O016364
韩文正宗：二卷纲目一卷 / (唐)韩愈撰；(明)戴鳌辑
明弘治十六年(1503)戴氏松崖书屋刻本
1992年摄制. -- 1盘卷片(10米178拍)：
1:10，2B ；35mm银盐
收藏馆：缩微中心，国图

000O008834
韩文起：十二卷 / (唐)韩愈撰；(清)林云铭评注
清康熙三十二年(1693)林氏挹奎楼刻本
1988年摄制. -- 1盘卷片(23米506拍)：
1:10，2B ；35mm银盐
收藏馆：缩微中心，天津

000O009704
韩文起：十二卷 / (唐)韩愈撰；(清)林云铭评注
清康熙三十二年(1693)林云铭刻本. -- 本书还装订有：韩文公年谱。
1989年摄制. -- 1盘卷片(28米539拍)：
1:10，2B ；35mm银盐
收藏馆：缩微中心，湖北

000O004980
韩集点勘：四卷 / (清)陈景云撰
清(1644-1911)刘氏味经书屋抄本
1987年摄制. -- 1盘卷片(5米72拍)：1:10，
2B ；35mm银盐
收藏馆：缩微中心，国图

000O008292
韩笔酌蠡：三十卷 / (清)卢轩撰
清雍正八年(1730)刻本
1988年摄制. -- 1盘卷片(26米546拍)：
1:10，2B ；35mm银盐
收藏馆：缩微中心，山东

000O016408
读韩记疑：十卷首一卷 / (清)王元启撰
清嘉庆五年(1800)王尚珏刻本

1993年摄制. -- 1盘卷片(13米223拍)：
1:10, 2B ; 35mm银盐
收藏馆：缩微中心，国图

000O008363
韩集笺正：不分卷 / (清)方成珪撰
清(1644-1911)稿本. -- (清)黄式三跋。
1988年摄制. -- 1盘卷片(16米332拍)：
1:10, 2B ; 35mm银盐
收藏馆：缩微中心，国图

000O003285
白氏长庆集：七十一卷目录二卷 / (唐)白居易撰
明正德八年(1513)华坚兰雪堂铜活字印本
1986年摄制. -- 2盘卷片(53米1181拍)：
1:10, 2B ; 35mm银盐
收藏馆：缩微中心，国图

000O020839
白氏长庆集：七十一卷目录二卷附录一卷 / (唐)白居易撰
明万历三十四年(1606)马元调刻本
1994年摄制. -- 2盘卷片(66米1365拍)：
1:10, 2B ; 35mm银盐
收藏馆：缩微中心，国图

000O004609
白香山诗长庆集：二十卷后集十七卷别集一卷补遗二卷 / (唐)白居易撰 . 年谱：一卷 / (清)汪立名撰 . 年谱旧本：一卷 / (宋)陈振孙撰
清康熙四十一年至四十二年(1702-1703)汪立名一隅草堂刻本. -- (清)何焯校跋。
1987年摄制. -- 2盘卷片(38米832拍)：
1:10, 2B ; 35mm银盐
收藏馆：缩微中心，国图

000O019224
白香山诗长庆集：二十卷后集十七卷别集一卷补遗二卷 / (唐)白居易撰
清康熙四十一年至四十二年(1702-1703)汪立名一隅草堂刻本. -- 年谱一卷/(清)汪立名撰，年谱旧本一卷/(宋)陈振孙撰。
1994年摄制. -- 2盘卷片(41米756拍)：
1:10, 2B ; 35mm银盐
收藏馆：缩微中心，国图

000O005370
白氏文集：七十一卷 / (唐)白居易撰
明嘉靖十七年(1538)伍忠光龙池草堂刻钱应龙重修本. -- 邓邦述跋。
1986年摄制. -- 2盘卷片(55.1米1139拍)：
1:10, 2B ; 35mm银盐
收藏馆：缩微中心，国图

000O007040
白氏文集：七十一卷 / (唐)白居易撰
明嘉靖十七年(1538)伍忠光龙池草堂刻钱应龙重修本
1987年摄制. -- 2盘卷片(55米1220拍)：
1:10, 2B ; 35mm银盐
收藏馆：缩微中心，国图

000O014697
白氏文集：七十一卷 / (唐)白居易撰
明嘉靖十七年(1538)伍忠光龙池草堂刻本
1992年摄制. -- 2盘卷片(54米1086拍)：
1:10, 2B ; 35mm银盐
收藏馆：缩微中心，国图

000O020212
白氏文集：七十一卷 / (唐)白居易撰
明嘉靖十七年(1538)伍忠光龙池草堂刻钱应龙重修本. -- 存二卷：卷二十三至卷二十四。
1994年摄制. -- 1盘卷片(4米39拍)：1:10, 2B ; 35mm银盐
收藏馆：缩微中心，国图

000O007042
白氏文集：七十一卷 / (唐)白居易撰
日本那波道园铜活字印本
1986年摄制. -- 3盘卷片(85米1871拍)：
1:10, 2B ; 35mm银盐
收藏馆：缩微中心，国图

000O003151
白氏策林：四卷 / (唐)白居易撰
明(1368-1644)刻本
1986年摄制. -- 1盘卷片(4米40拍)：1:10, 2B ; 35mm银盐
收藏馆：缩微中心，国图

000O017683
白氏讽谏：一卷 / (唐)白居易撰
明(1368-1644)曾大有刻本
1993年摄制. -- 1盘卷片(4米37拍)：1:10, 2B ; 35mm银盐
收藏馆：缩微中心，国图

000O003741
白氏讽谏：一卷 / (唐)白居易撰
明(1368-1644)刻公文纸印本
1985年摄制. -- 1盘卷片(3.4米42拍)：
1:10, 2B ; 35mm银盐
收藏馆：缩微中心，国图

000O014859
新周注校证大字白氏讽谏：一卷 / (唐)白居易撰

清(1644-1911)刻本. -- (清)费念慈批校。
1992年摄制. -- 1盘卷片(3米29拍) : 1:10,
2B ; 35mm银盐
收藏馆：缩微中心，贵州

000O022000
吕衡州文集：十卷 / (唐)吕温撰
清(1644-1911)抄本
1995年摄制. -- 1盘卷片(8米131拍) : 1:10,
2B ; 35mm银盐
收藏馆：缩微中心，国图

000O031690
吕衡州文集：十卷 / (唐)吕温撰
清(1644-1911)抄本
2005年摄制. -- 1盘卷片(12米220拍) :
1:10, 2B ; 35mm银盐
收藏馆：缩微中心，国图

000O007776
吕衡州文集：十卷 / (唐)吕温撰
清(1644-1911)吴兴沈德寿抱经堂抄本
1987年摄制. -- 1盘卷片(11米185拍) :
1:10, 2B ; 35mm银盐
收藏馆：缩微中心，湖南

000O006663
吕和叔文集：十卷 / (唐)吕温撰
清(1644-1911)抄本
1987年摄制. -- 1盘卷片(8米159拍) : 1:10,
2B ; 35mm银盐
收藏馆：缩微中心，国图

000O028911
吕和叔文集：十卷 / (唐)吕温撰
清(1644-1911)抄本. -- (清)冯舒跋。
1990年摄制. -- 1盘卷片(10米167拍) :
1:10, 2B ; 35mm银盐
收藏馆：缩微中心，南京

000O026903
吕衡州文集：十卷 / (唐)吕温撰
清(1644-1911)抄本. -- (清)顾广圻校并跋，
(清)丁丙跋。
1996年摄制. -- 1盘卷片(10米180拍) :
1:10, 2B ; 35mm银盐
收藏馆：缩微中心，南京

000O024288
李文公集：十八卷补遗一卷附录二卷 / (唐)李翱
撰
清光绪元年(1875)南海冯氏刻本. -- 萧穆批
校。

1996年摄制. -- 1盘卷片(13米244拍) :
1:10, 2B ; 35mm银盐
收藏馆：缩微中心，安徽

000O015376
李文：十八卷 / (唐)李翱撰
明成化十一年(1475)冯孜刻本
1992年摄制. -- 1盘卷片(10米157拍) :
1:10, 2B ; 35mm银盐
收藏馆：缩微中心，国图

000O000221
李文：十八卷 / (唐)李翱撰
明成化十一年(1475)冯孜刻嘉靖四年(1525)舒
瑞重修本
1985年摄制. -- 1盘卷片(9.3米183拍) :
1:10, 2B ; 35mm银盐
收藏馆：缩微中心，国图

000O005225
李文：十八卷 / (唐)李翱撰
明嘉靖二年(1523)黄景夔刻本
1986年摄制. -- 1盘卷片(10米187拍) :
1:10, 2B ; 35mm银盐
收藏馆：缩微中心，国图

000O022002
李文：十八卷 / (唐)李翱撰
明嘉靖二年(1523)黄景夔刻本
1995年摄制. -- 1盘卷片(10米172拍) :
1:10, 2B ; 35mm银盐
收藏馆：缩微中心，国图

000O002134
刘宾客外集：十卷 / (唐)刘禹锡撰
清(1644-1911)抄本. -- 存八卷：卷一至卷
八。(清)翁同龢跋。
1986年摄制. -- 1盘卷片(6米91拍) : 1:10,
2B ; 35mm银盐
收藏馆：缩微中心，国图

000O001544
刘宾客诗集：九卷 / (唐)刘禹锡撰；(清)赵润川
编校
清雍正(1723-1735)刻本
1986年摄制. -- 1盘卷片(14米288拍) :
1:10, 2B ; 35mm银盐
收藏馆：缩微中心，吉林

000O013232
刘宾客文集：三十卷外集十卷 / (唐)刘禹锡撰
明(1368-1644)刻本. -- 文集卷一至卷四、
卷七、卷二十一至卷二十三，外集卷八至卷

十六、卷二十四至卷二十九配清(1644-1911)
抄本。(清)丁丙跋。
1991年摄制. -- 1盘卷片(21米500拍)：
1:10, 2B ; 35mm银盐
收藏馆：缩微中心，南京

000014111
刘宾客文集：三十卷外集十卷 / (唐)刘禹锡撰
清(1644-1911)抄本. -- (清)冯浩校补并跋。
1992年摄制. -- 1盘卷片(25米535拍)：
1:10, 2B ; 35mm银盐
收藏馆：缩微中心，国图

000001783
刘宾客文集：三十卷 / (唐)刘禹锡撰
清(1644-1911)抄本
1986年摄制. -- 1盘卷片(17米361拍)：
1:10, 2B ; 35mm银盐
收藏馆：缩微中心，国图

000000655
柳先生文集：三卷 / (唐)柳宗元撰
朝鲜活字印本
1985年摄制. -- 1盘卷片(11米214拍)：
1:10, 2B ; 35mm银盐
收藏馆：缩微中心，国图

000024653
唐柳先生外集：一卷 / (唐)柳宗元撰
清(1644-1911)影宋(960-1279)抄本. -- 据宋
乾道元年(1165)零陵郡庠刻本影抄。
1996年摄制. -- 1盘卷片(4米57拍)：1:10,
2B ; 35mm银盐
收藏馆：缩微中心，浙江

000020329
增广注释音辩唐柳先生集：四十三卷别集二卷
外集二卷附录一卷 / (唐)柳宗元撰；(宋)童宗说
注释;(宋)张敦颐音辩;(宋)潘纬音义
明初(1368-1424)刻本
1994年摄制. -- 1盘卷片(26米502拍)：
1:10, 2B ; 35mm银盐
收藏馆：缩微中心，国图

000002073
增广注释音辩唐柳先生集：四十三卷别集二
卷外集二卷 / (唐)柳宗元撰；(宋)童宗说注释；
(宋)张敦颐音辩；(宋)潘纬音义
明初(1368-1424)刻本. -- 佚名录(清)何焯批
校，(清)翁同龢跋并题诗。
1986年摄制. -- 1盘卷片(24米529拍)：
1:10, 2B ; 35mm银盐
收藏馆：缩微中心，国图

000003718
增广注释音辩唐柳先生集：四十三卷别集二卷
外集二卷附录一卷 / (唐)柳宗元撰；(宋)童宗说
注释；(宋)张敦颐音辩；(宋)潘纬音义
明初(1368-1424)刻本. -- (清)严虞惇跋。
1985年摄制. -- 1盘卷片(25米546拍)：
1:10, 2B ; 35mm银盐
收藏馆：缩微中心，国图

000004634
增广注释音辩唐柳先生集：四十三卷别集二卷
外集二卷附录一卷 / (唐)柳宗元撰；(宋)童宗说
注释；(宋)张敦颐音辩；(宋)潘纬音义
明初(1368-1424)刻本
1986年摄制. -- 1盘卷片(25米562拍)：
1:10, 2B ; 35mm银盐
收藏馆：缩微中心，国图

000022010
增广注释音辩唐柳先生集：四十三卷附录一卷 /
(唐)柳宗元撰；(宋)童宗说注释；(宋)张敦颐音
辩；(宋)潘纬音义
明初(1368-1424)刻本. -- (清)冯登府跋。
1995年摄制. -- 1盘卷片(24米456拍)：
1:10, 2B ; 35mm银盐
收藏馆：缩微中心，国图

000022352
增广注释音辩唐柳先生集：四十三卷别集二卷
外集二卷附录一卷 / (唐)柳宗元撰；(宋)童宗说
注释；(宋)张敦颐音辩；(宋)潘纬音义
明初(1368-1424)刻本
1995年摄制. -- 1盘卷片(26米499拍)：
1:10, 2B ; 35mm银盐
收藏馆：缩微中心，国图

000007387
增广注释音辩唐柳先生集：四十三卷外集二卷
别集二卷目录一卷 / (宋)童宗说注释
明正统(1436-1449)刻本
1987年摄制. -- 2盘卷片(46米1005拍)：
1:10, 2B ; 35mm银盐
收藏馆：缩微中心，吉林

000004499
增广注释音辩唐柳先生集：四十三卷别集二卷
外集二卷附录一卷 / (唐)柳宗元撰；(宋)童宗说
注释；(宋)张敦颐音辩；(宋)潘纬音义
明正统十三年(1448)善敬堂刻递修本. --
(清)翁同龢跋并录(清)何焯批校。
1986年摄制. -- 2盘卷片(43米931拍)：
1:10, 2B ; 35mm银盐
收藏馆：缩微中心，国图

000O007177

增广注释音辩唐柳先生集：四十三卷别集二卷外集二卷附录一卷 / (唐)柳宗元撰；(宋)童宗说注释
明(1368-1644)刻本
1987年摄制. -- 1盘卷片(25米524拍)：1:10, 2B；35mm银盐
收藏馆：缩微中心，山东

000O007303

增广注释音辩唐柳先生集：四十三卷别集二卷外集二卷附录一卷 / (唐)柳宗元撰；(宋)童宗说注释；(宋)张敦颐音辩；(宋)潘纬音义
明(1368-1644)刻本
1987年摄制. -- 1盘卷片(26米570拍)：1:10, 2B；35mm银盐
收藏馆：缩微中心，国图

000O007587

唐柳先生集：四十五卷 / (唐)刘禹锡编
明万历(1573-1620)刻本
1987年摄制. -- 2盘卷片(41米912拍)：1:10, 2B；35mm银盐
收藏馆：缩微中心，吉林

000O011587

唐柳先生集：四十五卷外集二卷龙城录二卷 / (唐)柳宗元撰；(宋)童宗说音注
明万历(1573-1620)刻本. -- (清)若英芝录(明)王锡爵批校并跋。
1989年摄制. -- 2盘卷片(40米847拍)：1:10, 2B；35mm银盐
收藏馆：缩微中心，山东

000O020951

唐柳先生集：四十五卷外集二卷龙城录二卷集传一卷附录二卷 / (唐)柳宗元撰；(宋)童宗说音注
明万历二十九年(1601)刻本
1994年摄制. -- 2盘卷片(43米915拍)：1:10, 2B；35mm银盐
收藏馆：缩微中心，山西

000O005355

增广注释音辩唐柳先生集：二十卷别集一卷外集一卷附录一卷 / (唐)柳宗元撰；(宋)童宗说音注；(宋)张敦颐音辩；(宋)潘纬音义
明(1368-1644)刻本
1986年摄制. -- 1盘卷片(21米464拍)：1:10, 2B；35mm银盐
收藏馆：缩微中心，国图

000O005177

京本校正音释唐柳先生集：四十三卷别集一卷外集一卷附录一卷 / (唐)柳宗元撰；(宋)童宗说音注；(宋)张敦颐音辩；(宋)潘纬音义
明(1368-1644)刻本
1986年摄制. -- 1盘卷片(29.4米663拍)：1:10, 2B；35mm银盐
收藏馆：缩微中心，国图

000O017676

京本校正音释唐柳先生集：四十三卷别集一卷外集一卷附录一卷 / (唐)柳宗元撰；(宋)童宗说音注；(宋)张敦颐音辩；(宋)潘纬音义
明(1368-1644)刻本
1993年摄制. -- 1盘卷片(30米608拍)：1:10, 2B；35mm银盐
收藏馆：缩微中心，国图

000O032038

京本校正音释唐柳先生集：四十三卷别集一卷外集一卷附录一卷 / (唐)柳宗元撰；(宋)童宗说音注；(宋)张敦颐音辩；(宋)潘纬音义
明(1368-1644)刻本. -- 十行二十四字白口四周双边。
2011年摄制. -- 2盘卷片(39米685拍)：1:13, 2B；35mm银盐
收藏馆：缩微中心，国图

000O017786

校正音释唐柳先生集：四十三卷别集一卷外集一卷附录一卷 / (唐)柳宗元撰；(唐)刘禹锡编；(宋)童宗说音注
明(1368-1644)刻本. -- 钤"缪开先印"印。(明)缪开先批校，(清)钱陆灿题款。
1993年摄制. -- 1盘卷片(31米677拍)：1:10, 2B；35mm银盐
收藏馆：缩微中心，天津

000O023242

河东先生集：四十五卷外集二卷龙城录二卷附录二卷传一卷 / (唐)柳宗元撰
明万历三十八年(1610)吕图南刻本
1995年摄制. -- 2盘卷片(59米1224拍)：1:10, 2B；35mm银盐
收藏馆：缩微中心，国图

000O007465

河东先生集：四十五卷外集二卷龙城录二卷附录二卷传一卷 / (唐)柳宗元撰；(宋)廖莹中校正
明(1368-1644)东吴郭云鹏济美堂刻本
1987年摄制. -- 3盘卷片(63.1米1230拍)：1:10, 2B；35mm银盐
收藏馆：缩微中心，国图

00O019217
河东先生集：四十五卷外集二卷龙城录二卷附
录一卷传一卷 / (唐)柳宗元撰；(宋)廖莹中校正
明(1368-1644)郭云鹏济美堂刻本
1994年摄制. -- 2盘卷片(62米1215拍) ：
1:10, 2B ; 35mm银盐
收藏馆：缩微中心，国图

00O028298
河东先生集：四十五卷外集二卷龙城录二卷附
录二卷传一卷 / (唐)柳宗元撰；(宋)廖莹中校正
明(1368-1644)郭云鹏济美堂刻本. -- (清)阮
学浚集评，(清)丁晏批点并跋。
1997年摄制. -- 2盘卷片(63米1312拍) ：
1:10, 2B ; 35mm银盐
收藏馆：缩微中心，广东

00O002876
柳文：四十三卷别集二卷外集二卷附录一卷 /
(唐)柳宗元撰
明嘉靖十六年(1537)游居敬刻韩柳文本
1986年摄制. -- 1盘卷片(25米566拍) ：
1:10, 2B ; 35mm银盐
收藏馆：缩微中心，国图

00O005209
柳文：四十三卷别集二卷外集二卷附录一卷 /
(唐)柳宗元撰
明嘉靖十六年(1537)游居敬刻韩柳文本
1986年摄制. -- 1盘卷片(25.2米565拍) ：
1:10, 2B ; 35mm银盐
收藏馆：缩微中心，国图

00O007025
柳文：四十三卷别集二卷外集二卷附录一卷 /
(唐)柳宗元撰
明嘉靖十六年(1537)游居敬刻韩柳文本
1987年摄制. -- 1盘卷片(26米571拍) ：
1:10, 2B ; 35mm银盐
收藏馆：缩微中心，国图

00O013218
柳文：四十三卷别集二卷外集二集附录一卷 /
(唐)柳宗元撰
明嘉靖十六年(1537)游居敬刻韩柳文本. --
(清)曹夔录(清)何焯、(清)方苞批校。
1991年摄制. -- 1盘卷片(27米601拍) ：
1:10, 2B ; 35mm银盐
收藏馆：缩微中心，山东

00O011003
柳文：四十三卷别集二卷外集二卷附录一卷 /
(唐)柳宗元撰

清道光(1821-1850)杨季鸾春星阁刻本. --
(清)何绍基批校并跋。
1989年摄制. -- 1盘卷片(28.5米567拍) ：
1:10, 2B ; 35mm银盐
收藏馆：缩微中心，湖北

00O008564
柳文：四十三卷别集二卷外集二卷附录一卷后
录一卷 / (唐)柳宗元撰
明嘉靖二十八年(1549)王士翘刻嘉靖三十一年
(1552)朱有孚续刻本
1988年摄制. -- 1盘卷片(27米595拍) ：
1:10, 2B ; 35mm银盐
收藏馆：缩微中心，国图

00O009412
柳文：二十二卷 / (唐)柳宗元撰
明万历二十年(1592)叶万景永州刻本
1988年摄制. -- 2盘卷片(38.7米832拍) ：
1:11, 2B ; 35mm银盐
收藏馆：缩微中心，重庆

00O004232
重校添注音辩唐柳先生文集：四十五卷 / (唐)柳
宗元撰；(宋)童宗说,(宋)韩醇注释
宋(960-1279)刻本. -- 存五卷：卷十八至卷
二十、卷四十三至卷四十四。
1985年摄制. -- 1盘卷片(7米136拍) ：1:10,
2B ; 35mm银盐
收藏馆：缩微中心，国图

00O000107
新刊诂训唐柳先生文集：四十五卷外集二卷新
编外集一卷 / (唐)柳宗元撰；(宋)韩醇音释
清(1644-1911)抄本. -- 四库底本。
1985年摄制. -- 2盘卷片(39.1米851拍) ：
1:10, 2B ; 35mm银盐
收藏馆：缩微中心，国图

00O004231
王荆石先生批评柳文：十二卷 / (唐)柳宗元撰
明(1368-1644)刻本. -- (清)何焯批校并跋。
1985年摄制. -- 2盘卷片(36.8米801拍) ：
1:10, 2B ; 35mm银盐
收藏馆：缩微中心，国图

00O011180
柳文：七卷 / (唐)柳宗元撰
明(1368-1644)刻朱墨套印本
1989年摄制. -- 1盘卷片(17米351拍) ：
1:10, 2B ; 35mm银盐
收藏馆：缩微中心，山东

000O026414
柳集点勘：四卷 / (清)陈景云撰
清(1644-1911)稿本
1996年摄制. -- 1盘卷片(5米85拍)： 1:10,
2B；35mm银盐
收藏馆：缩微中心，湖北

000O003743
皇甫持正集：六卷 / (唐)皇甫湜撰
明末(1621-1644)毛氏汲古阁刻三唐人文集
本. -- (清)吴卓信校跋并录(清)钱曾题识,
(清)陈揆、瞿熙邦校并跋。
1985年摄制. -- 1盘卷片(5.1米84拍)：
1:10, 2B；35mm银盐
收藏馆：缩微中心，国图

000O023071
皇甫持正文集：六卷 / (唐)皇甫湜撰
明正德十五年(1520)皇甫录世业堂刻本
1995年摄制. -- 1盘卷片(5米66拍)： 1:10,
2B；35mm银盐
收藏馆：缩微中心，国图

000O015516
皇甫持正文集：六卷 / (唐)皇甫湜撰
明(1368-1644)抄本
1993年摄制. -- 1盘卷片(5米71拍)： 1:10,
2B；35mm银盐
收藏馆：缩微中心，国图

000O003044
皇甫持正文集：六卷 / (唐)皇甫湜撰
清(1644-1911)抄本. -- (清)顾之逵校。
1986年摄制. -- 1盘卷片(5米71拍)： 1:10,
2B；35mm银盐
收藏馆：缩微中心，国图

000O018550
皇甫持正文集：六卷 / (唐)皇甫湜撰
清(1644-1911)抄本
1993年摄制. -- 1盘卷片(5米71拍)： 1:10,
2B；35mm银盐
收藏馆：缩微中心，国图

000O022009
皇甫持正文集：六卷 / (唐)皇甫湜撰
清(1644-1911)抄本
1995年摄制. -- 1盘卷片(5米68拍)： 1:10,
2B；35mm银盐
收藏馆：缩微中心，国图

000O017557
皇甫持正文集：六卷 / (唐)皇甫湜撰

清(1644-1911)抄本. -- (清)劳权校跋并录
(清)钱曾题识。
1993年摄制. -- 1盘卷片(5米63拍)： 1:10,
2B；35mm银盐
收藏馆：缩微中心，国图

000O000347
元氏长庆集：六十卷集外文章一卷 / (唐)元稹撰
明嘉靖三十一年(1552)东吴董氏茭门别墅刻本
1985年摄制. -- 1盘卷片(18米387拍)：
1:10, 2B；35mm银盐
收藏馆：缩微中心，国图

000O005375
元氏长庆集：六十卷集外文章一卷 / (唐)元稹撰
明嘉靖三十一年(1552)东吴董氏茭门别墅刻本
1986年摄制. -- 1盘卷片(18米389拍)：
1:10, 2B；35mm银盐
收藏馆：缩微中心，国图

000O017505
元氏长庆集：六十卷集外文章一卷 / (唐)元稹撰
明嘉靖三十一年(1552)东吴董氏茭门别墅刻本
1993年摄制. -- 1盘卷片(18米363拍)：
1:10, 2B；35mm银盐
收藏馆：缩微中心，国图

000O007455
元氏长庆集：六十卷 / (唐)元稹撰
明嘉靖三十一年(1552)东吴董氏茭门别墅刻本
1987年摄制. -- 1盘卷片(19米414拍)：
1:10, 2B；35mm银盐
收藏馆：缩微中心，国图

000O000362
元氏长庆集：六十卷补遗六卷 / (唐)元稹撰
明万历三十二年(1604)马元调鱼乐轩刻本
1985年摄制. -- 1盘卷片(25米555拍)：
1:10, 2B；35mm银盐
收藏馆：缩微中心，国图

000O003710
元氏长庆集：六十卷补遗六卷附录一卷 / (唐)元稹撰
明万历三十二年(1604)马元调鱼乐轩刻本. --
佚名录(清)何焯批校。
1985年摄制. -- 1盘卷片(25米559拍)：
1:10, 2B；35mm银盐
收藏馆：缩微中心，国图

000O003712
元氏长庆集：六十卷补遗六卷附录一卷 / (唐)元稹撰

明万历三十二年(1604)马元调鱼乐轩刻本. --
(清)孙淇校并跋.
1985年摄制. -- 1盘卷片(25米555拍) :
1:10, 2B ; 35mm银盐
收藏馆：缩微中心，国图

000O029842
姚少监诗集：十卷 / (唐)姚合撰
明(1368-1644)抄本
2001年摄制. -- 1盘卷片(8米135拍) : 1:10,
2B ; 35mm银盐
收藏馆：缩微中心，国图

000O004981
姚少监诗集：十卷 / (唐)姚合撰
明末(1621-1644)毛氏汲古阁刻唐人六集
本. -- 存八卷：卷一至卷八。(清)劳权校跋
并录(清)黄丕烈题识。
1987年摄制. -- 1盘卷片(7米120拍) : 1:10,
2B ; 35mm银盐
收藏馆：缩微中心，国图

000O027524
长江集：十卷 / (唐)贾岛撰
明(1368-1644)毛氏汲古阁刻唐人八家诗
本. -- (清)毛表校并跋。
1997年摄制. -- 1盘卷片(6米82拍) : 1:10,
2B ; 35mm银盐
收藏馆：缩微中心，国图

000O017795
长江集：十卷附录一卷 / (唐)贾岛撰
明崇祯十二年(1639)毛氏汲古阁刻唐人八家诗
本. -- 周叔弢录(清)何焯批校。
1993年摄制. -- 1盘卷片(6米96拍) : 1:10,
2B ; 35mm银盐
收藏馆：缩微中心，天津

000O004979
长江集：十卷 / (唐)贾岛撰
明末(1621-1644)毛氏汲古阁刻唐人八家诗
本. -- (清)钱孙保校并跋。
1987年摄制. -- 1盘卷片(5.5米95拍) :
1:10, 2B ; 35mm银盐
收藏馆：缩微中心，国图

000O004982
贾浪仙长江集：十卷 / (唐)贾岛撰
清康熙(1662-1722)席启寓琴川书屋刻唐人百
家诗本. -- (清)孙江、(清)何焯题识。
1987年摄制. -- 1盘卷片(7米119拍) : 1:10,
2B ; 35mm银盐
收藏馆：缩微中心，国图

000O019582
贾浪仙长江集：七卷 / (唐)贾岛撰
清初(1644-1722)抄本
1994年摄制. -- 1盘卷片(7米100拍) : 1:10,
2B ; 35mm银盐
收藏馆：缩微中心，国图

000O007762
贾浪仙诗：四卷 / (唐)贾岛撰
清(1644-1911)抄本
1987年摄制. -- 1盘卷片(7米125拍) : 1:10,
2B ; 35mm银盐
收藏馆：缩微中心，湖南

000O001613
沈下贤文集：十二卷 / (唐)沈亚之撰
明(1368-1644)抄本
1986年摄制. -- 1盘卷片(9米146拍) : 1:10,
2B ; 35mm银盐
收藏馆：缩微中心，国图

000O004983
沈下贤文集：十二卷 / (唐)沈亚之撰
明(1368-1644)抄本
1987年摄制. -- 1盘卷片(7米123拍) : 1:10,
2B ; 35mm银盐
收藏馆：缩微中心，国图

000O022003
沈下贤文集：十二卷 / (唐)沈亚之撰
明(1368-1644)刻本
1995年摄制. -- 1盘卷片(8米145拍) : 1:10,
2B ; 35mm银盐
收藏馆：缩微中心，国图

000O016093
沈下贤文集：十二卷 / (唐)沈亚之撰
清光绪四年至五年(1878-1879)刘履芬抄
本. -- (清)刘履芬跋。
1993年摄制. -- 1盘卷片(9米148拍) : 1:10,
2B ; 35mm银盐
收藏馆：缩微中心，国图

000O001492
沈下贤文集：十二卷 / (唐)沈亚之撰
清初(1644-1722)抄本
1986年摄制. -- 1盘卷片(10.7米172拍) :
1:10, 2B ; 35mm银盐
收藏馆：缩微中心，吉林

000O001337
沈下贤文集：十二卷 / (唐)沈亚之撰
清(1644-1911)抄本. -- (清)顾沅校并跋。

1985年摄制. -- 1盘卷片(7.5米140拍)：
1:10, 2B；35mm银盐
收藏馆：缩微中心, 国图

000O003986
沈下贤文集：十二卷 / (唐)沈亚之撰
清(1644-1911)抄本. -- (清)吴景恩校并跋并
录(清)吴翌凤、(清)黄丕烈题识, (清)王振声
校。
1985年摄制. -- 1盘卷片(7.6米143拍)：
1:10, 2B；35mm银盐
收藏馆：缩微中心, 国图

000O007993
沈下贤文集：十二卷 / (唐)沈亚之撰
清(1644-1911)抄本
1988年摄制. -- 1盘卷片(7米125拍)：1:10,
2B；35mm银盐
收藏馆：缩微中心, 湖南

000O013934
沈下贤文集：十二卷 / (唐)沈亚之撰
清(1644-1911)抄本
1991年摄制. -- 1盘卷片(9米144拍)：1:10,
2B；35mm银盐
收藏馆：缩微中心, 国图

000O028345
沈下贤文集：十二卷 / (唐)沈亚之撰
清(1644-1911)抄本. -- (清)陈鳣校。
1998年摄制. -- 1盘卷片(9米162拍)：1:10,
2B；35mm银盐
收藏馆：缩微中心, 广东

000O005969
羊士谔集：二卷 / (唐)羊士谔撰
明(1368-1644)铜活字印本
1986年摄制. -- 1盘卷片(3米37拍)：1:10,
2B；35mm银盐
收藏馆：缩微中心, 国图

000O029864
羊士谔集：二卷 / (唐)羊士谔撰
明(1368-1644)铜活字印本
2001年摄制. -- 1盘卷片(3米39拍)：1:10,
2B；35mm银盐
收藏馆：缩微中心, 国图

000O004546
**李文饶文集：二十卷别集十卷外集四卷 / (唐)李
德裕撰**
明(1368-1644)刻万历(1573-1620)重修本
1987年摄制. -- 1盘卷片(19米417拍)：

1:10, 2B；35mm银盐
收藏馆：缩微中心, 国图

000O022012
**李文饶文集：二十卷别集十卷外集四卷 / (唐)李
德裕撰**
明(1368-1644)刻万历(1573-1620)郑惇典重修
本
1995年摄制. -- 1盘卷片(20米391拍)：
1:10, 2B；35mm银盐
收藏馆：缩微中心, 国图

000O000095
**李文饶文集：二十卷别集十卷外集四卷 / (唐)李
德裕撰；(明)韩敬评点**
明天启四年(1624)茅师山刻本
1985年摄制. -- 1盘卷片(23.3米518拍)：
1:10, 2B；35mm银盐
收藏馆：缩微中心, 国图

000O000124
**李文饶文集：二十卷别集十卷外集四卷 / (唐)李
德裕撰**
明(1368-1644)抄本. -- 外集配清(1644-1911)
抄本. (清)黄丕烈校。
1985年摄制. -- 1盘卷片(19米419拍)：
1:10, 2B；35mm银盐
收藏馆：缩微中心, 国图

000O016168
**李文饶文集：二十卷别集十卷外集四卷 / (唐)李
德裕撰**
明(1368-1644)抄本. -- 存二十一卷：文集卷
一至卷十七、别集卷七至卷十。(清)黄丕烈校
并跋。
1993年摄制. -- 1盘卷片(15米293拍)：
1:10, 2B；35mm银盐
收藏馆：缩微中心, 国图

000O013287
昌谷集：四卷 / (唐)李贺撰；(明)曾益释
明末(1621-1644)刻本
1991年摄制. -- 1盘卷片(11米215拍)：
1:10, 2B；35mm银盐
收藏馆：缩微中心, 湖北

000O004459
**李长吉集：四卷外卷一卷 / (唐)李贺撰；(明)黄
淳耀评点**
清雍正九年(1731)金惟骏渔书楼刻本. -- 吴
梅摘录(清)何焯、(清)二樵山人诸家批注。
1986年摄制. -- 1盘卷片(6米105拍)：1:10,
2B；35mm银盐

收藏馆：缩微中心，国图

00O010377
李长吉集：四卷外卷一卷 / (唐)李贺撰；(明)黄淳耀评点
清雍正九年(1731)金惟骏渔书楼刻本
1989年摄制. -- 1盘卷片(6.5米105拍) ：
1:10，2B ；35mm银盐
收藏馆：缩微中心，湖北

00O007974
李长吉昌谷集句解定本：四卷 / (唐)李贺撰；(清)姚佺笺
清初(1644-1722)丘象随西轩刻本
1988年摄制. -- 1盘卷片(14米285拍) ：
1:10，2B ；35mm银盐
收藏馆：缩微中心，湖南

00O017072
李长吉昌谷集句解定本：四卷 / (唐)李贺撰；(清)姚佺笺；(清)陈愫,(清)丘象随辩注
清初(1644-1722)丘象随西轩刻本
1993年摄制. -- 1盘卷片(12米207拍) ：
1:10，2B ；35mm银盐
收藏馆：缩微中心，国图

00O004184
李长吉昌谷集句解定本：四卷 / (唐)李贺撰；(清)姚佺笺；(清)陈愫,(清)丘象随辩注
清初(1644-1722)梅邨书屋刻本. -- 吴昌绶校并跋，邵锐录(清)何焯批校。
1986年摄制. -- 1盘卷片(11.2米227拍) ：
1:10，2B ；35mm银盐
收藏馆：缩微中心，国图

00O010268
昌谷集：四卷 / (唐)李贺撰；(清)姚文燮注
清康熙五年(1666)建阳同文书院刻本
1989年摄制. -- 1盘卷片(12.5米235拍) ：
1:10，2B ；35mm银盐
收藏馆：缩微中心，湖北

00O017073
昌谷集：四卷 / (唐)李贺撰；(明)曾益释
清初(1644-1722)刻本. -- 郑振铎跋。
1993年摄制. -- 1盘卷片(11米194拍) ：
1:10，2B ；35mm银盐
收藏馆：缩微中心，国图

00O016051
歌诗编：四卷集外诗一卷 / (唐)李贺撰
明末(1621-1644)毛氏汲古阁刻清(1644-1911)因树楼印本. -- 据明末(1621-1644)毛氏汲古阁唐人四集本重印。章钰跋并录(清)何焯校跋，邓邦述题识。
1993年摄制. -- 1盘卷片(5米59拍) ：1:10，2B ；35mm银盐
收藏馆：缩微中心，国图

00O004543
李长吉诗集：四卷外诗集一卷 / (唐)李贺撰
明(1368-1644)刻本. -- 傅增湘题款。
1987年摄制. -- 1盘卷片(5米87拍) ：1:10，2B ；35mm银盐
收藏馆：缩微中心，国图

00O001374
唐李长吉诗集：四卷 / (唐)李贺撰
明(1368-1644)于嘉刻本
1985年摄制. -- 1盘卷片(5.3米89拍) ：1:10，2B ；35mm银盐
收藏馆：缩微中心，国图

00O026857
唐李长吉诗集：四卷 / (唐)李贺撰
明(1368-1644)王家瑞刻本. -- (清)丁丙跋。
1990年摄制. -- 1盘卷片(7米117拍) ：1:10，2B ；35mm银盐
收藏馆：缩微中心，南京

00O020330
李长吉歌诗：一卷外诗集一卷 / (唐)李贺撰；(宋)刘辰翁评
明(1368-1644)凌濛初刻套印本
1994年摄制. -- 1盘卷片(7米101拍) ：1:10，2B ；35mm银盐
收藏馆：缩微中心，国图

00O005751
李长吉歌诗：四卷外诗集一卷 / (唐)李贺撰；(宋)刘辰翁评
明(1368-1644)凌濛初刻朱墨套印本. -- (清)李尧臣跋。
1987年摄制. -- 1盘卷片(7.2米127拍) ：1:10，2B ；35mm银盐
收藏馆：缩微中心，国图

00O017057
李长吉歌诗：四卷外诗集一卷 / (唐)李贺撰；(宋)刘辰翁评
明(1368-1644)凌濛初刻套印本
1993年摄制. -- 1盘卷片(7米140拍) ：1:10，2B ；35mm银盐
收藏馆：缩微中心，国图

00O009008
唐李长吉诗集：四卷外诗集一卷 / (唐)李贺撰；
(明)徐渭,(明)董懋策批注
明万历四十一年(1613)刻本
1988年摄制. -- 1盘卷片(8米151拍) : 1:10,
2B ; 35mm银盐
收藏馆：缩微中心，湖北

00O009503
唐李长吉诗：四卷外诗集一卷 / (唐)李贺撰
明(1368-1644)刻本. -- (明)徐渭、(明)董懋
策批注。
1987年摄制. -- 1盘卷片(8.2米156拍) :
1:9, 2B ; 35mm银盐
收藏馆：缩微中心，重庆

00O000029
李长吉歌诗：四卷外集一卷首一卷 / (唐)李贺撰；
(清)王琦汇解并辑
清乾隆(1736-1795)王氏宝笏楼刻本
1986年摄制. -- 1盘卷片(11.8米238拍) :
1:10, 2B ; 35mm银盐
收藏馆：缩微中心，山西

00O011001
李长吉诗删注：二卷 / (清)钟定辑注
清康熙(1662-1722)刻本
1989年摄制. -- 1盘卷片(5.5米91拍) :
1:10, 2B ; 35mm银盐
收藏馆：缩微中心，湖北

00O024276
协律钩元：四卷外集一卷 / (唐)李贺撰；(清)陈
本礼注
清嘉庆十三年(1808)陈氏裛露轩刻江都陈氏丛
书本
1996年摄制. -- 1盘卷片(8米147拍) : 1:10,
2B ; 35mm银盐
收藏馆：缩微中心，安徽

00O000217
卢仝诗集：二卷集外诗一卷 / (唐)卢仝撰
清(1644-1911)抄本. -- (清)卢文弨校。
1985年摄制. -- 1盘卷片(3.6米48拍) :
1:10, 2B ; 35mm银盐
收藏馆：缩微中心，国图

00O009070
玉川子诗集：五卷 / (唐)卢仝撰；(清)孙之骙注
清(1644-1911)刻晴川八识本
1988年摄制. -- 1盘卷片(14.6米297拍) :
1:10, 2B ; 35mm银盐
收藏馆：缩微中心，湖南

00O006431
纯阳吕真人诗：二卷
明(1368-1644)抄本
1987年摄制. -- 1盘卷片(3.6米51拍) :
1:10, 2B ; 35mm银盐
收藏馆：缩微中心，国图

00O005731
杜樊川集：十七卷 / (唐)杜牧撰；(明)朱一
是,(明)吴玙评
明末(1621-1644)吴氏西爽堂刻本
1987年摄制. -- 1盘卷片(18米402拍) :
1:10, 2B ; 35mm银盐
收藏馆：缩微中心，国图

00O018771
杜樊川集：十七卷 / (唐)杜牧撰；(明)朱一
是,(明)吴玙评
明末(1621-1644)吴氏西爽堂刻本
1994年摄制. -- 1盘卷片(19米369拍) :
1:10, 2B ; 35mm银盐
收藏馆：缩微中心，国图

00O016670
樊川诗集：四卷 / (唐)杜牧撰
明正德十六年(1521)江阴朱承爵朱氏文房刻
本. -- 赵元方跋。
1993年摄制. -- 1盘卷片(6米75拍) : 1:10,
2B ; 35mm银盐
收藏馆：缩微中心，国图

00O025518
樊川文集：二十卷外集一卷别集一卷遗文一卷 /
(唐)杜牧撰
清(1644-1911)刻本. -- (清)李慈铭校并跋。
1996年摄制. -- 1盘卷片(19米378拍) :
1:10, 2B ; 35mm银盐
收藏馆：缩微中心，国图

00O004606
樊川文集：二十卷外集一卷别集一卷 / (唐)杜牧
撰
明(1368-1644)刻本
1987年摄制. -- 1盘卷片(19米403拍) :
1:10, 2B ; 35mm银盐
收藏馆：缩微中心，国图

00O005373
樊川文集：二十卷外集一卷别集一卷 / (唐)杜牧
撰
明(1368-1644)刻本
1986年摄制. -- 1盘卷片(18.5米404拍) :
1:10, 2B ; 35mm银盐

收藏馆：缩微中心，国图

000O007468
樊川文集：二十卷外集一卷别集一卷 / (唐)杜牧撰
明(1368-1644)刻本
1987年摄制. -- 1盘卷片(19米401拍) ：1:10, 2B；35mm银盐
收藏馆：缩微中心，国图

000O007918
樊川文集：二十卷外集一卷别集一卷 / (唐)杜牧撰
明(1368-1644)刻本
1988年摄制. -- 1盘卷片(20米401拍) ：1:10, 2B；35mm银盐
收藏馆：缩微中心，湖南

000O017081
樊川文集：二十卷外集一卷别集一卷 / (唐)杜牧撰
明(1368-1644)刻本
1993年摄制. -- 1盘卷片(20米377拍) ：1:10, 2B；35mm银盐
收藏馆：缩微中心，国图

000O020126
樊川文集：二十卷外集一卷别集一卷 / (唐)杜牧撰
明(1368-1644)刻本
1996年摄制. -- 1盘卷片(20米375拍) ：1:10, 2B；35mm银盐
收藏馆：缩微中心，国图

000O020818
樊川文集：二十卷外集一卷别集一卷 / (唐)杜牧撰
明(1368-1644)刻本
1994年摄制. -- 1盘卷片(20米377拍) ：1:10, 2B；35mm银盐
收藏馆：缩微中心，国图

000O029348
樊川文集：二十卷外集一卷别集一卷 / (唐)杜牧撰；(明)郑郏评
明崇祯十五年(1642)昭质堂刻本
1999年摄制. -- 1盘卷片(21米437拍) ：1:10, 2B；35mm银盐
收藏馆：缩微中心，湖南

000O009860
樊绍述遗文：一卷 / (唐)樊宗师撰；(清)张庚辑注

清乾隆四年(1739)张庚强恕斋刻本
1989年摄制. -- 1盘卷片(4米57拍) ：1:10, 2B；35mm银盐
收藏馆：缩微中心，浙江

000O002326
樊绍述集：二卷 / (唐)樊宗师撰；(清)孙之騄辑注
清(1644-1911)抄本
1986年摄制. -- 1盘卷片(5米85拍) ：1:10, 2B；35mm银盐
收藏馆：缩微中心，国图

000O025950
樊绍述集：二卷 / (唐)樊宗师撰；(清)孙之騄注
清(1644-1911)抄本
1996年摄制. -- 1盘卷片(6米80拍) ：1:10, 2B；35mm银盐
收藏馆：缩微中心，南京

000O017066
唐刘叉诗：一卷 / (唐)刘叉撰
明正德七年(1512)黄省曾长庚堂刻本
1993年摄制. -- 1盘卷片(3米12拍) ：1:10, 2B；35mm银盐
收藏馆：缩微中心，国图

000O014807
鲍溶诗集：六卷集外诗一卷 / (唐)鲍溶撰
清初(1644-1722)麦斋抄本. -- (清)曹溶校并跋，(清)何焯校
1992年摄制. -- 1盘卷片(4米48拍) ：1:10, 2B；35mm银盐
收藏馆：缩微中心，国图

000O015590
鲍溶诗集：六卷集外诗一卷 / (唐)鲍溶撰
清(1644-1911)抄本
1993年摄制. -- 1盘卷片(4米46拍) ：1:10, 2B；35mm银盐
收藏馆：缩微中心，国图

000O016107
鲍溶诗集：六卷集外诗一卷补遗一卷 / (唐)鲍溶撰
清同治三年(1864)庞香荪抄本. -- (清)刘履芬校并跋。
1993年摄制. -- 1盘卷片(5米56拍) ：1:10, 2B；35mm银盐
收藏馆：缩微中心，国图

000O013352
李义山集：三卷 / (唐)李商隐撰

明末(1621-1644)毛氏汲古阁刻唐人八家诗本. -- □介庵校。
1991年摄制. -- 1盘卷片(8米128拍) : 1:10, 2B ; 35mm银盐
收藏馆：缩微中心，国图

000O017129
李商隐诗集：三卷 / (唐)李商隐撰
明末(1621-1644)钱谦益抄本
1993年摄制. -- 1盘卷片(9.9米201拍) : 1:10, 2B ; 35mm银盐
收藏馆：缩微中心，辽宁

000O021320
李商隐诗集：三卷 / (唐)李商隐撰
明(1368-1644)刻本
1994年摄制. -- 1盘卷片(10米188拍) : 1:10, 2B ; 35mm银盐
收藏馆：缩微中心，甘肃

000O025519
李商隐诗集：十卷补遗一卷 / (唐)李商隐撰
朝鲜刻本
1996年摄制. -- 1盘卷片(11米181拍) : 1:10, 2B ; 35mm银盐
收藏馆：缩微中心，国图

000O018022
玉溪生诗笺注：三卷首一卷 / (唐)李商隐撰；(清)冯浩笺注
清乾隆(1736-1795)德聚堂刻本. -- 首一卷/(清)冯浩辑。(清)王鸣盛批注并跋。
1993年摄制. -- 1盘卷片(17米325拍) : 1:10, 2B ; 35mm银盐
收藏馆：缩微中心，国图

000O015219
玉溪生诗笺注：三卷首一卷 / (唐)李商隐撰；(清)冯浩笺注
清乾隆四十五年(1780)冯浩刻嘉庆元年(1796)增刻本. -- (清)莫友芝批。
1992年摄制. -- 1盘卷片(19米376拍) : 1:10, 2B ; 35mm银盐
收藏馆：缩微中心，国图

000O010337
玉溪生诗笺注：三卷；樊南文集笺注：八卷；玉溪生赠诗：一卷 / (清)冯浩笺注
清乾隆(1736-1795)德聚堂刻本. -- 还有合刻著作：玉溪生诗话一卷，玉溪生年谱一卷，新旧唐书文苑传一卷/(清)冯浩笺注。
1989年摄制. -- 1盘卷片(28米622拍) : 1:10, 2B ; 35mm银盐

收藏馆：缩微中心，湖北

000O012859
李义山诗集：三卷 / (唐)李商隐撰；(清)朱鹤龄纂注
清顺治十六年(1659)刻本. -- 佚名录(清)何焯批校。
1990年摄制. -- 1盘卷片(16米339拍) : 1:10, 2B ; 35mm银盐
收藏馆：缩微中心，浙江

000O009050
李义山诗集：三卷诗谱一卷诸家诗评一卷 / (唐)李商隐撰；(清)朱鹤龄笺注
清顺治十六年(1659)刻本
1988年摄制. -- 1盘卷片(16米305拍) : 1:10, 2B ; 35mm银盐
收藏馆：缩微中心，湖北

000O004185
重订李义山诗集笺注：三卷集外诗笺注一卷 / (唐)李商隐撰；(清)朱鹤龄笺注；程梦星删补
年谱：一卷；诗话：一卷 / (清)程梦星辑
清乾隆八年(1743)汪增宁今有堂刻本. -- (清)方世举批校。
1986年摄制. -- 1盘卷片(18.5米402拍) : 1:10, 2B ; 35mm银盐
收藏馆：缩微中心，国图

000O008030
重订李义山诗集笺注：三卷集外诗笺注一卷 / (唐)李商隐撰；(清)朱鹤龄笺注；程梦星删补.
年谱：一卷；诗话：一卷 / (清)程梦星辑
清乾隆八年(1743)今有堂刻本
1988年摄制. -- 1盘卷片(21米439拍) : 1:10, 2B ; 35mm银盐
收藏馆：缩微中心，湖南

000O009517
重订李义山诗集笺注：三卷集外诗笺注一卷 / (唐)李商隐撰；(清)朱鹤龄笺注；程梦星删补.
年谱：一卷；诗话：一卷 / (清)程梦星辑
清乾隆十一年(1746)东柯草堂刻本
1988年摄制. -- 1盘卷片(18.7米399拍) : 1:9, 2B ; 35mm银盐
收藏馆：缩微中心，重庆

000O010330
玉溪生诗意：八卷 / (清)屈复撰
清乾隆四年(1739)艺古堂刻本
1989年摄制. -- 1盘卷片(15米306拍) : 1:10, 2B ; 35mm银盐
收藏馆：缩微中心，湖北

000○028915

李义山诗解：不分卷 / (清)陆昆曾撰
清雍正(1723-1735)刻本
1990年摄制. -- 1盘卷片(7米127拍) ： 1:10,
2B ；35mm银盐
收藏馆：缩微中心，南京

000○018023

李义山诗集笺注：十六卷 / (唐)李商隐撰；(清)
姚培谦笺注
清乾隆(1736-1795)姚氏松桂读书堂刻本
1993年摄制. -- 1盘卷片(13米242拍) ：
1:10, 2B ；35mm银盐
收藏馆：缩微中心，国图

000○011186

李义山诗集：十六卷 / (唐)李商隐撰；(清)姚培
谦笺
清乾隆五年(1740)姚氏松桂读书堂刻本
1989年摄制. -- 1盘卷片(13米261拍) ：
1:10, 2B ；35mm银盐
收藏馆：缩微中心，山东

000○009835

选玉溪生诗：二卷 / (唐)李商隐撰；(清)姜炳璋
辑注
清(1644-1911)抄本
1989年摄制. -- 1盘卷片(9米175拍) ： 1:10,
2B ；35mm银盐
收藏馆：缩微中心，浙江

000○003960

李义山文集：五卷 / (唐)李商隐撰
清(1644-1911)抄本
1986年摄制. -- 1盘卷片(8米153拍) ： 1:10,
2B ；35mm银盐
收藏馆：缩微中心，国图

000○018533

李义山文集笺注：十卷 / (唐)李商隐撰；(清)徐
树毂,(清)徐炯笺注
清康熙四十七年(1708)徐氏花溪草堂刻本
1993年摄制. -- 1盘卷片(15米288拍) ：
1:10, 2B ；35mm银盐
收藏馆：缩微中心，国图

000○028384

李义山樊南文集：六卷 / (唐)李商隐撰；(清)蒋
玢订 . 李商隐小传：一卷 / (清)蒋玢撰
清(1644-1911)抄本
1997年摄制. -- 1盘卷片(9.1米168拍) ：
1:10, 2B ；35mm银盐
收藏馆：缩微中心，福建

000○010507

八义集：四卷 / (唐)温庭筠撰；(明)曾益释；(清)
顾予咸参
清初(1644-1722)刻本. -- 目录割去缺文。
1989年摄制. -- 1盘卷片(11米220拍) ：
1:10, 2B ；35mm银盐
收藏馆：缩微中心，天津

000○017660

温庭筠诗集：七卷别集一卷 / (唐)温庭筠撰
明弘治十二年(1499)李熙刻本
1993年摄制. -- 1盘卷片(7米92拍) ： 1:10,
2B ；35mm银盐
收藏馆：缩微中心，国图

000○003031

金荃集：七卷别集一卷 / (唐)温庭筠撰
明末(1621-1644)毛氏汲古阁刻五唐人诗集
本. -- (清)瞿镛录(清)陈帆校。
1986年摄制. -- 1盘卷片(6米99拍) ： 1:10,
2B ；35mm银盐
收藏馆：缩微中心，国图

000○004985

金荃集：七卷别集一卷 / (唐)温庭筠撰
明末(1621-1644)毛氏汲古阁刻五唐人诗集
本. -- (清)毛文光校并跋。
1987年摄制. -- 1盘卷片(5.6米97拍) ：
1:10, 2B ；35mm银盐
收藏馆：缩微中心，国图

000○016229

金荃集：七卷别集一卷 / (唐)温庭筠撰
明末(1621-1644)毛氏汲古阁刻五唐人诗集
本. -- (清)陈帆校，章钰跋。
1993年摄制. -- 1盘卷片(6米87拍) ： 1:10,
2B ；35mm银盐
收藏馆：缩微中心，国图

000○002003

温庭筠诗集：十卷补遗一卷 / (唐)温庭筠撰
明(1368-1644)刻本. -- 补遗配清初(1644-1722)
抄本。
1986年摄制. -- 1盘卷片(7米112拍) ： 1:10,
2B ；35mm银盐
收藏馆：缩微中心，国图

000○010972

温飞卿诗集：七卷别集一卷集外诗一卷 / (唐)温
庭筠撰；(明)曾益注；(清)顾予咸补注
清康熙三十六年(1697)长洲顾氏秀野草堂刻
本. -- (清)何焯批校。
1989年摄制. -- 1盘卷片(9米170拍) ： 1:10,

2B ；35mm银盐
收藏馆：缩微中心，湖北

000O006861
温飞卿诗集：九卷 / (唐)温飞卿撰
清康熙(1662-1722)刻本
1987年摄制. -- 1盘卷片(9米168拍) ： 1:10,
2B ；35mm银盐
收藏馆：缩微中心，吉林

000O026671
李文山诗集：三卷 / (唐)李群玉撰
明嘉靖四十二年(1563)水之文刻本
1996年摄制. -- 1盘卷片(7.3米103拍) ：
1:10, 2B ；35mm银盐
收藏馆：缩微中心，福建

000O000140
李文山诗集：三卷附录一卷 / (唐)李群玉撰
明万历四十年(1612)费逬刻本. -- 吴慈培
校。
1985年摄制. -- 1盘卷片(5.9米101拍) ：
1:10, 2B ；35mm银盐
收藏馆：缩微中心，国图

000O019546
**李文山诗集：三卷 / (唐)李群玉撰 . 考证：一卷
附录一卷**
明(1368-1644)谢氏小草斋抄本. -- (清)刘筠
川跋。
1994年摄制. -- 1盘卷片(5米63拍) ： 1:10,
2B ；35mm银盐
收藏馆：缩微中心，国图

000O018416
唐刘蜕集：六卷 / (唐)刘蜕撰
明天启四年(1624)吴馡问青堂刻本
1993年摄制. -- 1盘卷片(5米62拍) ： 1:10,
2B ；35mm银盐
收藏馆：缩微中心，国图

000O013866
**唐刘蜕集：六卷 / (唐)刘蜕撰 . 萧茂挺集：一卷 /
(唐)萧颖士撰**
清(1644-1911)环碧山房抄本. -- (清)汪继培
校。
1992年摄制. -- 1盘卷片(4米34拍) ： 1:10,
2B ；35mm银盐
收藏馆：缩微中心，国图

000O004162
刘拾遗集：一卷 / (唐)刘蜕撰
明崇祯十三年(1640)闵齐伋刻本

1986年摄制. -- 1盘卷片(4米61拍) ： 1:10,
2B ；35mm银盐
收藏馆：缩微中心，国图

000O024095
曹松诗集：一卷 / (唐)曹松撰
清初(1644-1722)抄本
1996年摄制. -- 1盘卷片(3米30拍) ： 1:10,
2B ；35mm银盐
收藏馆：缩微中心，湖北

000O001692
**增广音注唐郢州刺史丁卯诗集：二卷 / (唐)许浑
撰；(元)祝德子订正**
明弘治七年(1494)郑杰刻本
1986年摄制. -- 1盘卷片(6米102拍) ： 1:10,
2B ；35mm银盐
收藏馆：缩微中心，国图

000O025910
**增广音注唐郢州刺史丁卯诗集：二卷 / (唐)许浑
撰；(元)祝德子订正**
明弘治七年(1494)郑杰刻本. -- (清)丁丙
跋。
1996年摄制. -- 1盘卷片(7米105拍) ： 1:10,
2B ；35mm银盐
收藏馆：缩微中心，南京

000O014389
**增广音注唐郢州刺史丁卯诗集：二卷 / (唐)许浑
撰；(元)祝德子订正**
明(1368-1644)抄本. -- (明)毛晋跋。
1992年摄制. -- 1盘卷片(6米80拍) ： 1:10,
2B ；35mm银盐
收藏馆：缩微中心，国图

000O017080
丁卯集：二卷 / (唐)许浑撰；(明)雷起剑评
明崇祯(1628-1644)刻本
1993年摄制. -- 1盘卷片(9米149拍) ： 1:10,
2B ；35mm银盐
收藏馆：缩微中心，国图

000O019914
丁卯集：二卷 / (唐)许浑撰
清(1644-1911)影宋(960-1279)抄本. -- (清)
归兆篯跋。
1994年摄制. -- 1盘卷片(6米82拍) ： 1:10,
2B ；35mm银盐
收藏馆：缩微中心，国图

000O018642
丁卯集：不分卷 / (唐)许浑撰

清初(1644-1722)抄本
1993年摄制. -- 1盘卷片(6.5米117拍) :
1:9, 2B ; 35mm银盐
收藏馆：缩微中心，重庆

000O011519
丁卯集：二卷续稿二卷续补一卷遗诗稿一卷 /
(唐)许浑撰
清(1644-1911)抄本
1990年摄制. -- 1盘卷片(9米181拍) : 1:10,
2B ; 35mm银盐
收藏馆：缩微中心，甘肃

000O003054
增广许郢州丁卯诗续集：一卷拾遗一卷 / (唐)许
浑撰
清(1644-1911)抄本
1986年摄制. -- 1盘卷片(3米32拍) : 1:10,
2B ; 35mm银盐
收藏馆：缩微中心，国图

000O017566
甲乙集：十卷 / (唐)罗隐撰
明(1368-1644)抄本. --(清)方尔谦校并跋。
1993年摄制. -- 1盘卷片(6米81拍) : 1:10,
2B ; 35mm银盐
收藏馆：缩微中心，国图

000O007940
甲乙集：一卷 / (唐)罗隐撰
清(1644-1911)抄本
1988年摄制. -- 1盘卷片(3.2米37拍) :
1:10, 2B ; 35mm银盐
收藏馆：缩微中心，湖南

000O019103
罗昭谏江东集：五卷 / (唐)罗隐撰
明(1368-1644)屠中孚刻本
1994年摄制. -- 1盘卷片(11米198拍) :
1:10, 2B ; 35mm银盐
收藏馆：缩微中心，国图

000O000960
罗昭谏江东集：五卷 / (唐)罗隐撰
明(1368-1644)屠中孚刻本
1985年摄制. -- 1盘卷片(10.8米220拍) :
1:10, 2B ; 35mm银盐
收藏馆：缩微中心，国图

000O001453
罗昭谏集：八卷 / (唐)罗隐撰
清康熙九年(1670)张瓒瑞榴堂刻本
1985年摄制. -- 1盘卷片(9.3米180拍) :

1:10, 2B ; 35mm银盐
收藏馆：缩微中心，国图

000O004128
谗书：五卷 / (唐)罗隐撰
清(1644-1911)抄本
1986年摄制. -- 1盘卷片(3.6米80拍) :
1:10, 2B ; 35mm银盐
收藏馆：缩微中心，国图

000O017282
谗书：五卷甲乙诗集三卷 / (唐)罗隐撰
明(1368-1644)抄本. -- 李守信跋。
1992年摄制. -- 1盘卷片(5米63拍) : 1:10,
2B ; 35mm银盐
收藏馆：缩微中心，国图

000O025512
比红儿诗：一卷 / (唐)罗虬撰 . 比红儿诗注：一
卷 / (清)沈可培撰
明末(1621-1644)刻本
1996年摄制. -- 1盘卷片(4米51拍) : 1:10,
2B ; 35mm银盐
收藏馆：缩微中心，国图

000O004725
包何集：一卷 / (唐)包何撰 . 包佶集：一卷 /
(唐)包佶撰
明(1368-1644)铜活字印本
1986年摄制. -- 1盘卷片(3米27拍) : 1:10,
2B ; 35mm银盐
收藏馆：缩微中心，国图

000O004809
包佶集：一卷 / (唐)包佶撰 . 包何集：一卷 /
(唐)包何撰
明(1368-1644)铜活字印本
1986年摄制. -- 1盘卷片(2.7米27拍) :
1:10, 2B ; 35mm银盐
收藏馆：缩微中心，国图

000O016754
唐皮从事倡酬诗：八卷 / (唐)皮日休撰
明万历四十五年(1617)许自昌刻本
1993年摄制. -- 1盘卷片(8米124拍) : 1:10,
2B ; 35mm银盐
收藏馆：缩微中心，国图

000O000324
项氏瓶笙榭新刻皮袭美诗：二卷 / (唐)皮日休撰；
(明)项真评
明(1368-1644)项真刻本
1985年摄制. -- 1盘卷片(7米115拍) : 1:10,

2B ；35mm银盐
收藏馆：缩微中心，国图

00O002289
唐皮日休文薮：十卷 / (唐)皮日休撰
明正德十五年(1520)袁表刻本
1986年摄制. -- 1盘卷片(7米130拍) ：1:10,
2B ；35mm银盐
收藏馆：缩微中心，国图

00O003664
唐皮日休文薮：十卷 / (唐)皮日休撰
明正德十五年(1520)袁表刻本
1985年摄制. -- 1盘卷片(7米123拍) ：1:10,
2B ；35mm银盐
收藏馆：缩微中心，国图

00O004987
唐皮日休文薮：十卷 / (唐)皮日休撰
明正德十五年(1520)袁表刻本. -- 周叔弢
跋。
1987年摄制. -- 1盘卷片(7米123拍) ：1:10,
2B ；35mm银盐
收藏馆：缩微中心，国图

00O013469
唐皮日休文薮：十卷 / (唐)皮日休撰
明正德十五年(1520)袁表刻本. -- 佚名校并
跋。
1991年摄制. -- 1盘卷片(7米109拍) ：1:10,
2B ；35mm银盐
收藏馆：缩微中心，国图

00O009660
唐皮日休文薮：十卷 / (唐)皮日休撰
明(1368-1644)刻本
1988年摄制. -- 1盘卷片(7米133拍) ：1:10,
2B ；35mm银盐
收藏馆：缩微中心，甘肃

00O016936
唐皮日休文薮：十卷 / (唐)皮日休撰
明(1368-1644)刻本. -- 郑振铎跋。
1993年摄制. -- 1盘卷片(7米108拍) ：1:10,
2B ；35mm银盐
收藏馆：缩微中心，国图

00O022011
唐皮日休文薮：十卷 / (唐)皮日休撰
明万历三十六年(1608)许自昌刻本
1995年摄制. -- 1盘卷片(9米135拍) ：1:10,
2B ；35mm银盐
收藏馆：缩微中心，国图

00O004049
皮日休文集：十卷 / (唐)皮日休撰
明(1368-1644)刻公文纸印本
1985年摄制. -- 1盘卷片(9米160拍) ：1:10,
2B ；35mm银盐
收藏馆：缩微中心，国图

00O003758
唐甫里先生集：二十卷 / (唐)陆龟蒙撰
明万历三十一年(1603)许自昌刻本. -- (清)
陈揆校并跋。
1985年摄制. -- 1盘卷片(13.5米284拍) ：
1:10, 2B ；35mm银盐
收藏馆：缩微中心，国图

00O006555
唐甫里先生集：二十卷 / (唐)陆龟蒙撰
明万历三十一年(1603)许自昌刻本
1987年摄制. -- 1盘卷片(14.7米311拍) ：
1:10, 2B ；35mm银盐
收藏馆：缩微中心，国图

00O004986
唐甫里先生文集：二十卷 / (唐)陆龟蒙撰
明成化二十三年(1487)严春刻本. -- 周叔弢
跋。
1987年摄制. -- 1盘卷片(12米247拍) ：
1:10, 2B ；35mm银盐
收藏馆：缩微中心，国图

00O028533
唐甫里先生文集：二十卷 / (唐)陆龟蒙撰
明(1368-1644)抄本. -- 卷二十配清黄丕烈抄
本。(清)黄丕烈校补并跋，(清)许心扆校并
跋，(清)丁丙跋。
1996年摄制. -- 1盘卷片(17米362拍) ：
1:10, 2B ；35mm银盐
收藏馆：缩微中心，南京

00O002365
甫里先生集：二十卷 / (唐)陆龟蒙撰
清(1644-1911)抄本. -- 存十二卷：卷一至卷
十二。
1986年摄制. -- 1盘卷片(7米133拍) ：1:10,
2B ；35mm银盐
收藏馆：缩微中心，国图

00O004754
陆鲁望文集：八卷 / (唐)陆龟蒙撰
明(1368-1644)抄本
1987年摄制. -- 1盘卷片(5米80拍) ：1:10,
2B ；35mm银盐
收藏馆：缩微中心，国图

000O002279

笠泽丛书：四卷 / (唐)陆龟蒙撰
清(1644-1911)抄本
1986年摄制. -- 1盘卷片(6米93拍)：1:10,
2B；35mm银盐
收藏馆：缩微中心，国图

000O016004

重刊校正笠泽丛书：四卷 / (唐)陆龟蒙撰
清(1644-1911)刻本. -- 章钰校并跋。
1993年摄制. -- 1盘卷片(6米83拍)：1:10,
2B；35mm银盐
收藏馆：缩微中心，国图

000O014542

重刊校正笠泽丛书：四卷补遗诗一卷 / (唐)陆龟蒙撰
清雍正九年(1731)陆钟辉水云渔屋刻本. --
(清)吾进校跋并录(清)吴骞、(清)陆以谦校注
题识。
1992年摄制. -- 1盘卷片(7米104拍)：1:10,
2B；35mm银盐
收藏馆：缩微中心，国图

000O010896

重刊校正笠泽丛书：四卷补遗诗一卷续补遗一卷 / (唐)陆龟蒙撰
清雍正九年(1731)陆氏碧筠草堂刻本
1989年摄制. -- 1盘卷片(6.5米117拍)：
1:10, 2B；35mm银盐
收藏馆：缩微中心，湖北

000O014694

重刊校正笠泽丛书：四卷补遗诗一卷 / (唐)陆龟蒙撰
清雍正九年(1731)陆钟辉水云渔屋刻本. --
(清)劳权、(清)劳格校。
1992年摄制. -- 1盘卷片(7米114拍)：1:10,
2B；35mm银盐
收藏馆：缩微中心，国图

000O028707

重刊校正笠泽丛书：四卷补遗诗一卷 / (唐)陆龟蒙撰
清雍正九年(1731)陆钟辉水云渔屋刻本. --
(清)李芝绥校跋并录(清)季锡畴校。
1990年摄制. -- 1盘卷片(8米135拍)：1:10,
2B；35mm银盐
收藏馆：缩微中心，南京

000O003080

重刊校正笠泽丛书：四卷补遗诗一卷续补遗一卷 / (唐)陆龟蒙撰
清(1644-1911)刻本. -- (清)瞿镛校。
1986年摄制. -- 1盘卷片(6米111拍)：1:10,
2B；35mm银盐
收藏馆：缩微中心，国图

000O009075

重刊校正笠泽丛书：四卷补遗诗一卷续补遗一卷 / (唐)陆龟蒙撰
清(1644-1911)顾氏碧筠草堂刻本. -- 四库底本。
1988年摄制. -- 1盘卷片(6.6米115拍)：
1:10, 2B；35mm银盐
收藏馆：缩微中心，湖南

000O010539

重刊校正笠泽丛书：四卷 / (唐)陆龟蒙撰
清(1644-1911)碧筠草堂刻本
1989年摄制. -- 1盘卷片(7米117拍)：1:10,
2B；35mm银盐
收藏馆：缩微中心，吉林

000O006425

重刊校正笠泽丛书：四卷补遗诗一卷 / (唐)陆龟蒙撰
清(1644-1911)顾氏碧筠草堂刻本
1987年摄制. -- 1盘卷片(7米115拍)：1:10,
2B；35mm银盐
收藏馆：缩微中心，国图

000O026885

重刊校正笠泽丛书：四卷补遗诗一卷 / (唐)陆龟蒙撰
清(1644-1911)东山草堂刻本. -- (清)顾广圻校并跋。
1996年摄制. -- 1盘卷片(7米118拍)：1:10,
2B；35mm银盐
收藏馆：缩微中心，南京

000O011149

重刊校正笠泽丛书：四卷补遗詩一卷续补遗一卷 / (唐)陆龟蒙撰
清(1644-1911)大叠山房刻本
1989年摄制. -- 1盘卷片(6.6米119拍)：
1:10, 2B；35mm银盐
收藏馆：缩微中心，祁县

000O003359

笠泽丛书：九卷 / (唐)陆龟蒙撰 . 附考：一卷 / (清)许槤撰
清嘉庆二十四年(1819)许槤古韵阁刻本
1986年摄制. -- 1盘卷片(7米124拍)：1:10,
2B；35mm银盐
收藏馆：缩微中心，国图

000O014396
**笠泽丛书：九卷 / (唐)陆龟蒙撰. 附考：一卷 /
(清)许槤撰**
清嘉庆二十四年(1819)许氏古韵阁刻本
1992年摄制. -- 1盘卷片(7米110拍)：1:10,
2B；35mm银盐
收藏馆：缩微中心，国图

000O017959
**笠泽丛书：九卷 / (唐)陆龟蒙撰. 附考：一卷 /
(清)许槤撰**
清嘉庆二十四年(1819)许氏古韵阁刻本
1993年摄制. -- 1盘卷片(7米112拍)：1:10,
2B；35mm银盐
收藏馆：缩微中心，国图

000O028829
司空表圣文集：十卷 / (唐)司空图撰
清初(1644-1722)影宋(960-1279)抄本. -- 据
宋(960-1279)抄本影印。
1998年摄制. -- 1盘卷片(6米101拍)：1:10,
2B；35mm银盐
收藏馆：缩微中心，广东

000O000235
司空表圣文集：十卷 / (唐)司空图撰
清初(1644-1722)抄本. -- (清)王士禛、傅增
湘跋。
1985年摄制. -- 1盘卷片(6.1米105拍)：
1:10, 2B；35mm银盐
收藏馆：缩微中心，国图

000O016669
司空表圣文集：十卷 / (唐)司空图撰
清道光二十二年(1842)劳格抄本. -- (清)劳
格校跋并录(清)何焯、(清)赵辑宁题识，(清)
劳权跋并录(清)鲍廷博、(清)赵怀玉、(清)杨
复吉、(清)沈叔埏校语。
1993年摄制. -- 1盘卷片(6米95拍)：1:10,
2B；35mm银盐
收藏馆：缩微中心，国图

000O016016
司空表圣文集：十卷 / (唐)司空图撰
清光绪三十一年(1905)朱氏结一庐刻结一庐
剩余丛书本. -- 章钰校跋并录(清)赵怀玉、
(清)鲍正言题识。
1993年摄制. -- 1盘卷片(6米93拍)：1:10,
2B；35mm银盐
收藏馆：缩微中心，国图

000O004610
司空表圣文集：十卷 / (唐)司空图撰

清(1644-1911)抄本. -- (清)赵怀玉校并跋。
1987年摄制. -- 1盘卷片(8米144拍)：1:10,
2B；35mm银盐
收藏馆：缩微中心，国图

000O021998
司空表圣文集：十卷 / (唐)司空图撰
清(1644-1911)抄本. -- (清)王宗炎校并跋。
1995年摄制. -- 1盘卷片(6米93拍)：1:10,
2B；35mm银盐
收藏馆：缩微中心，国图

000O020508
司空表圣一鸣集：十卷 / (唐)司空图撰
清(1644-1911)抄本
1994年摄制. -- 1盘卷片(7米106拍)：1:10,
2B；35mm银盐
收藏馆：缩微中心，国图

000O025912
薛许昌诗集：十卷 / (唐)薛能撰
清(1644-1911)眠云精舍抄本. -- (清)丁丙
跋。
1996年摄制. -- 1盘卷片(5米68拍)：1:10,
2B；35mm银盐
收藏馆：缩微中心，南京

000O004002
会昌进士诗集：一卷 / (唐)马戴撰
明(1368-1644)抄本
1986年摄制. -- 1盘卷片(3.6米48拍)：
1:10, 2B；35mm银盐
收藏馆：缩微中心，国图

000O003047
翰林集：一卷；香奁集：一卷 / (唐)韩偓撰
清(1644-1911)抄本. -- (清)陈揆校。
1986年摄制. -- 1盘卷片(5米67拍)：1:10,
2B；35mm银盐
收藏馆：缩微中心，国图

000O016589
韩致尧翰林集：不分卷 / (唐)韩偓撰
清(1644-1911)抄本. -- (清)纪昀批校。
1993年摄制. -- 1盘卷片(8.3米159拍)：
1:10, 2B；35mm银盐
收藏馆：缩微中心，山西

000O011188
香奁集：一卷；韩内翰别集：一卷 / (唐)韩偓撰
清初(1644-1722)宋宛抄本. -- (清)李观轼
跋。
1989年摄制. -- 1盘卷片(6米95拍)：1:10,

2B ；35mm银盐
收藏馆：缩微中心，山东

000O018834
唐风集：三卷 / (唐)杜荀鹤撰
清(1644-1911)影宋(960-1279)抄本
1994年摄制. -- 1盘卷片(6米81拍) ： 1:10,
2B ；35mm银盐
收藏馆：缩微中心，国图

000O001597
唐风集：三卷 / (唐)杜荀鹤撰
明(1368-1644)抄本. -- (清)周星诒跋。
1986年摄制. -- 1盘卷片(5.3米87拍) ：
1:10, 2B ；35mm银盐
收藏馆：缩微中心，国图

000O000231
梨岳诗集：一卷 / (唐)李频撰
明万历二十四年(1596)龚道立刻本
1985年摄制. -- 1盘卷片(5.3米86拍) ：
1:10, 2B ；35mm银盐
收藏馆：缩微中心，国图

000O014664
李建州诗：一卷附录一卷 / (唐)李频撰
明嘉靖十七年(1538)汪佃朱幸刻本
1992年摄制. -- 1盘卷片(5米78拍) ： 1:10,
2B ；35mm银盐
收藏馆：缩微中心，国图

000O025928
梨岳诗集：一卷附录一卷 / (唐)李频撰
明(1368-1644)祁氏淡生堂抄本. -- (清)丁丙
跋。
1996年摄制. -- 1盘卷片(6米77拍) ： 1:10,
2B ；35mm银盐
收藏馆：缩微中心，南京

000O018777
孙可之文集：十卷 / (唐)孙樵撰
明正德十二年(1517)王鏊王谔刻递修本
1994年摄制. -- 1盘卷片(4米47拍) ： 1:10,
2B ；35mm银盐
收藏馆：缩微中心，国图

000O013470
唐孙樵集：十卷 / (唐)孙樵撰
明天启五年(1625)吴馡石香馆刻本
1991年摄制. -- 1盘卷片(6米96拍) ： 1:10,
2B ；35mm银盐
收藏馆：缩微中心，国图

000O018413
唐孙樵集：十卷 / (唐)孙樵撰
明天启五年(1625)吴馡石香馆刻本
1993年摄制. -- 1盘卷片(7米96拍) ： 1:10,
2B ；35mm银盐
收藏馆：缩微中心，国图

000O000118
可之先生文集：十卷 / (唐)孙樵撰
清嘉庆(1796-1820)孙冯翼问经草堂刻本
1985年摄制. -- 1盘卷片(5.3米86拍) ：
1:10, 2B ；35mm银盐
收藏馆：缩微中心，国图

000O019105
唐孙可之文集：十卷 / (唐)孙樵撰
朝鲜抄本
1994年摄制. -- 1盘卷片(3米28拍) ： 1:10,
2B ；35mm银盐
收藏馆：缩微中心，国图

000O004984
孙可之集：十卷 / (唐)孙樵撰
清(1644-1911)抄本
1987年摄制. -- 1盘卷片(5米68拍) ： 1:10,
2B ；35mm银盐
收藏馆：缩微中心，国图

000O009843
桂苑笔耕集：二十卷 / (朝鲜)崔致远撰
清(1644-1911)赵氏古欢仙馆抄本
1989年摄制. -- 1盘卷片(25米545拍) ：
1:10, 2B ；35mm银盐
收藏馆：缩微中心，浙江

000O022542
新雕宋板唐方玄英诗集：十卷 / (唐)方干撰
明末(1621-1644)徐常吉刻本
1995年摄制. -- 1盘卷片(6.5米110拍) ：
1:10, 2B ；35mm银盐
收藏馆：缩微中心，湖北

000O004544
玄英先生诗集：十卷集外诗一卷 / (唐)方干撰
清(1644-1911)抄本
1987年摄制. -- 1盘卷片(5米83拍) ： 1:10,
2B ；35mm银盐
收藏馆：缩微中心，国图

000O003045
麟角集：一卷附录一卷 / (唐)王棨撰
清(1644-1911)抄本
1986年摄制. -- 1盘卷片(5米46拍) ： 1:10,

2B ；35mm银盐
收藏馆：缩微中心，国图

000О018541
麟角集：一卷附录一卷 / (唐)王棨撰
清(1644-1911)抄本. -- (清)丁佺校并跋。
1993年摄制. -- 1盘卷片(6米87拍) ： 1:10,
2B ；35mm银盐
收藏馆：缩微中心，国图

000О026771
胡曾咏史诗：一卷 / (唐)胡曾撰
清(1644-1911)抄本. -- (清)丁丙跋。
1996年摄制. -- 1盘卷片(7米114拍) ： 1:10,
2B ；35mm银盐
收藏馆：缩微中心，南京

000О004451
新雕注胡曾咏史诗：三卷 / (唐)胡曾撰；(唐)陈盖,(唐)米崇吉注
清(1644-1911)影宋(960-1279)抄本. -- (清)胡珽跋。
1986年摄制. -- 1盘卷片(4米56拍) ： 1:10,
2B ；35mm银盐
收藏馆：缩微中心，国图

000О006831
白莲集：十卷风骚旨格一卷 / (唐)释齐己撰
明(1368-1644)抄本
1987年摄制. -- 1盘卷片(13米267拍) ：
1:10, 2B ；35mm银盐
收藏馆：缩微中心，国图

000О003707
白莲集：十卷风骚旨格一卷 / (唐)释齐己撰
清(1644-1911)抄本. -- 顾人鹗跋。
1985年摄制. -- 1盘卷片(11.2米229拍) ：
1:10, 2B ；35mm银盐
收藏馆：缩微中心，国图

000О008473
白莲集：十卷风骚旨格一卷 / (唐)释齐己撰
清(1644-1911)抄本
1988年摄制. -- 1盘卷片(9米164拍) ： 1:10,
2B ；35mm银盐
收藏馆：缩微中心，国图

000О002102
白莲集：十卷 / (唐)释齐己撰
清(1644-1911)抄本
1986年摄制. -- 1盘卷片(9米160拍) ： 1:10,
2B ；35mm银盐
收藏馆：缩微中心，国图

000О023671
秦韬玉诗集：一卷 / (唐)秦韬玉撰 . 殷文珪诗集：一卷 / (唐)殷文珪撰
清(1644-1911)抄本. -- 王修跋。
1995年摄制. -- 1盘卷片(3米29拍) ： 1:10,
2B ；35mm银盐
收藏馆：缩微中心，浙江

000О014830
云台编：三卷 / (唐)郑谷撰
清(1644-1911)抄本
1992年摄制. -- 1盘卷片(5米69拍) ： 1:10,
2B ；35mm银盐
收藏馆：缩微中心，国图

000О023907
云台编：三卷补遗一卷 / (唐)郑谷撰
清(1644-1911)郑起泓刻本
1996年摄制. -- 1盘卷片(7米154拍) ： 1:10,
2B ；35mm银盐
收藏馆：缩微中心，河南

000О001600
云台编：不分卷 / (唐)郑谷撰
清(1644-1911)抄本
1986年摄制. -- 1盘卷片(5米81拍) ： 1:10,
2B ；35mm银盐
收藏馆：缩微中心，国图

000О029873
唐英歌诗：三卷 / (唐)吴融撰
明(1368-1644)抄本
2001年摄制. -- 1盘卷片(6米92拍) ： 1:10,
2B ；35mm银盐
收藏馆：缩微中心，国图

000О004988
唐英歌诗：三卷 / (唐)吴融撰
清(1644-1911)抄本. -- (清)彭元瑞校补并跋。
1987年摄制. -- 1盘卷片(5米74拍) ： 1:10,
2B ；35mm银盐
收藏馆：缩微中心，国图

000О014241
莆阳黄御史集：二卷 / (唐)黄滔撰
明(1368-1644)刻本
1992年摄制. -- 1盘卷片(10米166拍) ：
1:10, 2B ；35mm银盐
收藏馆：缩微中心，国图

000О005281
唐黄御史集：八卷附录一卷 / (唐)黄滔撰

明崇祯十一年(1638)黄鸣乔黄鸣俊[等]刻本
1986年摄制. -- 1盘卷片(13米263拍) :
1:10, 2B ; 35mm银盐
收藏馆：缩微中心, 国图

000O022013
唐黄先生文集：八卷附录一卷 / (唐)黄滔撰
明万历三十四年(1606)叶向高曹学佺[等]刻本
1995年摄制. -- 1盘卷片(12米220拍) :
1:10, 2B ; 35mm银盐
收藏馆：缩微中心, 国图

000O000719
禅月集：二十五卷 / (唐)释贯休撰
明(1368-1644)抄本
1985年摄制. -- 1盘卷片(10米171拍) :
1:10, 2B ; 35mm银盐
收藏馆：缩微中心, 国图

000O000249
浣花集：十卷 / (唐)韦庄撰
明正德(1506-1521)江阴朱承爵朱氏文房刻
本. -- 傅增湘跋.
1985年摄制. -- 1盘卷片(5.3米55拍) :
1:10, 2B ; 35mm银盐
收藏馆：缩微中心, 国图

000O004611
浣花集：十卷补遗一卷 / (唐)韦庄撰
明(1368-1644)抄本
1987年摄制. -- 1盘卷片(6米91拍) : 1:10,
2B ; 35mm银盐
收藏馆：缩微中心, 国图

000O016579
浣花集：十卷 / (唐)韦庄撰 ; (清)胡介祉校
清顺治(1644-1661)胡介祉谷园刻本
1993年摄制. -- 1盘卷片(6.8米124拍) :
1:10, 2B ; 35mm银盐
收藏馆：缩微中心, 山西

000O028914
浣花集：十卷补遗一卷 / (唐)韦庄撰．韦端己诗
补补遗：一卷 / (清)陈揆跋
明(1368-1644)毛氏绿君亭刻汲古阁增
修本. -- 韦端己诗补补遗配清嘉庆十五年
(1810)陈揆抄本. (清)陈揆跋。
1990年摄制. -- 1盘卷片(8米140拍) : 1:10,
2B ; 35mm银盐
收藏馆：缩微中心, 南京

000O015715
浣花集：十卷补遗一卷 / (唐)韦庄撰

明末(1621-1644)毛氏绿君亭刻本
1993年摄制. -- 1盘卷片(7米116拍) : 1:10,
2B ; 35mm银盐
收藏馆：缩微中心, 国图

000O003037
广成集：十二卷 / (五代)杜光庭撰
明(1368-1644)抄本
1986年摄制. -- 1盘卷片(8米143拍) : 1:10,
2B ; 35mm银盐
收藏馆：缩微中心, 国图

000O004989
唐秘书省正字先辈徐公钓矶文集：十卷 / (唐)徐
夤撰
明(1368-1644)抄本. -- 存九卷：卷一至卷
四、卷六至卷十。
1987年摄制. -- 1盘卷片(7.2米134拍) :
1:10, 2B ; 35mm银盐
收藏馆：缩微中心, 国图

000O022015
唐秘书省正字先辈徐公钓矶文集：十卷 / (唐)徐
夤撰
明(1368-1644)抄本. -- 卷五配抄本。(清)钱
曾校。
1995年摄制. -- 1盘卷片(9米165拍) : 1:10,
2B ; 35mm银盐
收藏馆：缩微中心, 国图

000O002287
唐秘书省正字先辈徐公钓矶文集：十卷 / (唐)徐
夤撰
清(1644-1911)抄本. -- (清)刘喜海跋。
1986年摄制. -- 1盘卷片(9米169拍) : 1:10,
2B ; 35mm银盐
收藏馆：缩微中心, 国图

000O003048
唐秘书省正字先辈徐公钓矶文集：十卷 / (唐)徐
夤撰
清(1644-1911)抄本. -- 存九卷：卷一至卷
四、卷六至卷十。
1986年摄制. -- 1盘卷片(10米203拍) :
1:10, 2B ; 35mm银盐
收藏馆：缩微中心, 国图

000O028593
唐秘书省正字先辈徐公钓矶文集：十卷 / (唐)徐
夤撰
清(1644-1911)抄本. -- (清)熙元点校并跋。
1998年摄制. -- 1盘卷片(7米114拍) : 1:10,
2B ; 35mm银盐

收藏馆：缩微中心，广东

000O004824
碧云集：三卷 / (唐)李中撰
明(1368-1644)抄本. -- (清)钱孙艾校并题款，(清)钱孙保题款。
1986年摄制. -- 1盘卷片(5.2米86拍)：1:10，2B；35mm银盐
收藏馆：缩微中心，国图

000O017791
李丞相诗集：二卷 / (五代)李建勋撰
清(1644-1911)抄本. -- 据宋(960-1279)临安陈宅书籍铺刻本影抄。
1993年摄制. -- 1盘卷片(3米32拍)：1:10，2B；35mm银盐
收藏馆：缩微中心，天津

宋代之属

000O028115
徐公文集：三十卷 / (宋)徐铉撰
清乾隆二十五年(1760)鲍氏知不足斋抄本. -- 卷一至卷十六、卷二十五至卷三十配清(1644-1911)抄本。(清)鲍廷博校并跋，(清)丁丙跋。
1996年摄制. -- 1盘卷片(20米428拍)：1:10，2B；35mm银盐
收藏馆：缩微中心，南京

000O004607
徐公文集：三十卷 / (宋)徐铉撰
清(1644-1911)贝氏友汉居抄本. -- (清)贝墉校。
1987年摄制. -- 1盘卷片(24米517拍)：1:10，2B；35mm银盐
收藏馆：缩微中心，国图

000O001598
徐常侍集：三十卷 / (宋)徐铉撰
清(1644-1911)抄本
1986年摄制. -- 1盘卷片(20米428拍)：1:10，2B；35mm银盐
收藏馆：缩微中心，国图

000O003035
徐公文集：三十卷 / (宋)徐铉撰
清(1644-1911)抄本. -- (清)邵恩多校并跋。
1986年摄制. -- 1盘卷片(20米428拍)：1:10，2B；35mm银盐
收藏馆：缩微中心，国图

000O009191
徐公文集：三十卷 / (宋)徐铉撰
清末(1851-1911)杨蒲薮传抄清黄丕烈校抄本
1988年摄制. -- 1盘卷片(22.8米485拍)：1:10，2B；35mm银盐
收藏馆：缩微中心，湖南

000O004992
徐骑省文集：三十卷附录一卷 / (宋)徐铉撰
清(1644-1911)陆香圃三间草堂抄本
1987年摄制. -- 1盘卷片(20.8米457拍)：1:10，2B；35mm银盐
收藏馆：缩微中心，国图

000O010934
徐骑省集：三十卷补遗一卷 / (宋)徐铉撰. 札记：一卷 / (清)朱孔彰撰
清光绪十七年(1891)金陵书局刻本. -- (清)萧穆依明州本校。
1989年摄制. -- 1盘卷片(22米470拍)：1:10，2B；35mm银盐
收藏馆：缩微中心，湖北

000O010971
徐骑省集：三十卷补遗一卷 / (宋)徐铉撰
清光绪十七年(1891)李宗煝刻本. -- 本书还装订有：校徐集札记。(清)萧穆依朱彝尊藏抄本校。
1989年摄制. -- 1盘卷片(22米470拍)：1:10，2B；35mm银盐
收藏馆：缩微中心，湖北

000O022840
徐骑省集：三十卷补遗一卷 / (宋)徐铉撰. 札记：一卷 / (清)朱孔彰撰
清光绪十七年(1891)李宗煝刻本. -- (清)孙诒让校。
1995年摄制. -- 1盘卷片(25米480拍)：1:10，2B；35mm银盐
收藏馆：缩微中心，南京

000O001385
咸平集：三十卷 / (宋)田锡撰
明(1368-1644)祁氏淡生堂抄本. -- (清)彭元瑞跋。
1985年摄制. -- 1盘卷片(18米386拍)：1:10，2B；35mm银盐
收藏馆：缩微中心，国图

000O004994
咸平集：三十卷 / (宋)田锡撰
清(1644-1911)张位抄本. -- (清)周星诒校。
1987年摄制. -- 1盘卷片(18米387拍)：

1:10，2B；35mm银盐
收藏馆：缩微中心，国图

000○003818
咸平集：三十卷 /(宋)田锡撰
清(1644-1911)抄本
1985年摄制. -- 1盘卷片(18米386拍)：
1:10，2B；35mm银盐
收藏馆：缩微中心，国图

000○028112
乖崖先生文集：十二卷附录一卷 /(宋)张咏撰
明(1368-1644)祁氏淡生堂抄本. --(清)丁丙跋。
1996年摄制. -- 1盘卷片(9.5米166拍)：
1:10，2B；35mm银盐
收藏馆：缩微中心，南京

000○022469
乖崖先生文集：十二卷附录一卷 /(宋)张咏撰
清光绪八年(1882)莫祥芝上海刻本. --(清)萧穆校。
1995年摄制. -- 1盘卷片(9.5米174拍)：
1:10，2B；35mm银盐
收藏馆：缩微中心，南京

000○006367
乖崖先生文集：十二卷附录一卷 /(宋)张咏撰
清(1644-1911)抄本
1987年摄制. -- 1盘卷片(9米179拍)：1:10，
2B；35mm银盐
收藏馆：缩微中心，国图

000○003036
乖崖先生文集：十二卷附录一卷 /(宋)张咏撰
清(1644-1911)抄本
1986年摄制. -- 1盘卷片(10米190拍)：
1:10，2B；35mm银盐
收藏馆：缩微中心，国图

000○004797
乖崖先生文集：十二卷附录一卷 /(宋)张咏撰
清(1644-1911)抄本
1986年摄制. -- 1盘卷片(9米171拍)：1:10，
2B；35mm银盐
收藏馆：缩微中心，国图

000○002329
张乖崖文集：十一卷 /(宋)张咏撰
清(1644-1911)抄本
1986年摄制. -- 1盘卷片(9米164拍)：1:10，
2B；35mm银盐
收藏馆：缩微中心，国图

000○004134
河东先生集：十六卷 /(宋)柳开撰
明(1368-1644)吴氏丛书堂抄本
1986年摄制. -- 1盘卷片(10.5米214拍)：
1:10，2B；35mm银盐
收藏馆：缩微中心，国图

000○023661
河东柳仲涂先生文集：十五卷 /(宋)柳开撰；
(宋)张景编
清初(1644-1722)抄本. -- 存十卷：卷一至卷十。
1995年摄制. -- 1盘卷片(10米183拍)：
1:10，2B；35mm银盐
收藏馆：缩微中心，浙江

000○026732
河东柳仲涂先生文集：十六卷 /(宋)柳开撰
清初(1644-1722)抄本. --(清)丁丙跋。
1996年摄制. -- 1盘卷片(8米138拍)：1:10，
2B；35mm银盐
收藏馆：缩微中心，南京

000○015279
河东先生文集：十六卷 /(宋)柳开撰
清(1644-1911)抄本. --(清)周星诒、(清)柯逢时跋，(清)李世惠跋并录(清)何焯题识并跋。
1992年摄制. -- 1盘卷片(17米228拍)：
1:10，2B；35mm银盐
收藏馆：缩微中心，国图

000○007176
河东先生集：十五卷 /(宋)柳开撰.行状：一卷 /
(宋)张景撰
清初(1644-1722)抄本
1987年摄制. -- 1盘卷片(11米213拍)：
1:10，2B；35mm银盐
收藏馆：缩微中心，山东

000○010323
河东先生集：十五卷 /(宋)柳开撰.行状：一卷 /
(宋)张景撰
清乾隆六十年(1795)兰溪文印堂刻本
1989年摄制. -- 1盘卷片(12米228拍)：
1:10，2B；35mm银盐
收藏馆：缩微中心，湖北

000○003928
河东先生集：十五卷 /(宋)柳开撰.行状：一卷 /
(宋)张景撰
清道光十一年(1831)东武刘氏味经书屋抄本
1986年摄制. -- 1盘卷片(10米202拍)：
1:10，2B；35mm银盐

收藏馆：缩微中心，国图

00O004993

河东先生集：十五卷 / (宋)柳开撰．行状：一卷 /
(宋)张景撰

清(1644-1911)抄本

1987年摄制．-- 1盘卷片(9米162拍)：1:10，
2B；35mm银盐

收藏馆：缩微中心，国图

00O022451

河东先生集：十五卷 / (宋)柳开撰．行状：一卷 /
(宋)张景撰

清(1644-1911)抄本

1995年摄制．-- 1盘卷片(8米135拍)：1:10，
2B；35mm银盐

收藏馆：缩微中心，国图

00O002328

河东先生集：十五卷附一卷 / (宋)柳开撰

清(1644-1911)读古楼抄本

1986年摄制．-- 1盘卷片(13米265拍)：
1:10，2B；35mm银盐

收藏馆：缩微中心，国图

00O004316

王黄州小畜集：三十卷 / (宋)王禹偁撰

清康熙五十九年(1720)蒋继轼抄本．-- (清)
蒋继轼抄补并校跋，(清)翁同书校并跋。

1986年摄制．-- 1盘卷片(21米432拍)：
1:10，2B；35mm银盐

收藏馆：缩微中心，国图

00O004614

王黄州小畜集：三十卷 / (宋)王禹偁撰

清(1644-1911)江乡归氏抄本．-- (清)曹炎
校。

1987年摄制．-- 1盘卷片(20米441拍)：
1:10，2B；35mm银盐

收藏馆：缩微中心，国图

00O000789

王黄州小畜集：三十卷 / (宋)王禹偁撰

清(1644-1911)抄本．-- (清)彭元瑞校并跋，
(清)翁心存校。

1985年摄制．-- 1盘卷片(21米464拍)：
1:10，2B；35mm银盐

收藏馆：缩微中心，国图

00O016678

王黄州小畜集：三十卷 / (宋)王禹偁撰

清(1644-1911)抄本．-- 卷二十四至卷三十配
清(1644-1911)田雯抄本。

1993年摄制．-- 1盘卷片(21米415拍)：
1:10，2B；35mm银盐

收藏馆：缩微中心，国图

00O001972

王黄州小畜外集：二十卷 / (宋)王禹偁撰

清乾隆四十一年(1776)吴翌凤抄本．-- 存七
卷：卷七至卷十三。(清)卢文弨校，(清)吴翌
凤校并跋。

1986年摄制．-- 1盘卷片(6米91拍)：1:10，
2B；35mm银盐

收藏馆：缩微中心，国图

00O005836

王黄州小畜外集：二十卷 / (宋)王禹偁撰

清(1644-1911)抄本．-- 存七卷：卷七至卷
十三。(清)翁方纲校并跋。

1987年摄制．-- 1盘卷片(6.1米110拍)：
1:10，2B；35mm银盐

收藏馆：缩微中心，国图

00O002320

东观集：十卷 / (宋)魏野撰

清(1644-1911)抄本．-- (清)叶志诜题款。

1986年摄制．-- 1盘卷片(6米100拍)：1:10，
2B；35mm银盐

收藏馆：缩微中心，国图

00O016097

钜鹿东观集：七卷附录一卷 / (宋)魏野撰

清(1644-1911)抄本

1993年摄制．-- 1盘卷片(5米65拍)：1:10，
2B；35mm银盐

收藏馆：缩微中心，国图

00O027471

钜鹿东观集：十卷补遗一卷附录一卷 / (宋)魏野
撰

清(1644-1911)抄本．-- (清)鲍廷博校。

1996年摄制．-- 1盘卷片(7米123拍)：1:10，
2B；35mm银盐

收藏馆：缩微中心，南京

00O003478

东观集：七卷 / (宋)魏野撰

清(1644-1911)冰蘦阁抄本．-- (清)叶志诜题
款。

1986年摄制．-- 1盘卷片(6.1米110拍)：
1:10，2B；35mm银盐

收藏馆：缩微中心，国图

00O013500

东观集：七卷 / (宋)魏野撰

清(1644-1911)抄本. -- (清)宋筠录(清)金侃题识,(清)温忠翰校并跋。
1991年摄制. -- 1盘卷片(5米56拍) : 1:10,
2B ; 35mm银盐
收藏馆：缩微中心，国图

000O004612

忠愍公诗集：三卷 / (宋)寇准撰
明嘉靖十四年(1535)蒋鳌刻本
1987年摄制. -- 1盘卷片(6米108拍) : 1:10,
2B ; 35mm银盐
收藏馆：缩微中心，国图

000O006025

忠愍公诗集：三卷 / (宋)寇准撰
明嘉靖十四年(1535)蒋鳌刻本
1987年摄制. -- 1盘卷片(7米113拍) : 1:10,
2B ; 35mm银盐
收藏馆：缩微中心，国图

000O008513

忠愍公诗集：三卷 / (宋)寇准撰
明嘉靖十四年(1535)蒋鳌刻本
1988年摄制. -- 1盘卷片(6米105拍) : 1:10,
2B ; 35mm银盐
收藏馆：缩微中心，国图

000O009286

忠愍公诗集：三卷 / (宋)寇准撰
明嘉靖十四年(1535)蒋鳌刻本
1988年摄制. -- 1盘卷片(7.3米133拍) :
1:10, 2B ; 35mm银盐
收藏馆：缩微中心，湖南

000O013443

寇忠愍公诗集：三卷 / (宋)寇准撰
清康熙(1662-1722)吴调元辨义堂刻本. --
(清)鲍廷博校,(清)劳权校并跋。
1991年摄制. -- 1盘卷片(5米66拍) : 1:10,
2B ; 35mm银盐
收藏馆：缩微中心，国图

000O003321

寇忠愍公诗集：三卷 / (宋)寇准撰
清(1644-1911)彭氏知圣道斋抄本
1986年摄制. -- 1盘卷片(5.3米91拍) :
1:10, 2B ; 35mm银盐
收藏馆：缩微中心，国图

000O020375

忠愍公诗集：三卷 / (宋)寇准撰
清(1644-1911)抄本. -- (清)李文田跋。
1994年摄制. -- 1盘卷片(6米88拍) : 1:10,
2B ; 35mm银盐
收藏馆：缩微中心，国图

000O010959

寇忠愍公诗集：三卷 / (宋)寇准撰
清(1644-1911)圣香楼刻本
1989年摄制. -- 1盘卷片(6.5米93拍) :
1:10, 2B ; 35mm银盐
收藏馆：缩微中心，湖北

000O017881

宋林和靖先生诗集：四卷补遗一卷省心录一卷 / (宋)林逋撰 . 附录：一卷 / (明)何养纯[等]辑
明万历四十一年(1613)何养纯诸时宝[等]刻本. -- 辑者还有：(明)诸时宝等。
1993年摄制. -- 1盘卷片(11米192拍) :
1:10, 2B ; 35mm银盐
收藏馆：缩微中心，国图

000O000176

宋林和靖先生诗集：四卷附录一卷 / (宋)林逋撰
明正德十二年(1517)韩士英喻智刻本. --
(明)冯知十校,傅增湘跋。
1985年摄制. -- 1盘卷片(5.9米104拍) :
1:10, 2B ; 35mm银盐
收藏馆：缩微中心，国图

000O009840

林和靖先生诗集：四卷省心录一卷林集诗话一卷 / (宋)林逋撰
清康熙四十七年(1708)吴调元刻本. -- (清)朱孔彰批注
1989年摄制. -- 1盘卷片(7米137拍) : 1:10,
2B ; 35mm银盐
收藏馆：缩微中心，浙江

000O013671

林和靖先生诗集：四卷省心录一卷林集诗话一卷 / (宋)林逋撰
清康熙四十七年(1708)吴调元刻本
1991年摄制. -- 1盘卷片(8米124拍) : 1:10,
2B ; 35mm银盐
收藏馆：缩微中心，国图

000O027472

林和靖先生诗集：四卷省心录一卷林集诗话一卷 / (宋)林逋撰
清康熙四十七年(1708)吴调元刻本. -- (清)鲍廷博批校并跋,(清)丁丙跋。
1996年摄制. -- 1盘卷片(8米141拍) : 1:10,
2B ; 35mm银盐
收藏馆：缩微中心，南京

000O003041
宋林和靖先生诗集：四卷补遗一卷 / (宋)林逋撰
明万历四十一年(1613)何养纯诸时宝[等]刻本. -- (清)季锡畴校并跋.
1986年摄制. -- 1盘卷片(7米113拍) : 1:10, 2B ; 35mm银盐
收藏馆：缩微中心，国图

000O004990
宋真宗御制玉京集：六卷 / (宋)真宗赵恒撰
清(1644-1911)抄本
1987年摄制. -- 1盘卷片(5米79拍) : 1:10, 2B ; 35mm银盐
收藏馆：缩微中心，国图

000O009861
杨大年先生武夷心集：二十卷 / (宋)杨亿撰
清康熙四十四年(1705)陈璋刻本
1989年摄制. -- 1盘卷片(28米624拍) : 1:10, 2B ; 35mm银盐
收藏馆：缩微中心，浙江

000O004922
穆参军集：三卷遗事一卷 / (宋)穆修撰
清康熙二十六年(1687)谭扬仲抄本. -- (清)朱之赤跋.
1987年摄制. -- 1盘卷片(4.2米64拍) : 1:10, 2B ; 35mm银盐
收藏馆：缩微中心，国图

000O003931
河南集：三卷 / (宋)穆修撰
清道光十五年(1835)许瀚抄本. -- (清)许瀚跋.
1986年摄制. -- 1盘卷片(5米73拍) : 1:10, 2B ; 35mm银盐
收藏馆：缩微中心，国图

000O016121
河南穆公集：三卷遗事一卷 / (宋)穆修撰
清光绪四年(1878)刘履芬抄本. -- (清)刘履芬跋。
1993年摄制. -- 1盘卷片(5米54拍) : 1:10, 2B ; 35mm银盐
收藏馆：缩微中心，国图

000O016048
穆参军集：三卷遗事一卷 / (宋)穆修撰
清光绪六年(1880)方功惠刻本. -- 章钰校并跋.
1993年摄制. -- 1盘卷片(5米57拍) : 1:10, 2B ; 35mm银盐
收藏馆：缩微中心，国图

000O004923
穆参军集：三卷遗事一卷 / (宋)穆修撰
清(1644-1911)金侃抄本
1987年摄制. -- 1盘卷片(4.2米63拍) : 1:10, 2B ; 35mm银盐
收藏馆：缩微中心，国图

000O005467
穆参军集：三卷遗事一卷 / (宋)穆修撰
清(1644-1911)东武刘氏味经书屋抄本
1986年摄制. -- 1盘卷片(5米69拍) : 1:10, 2B ; 35mm银盐
收藏馆：缩微中心，国图

000O001987
穆参军集：三卷遗事一卷 / (宋)穆修撰
清(1644-1911)经鉏堂抄本
1986年摄制. -- 1盘卷片(5米76拍) : 1:10, 2B ; 35mm银盐
收藏馆：缩微中心，国图

000O021911
宋穆参军先生文集：三卷遗事一卷 / (宋)穆修撰
清(1644-1911)汪氏摘藻堂抄本
1995年摄制. -- 1盘卷片(5米60拍) : 1:10, 2B ; 35mm银盐
收藏馆：缩微中心，国图

000O002114
河南穆公集：三卷遗事一卷 / (宋)穆修撰
清(1644-1911)张蓉镜曾吟轩抄本
1986年摄制. -- 1盘卷片(5米82拍) : 1:10, 2B ; 35mm银盐
收藏馆：缩微中心，国图

000O018865
河南穆公集：三卷遗事一卷 / (宋)穆修撰
清(1644-1911)萧江声抄本. -- (清)卢文弨、(清)鲍廷博校。
1994年摄制. -- 1盘卷片(4米39拍) : 1:10, 2B ; 35mm银盐
收藏馆：缩微中心，国图

000O018805
河南穆公集：三卷遗事一卷 / (宋)穆修撰
清(1644-1911)抄本
1994年摄制. -- 1盘卷片(4米52拍) : 1:10, 2B ; 35mm银盐
收藏馆：缩微中心，国图

000O006372
穆参军集：二卷遗事一卷 / (宋)穆修撰
清(1644-1911)抄本

1987年摄制. -- 1盘卷片(5米70拍) ： 1:10,
2B ； 35mm银盐
收藏馆：缩微中心，国图

00O014692
穆参军集：三卷遗事一卷 / (宋)穆修撰
清(1644-1911)抄本. -- (清)李文藻批校并
跋。
1992年摄制. -- 1盘卷片(5米60拍) ： 1:10,
2B ； 35mm银盐
收藏馆：缩微中心，国图

00O016288
穆参军集：三卷遗事一卷 / (宋)穆修撰
清(1644-1911)抄本. -- (清)王闻远校并跋。
1993年摄制. -- 1盘卷片(4米52拍) ： 1:10,
2B ； 35mm银盐
收藏馆：缩微中心，国图

00O004924
穆参军集：三卷遗事一卷 / (宋)穆修撰
清(1644-1911)抄本
1987年摄制. -- 1盘卷片(4.1米61拍) ：
1:10, 2B ； 35mm银盐
收藏馆：缩微中心，国图

00O003038
河南穆先生诗文集：三卷遗事一卷 / (宋)穆修撰
清(1644-1911)抄本. -- □械林校并跋。
1986年摄制. -- 1盘卷片(5米66拍) ： 1:10,
2B ； 35mm银盐
收藏馆：缩微中心，国图

00O003194
河南集：三卷遗事一卷 / (宋)穆修撰
清(1644-1911)抄本. -- (清)冯登府跋。
1986年摄制. -- 1盘卷片(5米70拍) ： 1:10,
2B ； 35mm银盐
收藏馆：缩微中心，国图

00O014301
春卿遗稿：一卷 / (宋)蒋堂撰
清(1644-1911)抄本. -- 四库底本。
1992年摄制. -- 1盘卷片(3米17拍) ： 1:10,
2B ； 35mm银盐
收藏馆：缩微中心，国图

00O014679
春卿遗稿：二卷 / (宋)蒋堂撰
清光绪二十九年(1903)李盛铎抄本
1992年摄制. -- 1盘卷片(3米22拍) ： 1:10,
2B ； 35mm银盐
收藏馆：缩微中心，国图

00O012850
春卿遗稿：一卷续编一卷 / (宋)蒋堂撰
清(1644-1911)抄本
1990年摄制. -- 1盘卷片(3米34拍) ： 1:10,
2B ； 35mm银盐
收藏馆：缩微中心，浙江

00O003235
文庄集：三十六卷 / (宋)夏竦撰
清乾隆(1736-1795)翰林院抄本
1986年摄制. -- 1盘卷片(27米603拍) ：
1:10, 2B ； 35mm银盐
收藏馆：缩微中心，国图

00O005263
文庄集：三十六卷 / (宋)夏竦撰
清(1644-1911)抄本. -- (清)孔继涵跋。
1986年摄制. -- 1盘卷片(23米512拍) ：
1:10, 2B ； 35mm银盐
收藏馆：缩微中心，国图

00O013981
文庄集：三十六卷 / (宋)夏竦撰
清(1644-1911)抄本. -- 存三十卷：卷一至卷
三十。
1992年摄制. -- 1盘卷片(20米412拍) ：
1:10, 2B ； 35mm银盐
收藏馆：缩微中心，国图

00O022994
范文正公别集：四卷奏议二卷尺牍三卷 / (宋)范仲淹撰
元天历至至正(1328-1368)褒贤世塾岁寒堂刻
本. -- 本书还装订有：遗文一卷/(宋)范纯
仁、(宋)范纯粹撰，年谱一卷/(宋)楼钥撰，
年谱补遗一卷，祭文一卷，鄱阳遗事录一卷，
遗迹一卷，言行拾遗事录四卷。
1995年摄制. -- 1盘卷片(18米328拍) ：
1:10, 2B ； 35mm银盐
收藏馆：缩微中心，国图

00O020654
范文正公别集：四卷 / (宋)范仲淹撰
元天历至至正(1328-1368)褒贤世塾岁寒堂刻
本
1994年摄制. -- 1盘卷片(4米43拍) ： 1:10,
2B ； 35mm银盐
收藏馆：缩微中心，国图

00O003032
范文正公集：二十卷别集四卷遗文一卷 / (宋)范仲淹,(宋)范纯仁撰
元天历元年(1328)褒贤世塾岁寒堂刻明(1368-1644)

重修本
1986年摄制. -- 1盘卷片(19米415拍)：
1:10, 2B ；35mm银盐
收藏馆：缩微中心，国图

00O004615
范文正公集：二十卷奏议二卷尺牍三卷附录五
卷 / (宋)范仲淹撰
元天历至至正(1328-1368)范氏褒贤世塾岁寒
堂刻明(1368-1644)重修本. -- 存九卷：卷
十二至卷二十。
1987年摄制. -- 1盘卷片(25米530拍)：
1:10, 2B ；35mm银盐
收藏馆：缩微中心，国图

00O022791
范文正公集：二十卷别集四卷奏议二卷 / (宋)范
仲淹撰
明嘉靖(1522-1566)范惟元刻本. -- 还有合刻
著作：尺牍三卷/(宋)范仲淹撰，年谱一卷/(宋)
楼钥撰，遗文一卷/(宋)范纯仁、(宋)范纯粹
撰，年谱补遗一卷，遗迹不分卷，洛阳志一
卷，西夏堡寨一卷，朝廷优崇一卷，建立义庄
规矩一卷，褒贤集一卷，褒贤祠记二卷，诸贤
赞颂疏一卷，诸贤论颂一卷，诸贤诗颂一卷，言
行拾遗事录四卷，鄱阳遗事录一卷，祭文一卷。
1995年摄制. -- 2盘卷片(39米774拍)：
1:10, 2B ；35mm银盐
收藏馆：缩微中心，南京

00O003513
范文正公集：二十四卷附录一卷年谱一卷年谱补
遗一卷 / (宋)范仲淹撰；(宋)楼钥编
明万历三十七年(1609)康丕扬刻本. -- 年谱
一卷/(宋)楼钥编，年谱补遗一卷/(宋)范之柔
编。
1985年摄制. -- 2盘卷片(40米870拍)：
1:10, 2B ；35mm银盐
收藏馆：缩微中心，国图

00O006399
范文正公集：二十四卷附录一卷年谱一卷年谱补
遗一卷 / (宋)范仲淹撰；(宋)楼钥编
明万历三十七年(1609)康丕扬刻本
1987年摄制. -- 2盘卷片(40米868拍)：
1:10, 2B ；35mm银盐
收藏馆：缩微中心，国图

00O018682
范文正公集：二十四卷附录一卷年谱一卷年谱补
遗一卷 / (宋)范仲淹撰；(宋)楼钥编
明万历三十七年(1609)康丕扬刻本. -- 年谱
一卷/(宋)楼钥编，年谱补遗一卷/(宋)范之柔

编。
1994年摄制. -- 2盘卷片(41米805拍)：
1:10, 2B ；35mm银盐
收藏馆：缩微中心，国图

00O000284
文正公尺牍：三卷 / (宋)范仲淹撰
元至元元年(1335)范文英岁寒堂刻本
1985年摄制. -- 1盘卷片(4米48拍)：1:10,
2B ；35mm银盐
收藏馆：缩微中心，国图

00O000064
安陆集：一卷补遗一卷附录一卷 / (宋)张先撰；
(清)汪潮生辑
清(1644-1911)黄锡庆刻本
1985年摄制. -- 1盘卷片(4米50拍)：1:10,
2B ；35mm银盐
收藏馆：缩微中心，国图

00O001980
孙明复先生小集：一卷 / (宋)孙复撰
清(1644-1911)抄本. -- (清)徐坊校跋并录
(清)李文藻、(清)罗有高校跋。
1986年摄制. -- 1盘卷片(4米57拍)：1:10,
2B ；35mm银盐
收藏馆：缩微中心，国图

00O027875
孙明复先生小集：一卷 / (宋)孙复撰
清初(1644-1722)抄本. -- 四库底本。(清)丁
丙跋。
1996年摄制. -- 1盘卷片(4米57拍)：1:10,
2B ；35mm银盐
收藏馆：缩微中心，南京

00O018544
孙明复先生小集：一卷附录一卷 / (宋)孙复撰
清乾隆四十年(1775)聂钦杏雨山堂刻本
1993年摄制. -- 1盘卷片(4米38拍)：1:10,
2B ；35mm银盐
收藏馆：缩微中心，国图

00O004509
孙明复先生小集：一卷 / (宋)孙复撰
清(1644-1911)彭氏知圣道斋抄本. -- (清)彭
元瑞校。
1986年摄制. -- 1盘卷片(4米55拍)：1:10,
2B ；35mm银盐
收藏馆：缩微中心，国图

00O022016
孙明复小集：一卷附录一卷 / (宋)孙复撰

清(1644-1911)抄本
1995年摄制. -- 1盘卷片(5米73拍) : 1:10,
2B ; 35mm银盐
收藏馆：缩微中心，国图

000014676
陈副使遗稿：一卷附录一卷 / (宋)陈洎撰
清光绪三十年(1904)李盛铎抄本
1992年摄制. -- 1盘卷片(3米10拍) : 1:10,
2B ; 35mm银盐
收藏馆：缩微中心，国图

000O025737
宋元宪集：一卷 / (宋)朱庠撰
清(1644-1911)抄本
1996年摄制. -- 1盘卷片(5米97拍) : 1:10,
2B ; 35mm银盐
收藏馆：缩微中心，河南

000O023919
宋景文集：一卷 / (宋)宋祁撰
清(1644-1911)抄本
1996年摄制. -- 1盘卷片(7米103拍) : 1:10,
2B ; 35mm银盐
收藏馆：缩微中心，河南

000O016668
武溪集：二十一卷 / (宋)余靖撰
明成化九年(1473)苏辙[等]刻本
1993年摄制. -- 1盘卷片(16米303拍) :
1:10, 2B ; 35mm银盐
收藏馆：缩微中心，国图

000O003039
武溪集：二十一卷 / (宋)余靖撰
明嘉靖四十五年(1566)刘稳刻本
1986年摄制. -- 1盘卷片(17米374拍) :
1:10, 2B ; 35mm银盐
收藏馆：缩微中心，国图

000O015615
武溪集：二十一卷 / (宋)余靖撰
明嘉靖四十五年(1566)刘稳刻本. -- (清)王
士祺跋。
1992年摄制. -- 1盘卷片(19米363拍) :
1:10, 2B ; 35mm银盐
收藏馆：缩微中心，国图

000O017904
武溪集：二十一卷 / (宋)余靖撰
明嘉靖四十五年(1566)刘稳刻本
1993年摄制. -- 1盘卷片(18米358拍) :
1:10, 2B ; 35mm银盐

收藏馆：缩微中心，国图

000O020276
武溪集：二十一卷 / (宋)余靖撰
明嘉靖四十五年(1566)刘稳刻本. -- 存十
卷：卷十二至卷二十一。
1994年摄制. -- 1盘卷片(10米175拍) :
1:10, 2B ; 35mm银盐
收藏馆：缩微中心，国图

000O005602
河南先生文集：二十七卷附录一卷 / (宋)尹洙撰
明(1368-1644)抄本. -- 存六卷：卷一至卷
三、卷二十五至卷二十七。(清)黄丕烈、(清)
周星诒校并跋。
1987年摄制. -- 1盘卷片(5.9米105拍) :
1:10, 2B ; 35mm银盐
收藏馆：缩微中心，国图

000O004925
河南先生文集：二十七卷附录一卷 / (宋)尹洙撰
明(1368-1644)抄本
1987年摄制. -- 1盘卷片(17米362拍) :
1:10, 2B ; 35mm银盐
收藏馆：缩微中心，国图

000O005960
河南先生文集：二十七卷附录一卷 / (宋)尹洙撰
明(1368-1644)抄本
1987年摄制. -- 1盘卷片(13.7米290拍) :
1:10, 2B ; 35mm银盐
收藏馆：缩微中心，国图

000O022014
河南先生文集：二十七卷附录一卷 / (宋)尹洙撰
明(1368-1644)抄本
1995年摄制. -- 1盘卷片(17米337拍) :
1:10, 2B ; 35mm银盐
收藏馆：缩微中心，国图

000O006523
河南尹先生文集：二十七卷附录一卷 / (宋)尹洙
撰
清初(1644-1722)抄本. -- (清)陈墫校。
1987年摄制. -- 1盘卷片(17米364拍) :
1:10, 2B ; 35mm银盐
收藏馆：缩微中心，国图

000O009837
河南先生文集：二十七卷附录一卷 / (宋)尹洙撰
清(1644-1911)抄本. -- (清)王士祯、(清)顾
曾跋。
1989年摄制. -- 1盘卷片(11米226拍) :

1:10, 2B ；35mm银盐
收藏馆：缩微中心，浙江

000O002346
河南尹先生文集：二十七卷 / (宋)尹洙撰
清(1644-1911)抄本. -- 存二十五卷：卷一至卷二十五。(清)李保泰跋，(清)翁同书批校并跋。
1986年摄制. -- 1盘卷片(9米181拍) : 1:10, 2B ；35mm银盐
收藏馆：缩微中心，国图

000O013677
河南尹先生文集：二十七卷附录一卷 / (宋)尹洙撰
清(1644-1911)抄本
1991年摄制. -- 1盘卷片(19米382拍) : 1:10, 2B ；35mm银盐
收藏馆：缩微中心，国图

000O000657
河南先生文集：二十七卷附录一卷附录补一卷 / (宋)尹洙撰；(清)李文藻辑
清(1644-1911)抄本
1987年摄制. -- 1盘卷片(19.3米422拍) : 1:10, 2B ；35mm银盐
收藏馆：缩微中心，国图

000O003746
宛陵先生文集：六十卷拾遗一卷附录一卷 / (宋)梅尧臣撰
明正统四年(1439)袁旭刻本
1985年摄制. -- 2盘卷片(42.1米919拍) : 1:10, 2B ；35mm银盐
收藏馆：缩微中心，国图

000O005606
宛陵先生文集：六十卷拾遗一卷附录一卷 / (宋)梅尧臣撰
明正统四年(1439)袁旭刻本
1987年摄制. -- 2盘卷片(43米946拍) : 1:10, 2B ；35mm银盐
收藏馆：缩微中心，国图

000O007556
宛陵先生文集：六十卷 / (宋)梅尧臣撰
明正统四年(1439)袁旭刻本
1987年摄制. -- 2盘卷片(45米962拍) : 1:10, 2B ；35mm银盐
收藏馆：缩微中心，国图

000O016674
宛陵先生文集：六十卷拾遗一卷附录一卷 / (宋)

梅尧臣撰
明正统四年(1439)袁旭刻本
1993年摄制. -- 2盘卷片(43米869拍) : 1:10, 2B ；35mm银盐
收藏馆：缩微中心，国图

000O022022
宛陵先生文集：六十卷 / (宋)梅尧臣撰
明正统四年(1439)袁旭刻本. -- 存三十三卷：卷八至卷四十。
1995年摄制. -- 1盘卷片(24米476拍) : 1:10, 2B ；35mm银盐
收藏馆：缩微中心，国图

000O018539
宛陵先生集：六十卷拾遗一卷附录一卷 / (宋)梅尧臣撰
明万历四年(1576)姜奇方刻本
1993年摄制. -- 2盘卷片(49米1001拍) : 1:10, 2B ；35mm银盐
收藏馆：缩微中心，国图

000O007850
宛陵先生集：六十卷拾遗一卷附录三卷 / (宋)梅尧臣撰
明万历四年(1576)姜奇方刻清康熙二十六年(1687)梅枝凤重修本
1987年摄制. -- 2盘卷片(52.9米1162拍) : 1:9, 2B ；35mm银盐
收藏馆：缩微中心，重庆

000O009040
宛陵先生文集：六十卷 / (宋)梅尧臣撰
清康熙四十一年(1702)刻本
1988年摄制. -- 1盘卷片(30.5米674拍) : 1:10, 2B ；35mm银盐
收藏馆：缩微中心，湖北

000O013396
宛陵先生文集：六十卷拾遗一卷 / (宋)梅尧臣撰
清康熙四十一年(1702)徐惇复白华书屋刻本. -- (清)吴嗣广批点并跋，(清)吴骞跋。
1991年摄制. -- 1盘卷片(30米614拍) : 1:10, 2B ；35mm银盐
收藏馆：缩微中心，国图

000O004616
徂徕文集：二十卷 / (宋)石介撰
清(1644-1911)抄本. -- (清)□仲卿、(清)顾沅跋。
1987年摄制. -- 1盘卷片(13米273拍) : 1:10, 2B ；35mm银盐
收藏馆：缩微中心，国图

000O005010
徂徕文集：二十卷 / (宋)石介撰
清(1644-1911)张位抄本
1986年摄制. -- 1盘卷片(17.7米383拍)：
1:10, 2B；35mm银盐
收藏馆：缩微中心，国图

000O006952
徂徕文集：二十卷 / (宋)石介撰
清(1644-1911)抄本. -- (清)剑舟居士校。
1987年摄制. -- 1盘卷片(14米287拍)：
1:10, 2B；35mm银盐
收藏馆：缩微中心，国图

000O013011
徂徕石先生全集：二十卷附录一卷 / (宋)石介撰
清康熙五十六年(1717)石键刻本
1991年摄制. -- 1盘卷片(15米293拍)：
1:10, 2B；35mm银盐
收藏馆：缩微中心，国图

000O011588
徂徕先生集：二十卷 / (宋)石介撰
清康熙五十六年(1717)石键刻本. -- (清)丁泳淇校注，(清)徐子晋校。
1989年摄制. -- 1盘卷片(16米334拍)：
1:10, 2B；35mm银盐
收藏馆：缩微中心，山东

000O000179
洛阳九老祖龙学文集：十六卷源流始末一卷 / (宋)祖无择撰
清(1644-1911)抄本
1985年摄制. -- 1盘卷片(9米166拍)：1:10,
2B；35mm银盐
收藏馆：缩微中心，国图

000O001983
洛阳九老祖龙学文集：十六卷源流始末一卷 / (宋)祖无择撰
清(1644-1911)抄本
1986年摄制. -- 1盘卷片(9米167拍)：1:10,
2B；35mm银盐
收藏馆：缩微中心，国图

000O002101
洛阳九老祖龙学文集：十六卷源流始末一卷 / (宋)祖无择撰
清(1644-1911)抄本
1986年摄制. -- 1盘卷片(9米161拍)：1:10,
2B；35mm银盐
收藏馆：缩微中心，国图

000O003027
洛阳九老祖龙学文集：十六卷源流始末一卷 / (宋)祖无择撰
清(1644-1911)抄本
1986年摄制. -- 1盘卷片(11米209拍)：
1:10, 2B；35mm银盐
收藏馆：缩微中心，国图

000O013905
洛阳九老祖龙学文集：十六卷源流始末一卷 / (宋)祖无择撰
清(1644-1911)抄本
1991年摄制. -- 1盘卷片(9米149拍)：1:10,
2B；35mm银盐
收藏馆：缩微中心，国图

000O016675
洛阳九老祖龙学文集：十六卷源流始末一卷 / (宋)祖无择撰
清(1644-1911)抄本
1993年摄制. -- 1盘卷片(10米171拍)：
1:10, 2B；35mm银盐
收藏馆：缩微中心，国图

000O022018
洛阳九老祖龙学文集：十六卷 / (宋)祖无择撰
清(1644-1911)抄本. -- (清)蒋成培、(清)方燕昭等题款。
1995年摄制. -- 1盘卷片(9米153拍)：1:10,
2B；35mm银盐
收藏馆：缩微中心，国图

000O003749
文潞公文集：四十卷 / (宋)文彦博撰
明嘉靖五年(1526)王溱刻本. -- (清)季锡畴、瞿熙邦校并跋。
1985年摄制. -- 1盘卷片(18米396拍)：
1:10, 2B；35mm银盐
收藏馆：缩微中心，国图

000O005179
文潞公文集：四十卷 / (宋)文彦博撰
明嘉靖五年(1526)王溱刻本
1986年摄制. -- 1盘卷片(18.1米394拍)：
1:10, 2B；35mm银盐
收藏馆：缩微中心，国图

000O008574
文潞公文集：四十卷 / (宋)文彦博撰
明嘉靖五年(1526)王溱刻本
1988年摄制. -- 1盘卷片(18米387拍)：
1:10, 2B；35mm银盐
收藏馆：缩微中心，国图

000O023246
文潞公文集：四十卷 / (宋)文彦博撰
明嘉靖五年(1526)王溱刻本
1995年摄制. -- 1盘卷片(19米361拍) ：
1:10, 2B ；35mm银盐
收藏馆：缩微中心，国图

000O007758
镡津文集：二十二卷 / (宋)释契嵩撰
明永乐八年(1410)刻本
1987年摄制. -- 1盘卷片(23米488拍) ：
1:10, 2B ；35mm银盐
收藏馆：缩微中心，湖南

000O003033
镡津文集：二十二卷 / (宋)释契嵩撰
明弘治十二年(1499)释如卺刻本
1986年摄制. -- 1盘卷片(20米447拍) ：
1:10, 2B ；35mm银盐
收藏馆：缩微中心，国图

000O022837
镡津文集：二十二卷 / (宋)释契嵩撰
明弘治十三年(1500)释如卺刻本. -- (清)丁
丙跋。
1995年摄制. -- 1盘卷片(22米468拍) ：
1:10, 2B ；35mm银盐
收藏馆：缩微中心，南京

000O009413
镡津文集：十九卷首一卷 / (宋)释契嵩撰
明万历三十五年(1607)楞严寺刻径山藏本
1988年摄制. -- 1盘卷片(20.5米443拍) ：
1:11, 2B ；35mm银盐
收藏馆：缩微中心，重庆

000O022450
**欧阳文忠公集：一百五十三卷附录五卷 / (宋)欧
阳修撰**
宋庆元二年(1196)周必大刻本. -- 存二十九
卷：卷一至卷三、卷十九至卷二十五、卷
三十七至卷三十九、卷四十三至卷五十、卷
七十六至卷七十九、卷九十二至卷九十三、卷
一百十至卷一百十一。
1995年摄制. -- 1盘卷片(24米480拍) ：
1:10, 2B ；35mm银盐
收藏馆：缩微中心，国图

000O019676
**欧阳文忠公集：一百五十三卷附录五卷 / (宋)欧
阳修撰**
宋(960-1279)刻本. -- 存四卷：卷二十至卷
二十三。邓邦述跋。

1994年摄制. -- 1盘卷片(5米64拍) ： 1:10,
2B ；35mm银盐
收藏馆：缩微中心，国图

000O004621
**欧阳文忠公集：一百五十三卷附录五卷 / (宋)欧
阳修撰 . 年谱：一卷 / (宋)胡柯编**
明天顺六年(1462)程宗刻本. -- 存五十卷：
居士集全。
1986年摄制. -- 2盘卷片(37米798拍) ：
1:10, 2B ；35mm银盐
收藏馆：缩微中心，国图

000O003751
**欧阳文忠公集：一百五十三卷附录五卷 / (宋)欧
阳修撰 . 年谱：一卷 / (宋)胡柯编**
明天顺六年(1462)程宗刻弘治五年(1492)重修
本
1985年摄制. -- 5盘卷片(125米2717拍) ：
1:10, 2B ；35mm银盐
收藏馆：缩微中心，国图

000O029084
**欧阳文忠公集：一百五十三卷附录五卷 / (宋)欧
阳修撰**
明天顺六年(1462)程宗刻递修本. -- 存
六十四卷：卷十三至卷十六、卷三十一至卷
三十九、卷五十九至卷七十五、卷七十九至
卷八十九、卷一百十五至卷一百二十三、卷
一百二十五至卷一百三十三，附录五卷。(清)
钱孙保批校并跋。
1999年摄制. -- 2盘卷片(50米1127拍) ：
1:10, 2B ；35mm银盐
收藏馆：缩微中心，国图

000O006669
**欧阳文忠公集：一百五十三卷附录五卷 / (宋)欧
阳修撰 . 年谱：一卷 / (宋)胡柯编**
明正德七年(1512)刘乔刻本
1987年摄制. -- 5盘卷片(131米2805拍) ：
1:10, 2B ；35mm银盐
收藏馆：缩微中心，国图

000O020279
欧阳文忠公集：一百五十三卷附录五卷
明正德七年(1512)刘乔刻本. -- 存七卷：卷
十五至卷二十一。
1994年摄制. -- 1盘卷片(6米91拍) ： 1:10,
2B ；35mm银盐
收藏馆：缩微中心，国图

000O019095
欧阳文忠公集：一百五十三卷附录五卷 / (宋)欧

阳修撰．年谱：一卷／(宋)胡柯编
明正德七年(1512)刘乔刻嘉靖十六年(1537)季本詹治重修本．-- 卷一百四十三至卷一百四十七配抄本。
1994年摄制．-- 5盘卷片(127米2606拍)：1:10, 2B；35mm银盐
收藏馆：缩微中心，国图

000O017528
欧阳文忠公集：一百五十三卷附录六卷／(宋)欧阳修撰．年谱：一卷／(宋)胡柯编
明正德七年(1512)刘乔刻嘉靖十六年(1537)季本詹治重修嘉靖三十九年(1560)何迁递修本
1993年摄制．-- 4盘卷片(121米2613拍)：1:10, 2B；35mm银盐
收藏馆：缩微中心，国图

000O009726
欧阳文忠公集：一百五十三卷附录五卷／(宋)欧阳修撰
明正德(1506-1521)刻本
1989年摄制．-- 4盘卷片(112米2506拍)：1:10, 2B；35mm银盐
收藏馆：缩微中心，吉林

000O000454
欧阳文忠公集：一百五十三卷附录五卷／(宋)欧阳修撰．年谱：一卷／(宋)胡柯编
明隆庆五年(1571)邵廉刻本
1985年摄制．-- 5盘卷片(127米2835拍)：1:10, 2B；35mm银盐
收藏馆：缩微中心，国图

000O015602
欧阳文忠公集：一百五十三卷附录五卷／(宋)欧阳修撰
明(1368-1644)刻本
1993年摄制．-- 4盘卷片(119米2420拍)：1:10, 2B；35mm银盐
收藏馆：缩微中心，国图

000O014938
欧阳文忠公集：一百五十三卷／(宋)欧阳修撰．年谱：一卷／(宋)胡柯编
明(1368-1644)刻本．-- 卷八十六至卷九十二配明(1368-1644)抄本。存六十四卷：卷一至卷二十九、卷一百十至卷一百四十三，年谱一卷。
1992年摄制．-- 4盘卷片(108米2104拍)：1:10, 2B；35mm银盐
收藏馆：缩微中心，国图

000O020630
欧阳文忠公集：一百五十三卷附录五卷／(宋)欧

阳修撰
明(1368-1644)刻本．-- 存四卷：卷十三至卷十六。
1994年摄制．-- 1盘卷片(4米50拍)：1:10, 2B；35mm银盐
收藏馆：缩微中心，国图

000O018547
欧阳文忠公集近体乐府：三卷／(宋)欧阳修撰
明(1368-1644)刻欧阳文忠公集本
1993年摄制．-- 1盘卷片(4米49拍)：1:10, 2B；35mm银盐
收藏馆：缩微中心，国图

000O008931
欧阳文忠公全集：一百三十五卷／(宋)欧阳修撰
明嘉靖三十四年(1555)陈珊刻本
1988年摄制．-- 4盘卷片(122米2675拍)：1:10, 2B；35mm银盐
收藏馆：缩微中心，湖北

000O028694
欧阳文忠公集：一百三十卷附录四卷目录十二卷／(宋)欧阳修撰
明万历四十三年(1615)王凤翔刻本
1998年摄制．-- 5盘卷片(122米2726拍)：1:10, 2B；35mm银盐
收藏馆：缩微中心，湖南

000O009119
欧阳文忠公诗集：六卷／(宋)欧阳修撰；(宋)彭期编订
明末(1621-1644)刻本
1988年摄制．-- 1盘卷片(16米320拍)：1:10, 2B；35mm银盐
收藏馆：缩微中心，湖南

000O022024
居士集：五十卷／(宋)欧阳修撰；(明)曾鲁考异
明洪武六年(1373)永丰县学刻本．-- 存二十卷：卷十一至卷三十。
1995年摄制．-- 1盘卷片(11米205拍)：1:10, 2B；35mm银盐
收藏馆：缩微中心，国图

000O023653
居士集：五十卷／(宋)欧阳修撰
明洪武六年(1373)永丰县学刻明(1368-1644)递修本
1995年摄制．-- 1盘卷片(29米590拍)：1:10, 2B；35mm银盐
收藏馆：缩微中心，浙江

000O014071

新刊欧阳文忠公集：五十卷 / (宋)欧阳修撰；(明)曾鲁考异

明(1368-1644)刻本. -- 存二十七卷：卷一至卷二、卷二十六至卷五十。

1992年摄制. -- 1盘卷片(15米280拍) ：1:10，2B ；35mm银盐

收藏馆：缩微中心，国图

000O015627

新刊欧阳文忠公集：五十卷 / (宋)欧阳修撰；(明)曾鲁考异

明(1368-1644)刻本. -- 存三十四卷：卷一至卷三十四。

1992年摄制. -- 1盘卷片(18米343拍) ：1:10，2B ；35mm银盐

收藏馆：缩微中心，国图

000O003939

欧阳文忠公集：五十卷 / (宋)欧阳修撰；(明)曾鲁考异

明初(1368-1424)刻递修本

1986年摄制. -- 1盘卷片(24米537拍) ：1:10，2B ；35mm银盐

收藏馆：缩微中心，国图

000O005765

欧阳文忠公集：五十卷 / (宋)欧阳修撰；(明)曾鲁考异

明初(1368-1424)刻本

1987年摄制. -- 1盘卷片(25米560拍) ：1:10，2B ；35mm银盐

收藏馆：缩微中心，国图

000O022023

欧阳文忠公集：五十卷 / (宋)欧阳修撰；(明)曾鲁考异

明初(1368-1424)刻本. -- 存十四卷：卷十一至卷二十四。

1995年摄制. -- 1盘卷片(8米142拍) ：1:10，2B ；35mm银盐

收藏馆：缩微中心，国图

000O019330

欧阳文集：五十卷 / (宋)欧阳修撰. 年谱：一卷 / (宋)胡柯撰

明嘉靖二十二年(1543)李冕刻本

1994年摄制. -- 1盘卷片(33米666拍) ：1:10，2B ；35mm银盐

收藏馆：缩微中心，国图

000O006032

欧阳文忠公文抄：十卷 / (宋)欧阳修撰；(明)茅坤评

明(1368-1644)刻朱墨套印本

1987年摄制. -- 1盘卷片(14米302拍) ：1:10，2B ；35mm银盐

收藏馆：缩微中心，国图

000O031900

欧阳文忠公文抄：十卷 / (宋)欧阳修撰；(明)茅坤评

明(1368-1644)刻朱墨套印本

2010年摄制. -- 1盘卷片(18米332拍) ：1:10，2B ；35mm银盐

收藏馆：缩微中心，国图

000O008304

震川先生评选欧阳文忠公文钞：不分卷 / (明)归有光辑

清咸丰(1851-1861)杨氏海源阁抄本

1988年摄制. -- 1盘卷片(15米294拍) ：1:10，2B ；35mm银盐

收藏馆：缩微中心，山东

000O011178

宋六一先生文钞：不分卷 / (宋)欧阳修撰

清(1644-1911)书巢居士抄本. -- (清)书巢居士批校并跋。

1989年摄制. -- 1盘卷片(14米270拍) ：1:10，2B ；35mm银盐

收藏馆：缩微中心，山东

000O023976

欧阳先生文粹：五卷 / (宋)欧阳修撰

宋(960-1279)刻公文纸印本. -- (清)胡凤丹、(清)丁丙跋。

1995年摄制. -- 1盘卷片(11米208拍) ：1:10，2B ；35mm银盐

收藏馆：缩微中心，南京

000O005144

欧阳先生文粹：二十卷 / (宋)欧阳修撰；(宋)陈亮辑. 遗粹：十卷 / (明)郭云鹏辑

明(1368-1644)郭云鹏刻本. -- (清)钱陆灿批点并跋，邓邦述跋。

1986年摄制. -- 1盘卷片(20.8米457拍) ：1:10，2B ；35mm银盐

收藏馆：缩微中心，国图

000O032095

欧阳先生文粹：二十卷 / (宋)欧阳修撰；(宋)陈亮辑. 遗粹：十卷 / (明)郭云鹏辑

明(1368-1644)郭云鹏刻本. -- 十一行二十一字白口左右双边。(清)钱陆灿批点并跋，邓邦述跋。

2011年摄制. -- 1盘卷片(26米471拍)：
1:12, 2B ；35mm银盐
收藏馆：缩微中心，国图

000O003865
欧阳先生文粹：二十卷 / (宋)欧阳修撰
明嘉靖二十六年(1547)郭云鹏宝善堂刻本
1985年摄制. -- 1盘卷片(14米282拍)：
1:10, 2B ；35mm银盐
收藏馆：缩微中心，国图

000O018515
欧阳先生文粹：二十卷 / (宋)欧阳修撰；(宋)陈亮辑 . 遗粹：十卷 / (明)郭云鹏辑
明嘉靖二十六年(1547)郭云鹏宝善堂刻本
1993年摄制. -- 1盘卷片(21米400拍)：
1:10, 2B ；35mm银盐
收藏馆：缩微中心，国图

000O024888
欧阳先生文粹：二十卷 / (宋)欧阳修撰；(宋)陈亮辑 . 遗粹：十卷 / (明)郭云鹏辑
明嘉靖二十六年(1547)郭云鹏宝善堂刻本. --
(清)戈培、(清)王振声校并跋，(清)赵宗建题款。
1996年摄制. -- 1盘卷片(20米435拍)：
1:10, 2B ；35mm银盐
收藏馆：缩微中心，南京

000O007058
欧阳先生文粹：二十卷 / (宋)欧阳修撰；(宋)陈亮辑 . 遗粹：十卷 / (明)郭云鹏辑
明嘉靖二十六年(1547)郭云鹏宝善堂刻本
1987年摄制. -- 1盘卷片(22米464拍)：
1:10, 2B ；35mm银盐
收藏馆：缩微中心，山东

000O011184
欧阳文醇读本：一卷 / (宋)欧阳修撰
清嘉庆十七年(1812)松竹轩抄本
1989年摄制. -- 1盘卷片(5米89拍)： 1:10,
2B ；35mm银盐
收藏馆：缩微中心，山东

000O002288
乐全先生文集：四十卷 / (宋)张方平撰 . 行状：一卷 / (宋)王巩撰
清(1644-1911)吴兴陶氏抄本
1986年摄制. -- 2盘卷片(44米969拍)：
1:10, 2B ；35mm银盐
收藏馆：缩微中心，国图

000O000265
乐全先生文集：四十卷 / (宋)张方平撰 . 行状：一卷 / (宋)王巩撰
清(1644-1911)抄本
1985年摄制. -- 2盘卷片(48.7米984拍)：
1:10, 2B ；35mm银盐
收藏馆：缩微中心，国图

000O004417
乐全先生文集：四十卷 / (宋)张方平撰
清(1644-1911)抄本. -- (清)季锡畴校并跋。
1986年摄制. -- 2盘卷片(46米1013拍)：
1:10, 2B ；35mm银盐
收藏馆：缩微中心，国图

000O021796
乐全先生文集：四十卷 / (宋)张方平撰
清(1644-1911)抄本. -- 本书还装订有：行状/(宋)王巩撰。卷四至卷五配清(1644-1911)小辋川抄本。(清)李宏信校跋，(清)丁丙跋。
1994年摄制. -- 2盘卷片(46米1006拍)：
1:10, 2B ；35mm银盐
收藏馆：缩微中心，南京

000O016794
苏学士文集：十六卷 / (宋)苏舜钦撰 . 沧浪小志：二卷 / (清)宋荦辑
清康熙三十七年(1698)徐惇孝徐惇复白华书屋刻本
1993年摄制. -- 1盘卷片(14米257拍)：
1:10, 2B ；35mm银盐
收藏馆：缩微中心，国图

000O005372
安阳集：五十卷 / (宋)韩琦撰 . [安阳集]别录：三卷 / (宋)王岩叟撰 . [安阳集]遗事：一卷 / (宋)强至撰
明正德九年(1514)安阳张士隆刻本. -- 还有合刻著作：家传十卷。
1986年摄制. -- 2盘卷片(38米834拍)：
1:10, 2B ；35mm银盐
收藏馆：缩微中心，国图

000O018514
安阳集：五十卷 / (宋)韩琦撰 . [安阳集]别录：三卷 / (宋)王岩叟撰 . [安阳集]遗事：一卷 / (宋)强至撰
明正德九年(1514)张士隆刻本. -- 还有合刻著作：家传十卷。卷二十八至卷三十四配另一明(1368-1644)刻本。
1993年摄制. -- 2盘卷片(39米739拍)：
1:10, 2B ；35mm银盐
收藏馆：缩微中心，国图

000O024022
安阳集：五十卷 / (宋)韩琦撰．[安阳集]别录：三卷 / (宋)王岩叟撰．[安阳集]遗事：一卷 / (宋)强至撰
明正德九年(1514)安阳张士隆刻本． -- 还有合刻著作：家传十卷。(清)丁丙跋。
1993年摄制． -- 2盘卷片(40米849拍) : 1:10, 2B ; 35mm银盐
收藏馆：缩微中心，南京

000O006459
安阳集：五十卷 / (宋)韩琦撰．[安阳集]别录：三卷 / (宋)王岩叟撰．[安阳集]遗事：一卷 / (宋)强至撰
明(1368-1644)刻本． -- 还有合刻著作：忠献韩魏王家传十卷。
1987年摄制． -- 1盘卷片(28米621拍) : 1:10, 2B ; 35mm银盐
收藏馆：缩微中心，国图

000O009022
安阳集：五十卷 / (宋)韩琦撰．[安阳集]别录：三卷 / (宋)王岩叟撰．[安阳集]遗事：一卷 / (宋)强至撰
清康熙五十六年(1717)刻本． -- 还有合刻著作：忠献韩魏王家传十卷。
1988年摄制． -- 2盘卷片(42.5米892拍) : 1:10, 2B ; 35mm银盐
收藏馆：缩微中心，湖北

000O009034
安阳集：五十卷 / (宋)韩琦撰．[安阳集]别录：三卷 / (宋)王岩叟撰．[安阳集]遗事：一卷 / (宋)强至撰
清乾隆三十七年(1772)画锦堂刻本． -- 还有合刻著作：忠献韩魏王遗事一卷。
1988年摄制． -- 2盘卷片(40.5米850拍) : 1:10, 2B ; 35mm银盐
收藏馆：缩微中心，湖北

000O019675
韩魏公集：三十八卷 / (宋)韩琦撰．家传：十卷 遗事一卷 / (宋)强至撰
明万历三十七年(1609)康丕扬刻韩范两集全刻本． -- 还有合刻著作：别录一卷/(宋)王岩叟撰。
1994年摄制． -- 2盘卷片(54米1161拍) : 1:10, 2B ; 35mm银盐
收藏馆：缩微中心，国图

000O003821
赵清献公文集：十六卷 / (宋)赵抃撰
宋景定元年(1260)陈仁玉刻元明(1271-1644)

递修本
1985年摄制． -- 1盘卷片(21米473拍) : 1:10, 2B ; 35mm银盐
收藏馆：缩微中心，国图

000O022389
赵清献公文集：十六卷 / (宋)赵抃撰
宋景定元年(1260)陈仁玉刻元明(1271-1644)递修本． -- 存十卷：卷七至卷十六。
1995年摄制． -- 1盘卷片(12米220拍) : 1:10, 2B ; 35mm银盐
收藏馆：缩微中心，国图

000O019228
赵清献公文集：十卷附录一卷 / (宋)赵抃撰
明成化七年(1471)阎铎刻本
1994年摄制． -- 1盘卷片(16米288拍) : 1:10, 2B ; 35mm银盐
收藏馆：缩微中心，国图

000O003043
赵清献公文集：十卷 / (宋)赵抃撰
明成化七年(1471)阎铎刻递修本
1986年摄制． -- 1盘卷片(13米273拍) : 1:10, 2B ; 35mm银盐
收藏馆：缩微中心，国图

000O006023
赵清献公文集：十卷附录一卷 / (宋)赵抃撰
明嘉靖四十一年(1562)汪旦刻本
1987年摄制． -- 1盘卷片(16米332拍) : 1:10, 2B ; 35mm银盐
收藏馆：缩微中心，国图

000O008986
赵清献公集：十卷 / (宋)赵抃撰
明末(1621-1644)刻本
1988年摄制． -- 1盘卷片(18米376拍) : 1:10, 2B ; 35mm银盐
收藏馆：缩微中心，湖北

000O001547
公是集：五十四卷 / (宋)刘敞撰
清(1644-1911)武英殿刻本
1986年摄制． -- 2盘卷片(44米966拍) : 1:10, 2B ; 35mm银盐
收藏馆：缩微中心，吉林

000O007060
公是集：五十四卷 / (宋)刘敞撰
清乾隆四十六年(1781)王友亮抄本
1987年摄制． -- 2盘卷片(40米826拍) : 1:10, 2B ; 35mm银盐

收藏馆：缩微中心，山东

00O014560
刘原父公是先生集：不分卷 / (宋)刘敞撰
清(1644-1911)彭氏知圣道斋抄本. -- (清)彭元瑞校并跋。
1992年摄制. -- 1盘卷片(16米300拍)：1:10，2B；35mm银盐
收藏馆：缩微中心，国图

00O027122
刘原父公是先生集：不分卷 / (宋)刘敞撰
清(1644-1911)抄本
1995年摄制. -- 1盘卷片(16米299拍)：1:10，2B；35mm银盐
收藏馆：缩微中心，国图

00O001990
公是先生文集：不分卷 / (宋)刘敞撰
清(1644-1911)抄本. -- (清)鲍廷博校。
1986年摄制. -- 1盘卷片(13米280拍)：1:10，2B；35mm银盐
收藏馆：缩微中心，国图

00O005752
公是先生集录：不分卷 / (宋)刘敞撰
明(1368-1644)抄本
1987年摄制. -- 1盘卷片(10.1米179拍)：1:10，2B；35mm银盐
收藏馆：缩微中心，国图

00O005910
直讲李先生文集：三十七卷 / (宋)李觏撰
明正德十三年(1518)孙甫刻本
1987年摄制. -- 1盘卷片(25.2米563拍)：1:10，2B；35mm银盐
收藏馆：缩微中心，国图

00O016672
直讲李先生文集：三十七卷外集三卷年谱一卷门人录一卷 / (宋)李觏撰
明正德十三年(1518)孙甫刻本
1993年摄制. -- 1盘卷片(26米529拍)：1:10，2B；35mm银盐
收藏馆：缩微中心，国图

00O017490
直讲李先生文集：三十七卷外集三卷 / (宋)李觏撰
明正德十三年(1518)孙甫刻本
1993年摄制. -- 1盘卷片(25米496拍)：1:10，2B；35mm银盐
收藏馆：缩微中心，国图

00O022799
直讲李先生文集：三十七卷 / (宋)李觏撰
明正德十三年(1518)孙甫刻本. -- (清)丁丙跋。
1995年摄制. -- 1盘卷片(28米580拍)：1:10，2B；35mm银盐
收藏馆：缩微中心，南京

00O001520
直讲李先生文集：三十七卷外集三卷年谱一卷门人录一卷 / (宋)李觏撰
明正德十三年(1518)刻本
1986年摄制. -- 1盘卷片(27.5米620拍)：1:10，2B；35mm银盐
收藏馆：缩微中心，吉林

00O015365
直讲李先生文集：三十七卷外集三卷年谱一卷 / (宋)李觏撰
明正德十三年(1518)孙甫刻万历(1573-1620)孟绍庆重修本
1992年摄制. -- 1盘卷片(26米525拍)：1:10，2B；35mm银盐
收藏馆：缩微中心，国图

00O004748
苏老泉先生全集：十六卷附录一卷 / (宋)苏洵撰
明(1368-1644)刻本. -- (清)徐釚抄补并跋。
1987年摄制. -- 1盘卷片(13米259拍)：1:10，2B；35mm银盐
收藏馆：缩微中心，国图

00O018030
苏老泉先生全集：十六卷 / (宋)苏洵撰
明(1368-1644)刻本. -- 钤"葭汀藏书"印。
1993年摄制. -- 1盘卷片(13米257拍)：1:10，2B；35mm银盐
收藏馆：缩微中心，天津

00O021541
苏老泉先生全集：十六卷 / (宋)苏洵撰
明(1368-1644)刻本
1995年摄制. -- 1盘卷片(13米232拍)：1:10，2B；35mm银盐
收藏馆：缩微中心，国图

00O015385
苏老泉文集：十三卷 / (宋)苏洵撰；(明)茅坤,(明)焦竑[等]评
明(1368-1644)凌濛初刻套印本
1992年摄制. -- 1盘卷片(19米361拍)：1:10，2B；35mm银盐
收藏馆：缩微中心，国图

00O005603
老泉先生文集：十四卷 / (宋)苏洵撰
明(1368-1644)刻本. -- 存三卷：卷一至卷三。(清)张受道跋。
1987年摄制. -- 1盘卷片(4.2米66拍)：1:10, 2B ; 35mm银盐
收藏馆：缩微中心，国图

00O018573
老泉先生文集：十四卷 / (宋)苏洵撰
明(1368-1644)刻本
1993年摄制. -- 1盘卷片(16米301拍)：1:10, 2B ; 35mm银盐
收藏馆：缩微中心，国图

00O007413
苏老泉先生全集：二十卷 / (宋)苏洵撰
清康熙(1662-1722)刻本
1987年摄制. -- 1盘卷片(16米346拍)：1:10, 2B ; 35mm银盐
收藏馆：缩微中心，吉林

00O011000
苏老泉先生全集：二十卷附录二卷 / (宋)苏洵撰；(宋)沈斐辑
清康熙三十七年(1698)邵仁泓安乐居刻本. -- (清)于省吾录(清)吴汝纶点勘。
1989年摄制. -- 1盘卷片(20米382拍)：1:10, 2B ; 35mm银盐
收藏馆：缩微中心，湖北

00O011717
苏老泉先生全集：二十卷附录二卷 / (宋)苏洵撰；(宋)沈斐辑
清康熙三十七年(1698)邵仁泓安乐居刻本. -- (清)张成孙录(清)张惠言批校。
1989年摄制. -- 1盘卷片(19米364拍)：1:10, 2B ; 35mm银盐
收藏馆：缩微中心，湖北

00O003023
重刊嘉祐集：十五卷 / (宋)苏洵撰
明(1368-1644)刻本. -- (清)王振声跋并录(清)蒋杲、(清)黄丕烈校。
1986年摄制. -- 1盘卷片(11米218拍)：1:10, 2B ; 35mm银盐
收藏馆：缩微中心，国图

00O014607
重刊嘉祐集：十五卷 / (宋)苏洵撰
明(1368-1644)刻本
1992年摄制. -- 1盘卷片(11米194拍)：1:10, 2B ; 35mm银盐

收藏馆：缩微中心，国图

00O016173
重刊嘉祐集：十五卷 / (宋)苏洵撰
明(1368-1644)刻本
1993年摄制. -- 1盘卷片(12米195拍)：1:10, 2B ; 35mm银盐
收藏馆：缩微中心，国图

00O005447
嘉祐集：十五卷 / (宋)苏洵撰
清(1644-1911)抄本. -- (清)翁同龢校并跋又录(清)何焯批校。
1986年摄制. -- 1盘卷片(7米111拍)：1:10, 2B ; 35mm银盐
收藏馆：缩微中心，国图

00O032070
嘉祐集：十五卷 / (宋)苏洵撰
清(1644-1911)抄本. -- 十行三十字无格。(清)翁同龢校并跋又录(清)何焯批校。
2011年摄制. -- 1盘卷片(8米115拍)：1:12, 2B ; 35mm银盐
收藏馆：缩微中心，国图

00O005399
重刊嘉祐集：十五卷 / (宋)苏洵撰
明嘉靖十一年(1532)太原府刻本. -- (清)赵宗建录(清)冯舒校跋。
1986年摄制. -- 1盘卷片(11.8米246拍)：1:10, 2B ; 35mm银盐
收藏馆：缩微中心，国图

00O022809
重编嘉祐集：二十卷附录一卷 / (宋)苏洵撰
明崇祯十年(1637)黄灿黄炜贲堂刻本
1995年摄制. -- 1盘卷片(17米371拍)：1:10, 2B ; 35mm银盐
收藏馆：缩微中心，南京

00O013992
重编嘉祐集：二十卷附录一卷 / (宋)苏洵撰
明崇祯十年(1637)黄灿黄炜贲堂刻本
1992年摄制. -- 1盘卷片(18米336拍)：1:10, 2B ; 35mm银盐
收藏馆：缩微中心，国图

00O022550
嘉佑集选：一卷 / (宋)苏洵撰；(明)赵南星辑
明天启元年(1621)刻本
1995年摄制. -- 1盘卷片(4.5米66拍)：1:10, 2B ; 35mm银盐
收藏馆：缩微中心，湖北

00O012663
苏文嗜：六卷 / (宋)苏洵撰；(明)茅坤集评
明(1368-1644)凌云刻三色套印本
1990年摄制. -- 1盘卷片(10.6米219拍)：
1:10, 2B ; 35mm银盐
收藏馆：缩微中心，辽宁

00O003025
伊川击壤集：二十卷集外诗一卷 / (宋)邵雍撰
明初(1368-1424)刻本. -- (清)张蓉镜、(清)邵渊耀跋。
1986年摄制. -- 1盘卷片(15米307拍)：
1:10, 2B ; 35mm银盐
收藏馆：缩微中心，国图

00O004933
伊川击壤集：二十卷集外诗一卷 / (宋)邵雍撰
明初(1368-1424)刻本. -- 存十一卷：卷十一至卷二十、集外诗一卷。
1987年摄制. -- 1盘卷片(7.9米152拍)：
1:10, 2B ; 35mm银盐
收藏馆：缩微中心，国图

00O015411
伊川击壤集：二十卷集外诗一卷 / (宋)邵雍撰
明初(1368-1424)刻本. -- 叶德辉跋。
1992年摄制. -- 1盘卷片(15米267拍)：
1:10, 2B ; 35mm银盐
收藏馆：缩微中心，国图

00O021195
伊川击壤集：二十卷集外诗一卷 / (宋)邵雍撰
明成化(1465-1487)毕亨刻成化十六年(1480)刘尚文重修本
1994年摄制. -- 1盘卷片(18米327拍)：
1:10, 2B ; 35mm银盐
收藏馆：缩微中心，国图

00O004618
伊川击壤集：二十卷集外诗一卷 / (宋)邵雍撰
明成化(1465-1487)毕亨刻成化十六年(1480)刘尚文重修本
1987年摄制. -- 1盘卷片(17米349拍)：
1:10, 2B ; 35mm银盐
收藏馆：缩微中心，国图

00O005747
伊川击壤集：二十卷集外诗一卷 / (宋)邵雍撰
明成化(1465-1487)毕亨刻成化十六年(1480)刘尚文重修本
1987年摄制. -- 1盘卷片(16.4米353拍)：
1:10, 2B ; 35mm银盐
收藏馆：缩微中心，国图

00O027123
伊川击壤集：二十卷集外诗一卷 / (宋)邵雍撰
明成化(1465-1487)刻成化十六年(1480)刘尚文重修本. -- 存十一卷：卷六至卷十、卷十六至卷二十，集外诗一卷。
1995年摄制. -- 1盘卷片(11米188拍)：
1:10, 2B ; 35mm银盐
收藏馆：缩微中心，国图

00O024038
伊川击壤集：二十卷集外诗一卷 / (宋)邵雍撰
明成化元年至十五年(1465-1479)毕亨刻成化十六年(1480)刘尚文重修本. -- (清)吴云跋。
1996年摄制. -- 1盘卷片(17米359拍)：
1:10, 2B ; 35mm银盐
收藏馆：缩微中心，南京

00O001522
伊川击壤集：二十卷 / (宋)邵雍撰
明末(1621-1644)刻本
1986年摄制. -- 1盘卷片(15.5米333拍)：
1:10, 2B ; 35mm银盐
收藏馆：缩微中心，吉林

00O007407
伊川击壤集集外诗：二十卷 / (宋)邵雍撰
明万历(1573-1620)刻本
1987年摄制. -- 1盘卷片(19米415拍)：
1:10, 2B ; 35mm银盐
收藏馆：缩微中心，吉林

00O020135
宋邵康节先生伊川击壤集：十卷 / (宋)邵雍撰；(明)吴瀚,(明)吴泰注
明万历三十三年(1605)吴元维刻本
1994年摄制. -- 1盘卷片(19米361拍)：
1:10, 2B ; 35mm银盐
收藏馆：缩微中心，国图

00O008718
伊川击壤集：八卷 / (宋)邵雍撰
明隆庆元年(1567)刻本
1988年摄制. -- 1盘卷片(15米317拍)：1:9,
2B ; 35mm银盐
收藏馆：缩微中心，重庆

00O024931
伊川击壤集：八卷 / (宋)邵雍撰
明隆庆元年(1567)刻本. -- (清)丁丙跋。
1996年摄制. -- 1盘卷片(15米319拍)：
1:10, 2B ; 35mm银盐
收藏馆：缩微中心，南京

00O017940

伊川击壤集：八卷 / (宋)邵雍撰

明万历四十二年(1614)储昌祚储显祚刻本

1993年摄制． -- 1盘卷片(19米386拍) ：

1:10，2B ；35mm银盐

收藏馆：缩微中心，国图

00O009114

邵康节先生诗抄：一卷 / (宋)邵雍撰．杨慈湖先生诗抄：一卷 / (宋)杨简撰

明(1368-1644)新安胡正言十竹斋刻本

1988年摄制． -- 1盘卷片(4.1米61拍) ：

1:10，2B ；35mm银盐

收藏馆：缩微中心，湖南

00O000883

宋蔡忠惠文集：三十六卷 / (宋)蔡襄撰

明万历四十四年(1616)蔡善继双瓮斋刻本

1985年摄制． -- 2盘卷片(34.7米748拍) ：

1:10，2B ；35mm银盐

收藏馆：缩微中心，国图

00O022790

宋蔡忠惠文集：三十六卷 / (宋)蔡襄撰．别纪：十卷 / (明)徐惇辑

明万历四十四年(1616)蔡善继双瓮斋刻本． -- (清)丁丙跋。

1995年摄制． -- 2盘卷片(40米904拍) ：

1:10，2B ；35mm银盐

收藏馆：缩微中心，南京

00O026676

宋端明殿学士蔡忠惠公文集：三十六卷；别纪补遗：二卷 / (宋)蔡襄撰

清雍正乾隆(1723-1795)蔡仕舢逊敏斋刻本

1996年摄制． -- 2盘卷片(45.7米948拍) ：

1:10，2B ；35mm银盐

收藏馆：缩微中心，福建

00O019168

宋端明殿学士蔡忠惠公文集：四十卷 / (宋)蔡襄撰

明万历四十三年(1615)陈一元刻本． -- 郑振铎跋。

1994年摄制． -- 1盘卷片(34米725拍) ：

1:10，2B ；35mm银盐

收藏馆：缩微中心，国图

00O019761

宋端明殿学士蔡忠惠公文集：四十卷 / (宋)蔡襄撰

明万历四十三年(1615)陈一元刻本． -- 存二十七卷：卷十四至卷四十。

1994年摄制． -- 1盘卷片(23米452拍) ：

1:10，2B ；35mm银盐

收藏馆：缩微中心，国图

00O021655

宋端明殿学士蔡忠惠公文集：四十卷 / (宋)蔡襄撰．别纪：十卷

明万历四十三年(1615)陈一元刻本

1995年摄制． -- 2盘卷片(43米867拍) ：

1:10，2B ；35mm银盐

收藏馆：缩微中心，国图

00O019925

蔡忠惠诗集全编：二卷 / (宋)蔡襄撰；(明)宋珏辑

明天启二年(1622)丁启浚颜继祖[等]刻本

1994年摄制． -- 1盘卷片(10米181拍) ：

1:10，2B ；35mm银盐

收藏馆：缩微中心，国图

00O016590

蔡忠惠诗集全编：四卷 / (宋)蔡襄撰；(明)宋珏辑．别纪补逸：四卷

明天启二年(1622)龙溪颜继祖刻本

1993年摄制． -- 1盘卷片(24.7米530拍) ：

1:10，2B ；35mm银盐

收藏馆：缩微中心，山西

00O007510

都官集：十四卷 / (宋)陈舜俞撰

清乾隆(1736-1795)翰林院抄本

1987年摄制． -- 1盘卷片(4米54拍) ： 1:10，2B ；35mm银盐

收藏馆：缩微中心，国图

00O005359

金氏文集：二卷 / (宋)金君卿撰

清乾隆(1736-1795)翰林院抄本

1986年摄制． -- 1盘卷片(5.9米107拍) ：

1:10，2B ；35mm银盐

收藏馆：缩微中心，国图

00O002267

周子全书：七卷 / (宋)周敦颐撰；(明)顾造辑

明万历四十年(1612)顾造刻本

1986年摄制． -- 1盘卷片(7.2米133拍) ：

1:10，2B ；35mm银盐

收藏馆：缩微中心，国图

00O010451

濂溪周元公全集：十三卷历代褒崇礼制一卷事实一卷年表一卷 / (宋)郭颐撰

明(1368-1644)刻本

1989年摄制. -- 1盘卷片(31米679拍) : 1:10, 2B ; 35mm银盐
收藏馆：缩微中心，天津

000O003028
濂溪集：六卷 / (宋)周敦颐撰
明嘉靖十四年(1535)黄敏才刻递修本
1986年摄制. -- 1盘卷片(7米136拍) : 1:10, 2B ; 35mm银盐
收藏馆：缩微中心，国图

000O019905
濂溪集：六卷 / (宋)周敦颐撰
明嘉靖十四年(1535)黄敏才刻递修本
1994年摄制. -- 1盘卷片(7米112拍) : 1:10, 2B ; 35mm银盐
收藏馆：缩微中心，国图

000O003029
宋濂溪周元公先生集：十卷 / (宋)周敦颐撰
明天启三年(1623)黄克俭刻本
1986年摄制. -- 1盘卷片(12米231拍) : 1:10, 2B ; 35mm银盐
收藏馆：缩微中心，国图

000O001290
宋濂溪周元公先生集：十卷 / (宋)周敦颐撰 . 世系遗芳集：五卷 / (明)周与爵辑
明万历四十二年(1614)周与爵刻本
1985年摄制. -- 1盘卷片(15.6米332拍) : 1:10, 2B ; 35mm银盐
收藏馆：缩微中心，国图

000O008749
陶邕州小集 / (宋)陶弼撰
清乾隆(1736-1795)鲍氏知不足斋抄本. -- (清)鲍廷博批校。
1988年摄制. -- 1盘卷片(3.5米47拍) : 1:10, 2B ; 35mm银盐
收藏馆：缩微中心，重庆

000O014113
古灵先生文集：二十五卷 / (宋)陈襄撰
清(1644-1911)抄本. -- 还有合刻著作：年谱一卷/(宋)陈晔撰，附一卷。
1992年摄制. -- 1盘卷片(24米464拍) : 1:10, 2B ; 35mm银盐
收藏馆：缩微中心，国图

000O026103
古灵先生集：八卷 / (宋)陈襄撰
清(1644-1911)抄本
1996年摄制. -- 1盘卷片(9米198拍) : 1:10,

2B ; 35mm银盐
收藏馆：缩微中心，河南

000O024025
南阳集：三十卷 / (宋)韩维撰
清(1644-1911)抄本. -- (清)丁丙跋。
1996年摄制. -- 1盘卷片(26米554拍) : 1:10, 2B ; 35mm银盐
收藏馆：缩微中心，南京

000O009196
陈眉公先生订正丹渊集：四十卷拾遗二卷 / (宋)文同撰；石室先生年谱：一卷 / (宋)家诚之编
明万历三十八年(1610)吴一标刻崇祯四年(1631)毛晋重修本
1988年摄制. -- 2盘卷片(36米731拍) : 1:10, 2B ; 35mm银盐
收藏馆：缩微中心，湖南

000O006645
新刻石室先生丹渊集：四十卷拾遗二卷续编绪公书翰诗文一卷杂纪一卷 / (宋)文同撰 . 年谱：一卷 / (宋)家诚之撰
明万历四十年(1612)蒲以怿刻本
1987年摄制. -- 1盘卷片(23.5米527拍) : 1:10, 2B ; 35mm银盐
收藏馆：缩微中心，国图

000O012963
新刻石室先生丹渊集：四十卷拾遗二卷续编绪公书翰诗文一卷杂纪一卷 / (宋)文同撰 . 年谱：一卷 / (宋)家诚之撰
明万历四十年(1612)蒲以怿刻本
1991年摄制. -- 1盘卷片(26米495拍) : 1:10, 2B ; 35mm银盐
收藏馆：缩微中心，国图

000O022836
新刻石室先生丹渊集：四十卷拾遗二卷续编绪公书翰诗文一卷杂纪一卷 / (宋)文同撰 . 年谱：一卷 / (宋)家诚之撰
明万历四十年(1612)蒲以怿刻本. -- 还有合刻著作：年谱一卷/(宋)家诚之编。(清)汪曾学、(清)丁丙跋。
1995年摄制. -- 1盘卷片(24米522拍) : 1:10, 2B ; 35mm银盐
收藏馆：缩微中心，南京

000O003824
南丰先生元丰类稿：五十一卷 / (宋)曾巩撰
明成化八年(1472)南丰县刻递修本
1985年摄制. -- 2盘卷片(33.2米721拍) : 1:10, 2B ; 35mm银盐

收藏馆：缩微中心，国图

000O009853
南丰先生元丰类稿：五十卷 / (宋)曾巩撰
明成化(1465-1487)南丰县刻递修本
1989年摄制. -- 2盘卷片(38米828拍) ：
1:10，2B ；35mm银盐
收藏馆：缩微中心，浙江

000O006666
南丰先生元丰类稿：五十卷续附一卷 / (宋)曾巩撰
明正统十二年(1447)邹旦刻本. -- (清)顾广圻抄补缺页并跋。
1987年摄制. -- 2盘卷片(35米701拍) ：
1:10，2B ；35mm银盐
收藏馆：缩微中心，国图

000O015683
南丰先生元丰类稿：五十一卷 / (宋)曾巩撰
明嘉靖(1522-1566)王忬刻本
1993年摄制. -- 2盘卷片(35米666拍) ：
1:10，2B ；35mm银盐
收藏馆：缩微中心，国图

000O008670
南丰先生元丰类稿：五十卷续附一卷 / (宋)曾巩撰
明隆庆五年(1571)邵廉刻本
1987年摄制. -- 2盘卷片(39.6米851拍) ：
1:10，2B ；35mm银盐
收藏馆：缩微中心，重庆

000O009862
南丰先生元丰类稿：五十卷续附一卷 / (宋)曾巩撰
明隆庆五年(1571)邵廉刻本
1989年摄制. -- 1盘卷片(31米711拍) ：
1:10，2B ；35mm银盐
收藏馆：缩微中心，浙江

000O004926
南丰先生元丰类稿：五十卷续附一卷 / (宋)曾巩撰
明隆庆五年(1571)邵廉刻本. -- 傅增湘校跋并录(清)何焯校跋。
1987年摄制. -- 2盘卷片(37米808拍) ：
1:10，2B ；35mm银盐
收藏馆：缩微中心，国图

000O022854
南丰先生元丰类稿：五十卷续附一卷 / (宋)曾巩撰
明隆庆五年(1571)邵廉刻本. -- (清)石泉林跋录(清)何焯批校，(清)赵宗建校跋。
1995年摄制. -- 2盘卷片(41米826拍) ：
1:10，2B ；35mm银盐
收藏馆：缩微中心，南京

000O018057
南丰先生元丰类稿：五十卷续附一卷 / (宋)曾巩撰
明万历(1573-1620)刻清顺治十五年(1658)补刻本. -- 续附书口总目题五十一卷，卷一第二十二页后两页编码错。
1993年摄制. -- 2盘卷片(41米853拍) ：
1:10，2B ；35mm银盐
收藏馆：缩微中心，天津

000O020569
南丰先生元丰类稿：五十卷续附一卷 / (宋)曾巩撰
明万历(1573-1620)曾敏才[等]刻清顺治十五年(1658)曾先[等]重修本. -- 章钰跋。
1994年摄制. -- 2盘卷片(39米798拍) ：
1:10，2B ；35mm银盐
收藏馆：缩微中心，国图

000O007393
南丰先生元丰类稿：五十一卷 / (宋)曾巩撰
明崇祯(1628-1644)刻本
1987年摄制. -- 2盘卷片(45米992拍) ：
1:10，2B ；35mm银盐
收藏馆：缩微中心，吉林

000O018676
南丰先生元丰类稿：五十卷续附一卷 / (宋)曾巩撰
明(1368-1644)曾思彦曾思仪[等]刻本
1994年摄制. -- 2盘卷片(41米764拍) ：
1:10，2B ；35mm银盐
收藏馆：缩微中心，国图

000O022858
南丰先生元丰类稿：五十卷续附一卷 / (宋)曾巩撰
明(1368-1644)刻本
1995年摄制. -- 2盘卷片(44米852拍) ：
1:10，2B ；35mm银盐
收藏馆：缩微中心，南京

000O022833
元丰类稿：五十卷 / (宋)曾巩撰
清光绪十六年(1890)渔浦书院刻本. -- (清)吴慈培录(清)何焯校跋。
1995年摄制. -- 2盘卷片(41米811拍) ：

1:10，2B；35mm银盐
收藏馆：缩微中心，南京

000O011002
南丰先生元丰类稿：五十卷集外文二卷续附一卷 /(宋)曾巩撰
清康熙五十六年(1717)顾崧龄刻本. --(清)谢善诒录(清)翁方纲批校。
1989年摄制. -- 2盘卷片(44米880拍)：
1:10，2B；35mm银盐
收藏馆：缩微中心，湖北

000O009682
南丰先生元丰类稿：五十卷集外文二卷续附南丰先生行状碑志哀挽一卷 /(宋)曾巩撰；(清)顾崧龄辑
清康熙(1662-1722)刻本. -- 版框高十八厘米宽十三厘米。
1989年摄制. -- 2盘卷片(40米878拍)：
1:10，2B；35mm银盐
收藏馆：缩微中心，广东

000O021789
南丰曾文昭公曲阜集：二卷遗录一卷首一卷 /(宋)曾肇撰
明(1368-1644)抄本. --(清)丁丙跋。
1994年摄制. -- 1盘卷片(9米165拍)：1:10，2B；35mm银盐
收藏馆：缩微中心，南京

000O010570
南丰曾先生文粹：十卷 /(宋)曾巩撰
明嘉靖二十八年(1549)安如石刻本. -- 版框高二十厘米宽十四厘米。(明)张光启校，(清)邵二云朱墨笔批点。
1989年摄制. -- 1盘卷片(14米300拍)：
1:10，2B；35mm银盐
收藏馆：缩微中心，广东

000O028378
南丰曾先生文粹：四卷 /(宋)曾巩撰
明嘉靖(1522-1566)黄希宪刘士瑗刻本
1997年摄制. -- 1盘卷片(17.5米354拍)：
1:10，2B；35mm银盐
收藏馆：缩微中心，福建

000O023263
王岐公宫词：一卷 /(宋)王珪撰
明(1368-1644)五川精舍活字印本
1995年摄制. -- 1盘卷片(3米18拍)：1:10，2B；35mm银盐
收藏馆：缩微中心，国图

000O022017
司马太师温国文正公传家集：八十卷目录二卷 /(宋)司马光撰
明万历十五年(1587)司马祉刻本
1995年摄制. -- 3盘卷片(72米1455拍)：
1:10，2B；35mm银盐
收藏馆：缩微中心，国图

000O007589
司马温公文集：八十二卷
明崇祯元年(1628)刻本
1988年摄制. -- 3盘卷片(79米1763拍)：
1:10，2B；35mm银盐
收藏馆：缩微中心，吉林

000O014381
司马太师温国文正公传家集：八十卷目录二卷 /(宋)司马光撰
明(1368-1644)抄本. -- 存六十九卷：卷一至卷四十七、卷六十一至卷八十，目录二卷。(明)吴宽校，(清)莫友芝跋。
1992年摄制. -- 2盘卷片(41米826拍)：
1:10，2B；35mm银盐
收藏馆：缩微中心，国图

000O003595
司马太师温国文正公传家集：八十卷目录二卷 /(宋)司马光撰
明(1368-1644)刻本
1985年摄制. -- 3盘卷片(63.1米1364拍)：
1:10，2B；35mm银盐
收藏馆：缩微中心，国图

000O014302
司马太师温国文正公传家集：八十卷目录二卷 /(宋)司马光撰
明(1368-1644)刻本
1992年摄制. -- 2盘卷片(61米1275拍)：
1:10，2B；35mm银盐
收藏馆：缩微中心，国图

000O015679
司马文正公传家集：八十卷目录二卷 /(宋)司马光撰 . 年谱：一卷附录一卷 /(清)陈弘谋辑
清乾隆六年(1741)陈氏培远堂刻本
1993年摄制. -- 3盘卷片(64米1263拍)：
1:10，2B；35mm银盐
收藏馆：缩微中心，国图

000O004871
司马温公经进稽古录：二十卷 /(宋)司马光撰
明弘治十四年(1501)杨璋刻本. --(清)叶万、(清)黄丕烈、袁克文跋。

1987年摄制. -- 1盘卷片（12米233拍）：
1:10, 2B；35mm银盐
收藏馆：缩微中心，国图

000O000048
司马温公稽古录：二十卷 / (宋)司马光撰
明(1368-1644)范氏天一阁刻本
1986年摄制. -- 1盘卷片（14.1米289拍）：
1:10, 2B；35mm银盐
收藏馆：缩微中心，山西

000O011438
司马温公稽古录：二十卷 / (宋)司马光撰
明(1368-1644)范氏天一阁刻本. -- (清)丁丙
跋。
1989年摄制. -- 1盘卷片（12米276拍）：
1:10, 2B；35mm银盐
收藏馆：缩微中心，南京

000O008811
司马温公稽古录：二十卷 / (宋)司马光撰
清(1644-1911)李光暎观妙斋刻本
1988年摄制. -- 1盘卷片（16米312拍）：
1:10, 2B；35mm银盐
收藏馆：缩微中心，天津

000O015984
司马温公稽古录：二十卷 / (宋)司马光撰
清同治六年至七年(1867-1868)刘履芬抄
本. -- (清)刘履芬跋并录(清)钱泰吉校跋，
(清)叶万、(清)黄丕烈题识。
1993年摄制. -- 1盘卷片（14米268拍）：
1:10, 2B；35mm银盐
收藏馆：缩微中心，国图

000O014199
苏魏公文集：七十二卷 / (宋)苏颂撰
清(1644-1911)抄本. -- 据四库底本抄录。存
二十一卷：卷一至卷二十一。
1992年摄制. -- 1盘卷片（13米252拍）：
1:10, 2B；35mm银盐
收藏馆：缩微中心，国图

000O004613
苏魏公文集：七十二卷 / (宋)苏颂撰
清(1644-1911)抄本
1987年摄制. -- 3盘卷片（66米1463拍）：
1:10, 2B；35mm银盐
收藏馆：缩微中心，国图

000O014547
扬州赋：一卷 / (宋)王观撰
明(1368-1644)史起寅刻本

1992年摄制. -- 1盘卷片（4米32拍）：1:10,
2B；35mm银盐
收藏馆：缩微中心，国图

000O027473
扬州赋：一卷 / (宋)王观撰．续扬州赋：一卷 /
(宋)陈洪范撰
清(1644-1911)抄本. -- (清)丁丙跋。
1996年摄制. -- 1盘卷片（5米62拍）：1:10,
2B；35mm银盐
收藏馆：缩微中心，南京

000O004751
临川先生文集：一百卷 / (宋)王安石撰
宋绍兴二十一年(1151)两浙西路转运司王珏刻
元明(1271-1644)递修本
1987年摄制. -- 2盘卷片（56米1251拍）：
1:10, 2B；35mm银盐
收藏馆：缩微中心，国图

000O005849
临川先生文集：一百卷 / (宋)王安石撰
宋绍兴二十一年(1151)两浙西路转运司王珏刻
元明(1271-1644)递修本
1987年摄制. -- 2盘卷片（55米1232拍）：
1:10, 2B；35mm银盐
收藏馆：缩微中心，国图

000O022355
临川先生文集：一百卷目录二卷 / (宋)王安石撰
宋绍兴二十一年(1151)两浙西路转运司王珏刻
元明(1271-1644)递修本. -- 存四十三卷：卷
二十八至卷三十六、卷四十至卷四十九、卷
五十九至卷六十九、卷八十一至卷九十一，目
录二卷。
1995年摄制. -- 1盘卷片（28米580拍）：
1:10, 2B；35mm银盐
收藏馆：缩微中心，国图

000O003755
临川先生文集：一百卷 / (宋)王安石撰
宋绍兴二十一年(1151)两浙西路转运司王珏刻
元明(1271-1644)递修本. -- (清)黄廷鉴校。
1985年摄制. -- 2盘卷片（55米1217拍）：
1:10, 2B；35mm银盐
收藏馆：缩微中心，国图

000O029786
临川先生文集：一百卷目录二卷 / (宋)王安石撰
宋绍兴二十一年(1151)两浙西路转运司王珏刻
元明(1271-1644)递修本
2001年摄制. -- 3盘卷片（89米1928拍）：
1:10, 2B；35mm银盐

收藏馆：缩微中心，国图

00O010175
临川先生文集：一百卷目录二卷 / (宋)王安石撰
明嘉靖三十九年(1560)何迁刻本. -- (清)诸锦批校。
1989年摄制. -- 3盘卷片(67米1446拍) : 1:10, 2B ; 35mm银盐
收藏馆：缩微中心，山东

00O019263
临川先生文集：一百卷目录二卷 / (宋)王安石撰
明嘉靖三十九年(1560)何迁刻本
1994年摄制. -- 2盘卷片(63米1277拍) : 1:10, 2B ; 35mm银盐
收藏馆：缩微中心，国图

00O007201
临川先生文集：一百卷 / (宋)王安石撰
明嘉靖三十九年(1560)何迁刻元明(1271-1644)递修本
1987年摄制. -- 3盘卷片(63米1363拍) : 1:10, 2B ; 35mm银盐
收藏馆：缩微中心，山东

00O007395
新刻临川王介甫先生诗文集：一百卷 / (宋)王安石撰
明万历(1573-1620)刻本
1987年摄制. -- 3盘卷片(67米1458拍) : 1:10, 2B ; 35mm银盐
收藏馆：缩微中心，吉林

00O011185
新刻临川王介甫先生诗文集：一百卷目录二卷 / (宋)王安石撰
明万历四十年(1612)王凤翔光启堂刻本
1989年摄制. -- 3盘卷片(70米1511拍) : 1:10, 2B ; 35mm银盐
收藏馆：缩微中心，山东

00O003504
临川先生文集：一百卷目录二卷 / (宋)王安石撰
明(1368-1644)刻本
1985年摄制. -- 2盘卷片(59米1324拍) : 1:10, 2B ; 35mm银盐
收藏馆：缩微中心，国图

00O003894
临川先生文集：一百卷目录二卷 / (宋)王安石撰
明(1368-1644)刻本
1986年摄制. -- 2盘卷片(58.8米1327拍) : 1:10, 2B ; 35mm银盐

收藏馆：缩微中心，国图

00O007470
临川王先生荆公文集：一百卷 / (宋)王安石撰
明嘉靖二十五年(1546)应云鸑刻本. -- 崐屿子跋。
1987年摄制. -- 2盘卷片(60米1334拍) : 1:10, 2B ; 35mm银盐
收藏馆：缩微中心，国图

00O016686
临川王先生荆公文集：一百卷 / (宋)王安石撰
明嘉靖二十五年(1546)应云鸑刻本
1993年摄制. -- 2盘卷片(59米1172拍) : 1:10, 2B ; 35mm银盐
收藏馆：缩微中心，国图

00O014403
王荆文公诗：五十卷 / (宋)王安石撰；(宋)李壁笺注
清乾隆五年至六年(1740-1741)张宗松清绮斋刻本
1992年摄制. -- 1盘卷片(27米543拍) : 1:10, 2B ; 35mm银盐
收藏馆：缩微中心，国图

00O021267
王荆文公诗：五十卷 / (宋)王安石撰；(宋)李壁笺注
清乾隆五年至六年(1740-1741)清绮斋刻本. -- 梁启超批点。
1995年摄制. -- 1盘卷片(27米543拍) : 1:10, 2B ; 35mm银盐
收藏馆：缩微中心，国图

00O009903
王荆文公诗：五十卷补遗一卷 / (宋)王安石撰；(宋)李壁笺注
清乾隆六年(1741)武原张宗松清绮斋精刻本
1989年摄制. -- 1盘卷片(27米576拍) : 1:10, 2B ; 35mm银盐
收藏馆：缩微中心，天津

00O001747
临川集拾遗：一卷 / (宋)王安石撰；罗振玉辑
罗福苌抄本
1986年摄制. -- 1盘卷片(4米42拍) : 1:10, 2B ; 35mm银盐
收藏馆：缩微中心，国图

00O010622
王文公集汇选：六卷 / (宋)王安石撰；(明)陈文遂选

明万历十六年(1588)陈文遂[等]刻本
1989年摄制. -- 1盘卷片(9米175拍) : 1:10,
2B ; 35mm银盐
收藏馆：缩微中心，浙江

000O003935
临川王先生文粹：四卷 / (宋)王安石撰；(明)徐
师曾辑
明(1368-1644)董汉策刻本
1986年摄制. -- 1盘卷片(7米116拍) : 1:10,
2B ; 35mm银盐
收藏馆：缩微中心，国图

000O011183
郧溪集：十卷 / (宋)郑獬撰
清(1644-1911)抄本. -- (清)徐时栋跋。
1989年摄制. -- 1盘卷片(22米475拍) :
1:10, 2B ; 35mm银盐
收藏馆：缩微中心，山东

000O004186
彭城集：四十卷 / (宋)刘攽撰
清乾隆五十九年(1794)玉栋家抄本. -- (清)
玉栋批校并跋, (清)王芑孙跋。
1986年摄制. -- 1盘卷片(30米665拍) :
1:10, 2B ; 35mm银盐
收藏馆：缩微中心，国图

000O022021
彭城集：四十卷 / (宋)刘攽撰
清(1644-1911)抄本. -- (清)沈叔埏校。
1995年摄制. -- 1盘卷片(31米642拍) :
1:10, 2B ; 35mm银盐
收藏馆：缩微中心，国图

000O027858
安岳冯公太师集：十二卷 / (宋)冯山撰
清(1644-1911)鲍氏知不足斋抄本. -- (清)鲍
廷博、(清)赵之玉校，(清)丁丙跋。
1996年摄制. -- 1盘卷片(7米100拍) : 1:10,
2B ; 35mm银盐
收藏馆：缩微中心，南京

000O016673
安岳冯公太师集：三十卷 / (宋)冯山撰
清(1644-1911)环碧山房抄本. -- 存十二卷：
卷一至卷十二。
1993年摄制. -- 1盘卷片(6米78拍) : 1:10,
2B ; 35mm银盐
收藏馆：缩微中心，国图

000O003019
安岳冯公太师文集：三十卷 / (宋)冯山撰

清(1644-1911)抄本. -- 存十二卷：卷一至卷
十二。
1986年摄制. -- 1盘卷片(7米116拍) : 1:10,
2B ; 35mm银盐
收藏馆：缩微中心，国图

000O022019
安岳冯公太师文集：三十卷 / (宋)冯山撰
清(1644-1911)抄本. -- 存十二卷：卷一至卷
十二。(清)汪文柏跋。
1995年摄制. -- 1盘卷片(8米136拍) : 1:10,
2B ; 35mm银盐
收藏馆：缩微中心，国图

000O022453
范忠宣公文集：二十卷 / (宋)范纯仁撰
元(1271-1368)刻本. -- (清)丁丙跋。
1995年摄制. -- 1盘卷片(5.5米101拍) :
1:10, 2B ; 35mm银盐
收藏馆：缩微中心，南京

000O004623
范忠宣公文集：二十卷 / (宋)范纯仁撰
元(1271-1368)刻明(1368-1644)重修本
1987年摄制. -- 1盘卷片(16米336拍) :
1:10, 2B ; 35mm银盐
收藏馆：缩微中心，国图

000O022999
范忠宣公文集：二十卷 / (宋)范纯仁撰
元(1271-1368)刻明(1368-1644)重修本. --
存十四卷：卷一至卷十四。
1995年摄制. -- 1盘卷片(12米222拍) :
1:10, 2B ; 35mm银盐
收藏馆：缩微中心，国图

000O006515
范忠宣公文集：二十卷 / (宋)范纯仁撰
明(1368-1644)刻本
1987年摄制. -- 1盘卷片(15米325拍) :
1:10, 2B ; 35mm银盐
收藏馆：缩微中心，国图

000O000026
范忠宣公集：二十卷奏议二卷遗文一卷补编一
卷附录一卷 / (宋)范纯仁撰
清康熙四十六年(1707)岁寒堂刻本
1986年摄制. -- 1盘卷片(24.3米521拍) :
1:10, 2B ; 35mm银盐
收藏馆：缩微中心，山西

000O017281
倚松老人诗集：二卷 / (宋)饶节撰

清宣统二年(1910)缪荃孙抄本. -- 缪荃孙校并跋。
1992年摄制. -- 1盘卷片(6米77拍)：1:10, 2B；35mm银盐
收藏馆：缩微中心，国图

000O002846
倚松老人诗集：二卷 / (宋)饶节撰
清(1644-1911)抄本
1986年摄制. -- 1盘卷片(7米130拍)：1:10, 2B；35mm银盐
收藏馆：缩微中心，国图

000O013929
倚松老人诗集：二卷 / (宋)饶节撰
清(1644-1911)抄本. -- (清)吴允嘉校，(清)姚鼐校并跋。
1992年摄制. -- 1盘卷片(6米94拍)：1:10, 2B；35mm银盐
收藏馆：缩微中心，国图

000O020379
倚松老人诗集：二卷 / (宋)饶节撰
清(1644-1911)抄本
1994年摄制. -- 1盘卷片(6米94拍)：1:10, 2B；35mm银盐
收藏馆：缩微中心，国图

000O027124
倚松老人诗集：二卷 / (宋)饶节撰
清(1644-1911)抄本
1996年摄制. -- 1盘卷片(6米90拍)：1:10, 2B；35mm银盐
收藏馆：缩微中心，国图

000O007789
节孝先生文集：三十卷语录一卷事实一卷 / (宋)徐积撰
元(1271-1368)刻明(1368-1644)补刻本
1988年摄制. -- 1盘卷片(19.6米420拍)：1:10, 2B；35mm银盐
收藏馆：缩微中心，重庆

000O003739
节孝先生文集：三十卷语录一卷事实一卷 / (宋)徐积撰
明嘉靖四十四年(1565)刘祐刻本
1985年摄制. -- 1盘卷片(19米408拍)：1:10, 2B；35mm银盐
收藏馆：缩微中心，国图

000O005912
节孝先生文集：三十卷语录一卷事实一卷 / (宋)

徐积撰
明嘉靖四十四年(1565)刘祐刻本
1987年摄制. -- 1盘卷片(18.5米403拍)：1:10, 2B；35mm银盐
收藏馆：缩微中心，国图

000O004930
节孝先生文集：三十卷语录一卷事实一卷 / (宋)徐积撰
明(1368-1644)抄本
1987年摄制. -- 1盘卷片(18.3米399拍)：1:10, 2B；35mm银盐
收藏馆：缩微中心，国图

000O017137
节孝先生文集：三十卷语录一卷事实一卷 / (宋)徐积撰
清康熙六十年(1721)锡山王邦刻本
1993年摄制. -- 1盘卷片(21.9米488拍)：1:10, 2B；35mm银盐
收藏馆：缩微中心，辽宁

000O010332
节孝先生集：三十二卷事实一卷 / (宋)徐积撰
清康熙三十五年(1696)敦本堂刻本
1989年摄制. -- 1盘卷片(19米399拍)：1:10, 2B；35mm银盐
收藏馆：缩微中心，湖北

000O005273
青山集：三十卷 / (宋)郭祥正撰
清(1644-1911)影宋(960-1279)抄本
1986年摄制. -- 1盘卷片(17.7米385拍)：1:10, 2B；35mm银盐
收藏馆：缩微中心，国图

000O018548
青山集：三十卷 / (宋)郭祥正撰
清(1644-1911)抄本
1993年摄制. -- 1盘卷片(18米345拍)：1:10, 2B；35mm银盐
收藏馆：缩微中心，国图

000O016488
青山集：十卷又六卷 / (宋)郭祥正撰
清(1644-1911)抄本. -- (清)吴焯校并跋。
1993年摄制. -- 1盘卷片(21米414拍)：1:10, 2B；35mm银盐
收藏馆：缩微中心，国图

000O002039
刘忠肃集：二十卷 / (宋)刘挚撰
清(1644-1911)抄本. -- 存八卷：卷一至卷

八。

1986年摄制. -- 1盘卷片 (10米199拍) :
1:10, 2B ; 35mm银盐

收藏馆：缩微中心，国图

000○000178

广陵先生文集：二十卷 / (宋)王令撰

清 (1644-1911) 抄本. -- 存十二卷：卷一至卷
十二。(清)唐翰题跋。

1985年摄制. -- 1盘卷片 (7.8米147拍) :
1:10, 2B ; 35mm银盐

收藏馆：缩微中心，国图

000○016486

**广陵先生文集：二十卷拾遗一卷附一卷 / (宋)王
令撰**

清 (1644-1911) 抄本

1993年摄制. -- 1盘卷片 (19米371拍) :
1:10, 2B ; 35mm银盐

收藏馆：缩微中心，国图

000○003834

**广陵先生文集：二十卷拾遗一卷附一卷 / (宋)王
令撰**

明 (1368-1644) 抄本

1985年摄制. -- 1盘卷片 (14.7米314拍) :
1:10, 2B ; 35mm银盐

收藏馆：缩微中心，国图

000○022784

**广陵先生文集：二十卷拾遗一卷附一卷 / (宋)王
令撰**

明 (1368-1644) 抄本. -- (清)丁丙跋。

1995年摄制. -- 1盘卷片 (21米462拍) :
1:10, 2B ; 35mm银盐

收藏馆：缩微中心，南京

000○024028

广陵先生文集：三十卷附录一卷 / (宋)王令撰

清道光 (1821-1850) 王氏十万卷楼抄本. --
(清)王端履校并跋，(清)丁丙跋。

1993年摄制. -- 1盘卷片 (20米397拍) :
1:10, 2B ; 35mm银盐

收藏馆：缩微中心，南京

000○008414

钱塘韦先生文集：十八卷 / (宋)韦骧撰

清 (1644-1911) 抄本. -- 存十六卷：卷三至卷
十八。姚世荣、(清)鲍廷博校，(清)蒋凤藻、
孙毓修跋。

1988年摄制. -- 2盘卷片 (36米757拍) :
1:10, 2B ; 35mm银盐

收藏馆：缩微中心，国图

000○003030

钱塘韦先生文集：十八卷 / (宋)韦骧撰

清 (1644-1911) 抄本. -- 存十六卷：卷三至卷
十八。

1986年摄制. -- 2盘卷片 (33米705拍) :
1:10, 2B ; 35mm银盐

收藏馆：缩微中心，国图

000○024922

王魏公集：八卷 / (宋)王安礼撰

清 (1644-1911) 翰林院抄本. -- 据四库底本抄
录。(清)丁丙跋。

1996年摄制. -- 1盘卷片 (11米203拍) :
1:10, 2B ; 35mm银盐

收藏馆：缩微中心，南京

000○003597

**东坡集：四十卷后集二十卷续集十二卷内制集
十卷乐语一卷外制集三卷应诏集十卷奏议十五
卷 / (宋)苏轼撰 . 年谱：一卷 / (宋)王宗稷撰**

明成化四年 (1468) 程宗刻本

1985年摄制. -- 5盘卷片 (136.6米3058拍) :
1:10, 2B ; 35mm银盐

收藏馆：缩微中心，国图

000○005893

**东坡集：四十卷后集二十卷续集十二卷内制集
十卷乐语一卷外制集三卷应诏集十卷奏议十五
卷 / (宋)苏轼撰 . 年谱：一卷 / (宋)王宗稷撰**

明成化四年 (1468) 程宗刻本

1987年摄制. -- 5盘卷片 (139米3096拍) :
1:10, 2B ; 35mm银盐

收藏馆：缩微中心，国图

000○007368

**东坡集：四十卷后集二十卷续集十二卷内制集
十卷乐语一卷外制集三卷应诏集十卷奏议十五
卷 / (宋)苏轼撰 . 年谱：一卷 / (宋)王宗稷撰**

明成化四年 (1468) 程宗刻本. -- (清)翁同龢
校并跋。

1987年摄制. -- 5盘卷片 (130.8米2947拍) :
1:10, 2B ; 35mm银盐

收藏馆：缩微中心，国图

000○008469

**东坡集：四十卷内制集十卷乐语一卷外制集三
卷应诏集十卷 / (宋)苏轼撰**

明成化四年 (1468) 程宗刻本

1988年摄制. -- 3盘卷片 (61米1358拍) :
1:10, 2B ; 35mm银盐

收藏馆：缩微中心，国图

00O007471

东坡续集：十二卷 / (宋)苏轼撰
明成化四年(1468)程宗刻本
1987年摄制. -- 2盘卷片(37米762拍) ：
1:10, 2B ；35mm银盐
收藏馆：缩微中心, 国图

00O018664

苏文忠公集：一百十一卷 / (宋)苏轼撰 . 年谱：
一卷 / (宋)王宗稷撰
明嘉靖十三年(1534)江西布政司刻本
1994年摄制. -- 5盘卷片(133米2737拍) ：
1:10, 2B ；35mm银盐
收藏馆：缩微中心, 国图

00O016160

东坡集：四十卷奏议十五卷后集二十卷内制集
十卷乐语一卷外制集三卷应诏集十卷续集十二
卷 / (宋)苏轼撰 . 年谱：一卷 / (宋)王宗稷编 .
校记：二卷 / 缪荃孙撰
清光绪三十四年至宣统元年(1908-1909)端方
宝华庵刻本. -- 章钰校并跋。
1993年摄制. -- 5盘卷片(143米2868拍) ：
1:10, 2B ；35mm银盐
收藏馆：缩微中心, 国图

00O001511

东坡先生全集：七十五卷墓志铭一卷 / (宋)苏轼
撰, 宋史本传：一卷 / (元)脱脱撰 . 年谱：一卷 /
(宋)王宗稷编
明万历三十四年(1606)茅维刻本
1986年摄制. -- 5盘卷片(131.4米2832拍) ：
1:10, 2B ；35mm银盐
收藏馆：缩微中心, 山西

00O022577

东坡先生全集：七十五卷 / (宋)苏轼撰 ；(明)陈
明卿订正
明末(1621-1644)金阊宝翰楼刻本
1995年摄制. -- 5盘卷片(137.5米2750拍) ：
1:10, 2B ；35mm银盐
收藏馆：缩微中心, 襄阳

00O001810

苏文忠公集：一百十二卷 / (宋)苏轼撰 . 年谱：
一卷 / (宋)王宗稷编
明(1368-1644)刻本
1985年摄制. -- 5盘卷片(121.1米2686拍) ：
1:10, 2B ；35mm银盐
收藏馆：缩微中心, 国图

00O000038

东坡全集：一百十五卷目录七卷 / (宋)苏轼撰 . 年

谱：一卷 / (宋)王宗稷撰 . 墓志铭：一卷 / (宋)
苏辙撰
明(1368-1644)刻本
1986年摄制. -- 5盘卷片(146.2米3168拍) ：
1:10, 2B ；35mm银盐
收藏馆：缩微中心, 山西

00O021077

东坡全集：一百十五卷目录七卷 / (宋)苏轼撰 . 年
谱：一卷 / (宋)王宗稷编 . 墓志铭：一卷 / (宋)
苏辙撰
明(1368-1644)刻本
1994年摄制. -- 4盘卷片(102米2115拍) ：
1:10, 2B ；35mm银盐
收藏馆：缩微中心, 国图

00O009585

新刻陶顾二会元类编苏长公全集：四十卷首一
卷 / (宋)苏轼撰 ；(明)陶望龄辑 ；(明)顾起元补
订
明末(1621-1644)刻本
1989年摄制. -- 4盘卷片(102.1米2235拍) ：
1:9, 2B ；35mm银盐
收藏馆：缩微中心, 重庆

00O008677

东坡集：十六卷 / (宋)苏轼撰
明万历(1573-1620)刻本
1988年摄制. -- 2盘卷片(38.8米832拍) ：
1:10, 2B ；35mm银盐
收藏馆：缩微中心, 重庆

00O006557

重编东坡先生外集：八十六卷年谱一卷 / (宋)苏
轼撰
明万历三十六年(1608)康丕扬刻本
1987年摄制. -- 2盘卷片(54米1203拍) ：
1:10, 2B ；35mm银盐
收藏馆：缩微中心, 国图

00O014641

苏长公二妙集：二十二卷 / (宋)苏轼撰
明天启元年(1621)徐象枟刻本
1992年摄制. -- 1盘卷片(28米575拍) ：
1:10, 2B ；35mm银盐
收藏馆：缩微中心, 国图

00O019941

东坡先生禅喜集：二卷 / (宋)苏轼撰 . 禅喜纪事：
一卷
明万历(1573-1620)刻本
1994年摄制. -- 1盘卷片(9米142拍) ：1:10,
2B ；35mm银盐

收藏馆：缩微中心，国图

00O017276
东坡禅喜集：十四卷 / (宋)苏轼撰；(明)凌濛初辑
明天启元年(1621)凌濛初刻套印本
1993年摄制. -- 1盘卷片(10米169拍)：1:10，2B；35mm银盐
收藏馆：缩微中心，国图

00O024935
东坡禅喜集：十四卷 / (宋)苏轼撰；(明)冯梦祯批点
明天启元年(1621)凌濛初刻套印本. -- (清)丁丙跋。
1996年摄制. -- 1盘卷片(11米196拍)：1:10，2B；35mm银盐
收藏馆：缩微中心，南京

00O031946
东坡禅喜集：十四卷 / (宋)苏轼撰；(明)凌濛初辑
明天启元年(1621)凌濛初刻套印本
2010年摄制. -- 1盘卷片(13米210拍)：1:12，2B；35mm银盐
收藏馆：缩微中心，国图

00O007408
新刻东坡禅喜集：九卷 / (宋)苏轼撰
明万历(1573-1620)刻本
1987年摄制. -- 1盘卷片(9米151拍)：1:10，2B；35mm银盐
收藏馆：缩微中心，吉林

00O009397
坡仙集：十六卷 / (宋)苏轼撰；(明)李贽评辑
明万历二十八年(1600)焦竑刻本
1988年摄制. -- 2盘卷片(39.5米888拍)：1:10，2B；35mm银盐
收藏馆：缩微中心，湖北

00O019519
坡仙集：十六卷 / (宋)苏轼撰；(明)李贽评辑
明万历二十八年(1600)陈氏继志斋刻本
1994年摄制. -- 2盘卷片(37米770拍)：1:10，2B；35mm银盐
收藏馆：缩微中心，国图

00O009895
坡仙集：十六卷 / (宋)苏轼撰；(明)李贽评辑
明万历四十七年(1619)程明善刻本
1988年摄制. -- 2盘卷片(38.9米818拍)：1:10，2B；35mm银盐

收藏馆：缩微中心，湖南

00O008946
订补坡仙集钞：三十八卷 / (宋)苏轼撰；(明)李贽评辑；(明)陈继儒订补
明末(1621-1644)刻本
1988年摄制. -- 2盘卷片(54.5米1144拍)：1:10，2B；35mm银盐
收藏馆：缩微中心，湖北

00O004026
重校宋苏文忠公寓惠录：四卷 / (宋)苏轼撰
明嘉靖五年(1526)顾遂刻蓝印本. -- (清)翁方纲、(清)翁同龢跋。
1985年摄制. -- 1盘卷片(7米125拍)：1:10，2B；35mm银盐
收藏馆：缩微中心，国图

00O015691
苏文忠先生寓惠全集：四卷 / (宋)苏轼撰
明崇祯四年(1631)黎遵指刻本
1993年摄制. -- 1盘卷片(16米313拍)：1:10，2B；35mm银盐
收藏馆：缩微中心，国图

00O017805
寓惠录：四卷传一卷附录一卷 / (宋)苏轼撰
明万历三十七年(1609)萧以裕精刻本. -- 钤"武林钱氏""良庐收藏""古华书院书笈"印。
1993年摄制. -- 1盘卷片(9米185拍)：1:10，2B；35mm银盐
收藏馆：缩微中心，天津

00O009846
东坡养生集：十二卷 / (宋)苏轼撰；(明)王如锡辑
明崇祯元年(1628)刻本
1989年摄制. -- 2盘卷片(50米1117拍)：1:10，2B；35mm银盐
收藏馆：缩微中心，浙江

00O011710
苏长公文腴：三十卷 / (宋)苏轼撰；(明)陈于廷诠次
明万历(1573-1620)刻本
1989年摄制. -- 2盘卷片(46米1017拍)：1:10，2B；35mm银盐
收藏馆：缩微中心，吉林

00O012608
苏长公集选：二十二卷 / (宋)苏轼撰；(明)钱士鳌选
明万历二十六年(1598)何文叔刻本

1990年摄制. -- 1盘卷片(29.4米664拍)：
1:10，2B；35mm银盐
收藏馆：缩微中心，辽宁

00O021554
东坡集选：五十卷首七卷 / (宋)苏轼撰；(明)陈
继儒辑
明(1368-1644)刻本
1995年摄制. -- 2盘卷片(59米1176拍)：
1:10，2B；35mm银盐
收藏馆：缩微中心，国图

00O008969
东坡集选：五十卷；苏文忠公本传：一卷；苏文
忠公年谱：一卷 / (宋)苏轼撰；(明)陈梦槐选；
(明)陈继儒定
明(1368-1644)刻本. -- 还有合刻著作：东坡集
余一卷/(宋)苏轼撰，苏文忠公外纪二卷/(宋)苏
轼撰，外纪逸编一卷/(宋)苏轼撰，(明)陈梦
槐选，(明)陈继儒定。
1988年摄制. -- 2盘卷片(56.5米1187拍)：
1:10，2B；35mm银盐
收藏馆：缩微中心，湖北

00O007839
苏东坡诗集：二十五卷 / (宋)苏轼撰；(宋)刘辰
翁批点
明天启(1621-1627)刻本
1987年摄制. -- 2盘卷片(34米721拍)：1:9，
2B；35mm银盐
收藏馆：缩微中心，重庆

00O009499
东坡诗选：十二卷 / (宋)苏轼撰；(明)谭元春辑；
(明)袁宏道评
明天启(1621-1627)文盛堂刻本
1987年摄制. -- 1盘卷片(21米460拍)：1:9，
2B；35mm银盐
收藏馆：缩微中心，重庆

00O009842
东坡诗选：二卷 / (宋)苏轼撰；(明)沈白辑；(明)
陈銮评
明(1368-1644)刻本
1989年摄制. -- 1盘卷片(6米109拍)：1:10，
2B；35mm银盐
收藏馆：缩微中心，浙江

00O015692
苏诗摘律：六卷 / (宋)苏轼撰；(明)刘弘集注
明天顺五年(1461)刘弘王玺刻本
1993年摄制. -- 1盘卷片(8米134拍)：1:10，
2B；35mm银盐

收藏馆：缩微中心，国图

00O014731
集苏：一卷 / (清)王祖肃撰
清(1644-1911)抄本
1992年摄制. -- 1盘卷片(4米31拍)：1:10，
2B；35mm银盐
收藏馆：缩微中心，国图

00O021993
王状元集诸家注分类东坡先生诗：二十五卷 /
(宋)苏轼撰；[题](宋)王十朋集
宋(960-1279)刻元(1271-1368)重修本. --
存四卷：卷十九至卷二十、卷二十四至卷
二十五。
1995年摄制. -- 1盘卷片(9米170拍)：1:10，
2B；35mm银盐
收藏馆：缩微中心，国图

00O022357
增刊校正王状元集注分类东坡先生诗：二十五
卷 / (宋)苏轼撰；[题](宋)王十朋集注；(宋)刘辰
翁批点
元(1271-1368)刻本. -- 存十七卷：卷一、卷
三至卷十五、卷二十三至卷二十五。
1995年摄制. -- 1盘卷片(27米527拍)：
1:10，2B；35mm银盐
收藏馆：缩微中心，国图

00O007788
增刊校正王状元集注分类东坡先生诗：二十五
卷 / (宋)苏轼撰；[题](宋)王十朋集注；(宋)刘辰
翁批点
明初(1368-1424)刻本
1988年摄制. -- 2盘卷片(41.5米894拍)：
1:10，2B；35mm银盐
收藏馆：缩微中心，重庆

00O002844
东坡先生诗集注：三十二卷 / (宋)苏轼撰；(宋)
王十朋集注
明(1368-1644)王永积刻本. -- (清)钱廷锦评
点并跋，(清)翁同龢跋并录(清)严虞惇批点题
识。
1986年摄制. -- 2盘卷片(49米1093拍)：
1:10，2B；35mm银盐
收藏馆：缩微中心，国图

00O021272
东坡先生诗集注：三十二卷 / (宋)苏轼撰；(宋)
王十朋集注 . 东坡纪年录：一卷 / (宋)傅藻撰
明(1368-1644)茅维刻本
1995年摄制. -- 2盘卷片(53米1075拍)：

1:10, 2B；35mm银盐
收藏馆：缩微中心，国图

000O008973
东坡先生诗集注：三十二卷 / (宋)苏轼撰；
[题](宋)王十朋纂集. 东坡纪年录：一卷 / (宋)傅
藻撰
明万历(1573-1620)茅维刻本
1988年摄制. -- 2盘卷片(54.5米1145拍)：
1:10, 2B；35mm银盐
收藏馆：缩微中心，湖北

000O012136
东坡先生诗集注：三十二卷 / (宋)苏轼撰；题
(宋)王十朋纂
明万历(1573-1620)刻本
1989年摄制. -- 2盘卷片(51米1083拍)：
1:10, 2B；35mm银盐
收藏馆：缩微中心，甘肃

000O024026
东坡先生诗集注：三十二卷 / (宋)苏轼撰；(宋)
王十朋集. 东坡纪年录：一卷 / (宋)傅藻撰
明万历(1573-1620)茅维刻本. -- (清)杭世骏
批，(清)黄灿批并跋，(清)孙颖元校，(清)丁
丙跋。
1993年摄制. -- 2盘卷片(52米1143拍)：
1:10, 2B；35mm银盐
收藏馆：缩微中心，南京

000O019958
苏东坡诗集注：三十二卷 / (宋)苏轼撰；(宋)吕
祖谦分编；(宋)王十朋纂辑. 年谱：一卷 / (宋)
王宗稷撰
清康熙三十七年(1698)朱从延文蔚堂刻本
1994年摄制. -- 2盘卷片(51米1033拍)：
1:10, 2B；35mm银盐
收藏馆：缩微中心，国图

000O021707
苏东坡诗集注：三十二卷 / (宋)苏轼撰；(宋)吕
祖谦分编；(宋)王十朋纂辑. 年谱：一卷 / (宋)
王宗稷撰
清康熙三十七年(1698)朱从延文蔚堂刻本
1995年摄制. -- 2盘卷片(53米1043拍)：
1:10, 2B；35mm银盐
收藏馆：缩微中心，国图

000O001944
施注苏诗：四十二卷续补遗二卷 / (宋)苏轼撰；
(宋)施元之,(宋)顾禧注
清(1644-1911)抄本. -- (清)何绍基批点。
1986年摄制. -- 1盘卷片(23米508拍)：

1:10, 2B；35mm银盐
收藏馆：缩微中心，国图

000O003408
施注苏诗：四十二卷总目二卷 / (宋)苏轼撰；
(宋)施元之,(宋)顾禧注；(清)邵长蘅[等]删补.
续补遗补注：二卷 / (清)冯景撰
清康熙三十八年(1699)宋荦刻本. -- 删补者
还有：(清)顾嗣立、(清)宋至。(清)翁同书批
注。
1986年摄制. -- 2盘卷片(48米1061拍)：
1:10, 2B；35mm银盐
收藏馆：缩微中心，国图

000O007365
施注苏诗：四十二卷总目二卷 / (宋)苏轼撰；
(宋)施元之,(宋)顾禧注；(清)邵长蘅[等]删补.
续补遗补注：二卷 / (清)冯景撰. 王注正讹：一
卷 / (清)邵长蘅撰
清康熙三十八年(1699)宋荦刻本. -- 还有合
刻著作：东坡先生年谱一卷/(宋)王宗稷撰。
删补者还有：(清)顾嗣立、(清)宋至。(清)陈
廷表抄配并录(清)查慎行评注，(清)陈鳢、
(清)钱鸿宝跋，(清)□哲临(清)陈景云录(清)
何焯批点。
1987年摄制. -- 2盘卷片(53米1176拍)：
1:10, 2B；35mm银盐
收藏馆：缩微中心，国图

000O032088
施注苏诗：四十二卷总目二卷 / (宋)苏轼撰；
(宋)施元之,(宋)顾禧注；(清)邵长蘅[等]删补.
续补遗补注：二卷 / (清)冯景撰
清康熙三十八年(1699)宋荦刻本. -- 删补者
还有：(清)顾嗣立、(清)宋至。十行二十一字
小字双行三十一字黑口四周单边。(清)翁同书
批注。
2011年摄制. -- 2盘卷片(57米1077拍)：
1:12, 2B；35mm银盐
收藏馆：缩微中心，国图

000O009718
施注苏诗：四十二卷总目二卷 / (宋)苏轼撰；
(宋)施元之,(宋)顾禧注；(清)邵长蘅[等]删补.
宋史本传：一卷 / (宋)脱脱撰. 东坡墓志铭：一
卷 / (宋)苏辙撰
清康熙三十九年(1700)宋荦刻本. -- 还有合
刻著作：苏诗续补遗二卷/(清)冯景补注；王
注正讹一卷/(清)邵长蘅撰；东坡先生年谱一
卷/(宋)王宗稷撰，(清)邵长蘅重订。
1989年摄制. -- 2盘卷片(57.5米1186拍)：
1:10, 2B；35mm银盐
收藏馆：缩微中心，湖北

000O027496

施注苏诗：四十二卷首一卷总目二卷 / (宋)苏轼撰；(宋)施元之注．续补遗补注：二卷 / (清)冯景补注

清康熙三十九年(1700)宋荦刻本． -- (清)刘明跋并录(清)纪昀等各家批校。

1996年摄制． -- 2盘卷片(54米1174拍)：1:10，2B；35mm银盐

收藏馆：缩微中心，福建

000O009045

东坡先生编年诗补注：五十卷目录二卷 / (宋)苏轼撰；(清)查慎行补注

清乾隆二十六年(1761)香雨斋刻本

1988年摄制． -- 3盘卷片(72.5米1522拍)：1:10，2B；35mm银盐

收藏馆：缩微中心，湖北

000O015686

东坡先生编年诗补注：五十卷年表一卷 / (宋)苏轼撰；(清)查慎行补注

清乾隆二十六年(1761)查开香雨斋刻本． -- 佚名录(清)纪昀批校题识。

1993年摄制． -- 3盘卷片(74米1480拍)：1:10，2B；35mm银盐

收藏馆：缩微中心，国图

000O025520

东坡先生编年诗补注：五十卷年表一卷 / (清)查慎行补注

清乾隆二十六年(1761)查开香雨斋刻本． -- (清)吴骞校并跋，(清)朱允达临(清)卢文弨校。

1996年摄制． -- 3盘卷片(74米1497拍)：1:10，2B；35mm银盐

收藏馆：缩微中心，国图

000O005346

苏文忠诗注补正：三卷 / (清)沈钦韩撰

清(1644-1911)稿本． -- (清)蒋凤藻、(清)王颂蔚跋。

1986年摄制． -- 1盘卷片(7米117拍)：1:10，2B；35mm银盐

收藏馆：缩微中心，国图

000O010314

苏文忠诗合注：五十卷首一卷 / (宋)苏轼撰；(清)冯应榴辑

清乾隆五十八年(1793)踵息斋刻本

1989年摄制． -- 3盘卷片(79.5米1716拍)：1:10，2B；35mm银盐

收藏馆：缩微中心，湖北

000O021797

苏诗补注：八卷 / (清)翁方纲撰．志道集：一卷 / (清)顾禧撰

清乾隆四十七年(1782)翁方纲刻苏斋丛书本． -- (清)翁同龢校跋。

1994年摄制． -- 1盘卷片(8米128拍)：1:10，2B；35mm银盐

收藏馆：缩微中心，南京

000O023982

苏文忠公诗编注集成：四十六卷总案四十五卷诸家杂缀酌存一卷苏海识余四卷版诗图一卷 / (清)王文诰辑定

清道光二年(1822)王氏韵山堂刻本． -- (清)张廷济批校。

1995年摄制． -- 4盘卷片(94米2018拍)：1:10，2B；35mm银盐

收藏馆：缩微中心，南京

000O014095

东坡四六：四卷 / (宋)苏轼撰

明(1368-1644)刻本

1992年摄制． -- 1盘卷片(7米107拍)：1:10，2B；35mm银盐

收藏馆：缩微中心，国图

000O020317

苏文：六卷 / (宋)苏轼撰；(明)钱□,(明)茅坤,(明)唐顺之评

明(1368-1644)刻套印本

1994年摄制． -- 1盘卷片(16米275拍)：1:10，2B；35mm银盐

收藏馆：缩微中心，国图

000O031976

苏文：六卷 / (宋)苏轼撰；(明)钱□,(明)茅坤,(明)唐顺之评

明(1368-1644)刻套印本

2010年摄制． -- 1盘卷片(22米390拍)：1:13，2B；35mm银盐

收藏馆：缩微中心，国图

000O015688

宋大家苏文忠公文抄：二十八卷 / (宋)苏轼撰；(明)茅坤评

明(1368-1644)茅一桂刻本

1993年摄制． -- 2盘卷片(37米720拍)：1:10，2B；35mm银盐

收藏馆：缩微中心，国图

000O000044

东坡文选：二十卷 / (宋)苏轼撰；(明)钟惺评选

明万历四十八年(1620)闵氏刻本

1986年摄制. -- 1盘卷片(20.5米436拍) :
1:10, 2B ; 35mm银盐
收藏馆：缩微中心，山西

000O008972
东坡文选：二十卷 / (宋)苏轼撰；(明)钟惺辑
明(1368-1644)刻本
1988年摄制. -- 1盘卷片(25米533拍) :
1:10, 2B ; 35mm银盐
收藏馆：缩微中心，湖北

000O012545
苏文奇赏：五十卷 / (宋)苏轼撰
明崇祯四年(1631)刻本
1990年摄制. -- 3盘卷片(68.5米1523拍) :
1:10, 2B ; 35mm银盐
收藏馆：缩微中心，辽宁

000O021092
苏长公文燧：不分卷 / (宋)苏轼撰；(明)陈绍英
辑
明崇祯四年(1631)陈绍英刻本
1994年摄制. -- 1盘卷片(23米465拍) :
1:10, 2B ; 35mm银盐
收藏馆：缩微中心，国图

000O025992
苏长公文燧：不分卷 / (宋)苏轼撰；(明)陈绍英
辑
明崇祯四年(1631)刻本. -- (清)弘晓批校，
(清)方功惠跋。
1993年摄制. -- 1盘卷片(24米528拍) :
1:10, 2B ; 35mm银盐
收藏馆：缩微中心，山东

000O007412
苏长公合作内外篇：不分卷 / (宋)苏轼撰
明万历(1573-1620)刻本
1987年摄制. -- 1盘卷片(19米416拍) :
1:10, 2B ; 35mm银盐
收藏馆：缩微中心，吉林

000O009678
苏长公合作内外篇：不分卷 / (宋)苏轼撰；(明)
郑圭辑
明崇祯六年(1633)刻本. -- 版框高二十一厘
米宽十四厘米。
1989年摄制. -- 1盘卷片(30米651拍) :
1:10, 2B ; 35mm银盐
收藏馆：缩微中心，广东

000O011606
陶石篑精选苏长公合作：二卷 / (宋)苏轼撰；

(明)陶石篑选
明万历(1573-1620)刻本
1989年摄制. -- 1盘卷片(15米310拍) :
1:10, 2B ; 35mm银盐
收藏馆：缩微中心，吉林

000O011069
陶太史精选苏长公合作：二卷 / (宋)苏轼撰；
(明)陶望龄辑
明万历(1573-1620)阊门常春堂精刻本
1989年摄制. -- 1盘卷片(15米316拍) :
1:10, 2B ; 35mm银盐
收藏馆：缩微中心，天津

000O028221
苏长公尺牍选：二卷；苏长公表选：一卷；苏长
公启选：二卷 / (宋)苏轼撰；(明)钟惺编
明(1368-1644)刻本
1997年摄制. -- 1盘卷片(16米277拍) :
1:10, 2B ; 35mm银盐
收藏馆：缩微中心，苏州

000O018747
苏文忠公表启：二卷 / (宋)苏轼撰；(明)朱睦㮮辑
明嘉靖三十四年(1555)朱睦㮮刻本
1994年摄制. -- 1盘卷片(6米86拍) : 1:10,
2B ; 35mm银盐
收藏馆：缩微中心，国图

000O012705
苏长公表启：五卷 / (宋)苏轼撰
明万历(1573-1620)凌濛初刻朱墨套印本
1990年摄制. -- 1盘卷片(10米204拍) :
1:10, 2B ; 35mm银盐
收藏馆：缩微中心，辽宁

000O007853
苏文忠公策论选：十二卷 / (宋)苏轼撰；(明)茅
坤,(明)钟惺评
明天启元年(1621)刻套印本
1988年摄制. -- 1盘卷片(16.5米349拍) :
1:9, 2B ; 35mm银盐
收藏馆：缩微中心，重庆

000O008726
苏长公密语：十六卷首一卷 / (宋)苏轼撰；(明)
李一公辑
明天启元年(1621)刻朱墨套印本
1988年摄制. -- 1盘卷片(18.9米405拍) :
1:10, 2B ; 35mm银盐
收藏馆：缩微中心，重庆

00○021093
苏长公小品：二卷 / (宋)苏轼撰；(明)王纳谏辑
并评
明万历三十九年(1611)章氏心远轩刻本
1994年摄制. -- 1盘卷片(10米176拍) ：
1:10，2B ；35mm银盐
收藏馆：缩微中心，国图

00○007403
苏长公小品：二卷 / (宋)苏轼撰
明万历(1573-1620)刻本
1987年摄制. -- 1盘卷片(11米198拍) ：
1:10，2B ；35mm银盐
收藏馆：缩微中心，吉林

00○007414
苏长公小品：四卷 / (宋)苏轼撰
明(1368-1644)刻本
1987年摄制. -- 1盘卷片(11米231拍) ：
1:10，2B ；35mm银盐
收藏馆：缩微中心，吉林

00○020913
宋苏文忠公居儋录：五卷 / (宋)苏轼撰；(明)陈
荣选辑
明万历二十三年(1595)陈荣选刻清顺治十八年
(1661)王昌嗣重修本
1994年摄制. -- 1盘卷片(6米85拍) ：1:10,
2B ；35mm银盐
收藏馆：缩微中心，国图

00○000346
栾城集：五十卷后集二十四卷三集十卷 / (宋)苏
辙撰
明(1368-1644)活字印本
1985年摄制. -- 3盘卷片(69.7米1545拍) ：
1:10，2B ；35mm银盐
收藏馆：缩微中心，国图

00○002807
栾城集：五十卷目录二卷后集二十四卷三集十
卷 / (宋)苏辙撰
明(1368-1644)活字印本
1986年摄制. -- 3盘卷片(71米1546拍) ：
1:10，2B ；35mm银盐
收藏馆：缩微中心，国图

00○004753
栾城集：五十卷目录二卷后集二十四卷三集十
卷 / (宋)苏辙撰
明(1368-1644)活字印本
1987年摄制. -- 3盘卷片(72米1582拍) ：
1:10，2B ；35mm银盐

收藏馆：缩微中心，国图

00○005374
栾城集：五十卷目录二卷后集二十四卷三集十
卷 / (宋)苏辙撰
明(1368-1644)活字印本
1986年摄制. -- 3盘卷片(70.1米1561拍) ：
1:10，2B ；35mm银盐
收藏馆：缩微中心，国图

00○003021
栾城集：五十卷后集二十四卷三集十卷应诏集
十二卷 / (宋)苏辙撰
明(1368-1644)清梦轩刻本
1986年摄制. -- 3盘卷片(79米1762拍) ：
1:10，2B ；35mm银盐
收藏馆：缩微中心，国图

00○002366
太史范公文集：五十五卷 / (宋)范祖禹撰
清(1644-1911)抄本
1986年摄制. -- 2盘卷片(39.1米830拍) ：
1:10，2B ；35mm银盐
收藏馆：缩微中心，国图

00○004414
太史范公文集：五十五卷 / (宋)范祖禹撰
清(1644-1911)抄本
1986年摄制. -- 2盘卷片(36.2米787拍) ：
1:10，2B ；35mm银盐
收藏馆：缩微中心，国图

00○005909
太史范公文集：五十五卷 / (宋)范祖禹撰
清(1644-1911)抄本. --(清)魏锡曾校。
1987年摄制. -- 2盘卷片(32.5米699拍) ：
1:10，2B ；35mm银盐
收藏馆：缩微中心，国图

00○026925
吴郡乐圃朱先生余稿：十卷附编一卷 / (宋)朱长
文撰
明(1368-1644)抄本. --(清)丁丙跋。
1996年摄制. -- 1盘卷片(10米175拍) ：
1:10，2B ；35mm银盐
收藏馆：缩微中心，南京

00○022020
吴郡乐圃朱先生余稿：十卷附录一卷 / (宋)朱长
文撰
清(1644-1911)抄本
1995年摄制. -- 1盘卷片(7米111拍) ：1:10,
2B ；35mm银盐

收藏馆：缩微中心，国图

00O022025
吴郡乐圃朱先生余稿：十卷附录一卷 / (宋)朱长文撰；(宋)朱思辑
清(1644-1911)抄本
1995年摄制. -- 1盘卷片(9米158拍)：1:10，2B；35mm银盐
收藏馆：缩微中心，国图

00O014541
吴郡乐圃朱先生余稿：十卷附录一卷 / (宋)朱长文撰
清(1644-1911)抄本
1992年摄制. -- 1盘卷片(6米88拍)：1:10，2B；35mm银盐
收藏馆：缩微中心，国图

00O023273
吴郡乐圃朱先生余稿：十卷补遗一卷附录一卷 / (宋)朱长文撰．滦京杂咏：一卷 / (元)杨允孚撰
清(1644-1911)抄本
1995年摄制. -- 1盘卷片(9米158拍)：1:10，2B；35mm银盐
收藏馆：缩微中心，国图

00O003016
西塘先生文集：十卷 / (宋)郑侠撰
明万历三十七年(1609)叶向高[等]刻本
1986年摄制. -- 1盘卷片(16米348拍)：1:10，2B；35mm银盐
收藏馆：缩微中心，国图

00O006365
西塘先生文集：十卷 / (宋)郑侠撰
明万历三十七年(1609)叶向高[等]刻本
1987年摄制. -- 1盘卷片(17米364拍)：1:10，2B；35mm银盐
收藏馆：缩微中心，国图

00O022847
西塘先生文集：十卷 / (宋)郑侠撰
明万历三十七年(1609)叶向高刻本. -- (清)丁丙跋。
1995年摄制. -- 1盘卷片(18米373拍)：1:10，2B；35mm银盐
收藏馆：缩微中心，南京

00O005753
鄱阳先生诗集：十二卷 / (宋)彭汝砺撰
清(1644-1911)抄本
1987年摄制. -- 1盘卷片(14米286拍)：1:10，2B；35mm银盐

收藏馆：缩微中心，国图

00O026079
鄱阳先生文集：十二卷 / (宋)彭汝砺撰
清(1644-1911)抄本. -- (清)丁丙跋。
1993年摄制. -- 1盘卷片(16米332拍)：1:10，2B；35mm银盐
收藏馆：缩微中心，南京

00O000813
鄱阳先生文集：十二卷 / (宋)彭汝砺撰
清初(1644-1722)抄本
1985年摄制. -- 1盘卷片(14米302拍)：1:10，2B；35mm银盐
收藏馆：缩微中心，国图

00O003306
演山先生文集：六十卷 / (宋)黄裳撰
清(1644-1911)抄本
1986年摄制. -- 1盘卷片(29米639拍)：1:10，2B；35mm银盐
收藏馆：缩微中心，国图

00O021816
演山先生文集：六十卷 / (宋)黄裳撰
清(1644-1911)抄本. -- (清)丁丙跋。
1995年摄制. -- 1盘卷片(29.5米660拍)：1:10，2B；35mm银盐
收藏馆：缩微中心，南京

00O022360
演山先生文集：六十卷 / (宋)黄裳撰
清(1644-1911)抄本
1995年摄制. -- 1盘卷片(30米624拍)：1:10，2B；35mm银盐
收藏馆：缩微中心，国图

00O018634
参寥子诗集：十二卷 / (宋)释道潜撰
明正统(1436-1449)刻本. -- 存八卷：卷一至卷八。
1992年摄制. -- 1盘卷片(5.9米101拍)：1:9，2B；35mm银盐
收藏馆：缩微中心，重庆

00O010358
参寥子诗集：十二卷 / (宋)释道潜撰．东坡称道潜之诗：一卷 / (宋)苏轼撰．秦少游集摘：一卷 / (宋)秦观撰
明崇祯(1628-1644)汪汝谦刻本
1989年摄制. -- 1盘卷片(12米236拍)：1:10，2B；35mm银盐
收藏馆：缩微中心，湖北

00O000135
参寥子诗集：十二卷 / (宋)释道潜撰
清初(1644-1722)抄本
1985年摄制. -- 1盘卷片(7.2米128拍)：
1:10, 2B；35mm银盐
收藏馆：缩微中心，国图

00O003022
参寥子诗集：十二卷 / (宋)释道潜撰
清(1644-1911)抄本. -- (清)徐绍乾校。
1986年摄制. -- 1盘卷片(7米133拍)：1:10,
2B；35mm银盐
收藏馆：缩微中心，国图

00O003929
参寥子诗集：十二卷 / (宋)释道潜撰
清(1644-1911)抄本
1986年摄制. -- 1盘卷片(9米178拍)：1:10,
2B；35mm银盐
收藏馆：缩微中心，国图

00O003279
云溪居士集：三十卷 / (宋)华镇撰
清乾隆(1736-1795)翰林院抄本
1986年摄制. -- 1盘卷片(25米559拍)：
1:10, 2B；35mm银盐
收藏馆：缩微中心，国图

00O003309
日涉园集：十卷 / (宋)李彭撰
清乾隆(1736-1795)翰林院抄本
1986年摄制. -- 1盘卷片(10米200拍)：
1:10, 2B；35mm银盐
收藏馆：缩微中心，国图

00O004619
日涉园集：五卷 / (宋)李彭撰
清乾隆四十年(1775)孔继涵抄本. -- (清)孔
继涵校并跋。
1987年摄制. -- 1盘卷片(10米172拍)：
1:10, 2B；35mm银盐
收藏馆：缩微中心，国图

00O003757
豫章黄先生文集：三十卷外集十四卷别集二十
卷简尺二卷词一卷 / (宋)黄庭坚撰 . 伐檀集：二
卷 / (宋)黄庶撰 . 山谷先生年谱：三十卷 / (宋)
黄𫗱编
明弘治(1488-1505)叶天爵刻嘉靖六年(1527)
乔迁余载仕重修本
1985年摄制. -- 3盘卷片(69.6米1504拍)：
1:10, 2B；35mm银盐
收藏馆：缩微中心，国图

00O021795
豫章黄先生文集：三十卷外集十四卷别集二十
卷简尺二卷词一卷 / (宋)黄庭坚撰 . 伐檀集：二
卷 / (宋)黄庶撰 . 山谷先生年谱：三十卷 / (宋)
黄𫗱编
明弘治(1488-1505)叶天爵刻嘉靖六年(1527)
乔迁余载仕重修本
1994年摄制. -- 3盘卷片(70米1535拍)：
1:10, 2B；35mm银盐
收藏馆：缩微中心，南京

00O018218
重刻黄文节山谷先生文集：三十卷外集十四
卷别集二十卷 / (宋)黄庭坚撰 . 年谱：十五卷 /
(宋)黄𫗱撰
明万历三十二年(1604)李友梅周希令刻本
1993年摄制. -- 3盘卷片(77米1609拍)：
1:10, 2B；35mm银盐
收藏馆：缩微中心，山东

00O007474
重刻黄文节山谷先生文集：三十卷 / (宋)黄庭坚
撰
明万历三十二年(1604)方沆周希令刻本
1987年摄制. -- 1盘卷片(26米570拍)：
1:10, 2B；35mm银盐
收藏馆：缩微中心，国图

00O016553
黄文节山谷先生文集：三十卷目录一卷 / (宋)黄
庭坚撰
明(1368-1644)王凤翔光启堂刻本
1992年摄制. -- 1盘卷片(28.5米643拍)：
1:10, 2B；35mm银盐
收藏馆：缩微中心，辽宁

00O022901
宋黄文节公文集：正集三十卷外集二十四卷别
集十九卷首四卷 / (宋)黄庭坚撰 . 伐檀集：二卷 /
(宋)黄庶撰
清乾隆三十年(1765)缉香堂刻本. -- 版框高
二十二厘米宽十六厘米。
1995年摄制. -- 4盘卷片(91.8米1983拍)：
1:10, 2B；35mm银盐
收藏馆：缩微中心，广东

00O001557
宋黄太史公集选：三十六卷 / (宋)黄庭坚撰；
(明)崔邦亮选
明万历(1573-1620)刻本
1986年摄制. -- 1盘卷片(30米665拍)：
1:10, 2B；35mm银盐
收藏馆：缩微中心，吉林

000O021837
宋黄太史公集选：三十六卷 / (宋)黄庭坚撰；
(明)崔邦亮选
明万历二十七年(1599)刻本. -- (清)丁丙
跋。
1995年摄制. -- 1盘卷片(30.5米701拍)：
1:10, 2B；35mm银盐
收藏馆：缩微中心，南京

000O020243
山谷黄先生大全诗注：二十卷 / (宋)黄庭坚撰；
(宋)任渊注
元(1271-1368)刻本. -- 存三卷：卷一、卷
十五至卷十六。
1994年摄制. -- 1盘卷片(7米98拍)：1:10,
2B；35mm银盐
收藏馆：缩微中心，国图

000O004061
山谷先生大全诗注：二十卷 / (宋)黄庭坚撰；
(宋)任渊注
明(1368-1644)刻本
1985年摄制. -- 1盘卷片(11米214拍)：
1:10, 2B；35mm银盐
收藏馆：缩微中心，国图

000O022995
山谷诗注：二十卷 / (宋)黄庭坚撰；(宋)任渊注
宋绍定五年(1232)黄埒刻本. -- 存二卷：卷
四至卷五。
1995年摄制. -- 1盘卷片(5米59拍)：1:10,
2B；35mm银盐
收藏馆：缩微中心，国图

000O020969
山谷内集诗注：二十卷 / (宋)任渊注．山谷外集
诗注：十七卷 / (宋)史容注．山谷别集诗注：二
卷 / (宋)史季温注
明弘治九年(1496)陈沛陈沾刻本
1994年摄制. -- 2盘卷片(52.5米1149拍)：
1:10, 2B；35mm银盐
收藏馆：缩微中心，南京

000O016750
山谷内集诗注：二十卷 / (宋)任渊注
朝鲜刻本
1993年摄制. -- 1盘卷片(24米488拍)：
1:10, 2B；35mm银盐
收藏馆：缩微中心，国图

000O015148
山谷诗前集：二十卷 / (宋)黄庭坚撰；(宋)任渊
注

清(1644-1911)抄本
1992年摄制. -- 1盘卷片(21米464拍)：
1:10, 2B；35mm银盐
收藏馆：缩微中心，国图

000O004059
黄诗内篇：十四卷 / (宋)黄庭坚撰
明嘉靖十二年(1533)蒋芝刻本. -- (清)翁同
龢圈点批注并跋。
1985年摄制. -- 1盘卷片(13米271拍)：
1:10, 2B；35mm银盐
收藏馆：缩微中心，国图

000O005270
黄太史精华录：八卷 / [题](宋)任渊辑
明(1368-1644)朱承爵刻本
1986年摄制. -- 1盘卷片(7.2米134拍)：
1:10, 2B；35mm银盐
收藏馆：缩微中心，国图

000O006091
山谷老人刀笔：二十卷 / (宋)黄庭坚撰
明弘治(1488-1505)刻本
1986年摄制. -- 1盘卷片(16米345拍)：
1:10, 2B；35mm银盐
收藏馆：缩微中心，吉林

000O006653
山谷老人刀笔：二十卷 / (宋)黄庭坚撰
明弘治十二年(1499)张汝舟刻本
1987年摄制. -- 1盘卷片(13米278拍)：
1:10, 2B；35mm银盐
收藏馆：缩微中心，国图

000O006438
山谷老人刀笔：二十卷 / (宋)黄庭坚撰
明万历七年(1579)江西布政司刻本
1987年摄制. -- 1盘卷片(15米314拍)：
1:10, 2B；35mm银盐
收藏馆：缩微中心，国图

000O003888
山谷老人刀笔：二十卷 / (宋)黄庭坚撰
明(1368-1644)刻本
1986年摄制. -- 1盘卷片(13.1米277拍)：
1:10, 2B；35mm银盐
收藏馆：缩微中心，国图

000O019046
山谷老人刀笔：二十卷 / (宋)黄庭坚撰
明(1368-1644)刻本
1994年摄制. -- 1盘卷片(14米247拍)：
1:10, 2B；35mm银盐

收藏馆：缩微中心，国图

000O025505
山谷老人刀笔：二十卷 / (宋)黄庭坚撰
瞿氏铁琴铜剑楼抄本
1996年摄制. -- 1盘卷片(14米250拍)：
1:10, 2B；35mm银盐
收藏馆：缩微中心，国图

000O010366
豫章先生遗文：十二卷 / (宋)黄庭坚撰
清乾隆四十五年(1780)汪氏历居山房刻本. --
仿宋刻本。
1989年摄制. -- 1盘卷片(16.5米287拍)：
1:10, 2B；35mm银盐
收藏馆：缩微中心，湖北

000O004622
龙云先生文集：三十二卷 / (宋)刘弇撰
明弘治十八年(1505)刘璋刻本. -- 存二十九
卷：卷一至卷八、卷十二至卷三十二。
1986年摄制. -- 1盘卷片(21米461拍)：
1:10, 2B；35mm银盐
收藏馆：缩微中心，国图

000O021815
龙云先生文集：三十二卷附录一卷 / (宋)刘弇撰
明弘治十八年(1505)刘璋刻本. -- (清)丁丙
跋。
1995年摄制. -- 1盘卷片(23米506拍)：
1:10, 2B；35mm银盐
收藏馆：缩微中心，南京

000O022028
龙云先生文集：三十二卷附录一卷 / (宋)刘弇撰
清(1644-1911)抄本
1995年摄制. -- 1盘卷片(24米495拍)：
1:10, 2B；35mm银盐
收藏馆：缩微中心，国图

000O013499
姑溪居士文集：五十卷 / (宋)李之仪撰
明(1368-1644)吴氏丛书堂抄本. -- 存十七
卷：卷五至卷六、卷二十至卷二十五、卷三十
至卷三十一、卷三十七至卷四十三。
1991年摄制. -- 1盘卷片(8米129拍)：1:10,
2B；35mm银盐
收藏馆：缩微中心，国图

000O000318
姑溪居士文集：五十卷后集二十卷 / (宋)李之仪撰
清(1644-1911)宝米斋抄本. -- 文集卷二十三

至卷二十九后抄配入。
1985年摄制. -- 1盘卷片(27.3米611拍)：
1:10, 2B；35mm银盐
收藏馆：缩微中心，国图

000O021824
姑溪居士文集：五十卷后集二十卷 / (宋)李之仪撰
清(1644-1911)研经楼抄本. -- (清)丁丙跋。
1995年摄制. -- 1盘卷片(24米520拍)：
1:10, 2B；35mm银盐
收藏馆：缩微中心，南京

000O001986
姑溪居士文集：五十卷后集二十卷 / (宋)李之仪撰
清(1644-1911)宝米斋抄本
1986年摄制. -- 1盘卷片(30米673拍)：
1:10, 2B；35mm银盐
收藏馆：缩微中心，国图

000O003012
姑溪居士文集：五十卷后集二十卷 / (宋)李之仪撰
清(1644-1911)抄本
1986年摄制. -- 1盘卷片(24米535拍)：
1:10, 2B；35mm银盐
收藏馆：缩微中心，国图

000O019221
姑溪居士文集：四十七卷附录一卷 / (宋)李之仪撰
清(1644-1911)抄本
1994年摄制. -- 1盘卷片(19米333拍)：
1:10, 2B；35mm银盐
收藏馆：缩微中心，国图

000O014042
淮海集：四十卷后集六卷长短句三卷 / (宋)秦观撰
明万历四十六年(1618)李之藻刻本
1992年摄制. -- 1盘卷片(27米548拍)：
1:10, 2B；35mm银盐
收藏馆：缩微中心，国图

000O004749
淮海集：四十卷 / (宋)秦观撰
宋乾道九年(1173)高邮军学刻元明(1271-1644)
递修本. -- 存九卷：卷二十一至卷二十九。
1987年摄制. -- 1盘卷片(5米78拍)：1:10,
2B；35mm银盐
收藏馆：缩微中心，国图

00O022349

淮海集：四十卷 / (宋)秦观撰
宋乾道九年(1173)高邮军学刻本. -- 存十一卷：卷三十至卷四十。
1995年摄制. -- 1盘卷片(7米107拍) ： 1:10, 2B ；35mm银盐
收藏馆：缩微中心，国图

00O003024

淮海集：四十卷后集六卷长短句三卷 / (宋)秦观撰
明嘉靖十八年(1539)张綎刻本. -- (清)季锡畴校并跋。
1986年摄制. -- 1盘卷片(18米393拍) ： 1:10, 2B ；35mm银盐
收藏馆：缩微中心，国图

00O005386

淮海集：四十卷后集六卷长短句三卷 / (宋)秦观撰
明嘉靖二十四年(1545)胡民表刻本
1986年摄制. -- 1盘卷片(18.3米399拍) ： 1:10, 2B ；35mm银盐
收藏馆：缩微中心，国图

00O006049

淮海集：四十卷后集六卷长短句三卷 / (宋)秦观撰
明嘉靖二十四年(1545)胡民表刻本
1987年摄制. -- 1盘卷片(19米416拍) ： 1:10, 2B ；35mm银盐
收藏馆：缩微中心，国图

00O021792

淮海集：四十卷后集六卷长短句三卷 / (宋)秦观撰
明嘉靖二十四年(1545)胡民表刻本. -- (清)丁丙跋。
1994年摄制. -- 1盘卷片(19米405拍) ： 1:10, 2B ；35mm银盐
收藏馆：缩微中心，南京

00O023244

淮海集：四十卷后集六卷长短句三卷 / (宋)秦观撰
明嘉靖二十四年(1545)胡民表刻本
1995年摄制. -- 1盘卷片(19米378拍) ： 1:10, 2B ；35mm银盐
收藏馆：缩微中心，国图

00O009724

淮海集：四十卷后集六卷长短句三卷诗余一卷 / (宋)秦观撰；(明)徐渭评；(明)邓汉章辑

明末(1621-1644)段之锦刻本
1989年摄制. -- 1盘卷片(28米590拍) ： 1:10, 2B ；35mm银盐
收藏馆：缩微中心，湖北

00O027527

宝晋山林集拾遗：八卷 / (宋)米芾撰
宋嘉泰元年(1201)筠阳郡斋刻本. -- (明)丰坊跋。
1997年摄制. -- 1盘卷片(13米214拍) ： 1:10, 2B ；35mm银盐
收藏馆：缩微中心，国图

00O005837

宝晋山林集拾遗：八卷 / (宋)米芾撰
清(1644-1911)抄本
1987年摄制. -- 1盘卷片(11.4米232拍) ： 1:10, 2B ；35mm银盐
收藏馆：缩微中心，国图

00O026927

宝晋英光集：六卷附录一卷 / (宋)米芾撰
清(1644-1911)劳权抄本. -- (清)劳权校，(清)丁丙跋。
1996年摄制. -- 1盘卷片(6米99拍) ： 1:10, 2B ；35mm银盐
收藏馆：缩微中心，南京

00O002317

宝晋英光集：六卷附录一卷 / (宋)米芾撰
清(1644-1911)抄本
1986年摄制. -- 1盘卷片(6米98拍) ： 1:10, 2B ；35mm银盐
收藏馆：缩微中心，国图

00O021908

庆湖遗老诗集：九卷拾遗一卷后集补遗一卷 / (宋)贺铸撰
明(1368-1644)抄本
1995年摄制. -- 1盘卷片(4米43拍) ： 1:10, 2B ；35mm银盐
收藏馆：缩微中心，国图

00O008375

庆湖遗老诗集：九卷拾遗一卷后集补遗一卷 / (宋)贺铸撰
清乾隆四十四年(1779)彭氏知圣道斋抄本. -- (清)彭元瑞校并跋。
1988年摄制. -- 1盘卷片(9米184拍) ： 1:10, 2B ；35mm银盐
收藏馆：缩微中心，国图

00O002254

庆湖遗老诗集：九卷拾遗一卷后集补遗一卷 / (宋)贺铸撰

清道光三年(1823)东武刘氏味经书屋抄本. -- (清)刘喜海跋。

1986年摄制. -- 1盘卷片(9米165拍) : 1:10, 2B ; 35mm银盐

收藏馆：缩微中心，国图

00O002284

庆湖遗老诗集：九卷拾遗一卷后集补遗一卷 / (宋)贺铸撰

清(1644-1911)抄本. -- (清)翁斌孙校并跋。

1986年摄制. -- 1盘卷片(13米262拍) : 1:10, 2B ; 35mm银盐

收藏馆：缩微中心，国图

00O003003

庆湖遗老诗集：九卷拾遗一卷后集补遗一卷 / (宋)贺铸撰

清(1644-1911)抄本

1986年摄制. -- 1盘卷片(10米186拍) : 1:10, 2B ; 35mm银盐

收藏馆：缩微中心，国图

00O014957

庆湖遗老诗集：九卷拾遗一卷后集补遗一卷 / (宋)贺铸撰

清(1644-1911)抄本. -- 卷六至卷七配清曹炎抄本。

1992年摄制. -- 1盘卷片(10米188拍) : 1:10, 2B ; 35mm银盐

收藏馆：缩微中心，国图

00O018552

庆湖遗老诗集：九卷拾遗一卷后集补遗一卷 / (宋)贺铸撰

清(1644-1911)抄本

1993年摄制. -- 1盘卷片(10米169拍) : 1:10, 2B ; 35mm银盐

收藏馆：缩微中心，国图

00O016112

庆湖遗老诗集：九卷 / (宋)贺铸撰

清(1644-1911)刘履芬抄本. -- 存五卷：卷一至卷五。(清)潘钟瑞校。

1993年摄制. -- 1盘卷片(5米68拍) : 1:10, 2B ; 35mm银盐

收藏馆：缩微中心，国图

00O017594

后山先生集：三十卷 / (宋)陈师道撰

明弘治十二年(1499)马暾刻本

1993年摄制. -- 1盘卷片(19米359拍) : 1:10, 2B ; 35mm银盐

收藏馆：缩微中心，国图

00O024933

后山先生集：三十卷 / (宋)陈师道撰

明弘治十二年(1499)马暾刻本. -- 卷一至卷二、卷六配清(1644-1911)抄本。(清)何焯校，(清)丁丙跋。

1996年摄制. -- 1盘卷片(19米395拍) : 1:10, 2B ; 35mm银盐

收藏馆：缩微中心，南京

00O023248

后山先生集：三十卷 / (宋)陈师道撰

明(1368-1644)刻本

1995年摄制. -- 1盘卷片(18米355拍) : 1:10, 2B ; 35mm银盐

收藏馆：缩微中心，国图

00O009056

后山先生集：二十四卷 / (宋)陈师道撰

清雍正八年(1730)赵骏烈刻本

1988年摄制. -- 1盘卷片(23米418拍) : 1:10, 2B ; 35mm银盐

收藏馆：缩微中心，湖北

00O019334

后山居士诗集：六卷逸诗五卷 / (宋)陈师道撰

清雍正三年(1725)陈唐活字印本

1994年摄制. -- 1盘卷片(11米187拍) : 1:10, 2B ; 35mm银盐

收藏馆：缩微中心，国图

00O002322

后山陈先生诗集：六卷 / (宋)陈师道撰

清(1644-1911)抄本

1986年摄制. -- 1盘卷片(5米80拍) : 1:10, 2B ; 35mm银盐

收藏馆：缩微中心，国图

00O002009

后山诗注：十二卷 / (宋)陈师道撰；(宋)任渊注

明弘治十年(1497)袁宏刻本. -- (清)范文安校并跋。

1986年摄制. -- 1盘卷片(14.5米310拍) : 1:10, 2B ; 35mm银盐

收藏馆：缩微中心，国图

00O005961

后山诗注：十二卷 / (宋)陈师道撰；(宋)任渊注

明弘治十年(1497)袁宏刻本

1987年摄制. -- 1盘卷片(14.5米309拍) :

1:10，2B；35mm银盐
收藏馆：缩微中心，国图

000O005395
后山诗注：十二卷 / (宋)陈师道撰；(宋)任渊注
明嘉靖十年(1531)辽藩朱宠㵱梅南书屋刻本
1986年摄制. -- 1盘卷片(13米274拍)：
1:10，2B；35mm银盐
收藏馆：缩微中心，国图

000O005604
后山诗注：十二卷 / (宋)陈师道撰；(宋)任渊注
明嘉靖十年(1531)辽藩朱宠㵱梅南书屋刻本
1987年摄制. -- 1盘卷片(13.1米280拍)：
1:10，2B；35mm银盐
收藏馆：缩微中心，国图

000O015544
后山诗注：十二卷 / (宋)陈师道撰；(宋)任渊注
明嘉靖十年(1531)辽藩朱宠㵱梅南书屋刻本. -- (清)惠栋批点，(清)徐时栋、邓邦述跋。
1993年摄制. -- 1盘卷片(14米260拍)：
1:10，2B；35mm银盐
收藏馆：缩微中心，国图

000O016572
后山诗注：十二卷 / (宋)陈师道撰；(宋)任渊注
清乾隆(1736-1795)武英殿聚珍版丛书木活字印本
1993年摄制. -- 1盘卷片(13.4米273拍)：
1:10，2B；35mm银盐
收藏馆：缩微中心，山西

000O015694
后山诗注：十二卷 / (宋)陈师道撰；(宋)任渊注
朝鲜活字印本
1993年摄制. -- 1盘卷片(16米304拍)：
1:10，2B；35mm银盐
收藏馆：缩微中心，国图

000O004420
济北晁先生鸡肋集：七十卷 / (宋)晁补之撰
明崇祯八年(1635)吴郡顾凝远诗瘦阁刻本
1986年摄制. -- 2盘卷片(53米1186拍)：
1:10，2B；35mm银盐
收藏馆：缩微中心，国图

000O016103
济北晁先生鸡肋集：七十卷 / (宋)晁补之撰
明崇祯八年(1635)顾凝远诗瘦阁刻本
1993年摄制. -- 2盘卷片(56米1141拍)：
1:10，2B；35mm银盐

收藏馆：缩微中心，国图

000O004932
济北晁先生鸡肋集：七十卷目录二卷 / (宋)晁补之撰
明(1368-1644)光泽堂抄本. -- 王大隆跋。
1987年摄制. -- 2盘卷片(48.8米1091拍)：
1:10，2B；35mm银盐
收藏馆：缩微中心，国图

000O005913
济北晁先生鸡肋集：七十卷目录二卷 / (宋)晁补之撰
明(1368-1644)抄本
1987年摄制. -- 2盘卷片(58米1283拍)：
1:10，2B；35mm银盐
收藏馆：缩微中心，国图

000O017288
济北晁先生鸡肋集：七十卷目录二卷 / (宋)晁补之撰
清(1644-1911)抄本
1993年摄制. -- 2盘卷片(52米1047拍)：
1:10，2B；35mm银盐
收藏馆：缩微中心，国图

000O004750
龟山先生集：十六卷 / (宋)杨时撰
明弘治十五年(1502)李熙金瓒[等]刻递修本
1987年摄制. -- 1盘卷片(13米259拍)：
1:10，2B；35mm银盐
收藏馆：缩微中心，国图

000O003761
龟山先生集：三十五卷附录一卷 / (宋)杨时撰 . 年谱：一卷 / (宋)黄去疾撰
明正德十二年(1517)沈晖刻本
1985年摄制. -- 1盘卷片(28.2米634拍)：
1:10，2B；35mm银盐
收藏馆：缩微中心，国图

000O008474
龟山先生集：三十五卷附录一卷 / (宋)杨时撰 . 年谱：一卷 / (宋)黄去疾撰
明正德十二年(1517)沈晖刻本. -- 李书勋跋。
1988年摄制. -- 1盘卷片(29米654拍)：
1:10，2B；35mm银盐
收藏馆：缩微中心，国图

000O016903
龟山先生集：四十二卷 / (宋)杨时撰
明万历十九年(1591)林熙春刻本

1993年摄制. -- 1盘卷片(32米635拍)：
1:10，2B；35mm银盐
收藏馆：缩微中心，国图

00O022030
龟山先生集：四十二卷 / (宋)杨时撰
明万历十九年(1591)林熙春刻本
1995年摄制. -- 1盘卷片(30米635拍)：
1:10，2B；35mm银盐
收藏馆：缩微中心，国图

00O017147
龟山先生集：四十二卷 / (宋)杨时撰
清顺治八年(1651)令闻雪香斋刻本
1993年摄制. -- 1盘卷片(29.9米675拍)：
1:10，2B；35mm银盐
收藏馆：缩微中心，辽宁

00O029274
杨龟山先生文集：四十二卷首一卷 / (宋)杨时撰
清康熙四十六年(1707)刻本
1999年摄制. -- 2盘卷片(38米785拍)：
1:10，2B；35mm银盐
收藏馆：缩微中心，湖南

00O004658
溪堂集：十卷 / (宋)谢逸撰
清乾隆五十四年(1789)鲍氏知不足斋抄本
1987年摄制. -- 1盘卷片(8米145拍)：1:10，
2B；35mm银盐
收藏馆：缩微中心，国图

00O003034
张文潜文集：十三卷 / (宋)张耒撰
明嘉靖三年(1524)郝梁刻本
1986年摄制. -- 1盘卷片(9米170拍)：1:10，
2B；35mm银盐
收藏馆：缩微中心，国图

00O006415
张文潜文集：十三卷 / (宋)张耒撰
明嘉靖三年(1524)郝梁刻本. -- (清)胡连玉
校并跋。
1987年摄制. -- 1盘卷片(9米169拍)：1:10，
2B；35mm银盐
收藏馆：缩微中心，国图

00O016325
张文潜文集：十三卷 / (宋)张耒撰
明嘉靖三年(1524)郝梁刻本. -- (清)方功惠
跋。
1992年摄制. -- 1盘卷片(9米149拍)：1:10，
2B；35mm银盐

收藏馆：缩微中心，国图

00O018488
张文潜文集：十三卷 / (宋)张耒撰
明嘉靖三年(1524)郝梁刻本
1993年摄制. -- 1盘卷片(9米151拍)：1:10，
2B；35mm银盐
收藏馆：缩微中心，国图

00O000136
张右史文集：六十卷 / (宋)张耒撰
清(1644-1911)抄本
1985年摄制. -- 2盘卷片(47.5米1055拍)：
1:10，2B；35mm银盐
收藏馆：缩微中心，国图

00O007714
张右史文集：六十卷 / (宋)张耒撰
清初(1644-1722)抄本
1987年摄制. -- 1盘卷片(31米658拍)：
1:10，2B；35mm银盐
收藏馆：缩微中心，湖南

00O018542
张右史文集：六十卷补遗七卷 / (宋)张耒撰
清雍正七年(1729)谢浦泰抄本. -- (清)谢浦
泰校并跋。
1993年摄制. -- 2盘卷片(54米1109拍)：
1:10，2B；35mm银盐
收藏馆：缩微中心，国图

00O003018
宛丘先生文集：七十六卷 / (宋)张耒撰
清康熙(1662-1722)吕无隐抄本
1986年摄制. -- 2盘卷片(45米990拍)：
1:10，2B；35mm银盐
收藏馆：缩微中心，国图

00O022813
宛丘先生文集：七十六卷 / (宋)张耒撰
清(1644-1911)马氏红药山房抄本. -- (清)丁
丙跋。
1995年摄制. -- 2盘卷片(44米933拍)：
1:10，2B；35mm银盐
收藏馆：缩微中心，南京

00O024024
宛丘先生文集：七十六卷补遗五卷 / (宋)张耒撰
清道光(1821-1850)瞿氏清吟阁抄本. -- 卷
十五至卷二十一、卷三十五至卷四十三、卷
五十七至卷五十九、卷七十一至卷七十六配清
(1644-1911)影宋(960-1279)抄本，卷九至卷
十四、卷二十二至卷三十四、卷四十四至卷

四十六、卷六十至卷七十配清抄本。(清)瞿世瑛校, (清)丁丙跋。
1996年摄制. -- 2盘卷片(55米1207拍) : 1:10, 2B ; 35mm银盐
收藏馆：缩微中心，南京

000O017963
具茨晁先生诗集：一卷 / (宋)晁冲之撰
明嘉靖三十三年(1554)晁氏宝文堂刻本
1993年摄制. -- 1盘卷片(4米47拍) : 1:10, 2B ; 35mm银盐
收藏馆：缩微中心，国图

000O005838
具茨晁先生诗集：一卷 / (宋)晁冲之撰
明(1368-1644)晁氏宝文堂刻本. -- (清)章绶衔跋。
1987年摄制. -- 1盘卷片(4米60拍) : 1:10, 2B ; 35mm银盐
收藏馆：缩微中心，国图

000O003014
具茨晁先生诗集：一卷 / (宋)晁冲之撰
清(1644-1911)刻本
1986年摄制. -- 1盘卷片(4米58拍) : 1:10, 2B ; 35mm银盐
收藏馆：缩微中心，国图

000O002309
具茨晁先生诗集：一卷 / (宋)晁冲之撰
清(1644-1911)抄本
1986年摄制. -- 1盘卷片(4米58拍) : 1:10, 2B ; 35mm银盐
收藏馆：缩微中心，国图

000O007975
晁具茨先生诗集：十五卷 / (宋)晁冲之撰
清(1644-1911)张慧华程覃叔抄本
1988年摄制. -- 1盘卷片(13米253拍) : 1:10, 2B ; 35mm银盐
收藏馆：缩微中心，湖南

000O008781
东堂集：十卷 / (宋)毛滂撰
清乾隆(1736-1795)鲍氏知不足斋抄本. -- (清)鲍廷博录(清)沈叔埏批校并跋。
1988年摄制. -- 1盘卷片(11.9米242拍) : 1:10, 2B ; 35mm银盐
收藏馆：缩微中心，重庆

000O017781
洪驹父老圃集：二卷 / (宋)洪刍撰；(宋)赵怀玉校

清(1644-1911)抄本
1993年摄制. -- 1盘卷片(4米49拍) : 1:10, 2B ; 35mm银盐
收藏馆：缩微中心，天津

000O007182
老圃集：二卷遗文一卷 / (宋)洪刍撰
清(1644-1911)抄本
1987年摄制. -- 1盘卷片(5米63拍) : 1:10, 2B ; 35mm银盐
收藏馆：缩微中心，山东

000O005264
谢幼槃文集：十卷 / (宋)谢薖撰
清(1644-1911)抄本
1986年摄制. -- 1盘卷片(6米108拍) : 1:10, 2B ; 35mm银盐
收藏馆：缩微中心，国图

000O005605
谢幼槃文集：十卷 / (宋)谢薖撰
清(1644-1911)抄本. -- 朱文钧跋，周叔弢校并跋。
1987年摄制. -- 1盘卷片(5.8米101拍) : 1:10, 2B ; 35mm银盐
收藏馆：缩微中心，国图

000O015147
谢幼槃文集：十卷 / (宋)谢薖撰
清(1644-1911)抄本
1992年摄制. -- 1盘卷片(8米131拍) : 1:10, 2B ; 35mm银盐
收藏馆：缩微中心，国图

000O018517
谢幼槃文集：十卷 / (宋)谢薖撰
清(1644-1911)抄本. -- (清)谢宝树校并跋，朱文钧跋。
1993年摄制. -- 1盘卷片(7米103拍) : 1:10, 2B ; 35mm银盐
收藏馆：缩微中心，国图

000O022026
谢幼槃文集：十卷 / (宋)谢薖撰
清(1644-1911)抄本
1995年摄制. -- 1盘卷片(6米93拍) : 1:10, 2B ; 35mm银盐
收藏馆：缩微中心，国图

000O028826
西渡诗集：一卷 / (宋)洪炎撰
清道光十八年(1838)吴翌凤抄本. -- 有抄者朱笔题跋。

1998年摄制. -- 1盘卷片(2米39拍)：1:10,
2B；35mm银盐
收藏馆：缩微中心，广东

00○016174
西渡诗集：一卷 / (宋)洪炎撰
清(1644-1911)宋氏漫堂抄本. -- 傅增湘跋。
1993年摄制. -- 1盘卷片(3米30拍)：1:10,
2B；35mm银盐
收藏馆：缩微中心，国图

00○004928
西渡诗集：一卷 / (宋)洪炎撰
清(1644-1911)抄本. -- 周叔弢校并跋。
1987年摄制. -- 1盘卷片(3.6米50拍)：
1:10, 2B；35mm银盐
收藏馆：缩微中心，国图

00○020369
西渡诗集：一卷 / (宋)洪炎撰
清(1644-1911)抄本
1994年摄制. -- 1盘卷片(3米27拍)：1:10,
2B；35mm银盐
收藏馆：缩微中心，国图

00○024039
西渡诗集：一卷补遗一卷 / (宋)洪炎撰
清(1644-1911)劳权抄本. -- (清)劳权校补并
跋。
1996年摄制. -- 1盘卷片(3米41拍)：1:10,
2B；35mm银盐
收藏馆：缩微中心，南京

00○000801
刘左史文集：四卷 / (宋)刘安节撰
清乾隆四十四年(1779)吴氏古欢堂抄本. --
(清)吴翌凤、(清)周星诒校并跋。
1985年摄制. -- 1盘卷片(5.1米84拍)：
1:10, 2B；35mm银盐
收藏馆：缩微中心，国图

00○002323
刘左史文集：四卷 / (宋)刘安节撰
清(1644-1911)抄本. -- (清)翁同书跋。
1986年摄制. -- 1盘卷片(5米85拍)：1:10,
2B；35mm银盐
收藏馆：缩微中心，国图

00○004057
刘左史文集：四卷 / (宋)刘安节撰
清(1644-1911)抄本
1985年摄制. -- 1盘卷片(7米106拍)：1:10,
2B；35mm银盐

收藏馆：缩微中心，国图

00○022476
刘左史文集：四卷附录一卷 / (宋)刘安节撰
清(1644-1911)抄本. -- (清)丁丙跋。
1995年摄制. -- 1盘卷片(7米118拍)：1:10,
2B；35mm银盐
收藏馆：缩微中心，南京

00○022027
刘左史文集：五卷 / (宋)刘安节撰
清(1644-1911)抄本. -- (清)王士禛跋。
1995年摄制. -- 1盘卷片(5米76拍)：1:10,
2B；35mm银盐
收藏馆：缩微中心，国图

00○006426
无为集：十五卷 / (宋)杨杰撰
清(1644-1911)抄本
1987年摄制. -- 1盘卷片(11米211拍)：
1:10, 2B；35mm银盐
收藏馆：缩微中心，国图

00○014837
无为集：十五卷 / (宋)杨杰撰
清(1644-1911)抄本
1992年摄制. -- 1盘卷片(10米177拍)：
1:10, 2B；35mm银盐
收藏馆：缩微中心，国图

00○019229
无为集：十五卷 / (宋)杨杰撰
清(1644-1911)抄本
1994年摄制. -- 1盘卷片(10米186拍)：
1:10, 2B；35mm银盐
收藏馆：缩微中心，国图

00○028594
无为集：十五卷 / (宋)杨杰撰
清(1644-1911)抄本. -- (清)佚名朱墨笔批
校。
1998年摄制. -- 1盘卷片(12米225拍)：
1:10, 2B；35mm银盐
收藏馆：缩微中心，广东

00○006867
宋宗忠简公集：八卷 / (宋)宗泽撰
清康熙(1662-1722)刻本
1987年摄制. -- 1盘卷片(11米198拍)：
1:10, 2B；35mm银盐
收藏馆：缩微中心，吉林

000O021550
宋宗忠简公全集：十二卷首一卷末一卷 / (宋)宗泽撰；(清)宗文灿辑
清康熙四十三年至四十五年(1704-1706)宗文灿[等]刻本
1995年摄制. -- 1盘卷片(24米480拍) : 1:10, 2B ; 35mm银盐
收藏馆：缩微中心，国图

000O021787
宋东京留守宗忠简公文集：六卷 / (宋)宗泽撰
明嘉靖三十年(1551)宗旦刻本. -- (清)丁丙跋。
1994年摄制. -- 1盘卷片(8米132拍) : 1:10, 2B ; 35mm银盐
收藏馆：缩微中心，南京

000O022808
景迁生文集：二十卷 / (宋)晁说之撰
明(1368-1644)谢氏小草斋抄本. -- 卷一至卷九、卷十六至卷十八配清(1644-1911)抄本。(清)丁丙跋。
1995年摄制. -- 2盘卷片(41米866拍) : 1:10, 2B ; 35mm银盐
收藏馆：缩微中心，南京

000O005911
嵩山景迁生文集：二十卷 / (宋)晁说之撰
清初(1644-1722)抄本
1987年摄制. -- 2盘卷片(39.2米857拍) : 1:10, 2B ; 35mm银盐
收藏馆：缩微中心，国图

000O007476
嵩山景迁生文集：二十卷杂文一卷 / (宋)晁说之撰
清初(1644-1722)抄本. -- 卷十一至卷十五配另一清(1644-1911)抄本。
1987年摄制. -- 2盘卷片(43米934拍) : 1:10, 2B ; 35mm银盐
收藏馆：缩微中心，国图

000O015407
嵩山景迁生文集：二十卷杂文一卷 / (宋)晁说之撰
清(1644-1911)抄本
1992年摄制. -- 2盘卷片(41米820拍) : 1:10, 2B ; 35mm银盐
收藏馆：缩微中心，国图

000O025669
洪龟父集：二卷 / (宋)洪朋撰
清(1644-1911)抄本. -- (清)罗榘校并跋。

1996年摄制. -- 1盘卷片(4米53拍) : 1:10, 2B ; 35mm银盐
收藏馆：缩微中心，南京

000O007158
洪龟父集：二卷 / (宋)洪朋撰
清乾隆十年(1745)抄本
1987年摄制. -- 1盘卷片(5米69拍) : 1:10, 2B ; 35mm银盐
收藏馆：缩微中心，山东

000O002097
道乡先生邹忠公文集：四十卷 / (宋)邹浩撰
明成化六年(1470)邹量刻本
1987年摄制. -- 1盘卷片(28.2米633拍) : 1:10, 2B ; 35mm银盐
收藏馆：缩微中心，国图

000O010643
道乡先生邹忠公文集：四十卷 / (宋)邹浩撰
明正德(1506-1521)刻本
1989年摄制. -- 1盘卷片(29米652拍) : 1:10, 2B ; 35mm银盐
收藏馆：缩微中心，吉林

000O021823
道乡先生邹忠公文集：四十卷 / (宋)邹浩撰
明正德七年(1512)邹翎刻本. -- (清)丁丙跋。
1995年摄制. -- 1盘卷片(30.5米718拍) : 1:10, 2B ; 35mm银盐
收藏馆：缩微中心，南京

000O003760
道乡先生邹忠公文集：四十卷续集一卷 / (宋)邹浩撰
明正德七年(1512)邹翎刻本
1985年摄制. -- 1盘卷片(28.6米646拍) : 1:10, 2B ; 35mm银盐
收藏馆：缩微中心，国图

000O028089
道乡先生邹忠公文集：四十卷 / (宋)邹浩撰
明万历四十六年(1618)刻本. -- 存十四卷：卷一至卷十四；卷五第三页配佚名抄本。(清)何焯朱笔校。
1997年摄制. -- 1盘卷片(11.5米223拍) : 1:10, 2B ; 35mm银盐
收藏馆：缩微中心，广东

000O005452
郴江百咏：一卷 / (宋)阮阅撰
清(1644-1911)抄本. -- (清)劳格校。

1986年摄制. -- 1盘卷片(3米35拍)：1:10,
2B；35mm银盐
收藏馆：缩微中心，国图

00〇013856
郴江百咏：一卷 / (宋)阮阅撰．杏庭摘稿：一卷 /
(元)洪焱祖撰
清(1644-1911)抄本
1992年摄制. -- 1盘卷片(3米18拍)：1:10,
2B；35mm银盐
收藏馆：缩微中心，国图

00〇022035
和靖尹先生文集：十卷 / (宋)尹焞撰
明嘉靖九年(1530)洪珠刻本
1995年摄制. -- 1盘卷片(9米154拍)：1:10,
2B；35mm银盐
收藏馆：缩微中心，国图

00〇003499
和靖尹先生文集：十卷附录一卷 / (宋)尹焞撰
明嘉靖九年(1530)洪珠刻本
1985年摄制. -- 1盘卷片(9米170拍)：1:10,
2B；35mm银盐
收藏馆：缩微中心，国图

00〇022080
和靖尹先生文集：十卷附录一卷 / (宋)尹焞撰
清(1644-1911)抄本
1995年摄制. -- 1盘卷片(9米152拍)：1:10,
2B；35mm银盐
收藏馆：缩微中心，国图

00〇018031
和靖尹先生文集：十卷 / (宋)尹焞撰；(明)刘宗
周辑
明天启(1621-1627)刻本
1993年摄制. -- 1盘卷片(11米222拍)：
1:10, 2B；35mm银盐
收藏馆：缩微中心，天津

00〇025805
和靖尹先生文集：十卷附录一卷 / (宋)尹焞撰
清(1644-1911)刻本
1996年摄制. -- 1盘卷片(9米146拍)：1:10,
2B；35mm银盐
收藏馆：缩微中心，国图

00〇029280
和靖先生文集：不分卷 / (宋)尹焞撰
明(1368-1644)刻本. -- 目录不分卷，且无
"会稽师说"；书口分卷漫无次序，拍摄仍按
目录排列，而以"会稽师说"附后，因此有与

卷端或书口卷次不统一处。(清)王礼培校。
1999年摄制. -- 1盘卷片(8米153拍)：1:10,
2B；35mm银盐
收藏馆：缩微中心，湖南

00〇022477
和靖先生文集：五卷 / (宋)尹焞撰．和靖先生文
集附集：一卷 / (宋)王时敏辑
明(1368-1644)刻本. -- (清)丁丙跋。
1995年摄制. -- 1盘卷片(9米146拍)：1:10,
2B；35mm银盐
收藏馆：缩微中心，南京

00〇023659
和靖尹先生文集：八卷附集二卷 / (宋)尹焞撰
清(1644-1911)抄本
1995年摄制. -- 1盘卷片(9米159拍)：1:10,
2B；35mm银盐
收藏馆：缩微中心，浙江

00〇023998
北湖集：五卷 / (宋)吴则礼撰
清(1644-1911)鲍氏知不足斋抄本. -- (清)鲍
廷博校并跋，(清)丁丙跋。
1996年摄制. -- 1盘卷片(9米150拍)：1:10,
2B；35mm银盐
收藏馆：缩微中心，南京

00〇002830
乐静先生李公文集：三十卷 / (宋)李昭玘撰
清道光四年(1824)东武刘氏味经书屋抄本. --
存二十九卷：卷一、卷三至卷三十。(清)刘喜
海跋。
1986年摄制. -- 1盘卷片(13米259拍)：
1:10, 2B；35mm银盐
收藏馆：缩微中心，国图

00〇001364
乐静先生李公文集：三十卷 / (宋)李昭玘撰
清(1644-1911)抄本. -- 存二十九卷：卷一、
卷三至卷三十。
1985年摄制. -- 1盘卷片(13.6米285拍)：
1:10, 2B；35mm银盐
收藏馆：缩微中心，国图

00〇002108
乐静先生李公文集：三十卷 / (宋)李昭玘撰
清(1644-1911)抄本. -- 存二十八卷：卷三至
卷三十。(清)陆心源跋。
1986年摄制. -- 1盘卷片(14米304拍)：
1:10, 2B；35mm银盐
收藏馆：缩微中心，国图

000O024042
刘给谏文集：五卷 / (宋)刘安上撰
清(1644-1911)抄本. -- (清)丁丙跋。
1996年摄制. -- 1盘卷片(7米115拍) : 1:10,
2B ; 35mm银盐
收藏馆：缩微中心，南京

000O024030
唐先生文集：二十卷 / (宋)唐庚撰
清雍正四年(1726)谢浦泰抄本. -- (清)丁丙
跋。
1996年摄制. -- 1盘卷片(12米231拍) :
1:10, 2B ; 35mm银盐
收藏馆：缩微中心，南京

000O008632
唐先生文集：二十卷 / (宋)唐庚撰
清(1644-1911)抄本. -- (清)沈善经、(清)王
荫嘉跋。
1988年摄制. -- 1盘卷片(12米239拍) :
1:10, 2B ; 35mm银盐
收藏馆：缩微中心，国图

000O019496
唐先生文集：二十卷 / (宋)唐庚撰
清(1644-1911)抄本. -- 张元济跋。
1994年摄制. -- 1盘卷片(13米228拍) :
1:10, 2B ; 35mm银盐
收藏馆：缩微中心，国图

000O003733
眉山唐先生文集：三十卷 / (宋)唐庚撰
清(1644-1911)抄本
1985年摄制. -- 1盘卷片(19米417拍) :
1:10, 2B ; 35mm银盐
收藏馆：缩微中心，国图

000O007119
唐眉山诗集：十卷文集十四卷 / (宋)唐庚撰
清雍正三年(1725)汪亮采南陔草堂活字印本
1987年摄制. -- 1盘卷片(13.8米290拍) :
1:10, 2B ; 35mm银盐
收藏馆：缩微中心，重庆

000O003020
唐先生集：七卷 / (宋)唐庚撰
明嘉靖三年(1524)任佃刻本
1986年摄制. -- 1盘卷片(7米138拍) : 1:10,
2B ; 35mm银盐
收藏馆：缩微中心，国图

000O004927
唐先生集：七卷 / (宋)唐庚撰

明嘉靖三年(1524)任佃刻本. -- (清)黄丕
烈、傅增湘跋。
1987年摄制. -- 1盘卷片(7.8米150拍) :
1:10, 2B ; 35mm银盐
收藏馆：缩微中心，国图

000O005840
唐先生文集：七卷 / (宋)唐庚撰
清(1644-1911)汪氏裘杼楼抄本. -- (清)黄丕
烈校，(清)蒋凤藻跋，(清)王颂蔚题款。
1987年摄制. -- 1盘卷片(3.4米43拍) :
1:10, 2B ; 35mm银盐
收藏馆：缩微中心，国图

000O028020
高峰先生文集：十七卷 / (宋)廖刚撰
明(1368-1644)抄本. -- (清)林佶跋。
1996年摄制. -- 1盘卷片(21米375拍) :
1:10, 2B ; 35mm银盐
收藏馆：缩微中心，福建

000O009838
高峰先生文集：十七卷 / (宋)廖刚撰
清(1644-1911)抄本
1989年摄制. -- 1盘卷片(20米437拍) :
1:10, 2B ; 35mm银盐
收藏馆：缩微中心，浙江

000O022480
高峰先生文集：十二卷 / (宋)廖刚撰
清(1644-1911)抄本. -- (清)林佶、(清)丁丙
跋。
1995年摄制. -- 1盘卷片(10.6米207拍) :
1:10, 2B ; 35mm银盐
收藏馆：缩微中心，南京

000O022865
高峰先生文集：七卷又四卷 / (宋)廖刚撰
清(1644-1911)抄本. -- (清)鲍廷博校。
1995年摄制. -- 1盘卷片(15米313拍) :
1:10, 2B ; 35mm银盐
收藏馆：缩微中心，南京

000O003599
石门文字禅：三十卷 / (宋)释德洪撰
明万历二十五年(1597)径山兴圣万寿禅寺刻径
山藏本
1985年摄制. -- 2盘卷片(33.5米725拍) :
1:10, 2B ; 35mm银盐
收藏馆：缩微中心，国图

000O018800
斜川集：六卷 / (宋)苏过撰. 订误：一卷附录二

卷 / (清)吴辰元撰
清乾隆五十三年(1788)赵怀玉亦有生斋刻本
1994年摄制. -- 1盘卷片(8米127拍) : 1:10,
2B ; 35mm银盐
收藏馆：缩微中心，国图

000O003271
横塘集：二十卷 / (宋)许景衡撰
清乾隆(1736-1795)翰林院抄本
1986年摄制. -- 1盘卷片(18米383拍) :
1:10，2B ; 35mm银盐
收藏馆：缩微中心，国图

000O022829
豫章罗先生文集：十七卷 / (宋)罗从彦撰. 年谱：
一卷 / (元)曹道振撰
元至正二十五年(1365)豫章书院刻本
1995年摄制. -- 1盘卷片(10米183拍) :
1:10，2B ; 35mm银盐
收藏馆：缩微中心，南京

000O000628
豫章罗先生文集：十七卷 / (宋)罗从彦撰. 年谱：
一卷 / (元)曹道振撰
明成化(1465-1487)张泰刻本. -- (清)李璋煜
跋。
1985年摄制. -- 1盘卷片(9.1米178拍) :
1:10，2B ; 35mm银盐
收藏馆：缩微中心，国图

000O003010
豫章罗先生文集：十七卷 / (宋)罗从彦撰. 年谱：
一卷 / (元)曹道振撰
明成化(1465-1487)张泰刻本
1986年摄制. -- 1盘卷片(9米175拍) : 1:10,
2B ; 35mm银盐
收藏馆：缩微中心，国图

000O003008
豫章罗先生文集：十七卷 / (宋)罗从彦撰. 年谱：
一卷 / (元)曹道振撰
明成化(1465-1487)冯孜刻本
1986年摄制. -- 1盘卷片(12米252拍) :
1:10，2B ; 35mm银盐
收藏馆：缩微中心，国图

000O026667
豫章罗先生文集：十七卷 / (宋)罗从彦撰. 年谱：
一卷 / (元)曹道振撰
明正德十二年(1517)姜文魁刻隆庆五年(1571)
罗文明重修本
1996年摄制. -- 1盘卷片(13米252拍) :
1:10，2B ; 35mm银盐

收藏馆：缩微中心，福建

000O007851
豫章罗先生文集：十七卷 / (宋)罗从彦撰. 年谱：
一卷 / (元)曹道振撰
明嘉靖三十三年(1554)谢鸾刻本
1987年摄制. -- 1盘卷片(9.2米181拍) :
1:9，2B ; 35mm银盐
收藏馆：缩微中心，重庆

000O022478
豫章罗先生文集：十七卷 / (宋)罗从彦撰. 年谱：
一卷 / (元)曹道振撰
明嘉靖三十三年(1554)谢鸾刻本. -- (清)丁
丙跋。
1995年摄制. -- 1盘卷片(8米180拍) : 1:10,
2B ; 35mm银盐
收藏馆：缩微中心，南京

000O008457
豫章罗先生文集：十七卷 / (宋)罗从彦撰. 年谱：
一卷 / (元)曹道振撰
明(1368-1644)元季恭刻本
1988年摄制. -- 1盘卷片(11米229拍) :
1:10，2B ; 35mm银盐
收藏馆：缩微中心，国图

000O001277
豫章罗先生文集：十七卷 / (宋)罗从彦撰. 年谱：
一卷 / (元)曹道振撰
明(1368-1644)刻本
1985年摄制. -- 1盘卷片(12.2米254拍) :
1:10，2B ; 35mm银盐
收藏馆：缩微中心，国图

000O004929
豫章罗先生文集：十七卷 / (宋)罗从彦撰. 年谱：
一卷 / (元)曹道振撰
明(1368-1644)刻本
1987年摄制. -- 1盘卷片(9.1米179拍) :
1:10，2B ; 35mm银盐
收藏馆：缩微中心，国图

000O023886
豫章罗先生文集：十七卷 / (宋)罗从彦撰. 年谱：
一卷 / (元)曹道振撰
明(1368-1644)刻本. -- (清)季锡畴、(清)王
振声跋。
1995年摄制. -- 1盘卷片(13米262拍) :
1:10，2B ; 35mm银盐
收藏馆：缩微中心，南京

000O022864

豫章罗先生文集：十七卷 / (宋)罗从彦撰．年谱：
一卷 / (元)曹道振撰
清(1644-1911)李芬抄本． -- (清)李芬校跋。
1995年摄制． -- 1盘卷片(9米174拍) ： 1:10,
2B ； 35mm银盐
收藏馆：缩微中心，南京

000O004756

丹阳集：二十四卷 / (宋)葛胜仲撰
清乾隆四十一年(1776)孔继涵抄本
1987年摄制． -- 1盘卷片(24米503拍) ：
1:10, 2B ； 35mm银盐
收藏馆：缩微中心，国图

000O003256

庄简集：十八卷 / (宋)李光撰
清乾隆(1736-1795)翰林院抄本
1986年摄制． -- 1盘卷片(15米316拍) ：
1:10, 2B ； 35mm银盐
收藏馆：缩微中心，国图

000O002813

初寮集：八卷 / (宋)王安中撰
清乾隆(1736-1795)翰林院抄本
1986年摄制． -- 1盘卷片(15米323拍) ：
1:10, 2B ； 35mm银盐
收藏馆：缩微中心，国图

000O022044

默堂先生文集：二十二卷 / (宋)陈渊撰
清(1644-1911)抄本
1995年摄制． -- 1盘卷片(22米434拍) ：
1:10, 2B ； 35mm银盐
收藏馆：缩微中心，国图

000O022786

默堂先生文集：二十二卷 / (宋)陈渊撰
清(1644-1911)抄本． -- (清)丁丙跋。
1995年摄制． -- 1盘卷片(20米444拍) ：
1:10, 2B ； 35mm银盐
收藏馆：缩微中心，南京

000O014461

陵阳先生诗：四卷 / (宋)韩驹撰
清初(1644-1722)抄本
1992年摄制． -- 1盘卷片(6.7米120拍) ：
1:10, 2B ； 35mm银盐
收藏馆：缩微中心，重庆

000O016071

陵阳先生诗：四卷 / (宋)韩驹撰
清宣统二年(1910)沈曾植刻本． -- 章钰校并
跋。
1993年摄制． -- 1盘卷片(5米68拍) ： 1:10,
2B ； 35mm银盐
收藏馆：缩微中心，国图

000O002325

陵阳先生诗：四卷 / (宋)韩驹撰
清(1644-1911)抄本
1986年摄制． -- 1盘卷片(6米95拍) ： 1:10,
2B ； 35mm银盐
收藏馆：缩微中心，国图

000O021805

陵阳先生诗：四卷 / (宋)韩驹撰
清(1644-1911)抄本． -- (清)丁丙跋。
1994年摄制． -- 1盘卷片(7米118拍) ： 1:10,
2B ； 35mm银盐
收藏馆：缩微中心，南京

000O022098

陵阳先生诗：四卷 / (宋)韩驹撰
清(1644-1911)抄本
1995年摄制． -- 1盘卷片(6米86拍) ： 1:10,
2B ； 35mm银盐
收藏馆：缩微中心，国图

000O015549

陵阳先生诗集：四卷 / (宋)韩驹撰
清(1644-1911)抄本． -- (清)劳权校并跋。
1993年摄制． -- 1盘卷片(7米104拍) ： 1:10,
2B ； 35mm银盐
收藏馆：缩微中心，国图

000O020219

陵阳先生诗集：四卷 / (宋)韩驹撰
清(1644-1911)抄本
1994年摄制． -- 1盘卷片(6米78拍) ： 1:10,
2B ； 35mm银盐
收藏馆：缩微中心，国图

000O021788

忠惠集：十卷附录一卷 / (宋)翟汝文撰
清(1644-1911)吉氏研经堂抄本
1994年摄制． -- 1盘卷片(13米271拍) ：
1:10, 2B ； 35mm银盐
收藏馆：缩微中心，南京

000O022861

藏海居士集：二卷 / (宋)吴可撰
清(1644-1911)翰林院抄本． -- 四库底本。
(清)丁丙跋。
1995年摄制． -- 1盘卷片(4米34拍) ： 1:10,
2B ； 35mm银盐

收藏馆：缩微中心，南京

000O026873
三余集：四卷 / (宋)黄彦平撰
清乾隆(1736-1795)翰林院抄本. -- (清)丁丙
跋。
1996年摄制. -- 1盘卷片(4米92拍) : 1:10,
2B ; 35mm银盐
收藏馆：缩微中心，南京

000O030171
云溪集：十二卷 / (宋)郭印撰
清乾隆(1736-1795)翰林院抄本. -- 据四库全
书本抄录。
2001年摄制. -- 1盘卷片(11.3米204拍) :
1:10, 2B ; 35mm银盐
收藏馆：缩微中心，厦门

000O007912
石林居士建康集：八卷 / (宋)叶梦得撰
明(1368-1644)抄本
1988年摄制. -- 1盘卷片(9米169拍) : 1:10,
2B ; 35mm银盐
收藏馆：缩微中心，湖南

000O014672
石林居士建康集：八卷 / (宋)叶梦得撰
明末(1621-1644)抄本. -- (明)毛晋校，(清)
季振宜跋。
1992年摄制. -- 1盘卷片(8米147拍) : 1:10,
2B ; 35mm银盐
收藏馆：缩微中心，国图

000O006843
石林居士建康集：八卷 / (宋)叶梦得撰
清初(1644-1722)抄本
1987年摄制. -- 1盘卷片(13米260拍) :
1:10, 2B ; 35mm银盐
收藏馆：缩微中心，国图

000O014181
石林居士建康集：八卷 / (宋)叶梦得撰
清初(1644-1722)抄本. -- (清)金锡爵跋。
1992年摄制. -- 1盘卷片(8米146拍) : 1:10,
2B ; 35mm银盐
收藏馆：缩微中心，国图

000O025887
石林居士建康集：八卷 / (宋)叶梦得撰
清(1644-1911)戴光曾抄本. -- (清)戴光曾抄
并跋。
1996年摄制. -- 1盘卷片(8米148拍) : 1:10,
2B ; 35mm银盐

收藏馆：缩微中心，浙江

000O022086
石林居士建康集：八卷 / (宋)叶梦得撰
抄本
1995年摄制. -- 1盘卷片(9米144拍) : 1:10,
2B ; 35mm银盐
收藏馆：缩微中心，国图

000O022133
石林居士建康集：八卷 / (宋)叶梦得撰
抄本
1995年摄制. -- 1盘卷片(12米223拍) :
1:10, 2B ; 35mm银盐
收藏馆：缩微中心，国图

000O003990
石林居士建康集：八卷 / (宋)叶梦得撰
清(1644-1911)抄本. -- (清)邵恩多、(清)季
锡畴校。
1985年摄制. -- 1盘卷片(8米152拍) : 1:10,
2B ; 35mm银盐
收藏馆：缩微中心，国图

000O015545
石林居士建康集：八卷 / (宋)叶梦得撰
清(1644-1911)抄本
1993年摄制. -- 1盘卷片(8米181拍) : 1:10,
2B ; 35mm银盐
收藏馆：缩微中心，国图

000O020377
石林居士建康集：八卷 / (宋)叶梦得撰
清(1644-1911)抄本
1994年摄制. -- 1盘卷片(9米161拍) : 1:10,
2B ; 35mm银盐
收藏馆：缩微中心，国图

000O024901
石林居士建康集：八卷 / (宋)叶梦得撰
清(1644-1911)抄本. -- (清)叶廷琯校并跋。
1996年摄制. -- 1盘卷片(11米193拍) :
1:10, 2B ; 35mm银盐
收藏馆：缩微中心，南京

000O027480
石林居士建康集：八卷 / (宋)叶梦得撰
清(1644-1911)抄本. -- (清)吴翌凤、(清)丁
丙跋，(清)黄丕烈校并跋。
1996年摄制. -- 1盘卷片(10米175拍) :
1:10, 2B ; 35mm银盐
收藏馆：缩微中心，南京

00O026867
石林居士建康集：八卷补遗一卷 / (宋)叶梦得撰．石林先生两镇建康纪年略：一卷 / (清)叶廷琯辑
清道光二十四年(1844)叶廷琯刻本．-- (清)叶廷琯校。
1996年摄制．-- 1盘卷片(9米156拍) ：1:10，2B ；35mm银盐
收藏馆：缩微中心，南京

00O016032
石林居士建康集：八卷补遗一卷 / (宋)叶梦得撰．石林先生两镇建康纪年略：一卷 / (清)叶廷琯撰
清咸丰六年(1856)叶运鹏刻本．-- 章钰录邓邦述校跋。
1993年摄制．-- 1盘卷片(8米137拍) ：1:10，2B ；35mm银盐
收藏馆：缩微中心，国图

00O022099
北山小集：八卷附录一卷 / (宋)程俱撰；(明)施介夫辑
明(1368-1644)抄本
1995年摄制．-- 1盘卷片(6米77拍) ：1:10，2B ；35mm银盐
收藏馆：缩微中心，国图

00O005013
北山小集：四十卷 / (宋)程俱撰
清道光五年(1825)袁氏贞节堂抄本
1986年摄制．-- 2盘卷片(36米774拍) ：1:10，2B ；35mm银盐
收藏馆：缩微中心，国图

00O013601
北山小集：四十卷 / (宋)程俱撰
清道光七年(1827)张蓉镜抄本．-- (清)张金吾、(清)邵渊耀、(清)方若蘅、(清)柳瀛跋。
1991年摄制．-- 2盘卷片(37米710拍) ：1:10，2B ；35mm银盐
收藏馆：缩微中心，国图

00O015278
北山小集：四十卷 / (宋)程俱撰
清(1644-1911)抄本．-- (清)吴之振跋。
1992年摄制．-- 2盘卷片(43米841拍) ：1:10，2B ；35mm银盐
收藏馆：缩微中心，国图

00O018599
北山小集：四十卷 / (宋)程俱撰
清(1644-1911)抄本
1993年摄制．-- 1盘卷片(34米703拍) ：1:10，2B ；35mm银盐

收藏馆：缩微中心，国图

00O002324
北山小集：八卷附一卷 / (宋)程俱撰
清(1644-1911)抄本
1986年摄制．-- 1盘卷片(6米89拍) ：1:10，2B ；35mm银盐
收藏馆：缩微中心，国图

00O007347
浮溪文粹：十五卷附录一卷 / (宋)汪藻撰
明正德元年(1506)马金刻本．-- (清)黄丕烈、(清)韩应陛跋。
1987年摄制．-- 1盘卷片(9米169拍) ：1:10，2B ；35mm银盐
收藏馆：缩微中心，国图

00O015695
浮溪文粹：十五卷附录一卷 / (宋)汪藻撰
明正德元年(1506)马金刻本
1993年摄制．-- 1盘卷片(10米158拍) ：1:10，2B ；35mm银盐
收藏馆：缩微中心，国图

00O008580
浮溪文粹：十五卷附录一卷 / (宋)汪藻撰
明嘉靖三十四年(1555)钱芹刻本
1988年摄制．-- 1盘卷片(10米215拍) ：1:10，2B ；35mm银盐
收藏馆：缩微中心，国图

00O015791
浮溪文粹：十五卷附录一卷 / (宋)汪藻撰
明嘉靖三十四年(1555)钱芹刻本
1993年摄制．-- 1盘卷片(11米192拍) ：1:10，2B ；35mm银盐
收藏馆：缩微中心，国图

00O025941
浮溪文粹：十五卷附录一卷 / (宋)汪藻撰
明嘉靖三十四年(1555)钱芹刻本．-- (清)丁丙跋。
1996年摄制．-- 1盘卷片(11米235拍) ：1:10，2B ；35mm银盐
收藏馆：缩微中心，南京

00O006016
浮溪文粹：十五卷附录一卷 / (宋)汪藻撰
明嘉靖三十四年(1555)钱芹刻万历四十三年(1615)王景勋重修本．-- 卷十至卷十三配抄本。
1987年摄制．-- 1盘卷片(11米219拍) ：1:10，2B ；35mm银盐

收藏馆：缩微中心，国图

00O000570
浮溪遗集：十五卷附录一卷 / (宋)汪藻撰
清康熙七年(1668)汪士汉居仁堂刻本
1985年摄制. -- 1盘卷片(9.1米175拍)：
1:10, 2B ；35mm银盐
收藏馆：缩微中心，国图

00O018465
浮溪遗集：十五卷附录一卷 / (宋)汪藻撰
清康熙七年(1668)汪士汉居仁堂刻本
1993年摄制. -- 1盘卷片(9米156拍)：1:10,
2B ；35mm银盐
收藏馆：缩微中心，国图

00O013435
浮溪遗集：十五卷附录一卷 / (宋)汪藻撰
清(1644-1911)吴氏绣谷亭抄本. -- 傅增湘
跋。
1991年摄制. -- 1盘卷片(11米195拍)：
1:10, 2B ；35mm银盐
收藏馆：缩微中心，国图

00O022362
苕溪集：五十五卷目录三卷 / (宋)刘一止撰
清(1644-1911)拥万堂抄本
1995年摄制. -- 1盘卷片(28米588拍)：
1:10, 2B ；35mm银盐
收藏馆：缩微中心，国图

00O022461
苕溪集：五十五卷目录三卷 / (宋)刘一止撰
清(1644-1911)藕香簃抄本. -- 存五十六卷：
卷一至卷十五、卷十八至卷五十五、目录三
卷。(清)李葂、(清)朱孝臧校。
1995年摄制. -- 1盘卷片(26米521拍)：
1:10, 2B ；35mm银盐
收藏馆：缩微中心，南京

00O002820
苕溪集：五十五卷目录三卷 / (宋)刘一止撰
清(1644-1911)抄本
1986年摄制. -- 1盘卷片(26米581拍)：
1:10, 2B ；35mm银盐
收藏馆：缩微中心，国图

00O003015
苕溪集：五十五卷目录三卷 / (宋)刘一止撰
清(1644-1911)抄本
1986年摄制. -- 1盘卷片(25米563拍)：
1:10, 2B ；35mm银盐
收藏馆：缩微中心，国图

00O003863
苕溪集：五十五卷目录三卷 / (宋)刘一止撰
清(1644-1911)抄本
1985年摄制. -- 1盘卷片(25米558拍)：
1:10, 2B ；35mm银盐
收藏馆：缩微中心，国图

00O004758
苕溪集：五十五卷目录三卷 / (宋)刘一止撰
清(1644-1911)抄本
1987年摄制. -- 1盘卷片(27米599拍)：
1:10, 2B ；35mm银盐
收藏馆：缩微中心，国图

00O015181
苕溪集：五十五卷目录三卷 / (宋)刘一止撰
清(1644-1911)抄本
1992年摄制. -- 1盘卷片(27米533拍)：
1:10, 2B ；35mm银盐
收藏馆：缩微中心，国图

00O004320
卢溪先生文集：五十卷 / (宋)王庭珪撰
明嘉靖五年(1526)梁英刻本
1986年摄制. -- 1盘卷片(22米484拍)：
1:10, 2B ；35mm银盐
收藏馆：缩微中心，国图

00O022849
卢溪先生文集：五十卷 / (宋)王庭珪撰
明嘉靖五年(1526)梁英刻本. -- (清)丁丙
跋。
1995年摄制. -- 1盘卷片(27.5米595拍)：
1:10, 2B ；35mm银盐
收藏馆：缩微中心，南京

00O029292
卢溪先生文集：五十卷 / (宋)王庭珪撰
明嘉靖五年(1526)刻本. -- 存四十七卷：卷
四至卷五十。
1999年摄制. -- 1盘卷片(19米394拍)：
1:10, 2B ；35mm银盐
收藏馆：缩微中心，湖南

00O022481
卢溪先生文集：五十卷 / (宋)王庭珪撰
清雍正四年(1726)谢浦泰抄本. -- (清)丁丙
跋。
1995年摄制. -- 1盘卷片(22米489拍)：
1:10, 2B ；35mm银盐
收藏馆：缩微中心，南京

00O001690
忠穆集：八卷 / (宋)吕颐浩撰
清乾隆(1736-1795)翰林院抄本
1986年摄制. -- 1盘卷片(9米172拍) : 1:10,
2B ; 35mm银盐
收藏馆：缩微中心，国图

00O014100
鸿庆居士文集：十四卷 / (宋)孙觌撰
明(1368-1644)刻本
1992年摄制. -- 1盘卷片(21米439拍) :
1:10, 2B ; 35mm银盐
收藏馆：缩微中心，国图

00O018414
鸿庆居士文集：十四卷 / (宋)孙觌撰
明(1368-1644)刻本
1993年摄制. -- 1盘卷片(22米438拍) :
1:10, 2B ; 35mm银盐
收藏馆：缩微中心，国图

00O014705
鸿庆居士文集：四十二卷 / (宋)孙觌撰
清(1644-1911)吕无咎吕氏讲习堂抄本
1992年摄制. -- 2盘卷片(45米921拍) :
1:10, 2B ; 35mm银盐
收藏馆：缩微中心，国图

00O001813
鸿庆居士文集：四十二卷 / (宋)孙觌撰
清(1644-1911)抄本
1987年摄制. -- 2盘卷片(36.1米782拍) :
1:10, 2B ; 35mm银盐
收藏馆：缩微中心，国图

00O022811
鸿庆居士文集：四十二卷 / (宋)孙觌撰
清(1644-1911)抄本. -- (清)丁丙跋。
1995年摄制. -- 2盘卷片(48米1062拍) :
1:10, 2B ; 35mm银盐
收藏馆：缩微中心，南京

00O024023
孙尚书文集：七十卷 / (宋)孙觌撰
清初(1644-1722)抄本. -- (清)丁丙跋。
1993年摄制. -- 3盘卷片(74米1634拍) :
1:10, 2B ; 35mm银盐
收藏馆：缩微中心，南京

00O003017
孙尚书内简尺牍编注：十卷 / (宋)孙觌撰；(宋)
李祖尧注
明嘉靖三十六年(1557)顾名儒刻本. -- (清)

何煌校补。
1986年摄制. -- 1盘卷片(13米268拍) :
1:10, 2B ; 35mm银盐
收藏馆：缩微中心，国图

00O020709
孙尚书内简尺牍编注：十卷 / (宋)孙觌撰；(宋)
李祖尧注
明嘉靖三十六年(1557)顾名儒刻本
1994年摄制. -- 1盘卷片(13米218拍) :
1:10, 2B ; 35mm银盐
收藏馆：缩微中心，国图

00O013971
孙尚书内简尺牍编注：十卷 / (宋)孙觌撰；(宋)
李祖尧注
明万历(1573-1620)刻本
1992年摄制. -- 1盘卷片(11米190拍) :
1:10, 2B ; 35mm银盐
收藏馆：缩微中心，国图

00O005348
孙尚书内简尺牍编注：十卷 / (宋)孙觌撰；(宋)
李祖尧注
明(1368-1644)抄本
1986年摄制. -- 1盘卷片(10.1米204拍) :
1:10, 2B ; 35mm银盐
收藏馆：缩微中心，国图

00O032052
孙尚书内简尺牍编注：十卷 / (宋)孙觌撰；(宋)
李祖尧注
明(1368-1644)抄本
2011年摄制. -- 1盘卷片(12米208拍) :
1:10, 2B ; 35mm银盐
收藏馆：缩微中心，国图

00O009010
宋孙仲益内简尺牍：十卷 / (宋)孙觌撰；(宋)李
祖尧编注
清乾隆十二年(1747)刻本
1988年摄制. -- 1盘卷片(17米301拍) :
1:10, 2B ; 35mm银盐
收藏馆：缩微中心，湖北

00O016122
断肠诗集：十卷后集八卷 / (宋)朱淑真撰
清同治六年(1867)刘履芬抄本. -- (清)刘履
芬校并跋。
1993年摄制. -- 1盘卷片(4米42拍) : 1:10,
2B ; 35mm银盐
收藏馆：缩微中心，国图

00O005607
新注朱淑真断肠诗集：十卷后集八卷 / (宋)朱淑真撰；(宋)郑元佐注
清(1644-1911)汪氏艺芸书舍抄本. -- (清)徐康跋。
1987年摄制. -- 1盘卷片(5.7米100拍) : 1:10, 2B ; 35mm银盐
收藏馆：缩微中心，国图

00O006248
新注朱淑真断肠诗集：十卷后集三卷杂录诗一卷 / (宋)朱淑贞撰；(宋)郑元佐注
清(1644-1911)抄本
1986年摄制. -- 1盘卷片(6米92拍) : 1:10, 2B ; 35mm银盐
收藏馆：缩微中心，国图

00O002384
大隐集：十卷 / (宋)李正民撰
清乾隆(1736-1795)翰林院抄本
1986年摄制. -- 1盘卷片(12米236拍) : 1:10, 2B ; 35mm银盐
收藏馆：缩微中心，国图

00O004148
缙云先生文集：四卷附录一卷 / (宋)冯时行撰
清(1644-1911)赵氏小山堂抄本
1986年摄制. -- 1盘卷片(8米144拍) : 1:10, 2B ; 35mm银盐
收藏馆：缩微中心，国图

00O002831
宋著作王先生文集：八卷 / (宋)王苹撰
清(1644-1911)赵氏小山堂抄本
1986年摄制. -- 1盘卷片(6米97拍) : 1:10, 2B ; 35mm银盐
收藏馆：缩微中心，国图

00O002057
宋著作王先生文集：八卷 / (宋)王苹撰
清(1644-1911)抄本
1986年摄制. -- 1盘卷片(5.1米86拍) : 1:10, 2B ; 35mm银盐
收藏馆：缩微中心，国图

00O004763
太仓稊米集：七十卷 / (宋)周紫芝撰
清(1644-1911)抄本. -- 存四十卷：卷一至卷四十。
1987年摄制. -- 1盘卷片(23米515拍) : 1:10, 2B ; 35mm银盐
收藏馆：缩微中心，国图

00O009869
太仓稊米集：七十卷 / (宋)周紫芝撰
清(1644-1911)抄本
1989年摄制. -- 2盘卷片(40米891拍) : 1:10, 2B ; 35mm银盐
收藏馆：缩微中心，浙江

00O012919
竹(筼)溪先生文集：二十四卷 / (宋)李弥逊撰
清(1644-1911)抄本. -- (清)丁丙跋。
1991年摄制. -- 1盘卷片(23米466拍) : 1:10, 2B ; 35mm银盐
收藏馆：缩微中心，南京

00O024946
竹(筼)溪先生文集：二十四卷 / (宋)李弥逊撰
清初(1644-1722)抄本. -- (清)丁丙跋。
1996年摄制. -- 1盘卷片(21米464拍) : 1:10, 2B ; 35mm银盐
收藏馆：缩微中心，南京

00O003601
梁溪先生文集：一百八十卷附录三卷 / (宋)李纲撰
清(1644-1911)抄本. -- (清)季锡畴校并跋。
1985年摄制. -- 5盘卷片(125米2749拍) : 1:10, 2B ; 35mm银盐
收藏馆：缩微中心，国图

00O000665
宋李忠定公奏议选：十五卷文集选二十九卷首四卷 / (宋)李纲撰；(明)左光先[等]辑
明(1368-1644)刻本. -- 辑者还有：(明)李春熙等。
1985年摄制. -- 2盘卷片(46.1米1021拍) : 1:10, 2B ; 35mm银盐
收藏馆：缩微中心，国图

00O002816
北海集：四十六卷附录三卷 / (宋)綦崇礼撰
清乾隆(1736-1795)翰林院抄本
1986年摄制. -- 1盘卷片(28米620拍) : 1:10, 2B ; 35mm银盐
收藏馆：缩微中心，国图

00O016923
华阳集：四十卷 / (宋)张纲撰
明万历二十五年(1597)于文熙刻本. -- 郑振铎跋。
1993年摄制. -- 1盘卷片(21米413拍) : 1:10, 2B ; 35mm银盐
收藏馆：缩微中心，国图

00O022034
华阳集：四十卷 / (宋)张纲撰
明万历二十五年(1597)于文熙刻本. -- (清)
吴允嘉跋。
1995年摄制. -- 1盘卷片(23米467拍) :
1:10, 2B ; 35mm银盐
收藏馆：缩微中心，国图

00O003735
华阳集：四十卷 / (宋)张纲撰
清(1644-1911)抄本
1985年摄制. -- 1盘卷片(21.6米481拍) :
1:10, 2B ; 35mm银盐
收藏馆：缩微中心，国图

00O001253
东莱先生诗集：二十卷 / (宋)吕本中撰
清(1644-1911)抄本
1985年摄制. -- 1盘卷片(11.4米234拍) :
1:10, 2B ; 35mm银盐
收藏馆：缩微中心，国图

00O004617
东莱先生诗集：二十卷 / (宋)吕本中撰
清(1644-1911)抄本
1987年摄制. -- 1盘卷片(14米283拍) :
1:10, 2B ; 35mm银盐
收藏馆：缩微中心，国图

00O008462
紫薇集：二十卷 / (宋)吕本中撰
清(1644-1911)抄本
1988年摄制. -- 1盘卷片(14米296拍) :
1:10, 2B ; 35mm银盐
收藏馆：缩微中心，国图

00O022039
紫薇集：二十卷 / (宋)吕本中撰
清(1644-1911)抄本
1995年摄制. -- 1盘卷片(14米271拍) :
1:10, 2B ; 35mm银盐
收藏馆：缩微中心，国图

00O003837
沈忠敏公龟溪集：十二卷 / (宋)沈与求撰
明万历二十八年(1600)沈子木刻本. -- (清)
季锡畴、瞿熙邦校并跋。
1985年摄制. -- 1盘卷片(14米310拍) :
1:10, 2B ; 35mm银盐
收藏馆：缩微中心，国图

00O007701
沈忠敏公龟溪集：十二卷 / (宋)沈与求撰

明万历二十八年(1600)沈子木刻本
1987年摄制. -- 1盘卷片(14米330拍) :
1:10, 2B ; 35mm银盐
收藏馆：缩微中心，重庆

00O022036
沈忠敏公龟溪集：十二卷 / (宋)沈与求撰
清初(1644-1722)抄本
1995年摄制. -- 1盘卷片(16米307拍) :
1:10, 2B ; 35mm银盐
收藏馆：缩微中心，国图

00O005098
潘默成公文集：八卷 / (宋)潘良贵撰；(清)曹定
远辑
清康熙三十六年(1697)黄珍刻本. -- 四库底
本。
1986年摄制. -- 1盘卷片(6米95拍) : 1:10,
2B ; 35mm银盐
收藏馆：缩微中心，国图

00O013350
宋陈少阳先生文集：十卷 / (宋)陈东撰
明天启五年(1625)贺懋忠刻本
1991年摄制. -- 1盘卷片(10米172拍) :
1:10, 2B ; 35mm银盐
收藏馆：缩微中心，国图

00O014217
宋陈少阳先生文集：十卷 / (宋)陈东撰
明天启五年(1625)贺懋忠刻本
1992年摄制. -- 1盘卷片(11米179拍) :
1:10, 2B ; 35mm银盐
收藏馆：缩微中心，国图

00O016587
宋少阳公文集：十卷 / (宋)陈东撰
清雍正十一年(1733)活字印本. -- 据四库底
本印刷。
1993年摄制. -- 1盘卷片(10.5米207拍) :
1:10, 2B ; 35mm银盐
收藏馆：缩微中心，山西

00O022868
少阳集：十卷 / (宋)陈东撰
清(1644-1911)叶氏敦宿好斋抄本. -- (清)丁
丙跋。
1995年摄制. -- 1盘卷片(8.5米166拍) :
1:10, 2B ; 35mm银盐
收藏馆：缩微中心，南京

00O021033
宋太学生陈东尽忠录：八卷 / (宋)陈东撰

明天启七年(1627)朱国盛刻本
1994年摄制. -- 1盘卷片(10米162拍) :
1:10, 2B ; 35mm银盐
收藏馆：缩微中心，国图

00O011075
郑忠愍公北山文集：三十卷附录四卷 / (宋)郑刚中撰
清康熙三十六年(1697)郑世成刻本
1989年摄制. -- 1盘卷片(31米602拍) :
1:10, 2B ; 35mm银盐
收藏馆：缩微中心，天津

00O003978
鄱阳集：四卷 / (宋)洪皓撰
清(1644-1911)抄本
1985年摄制. -- 1盘卷片(5米73拍) : 1:10,
2B ; 35mm银盐
收藏馆：缩微中心，国图

00O009865
傅忠肃公文集：三卷首一卷 / (宋)傅察撰 . 校勘记：一卷 / (清)傅以礼撰
清光绪十七年(1891)傅以礼校抄本
1989年摄制. -- 1盘卷片(11米226拍) :
1:10, 2B ; 35mm银盐
收藏馆：缩微中心，浙江

00O003980
傅忠肃公文集：三卷 / (宋)傅察撰
清(1644-1911)抄本
1985年摄制. -- 1盘卷片(8米153拍) : 1:10,
2B ; 35mm银盐
收藏馆：缩微中心，国图

00O005894
傅忠肃公文集：三卷 / (宋)傅察撰
清(1644-1911)抄本
1987年摄制. -- 1盘卷片(7米135拍) : 1:10,
2B ; 35mm银盐
收藏馆：缩微中心，国图

00O022029
傅忠肃公文集：三卷 / (宋)傅察撰
清(1644-1911)抄本
1995年摄制. -- 1盘卷片(8米134拍) : 1:10,
2B ; 35mm银盐
收藏馆：缩微中心，国图

00O022855
傅忠肃公文集：三卷 / (宋)傅察撰
清(1644-1911)抄本. -- (清)徐时栋跋，傅增湘校跋。

1995年摄制. -- 1盘卷片(10米178拍) :
1:10, 2B ; 35mm银盐
收藏馆：缩微中心，南京

00O024029
傅忠肃公文集：三卷 / (宋)傅察撰
清(1644-1911)抄本. -- (清)吴允嘉校并跋，(清)丁丙跋。
1993年摄制. -- 1盘卷片(10米182拍) :
1:10, 2B ; 35mm银盐
收藏馆：缩微中心，南京

00O020568
增广笺注简斋诗集：三十卷无住词一卷 / (宋)陈与义撰；(宋)胡穉笺注 . 胡学士续添简斋诗笺正误：一卷简斋先生年谱一卷 / (宋)胡穉撰
清(1644-1911)抄本. -- (清)刘履芬校。
1994年摄制. -- 1盘卷片(15米275拍) :
1:10, 2B ; 35mm银盐
收藏馆：缩微中心，国图

00O023247
增广笺注简斋诗集：三十卷无住词一卷 / (宋)陈与义撰；(宋)胡穉笺注 . 胡学士续添简斋诗笺正误：一卷简斋先生年谱一卷 / (宋)胡穉撰
清(1644-1911)抄本. -- (清)鲍廷博校。
1995年摄制. -- 1盘卷片(14米263拍) :
1:10, 2B ; 35mm银盐
收藏馆：缩微中心，国图

00O025902
简斋诗集：十五卷 / (宋)陈与义撰
清初(1644-1722)抄本. -- (清)丁丙跋。
1996年摄制. -- 1盘卷片(10米194拍) :
1:10, 2B ; 35mm银盐
收藏馆：缩微中心，南京

00O022802
雪溪诗：五卷 / (宋)王铚撰
明(1368-1644)抄本. -- (清)黄丕烈跋。
1995年摄制. -- 1盘卷片(5米65拍) : 1:10,
2B ; 35mm银盐
收藏馆：缩微中心，南京

00O014917
雪溪诗：五卷 / (宋)王铚撰
清光绪三十年(1904)李盛铎抄本
1992年摄制. -- 1盘卷片(5米62拍) : 1:10,
2B ; 35mm银盐
收藏馆：缩微中心，国图

00O003633
雪溪诗：五卷 / (宋)王铚撰

清(1644-1911)冰邃阁抄本
1986年摄制. -- 1盘卷片(5米84拍) : 1:10,
2B ; 35mm银盐
收藏馆：缩微中心，国图

000O000238
雪溪诗：五卷 / (宋)王铚撰
清(1644-1911)抄本
1985年摄制. -- 1盘卷片(5.7米98拍) :
1:10, 2B ; 35mm银盐
收藏馆：缩微中心，国图

000O015510
雪溪诗：五卷 / (宋)王铚撰
清(1644-1911)抄本
1993年摄制. -- 1盘卷片(4米52拍) : 1:10,
2B ; 35mm银盐
收藏馆：缩微中心，国图

000O015547
雪溪诗：五卷 / (宋)王铚撰
清(1644-1911)抄本
1993年摄制. -- 1盘卷片(4米52拍) : 1:10,
2B ; 35mm银盐
收藏馆：缩微中心，国图

000O022051
雪溪诗：五卷 / (宋)王铚撰
清(1644-1911)抄本
1995年摄制. -- 1盘卷片(5米61拍) : 1:10,
2B ; 35mm银盐
收藏馆：缩微中心，国图

000O022053
雪溪诗：五卷 / (宋)王铚撰
清(1644-1911)抄本
1995年摄制. -- 1盘卷片(4米51拍) : 1:10,
2B ; 35mm银盐
收藏馆：缩微中心，国图

000O024899
枏桐先生文集：二十五卷 / (宋)邓肃撰
明(1368-1644)祁氏淡生堂抄本. -- 卷一至卷
十一、卷十七至卷二十五配清(1644-1911)抄
本。(清)丁丙跋。
1996年摄制. -- 1盘卷片(12米227拍) :
1:10, 2B ; 35mm银盐
收藏馆：缩微中心，南京

000O015548
枏桐先生文集：十二卷附录一卷 / (宋)邓肃撰
明万历(1573-1620)邓崇纯刻本. -- 存七卷：
卷一至卷七。

1993年摄制. -- 1盘卷片(12米219拍) :
1:10, 2B ; 35mm银盐
收藏馆：缩微中心，国图

000O009015
枏桐先生文集：十二卷附录一卷 / (宋)邓肃撰
明万历(1573-1620)邓崇纯刻本
1988年摄制. -- 1盘卷片(14米241拍) :
1:10, 2B ; 35mm银盐
收藏馆：缩微中心，湖北

000O006021
枏桐先生文集：十二卷附录一卷 / (宋)邓肃撰
明万历(1573-1620)邓崇纯刻弘光元年(1645)
邓四教邓四维重修本
1987年摄制. -- 1盘卷片(13米255拍) :
1:10, 2B ; 35mm银盐
收藏馆：缩微中心，国图

000O027927
芦川归来集：六卷 / (宋)张元干撰
清(1644-1911)抄本. -- (清)丁丙跋。
1996年摄制. -- 1盘卷片(8米130拍) : 1:10,
2B ; 35mm银盐
收藏馆：缩微中心，南京

000O004943
芦川归来集：十六卷 / (宋)张元干撰
清(1644-1911)抄本. -- 存六卷：卷六至卷
七、卷十二至卷十四、卷十六。
1987年摄制. -- 1盘卷片(7米127拍) : 1:10,
2B ; 35mm银盐
收藏馆：缩微中心，国图

000O014291
双溪集：十五卷 / (宋)苏籀撰
明(1368-1644)抄本. -- 存九卷：卷一至卷
九。
1992年摄制. -- 1盘卷片(8米139拍) : 1:10,
2B ; 35mm银盐
收藏馆：缩微中心，国图

000O022042
重刊横浦先生文集：二十卷心传录三卷日新一
卷 / (宋)张九成撰. [横浦先生]家传：一卷 / (宋)
张寀撰. 施先生孟子发题：一卷 / (宋)施德操撰
明万历四十三年(1615)方士骐刻本
1995年摄制. -- 1盘卷片(24米473拍) :
1:10, 2B ; 35mm银盐
收藏馆：缩微中心，国图

000O022860
高东溪先生文集：二卷附录一卷 / (宋)高登撰

明嘉靖五年(1526)黄直刻本. -- (明)徐□跋。

1995年摄制. -- 1盘卷片(5米63拍)：1:10, 2B；35mm银盐

收藏馆：缩微中心，南京

000O018546

高东溪先生文集：二卷附录一卷 / (宋)高登撰

清初(1644-1722)抄本

1993年摄制. -- 1盘卷片(5米57拍)：1:10, 2B；35mm银盐

收藏馆：缩微中心，国图

000O004421

高东溪先生文集：二卷附录一卷 / (宋)高登撰

清(1644-1911)抄本

1986年摄制. -- 1盘卷片(5.1米83拍)：1:10, 2B；35mm银盐

收藏馆：缩微中心，国图

000O004760

高东溪先生文集：二卷附录一卷 / (宋)高登撰

清(1644-1911)抄本

1987年摄制. -- 1盘卷片(5米80拍)：1:10, 2B；35mm银盐

收藏馆：缩微中心，国图

000O018520

高东溪先生文集：二卷附录一卷 / (宋)高登撰

清(1644-1911)抄本. -- (清)叶志诜题款。

1993年摄制. -- 1盘卷片(5米57拍)：1:10, 2B；35mm银盐

收藏馆：缩微中心，国图

000O022100

高东溪先生文集：二卷附录一卷 / (宋)高登撰

清(1644-1911)抄本. -- (清)李文藻跋，(清)罗有高校。

1995年摄制. -- 1盘卷片(5米68拍)：1:10, 2B；35mm银盐

收藏馆：缩微中心，国图

000O002387

相山集：三十卷 / (宋)王之道撰

清乾隆(1736-1795)翰林院抄本

1986年摄制. -- 1盘卷片(21.7米480拍)：1:10, 2B；35mm银盐

收藏馆：缩微中心，国图

000O002815

紫微集：三十六卷 / (宋)张嵲撰

清乾隆(1736-1795)翰林院抄本

1986年摄制. -- 1盘卷片(29米648拍)：

1:10, 2B；35mm银盐

收藏馆：缩微中心，国图

000O028653

欧阳修撰集：八卷 / (宋)欧阳澈撰

清(1644-1911)抄本. -- 存七卷：卷一至卷七。(清)丁丙跋。

1996年摄制. -- 1盘卷片(10米181拍)：1:10, 2B；35mm银盐

收藏馆：缩微中心，南京

000O019222

欧阳修撰集：七卷 / (宋)欧阳澈撰

清(1644-1911)抄本

1994年摄制. -- 1盘卷片(9米163拍)：1:10, 2B；35mm银盐

收藏馆：缩微中心，国图

000O018680

欧阳先生飘然集：七卷 / (宋)欧阳澈撰

清(1644-1911)抄本. -- 存三卷：卷一至卷三。

1994年摄制. -- 1盘卷片(6米89拍)：1:10, 2B；35mm银盐

收藏馆：缩微中心，国图

000O004664

韦斋集：十二卷 / (宋)朱松撰. 玉澜集：一卷 / (宋)朱槔撰

明弘治十六年(1503)邝璠刻本

1987年摄制. -- 1盘卷片(11米224拍)：1:10, 2B；35mm银盐

收藏馆：缩微中心，国图

000O019520

韦斋集：十二卷 / (宋)朱松撰. 玉澜集：一卷 / (宋)朱槔撰

明(1368-1644)抄本

1994年摄制. -- 1盘卷片(14米259拍)：1:10, 2B；35mm银盐

收藏馆：缩微中心，国图

000O021822

韦斋集：十二卷 / (宋)朱松撰. 玉澜集：一卷 / (宋)朱槔撰

明(1368-1644)抄本. -- (清)丁丙跋。

1995年摄制. -- 1盘卷片(12米227拍)：1:10, 2B；35mm银盐

收藏馆：缩微中心，南京

000O009717

韦斋集：十二卷 / (宋)朱松撰

清康熙四十七年(1708)程垲刻本

1989年摄制. -- 1盘卷片(12米232拍) :
1:10, 2B ; 35mm银盐
收藏馆：缩微中心，湖北

00O010604
韦斋集：十二卷 / (宋)朱松撰 . 玉澜集：一卷 /
(宋)朱槔撰 . 蜀中草：一卷 / (宋)朱升撰
清康熙四十九年(1710)朱昌辰刻本
1989年摄制. -- 1盘卷片(16.4米343拍) :
1:10, 2B ; 35mm银盐
收藏馆：缩微中心，祁县

00O004931
韦斋集：十二卷 / (宋)朱松撰 . 玉澜集：一卷 /
(宋)朱槔撰
清雍正四年(1726)浦泰抄本. -- (清)浦泰题
款。
1987年摄制. -- 1盘卷片(11米226拍) :
1:10, 2B ; 35mm银盐
收藏馆：缩微中心，国图

00O001601
韦斋集：十二卷 / (宋)朱松撰 . 玉澜集：一卷 /
(宋)朱槔撰
清(1644-1911)抄本
1986年摄制. -- 1盘卷片(11米225拍) :
1:10, 2B ; 35mm银盐
收藏馆：缩微中心，国图

00O002809
浮山集：七卷 / (宋)仲并撰
清乾隆(1736-1795)翰林院抄本
1986年摄制. -- 1盘卷片(11米212拍) :
1:10, 2B ; 35mm银盐
收藏馆：缩微中心，国图

00O004240
浮山集：十卷 / (宋)仲并撰
清(1644-1911)抄本
1985年摄制. -- 1盘卷片(11米208拍) :
1:10, 2B ; 35mm银盐
收藏馆：缩微中心，国图

00O015555
倪石陵书：一卷 / (宋)倪朴撰
清(1644-1911)抄本. -- 傅增湘跋。
1993年摄制. -- 1盘卷片(4米42拍) : 1:10,
2B ; 35mm银盐
收藏馆：缩微中心，国图

00O000334
致堂胡先生裴然集：三十卷 / (宋)胡寅撰
清(1644-1911)经鉏堂抄本

1985年摄制. -- 2盘卷片(36.7米790拍) :
1:10, 2B ; 35mm银盐
收藏馆：缩微中心，国图

00O018557
松隐文集：四十卷 / (宋)曹勋撰
清(1644-1911)抄本. -- 存三十九卷：卷一至
卷十三、卷十五至卷四十。
1993年摄制. -- 1盘卷片(21米430拍) :
1:10, 2B ; 35mm银盐
收藏馆：缩微中心，国图

00O022032
松隐文集：四十卷 / (宋)曹勋撰
清(1644-1911)抄本
1995年摄制. -- 1盘卷片(22米430拍) :
1:10, 2B ; 35mm银盐
收藏馆：缩微中心，国图

00O007700
屏山集：二十卷 / (宋)刘子翚撰
明弘治十七年(1504)刻本
1987年摄制. -- 1盘卷片(16.2米342拍) :
1:9, 2B ; 35mm银盐
收藏馆：缩微中心，重庆

00O003026
屏山集：二十卷 / (宋)刘子翚撰
明正德七年(1512)刘泽刻本
1986年摄制. -- 1盘卷片(15米316拍) :
1:10, 2B ; 35mm银盐
收藏馆：缩微中心，国图

00O005335
屏山集：二十卷 / (宋)刘子翚撰
明正德七年(1512)刘泽刻本
1986年摄制. -- 1盘卷片(15米321拍) :
1:10, 2B ; 35mm银盐
收藏馆：缩微中心，国图

00O018468
屏山集：二十卷 / (宋)刘子翚撰
明正德七年(1512)刘泽刻本
1993年摄制. -- 1盘卷片(16米303拍) :
1:10, 2B ; 35mm银盐
收藏馆：缩微中心，国图

00O020698
屏山集：二十卷 / (宋)刘子翚撰
明正德七年(1512)刘泽刻本
1994年摄制. -- 1盘卷片(17米299拍) :
1:10, 2B ; 35mm银盐
收藏馆：缩微中心，国图

000O023269
屏山集：二十卷 / (宋)刘子翚撰
明正德七年(1512)刘泽刻本
1995年摄制. -- 1盘卷片(16米300拍) :
1:10, 2B ; 35mm银盐
收藏馆：缩微中心，国图

000O023972
屏山集：二十卷 / (宋)刘子翚撰
明正德七年(1512)刘泽刻本. -- (清)丁丙跋。
1995年摄制. -- 1盘卷片(16米347拍) :
1:10, 2B ; 35mm银盐
收藏馆：缩微中心，南京

000O004025
屏山集：二十卷 / (宋)刘子翚撰
明末(1621-1644)抄本. -- (清)叶万校，(清)翁同书跋。
1985年摄制. -- 1盘卷片(15米314拍) :
1:10, 2B ; 35mm银盐
收藏馆：缩微中心，国图

000O004083
香溪先生范贤良文集：二十二卷 / (宋)范浚撰
明成化十五年(1479)唐韶刻递修本
1986年摄制. -- 1盘卷片(13米263拍) :
1:10, 2B ; 35mm银盐
收藏馆：缩微中心，国图

000O006029
香溪先生范贤良文集：二十二卷 / (宋)范浚撰
明成化十五年(1479)唐韶刻递修本
1987年摄制. -- 1盘卷片(12.4米261拍) :
1:10, 2B ; 35mm银盐
收藏馆：缩微中心，国图

000O018451
香溪先生范贤良文集：二十二卷 / (宋)范浚撰
明成化十五年(1479)唐韶刻递修本. -- 存十七卷：卷六至卷二十二。
1993年摄制. -- 1盘卷片(12米213拍) :
1:10, 2B ; 35mm银盐
收藏馆：缩微中心，国图

000O003009
范香溪先生文集：二十二卷 / (宋)范浚撰. 范蒙斋先生遗文：一卷 / (宋)范端臣撰. 范杨溪先生遗文：一卷 / (宋)范端杲撰
清乾隆七年(1742)范文焕刻本
1986年摄制. -- 1盘卷片(17米357拍) :
1:10, 2B ; 35mm银盐
收藏馆：缩微中心，国图

000O017935
范香溪先生文集：二十二卷 / (宋)范浚撰. 范蒙斋先生遗文：一卷 / (宋)范端臣撰. 范杨溪先生遗文：一卷 / (宋)范端杲撰
清乾隆七年(1742)范文焕刻本
1993年摄制. -- 1盘卷片(17米340拍) :
1:10, 2B ; 35mm银盐
收藏馆：缩微中心，国图

000O022795
胡澹庵先生文集：六卷 / (宋)胡铨撰
清(1644-1911)抄本. -- (清)鲍廷博校，(清)丁丙跋。
1995年摄制. -- 1盘卷片(9米140拍) : 1:10,
2B ; 35mm银盐
收藏馆：缩微中心，南京

000O007161
胡澹庵先生文集：六卷传一卷 / (宋)胡铨撰
清乾隆(1736-1795)抄本. -- 四库底本。
1987年摄制. -- 1盘卷片(8米144拍) : 1:10,
2B ; 35mm银盐
收藏馆：缩微中心，山东

000O006035
岳集：五卷 / (宋)岳飞撰；(明)徐阶辑
明嘉靖十五年(1536)焦煜刻本
1987年摄制. -- 1盘卷片(10米198拍) :
1:10, 2B ; 35mm银盐
收藏馆：缩微中心，国图

000O001496
岳武穆集：一卷 / (宋)岳飞撰
明万历二十二年(1594)刻本
1986年摄制. -- 1盘卷片(5米83拍) : 1:10,
2B ; 35mm银盐
收藏馆：缩微中心，吉林

000O023904
岳忠武王文集：八卷首一卷末一卷 / (宋)岳飞撰
清(1644-1911)韩城师长怡刻本
1996年摄制. -- 1盘卷片(12米268拍) :
1:10, 2B ; 35mm银盐
收藏馆：缩微中心，河南

000O004620
夹漈遗稿：三卷 / (宋)郑樵撰
清初(1644-1722)抄本
1987年摄制. -- 1盘卷片(5米60拍) : 1:10,
2B ; 35mm银盐
收藏馆：缩微中心，国图

000O022136
夹漈遗稿：不分卷 / (宋)郑樵撰
清(1644-1911)抄本. -- (清)鲍廷博校。
1995年摄制. -- 1盘卷片(10米169拍)：
1:10，2B；35mm银盐
收藏馆：缩微中心，国图

000O018798
侍郎葛公归愚集：十卷 / (宋)葛立方撰
清(1644-1911)抄本. -- 缪荃孙录(清)劳格校
跋。
1994年摄制. -- 1盘卷片(9米150拍)：1:10，
2B；35mm银盐
收藏馆：缩微中心，国图

000O014630
五峰胡先生文集：五卷 / (宋)胡宏撰
清(1644-1911)陆香圃三间草堂抄本. -- (清)
陆心源校并跋。
1992年摄制. -- 1盘卷片(15米289拍)：
1:10，2B；35mm银盐
收藏馆：缩微中心，国图

000O024086
鄮峰真隐漫录：五十卷 / (宋)史浩撰；(宋)周铸编
清(1644-1911)鄞县徐氏烟屿楼抄本. -- (清)
史友义校。
1996年摄制. -- 2盘卷片(35.5米690拍)：
1:10，2B；35mm银盐
收藏馆：缩微中心，湖北

000O022872
唯室集：四卷附录一卷 / (宋)陈长方撰
清(1644-1911)抄本. -- (清)丁丙跋。
1995年摄制. -- 1盘卷片(5米71拍)：1:10，
2B；35mm银盐
收藏馆：缩微中心，南京

000O006476
莆阳知稼翁文集：十一卷词一卷附录一卷 / (宋)黄公度撰
清(1644-1911)抄本. -- (清)徐时栋跋。
1987年摄制. -- 1盘卷片(10米183拍)：
1:10，2B；35mm银盐
收藏馆：缩微中心，国图

000O013701
莆阳知稼翁集：二卷 / (宋)黄公度撰
明天启五年(1625)黄崇翰刻本
1991年摄制. -- 1盘卷片(10米156拍)：
1:10，2B；35mm银盐
收藏馆：缩微中心，国图

000O018803
莆阳知稼翁集：二卷 / (宋)黄公度撰
明天启五年(1625)黄崇翰刻本
1994年摄制. -- 1盘卷片(9米155拍)：1:10，
2B；35mm银盐
收藏馆：缩微中心，国图

000O007913
莆阳知稼翁集：二卷 / (宋)黄公度撰
清(1644-1911)抄本
1988年摄制. -- 1盘卷片(10米180拍)：
1:10，2B；35mm银盐
收藏馆：缩微中心，湖南

000O004934
梅溪先生廷试策：一卷奏议四卷文集二十卷后集二十九卷附录一卷 / (宋)王十朋撰
明正统五年(1440)刘谦何濣刻天顺六年(1462)
重修本. -- 四库底本。
1987年摄制. -- 2盘卷片(56.5米1274拍)：
1:10，2B；35mm银盐
收藏馆：缩微中心，国图

000O006242
梅溪先生廷试策：一卷奏议四卷文集二十卷后集二十九卷附录一卷 / (宋)王十朋撰
明正统五年(1440)刘谦何濣刻天顺六年(1462)
重修本
1986年摄制. -- 2盘卷片(48米1059拍)：
1:10，2B；35mm银盐
收藏馆：缩微中心，国图

000O014988
梅溪先生廷试策：一卷奏议四卷文集二十卷后集二十九卷附录一卷 / (宋)王十朋撰
明正统五年(1440)刘谦何濣刻天顺六年(1462)
重修本
1992年摄制. -- 2盘卷片(51米982拍)：
1:10，2B；35mm银盐
收藏馆：缩微中心，国图

000O016687
梅溪先生廷试策：一卷奏议四卷文集二十卷后集二十九卷附录一卷 / (宋)王十朋撰
明正统五年(1440)刘谦何濣刻天顺六年(1462)
重修本
1993年摄制. -- 2盘卷片(49米988拍)：
1:10，2B；35mm银盐
收藏馆：缩微中心，国图

000O022054
梅溪先生廷试策：一卷奏议四卷文集二十卷后集二十九卷附录一卷 / (宋)王十朋撰

明正统五年(1440)刘谦何瓒刻天顺六年(1462)重修本
1995年摄制. -- 2盘卷片(49米982拍) : 1:10, 2B ; 35mm银盐
收藏馆：缩微中心，国图

000O010320
宋王忠文公文集：二十四卷 / (宋)王十朋撰
清雍正六年(1728)雁就堂刻本
1989年摄制. -- 1盘卷片(24米465拍) : 1:10, 2B ; 35mm银盐
收藏馆：缩微中心，湖北

000O004774
会稽三赋：一卷 / (宋)王十朋撰；(宋)周世则注；(宋)史铸增注
宋(960-1279)刻元明(1271-1644)递修本
1987年摄制. -- 1盘卷片(4米65拍) : 1:10, 2B ; 35mm银盐
收藏馆：缩微中心，国图

000O018704
会稽三赋校注：一卷 / (宋)王十朋撰；(明)南逢吉校注
明嘉靖二年(1523)南大吉刻本
1994年摄制. -- 1盘卷片(5米73拍) : 1:10, 2B ; 35mm银盐
收藏馆：缩微中心，国图

000O019964
会稽三赋校注：一卷 / (宋)王十朋撰；(明)南逢吉校注
明嘉靖二年(1523)南大吉刻本
1994年摄制. -- 1盘卷片(6米81拍) : 1:10, 2B ; 35mm银盐
收藏馆：缩微中心，国图

000O015696
会稽三赋：一卷 / (宋)王十朋撰；(宋)周世则注；(宋)史铸增注
明(1368-1644)刻本
1993年摄制. -- 1盘卷片(4米52拍) : 1:10, 2B ; 35mm银盐
收藏馆：缩微中心，国图

000O003852
会稽三赋校注：一卷 / (宋)王十朋撰；(明)南逢吉校注
明(1368-1644)刻本. -- 子牧跋。
1985年摄制. -- 1盘卷片(2.8米63拍) : 1:10, 2B ; 35mm银盐
收藏馆：缩微中心，国图

000O026734
会稽三赋：一卷 / (宋)王十朋撰；(宋)周世则注；(宋)史铸增注
清道光十五年(1835)杜氏知圣教斋刻本. -- (清)沈宗昉、(清)丁丙跋。
1996年摄制. -- 1盘卷片(5米69拍) : 1:10, 2B ; 35mm银盐
收藏馆：缩微中心，南京

000O023093
会稽三赋注：一卷 / (宋)王十朋撰；(明)南逢吉校注；(明)尹坛补注
明(1368-1644)彭富刻本
1995年摄制. -- 1盘卷片(6米82拍) : 1:10, 2B ; 35mm银盐
收藏馆：缩微中心，国图

000O013818
重刻会稽三赋：四卷 / (宋)王十朋撰；(明)南逢吉注；(明)尹坛补
明(1368-1644)朱启元刻本
1991年摄制. -- 1盘卷片(9米125拍) : 1:10, 2B ; 35mm银盐
收藏馆：缩微中心，国图

000O021115
会稽三赋：四卷首一卷 / (宋)王十朋撰；(明)南逢吉注；(明)尹坛补注；(明)陶望龄评
明天启(1621-1627)凌氏刻套印本
1994年摄制. -- 1盘卷片(8米124拍) : 1:10, 2B ; 35mm银盐
收藏馆：缩微中心，国图

000O007179
会稽三赋：四卷 / (宋)王十朋撰；(明)南逢吉注；(明)尹坛补注
明(1368-1644)丁氏致远堂刻本
1987年摄制. -- 1盘卷片(8米143拍) : 1:10, 2B ; 35mm银盐
收藏馆：缩微中心，山东

000O021108
会稽三赋：四卷首一卷 / (宋)王十朋撰；(明)南逢吉注；(明)尹坛补注；(明)陶望龄评
明(1368-1644)丁氏致远堂刻本
1994年摄制. -- 1盘卷片(8米127拍) : 1:10, 2B ; 35mm银盐
收藏馆：缩微中心，国图

000O005333
会稽三赋：四卷 / (宋)王十朋撰；(明)南逢吉注；(明)尹坛补注；(明)陶望龄评
明(1368-1644)刻朱墨套印本

1986年摄制. -- 1盘卷片(8米145拍)：1:10,
2B；35mm银盐
收藏馆：缩微中心，国图

000O024017
拙斋文集：二十卷拾遗一卷 / (宋)林之奇撰
清(1644-1911)影印本. -- 据宋(960-1279)抄
本影印。(清)丁丙跋。
1996年摄制. -- 1盘卷片(15米317拍)：
1:10, 2B；35mm银盐
收藏馆：缩微中心，南京

000O020302
拙斋文集：二十卷 / (宋)林之奇撰
清(1644-1911)抄本. -- 存八卷：卷一至卷
八。
1994年摄制. -- 1盘卷片(7米112拍)：1:10,
2B；35mm银盐
收藏馆：缩微中心，国图

000O022363
颐庵居士集：二卷 / (宋)刘应时撰
明嘉靖四年(1525)刘世龙刻本
1995年摄制. -- 1盘卷片(4米32拍)：1:10,
2B；35mm银盐
收藏馆：缩微中心，国图

000O002079
颐庵居士集：二卷 / (宋)刘应时撰
清(1644-1911)抄本
1986年摄制. -- 1盘卷片(3.8米51拍)：
1:10, 2B；35mm银盐
收藏馆：缩微中心，国图

000O003737
新刊嵩山居士文全集：五十四卷 / (宋)晁公溯撰
清初(1644-1722)抄本
1985年摄制. -- 1盘卷片(21.7米479拍)：
1:10, 2B；35mm银盐
收藏馆：缩微中心，国图

000O001698
艾轩先生文集：十卷 / (宋)林光朝撰
明正德十六年(1521)郑岳刻本
1986年摄制. -- 1盘卷片(10.7米220拍)：
1:10, 2B；35mm银盐
收藏馆：缩微中心，国图

000O001992
艾轩先生文集：十卷 / (宋)林光朝撰
清(1644-1911)味无味斋抄本
1986年摄制. -- 1盘卷片(8米147拍)：1:10,
2B；35mm银盐

收藏馆：缩微中心，国图

000O022856
艾轩先生文集：十卷 / (宋)林光朝撰
清(1644-1911)抄本. -- (清)丁丙跋。
1995年摄制. -- 1盘卷片(11米214拍)：
1:10, 2B；35mm银盐
收藏馆：缩微中心，南京

000O009854
林艾轩先生文抄：不分卷 / (宋)林光朝撰
明万历二十八年(1600)林兆珂刻本
1989年摄制. -- 1盘卷片(5米78拍)：1:10,
2B；35mm银盐
收藏馆：缩微中心，浙江

000O022368
蠹斋先生铅刀编：三十二卷目录二卷拾遗诗一
卷 / (宋)周孚撰
明(1368-1644)抄本. -- (清)吴焯跋。
1995年摄制. -- 1盘卷片(14米240拍)：
1:10, 2B；35mm银盐
收藏馆：缩微中心，国图

000O024567
蠹斋先生铅刀编：三十二卷拾遗诗一卷目录二
卷 / (宋)周孚撰
清(1644-1911)周大辑都公钟室抄本. -- (清)
周大辅校。
1996年摄制. -- 1盘卷片(15米296拍)：
1:10, 2B；35mm银盐
收藏馆：缩微中心，浙江

000O015553
蠹斋先生铅刀编：三十二卷拾遗诗一卷 / (宋)周
孚撰
清(1644-1911)抄本
1993年摄制. -- 1盘卷片(13米240拍)：
1:10, 2B；35mm银盐
收藏馆：缩微中心，国图

000O009185
蠹斋铅刀编：三十二卷 / (宋)周孚撰
清(1644-1911)抄本
1988年摄制. -- 1盘卷片(13米259拍)：
1:10, 2B；35mm银盐
收藏馆：缩微中心，湖南

000O022372
双溪文集：十七卷 / (宋)王炎撰
明(1368-1644)刻本
1995年摄制. -- 1盘卷片(27米513拍)：
1:10, 2B；35mm银盐

收藏馆：缩微中心，国图

000O023873
双溪文集：十七卷 / (宋)王炎撰
明嘉靖十二年(1533)王懋元刻本. -- (清)丁
丙跋。
1995年摄制. -- 1盘卷片(26米574拍) :
1:10, 2B ; 35mm银盐
收藏馆：缩微中心，南京

000O003007
双溪文集：十七卷附录一卷 / (宋)王炎撰
清(1644-1911)抄本
1986年摄制. -- 1盘卷片(24米542拍) :
1:10, 2B ; 35mm银盐
收藏馆：缩微中心，国图

000O028350
盘洲文集：八十卷 / (宋)洪适撰
清嘉庆十九年(1814)洪振安影印本. -- 据宋
(960-1279)抄本影印。(清)洪振安跋。
1998年摄制. -- 2盘卷片(56米1171拍) :
1:10, 2B ; 35mm银盐
收藏馆：缩微中心，广东

000O003002
盘洲文集：八十卷 / (宋)洪适撰
清(1644-1911)抄本
1986年摄制. -- 2盘卷片(50米1089拍) :
1:10, 2B ; 35mm银盐
收藏馆：缩微中心，国图

000O004029
盘洲文集：八十卷 / (宋)洪适撰
清(1644-1911)抄本. -- (清)翁心存跋。
1985年摄制. -- 2盘卷片(46.9米1042拍) :
1:10, 2B ; 35mm银盐
收藏馆：缩微中心，国图

000O019563
盘洲文集：八十一卷 / (宋)洪适撰
清(1644-1911)吴氏四古堂抄本. -- 吴允嘉校
并跋。
1994年摄制. -- 2盘卷片(47米1002拍) :
1:10, 2B ; 35mm银盐
收藏馆：缩微中心，国图

000O009180
盘洲文集：八十一卷 / (宋)洪适撰
清(1644-1911)抄本
1988年摄制. -- 2盘卷片(35.3米738拍) :
1:10, 2B ; 35mm银盐
收藏馆：缩微中心，湖南

000O007184
盘洲文集：八卷 / (宋)洪适撰
清乾隆(1736-1795)李平仲抄本
1987年摄制. -- 1盘卷片(6米109拍) : 1:10,
2B ; 35mm银盐
收藏馆：缩微中心，山东

000O002314
盘洲文集：十三卷 / (宋)洪适撰
清(1644-1911)抄本
1986年摄制. -- 1盘卷片(10.5米212拍) :
1:10, 2B ; 35mm银盐
收藏馆：缩微中心，国图

000O023249
汪文定公集：十三卷附录一卷 / (宋)汪应辰撰
明嘉靖二十五年(1546)夏浚刻本
1995年摄制. -- 1盘卷片(14米259拍) :
1:10, 2B ; 35mm银盐
收藏馆：缩微中心，国图

000O002275
汪文定公集：十三卷附录一卷 / (宋)汪应辰撰
清(1644-1911)抄本. -- (清)翁心存校并跋。
1986年摄制. -- 1盘卷片(13.1米277拍) :
1:10, 2B ; 35mm银盐
收藏馆：缩微中心，国图

000O022040
汪文定公集：十三卷附录一卷 / (宋)汪应辰撰
清(1644-1911)抄本
1995年摄制. -- 1盘卷片(14米258拍) :
1:10, 2B ; 35mm银盐
收藏馆：缩微中心，国图

000O026599
南涧甲乙稿：二十二卷 / (宋)韩元吉撰
清乾隆(1736-1795)武英殿聚珍版丛书活字印
本
1997年摄制. -- 2盘卷片(35米667拍) :
1:10, 2B ; 35mm银盐
收藏馆：缩微中心，国图

000O003293
香山集：十六卷 / (宋)喻良能撰
清乾隆(1736-1795)翰林院抄本
1986年摄制. -- 1盘卷片(11.2米228拍) :
1:10, 2B ; 35mm银盐
收藏馆：缩微中心，国图

000O022365
澹轩集：八卷 / (宋)李吕撰
清乾隆(1736-1795)翰林院抄本

1995年摄制. -- 1盘卷片(8米127拍) : 1:10,
2B ; 35mm银盐
收藏馆：缩微中心，国图

000O007226
野处类稿：二卷 / [题](宋)洪迈撰
清(1644-1911)抄本. -- (清)陈壿、(清)黄丕
烈校并跋。
1987年摄制. -- 1盘卷片(4米46拍) : 1:10,
2B ; 35mm银盐
收藏馆：缩微中心，国图

000O022060
野处类稿：二卷 / [题](宋)洪迈撰
清(1644-1911)抄本
1995年摄制. -- 1盘卷片(4米32拍) : 1:10,
2B ; 35mm银盐
收藏馆：缩微中心，国图

000O024900
洪文敏公文集：八卷 / (宋)洪迈撰；(清)劳格辑
宋(960-1279)稿本. -- (清)丁丙跋。
1996年摄制. -- 1盘卷片(12米224拍) :
1:10, 2B ; 35mm银盐
收藏馆：缩微中心，南京

000O003324
九华集：二十五卷附录一卷 / (宋)员兴宗撰
清(1644-1911)东武刘氏嘉荫簃抄本
1986年摄制. -- 1盘卷片(18米380拍) :
1:10, 2B ; 35mm银盐
收藏馆：缩微中心，国图

000O013088
搏斋先生缘督集：十二卷 / (宋)曾丰撰；(明)曾自明辑
明万历十一年(1583)詹事讲刻本
1991年摄制. -- 1盘卷片(12米209拍) :
1:10, 2B ; 35mm银盐
收藏馆：缩微中心，国图

000O021843
搏斋先生缘督集：四十卷补遗一卷 / (宋)曾丰撰
清(1644-1911)抄本
1995年摄制. -- 1盘卷片(32米656拍) :
1:10, 2B ; 35mm银盐
收藏馆：缩微中心，南京

000O003947
竹洲文集：二十卷附录一卷 / (宋)吴儆撰
明弘治六年(1493)吴雷亨刻本
1985年摄制. -- 1盘卷片(9.1米181拍) :
1:10, 2B ; 35mm银盐

收藏馆：缩微中心，国图

000O004761
竹洲文集：二十卷附录一卷 / (宋)吴儆撰
明弘治六年(1493)吴雷亨刻本
1987年摄制. -- 1盘卷片(9米181拍) : 1:10,
2B ; 35mm银盐
收藏馆：缩微中心，国图

000O015355
竹洲文集：二十卷附录一卷 / (宋)吴儆撰
明弘治六年(1493)吴雷亨刻本. -- (清)张金
吾跋。
1992年摄制. -- 1盘卷片(10米166拍) :
1:10, 2B ; 35mm银盐
收藏馆：缩微中心，国图

000O017534
竹洲文集：十卷附录一卷 / (宋)吴儆撰
明(1368-1644)吴继良刻本
1993年摄制. -- 1盘卷片(11米186拍) :
1:10, 2B ; 35mm银盐
收藏馆：缩微中心，国图

000O022033
竹洲文集：十卷附录一卷 / (宋)吴儆撰
明(1368-1644)吴继良刻本
1995年摄制. -- 1盘卷片(11米187拍) :
1:10, 2B ; 35mm银盐
收藏馆：缩微中心，国图

000O006012
吴文肃公文集：二十卷；棣华杂著：一卷附录一卷 / (宋)吴儆撰
明万历七年(1579)吴瀛刻本
1987年摄制. -- 1盘卷片(13米265拍) :
1:10, 2B ; 35mm银盐
收藏馆：缩微中心，国图

000O005227
剑南诗稿：八十五卷 / (宋)陆游撰
明末(1621-1644)毛氏汲古阁刻本
1986年摄制. -- 5盘卷片(135米2974拍) :
1:10, 2B ; 35mm银盐
收藏馆：缩微中心，国图

000O010433
剑南诗钞：六卷 / (宋)陆游撰；(清)杨大鹏选
清康熙二十四年(1685)刻本. -- (清)杨谐
校。
1989年摄制. -- 1盘卷片(27米596拍) :
1:10, 2B ; 35mm银盐
收藏馆：缩微中心，天津

000O024547
放翁诗抄：二卷 / (宋)陆游撰
清(1644-1911)漫堂抄本
1996年摄制. -- 1盘卷片(10米191拍)：
1:10, 2B ; 35mm银盐
收藏馆：缩微中心，浙江

000O021834
涧谷精选陆放翁诗集前集：十卷后集八卷别集一卷 / (宋)陆游撰 ; (宋)罗椅,(宋)刘辰翁辑
明弘治十年(1497)冉孝隆刻本. -- (清)丁丙跋。
1995年摄制. -- 1盘卷片(12米184拍)：
1:10, 2B ; 35mm银盐
收藏馆：缩微中心，南京

000O005475
涧谷精选陆放翁诗集前集：十卷 / (宋)陆游撰 ; (宋)罗椅辑
明嘉靖十三年(1534)黄漳刻本
1986年摄制. -- 1盘卷片(9米178拍)：1:10, 2B ; 35mm银盐
收藏馆：缩微中心，国图

000O006249
涧谷精选陆放翁诗集前集：十卷 / (宋)陆游撰 ; (宋)罗椅辑
明嘉靖十三年(1534)黄漳刻本
1986年摄制. -- 1盘卷片(9米177拍)：1:10, 2B ; 35mm银盐
收藏馆：缩微中心，国图

000O010933
陆放翁剑南诗选：六卷 / (宋)陆游撰 ; (清)朱陵辑
清康熙二十五年(1686)刻本
1989年摄制. -- 1盘卷片(15.5米317拍)：
1:10, 2B ; 35mm银盐
收藏馆：缩微中心，湖北

000O023882
渭南文集：五十卷 / (宋)陆游撰
明弘治十五年(1502)华珵铜活字印本. -- (清)丁丙跋。
1995年摄制. -- 2盘卷片(47米1030拍)：
1:10, 2B ; 35mm银盐
收藏馆：缩微中心，南京

000O016022
渭南文集：五十卷 / (宋)陆游撰
明末(1621-1644)毛氏汲古阁刻本. -- 章钰校并跋。
1993年摄制. -- 2盘卷片(47米950拍)：

1:10, 2B ; 35mm银盐
收藏馆：缩微中心，国图

000O001378
渭南文集：五十二卷 / (宋)陆游撰
明正德八年(1513)梁乔刻本. -- 李放、章钰跋。
1985年摄制. -- 2盘卷片(40.6米894拍)：
1:10, 2B ; 35mm银盐
收藏馆：缩微中心，国图

000O002998
渭南文集：五十二卷 / (宋)陆游撰
明正德八年(1513)梁乔刻本
1986年摄制. -- 2盘卷片(37米817拍)：
1:10, 2B ; 35mm银盐
收藏馆：缩微中心，国图

000O008417
渭南文集：五十二卷 / (宋)陆游撰
明正德八年(1513)梁乔刻本
1988年摄制. -- 2盘卷片(38米819拍)：
1:10, 2B ; 35mm银盐
收藏馆：缩微中心，国图

000O007541
陆务观先生四六：二卷 / (宋)陆游撰
明(1368-1644)抄本
1987年摄制. -- 1盘卷片(8米146拍)：1:10, 2B ; 35mm银盐
收藏馆：缩微中心，国图

000O020631
顺适堂吟稿：五卷 / (宋)叶茵撰. 宋吴允文集：一卷 / (宋)吴浚撰
清(1644-1911)抄本
1994年摄制. -- 1盘卷片(5米70拍)：1:10, 2B ; 35mm银盐
收藏馆：缩微中心，国图

000O002312
顺适堂吟稿：前集一卷续集一卷 / (宋)叶茵撰
清(1644-1911)抄本
1986年摄制. -- 1盘卷片(3.4米42拍)：
1:10, 2B ; 35mm银盐
收藏馆：缩微中心，国图

000O007202
石湖居士集：三十四卷 / (宋)范成大撰
明(1368-1644)抄本
1987年摄制. -- 1盘卷片(20米405拍)：
1:10, 2B ; 35mm银盐
收藏馆：缩微中心，山东

00O023981

石湖居士集：三十四卷 / (宋)范成大撰

明(1368-1644)抄本

1995年摄制. -- 1盘卷片(22米483拍)：
1:10, 2B ；35mm银盐

收藏馆：缩微中心，南京

00O002315

石湖居士文集：三十四卷 / (宋)范成大撰

明(1368-1644)抄本. -- 存二十一卷：卷十四
至卷三十四。(清)彭元瑞校，(清)翁同书批并
跋。

1986年摄制. -- 1盘卷片(13米268拍)：
1:10, 2B ；35mm银盐

收藏馆：缩微中心，国图

00O004904

石湖居士文集：三十四卷 / (宋)范成大撰

明(1368-1644)抄本. -- 存三十卷：卷五至卷
三十四。

1987年摄制. -- 1盘卷片(17米364拍)：
1:10, 2B ；35mm银盐

收藏馆：缩微中心，国图

00O003936

石湖居士集：三十四卷 / (宋)范成大撰

清顺治九年(1652)董说抄本

1986年摄制. -- 1盘卷片(18.5米406拍)：
1:10, 2B ；35mm银盐

收藏馆：缩微中心，国图

00O016117

范石湖诗集：二十卷 / (宋)范成大撰

清康熙二十七年(1688)黄昌衢蓼照楼刻本. --
(清)潘钟瑞校补并跋。

1993年摄制. -- 1盘卷片(21米428拍)：
1:10, 2B ；35mm银盐

收藏馆：缩微中心，国图

00O007423

石湖居士诗集：三十四卷 / (宋)范成大撰

清康熙(1662-1722)刻本

1988年摄制. -- 1盘卷片(18米392拍)：
1:10, 2B ；35mm银盐

收藏馆：缩微中心，吉林

00O010999

石湖居士诗集：三十四卷 / (宋)范成大撰

清康熙二十七年(1688)顾氏秀野草堂刻本. --
(清)沈王书批点。

1989年摄制. -- 1盘卷片(20米393拍)：
1:10, 2B ；35mm银盐

收藏馆：缩微中心，湖北

00O020573

石湖居士诗集：三十四卷 / (宋)范成大撰

清康熙二十七年(1688)顾氏依园刻本

1994年摄制. -- 1盘卷片(18米368拍)：
1:10, 2B ；35mm银盐

收藏馆：缩微中心，国图

00O004315

石湖居士诗集：三十四卷 / (宋)范成大撰

清康熙三十七年(1698)顾氏依园刻本. --
(清)顾肇熙校注并跋，(清)邵锐跋。

1986年摄制. -- 1盘卷片(18.1米393拍)：
1:10, 2B ；35mm银盐

收藏馆：缩微中心，国图

00O003762

**周益公文集：二百卷附录五卷 / (宋)周必大撰.
年谱：一卷 / (宋)周纶撰**

明(1368-1644)祁氏淡生堂抄本. -- (清)瞿镛
校并跋。

1985年摄制. -- 7盘卷片(201米4186拍)：
1:10, 2B ；35mm银盐

收藏馆：缩微中心，国图

00O005835

**周益文忠公集：二百卷附录五卷 / (宋)周必大撰.
年谱：一卷 / (宋)周纶撰**

明(1368-1644)抄本. -- 省斋文稿卷一至卷
八、卷二十五至卷二十八，省斋别稿卷一至卷
四，玉堂类稿卷十七至卷二十，政府应制稿奏
议卷一至卷七配清末(1851-1911)赵氏旧山楼
抄本。(清)张本渊跋。

1986年摄制. -- 7盘卷片(177.5米3975拍)：
1:10, 2B ；35mm银盐

收藏馆：缩微中心，国图

00O004765

**周益文忠公集：二百卷附录五卷 / (宋)周必大撰.
年谱：一卷 / (宋)周纶撰**

清(1644-1911)金氏文瑞楼抄本

1987年摄制. -- 6盘卷片(173米3866拍)：
1:10, 2B ；35mm银盐

收藏馆：缩微中心，国图

00O001325

**周文忠公文选：□□卷 / (宋)周必大撰；(明)胡
廷宴辑**

明万历二十七年(1599)胡廷宴刻本. -- 存五
卷：卷一至卷五。

1985年摄制. -- 1盘卷片(23.5米524拍)：
1:10, 2B ；35mm银盐

收藏馆：缩微中心，国图

000O001736
雪山集：十二卷 / (宋)王质撰
清嘉庆十三年(1808)秦氏石研斋抄本. -- 存
十一卷：卷一、卷三至卷十二。(清)秦恩复、
(清)翁同书跋。
1986年摄制. -- 1盘卷片(14米289拍) :
1:10, 2B ; 35mm银盐
收藏馆：缩微中心，国图

000O013498
雪山集：十二卷 / (宋)王质撰
清(1644-1911)抄本. -- (清)李文藻跋。
1991年摄制. -- 1盘卷片(10米178拍) :
1:10, 2B ; 35mm银盐
收藏馆：缩微中心，国图

000O005019
梁溪遗稿诗钞：一卷文抄一卷 / (宋)尤袤撰；
(清)朱彝尊辑
清康熙三十九年(1700)尤侗刻本. -- 吴梅
跋。
1986年摄制. -- 1盘卷片(4米54拍) : 1:10,
2B ; 35mm银盐
收藏馆：缩微中心，国图

000O005154
诚斋集：一百三十三卷 / (宋)杨万里撰
明末(1621-1644)毛氏汲古阁抄本. -- 存
十五卷：卷四十至卷四十八、卷六十二至卷
六十四、卷一百三十一至卷一百三十三。(清)
翁同龢跋。
1986年摄制. -- 1盘卷片(17米370拍) :
1:10, 2B ; 35mm银盐
收藏馆：缩微中心，国图

000O018170
诚斋集：一百三十三卷 / (宋)杨万里撰；(宋)杨
长孺编
明末(1621-1644)抄本. -- 存二十七卷：卷
一百七至卷一百三十三。
1993年摄制. -- 1盘卷片(13米257拍) :
1:10, 2B ; 35mm银盐
收藏馆：缩微中心，山东

000O003840
诚斋集：一百三十三卷 / (宋)杨万里撰
清初(1644-1722)抄本
1985年摄制. -- 4盘卷片(108米2395拍) :
1:10, 2B ; 35mm银盐
收藏馆：缩微中心，国图

000O023258
诚斋集：一百三十三卷 / (宋)杨万里撰
清初(1644-1722)抄本. -- 存六十二卷：卷
六十一至卷一百二十二。
1995年摄制. -- 3盘卷片(70米1422拍) :
1:10, 2B ; 35mm银盐
收藏馆：缩微中心，国图

000O005839
诚斋集：一百三十三卷 / (宋)杨万里撰
清(1644-1911)抄本. -- 存一百二十二卷：卷
一至卷一百二十二。
1987年摄制. -- 4盘卷片(96米2156拍) :
1:10, 2B ; 35mm银盐
收藏馆：缩微中心，国图

000O026947
杨诚斋集：一百三十三卷别集二卷附录一卷 /
(宋)杨万里撰
清(1644-1911)抄本
1997年摄制. -- 5盘卷片(124米2417拍) :
1:10, 2B ; 35mm银盐
收藏馆：缩微中心，苏州

000O024548
诚斋诗钞：不分卷 / (宋)杨万里撰
清(1644-1911)抄本
1996年摄制. -- 1盘卷片(7米128拍) : 1:10,
2B ; 35mm银盐
收藏馆：缩微中心，浙江

000O006560
批点分类诚斋先生文脍前集：十二卷后集十二
卷 / (宋)杨万里撰；(宋)李诚父辑
明(1368-1644)刻本
1987年摄制. -- 1盘卷片(20米441拍) :
1:10, 2B ; 35mm银盐
收藏馆：缩微中心，国图

000O022377
批点分类诚斋先生文脍前集：十二卷后集十二
卷 / (宋)杨万里撰；(宋)李诚父辑
元(1271-1368)刻本. -- 存十七卷：前集卷一
至卷四、卷七至卷十二，后集卷一至卷二、卷
四至卷五、卷八至卷十。
1995年摄制. -- 1盘卷片(16米266拍) :
1:10, 2B ; 35mm银盐
收藏馆：缩微中心，国图

000O016067
新刊庐陵诚斋杨万里先生锦绣策：不分卷 /
[题](宋)杨万里撰
明万历二年(1574)李廷楫刻本
1993年摄制. -- 1盘卷片(6米85拍) : 1:10,
2B ; 35mm银盐

收藏馆：缩微中心，国图

000O003239
宫教集：十二卷 / (宋)崔敦礼撰
清乾隆(1736-1795)翰林院抄本
1986年摄制． -- 1盘卷片(12米241拍)：
1:10，2B；35mm银盐
收藏馆：缩微中心，国图

000O022805
平庵诗稿：十六卷首一卷 / (宋)项安世撰
清(1644-1911)抄本． --(清)丁丙跋。
1995年摄制． -- 1盘卷片(16米324拍)：
1:10，2B；35mm银盐
收藏馆：缩微中心，南京

000O005584
**平庵悔稿：十四卷补遗一卷；悔稿后编：六卷；
丙辰悔稿：一卷 / (宋)项安世撰**
清(1644-1911)抄本
1987年摄制． -- 1盘卷片(17.7米384拍)：
1:10，2B；35mm银盐
收藏馆：缩微中心，国图

000O023271
**平庵悔稿：不分卷补遗一卷；悔稿后编：不分
卷；丙辰悔稿：一卷 / (宋)项安世撰**
清(1644-1911)抄本
1995年摄制． -- 1盘卷片(15米286拍)：
1:10，2B；35mm银盐
收藏馆：缩微中心，国图

000O001581
**悔稿后编：不分卷；平庵悔稿：不分卷补遗一
卷；丙辰悔稿：一卷 / (宋)项安世撰**
清(1644-1911)抄本． --(清)翁心存、(清)翁
同书跋。
1986年摄制． -- 1盘卷片(14米303拍)：
1:10，2B；35mm银盐
收藏馆：缩微中心，国图

000O027724
晦庵先生文集：一百卷 / (宋)朱熹撰
宋(960-1279)刻元(1271-1368)重修本． -- 存
二十六卷：卷一至卷六、卷十五、卷二十九、
卷三十三、卷三十五至卷三十六、卷三十九、
卷四十四、卷五十四、卷五十六、卷六十二、
卷七十七、卷八十、卷八十二、卷八十六、卷
九十一至卷九十五上、卷九十六。
1997年摄制． -- 2盘卷片(59米1085拍)：
1:10，2B；35mm银盐
收藏馆：缩微中心，国图

000O001857
朱子大全：一百卷目录二卷 / (宋)朱熹撰
明天顺四年(1460)贺沈胡缉刻本
1985年摄制． -- 7盘卷片(182米3999拍)：
1:10，2B；35mm银盐
收藏馆：缩微中心，国图

000O022046
朱公先生朱子大全：一百卷 / (宋)朱熹撰
明天顺四年(1460)贺沈胡缉刻本． -- 存十二
卷：卷三十一至卷三十三、卷三十七至卷
四十三、卷六十四至卷六十五。
1995年摄制． -- 1盘卷片(22米443拍)：
1:10，2B；35mm银盐
收藏馆：缩微中心，国图

000O005882
晦庵先生朱文公文集：一百卷 / (宋)朱熹撰
宋(960-1279)刻元明(1271-1644)递修本． --
存一卷：卷三。
1987年摄制． -- 1盘卷片(4米42拍)：1:10，
2B；35mm银盐
收藏馆：缩微中心，国图

000O022364
晦庵先生朱文公文集：一百卷 / (宋)朱熹撰
宋(960-1279)刻元(1271-1368)重修本． -- 存
四十八卷：卷一至卷六、卷十九至卷二十一、
卷二十四至卷二十六、卷二十九至卷三十七、
卷四十二至卷五十、卷五十六至卷六十一、
卷七十三至卷七十七、卷八十一至卷八十三、
卷九十至卷九十三。
1995年摄制． -- 4盘卷片(111米2329拍)：
1:10，2B；35mm银盐
收藏馆：缩微中心，国图

000O022367
**晦庵先生朱文公文集：一百卷目录二卷续集
十一卷别集十卷 / (宋)朱熹撰**
宋(960-1279)刻元(1271-1368)重修本． -- 存
五十七卷：文集卷十三至卷二十三、卷三十至
卷三十四、卷五十一至卷五十五、卷五十八至
卷六十一、卷六十四至卷七十二、卷七十五至
卷七十七、卷八十五至卷九十一、卷九十五、
卷九十八至卷一百，续集卷一至卷四，别集卷
六至卷十。
1995年摄制． -- 5盘卷片(136米2712拍)：
1:10，2B；35mm银盐
收藏馆：缩微中心，国图

000O023002
**晦庵先生朱文公文集：一百卷续集十一卷别集
十卷 / (宋)朱熹撰**

明嘉靖十一年(1532)张大轮胡岳[等]刻本
1995年摄制. -- 6盘卷片(178米3781拍) :
1:10, 2B ; 35mm银盐
收藏馆: 缩微中心, 国图

000O008992
晦庵先生朱文公文集: 一百卷续集五卷别集七卷目录二卷 / (宋)朱熹撰; (清)蔡方炳[等]订
清康熙二十七年(1688)蔡方炳藏眉锡刻本. --
(清)蔡泰嘉等校。
1988年摄制. -- 6盘卷片(179.5米3760拍) :
1:10, 2B ; 35mm银盐
收藏馆: 缩微中心, 湖北

000O019802
晦庵先生朱文公文集: 八十八卷目录二卷续集十一卷别集十卷 / (宋)朱熹撰
明万历三十三年(1605)吴养春朱崇沐[等]刻本
1994年摄制. -- 6盘卷片(166米3466拍) :
1:10, 2B ; 35mm银盐
收藏馆: 缩微中心, 国图

000O007479
唐荆川选辑朱文公全集: 十五卷 / (宋)朱熹撰; (明)唐顺之辑
明(1368-1644)刻本
1987年摄制. -- 2盘卷片(42米908拍) :
1:10, 2B ; 35mm银盐
收藏馆: 缩微中心, 国图

000O004317
朱子大全集补遗: 二卷 / (宋)朱熹撰; (清)朱启昆辑
清(1644-1911)抄本
1986年摄制. -- 1盘卷片(5米68拍) : 1:10,
2B ; 35mm银盐
收藏馆: 缩微中心, 国图

000O002370
大全集补遗: 八卷 / (宋)朱熹撰; (明)朱培辑
清(1644-1911)抄本
1986年摄制. -- 1盘卷片(5米87拍) : 1:10,
2B ; 35mm银盐
收藏馆: 缩微中心, 国图

000O027752
朱文公诗赋全集: 十卷; 朱文公诗集补遗: 一卷; 训蒙诗: 一卷 / (宋)朱熹撰
清(1644-1911)抄本
1996年摄制. -- 1盘卷片(13.1米260拍) :
1:10, 2B ; 35mm银盐
收藏馆: 缩微中心, 福建

000O018556
晦庵先生朱文公诗集: 十二卷 / (宋)朱熹撰; (宋)程珫辑
明(1368-1644)刻本. -- 存八卷: 卷四至卷八、卷十至卷十二。
1993年摄制. -- 1盘卷片(11米193拍) :
1:10, 2B ; 35mm银盐
收藏馆: 缩微中心, 国图

000O012616
朱子可闻诗集: 五卷 / (宋)朱熹撰; (清)洪力行钞释
清(1644-1911)刻本
1990年摄制. -- 1盘卷片(9.6米194拍) :
1:10, 2B ; 35mm银盐
收藏馆: 缩微中心, 辽宁

000O003013
朱文公大同集: 十卷 / (宋)朱熹撰; (宋)陈利用辑. 年谱: 一卷 / (元)都璋撰
明(1368-1644)刻本
1986年摄制. -- 1盘卷片(5米86拍) : 1:10,
2B ; 35mm银盐
收藏馆: 缩微中心, 国图

000O004608
朱文公大同集: 十卷 / (宋)朱熹撰; (宋)陈利用辑. 年谱: 一卷 / (元)都璋撰
明(1368-1644)刻本
1987年摄制. -- 1盘卷片(6米86拍) : 1:10,
2B ; 35mm银盐
收藏馆: 缩微中心, 国图

000O018543
朱子文集补遗: 五卷附录一卷 / (宋)朱熹撰; (清)陈敬璋辑
清(1644-1911)抄本
1993年摄制. -- 1盘卷片(4米51拍) : 1:10,
2B ; 35mm银盐
收藏馆: 缩微中心, 国图

000O015029
晦庵文钞: 十卷 / (宋)朱熹撰; (明)吴讷,(明)崔铣辑
明嘉靖十九年(1540)张光祖刻本
1992年摄制. -- 1盘卷片(20米394拍) :
1:10, 2B ; 35mm银盐
收藏馆: 缩微中心, 国图

000O004910
梅山续稿: 十七卷杂文一卷长短句一卷 / (宋)姜特立撰
清(1644-1911)抄本

1987年摄制. -- 1盘卷片(12米229拍)：
1:10，2B；35mm银盐
收藏馆：缩微中心，国图

000O022139
梅山续稿：十七卷杂文一卷长短句一卷 / (宋)姜特立撰
清(1644-1911)赵氏小山堂抄本. -- (清)厉鹗批注。
1995年摄制. -- 1盘卷片(12米227拍)：
1:10，2B；35mm银盐
收藏馆：缩微中心，国图

000O013467
南轩先生文集：四十四卷 / (宋)张栻撰
明嘉靖(1522-1566)缪辅之刻本
1991年摄制. -- 2盘卷片(37米625拍)：
1:10，2B；35mm银盐
收藏馆：缩微中心，国图

000O022385
南轩先生文集：四十四卷 / (宋)张栻撰
明嘉靖(1522-1566)缪辅之刻本
1995年摄制. -- 1盘卷片(31米626拍)：
1:10，2B；35mm银盐
收藏馆：缩微中心，国图

000O007477
南轩先生文集：四十四卷 / (宋)张栻撰
明(1368-1644)刻本. -- 存三卷：卷三十七至卷三十九。
1987年摄制. -- 1盘卷片(4米47拍)：1:10，2B；35mm银盐
收藏馆：缩微中心，国图

000O016562
南轩先生文集：四十四卷 / (宋)张栻撰
明(1368-1644)刻本
1992年摄制. -- 1盘卷片(24.1米539拍)：
1:10，2B；35mm银盐
收藏馆：缩微中心，辽宁

000O010025
南轩文集节要：八卷 / (宋)张栻撰；(明)聂豹编辑
明嘉靖十年(1531)聂氏吴郡刻本. -- 版框高十九厘米宽十四厘米。
1989年摄制. -- 1盘卷片(12米230拍)：
1:10，2B；35mm银盐
收藏馆：缩微中心，广东

000O004663
江湖长翁文集：四十卷 / (宋)陈造撰

明万历四十六年(1618)李之藻刻本
1987年摄制. -- 2盘卷片(46米1019拍)：
1:10，2B；35mm银盐
收藏馆：缩微中心，国图

000O022383
江湖长翁文集：四十卷 / (宋)陈造撰
明万历四十六年(1618)李之藻刻本
1995年摄制. -- 2盘卷片(48米978拍)：
1:10，2B；35mm银盐
收藏馆：缩微中心，国图

000O001691
尊白堂集：六卷 / (宋)虞俦撰
清乾隆(1736-1795)翰林院抄本
1986年摄制. -- 1盘卷片(13米281拍)：
1:10，2B；35mm银盐
收藏馆：缩微中心，国图

000O013847
尊白堂集：六卷 / (宋)虞俦撰
清乾隆(1736-1795)翰林院抄本
1991年摄制. -- 1盘卷片(12米219拍)：
1:10，2B；35mm银盐
收藏馆：缩微中心，国图

000O022806
艮斋先生薛常州浪语集：三十五卷 / (宋)薛季宣撰
明(1368-1644)祁氏淡生堂抄本. -- 卷三至卷二十二、卷二十七至卷二十九、卷三十二至卷三十三配清(1644-1911)抄本。(清)丁丙跋。
1995年摄制. -- 2盘卷片(43米867拍)：
1:10，2B；35mm银盐
收藏馆：缩微中心，南京

000O000384
艮斋先生薛常州浪语集：三十五卷 / (宋)薛季宣撰
清初(1644-1722)抄本. -- 存三十卷：卷一至卷三十。
1985年摄制. -- 1盘卷片(30米671拍)：
1:10，2B；35mm银盐
收藏馆：缩微中心，国图

000O004901
艮斋先生薛常州浪语集：三十五卷 / (宋)薛季宣撰
清(1644-1911)抄本
1987年摄制. -- 2盘卷片(38米833拍)：
1:10，2B；35mm银盐
收藏馆：缩微中心，国图

000O006247
艮斋先生薛常州浪语集：三十五卷 / (宋)薛季宣撰
清(1644-1911)抄本
1986年摄制. -- 2盘卷片(39米847拍)：
1:10, 2B；35mm银盐
收藏馆：缩微中心，国图

000O005253
琼琯白玉蟾武夷集：八卷 / (宋)葛长庚撰
元(1271-1368)建安余氏刻明(1368-1644)重修本
1986年摄制. -- 1盘卷片(5米80拍)： 1:10,
2B；35mm银盐
收藏馆：缩微中心，国图

000O020080
新刻琼琯白先生集：十四卷 / (宋)葛长庚撰
明(1368-1644)刘双松安正堂刻本
1994年摄制. -- 1盘卷片(24米465拍)：
1:10, 2B；35mm银盐
收藏馆：缩微中心，国图

000O015267
白玉蟾海琼摘稿：十卷 / (宋)葛长庚撰
明嘉靖十二年(1533)唐胄刻本
1992年摄制. -- 1盘卷片(10米172拍)：
1:10, 2B；35mm银盐
收藏馆：缩微中心，国图

000O001515
白玉蟾海琼摘稿：十卷 / (宋)葛长庚撰
明嘉靖二十二年(1543)刻本
1986年摄制. -- 1盘卷片(8米184拍)： 1:10,
2B；35mm银盐
收藏馆：缩微中心，吉林

000O007424
海琼玉蟾先生文集：六卷续二卷 / (宋)葛长庚撰
明正统(1436-1449)刻本
1988年摄制. -- 1盘卷片(30米676拍)：
1:10, 2B；35mm银盐
收藏馆：缩微中心，吉林

000O014125
海琼玉蟾先生文集：六卷续二卷附录一卷 / (宋)葛长庚撰
明正统七年(1442)宁藩朱权刻本. -- 续集卷二配甘世恩抄本。甘鹏云跋。
1992年摄制. -- 1盘卷片(19米361拍)：
1:10, 2B；35mm银盐
收藏馆：缩微中心，国图

000O025526
燕堂诗稿：一卷 / (宋)赵公豫撰
瞿氏铁琴铜剑楼抄本
1996年摄制. -- 1盘卷片(3米24拍)： 1:10,
2B；35mm银盐
收藏馆：缩微中心，国图

000O006869
罗鄂州小集：五卷附一卷 / (宋)罗愿撰
明天启(1621-1627)刻本
1987年摄制. -- 1盘卷片(9米161拍)： 1:10,
2B；35mm银盐
收藏馆：缩微中心，吉林

000O004449
罗鄂州小集：六卷 / (宋)罗愿撰．罗郢州遗文：一卷 / (宋)罗颂撰
清康熙五十二年(1713)程哲七略书堂刻本. --
莫棠跋。
1986年摄制. -- 1盘卷片(7.6米145拍)：
1:10, 2B；35mm银盐
收藏馆：缩微中心，国图

000O021445
罗鄂州小集：六卷 / (宋)罗愿撰．罗郢州遗文：一卷 / (宋)罗颂撰
清康熙五十二年(1713)程哲七略书堂刻本
1995年摄制. -- 1盘卷片(8米127拍)： 1:10,
2B；35mm银盐
收藏馆：缩微中心，国图

000O004087
罗鄂州小集：六卷 / (宋)罗愿撰．罗郢州遗文：一卷 / (宋)罗颂撰
清光绪十九年(1893)李氏刻本. -- 吴梅批校并跋。
1986年摄制. -- 1盘卷片(8米148拍)：
1:10, 2B；35mm银盐
收藏馆：缩微中心，国图

000O007406
罗鄂州小集：八卷 / (宋)罗愿撰
清康熙(1662-1722)刻本
1987年摄制. -- 1盘卷片(8米142拍)： 1:10,
2B；35mm银盐
收藏馆：缩微中心，吉林

000O022083
罗鄂州小集：六卷附录一卷 / (宋)罗愿撰．罗郢州遗文：一卷 / (宋)罗颂撰
清(1644-1911)抄本
1995年摄制. -- 1盘卷片(10米166拍)：
1:10, 2B；35mm银盐

收藏馆：缩微中心，国图

000O015551
罗鄂州小集：六卷 / (宋)罗愿撰
清(1644-1911)抄本
1993年摄制. -- 1盘卷片(7米102拍)：1:10,
2B；35mm银盐
收藏馆：缩微中心，国图

000O001654
网山集：八卷 / (宋)林亦之撰
清(1644-1911)抄本
1986年摄制. -- 1盘卷片(7米124拍)：1:10,
2B；35mm银盐
收藏馆：缩微中心，国图

000O004268
网山集：八卷 / (宋)林亦之撰
清(1644-1911)抄本
1986年摄制. -- 1盘卷片(6米110拍)：1:10,
2B；35mm银盐
收藏馆：缩微中心，国图

000O014838
网山集：八卷 / (宋)林亦之撰
清(1644-1911)抄本
1992年摄制. -- 1盘卷片(6米98拍)：1:10,
2B；35mm银盐
收藏馆：缩微中心，国图

000O015175
网山集：八卷 / (宋)林亦之撰
清(1644-1911)抄本
1992年摄制. -- 1盘卷片(6米98拍)：1:10,
2B；35mm银盐
收藏馆：缩微中心，国图

000O003250
东莱吕太史别集：十六卷 / (宋)吕祖谦撰
宋嘉泰四年(1204)吕乔年刻元明(1271-1644)
递修本. -- 存二卷：卷一至卷二。
1986年摄制. -- 1盘卷片(4米52拍)：1:10,
2B；35mm银盐
收藏馆：缩微中心，国图

000O005773
东莱吕太史别集：十六卷 / (宋)吕祖谦撰
宋嘉泰四年(1204)吕乔年刻元明(1271-1644)递
修本. -- 卷二、卷五配明(1368-1644)抄本。
1987年摄制. -- 1盘卷片(18米381拍)：
1:10, 2B；35mm银盐
收藏馆：缩微中心，国图

000O001386
**东莱吕太史文集：十五卷别集十六卷外集五卷；
丽泽论说集录：十卷附录三卷拾遗 / (宋)吕祖
谦,(宋)吕祖俭辑**
宋嘉泰四年(1204)吕乔年刻元明(1271-1644)
递修本
1987年摄制. -- 2盘卷片(55米1220拍)：
1:10, 2B；35mm银盐
收藏馆：缩微中心，国图

000O013852
**东莱吕太史文集：十五卷别集十六卷外集五卷
附录三卷拾遗一卷 / (宋)吕祖谦撰. 丽泽论说集
录：十卷 / (宋)吕祖俭辑**
清(1644-1911)张位抄本
1992年摄制. -- 2盘卷片(55米1100拍)：
1:10, 2B；35mm银盐
收藏馆：缩微中心，国图

000O004700
东莱吕太史文集：十五卷 / (宋)吕祖谦撰
宋嘉泰四年(1204)吕乔年刻元明(1271-1644)
递修本
1987年摄制. -- 1盘卷片(15米312拍)：
1:10, 2B；35mm银盐
收藏馆：缩微中心，国图

000O013882
**东莱吕太史文集：十五卷别集十六卷附录三卷
外集五卷附录拾遗一卷 / (宋)吕祖谦撰**
宋嘉泰四年(1204)吕乔年刻元明(1271-1644)
递修本
1992年摄制. -- 2盘卷片(44米833拍)：
1:10, 2B；35mm银盐
收藏馆：缩微中心，国图

000O020304
东莱吕太史文集：十五卷 / (宋)吕祖谦撰
宋嘉泰四年(1204)吕乔年刻元明(1271-1644)
递修本. -- 存九卷：卷一至卷九。
1994年摄制. -- 1盘卷片(9米142拍)：1:10,
2B；35mm银盐
收藏馆：缩微中心，国图

000O011266
**东莱吕太史文集：十五卷别集十六卷外集六卷
附录四卷 / (宋)吕祖谦撰**
清(1644-1911)赵氏小山堂抄本
1988年摄制. -- 2盘卷片(42米885拍)：
1:10, 2B；35mm银盐
收藏馆：缩微中心，甘肃

000O025729
吕东莱先生文集：二十卷首一卷 / (宋)吕祖谦撰
清雍正(1723-1735)金华陈思胪敬胜堂刻本
1996年摄制. -- 1盘卷片（30米630拍）：
1:10，2B；35mm银盐
收藏馆：缩微中心，河南

000O031392
止斋先生文集：五十二卷 / (宋)陈傅良撰
明正德元年(1506)林长繁刻本
2004年摄制. -- 1盘卷片（28米592拍）：
1:10，2B；35mm银盐
收藏馆：缩微中心，国图

000O003004
止斋先生文集：五十二卷 / (宋)陈傅良撰
明正德元年(1506)林长繁刻本
1986年摄制. -- 1盘卷片（27米602拍）：
1:10，2B；35mm银盐
收藏馆：缩微中心，国图

000O004899
止斋先生文集：五十二卷 / (宋)陈傅良撰
明正德元年(1506)林长繁刻本
1987年摄制. -- 1盘卷片（29米577拍）：
1:10，2B；35mm银盐
收藏馆：缩微中心，国图

000O008475
止斋先生文集：五十二卷附录一卷 / (宋)陈傅良撰
明正德元年(1506)林长繁刻本
1988年摄制. -- 1盘卷片（27米591拍）：
1:10，2B；35mm银盐
收藏馆：缩微中心，国图

000O013345
止斋先生文集：五十二卷附录一卷 / (宋)陈傅良撰
明正德元年(1506)林长繁刻本
1991年摄制. -- 1盘卷片（26米540拍）：
1:10，2B；35mm银盐
收藏馆：缩微中心，国图

000O022370
止斋先生文集：五十二卷附录一卷 / (宋)陈傅良撰
明正德元年(1506)林长繁刻本
1995年摄制. -- 1盘卷片（26米535拍）：
1:10，2B；35mm银盐
收藏馆：缩微中心，国图

000O022870
止斋先生文集：五十二卷附录一卷 / (宋)陈傅良撰
明正德元年(1506)林长繁刻本. -- (清)丁丙跋。
1995年摄制. -- 1盘卷片（26米577拍）：
1:10，2B；35mm银盐
收藏馆：缩微中心，南京

000O027920
止斋先生文集：二十八卷 / (宋)陈傅良撰
明嘉靖(1522-1566)刻本. -- (清)丁丙跋。
1996年摄制. -- 1盘卷片（25米531拍）：
1:10，2B；35mm银盐
收藏馆：缩微中心，南京

000O027485
新刊止斋先生文范：□□卷 / (宋)陈傅良撰
明(1368-1644)刻本. -- 存四卷：卷四、卷六、卷八至卷九。
1996年摄制. -- 1盘卷片（10米167拍）：
1:10，2B；35mm银盐
收藏馆：缩微中心，南京

000O022048
蛟峰批点止斋论祖：一卷 / (宋)陈傅良撰；(宋)方逢辰批点
明成化四年(1468)王坝刻本
1995年摄制. -- 1盘卷片（7米98拍）：1:10，2B；35mm银盐
收藏馆：缩微中心，国图

000O022050
蛟峰批点止斋论祖：不分卷 / (宋)陈傅良撰；(宋)方逢辰批点
明(1368-1644)刻本
1995年摄制. -- 1盘卷片（5米65拍）：1:10，2B；35mm银盐
收藏馆：缩微中心，国图

000O003766
新刊蛟峰批点止斋论祖：二卷 / (宋)陈傅良撰；(宋)方逢辰批点
明(1368-1644)刘弘毅慎独斋刻本
1985年摄制. -- 1盘卷片（8米156拍）：1:10，2B；35mm银盐
收藏馆：缩微中心，国图

000O022484
蛟峰批点止斋论祖：四卷；蛟峰批点止斋论决：一卷 / (宋)陈傅良撰；(宋)方逢辰批点
明成化六年(1470)朱暟刻本. -- (清)丁丙跋。

1995年摄制. -- 1盘卷片(6.2米130拍) :
1:10, 2B ; 35mm银盐
收藏馆：缩微中心，南京

000O028222
止斋先生奥论：八卷 / (宋)陈傅良撰
明万历元年(1573)刻本
1997年摄制. -- 1盘卷片(13米217拍) :
1:10, 2B ; 35mm银盐
收藏馆：缩微中心，苏州

000O023655
止斋先生奥论：七卷首一卷 / (宋)陈傅良撰；(明)钟弘订
明崇祯八年(1635)版筑居刻本
1995年摄制. -- 1盘卷片(17米345拍) :
1:10, 2B ; 35mm银盐
收藏馆：缩微中心，浙江

000O023250
攻媿先生文集：一百二十卷 / (宋)楼钥撰
明(1368-1644)抄本. -- 存二十三卷：卷一至
卷二、卷五至卷十二、卷十六至卷二十八。
1995年摄制. -- 1盘卷片(20米376拍) :
1:10, 2B ; 35mm银盐
收藏馆：缩微中心，国图

000O002273
攻媿先生文集：一百二十卷 / (宋)楼钥撰
清初(1644-1722)梅花阁抄本. -- 存十卷：卷
一至卷十。
1986年摄制. -- 1盘卷片(7.2米133拍) :
1:10, 2B ; 35mm银盐
收藏馆：缩微中心，国图

000O023252
攻媿先生文集：一百二十卷 / (宋)楼钥撰
清初(1644-1722)抄本. -- 卷六十七至卷
六十九配另一清(1644-1911)抄本，卷一百三
配陈恩惠抄本。
1995年摄制. -- 4盘卷片(112米2410拍) :
1:10, 2B ; 35mm银盐
收藏馆：缩微中心，国图

000O023257
攻媿先生文集：一百二十卷 / (宋)楼钥撰
清初(1644-1722)抄本. -- 存三十二卷：卷一
至卷三十二。
1995年摄制. -- 1盘卷片(29米601拍) :
1:10, 2B ; 35mm银盐
收藏馆：缩微中心，国图

000O003870
攻媿先生文集：一百二十卷目录三卷 / (宋)楼钥撰
清初(1644-1722)抄本
1985年摄制. -- 4盘卷片(110.4米2480拍) :
1:10, 2B ; 35mm银盐
收藏馆：缩微中心，国图

000O000387
攻媿先生文集：一百二十卷 / (宋)楼钥撰
清(1644-1911)抄本
1985年摄制. -- 5盘卷片(123米2734拍) :
1:10, 2B ; 35mm银盐
收藏馆：缩微中心，国图

000O006134
宫保绎梅公遗集：不分卷 / (明)谢杰撰
清(1644-1911)抄本
1987年摄制. -- 1盘卷片(3.5米67拍) :
1:10, 2B ; 35mm银盐
收藏馆：缩微中心，南京

000O007838
象山先生全集：三十六卷 / (宋)陆九渊撰
明嘉靖(1522-1566)刻本
1988年摄制. -- 2盘卷片(47米1023拍) :
1:10, 2B ; 35mm银盐
收藏馆：缩微中心，重庆

000O013608
象山先生全集：三十六卷 / (宋)陆九渊撰
明嘉靖(1522-1566)刻本
1991年摄制. -- 2盘卷片(36米700拍) :
1:10, 2B ; 35mm银盐
收藏馆：缩微中心，国图

000O018203
象山先生全集：三十六卷 / (宋)陆九渊撰
明嘉靖三十八年(1559)金溪知县张乔相刻本
1993年摄制. -- 2盘卷片(40米830拍) :
1:10, 2B ; 35mm银盐
收藏馆：缩微中心，山东

000O021838
**象山先生全集：三十六卷 / (宋)陆九渊撰. 少湖
徐先生学则辨：一卷 / (明)徐阶撰**
明嘉靖四十年(1561)何迁刻本. -- (清)丁丙
跋。
1995年摄制. -- 2盘卷片(35米762拍) :
1:10, 2B ; 35mm银盐
收藏馆：缩微中心，南京

00O027885

象山先生全集：三十六卷 / (宋)陆九渊撰 . 少湖徐先生学则辨：一卷 / (明)徐阶撰
明嘉靖四十年(1561)何迁刻递修本
1996年摄制. -- 2盘卷片(37米804拍) : 1:10, 2B ; 35mm银盐
收藏馆：缩微中心，南京

00O009003

象山先生全集：三十六卷 / (宋)陆九渊撰
明嘉靖四十年(1561)刻清(1644-1911)重修本
1988年摄制. -- 2盘卷片(37.5米797拍) : 1:10, 2B ; 35mm银盐
收藏馆：缩微中心，湖北

00O021125

象山先生全集：三十六卷 / (宋)陆九渊撰
明嘉靖四十年(1561)刻本
1994年摄制. -- 1盘卷片(34米687拍) : 1:10, 2B ; 35mm银盐
收藏馆：缩微中心，国图

00O009424

象山先生全集：六卷 / (宋)陆九渊撰；(宋)傅子云编
明万历四十三年(1615)金陵周希旦刻本. -- (宋)傅文兆校。
1987年摄制. -- 2盘卷片(34.1米724拍) : 1:10, 2B ; 35mm银盐
收藏馆：缩微中心，重庆

00O021624

象山先生全集：六卷 / (宋)陆九渊撰
明万历四十三年(1615)周希旦刻本
1995年摄制. -- 1盘卷片(34米683拍) : 1:10, 2B ; 35mm银盐
收藏馆：缩微中心，国图

00O005757

象山先生文集：二十八卷外集四卷 / (宋)陆九渊撰 . 语录：四卷 / (宋)傅子云[等]辑 . 附录：二卷
明正德十六年(1521)李茂元刻本. -- 辑者还有：(宋)严松等。
1987年摄制. -- 1盘卷片(28.4米639拍) : 1:10, 2B ; 35mm银盐
收藏馆：缩微中心，国图

00O014427

象山先生文集：二十八卷外集四卷 / (宋)陆九渊撰 . 语录：四卷 / (宋)傅子云[等]辑 . 附录：二卷
明正德十六年(1521)李茂元刻本. -- 辑者还有：(宋)严松等。
1992年摄制. -- 1盘卷片(29米565拍) :

1:10, 2B ; 35mm银盐
收藏馆：缩微中心，国图

00O001536

象山先生全集：二十三卷 / (宋)陆九渊撰
明正德十年(1515)刻本
1986年摄制. -- 1盘卷片(19米410拍) : 1:10, 2B ; 35mm银盐
收藏馆：缩微中心，吉林

00O015697

象山粹言：六卷 / (宋)陆九渊撰；(明)王宗沐辑
明嘉靖三十二年(1553)王宗沐刻本
1993年摄制. -- 1盘卷片(15米272拍) : 1:10, 2B ; 35mm银盐
收藏馆：缩微中心，国图

00O019253

象山粹言：六卷 / (宋)陆九渊撰；(明)王宗沐辑
明嘉靖三十二年(1553)王宗沐刻本
1994年摄制. -- 1盘卷片(14米271拍) : 1:10, 2B ; 35mm银盐
收藏馆：缩微中心，国图

00O022043

乐轩先生集：八卷 / (宋)陈藻撰
清(1644-1911)抄本
1995年摄制. -- 1盘卷片(8米140拍) : 1:10, 2B ; 35mm银盐
收藏馆：缩微中心，国图

00O015296

双峰舒先生文集：九卷 / (宋)舒邦佐撰
清初(1644-1722)抄本
1992年摄制. -- 1盘卷片(8米136拍) : 1:10, 2B ; 35mm银盐
收藏馆：缩微中心，国图

00O014466

双峰先生文集：九卷 / (宋)舒邦佐撰
清初(1644-1722)抄本. -- (清)查慎行朱墨校补并跋。
1992年摄制. -- 1盘卷片(7.8米147拍) : 1:10, 2B ; 35mm银盐
收藏馆：缩微中心，重庆

00O012664

双峰先生存稿：六卷 / (宋)舒邦佐撰；(明)舒日敬辑
明崇祯六年(1633)舒氏刻本
1990年摄制. -- 1盘卷片(8.4米166拍) : 1:10, 2B ; 35mm银盐
收藏馆：缩微中心，辽宁

000O024087
格斋先生三松集：一卷 / (宋)王子俊撰
清(1644-1911)抄本
1996年摄制. -- 1盘卷片(6米100拍) ：1:10,
2B ；35mm银盐
收藏馆：缩微中心，湖北

000O024035
格斋先生三松集：一卷 / (宋)王子俊撰
清嘉庆(1796-1820)王氏十万卷楼抄本. --
(清)王宗炎校并跋，(清)丁丙跋。
1996年摄制. -- 1盘卷片(6米84拍) ：1:10,
2B ；35mm银盐
收藏馆：缩微中心，南京

000O022479
格斋先生四六集：不分卷 / (宋)王子俊撰
清(1644-1911)抄本. -- (清)程庆余校跋。
1995年摄制. -- 1盘卷片(6米96拍) ：1:10,
2B ；35mm银盐
收藏馆：缩微中心，南京

000O004017
格斋四六：一卷 / (宋)王子俊撰
清(1644-1911)抄本
1985年摄制. -- 1盘卷片(6米98拍) ：1:10,
2B ；35mm银盐
收藏馆：缩微中心，国图

000O010874
慈湖先生遗书：二十卷 / (宋)杨简撰
明(1368-1644)刻本
1988年摄制. -- 1盘卷片(26米549拍) ：
1:10, 2B ；35mm银盐
收藏馆：缩微中心，甘肃

000O022483
慈湖先生遗书：十八卷 / (宋)杨简撰
明(1368-1644)刻本. -- (清)丁丙跋。
1995年摄制. -- 1盘卷片(27米608拍) ：
1:10, 2B ；35mm银盐
收藏馆：缩微中心，南京

000O023255
慈湖先生遗书：十八卷 / (宋)杨简撰
明(1368-1644)刻本
1995年摄制. -- 1盘卷片(29米576拍) ：
1:10, 2B ；35mm银盐
收藏馆：缩微中心，国图

000O011605
慈湖先生遗书：十八卷 / (宋)杨简撰
明嘉靖(1522-1566)刻本

1989年摄制. -- 1盘卷片(28米631拍) ：
1:10, 2B ；35mm银盐
收藏馆：缩微中心，吉林

000O002873
慈湖先生遗书抄：六卷 / (宋)杨简撰；(明)杨世思辑
明万历(1573-1620)潘汝桢刻本
1986年摄制. -- 1盘卷片(8米155拍) ：1:10,
2B ；35mm银盐
收藏馆：缩微中心，国图

000O022482
定斋集：二十卷 / (宋)蔡戡撰
清(1644-1911)抄本
1995年摄制. -- 1盘卷片(18.8米403拍) ：
1:10, 2B ；35mm银盐
收藏馆：缩微中心，南京

000O023005
方是闲居士小稿：二卷 / (宋)刘学箕撰
清(1644-1911)彭氏知圣道斋抄本
1995年摄制. -- 1盘卷片(7米145拍) ：1:10,
2B ；35mm银盐
收藏馆：缩微中心，国图

000O004939
方是闲居士小稿：二卷 / (宋)刘学箕撰
清(1644-1911)抄本
1987年摄制. -- 1盘卷片(8.1米156拍) ：
1:10, 2B ；35mm银盐
收藏馆：缩微中心，国图

000O023058
方是闲居士小稿：二卷 / (宋)刘学箕撰
清(1644-1911)抄本
1995年摄制. -- 1盘卷片(9米144拍) ：1:10,
2B ；35mm银盐
收藏馆：缩微中心，国图

000O022142
方是闲居士小稿：二卷 / (宋)刘学箕撰
清初(1644-1722)抄本. -- 存一卷：上。(清)
徐时栋跋。
1995年摄制. -- 1盘卷片(5米72拍) ：1:10,
2B ；35mm银盐
收藏馆：缩微中心，国图

000O019275
龙川文集：三十卷 / (宋)陈亮撰
明崇祯六年(1633)邹质士刻本
1994年摄制. -- 1盘卷片(30米633拍) ：
1:10, 2B ；35mm银盐

收藏馆：缩微中心，国图

00O022846
龙川文集：三十卷 / (宋)陈亮撰
明崇祯六年(1633)邹质士刻本. -- (清)丁丙跋。
1995年摄制. -- 1盘卷片(30米662拍) : 1:10, 2B ; 35mm银盐
收藏馆：缩微中心，南京

00O003011
龙川先生文集：三十卷 / (宋)陈亮撰
明(1368-1644)龙川书院朱彦霖[等]刻本
1986年摄制. -- 1盘卷片(21米455拍) : 1:10, 2B ; 35mm银盐
收藏馆：缩微中心，国图

00O022844
龙川先生文集：三十卷 / (宋)陈亮撰
明(1368-1644)龙川书院朱彦霖刻本. -- (清)丁丙跋。
1995年摄制. -- 1盘卷片(22米480拍) : 1:10, 2B ; 35mm银盐
收藏馆：缩微中心，南京

00O016490
龙川先生文集：三十卷 / (宋)陈亮撰
明(1368-1644)史朝富刻本
1993年摄制. -- 1盘卷片(23米481拍) : 1:10, 2B ; 35mm银盐
收藏馆：缩微中心，国图

00O020665
龙川先生文集：三十卷 / (宋)陈亮撰
明(1368-1644)史朝富刻本. -- 存一卷：卷十一。
1994年摄制. -- 1盘卷片(4米32拍) : 1:10, 2B ; 35mm银盐
收藏馆：缩微中心，国图

00O012851
陈同甫集：三十卷 / (宋)陈亮撰
清初(1644-1722)岭南寿经堂活字印本
1990年摄制. -- 1盘卷片(24米522拍) : 1:10, 2B ; 35mm银盐
收藏馆：缩微中心，浙江

00O019342
淳熙稿：二十卷 / (宋)赵蕃撰
清乾隆(1736-1795)翰林院抄本. -- 四库底本。
1994年摄制. -- 1盘卷片(30米560拍) : 1:10, 2B ; 35mm银盐

收藏馆：缩微中心，国图

00O015395
云庄刘文简公文集：十二卷 / [题](宋)刘爚撰
明正统九年(1444)刘稳云庄书院刻本. -- 叶德辉跋。
1992年摄制. -- 1盘卷片(12米223拍) : 1:10, 2B ; 35mm银盐
收藏馆：缩微中心，国图

00O004044
云庄刘文简公文集：十二卷 / [题](宋)刘爚撰
清(1644-1911)抄本
1985年摄制. -- 1盘卷片(12米249拍) : 1:10, 2B ; 35mm银盐
收藏馆：缩微中心，国图

00O021842
云庄刘文简公文集：十二卷 / (宋)刘爚撰 . 宋刘文简公云庄文集：八卷 / (宋)刘均辑 . 年谱：一卷 / (宋)沈倏撰
明正统九年(1444)刘稳刻递修本. -- (清)丁丙跋。
1995年摄制. -- 1盘卷片(25米473拍) : 1:10, 2B ; 35mm银盐
收藏馆：缩微中心，南京

00O022384
云庄刘文简公文集：二十卷 / (宋)刘爚撰
明(1368-1644)祁氏淡生堂抄本. -- 四库底本，卷十六配清(1644-1911)抄本。
1995年摄制. -- 1盘卷片(16米312拍) : 1:10, 2B ; 35mm银盐
收藏馆：缩微中心，国图

00O019794
校注橘山四六：二十卷 / (宋)李廷忠撰；(明)孙云翼注
明(1368-1644)刻本
1994年摄制. -- 1盘卷片(23米455拍) : 1:10, 2B ; 35mm银盐
收藏馆：缩微中心，国图

00O001285
橘山四六：二十卷 / (宋)李廷忠撰
明(1368-1644)抄本. -- 存十八卷：卷一至卷十八。
1985年摄制. -- 1盘卷片(13.5米282拍) : 1:10, 2B ; 35mm银盐
收藏馆：缩微中心，国图

00O003295
涉斋集：十八卷 / (宋)许及之撰

清乾隆(1736-1795)翰林院抄本
1986年摄制. -- 1盘卷片(13米268拍) ：
1:10, 2B ；35mm银盐
收藏馆：缩微中心，国图

000O004764
翠微南征录：十一卷 / (宋)华岳撰
清(1644-1911)抄本. -- (清)黄丕烈跋。
1987年摄制. -- 1盘卷片(6米110拍) ：1:10,
2B ；35mm银盐
收藏馆：缩微中心，国图

000O021179
翠微南征录：十一卷 / (宋)华岳撰
清(1644-1911)抄本. -- (清)吴锡麒批校并
跋。
1994年摄制. -- 1盘卷片(9米128拍) ：1:10,
2B ；35mm银盐
收藏馆：缩微中心，国图

000O022147
翠微南征录：十一卷 / (宋)华岳撰
清(1644-1911)抄本
1995年摄制. -- 1盘卷片(7米112拍) ：1:10,
2B ；35mm银盐
收藏馆：缩微中心，国图

000O024083
翠微南征录：十一卷 / (宋)华岳撰
清(1644-1911)抄本. -- (清)吴锡麒校补。
1996年摄制. -- 1盘卷片(8米140拍) ：1:10,
2B ；35mm银盐
收藏馆：缩微中心，湖北

000O013933
翠微南征录：十卷上皇帝书一卷 / (宋)华岳撰
抄本. -- 傅增湘跋。
1991年摄制. -- 1盘卷片(9米166拍) ：1:10,
2B ；35mm银盐
收藏馆：缩微中心，国图

000O006656
水心先生文集：二十九卷 / (宋)叶适撰
明正统十三年(1448)黎谅刻本. -- 卷五至卷
九配明(1368-1644)抄本。
1987年摄制. -- 2盘卷片(34米725拍) ：
1:10, 2B ；35mm银盐
收藏馆：缩微中心，国图

000O022834
水心先生文集：二十九卷 / (宋)叶适撰
明正统十三年(1448)黎谅刻本. -- (清)刘体
仁、(清)丁立诚跋, (清)罗矩校。

1995年摄制. -- 2盘卷片(36米755拍) ：
1:10, 2B ；35mm银盐
收藏馆：缩微中心，南京

000O022374
水心先生集：二十九卷 / (宋)叶适撰
清(1644-1911)抄本
1995年摄制. -- 2盘卷片(52米1038拍) ：
1:10, 2B ；35mm银盐
收藏馆：缩微中心，国图

000O000509
水心文集：二十九卷 / (宋)叶适撰
明末(1621-1644)刻本
1985年摄制. -- 2盘卷片(46.7米1036拍) ：
1:10, 2B ；35mm银盐
收藏馆：缩微中心，国图

000O002068
水心文集：二十九卷 / (宋)叶适撰
明末(1621-1644)刻本
1986年摄制. -- 2盘卷片(47米1031拍) ：
1:10, 2B ；35mm银盐
收藏馆：缩微中心，国图

000O002994
水心先生别集：十六卷 / (宋)叶适撰
清(1644-1911)抄本
1986年摄制. -- 1盘卷片(18.5米404拍) ：
1:10, 2B ；35mm银盐
收藏馆：缩微中心，国图

000O020237
友林乙稿：一卷 / (宋)史弥宁撰
清(1644-1911)影宋(960-1279)刻本
1994年摄制. -- 1盘卷片(4米45拍) ：1:10,
2B ；35mm银盐
收藏馆：缩微中心，国图

000O002995
友林乙稿：一卷 / (宋)史弥宁撰
清(1644-1911)影宋(960-1279)抄本
1986年摄制. -- 1盘卷片(5米69拍) ：1:10,
2B ；35mm银盐
收藏馆：缩微中心，国图

000O002091
友林乙稿：一卷 / (宋)史弥宁撰
清嘉庆九年(1804)嘉会堂抄本
1986年摄制. -- 1盘卷片(3.6米49拍) ：
1:10, 2B ；35mm银盐
收藏馆：缩微中心，国图

00○014178
友林乙稿：一卷 / (宋)史弥宁撰
清光绪三十年(1904)李盛铎抄本
1992年摄制. -- 1盘卷片(4米39拍) ： 1:10,
2B ; 35mm银盐
收藏馆：缩微中心, 国图

00○006250
西园康范诗集：一卷实录一卷续录一卷附录外
集一卷 / (宋)汪晫撰
明嘉靖二十年(1541)汪茂槐刻本
1986年摄制. -- 1盘卷片(6米91拍) ： 1:10,
2B ; 35mm银盐
收藏馆：缩微中心, 国图

00○022366
西园康范诗集：一卷实录一卷续录一卷附录外
集一卷 / (宋)汪晫撰
明嘉靖二十年(1541)汪茂槐刻隆庆(1567-1572)
印本
1995年摄制. -- 1盘卷片(5米69拍) ： 1:10,
2B ; 35mm银盐
收藏馆：缩微中心, 国图

00○011363
勉斋先生黄文肃公文集：四十卷 / (宋)黄干撰
宋(960-1279)刻明(1368-1644)补刻本
1989年摄制. -- 2盘卷片(49米1097拍) ：
1:10, 2B ; 35mm银盐
收藏馆：缩微中心, 吉林

00○009182
黄勉斋先生文集：八卷 / (宋)黄干撰；(清)张伯
行编
清康熙四十八年(1709)正谊堂刻本
1988年摄制. -- 1盘卷片(14.2米289拍) ：
1:10, 2B ; 35mm银盐
收藏馆：缩微中心, 湖南

00○022063
裨幄集：一卷 / (宋)赵万年撰
清(1644-1911)抄本
1995年摄制. -- 1盘卷片(3米28拍) ： 1:10,
2B ; 35mm银盐
收藏馆：缩微中心, 国图

00○022145
南湖集：十卷 / (宋)张镃撰
清(1644-1911)抄本. -- (清)鲍廷博校。
1995年摄制. -- 1盘卷片(11米203拍) ：
1:10, 2B ; 35mm银盐
收藏馆：缩微中心, 国图

00○003843
北溪先生大全文集：五十卷外集一卷 / (宋)陈淳
撰
清(1644-1911)抄本
1985年摄制. -- 1盘卷片(26.3米590拍) ：
1:10, 2B ; 35mm银盐
收藏馆：缩微中心, 国图

00○002260
西岩集：一卷 / (宋)翁卷撰
清道光十八年(1838)翁同爵抄本
1986年摄制. -- 1盘卷片(3米37拍) ： 1:10,
2B ; 35mm银盐
收藏馆：缩微中心, 国图

00○002999
瓜庐诗：一卷附录一卷 / (宋)薛师石撰
清(1644-1911)抄本
1986年摄制. -- 1盘卷片(4米50拍) ： 1:10,
2B ; 35mm银盐
收藏馆：缩微中心, 国图

00○026726
瓜庐诗：一卷附录一卷 / (宋)薛师石撰
清(1644-1911)抄本. -- (清)丁丙跋。
1996年摄制. -- 1盘卷片(4米47拍) ： 1:10,
2B ; 35mm银盐
收藏馆：缩微中心, 南京

00○025988
龙洲道人诗集：十五卷 / (宋)刘过撰
明嘉靖(1522-1566)王朝用刻本. -- 卷四至卷
七配清(1644-1911)抄本. (清)丁丙跋。
1996年摄制. -- 1盘卷片(11米199拍) ：
1:10, 2B ; 35mm银盐
收藏馆：缩微中心, 南京

00○026754
龙洲道人诗集：十二卷 / (宋)刘过撰
清(1644-1911)抄本. -- (清)丁丙跋。
1996年摄制. -- 1盘卷片(8米142拍) ： 1:10,
2B ; 35mm银盐
收藏馆：缩微中心, 南京

00○006827
龙洲道人集：十五卷 / (宋)刘过撰 . 刘龙洲墓诗
一卷 / (清)顾湄辑
清(1644-1911)抄本
1987年摄制. -- 1盘卷片(9米167拍) ： 1:10,
2B ; 35mm银盐
收藏馆：缩微中心, 国图

000O020428

龙洲道人集：十五卷 / (宋)刘过撰 . 刘龙洲墓诗：一卷 / (清)顾湄辑

清(1644-1911)抄本

1994年摄制. -- 1盘卷片(9米150拍) : 1:10, 2B ；35mm银盐

收藏馆：缩微中心，国图

000O002316

龙洲先生集：一卷附录一卷 / (宋)刘过撰

清(1644-1911)抄本. -- (清)翁同书跋。

1986年摄制. -- 1盘卷片(5.3米91拍) : 1:10, 2B ；35mm银盐

收藏馆：缩微中心，国图

000O027108

姜白石诗词合集：九卷附录一卷 / (宋)姜夔撰

清康熙八年(1669)水云渔屋刻本. -- (清)李慈铭跋。

1997年摄制. -- 1盘卷片(7米117拍) : 1:10, 2B ；35mm银盐

收藏馆：缩微中心，国图

000O010027

姜白石诗词合集：十五卷 / (宋)姜夔撰

清乾隆八年(1743)江都陆氏刻乾隆三十六年(1771)歙县江春增刻本. -- 书名据封面题。版框高十八厘米宽十二厘米。

1989年摄制. -- 1盘卷片(9米160拍) : 1:10, 2B ；35mm银盐

收藏馆：缩微中心，广东

000O005609

白石诗集：一卷词集一卷 / (宋)姜夔撰

清康熙五十七年(1718)曾时灿华苹书屋刻本. -- (清)鲍倚云批校并跋。

1987年摄制. -- 1盘卷片(5米78拍) : 1:10, 2B ；35mm银盐

收藏馆：缩微中心，国图

000O005841

白石诗集：一卷词集一卷 / (宋)姜夔撰

清康熙五十七年(1718)曾时灿华苹书屋刻本. -- (清)余集校跋并录(清)厉鹗批校题识。

1987年摄制. -- 1盘卷片(5米79拍) : 1:10, 2B ；35mm银盐

收藏馆：缩微中心，国图

000O020812

白石诗集：一卷词集一卷 / (宋)姜夔撰

清康熙五十七年(1718)曾时灿刻雍正五年(1727)洪正治重刻本

1994年摄制. -- 1盘卷片(5米64拍) : 1:10,

2B ；35mm银盐

收藏馆：缩微中心，国图

000O022557

白石集：二卷附诸家评论一卷 / (宋)姜夔撰

清雍正五年(1727)刻本

1995年摄制. -- 1盘卷片(5.5米88拍) : 1:10, 2B ；35mm银盐

收藏馆：缩微中心，湖北

000O005842

白石道人诗集：一卷补遗一卷诗说一卷歌曲六卷歌词别集一卷 / (宋)姜夔撰

清(1644-1911)王曾祥抄本. -- (清)王曾祥校，(清)魏成宪、(清)□谦升、(清)秦更年跋，傅增湘题款。

1987年摄制. -- 1盘卷片(5米105拍) : 1:10, 2B ；35mm银盐

收藏馆：缩微中心，国图

000O007250

白石道人诗集：一卷词集一卷诗说一卷 / (宋)姜夔撰

清(1644-1911)抄本

1987年摄制. -- 1盘卷片(4.2米64拍) : 1:10, 2B ；35mm银盐

收藏馆：缩微中心，国图

000O020350

白石先生诗集：三卷 / (宋)姜夔撰

清(1644-1911)抄本

1994年摄制. -- 1盘卷片(4米48拍) : 1:10, 2B ；35mm银盐

收藏馆：缩微中心，国图

000O019051

方壶存稿：九卷附录一卷 / (宋)汪莘撰

清(1644-1911)抄本

1994年摄制. -- 1盘卷片(10米192拍) : 1:10, 2B ；35mm银盐

收藏馆：缩微中心，国图

000O002256

方壶存稿：九卷名贤遗翰集一卷 / (宋)汪莘撰

清(1644-1911)抄本

1986年摄制. -- 1盘卷片(8米152拍) : 1:10, 2B ；35mm银盐

收藏馆：缩微中心，国图

000O027769

方壶存稿：九卷名贤遗翰集一卷 / (宋)汪莘撰

清(1644-1911)抄本

1992年摄制. -- 1盘卷片(8米145拍) : 1:10,

2B ； 35mm银盐
收藏馆：缩微中心，国图

000O004571
方壶存稿：九卷名贤遗翰集一卷 / (宋)汪莘撰
清(1644-1911)抄本
1986年摄制. -- 1盘卷片(7米111拍)：1:10,
2B ； 35mm银盐
收藏馆：缩微中心，国图

000O000961
方壶先生集：四卷 / (宋)汪莘撰
清雍正(1723-1735)刻本. -- 傅增湘校。
1985年摄制. -- 1盘卷片(6米105拍)：1:10,
2B ； 35mm银盐
收藏馆：缩微中心，国图

000O019277
方壶先生集：四卷 / (宋)汪莘撰
清雍正九年(1731)汪栋刻本
1994年摄制. -- 1盘卷片(6米92拍)：1:10,
2B ； 35mm银盐
收藏馆：缩微中心，国图

000O013027
王荆文公诗笺注：五十卷目录三卷 / (宋)李壁撰；
(宋)刘辰翁批点 . 年谱：一卷 / (宋)詹大和撰
元大德五年(1301)王常刻本
1991年摄制. -- 2盘卷片(44米838拍)：
1:10, 2B ； 35mm银盐
收藏馆：缩微中心，国图

000O019249
王荆文公诗笺注：五十卷 / (宋)李壁撰
清乾隆五年至六年(1740-1741)张宗松清绮斋
刻本
1994年摄制. -- 1盘卷片(26米534拍)：
1:10, 2B ； 35mm银盐
收藏馆：缩微中心，国图

000O022380
骚略：三卷 / (宋)高似孙撰
清(1644-1911)汪氏裘杼楼抄本. -- 还有合刻
著作：献丑集一卷 / (宋)许棐撰，耕禄稿一
卷 / (宋)胡铸撰，文房四友除授集一卷。
1995年摄制. -- 1盘卷片(3米30拍)：1:10,
2B ； 35mm银盐
收藏馆：缩微中心，国图

000O027921
重编古筠洪城幸清节公松垣文集：十一卷 / (宋)
幸元龙撰
清(1644-1911)赵氏小山堂抄本. -- (清)丁丙

跋。
1996年摄制. -- 1盘卷片(7米109拍)：1:10,
2B ； 35mm银盐
收藏馆：缩微中心，南京

000O003248
山房集：九卷 / (宋)周南撰
清乾隆(1736-1795)翰林院抄本
1986年摄制. -- 1盘卷片(13米268拍)：
1:10, 2B ； 35mm银盐
收藏馆：缩微中心，国图

000O022369
山房集：八卷后稿一卷 / (宋)周南撰
清乾隆(1736-1795)翰林院抄本
1995年摄制. -- 1盘卷片(13米253拍)：
1:10, 2B ； 35mm银盐
收藏馆：缩微中心，国图

000O001671
裘竹斋诗集：六卷 / (宋)裘万顷撰
清(1644-1911)抄本
1986年摄制. -- 1盘卷片(5米68拍)：1:10,
2B ； 35mm银盐
收藏馆：缩微中心，国图

000O016125
竹斋先生诗集：四卷 / (宋)裘万顷撰
清(1644-1911)抄本
1993年摄制. -- 1盘卷片(5米61拍)：1:10,
2B ； 35mm银盐
收藏馆：缩微中心，国图

000O005608
毅斋诗集别录：一卷家传一卷 / (宋)徐侨撰
明正德六年(1511)徐兴刻本. -- 周叔弢跋。
1987年摄制. -- 1盘卷片(5米76拍)：1:10,
2B ； 35mm银盐
收藏馆：缩微中心，国图

000O005034
方泉先生诗集：三卷 / (宋)周文璞撰
清(1644-1911)冰蘧阁抄本
1986年摄制. -- 1盘卷片(6米87拍)：1:10,
2B ； 35mm银盐
收藏馆：缩微中心，国图

000O004423
方泉先生诗集：三卷 / (宋)周文璞撰
清(1644-1911)抄本
1986年摄制. -- 1盘卷片(5米72拍)：1:10,
2B ； 35mm银盐
收藏馆：缩微中心，国图

000O005024

**岁寒三友除授集：一卷 / (宋)吴必大撰．无肠公
子除授集：一卷．杂录：不分卷 / (宋)郑楷[等]
撰**

明(1368-1644)抄本．-- (明)冯知十、(清)翁
同龢跋。

1986年摄制．-- 1盘卷片(4米51拍) : 1:10,
2B ；35mm银盐

收藏馆：缩微中心，国图

000O022381

耕禄稿：一卷 / (宋)胡锜撰

清(1644-1911)汪氏裘杼楼抄本．-- 还有合刻著
作：献丑集一卷/(宋)许棐撰，骚略三卷/(宋)高
似孙撰，文房四友除授集一卷

1995年摄制．-- 1盘卷片(3米28拍) :
2B ；35mm银盐

收藏馆：缩微中心，国图

000O002271

碧岩诗集：二卷 / (宋)金朋说撰

清(1644-1911)抄本

1986年摄制．-- 1盘卷片(3米36拍) : 1:10,
2B ；35mm银盐

收藏馆：缩微中心，国图

000O022456

程端明公洺水集：二十六卷首一卷 / (宋)程珌撰

明嘉靖三十五年(1556)程元晌刻本．-- (清)
丁丙跋。

1995年摄制．-- 1盘卷片(25米495拍) :
1:10, 2B ；35mm银盐

收藏馆：缩微中心，南京

000O003802

程端明公洺水集：三十六卷首一卷 / (宋)程珌撰

明嘉靖三十五年(1556)程元晌刻本．-- 卷
二十五至卷二十六系附录。

1985年摄制．-- 1盘卷片(22米481拍) :
1:10, 2B ；35mm银盐

收藏馆：缩微中心，国图

000O004907

程端明公洺水集：二十六卷首一卷 / (宋)程珌撰

明嘉靖三十五年(1556)程元晌刻本

1987年摄制．-- 1盘卷片(22米486拍) :
1:10, 2B ；35mm银盐

收藏馆：缩微中心，国图

000O007333

程端明公洺水集：二十六卷首一卷 / (宋)程珌撰

明嘉靖三十五年(1556)程元晌刻本

1987年摄制．-- 1盘卷片(23.3米518拍) :

1:10, 2B ；35mm银盐

收藏馆：缩微中心，国图

000O022057

程洺水先生集：三十卷附录一卷 / (宋)程珌撰

明崇祯元年(1628)程至远刻本

1995年摄制．-- 1盘卷片(32米673拍) :
1:10, 2B ；35mm银盐

收藏馆：缩微中心，国图

000O003001

北磵诗集：九卷 / (宋)释居简撰

清(1644-1911)抄本

1986年摄制．-- 1盘卷片(11米208拍) :
1:10, 2B ；35mm银盐

收藏馆：缩微中心，国图

000O022388

北磵文集：十卷 / (宋)释居简撰

清(1644-1911)抄本．-- (清)陆心源校并录
(清)吴城跋。

1995年摄制．-- 1盘卷片(17米317拍) :
1:10, 2B ；35mm银盐

收藏馆：缩微中心，国图

000O006251

漫塘刘先生文前集：三十六卷 / (宋)刘宰撰

明正德十六年(1521)任佃刻嘉靖八年(1529)王
臬续刻本

1986年摄制．-- 2盘卷片(42米906拍) :
1:10, 2B ；35mm银盐

收藏馆：缩微中心，国图

000O001326

漫塘文集：三十六卷附录一卷 / (宋)刘宰撰

明万历三十二年(1604)范仑[等]刻本

1985年摄制．-- 2盘卷片(48.8米1083拍) :
1:10, 2B ；35mm银盐

收藏馆：缩微中心，国图

000O014727

漫塘文集：三十六卷附录一卷 / (宋)刘宰撰

明万历三十二年(1604)范仑[等]刻本

1992年摄制．-- 2盘卷片(54米1052拍) :
1:10, 2B ；35mm银盐

收藏馆：缩微中心，国图

000O016872

漫塘文集：三十六卷附录一卷 / (宋)刘宰撰

明万历三十二年(1604)范仑[等]刻本

1993年摄制．-- 2盘卷片(50米1049拍) :
1:10, 2B ；35mm银盐

收藏馆：缩微中心，国图

00O022807
漫塘文集：三十六卷附录一卷 / (宋)刘宰撰
明万历三十二年(1604)范仑［等］刻本. --
(清)丁丙跋。
1995年摄制. -- 2盘卷片(52米1178拍) :
1:10, 2B ; 35mm银盐
收藏馆：缩微中心，南京

00O014526
漫塘刘先生文集：二十二卷 / (宋)刘宰撰
明(1368-1644)活字印本
1992年摄制. -- 1盘卷片(14.5米309拍) :
1:10, 2B ; 35mm银盐
收藏馆：缩微中心，辽宁

00O003795
石屏诗集：十卷 / (宋)戴复古撰．东皋子诗：一卷 / (宋)戴敏撰
明弘治十一年(1498)宋鉴马金刻本. -- (清)
黄丕烈跋。
1985年摄制. -- 1盘卷片(18米378拍) :
1:10, 2B ; 35mm银盐
收藏馆：缩微中心，国图

00O004935
石屏诗集：十卷 / (宋)戴复古撰．东皋子诗：一卷 / (宋)戴敏撰
明弘治十一年(1498)宋鉴马金刻本
1987年摄制. -- 1盘卷片(17米367拍) :
1:10, 2B ; 35mm银盐
收藏馆：缩微中心，国图

00O009186
石屏诗集：六卷 / (宋)戴复古撰；(明)潘是仁辑
明(1368-1644)潘氏刻本
1988年摄制. -- 1盘卷片(8米139拍) : 1:10,
2B ; 35mm银盐
收藏馆：缩微中心，湖南

00O003841
石屏续集：四卷 / (宋)戴复古撰
清(1644-1911)抄本
1985年摄制. -- 1盘卷片(3米39拍) : 1:10,
2B ; 35mm银盐
收藏馆：缩微中心，国图

00O019167
信天巢遗稿：一卷 / (宋)高翥撰；(清)高士奇辑．林湖遗稿：一卷 / (宋)高鹏飞撰．江村遗稿：一卷 / (宋)高选,(宋)高迈[等]撰；(清)高士奇辑
清康熙二十六年(1687)高士奇刻本. -- 还有
合刻著作：疏寮小集一卷/(宋)高似孙撰。
1994年摄制. -- 1盘卷片(5米61拍) : 1:10,

2B ; 35mm银盐
收藏馆：缩微中心，国图

00O009836
菊涧小集：一卷 / (宋)高翥撰
清(1644-1911)抄本
1989年摄制. -- 1盘卷片(3米38拍) : 1:10,
2B ; 35mm银盐
收藏馆：缩微中心，浙江

00O024019
宋宗伯徐清正公存稿：六卷附录一卷 / (宋)徐鹿卿撰
明万历四十二年(1614)徐鉴刻本. -- (清)丁
丙跋。
1993年摄制. -- 1盘卷片(17米346拍) :
1:10, 2B ; 35mm银盐
收藏馆：缩微中心，南京

00O003814
野谷诗稿：六卷 / (宋)赵汝𨪫撰
清(1644-1911)抄本
1985年摄制. -- 1盘卷片(6米93拍) : 1:10,
2B ; 35mm银盐
收藏馆：缩微中心，国图

00O001589
野谷诗稿：六卷 / (宋)赵汝𨪫撰
清(1644-1911)抄本
1986年摄制. -- 1盘卷片(6米96拍) : 1:10,
2B ; 35mm银盐
收藏馆：缩微中心，国图

00O019844
棠湖诗稿：一卷 / (宋)岳珂著
南宋(1127-1279)陈家书籍铺刻本
1994年摄制. -- 1盘卷片(3米39拍) : 1:10,
2B ; 35mm银盐
收藏馆：缩微中心，天津

00O009399
玉楮诗稿：八卷 / (宋)岳珂撰
明(1368-1644)岳元声岳和声岳骏声刻本
1988年摄制. -- 1盘卷片(7米120拍) : 1:10,
2B ; 35mm银盐
收藏馆：缩微中心，湖北

00O015260
玉楮诗稿：八卷 / (宋)岳珂撰
明(1368-1644)岳元声岳和声岳骏声刻本. --
(清)边浴礼跋。
1992年摄制. -- 1盘卷片(7米107拍) : 1:10,
2B ; 35mm银盐

收藏馆：缩微中心，国图

000O017828
玉楮诗稿：八卷 / (宋)岳珂撰
明(1368-1644)岳元声岳和声岳骏声刻本. --
郑振铎跋。
1993年摄制. -- 1盘卷片(7米106拍) ：1:10,
2B ；35mm银盐
收藏馆：缩微中心，国图

000O023988
玉楮诗稿：八卷 / (宋)岳珂撰
明(1368-1644)岳元声刻本. -- (清)蒋凤藻、
(清)丁丙跋。
1993年摄制. -- 1盘卷片(8米126拍) ：1:10,
2B ；35mm银盐
收藏馆：缩微中心，南京

000O003000
玉楮诗稿：八卷 / (宋)岳珂撰
清(1644-1911)抄本
1986年摄制. -- 1盘卷片(7米117拍) ：1:10,
2B ；35mm银盐
收藏馆：缩微中心，国图

000O004846
宋国录流塘詹先生集：三卷 / (宋)詹初撰
清初(1644-1722)抄本
1986年摄制. -- 1盘卷片(5.2米96拍) ：
1:10, 2B ；35mm银盐
收藏馆：缩微中心，国图

000O003299
东涧集：十四卷 / (宋)许应龙撰
清乾隆(1736-1795)翰林院抄本
1986年摄制. -- 1盘卷片(16米335拍) ：
1:10, 2B ；35mm银盐
收藏馆：缩微中心，国图

000O007252
沧浪集：四卷 / (宋)严羽撰
明(1368-1644)刻本. -- (清)鲍廷博校。
1987年摄制. -- 1盘卷片(5米71拍) ：1:10,
2B ；35mm银盐
收藏馆：缩微中心，国图

000O002997
沧浪严先生吟卷：三卷 / (宋)严羽撰
明正德十二年(1517)胡重器刻本
1986年摄制. -- 1盘卷片(6米97拍) ：1:10,
2B ；35mm银盐
收藏馆：缩微中心，国图

000O006562
沧浪严先生吟卷：三卷 / (宋)严羽撰
明正德十二年(1517)胡重器刻本
1987年摄制. -- 1盘卷片(6米100拍) ：1:10,
2B ；35mm银盐
收藏馆：缩微中心，国图

000O005287
沧浪先生吟卷：二卷 / (宋)严羽撰
明正德十五年(1520)尹嗣忠刻本
1986年摄制. -- 1盘卷片(6米96拍) ：1:10,
2B ；35mm银盐
收藏馆：缩微中心，国图

000O022290
沧浪先生吟卷：二卷 / (宋)严羽撰
明嘉靖十年(1531)郑纲刻本
1995年摄制. -- 1盘卷片(6米77拍) ：1:10,
2B ；35mm银盐
收藏馆：缩微中心，国图

000O005843
沧浪先生吟卷：二卷 / (宋)严羽撰
明(1368-1644)抄本. -- (清)黄丕烈跋。
1987年摄制. -- 1盘卷片(5.6米96拍) ：
1:10, 2B ；35mm银盐
收藏馆：缩微中心，国图

000O022153
梅亭先生四六标准：四十卷 / (宋)李刘撰
宋(960-1279)刻本. -- 存六卷：卷十三至卷
十八。
1995年摄制. -- 1盘卷片(27米537拍) ：
1:10, 2B ；35mm银盐
收藏馆：缩微中心，国图

000O024672
梅亭先生四六标准：四十卷 / (宋)李刘撰
明(1368-1644)四明范大澈卧云山房抄本. --
存十卷：卷一至卷十。
1996年摄制. -- 1盘卷片(8米144拍) ：1:10,
2B ；35mm银盐
收藏馆：缩微中心，浙江

000O009442
**笺释梅亭先生四六标准：四十卷目录一卷 / (宋)
李刘撰；(明)孙云翼笺**
明万历四十四年(1616)金陵唐鲤飞刻本
1987年摄制. -- 3盘卷片(70.6米1537拍) ：
1:10, 2B ；35mm银盐
收藏馆：缩微中心，重庆

00O003769

平斋文集：三十二卷 / (宋)洪咨夔撰

清(1644-1911)影宋(960-1279)抄本. -- □励庵、瞿启甲跋。

1985年摄制. -- 2盘卷片(41米807拍) : 1:10, 2B ; 35mm银盐

收藏馆：缩微中心，国图

00O003971

南海百咏：一卷 / (宋)方信孺撰

清(1644-1911)抄本. -- (清)鲍廷博校。

1985年摄制. -- 1盘卷片(4米59拍) : 1:10, 2B ; 35mm银盐

收藏馆：缩微中心，国图

00O022072

西山真先生文集：□□卷 / (宋)真德秀撰

元(1271-1368)刻本. -- 存二卷：卷十四至卷十五。

1995年摄制. -- 1盘卷片(4米47拍) : 1:10, 2B ; 35mm银盐

收藏馆：缩微中心，国图

00O019499

西山先生真文忠公文集：五十五卷目录二卷 / (宋)真德秀撰

明正德十五年(1520)张文麟黄巩刻本. -- 存五十六卷：卷一至卷五十、卷五十二至卷五十五，目录二卷。

1994年摄制. -- 3盘卷片(83米1686拍) : 1:10, 2B ; 35mm银盐

收藏馆：缩微中心，国图

00O018782

西山先生真文忠公文集：五十五卷目录二卷 / (宋)真德秀撰

明万历二十五年(1597)景贤堂刻崇祯十一年(1638)拱极堂重修本. -- 存五十六卷：卷一至卷五十、卷五十二至卷五十五，目录二卷。

1994年摄制. -- 3盘卷片(76米1540拍) : 1:10, 2B ; 35mm银盐

收藏馆：缩微中心，国图

00O004422

西山先生真文忠公文集：五十一卷 / (宋)真德秀撰

明嘉靖元年(1522)张文麟黄巩刻本

1986年摄制. -- 3盘卷片(71米1327拍) : 1:10, 2B ; 35mm银盐

收藏馆：缩微中心，国图

00O020639

西山先生真文忠公文集：五十一卷 / (宋)真德秀撰

明嘉靖元年(1522)张文麟黄巩刻本. -- 存一卷：卷十三。

1994年摄制. -- 1盘卷片(4米30拍) : 1:10, 2B ; 35mm银盐

收藏馆：缩微中心，国图

00O003516

西山先生真文忠公文集：五十五卷 / (宋)真德秀撰

明万历二十五年(1597)景贤堂刻本. -- 存五十四卷：卷一至卷五十、卷五十二至卷五十五。

1985年摄制. -- 3盘卷片(73米1599拍) : 1:10, 2B ; 35mm银盐

收藏馆：缩微中心，国图

00O004909

重校鹤山先生大全文集：一百十卷 / (宋)魏了翁撰

明嘉靖三十年(1551)高翀吴凤刻本. -- 存一百七卷：卷一至卷一百六、卷一百九。

1987年摄制. -- 4盘卷片(100米2316拍) : 1:10, 2B ; 35mm银盐

收藏馆：缩微中心，国图

00O013706

重校鹤山先生大全文集：一百十卷 / (宋)魏了翁撰

明嘉靖(1522-1566)安国铜活字印本. -- 存一卷：卷一百九。

1991年摄制. -- 1盘卷片(5米66拍) : 1:10, 2B ; 35mm银盐

收藏馆：缩微中心，国图

00O015608

重校鹤山先生大全文集：一百十卷 / (宋)魏了翁撰

明(1368-1644)刻本. -- 存一百九卷：卷一至卷一百七、卷一百九至卷一百十。

1992年摄制. -- 4盘卷片(102米2037拍) : 1:10, 2B ; 35mm银盐

收藏馆：缩微中心，国图

00O003287

重校鹤山先生大全文集：一百十卷 / (宋)魏了翁撰

明(1368-1644)刻本. -- 存八十二卷：卷二十六至卷一百六、卷一百九。

1986年摄制. -- 3盘卷片(67米1445拍) : 1:10, 2B ; 35mm银盐

收藏馆：缩微中心，国图

000O022472
杜清献公集：十九卷首一卷 / (宋)杜范撰
清(1644-1911)马氏小玲珑山馆抄本. -- (清)
丁丙跋。
1995年摄制. -- 1盘卷片(19米395拍)：
1:10, 2B；35mm银盐
收藏馆：缩微中心，南京

000O001436
杜清献公集：十九卷首一卷 / (宋)杜范撰
清(1644-1911)抄本
1985年摄制. -- 1盘卷片(16米342拍)：
1:10, 2B；35mm银盐
收藏馆：缩微中心，国图

000O022065
宋杜清献公集：十九卷首一卷 / (宋)杜范撰
清(1644-1911)抄本. -- 存五卷：卷一至卷
四、首一卷。
1995年摄制. -- 1盘卷片(7米120拍)：1:10,
2B；35mm银盐
收藏馆：缩微中心，国图

000O023011
敝帚稿略：八卷 / (宋)包恢撰
清乾隆(1736-1795)翰林院抄本. -- 四库底
本。
1995年摄制. -- 1盘卷片(11米195拍)：
1:10, 2B；35mm银盐
收藏馆：缩微中心，国图

000O002996
**宋宝章阁直学士忠惠铁庵方公文集：三十六卷 /
(宋)方大琮撰**
清(1644-1911)抄本
1986年摄制. -- 1盘卷片(19米399拍)：
1:10, 2B；35mm银盐
收藏馆：缩微中心，国图

000O004762
**宋宝章阁直学士忠惠铁庵方公文集：三十六卷 /
(宋)方大琮撰**
清(1644-1911)抄本
1987年摄制. -- 1盘卷片(16米327拍)：
1:10, 2B；35mm银盐
收藏馆：缩微中心，国图

000O022058
**宋宝章阁直学士忠惠铁庵方公文集：三十六卷 /
(宋)方大琮撰**
清(1644-1911)抄本
1995年摄制. -- 1盘卷片(17米339拍)：
1:10, 2B；35mm银盐

收藏馆：缩微中心，国图

000O003298
鹤林集：四十卷 / (宋)吴泳撰
清乾隆(1736-1795)翰林院抄本
1986年摄制. -- 2盘卷片(37.2米794拍)：
1:10, 2B；35mm银盐
收藏馆：缩微中心，国图

000O003241
臞轩集：十六卷 / (宋)王迈撰
清乾隆(1736-1795)翰林院抄本
1986年摄制. -- 1盘卷片(23米492拍)：
1:10, 2B；35mm银盐
收藏馆：缩微中心，国图

000O001694
臞轩集：十六卷 / (宋)王迈撰
清(1644-1911)抄本
1986年摄制. -- 1盘卷片(18米384拍)：
1:10, 2B；35mm银盐
收藏馆：缩微中心，国图

000O004039
渔墅类稿：八卷 / (宋)陈元晋撰
清乾隆(1736-1795)翰林院抄本. -- 四库底
本。(清)朱文鼎、(清)孙曙沧校。
1985年摄制. -- 1盘卷片(8.2米160拍)：
1:10, 2B；35mm银盐
收藏馆：缩微中心，国图

000O019164
后村居士集：五十卷 / (宋)刘克庄撰
宋(960-1279)刻本. -- 存四卷：卷十七至卷
十八、卷四十三至卷四十四。
1994年摄制. -- 1盘卷片(6米69拍)：1:10,
2B；35mm银盐
收藏馆：缩微中心，国图

000O016689
后村居士集：五十卷 / (宋)刘克庄撰
明(1368-1644)抄本. -- 存二十三卷：卷一至
卷二、卷四至卷二十四。
1993年摄制. -- 1盘卷片(20米373拍)：
1:10, 2B；35mm银盐
收藏馆：缩微中心，国图

000O023265
后村居士集：五十卷目录二卷 / (宋)刘克庄撰
宋(960-1279)刻本. -- 存五十卷：卷一至卷
二十八、卷三十至卷三十二、卷三十四至卷
五十、目录二卷。
1995年摄制. -- 2盘卷片(42米831拍)：

1:10, 2B ; 35mm银盐
收藏馆：缩微中心，国图

000O004940
后村居士集：五十卷目录二卷 / (宋)刘克庄撰
清康熙五十年(1711)吕无隐南阳讲习堂抄
本. -- (清)黄丕烈、叶昌炽跋。
1987年摄制. -- 1盘卷片(20.1米444拍)：
1:10, 2B ; 35mm银盐
收藏馆：缩微中心，国图

000O005056
后村居士集：五十卷目录二卷 / (宋)刘克庄撰
清(1644-1911)经鉏堂抄本
1986年摄制. -- 2盘卷片(46米1011拍)：
1:10, 2B ; 35mm银盐
收藏馆：缩微中心，国图

000O023268
后村居士集：五十卷目录二卷 / (宋)刘克庄撰
清(1644-1911)经鉏堂抄本
1995年摄制. -- 2盘卷片(46米942拍)：
1:10, 2B ; 35mm银盐
收藏馆：缩微中心，国图

000O002308
后村居士集：五十卷目录二卷 / (宋)刘克庄撰
清(1644-1911)抄本. -- (清)沈警校并跋，
(清)翁同龢跋。
1986年摄制. -- 3盘卷片(67米1373拍)：
1:10, 2B ; 35mm银盐
收藏馆：缩微中心，国图

000O002993
后村居士集：五十卷目录二卷 / (宋)刘克庄撰
清(1644-1911)抄本
1986年摄制. -- 2盘卷片(43米881拍)：
1:10, 2B ; 35mm银盐
收藏馆：缩微中心，国图

000O018802
后村居士集：五十卷目录二卷 / (宋)刘克庄撰
清(1644-1911)抄本
1994年摄制. -- 2盘卷片(45米892拍)：
1:10, 2B ; 35mm银盐
收藏馆：缩微中心，国图

000O022475
后村先生大全集：一百九十六卷 / (宋)刘克庄撰
清道光(1821-1850)张氏爱日精庐抄本. --
(清)张金吾、(清)周星诒、(清)傅以礼跋，
(清)刘尚文校补，(清)孙毓修校跋。
1995年摄制. -- 6盘卷片(169米3742拍)：

1:10, 2B ; 35mm银盐
收藏馆：缩微中心，南京

000O004031
后村先生大全集：一百九十六卷 / (宋)刘克庄撰
清(1644-1911)抄本. -- (清)翁同书校注。
1986年摄制. -- 6盘卷片(181米4032拍)：
1:10, 2B ; 35mm银盐
收藏馆：缩微中心，国图

000O022061
后村先生大全集：一百九十六卷 / (宋)刘克庄撰
清(1644-1911)抄本. -- 存四十九卷：卷一至
卷四十九。
1995年摄制. -- 2盘卷片(44米826拍)：
1:10, 2B ; 35mm银盐
收藏馆：缩微中心，国图

000O022386
后村先生大全集：一百九十六卷目录五卷 / (宋)刘克庄撰
清(1644-1911)抄本
1995年摄制. -- 6盘卷片(188米3872拍)：
1:10, 2B ; 35mm银盐
收藏馆：缩微中心，国图

000O017140
后村居士诗：二十卷 / (宋)刘克庄撰
清康熙五十九年(1720)姚培谦遂安堂刻本
1993年摄制. -- 1盘卷片(19.6米433拍)：
1:10, 2B ; 35mm银盐
收藏馆：缩微中心，辽宁

000O007125
宋刘后村先生集：十二卷 / (宋)刘克庄撰；(明)张肯堂编
明崇祯十一年(1638)建州钱震泷刻本
1987年摄制. -- 1盘卷片(28.6米630拍)：
1:10, 2B ; 35mm银盐
收藏馆：缩微中心，重庆

000O027929
梅屋诗稿：四卷杂著一卷 / (宋)许棐撰
清(1644-1911)抄本. -- (清)丁丙跋。
1996年摄制. -- 1盘卷片(4米57拍) : 1:10,
2B ; 35mm银盐
收藏馆：缩微中心，南京

000O020341
梅屋诗稿：一卷第三稿一卷第四稿一卷杂著一卷；融春小缀：一卷 / (宋)许棐撰
清(1644-1911)抄本
1994年摄制. -- 1盘卷片(4米41拍) : 1:10,

2B ；35mm银盐
收藏馆：缩微中心，国图

000O022379

献丑集：一卷 / (宋)许棐撰．骚略：三卷 / (宋)高似孙撰．耕禄稿：一卷 / (宋)胡锜撰
清(1644-1911)汪氏裘杼楼抄本． -- 还有合刻著作：文房四友除授集一卷。
1995年摄制． -- 1盘卷片(3米11拍) ：1:10，
2B ；35mm银盐
收藏馆：缩微中心，国图

000O001155

退庵先生遗集：二卷 / (宋)吴渊撰
明(1368-1644)吴伯敬刻本
1985年摄制． -- 1盘卷片(3.4米43拍) ：
1:10，2B ；35mm银盐
收藏馆：缩微中心，国图

000O026595

耻堂存稿：八卷 / (宋)高斯得撰
清乾隆(1736-1795)武英殿聚珍版丛书活字印本
1997年摄制． -- 1盘卷片(12米217拍) ：
1:10，2B ；35mm银盐
收藏馆：缩微中心，国图

000O000222

宋学士徐文惠公存稿：五卷附录一卷 / (宋)徐经孙撰
明万历四十二年(1614)徐鉴刻本． -- 傅增湘跋。
1985年摄制． -- 1盘卷片(7.6米144拍) ：
1:10，2B ；35mm银盐
收藏馆：缩微中心，国图

000O007621

宋学士徐文惠公存稿：六卷 / (宋)徐经孙撰
清(1644-1911)抄本
1986年摄制． -- 1盘卷片(7米127拍) ：1:10，
2B ；35mm银盐
收藏馆：缩微中心，国图

000O024015

宋学士徐文惠公存稿：六卷附录一卷 / (宋)徐经孙撰
清(1644-1911)抄本
1996年摄制． -- 1盘卷片(7米109拍) ：1:10，
2B ；35mm银盐
收藏馆：缩微中心，南京

000O003329

竹坡类稿：五卷附录一卷 / (宋)吕午撰

清(1644-1911)抄本
1986年摄制． -- 1盘卷片(7米112拍) ：1:10，
2B ；35mm银盐
收藏馆：缩微中心，国图

000O022066

履斋先生遗集：四卷；吴许公列传：一卷 / (宋)吴潜撰
明(1368-1644)吴伯敬刻本
1995年摄制． -- 1盘卷片(7米105拍) ：1:10，
2B ；35mm银盐
收藏馆：缩微中心，国图

000O022285

履斋先生遗集：四卷 / (宋)吴潜撰
明(1368-1644)吴伯敬刻本
1995年摄制． -- 1盘卷片(7米106拍) ：1:10，
2B ；35mm银盐
收藏馆：缩微中心，国图

000O008787

履斋四明吟稿：二卷诗余二卷 / (宋)吴潜撰
清乾隆(1736-1795)鲍氏知不足斋抄本． --
(清)鲍廷博批并跋。
1988年摄制． -- 1盘卷片(6.1米108拍) ：
1:11，2B ；35mm银盐
收藏馆：缩微中心，重庆

000O003273

楳埜集：十二卷 / (宋)徐元杰撰
清乾隆(1736-1795)翰林院抄本
1986年摄制． -- 1盘卷片(18米391拍) ：
1:10，2B ；35mm银盐
收藏馆：缩微中心，国图

000O013369

鲁斋王文宪公文集：二十卷 / (宋)王柏撰
明正统(1436-1449)刻本
1991年摄制． -- 1盘卷片(17米310拍) ：
1:10，2B ；35mm银盐
收藏馆：缩微中心，国图

000O028732

宋鲁斋王文宪公遗集：十二卷 / (宋)王柏撰；
(明)王宷辑
明崇祯五年(1632)刻本
1997年摄制． -- 1盘卷片(19米349拍) ：
1:10，2B ；35mm银盐
收藏馆：缩微中心，苏州

000O010430

宋鲁斋文宪公遗集：十三卷 / (宋)王柏撰
清顺治十一年(1654)校刻本． -- (宋)冯如京

校。
1989年摄制. -- 1盘卷片（18米391拍）：
1:10, 2B；35mm银盐
收藏馆：缩微中心，天津

000O002139
三山郑菊山先生清隽集：一卷附录一卷 / (宋)郑
震撰．所南翁一百二十图诗集：一卷．郑所南
先生文集：一卷 / (宋)郑思肖撰
清(1644-1911)抄本
1986年摄制. -- 1盘卷片（7米121拍）：1:10,
2B；35mm银盐
收藏馆：缩微中心，国图

000O004908
三山郑菊山先生清隽集：一卷附录一卷 / (宋)郑
震撰．所南翁一百二十图诗集：一卷．郑所南
先生文集：一卷 / (宋)郑思肖撰
清(1644-1911)张位抄本
1987年摄制. -- 1盘卷片（7米124拍）：1:10,
2B；35mm银盐
收藏馆：缩微中心，国图

000O014229
三山郑菊山先生清隽集：一卷附录一卷 / (宋)郑
震撰．所南翁一百二十图诗集：一卷．郑所南
先生文集：一卷 / (宋)郑思肖撰
清(1644-1911)赵氏小山堂抄本
1992年摄制. -- 1盘卷片（6米95拍）：1:10,
2B；35mm银盐
收藏馆：缩微中心，国图

000O015550
三山郑菊山先生清隽集：一卷附录一卷 / (宋)郑
震撰．所南翁一百二十图诗集：一卷．郑所南
先生文集：一卷 / (宋)郑思肖撰
清(1644-1911)抄本
1993年摄制. -- 1盘卷片（7米103拍）：1:10,
2B；35mm银盐
收藏馆：缩微中心，国图

000O004911
可斋杂稿：三十四卷续稿八卷续稿后十二卷 /
(宋)李曾伯撰
清初(1644-1722)抄本
1987年摄制. -- 2盘卷片（58.3米1315拍）：
1:10, 2B；35mm银盐
收藏馆：缩微中心，国图

000O015414
可斋杂稿：三十四卷续稿八卷续稿后十二卷 /
(宋)李曾伯撰
清(1644-1911)抄本

1992年摄制. -- 2盘卷片（58米1199拍）：
1:10, 2B；35mm银盐
收藏馆：缩微中心，国图

000O003303
可斋杂稿：三十四卷续稿八卷续稿后十二卷 /
(宋)李曾伯撰
清(1644-1911)抄本
1986年摄制. -- 2盘卷片（51米1130拍）：
1:10, 2B；35mm银盐
收藏馆：缩微中心，国图

000O015288
彝斋文编：四卷 / (宋)赵孟坚撰．补遗：一卷 /
(清)鲍廷博辑
清(1644-1911)鲍氏知不足斋抄本. -- (清)鲍
廷博校。
1992年摄制. -- 1盘卷片（9米105拍）：1:10,
2B；35mm银盐
收藏馆：缩微中心，国图

000O002990
秋崖先生小稿：四十五卷又三十八卷 / (宋)方岳
撰
明嘉靖五年(1526)方谦刻本
1986年摄制. -- 2盘卷片（37米795拍）：
1:10, 2B；35mm银盐
收藏馆：缩微中心，国图

000O023264
秋崖先生小稿：四十五卷又三十八卷 / (宋)方岳
撰
明嘉靖五年(1526)方谦刻清(1644-1911)递修
本
1995年摄制. -- 1盘卷片（35米718拍）：
1:10, 2B；35mm银盐
收藏馆：缩微中心，国图

000O002319
秋崖先生诗集：三十八卷 / (宋)方岳撰
清(1644-1911)抄本. -- (清)翁同书批校并
跋。
1986年摄制. -- 1盘卷片（16米339拍）：
1:10, 2B；35mm银盐
收藏馆：缩微中心，国图

000O004913
秋崖先生小稿：四十五卷 / (宋)方岳撰
明嘉靖五年(1526)方谦刻本
1987年摄制. -- 1盘卷片（19.9米438拍）：
1:10, 2B；35mm银盐
收藏馆：缩微中心，国图

00○017395

秋崖先生小稿：四十五卷 / (宋)方岳撰
明嘉靖五年(1526)方谦刻本. -- 存三十四卷：卷一至卷二十、卷三十二至卷四十五。
1993年摄制. -- 1盘卷片(15米277拍) : 1:10, 2B ; 35mm银盐
收藏馆：缩微中心，国图

00○029832

秋崖先生小稿：三十八卷 / (宋)方岳撰
清康熙六十年(1721)钱枚方蔚[等]抄本. -- 存十四卷：卷二十五至卷三十八。
2001年摄制. -- 1盘卷片(7米124拍) : 1:10, 2B ; 35mm银盐
收藏馆：缩微中心，国图

00○014359

秋崖先生小稿：三十八卷 / (宋)方岳撰
清(1644-1911)活字印本.
1992年摄制. -- 1盘卷片(14米255拍) : 1:10, 2B ; 35mm银盐
收藏馆：缩微中心，国图

00○024018

秋崖先生小稿：三十八卷 / (宋)方岳撰
清(1644-1911)活字印本. -- (清)石韫玉校，(清)丁丙跋。
1993年摄制. -- 1盘卷片(14米274拍) : 1:10, 2B ; 35mm银盐
收藏馆：缩微中心，南京

00○000141

孙耕闲集：一卷 / (宋)孙锐撰
清(1644-1911)抄本
1985年摄制. -- 1盘卷片(3米30拍) : 1:10, 2B ; 35mm银盐
收藏馆：缩微中心，国图

00○022206

雪窗先生文集：二卷附录一卷 / (宋)孙梦观撰
清(1644-1911)抄本
1995年摄制. -- 1盘卷片(7米105拍) : 1:10, 2B ; 35mm银盐
收藏馆：缩微中心，国图

00○014936

雪窗先生文集：二卷 / (宋)孙梦观撰
清(1644-1911)抄本
1992年摄制. -- 1盘卷片(7米106拍) : 1:10, 2B ; 35mm银盐
收藏馆：缩微中心，国图

00○016450

李忠简公文溪存稿：二十卷 / (宋)李昂英撰
明嘉靖十年(1531)李翱刻本. -- 存五卷：卷一至卷五。
1993年摄制. -- 1盘卷片(6米78拍) : 1:10, 2B ; 35mm银盐
收藏馆：缩微中心，国图

00○001384

李忠简公文溪集：二十卷 / (宋)李昂英撰
清(1644-1911)抄本
1985年摄制. -- 1盘卷片(11.6米236拍) : 1:10, 2B ; 35mm银盐
收藏馆：缩微中心，国图

00○007994

自堂存稿：十三卷 / (宋)陈杰撰
清(1644-1911)抄本
1988年摄制. -- 1盘卷片(14米281拍) : 1:10, 2B ; 35mm银盐
收藏馆：缩微中心，湖南

00○011057

柴四隐诗集：一卷诗余一卷文类一卷 / (宋)柴望撰
清(1644-1911)精抄本
1989年摄制. -- 1盘卷片(4米58拍) : 1:10, 2B ; 35mm银盐
收藏馆：缩微中心，天津

00○015559

柴氏四隐集：二卷秋堂集补遗一卷墓志一卷 / (宋)柴望撰
清嘉庆十七年(1812)戴光曾抄本. -- (清)戴光曾校并跋。
1993年摄制. -- 1盘卷片(4米35拍) : 1:10, 2B ; 35mm银盐
收藏馆：缩微中心，国图

00○022393

则堂集：六卷 / (宋)家铉翁撰
清乾隆(1736-1795)翰林院抄本. -- 四库底本。
1995年摄制. -- 1盘卷片(10米175拍) : 1:10, 2B ; 35mm银盐
收藏馆：缩微中心，国图

00○002094

则堂集：六卷 / (宋)家铉翁撰
清道光二十八年(1848)东武刘氏嘉荫簃抄本. -- (清)刘喜海跋。
1986年摄制. -- 1盘卷片(8米156拍) : 1:10, 2B ; 35mm银盐

收藏馆：缩微中心，国图

000O014319

则堂先生文集：六卷 / (宋)家铉翁撰

清(1644-1911)知白斋抄本. -- 存四卷：卷一至卷四。

1992年摄制. -- 1盘卷片(6米93拍)：1:10, 2B；35mm银盐

收藏馆：缩微中心，国图

000O015415

雪坡姚舍人文集：五十卷 / (宋)姚勉撰

清(1644-1911)抄本

1992年摄制. -- 2盘卷片(35米677拍)：1:10, 2B；35mm银盐

收藏馆：缩微中心，国图

000O023870

雪坡姚舍人文集：五十卷 / (宋)姚勉撰

清(1644-1911)抄本. -- (清)丁丙跋。

1995年摄制. -- 2盘卷片(34米724拍)：1:10, 2B；35mm银盐

收藏馆：缩微中心，南京

000O004478

林同孝诗：一卷 / (宋)林同撰

清(1644-1911)赵氏小山堂抄本. -- (清)翁同书跋。

1986年摄制. -- 1盘卷片(5米77拍)：1:10, 2B；35mm银盐

收藏馆：缩微中心，国图

000O022158

孝诗：一卷 / (宋)林同撰

清(1644-1911)抄本

1995年摄制. -- 1盘卷片(4米53拍)：1:10, 2B；35mm银盐

收藏馆：缩微中心，国图

000O020210

林同孝诗：一卷 / (宋)林同撰

清(1644-1911)抄本

1994年摄制. -- 1盘卷片(5米60拍)：1:10, 2B；35mm银盐

收藏馆：缩微中心，国图

000O024006

蒙川先生遗稿：十卷 / (宋)刘黻撰

明(1368-1644)抄本. -- (清)丁丙跋。

1996年摄制. -- 1盘卷片(7米107拍)：1:10, 2B；35mm银盐

收藏馆：缩微中心，南京

000O023992

蒙川先生遗稿：四卷 / (宋)刘黻撰

明末(1621-1644)抄本. -- (明)冯知十、(清)王宗炎、(清)丁丙跋。

1993年摄制. -- 1盘卷片(7米102拍)：1:10, 2B；35mm银盐

收藏馆：缩微中心，南京

000O025022

先天集：十卷附录二卷 / (宋)许月卿撰

明(1368-1644)刻本

1996年摄制. -- 1盘卷片(6米135拍)：1:10, 2B；35mm银盐

收藏馆：缩微中心，安徽

000O022391

阆风集：十二 / (宋)舒岳祥撰

清乾隆(1736-1795)翰林院抄本. -- 四库底本。

1995年摄制. -- 1盘卷片(13米237拍)：1:10, 2B；35mm银盐

收藏馆：缩微中心，国图

000O013146

无文印：二十卷；无文和尚语录：四卷赞一卷偈颂一卷 / (宋)释道璨撰

宋咸淳九年(1273)刻本

1991年摄制. -- 1盘卷片(14.2米301拍)：1:10, 2B；35mm银盐

收藏馆：缩微中心，辽宁

000O025671

柳塘外集：二卷 / (宋)释道璨撰

清(1644-1911)黄氏醉经楼抄本. -- (清)丁丙跋。

1996年摄制. -- 1盘卷片(3米40拍)：1:10, 2B；35mm银盐

收藏馆：缩微中心，南京

000O013679

柳塘外集：二卷 / (宋)释道璨撰

清(1644-1911)抄本

1991年摄制. -- 1盘卷片(4米27拍)：1:10, 2B；35mm银盐

收藏馆：缩微中心，国图

000O023007

庐山集：五卷；英溪集：一卷 / (宋)董嗣杲撰

清乾隆(1736-1795)翰林院抄本. -- 四库底本。

1995年摄制. -- 1盘卷片(7米121拍)：1:10, 2B；35mm银盐

收藏馆：缩微中心，国图

000O024791
西湖百咏：二卷 / (宋)董嗣杲撰；(明)陈赟和韵
清(1644-1911)抄本
1995年摄制. -- 1盘卷片(5米76拍) ：1:10,
2B ；35mm银盐
收藏馆：缩微中心，浙江

000O029846
兰皋集：二卷 / (宋)吴锡畴撰
清嘉庆二十三年(1818)杨复吉抄本. -- 还有
合刻著作：龟巢诗文钞二卷 / (元)谢应芳撰。
(清)杨复吉跋。
2001年摄制. -- 1盘卷片(5米64拍) ：1:10,
2B ；35mm银盐
收藏馆：缩微中心，国图

000O023010
蛟峰集：七卷；山房先生遗文：一卷 / (宋)方逢
辰撰. 蛟峰外集：四卷 / (宋)方逢辰撰；(明)方
中辑
明天顺七年(1463)方中刻本. -- (清)黄虞
稷、(清)刘喜海跋。
1995年摄制. -- 1盘卷片(11米210拍) ：
1:10, 2B ；35mm银盐
收藏馆：缩微中心，国图

000O006043
蛟峰集：七卷；山房先生遗文：一卷 / (宋)方逢
辰撰. 蛟峰外集：四卷 / (宋)方逢辰撰；(明)方
中辑
明天顺七年(1463)方中刻弘治十六年(1503)陈
渭重修本
1987年摄制. -- 1盘卷片(12米246拍) ：
1:10, 2B ；35mm银盐
收藏馆：缩微中心，国图

000O012982
蛟峰先生文集：十卷外集三卷 / (宋)方逢辰撰 .
山房先生遗文：一卷 / (宋)方逢辰撰
明(1368-1644)活字印本
1991年摄制. -- 1盘卷片(13米227拍) ：
1:10, 2B ；35mm银盐
收藏馆：缩微中心，国图

000O002269
方蛟峰先生文集：八卷 / (宋)方逢辰,(宋)方逢振
撰
清(1644-1911)抄本
1986年摄制. -- 1盘卷片(13米273拍) ：
1:10, 2B ；35mm银盐
收藏馆：缩微中心，国图

000O006513
四明文献集：五卷 / (宋)王应麟撰 ；(明)郑
真,(明)陈朝辅辑
清初(1644-1722)抄本
1987年摄制. -- 1盘卷片(8米160拍) ：1:10,
2B ；35mm银盐
收藏馆：缩微中心，国图

000O016175
王尚书遗稿：一卷 / (宋)王应麟撰
清(1644-1911)抄本
1993年摄制. -- 1盘卷片(2米5拍) ：1:10,
2B ；35mm银盐
收藏馆：缩微中心，国图

000O018827
山民诗集：一卷 / (宋)真山民撰 . 读书录存遗：
一卷 . 待清轩遗稿：一卷 / (宋)潘音撰
清(1644-1911)抄本
1994年摄制. -- 1盘卷片(3米20拍) ：1:10,
2B ；35mm银盐
收藏馆：缩微中心，国图

000O000500
真山民诗集：一卷 / (宋)真山民撰
清(1644-1911)抄本. -- (清)鲍廷博校。
1985年摄制. -- 1盘卷片(3.2米36拍) ：
1:10, 2B ；35mm银盐
收藏馆：缩微中心，国图

000O005610
史咏：不分卷 / (宋)徐钧撰
清(1644-1911)赵之玉星凤阁抄本
1987年摄制. -- 1盘卷片(5米74拍) ：1:10,
2B ；35mm银盐
收藏馆：缩微中心，国图

000O006253
叠山集：十六卷 / (宋)谢枋得撰
明嘉靖十六年(1537)黄齐贤刻本
1986年摄制. -- 1盘卷片(8米160拍) ：1:10,
2B ；35mm银盐
收藏馆：缩微中心，国图

000O028513
谢叠山先生文集：六卷 / (宋)谢枋得撰
清康熙五十年(1711)宁淡斋刻本. -- 原书卷
三"宁庵记"中的第一页为手抄补遗。
1997年摄制. -- 1盘卷片(8.3米157拍) ：
1:10, 2B ；35mm银盐
收藏馆：缩微中心，泉州

000O000173
新刊重订叠山谢先生文集：二卷 / (宋)谢枋得撰
明嘉靖三十四年(1555)林光祖刻本
1985年摄制. -- 1盘卷片(9米165拍) ： 1:10,
2B ； 35mm银盐
收藏馆：缩微中心，国图

000O000386
陵阳先生集：二十四卷 / (宋)牟巘撰
清(1644-1911)抄本
1985年摄制. -- 1盘卷片(23.1米513拍) ：
1:10, 2B ； 35mm银盐
收藏馆：缩微中心，国图

000O004915
陵阳先生集：二十四卷 / (宋)牟巘撰
清(1644-1911)抄本
1987年摄制. -- 1盘卷片(27米506拍) ：
1:10, 2B ； 35mm银盐
收藏馆：缩微中心，国图

000O005250
陵阳先生集：二十四卷 / (宋)牟巘撰
清(1644-1911)抄本
1986年摄制. -- 1盘卷片(20米426拍) ：
1:10, 2B ； 35mm银盐
收藏馆：缩微中心，国图

000O022390
雪矶丛稿：五卷 / (宋)乐雷发撰
清(1644-1911)观稼楼抄本
1995年摄制. -- 1盘卷片(4米41拍) ： 1:10,
2B ； 35mm银盐
收藏馆：缩微中心，国图

000O002278
雪矶丛稿：五卷 / (宋)乐雷发撰
清(1644-1911)抄本
1986年摄制. -- 1盘卷片(4米55拍) ： 1:10,
2B ； 35mm银盐
收藏馆：缩微中心，国图

000O019762
雪矶丛稿：五卷 / (宋)乐雷发撰
清(1644-1911)抄本
1994年摄制. -- 1盘卷片(4米53拍) ： 1:10,
2B ； 35mm银盐
收藏馆：缩微中心，国图

000O020186
雪矶丛稿：五卷 / (宋)乐雷发撰
清(1644-1911)抄本. -- 存二卷：卷一至卷
二。

1994年摄制. -- 1盘卷片(3米18拍) ： 1:10,
2B ； 35mm银盐
收藏馆：缩微中心，国图

000O022159
雪矶丛稿：五卷 / (宋)乐雷发撰
清(1644-1911)抄本
1995年摄制. -- 1盘卷片(4米45拍) ： 1:10,
2B ； 35mm银盐
收藏馆：缩微中心，国图

000O022798
巽斋先生四六：一卷 / (宋)危昭德撰 . 南塘先生
四六：一卷
清(1644-1911)抄本. -- 两书合一册。(清)丁
丙跋。
1995年摄制. -- 1盘卷片(6米88拍) ： 1:10,
2B ； 35mm银盐
收藏馆：缩微中心，南京

000O029001
潜斋先生文集：十一卷 / (宋)何梦桂撰
明(1368-1644)刻本. -- (清)丁丙跋。
1990年摄制. -- 1盘卷片(15米304拍) ：
1:10, 2B ； 35mm银盐
收藏馆：缩微中心，南京

000O022067
潜斋先生文集：十一卷目录二卷 / (宋)何梦桂撰
明(1368-1644)刻清顺治十六年(1659)何令范
重修本
1995年摄制. -- 1盘卷片(15米290拍) ：
1:10, 2B ； 35mm银盐
收藏馆：缩微中心，国图

000O015078
潜斋先生文集：十一卷 / (宋)何梦桂撰 . 铁牛翁
遗稿：一卷 / (宋)何景福撰
清(1644-1911)抄本
1992年摄制. -- 1盘卷片(13米237拍) ：
1:10, 2B ； 35mm银盐
收藏馆：缩微中心，国图

000O022037
何潜斋先生文集：四卷 / (宋)何梦桂撰
清(1644-1911)抄本
1995年摄制. -- 1盘卷片(9米164拍) ： 1:10,
2B ； 35mm银盐
收藏馆：缩微中心，国图

000O002133
潜斋先生文集：四卷 / (宋)何梦桂撰
清(1644-1911)抄本

1986年摄制. -- 1盘卷片(8米145拍) : 1:10,
2B ; 35mm银盐
收藏馆：缩微中心，国图

000O020389
潜斋先生文集：四卷 / (宋)何梦桂撰
清(1644-1911)抄本
1994年摄制. -- 1盘卷片(8米133拍) : 1:10,
2B ; 35mm银盐
收藏馆：缩微中心，国图

000O022950
青溪富山先生遗稿：十卷 / (宋)方蘷撰
清(1644-1911)抄本. -- 存五卷：卷一至卷
五。
1995年摄制. -- 1盘卷片(6米79拍) : 1:10,
2B ; 35mm银盐
收藏馆：缩微中心，国图

000O028993
青溪富山先生遗稿：十卷 / (宋)方蘷撰
清(1644-1911)抄本
1989年摄制. -- 1盘卷片(10米175拍) :
1:10, 2B ; 35mm银盐
收藏馆：缩微中心，南京

000O026730
方时佐先生富山懒稿：十九卷 / (宋)方蘷撰
清(1644-1911)抄本. -- (清)丁丙跋。
1996年摄制. -- 1盘卷片(9米142拍) : 1:10,
2B ; 35mm银盐
收藏馆：缩微中心，南京

000O027400
宋贞士罗沧洲先生集：五卷 / (宋)罗公升撰
清初(1644-1722)抄本
1996年摄制. -- 1盘卷片(4米52拍) : 1:10,
2B ; 35mm银盐
收藏馆：缩微中心，南京

000O021509
古梅遗稿：六卷 / (宋)吴龙翰撰
清初(1644-1722)抄本
1995年摄制. -- 1盘卷片(4米51拍) : 1:10,
2B ; 35mm银盐
收藏馆：缩微中心，国图

000O000658
古梅遗稿：六卷 / (宋)吴龙翰撰
清咸丰七年(1857)劳权抄本. -- (清)劳权校
并跋。
1987年摄制. -- 1盘卷片(4米48拍) : 1:10,
2B ; 35mm银盐

收藏馆：缩微中心，国图

000O004709
古梅遗稿：六卷 / (宋)吴龙翰撰
清(1644-1911)抄本. -- (清)温琴舫题款。
1986年摄制. -- 1盘卷片(4.2米63拍) :
1:10, 2B ; 35mm银盐
收藏馆：缩微中心，国图

000O022392
有宋福建莆阳黄仲元四如先生文稿：五卷 / (宋)
黄仲元撰
明嘉靖二十一年(1542)黄文炳刻本
1995年摄制. -- 1盘卷片(10米181拍) :
1:10, 2B ; 35mm银盐
收藏馆：缩微中心，国图

000O005394
有宋福建莆阳黄仲元四如先生文稿：五卷 / (宋)
黄仲元撰
明嘉靖二十一年(1542)黄文炳刻本
1986年摄制. -- 1盘卷片(10米199拍) :
1:10, 2B ; 35mm银盐
收藏馆：缩微中心，国图

000O007822
有宋福建莆阳黄国簿四如先生文稿：五卷 / (宋)
黄仲元撰
明嘉靖二十五年(1546)刻本
1987年摄制. -- 1盘卷片(10.5米211拍) :
1:10, 2B ; 35mm银盐
收藏馆：缩微中心，重庆

000O022968
须溪先生四景诗集：四卷 / (宋)刘辰翁撰
明(1368-1644)抄本
1995年摄制. -- 1盘卷片(4米41拍) : 1:10,
2B ; 35mm银盐
收藏馆：缩微中心，国图

000O014456
须溪先生四景诗集：四卷 / (宋)刘辰翁撰
清光绪二十九年(1903)李盛铎抄本
1992年摄制. -- 1盘卷片(4米43拍) : 1:10,
2B ; 35mm银盐
收藏馆：缩微中心，国图

000O011575
刘须溪先生集略：四卷 / (宋)刘辰翁撰
清康熙二十一年(1682)刻本
1990年摄制. -- 1盘卷片(7米104拍) : 1:10,
2B ; 35mm银盐
收藏馆：缩微中心，湖北

00O007860
刘须溪先生记钞：八卷 / (宋)刘辰翁撰
明天启三年(1623)杨讃西刻本
1987年摄制. -- 1盘卷片(9米181拍) : 1:9,
2B ；35mm银盐
收藏馆：缩微中心，重庆

00O010976
刘须溪先生记钞：八卷 / (宋)刘辰翁撰
清康熙二十五年(1686)刻本
1989年摄制. -- 1盘卷片(10.5米193拍) :
1:10, 2B ；35mm银盐
收藏馆：缩微中心，湖北

00O024096
刘须溪先生集略：四卷附录一卷；刘须溪先生
记钞：八卷 / (宋)刘辰翁撰
清(1644-1911)抄本
1996年摄制. -- 1盘卷片(19米390拍) :
1:10, 2B ；35mm银盐
收藏馆：缩微中心，湖北

00O025531
仁山金先生文集：四卷附录一卷 / (宋)金履祥撰；
(清)金弘勋校辑
清(1644-1911)雍正春晖堂刻本
1996年摄制. -- 1盘卷片(7米118拍) : 1:10,
2B ；35mm银盐
收藏馆：缩微中心，国图

00O003819
仁山金先生文集：四卷 / (宋)金履祥撰
清(1644-1911)抄本
1985年摄制. -- 1盘卷片(7.6米144拍) :
1:10, 2B ；35mm银盐
收藏馆：缩微中心，国图

00O001603
佩韦斋文集：十六卷辑闻四卷 / (宋)俞德邻撰
清(1644-1911)抄本
1986年摄制. -- 1盘卷片(13米276拍) :
1:10, 2B ；35mm银盐
收藏馆：缩微中心，国图

00O024954
佩韦斋文集：四十卷 / (宋)俞德邻撰
清(1644-1911)抄本. -- (清)黄丕烈、(清)丁
丙跋。
1996年摄制. -- 1盘卷片(15米283拍) :
1:10, 2B ；35mm银盐
收藏馆：缩微中心，南京

00O018555
佩韦斋文集：二十卷 / (宋)俞德邻撰
清(1644-1911)抄本
1993年摄制. -- 1盘卷片(15米281拍) :
1:10, 2B ；35mm银盐
收藏馆：缩微中心，国图

00O000204
文山先生文集：十七卷别集六卷附录三卷 / (宋)
文天祥撰
明景泰六年(1455)韩雍陈价刻本
1985年摄制. -- 2盘卷片(35.6米774拍) :
1:10, 2B ；35mm银盐
收藏馆：缩微中心，国图

00O022064
文山先生文集：十七卷别集六卷 / (宋)文天祥撰
明景泰六年(1455)韩雍陈价刻本. -- 存十四
卷：文集卷七至卷十七、别集卷一至卷三。
1995年摄制. -- 1盘卷片(18米344拍) :
1:10, 2B ；35mm银盐
收藏馆：缩微中心，国图

00O015552
文山先生文集：十七卷别集六卷附录三卷 / (宋)
文天祥撰
明景泰六年(1455)韩雍陈价刻递修本
1993年摄制. -- 2盘卷片(39米726拍) :
1:10, 2B ；35mm银盐
收藏馆：缩微中心，国图

00O014621
文山先生全集：二十八卷 / (宋)文天祥撰
明嘉靖三十一年(1552)鄢懋卿宁宠刻本
1992年摄制. -- 2盘卷片(45米885拍) :
1:10, 2B ；35mm银盐
收藏馆：缩微中心，国图

00O022488
文山先生全集：二十八卷 / (宋)文天祥撰
明嘉靖三十一年(1552)鄢懋卿宁宠刻本. --
(清)丁丙跋。
1995年摄制. -- 2盘卷片(49米936拍) :
1:10, 2B ；35mm银盐
收藏馆：缩微中心，南京

00O009683
文山先生全集：二十卷 / (宋)文天祥撰
明嘉靖三十九年(1560)张元谕刻本. -- 版框
高二十一厘米宽十四厘米。
1989年摄制. -- 2盘卷片(50米1042拍) :
1:10, 2B ；35mm银盐
收藏馆：缩微中心，广东

000O018628

文山先生全集：二十卷 / (宋)文天祥撰
明万历三年(1575)刻本
1993年摄制. -- 2盘卷片(43.4米942拍) :
1:11, 2B ; 35mm银盐
收藏馆：缩微中心，重庆

000O020672

文山先生全集：二十卷 / (宋)文天祥撰
明(1368-1644)刻本. -- 存六卷：卷十五至卷
二十。
1994年摄制. -- 1盘卷片(15米206拍) :
1:10, 2B ; 35mm银盐
收藏馆：缩微中心，国图

000O020400

宋丞相文山先生全集：十六卷 / (宋)文天祥撰
明(1368-1644)刻本
1994年摄制. -- 2盘卷片(41米785拍) :
1:10, 2B ; 35mm银盐
收藏馆：缩微中心，国图

000O021508

宋丞相文山先生全集：十六卷 / (宋)文天祥撰
明(1368-1644)刻本. -- 存十二卷：卷三至卷
十二、卷十五至卷十六。
1995年摄制. -- 1盘卷片(29米591拍) :
1:10, 2B ; 35mm银盐
收藏馆：缩微中心，国图

000O019787

宋文文山先生全集：十六卷 / (宋)文天祥撰
明崇祯二年(1629)钟越刻本
1994年摄制. -- 2盘卷片(39米770拍) :
1:10, 2B ; 35mm银盐
收藏馆：缩微中心，国图

000O018445

宋文文山先生全集：二十一卷 / (宋)文天祥撰；(明)钟越评
明崇祯二年(1629)钟越刻本
1993年摄制. -- 2盘卷片(46米940拍) :
1:10, 2B ; 35mm银盐
收藏馆：缩微中心，国图

000O016278

文山先生文集：十七卷 / (宋)文天祥撰
明(1368-1644)刻本
1993年摄制. -- 1盘卷片(24米451拍) :
1:10, 2B ; 35mm银盐
收藏馆：缩微中心，国图

000O002986

宋少保右丞相信国公文山集：四卷附录三卷
明(1368-1644)刻本
1986年摄制. -- 1盘卷片(7米112拍) : 1:10,
2B ; 35mm银盐
收藏馆：缩微中心，国图

000O006252

集杜句诗：四卷 / (宋)文天祥撰 . 咏文丞相诗：一卷 / (宋)张庆之撰
明天顺(1457-1464)文珊刻本
1986年摄制. -- 1盘卷片(8米141拍) : 1:10,
2B ; 35mm银盐
收藏馆：缩微中心，国图

000O010036

文山先生集杜诗：二卷 / (宋)文天祥撰
明成化(1465-1487)刻本. -- 版框高二十厘米
宽十四厘米。
1989年摄制. -- 1盘卷片(4米67拍) : 1:10,
2B ; 35mm银盐
收藏馆：缩微中心，广东

000O006013

宋丞相文山先生别集：六卷 / (宋)文天祥撰；(明)郑鄤评点
明崇祯(1628-1644)刻本
1987年摄制. -- 1盘卷片(16米347拍) :
1:10, 2B ; 35mm银盐
收藏馆：缩微中心，国图

000O014719

百正集：三卷 / (宋)连文凤撰
清乾隆(1736-1795)翰林院抄本. -- 四库底
本。
1992年摄制. -- 1盘卷片(4米46拍) : 1:10,
2B ; 35mm银盐
收藏馆：缩微中心，国图

000O004189

心史：七卷 / (宋)郑思肖撰
明崇祯十二年(1639)张国维刻本
1986年摄制. -- 1盘卷片(12米245拍) :
1:10, 2B ; 35mm银盐
收藏馆：缩微中心，国图

000O017982

心史：七卷 / (宋)郑思肖撰
明崇祯十二年(1639)张国维刻本
1993年摄制. -- 1盘卷片(12米228拍) :
1:10, 2B ; 35mm银盐
收藏馆：缩微中心，国图

000○014505
宋郑所南先生心史：七卷 / (宋)郑思肖撰
明崇祯十二年(1639)刻本. -- 存五卷：咸淳集一卷、大义集一卷、中兴集二卷、久久书一卷。
1991年摄制. -- 1盘卷片(7.2米133拍)：1:10, 2B；35mm银盐
收藏馆：缩微中心，重庆

000○004460
心史：七卷附录一卷 / (宋)郑思肖撰
明崇祯十三年(1640)汪权奇林古度刻本. -- 吴梅跋。
1986年摄制. -- 1盘卷片(12.2米256拍)：1:10, 2B；35mm银盐
收藏馆：缩微中心，国图

000○025529
水云集：一卷附录三卷；湖山类稿：五卷 / (宋)汪元量辑. 亡宋旧宫人诗：一卷 / (宋)汪元量辑
清乾隆(1736-1795)鲍氏知不足斋刻本. -- 王国维校并跋，赵万里校。
1996年摄制. -- 1盘卷片(8米125拍)：1:10, 2B；35mm银盐
收藏馆：缩微中心，国图

000○015546
湖山类稿：五卷外稿一卷附录一卷 / (宋)汪元量撰. 亡宋旧宫人诗：一卷 / (宋)汪元量辑
清(1644-1911)彭氏知圣道斋抄本
1993年摄制. -- 1盘卷片(6米85拍)：1:10, 2B；35mm银盐
收藏馆：缩微中心，国图

000○023008
湖山类稿：五卷补遗一卷附录一卷；汪水云诗钞：一卷 / (宋)汪元量撰. 亡宋旧宫人诗词：一卷 / (宋)汪元量辑
清(1644-1911)吴翌凤抄本. -- (清)顾至、(清)黄丕烈跋。
1995年摄制. -- 1盘卷片(7米100拍)：1:10, 2B；35mm银盐
收藏馆：缩微中心，国图

000○002294
湖山类稿：五卷 / (宋)汪元量撰. 亡宋旧宫人诗：一卷 / (宋)汪元量辑
清(1644-1911)抄本
1986年摄制. -- 1盘卷片(5米76拍)：1:10, 2B；35mm银盐
收藏馆：缩微中心，国图

000○023223
湖山外稿：一卷附录一卷 / (宋)汪元量撰；(清)汪森辑
清(1644-1911)抄本. -- (清)黄丕烈校。
1995年摄制. -- 1盘卷片(4米35拍)：1:10, 2B；35mm银盐
收藏馆：缩微中心，国图

000○023019
汪水云诗抄：一卷附录一卷 / (宋)汪元量撰
清顺治十七年(1660)叶畤抄本. -- (清)叶万跋。
1995年摄制. -- 1盘卷片(4米46拍)：1:10, 2B；35mm银盐
收藏馆：缩微中心，国图

000○008386
霁山先生文集：五卷 / (宋)林景熙撰
明天顺七年(1463)吕洪刻本
1988年摄制. -- 1盘卷片(7米120拍)：1:10, 2B；35mm银盐
收藏馆：缩微中心，国图

000○000494
霁山先生白石樵唱：六卷文集四卷 / (宋)林景熙撰；(元)章祖程注
明嘉靖十年(1531)冯彬刻本
1985年摄制. -- 1盘卷片(10米196拍)：1:10, 2B；35mm银盐
收藏馆：缩微中心，国图

000○015350
霁山先生白石樵唱：六卷文集四卷 / (宋)林景熙撰；(元)章祖程注
明嘉靖十年(1531)冯彬刻本
1992年摄制. -- 1盘卷片(10米163拍)：1:10, 2B；35mm银盐
收藏馆：缩微中心，国图

000○001730
霁山先生文集：四卷白石樵唱六卷 / (宋)林景熙撰
清(1644-1911)抄本
1986年摄制. -- 1盘卷片(9米168拍)：1:10, 2B；35mm银盐
收藏馆：缩微中心，国图

000○004938
白石樵唱：五卷；白石稿：二卷 / (宋)林景熙撰
清(1644-1911)抄本
1987年摄制. -- 1盘卷片(5.8米101拍)：1:10, 2B；35mm银盐
收藏馆：缩微中心，国图

00O013041
石堂先生遗集：二十二卷 / (宋)陈普撰
明万历三年(1575)薛孔洵刻本
1991年摄制. -- 2盘卷片(34米643拍) :
1:10, 2B ; 35mm银盐
收藏馆：缩微中心，国图

00O022794
石堂先生遗集：二十二卷 / (宋)陈普撰
明万历三年(1575)薛孔洵刻本. -- (清)丁丙
跋。
1995年摄制. -- 1盘卷片(30米715拍) :
1:10, 2B ; 35mm银盐
收藏馆：缩微中心，南京

00O004030
石堂先生集：四卷 / (宋)陈普撰
清初(1644-1722)抄本. -- (清)孙承泽批校并
跋。
1985年摄制. -- 1盘卷片(11.4米234拍) :
1:10, 2B ; 35mm银盐
收藏馆：缩微中心，国图

00O016060
秋晓赵先生覆瓴集：六卷 / (宋)赵必璩撰
清(1644-1911)抄本
1993年摄制. -- 1盘卷片(7米99拍) : 1:10,
2B ; 35mm银盐
收藏馆：缩微中心，国图

00O008768
伯牙琴：一卷 / (宋)邓牧撰
清乾隆(1736-1795)鲍氏知不足斋抄本. --
(清)鲍廷博批校。
1988年摄制. -- 1盘卷片(3.4米45拍) :
1:10, 2B ; 35mm银盐
收藏馆：缩微中心，重庆

00O000460
伯牙琴：一卷 / (宋)邓牧撰
清(1644-1911)抄本. -- (清)彭元瑞校并跋。
1985年摄制. -- 1盘卷片(3.5米45拍) :
1:10, 2B ; 35mm银盐
收藏馆：缩微中心，国图

00O014353
晞发集：六卷 / (宋)谢翱撰
明隆庆六年(1572)邵廉凌琯刻本
1992年摄制. -- 1盘卷片(9米154拍) : 1:10,
2B ; 35mm银盐
收藏馆：缩微中心，国图

00O005226
晞发集：五卷 / (宋)谢翱撰 . 外集：一卷 / (明)
张时升辑
明万历四十年(1612)张时升刻本. -- (清)鲍
廷博校并跋。
1986年摄制. -- 1盘卷片(7米130拍) : 1:10,
2B ; 35mm银盐
收藏馆：缩微中心，国图

00O019320
晞发集：五卷 / (宋)谢翱撰 . 外集：一卷 / (明)
张时升辑
明万历四十年(1612)张时升刻本
1994年摄制. -- 1盘卷片(7米118拍) : 1:10,
2B ; 35mm银盐
收藏馆：缩微中心，国图

00O001343
晞发集：十卷 / (宋)谢翱撰
明万历四十六年(1618)郭鸣琳刻本
1985年摄制. -- 1盘卷片(10.5米213拍) :
1:10, 2B ; 35mm银盐
收藏馆：缩微中心，国图

00O016373
晞发集：十卷遗集二卷补一卷 / (宋)谢翱撰 . 冬
青树引注：一卷登西台恸哭记注一卷 / (明)张丁
撰 . 天地间集：一卷 / (宋)谢翱辑
清康熙四十一年(1702)陆大业刻本
1993年摄制. -- 1盘卷片(13米235拍) :
1:10, 2B ; 35mm银盐
收藏馆：缩微中心，国图

00O021642
晞发集：十卷遗集二卷补一卷 / (宋)谢翱撰 . 冬
青树引注：一卷登西台恸哭记注一卷 / (明)张丁
撰 . 天地间集：一卷 / (宋)谢翱辑
清康熙四十一年(1702)陆大业刻本
1995年摄制. -- 1盘卷片(12米230拍) :
1:10, 2B ; 35mm银盐
收藏馆：缩微中心，国图

00O025615
晞发遗集：二卷补一卷；天地间集：一卷 / (宋)
谢翱撰
清(1644-1911)抄本
1996年摄制. -- 1盘卷片(4米55拍) : 1:10,
2B ; 35mm银盐
收藏馆：缩微中心，浙江

00O023936
晞发集寓笺：六卷 / (宋)凌世韶撰
明(1368-1644)刻本

1996年摄制. -- 1盘卷片(8米167拍)：1:10，
2B；35mm银盐
收藏馆：缩微中心，河南

000O004831
登西台恸哭记注：一卷冬青树引注一卷 / (明)张丁撰
明(1368-1644)抄本. -- 还有合刻著作：平江记事一卷/(元)高德基撰，芝秀堂抄澄怀录二卷/(宋)周密撰。
1986年摄制. -- 1盘卷片(3.2米40拍)：1:10，2B；35mm银盐
收藏馆：缩微中心，国图

000O003842
萧冰崖诗集拾遗：三卷 / (宋)萧立之撰
明弘治十八年(1505)萧敏刻本
1985年摄制. -- 1盘卷片(8米146拍)：1:10，
2B；35mm银盐
收藏馆：缩微中心，国图

000O014484
吾汶稿：十卷 / (宋)王炎午撰
清初(1644-1722)抄本
1992年摄制. -- 1盘卷片(7.1米131拍)：1:10，2B；35mm银盐
收藏馆：缩微中心，重庆

000O024099
吾汶稿：十卷 / (宋)王炎午撰
清(1644-1911)抄本. -- (清)陆树藩批校。
1996年摄制. -- 1盘卷片(8米150拍)：1:10，
2B；35mm银盐
收藏馆：缩微中心，湖北

000O026722
王梅边集：一卷 / (宋)王炎午撰
清嘉庆十六年(1811)戴光曾抄本. -- (清)戴光曾校跋，(清)丁丙跋。
1996年摄制. -- 1盘卷片(4米49拍)：1:10，
2B；35mm银盐
收藏馆：缩微中心，南京

000O022049
紫岩于先生诗选：三卷 / (宋)于石撰
清乾隆三十七年(1772)赵辑宁抄本. -- (清)赵辑宁跋。
1995年摄制. -- 1盘卷片(6米80拍)：1:10，
2B；35mm银盐
收藏馆：缩微中心，国图

000O026949
紫岩于先生诗选：三卷 / (宋)于石撰

清光绪三十年(1904)李盛铎抄本
1992年摄制. -- 1盘卷片(5米76拍)：1:10，
2B；35mm银盐
收藏馆：缩微中心，国图

000O019027
熊勿轩先生文集：八卷；易学启蒙图传通义：一卷；勿轩先生春秋五论：五卷 / (宋)熊禾撰
明成化元年至弘治十八年(1465-1505)刻本. -- 勿轩先生春秋五论为明弘治十七年(1504)刻。
1994年摄制. -- 1盘卷片(17米338拍)：1:10，2B；35mm银盐
收藏馆：缩微中心，天津

000O025990
熊勿轩先生文集：八卷附录一卷 / (宋)熊禾撰
明(1368-1644)抄本. -- 卷二、卷四配清(1644-1911)抄本，卷五至卷八、附录配清(1644-1911)观稼楼抄本。
1996年摄制. -- 1盘卷片(10米191拍)：1:10，2B；35mm银盐
收藏馆：缩微中心，南京

000O028331
熊勿轩先生文集：八卷附勿轩先生传 / (宋)熊禾撰
清初(1644-1722)抄本
1998年摄制. -- 1盘卷片(11米213拍)：1:10，2B；35mm银盐
收藏馆：缩微中心，广东

000O014116
熊勿轩先生文集：八卷附录一卷 / (宋)熊禾撰
清(1644-1911)抄本
1992年摄制. -- 1盘卷片(11米192拍)：1:10，2B；35mm银盐
收藏馆：缩微中心，国图

000O016023
熊勿轩先生文集：八卷附录一卷 / (宋)熊禾撰
清(1644-1911)抄本
1993年摄制. -- 1盘卷片(11米191拍)：1:10，2B；35mm银盐
收藏馆：缩微中心，国图

000O018799
熊勿轩先生文集：八卷附录一卷 / (宋)熊禾撰
清(1644-1911)抄本
1994年摄制. -- 1盘卷片(9米144拍)：1:10，
2B；35mm银盐
收藏馆：缩微中心，国图

00O022056
宁极斋稿：一卷 / (宋)陈深撰 . 慎独斋稿：一卷 / (元)陈植撰
清初(1644-1722)曹氏倦圃抄本
1995年摄制. -- 1盘卷片(5米73拍) ： 1:10, 2B ；35mm银盐
收藏馆：缩微中心，国图

00O004034
宁极斋稿：一卷 / (宋)陈深撰 . 慎独斋稿：一卷 / (元)陈植撰
清(1644-1911)抄本
1985年摄制. -- 1盘卷片(6米89拍) ： 1:10, 2B ；35mm银盐
收藏馆：缩微中心，国图

00O006243
宁极斋稿：一卷 / (宋)陈深撰 . 慎独斋稿：一卷 / (元)陈植撰
清(1644-1911)抄本
1986年摄制. -- 1盘卷片(4米49拍) ： 1:10, 2B ；35mm银盐
收藏馆：缩微中心，国图

00O014321
宁极斋稿：一卷 / (宋)陈深撰 . 慎独斋稿：一卷 / (元)陈植撰
清(1644-1911)抄本
1992年摄制. -- 1盘卷片(4米52拍) ： 1:10, 2B ；35mm银盐
收藏馆：缩微中心，国图

00O015168
宁极斋稿：一卷 / (宋)陈深撰 . 慎独斋稿：一卷 / (元)陈植撰
清(1644-1911)抄本
1992年摄制. -- 1盘卷片(5米57拍) ： 1:10, 2B ；35mm银盐
收藏馆：缩微中心，国图

00O005850
宁极斋稿：一卷 / (宋)陈深撰
清(1644-1911)抄本
1987年摄制. -- 1盘卷片(3.5米45拍) ： 1:10, 2B ；35mm银盐
收藏馆：缩微中心，国图

00O013433
古逸民先生集：二卷附录一卷 / (宋)汪炎昶撰
清(1644-1911)法氏存素堂抄本
1991年摄制. -- 1盘卷片(4米52拍) ： 1:10, 2B ；35mm银盐
收藏馆：缩微中心，国图

00O000128
待清轩遗稿：一卷；读书录存遗：一卷 / (宋)潘音撰
清(1644-1911)抄本
1985年摄制. -- 1盘卷片(3.2米36拍) ： 1:10, 2B ；35mm银盐
收藏馆：缩微中心，国图

00O002311
待清轩遗稿：一卷；读书录存遗：一卷 / (宋)潘音撰
清(1644-1911)抄本
1986年摄制. -- 1盘卷片(3.2米38拍) ： 1:10, 2B ；35mm银盐
收藏馆：缩微中心，国图

00O018826
待清轩遗稿：一卷；读书录存遗：一卷 / (宋)潘音撰 . 山民诗集：一卷 / (宋)真山民撰
清(1644-1911)抄本
1994年摄制. -- 1盘卷片(3米25拍) ： 1:10, 2B ；35mm银盐
收藏馆：缩微中心，国图

00O020055
剪绡集：二卷 / (宋)李龏撰
清初(1644-1722)毛氏汲古阁影宋(960-1279)抄本
1994年摄制. -- 1盘卷片(3米28拍) ： 1:10, 2B ；35mm银盐
收藏馆：缩微中心，国图

00O004937
梅花衲：一卷 / (宋)李龏撰
清(1644-1911)抄本
1987年摄制. -- 1盘卷片(3.5米48拍) ： 1:10, 2B ；35mm银盐
收藏馆：缩微中心，国图

00O004936
剪绡集：二卷；梅花衲：一卷 / (宋)李龏撰
清(1644-1911)抄本
1987年摄制. -- 1盘卷片(3.2米40拍) ： 1:10, 2B ；35mm银盐
收藏馆：缩微中心，国图

00O020094
梅花衲：一卷 / (宋)李龏撰
清初(1644-1722)毛氏汲古阁影宋(960-1279)抄本
1994年摄制. -- 1盘卷片(4米34拍) ： 1:10, 2B ；35mm银盐
收藏馆：缩微中心，国图

00O005031
雪峰空和尚外集：不分卷 / (宋)释慧空撰
日本刻本
1986年摄制. -- 1盘卷片(6米100拍) ： 1:10,
2B ；35mm银盐
收藏馆：缩微中心，国图

金元之属

00O016282
水云集：三卷 / (金)谭处端撰
清(1644-1911)抄本
1993年摄制. -- 1盘卷片(5米68拍) ： 1:10,
2B ；35mm银盐
收藏馆：缩微中心，国图

00O001680
拙斋集：六卷 / (金)王寂撰
清乾隆(1736-1795)武英殿聚珍版丛书活字印
本. -- 傅增湘跋并录(清)卢文弨校注。
1986年摄制. -- 1盘卷片(6米108拍) ： 1:10,
2B ；35mm银盐
收藏馆：缩微中心，国图

00O032107
拙斋集：六卷 / (金)王寂撰
清乾隆(1736-1795)武英殿聚珍版丛书活字印
本. -- 九行二十一字白口四周双边。傅增湘
跋并录(清)卢文弨校注。
2011年摄制. -- 1盘卷片(8米112拍) ： 1:12,
2B ；35mm银盐
收藏馆：缩微中心，国图

00O009177
闲闲老人滏水文集：二十卷 / (金)赵秉文撰
明(1368-1644)周浩若抄本
1988年摄制. -- 1盘卷片(20米425拍) ：
1:10, 2B ；35mm银盐
收藏馆：缩微中心，湖南

00O001709
闲闲老人滏水文集：二十卷 / (金)赵秉文撰
清(1644-1911)经鉏堂抄本
1986年摄制. -- 1盘卷片(17米356拍) ：
1:10, 2B ；35mm银盐
收藏馆：缩微中心，国图

00O005319
闲闲老人滏水文集：二十卷 / (金)赵秉文撰
清(1644-1911)李氏积书岩抄本. -- (清)李芝
绥校并跋。
1986年摄制. -- 1盘卷片(12.6米264拍) ：
1:10, 2B ；35mm银盐

收藏馆：缩微中心，国图

00O032043
闲闲老人滏水文集：二十卷 / (金)赵秉文撰
清(1644-1911)李氏积书岩抄本. -- 十一行
二十五或二十字白口四周单边。(清)李芝绥校
并跋。
2011年摄制. -- 1盘卷片(15米268拍) ：
1:13, 2B ；35mm银盐
收藏馆：缩微中心，国图

00O021510
闲闲老人滏水文集：二十卷 / (金)赵秉文撰
清(1644-1911)抄本. -- (清)李兆洛跋。
1995年摄制. -- 1盘卷片(17米332拍) ：
1:10, 2B ；35mm银盐
收藏馆：缩微中心，国图

00O017912
**闲闲老人滏水文集：二十卷附录一卷 / (金)赵秉
文撰**
清初(1644-1722)抄本
1993年摄制. -- 1盘卷片(23米471拍) ：
1:10, 2B ；35mm银盐
收藏馆：缩微中心，国图

00O004729
**闲闲老人滏水文集：二十卷附录一卷 / (金)赵秉
文撰**
清(1644-1911)张位抄本. -- (清)陈征芝校并
跋。
1987年摄制. -- 1盘卷片(22.3米492拍) ：
1:10, 2B ；35mm银盐
收藏馆：缩微中心，国图

00O004991
滏水文集：二十卷附录一卷 / (金)赵秉文撰
清(1644-1911)抄本. -- (清)周锡瓒校跋并录
(清)何焯题识。
1987年摄制. -- 1盘卷片(16.4米353拍) ：
1:10, 2B ；35mm银盐
收藏馆：缩微中心，国图

00O002249
**闲闲老人滏水文集：二十卷附录一卷 / (金)赵秉
文撰**
清(1644-1911)抄本
1986年摄制. -- 1盘卷片(14米278拍) ：
1:10, 2B ；35mm银盐
收藏馆：缩微中心，国图

00O027918
滹南集：四卷诗话三卷 / (金)王若虚撰

清(1644-1911)抄本. -- (清)宋宾王校并跋，(清)丁丙跋。
1996年摄制. -- 1盘卷片(7米105拍)：1:10，2B；35mm银盐
收藏馆：缩微中心，南京

000O007227
滹南集：四卷诗话三卷 / (金)王若虚撰
清(1644-1911)抄本. -- (清)鲍廷博校，(清)刘喜海跋。
1987年摄制. -- 1盘卷片(8米153拍)：1:10，2B；35mm银盐
收藏馆：缩微中心，国图

000O005428
庄靖先生遗集：十卷 / (金)李俊民撰
清(1644-1911)抄本
1986年摄制. -- 1盘卷片(14米189拍)：1:10，2B；35mm银盐
收藏馆：缩微中心，国图

000O014398
元遗山先生诗集：二十卷 / (金)元好问撰
清(1644-1911)吕氏南阳讲习堂抄本. -- (清)莫友芝跋。
1992年摄制. -- 1盘卷片(11米188拍)：1:10，2B；35mm银盐
收藏馆：缩微中心，国图

000O010248
元遗山诗集：八卷 / (金)元好问撰
清乾隆四十三年(1778)万廷兰刻本
1989年摄制. -- 1盘卷片(10米225拍)：1:10，2B；35mm银盐
收藏馆：缩微中心，湖北

000O016319
元遗山诗集：八卷 / (金)元好问撰
清乾隆四十三年(1778)万廷兰刻本. -- (清)沈钦韩校注并跋。
1993年摄制. -- 1盘卷片(11米208拍)：1:10，2B；35mm银盐
收藏馆：缩微中心，国图

000O007506
遗山先生文集：四十卷附录一卷 / (金)元好问撰
明弘治十一年(1498)李瀚刻本
1987年摄制. -- 2盘卷片(45米969拍)：1:10，2B；35mm银盐
收藏馆：缩微中心，国图

000O026668
遗山先生文集：四十卷附录一卷 / (金)元好问撰

明弘治十二年(1499)刻本
1996年摄制. -- 2盘卷片(44米915拍)：1:10，2B；35mm银盐
收藏馆：缩微中心，福建

000O022454
遗山先生文集：四十卷附录一卷 / (金)元好问撰
明(1368-1644)抄本. -- (清)丁丙跋。
1995年摄制. -- 2盘卷片(43.5米931拍)：1:10，2B；35mm银盐
收藏馆：缩微中心，南京

000O010349
遗山先生文集：四十卷附录一卷 / (金)元好问撰
清康熙四十六年(1707)无锡华希闵剑光阁刻本
1989年摄制. -- 2盘卷片(37米800拍)：1:10，2B；35mm银盐
收藏馆：缩微中心，湖北

000O009189
元遗山文集：十四卷 / (金)元好问撰
清(1644-1911)抄本
1988年摄制. -- 1盘卷片(13.2米266拍)：1:10，2B；35mm银盐
收藏馆：缩微中心，湖南

000O002120
还山遗稿：二卷 / (元)杨奂撰. 杨文宪公考岁略：一卷 / (明)宋廷佐撰
清(1644-1911)抄本. -- 附录一卷 / (明)宋廷佐辑。
1986年摄制. -- 1盘卷片(7米114拍)：1:10，2B；35mm银盐
收藏馆：缩微中心，国图

000O002987
还山遗稿：二卷附录一卷 / (元)杨奂撰；(明)宋廷佐辑. 杨文宪公考岁略：一卷 / (明)宋廷佐撰
明嘉靖元年(1522)宋廷佐刻本
1986年摄制. -- 1盘卷片(7米118拍)：1:10，2B；35mm银盐
收藏馆：缩微中心，国图

000O013434
湛然居士文集：十四卷 / (元)耶律楚材撰
明(1368-1644)抄本. -- (清)朱之赤校并跋，缪荃孙跋。
1991年摄制. -- 1盘卷片(15米302拍)：1:10，2B；35mm银盐
收藏馆：缩微中心，国图

000O025523
湛然居士文集：十四卷 / (元)耶律楚材撰

清光绪二十一年(1895)刻渐西村舍汇刊本
. -- 王国维校注并跋。
1996年摄制. -- 1盘卷片(15米278拍) :
1:10, 2B ; 35mm银盐
收藏馆：缩微中心, 国图

000O018551
湛然居士文集：十四卷 / (元)耶律楚材撰
清(1644-1911)龙池山房抄本
1993年摄制. -- 1盘卷片(14米268拍) :
1:10, 2B ; 35mm银盐
收藏馆：缩微中心, 国图

000O007278
湛然居士文集：十四卷 / (元)耶律楚材撰
清(1644-1911)抄本. -- (清)顾广圻跋。
1987年摄制. -- 1盘卷片(16.2米350拍) :
1:10, 2B ; 35mm银盐
收藏馆：缩微中心, 国图

000O015556
湛然居士文集：十四卷 / (元)耶律楚材撰
清(1644-1911)抄本
1993年摄制. -- 1盘卷片(16米303拍) :
1:10, 2B ; 35mm银盐
收藏馆：缩微中心, 国图

000O018564
湛然居士文集：十四卷 / (元)耶律楚材撰
清(1644-1911)抄本
1993年摄制. -- 1盘卷片(14米271拍) :
1:10, 2B ; 35mm银盐
收藏馆：缩微中心, 国图

000O020207
湛然居士文集：十四卷 / (元)耶律楚材撰
清(1644-1911)抄本. -- (清)李文田校注并
跋。
1994年摄制. -- 1盘卷片(16米299拍) :
1:10, 2B ; 35mm银盐
收藏馆：缩微中心, 国图

000O022070
湛然居士文集：十四卷 / (元)耶律楚材撰
清(1644-1911)抄本
1995年摄制. -- 1盘卷片(16米302拍) :
1:10, 2B ; 35mm银盐
收藏馆：缩微中心, 国图

000O018641
白云许先生文集：四卷附录一卷 / (元)许谦撰
明(1368-1644)抄本. -- (清)宋宾王校。
1993年摄制. -- 1盘卷片(7.3米134拍) :

1:10, 2B ; 35mm银盐
收藏馆：缩微中心, 重庆

000O017369
许白云先生文集：四卷附录一卷 / (元)许谦撰
清初(1644-1722)抄本. -- (清)胡宗懋校并
跋。
1993年摄制. -- 1盘卷片(9米135拍) : 1:10,
2B ; 35mm银盐
收藏馆：缩微中心, 国图

000O007976
许白云先生文集：四卷 / (元)许谦撰
清(1644-1911)震无咎斋抄本
1988年摄制. -- 1盘卷片(8米151拍) : 1:10,
2B ; 35mm银盐
收藏馆：缩微中心, 湖南

000O002306
白云许先生文集：四卷附录一卷 / (元)许谦撰
清(1644-1911)抄本
1986年摄制. -- 1盘卷片(8米123拍) : 1:10,
2B ; 35mm银盐
收藏馆：缩微中心, 国图

000O001373
许白云先生文集：四卷 / (元)许谦撰
明正德十三年(1518)陈纲刻本. -- 邓邦述
跋。
1985年摄制. -- 1盘卷片(9米169拍) : 1:10,
2B ; 35mm银盐
收藏馆：缩微中心, 国图

000O015557
许白云先生文集：四卷 / (元)许谦撰
明(1368-1644)刻蓝印本
1993年摄制. -- 1盘卷片(8米135拍) : 1:10,
2B ; 35mm银盐
收藏馆：缩微中心, 国图

000O005846
**许白云先生文集：四卷补遗一卷附录一卷 / (元)
许谦撰**
清(1644-1911)抄本. -- (清)戈襄、(清)韩应
陛跋。
1987年摄制. -- 1盘卷片(8米155拍) : 1:10,
2B ; 35mm银盐
收藏馆：缩微中心, 国图

000O022073
**白云先生许文懿公传集：四卷附录一卷 / (元)许
谦撰**
清雍正十年(1732)金律刻本. -- (清)查慎行

校并跋。
1995年摄制. -- 1盘卷片(7米145拍) : 1:10,
2B ; 35mm银盐
收藏馆：缩微中心，国图

00O003728
鲁斋全书：七卷 / (元)许衡撰
明正德十三年(1518)高杰刻本. -- (清)季锡畴校。
1985年摄制. -- 1盘卷片(11.6米240拍) :
1:10, 2B ; 35mm银盐
收藏馆：缩微中心，国图

00O005916
鲁斋遗书：十卷 / (元)许衡撰
明嘉靖四年(1525)萧鸣凤刻本
1987年摄制. -- 1盘卷片(17米367拍) :
1:10, 2B ; 35mm银盐
收藏馆：缩微中心，国图

00O004579
鲁斋先生集：六卷 / (元)许衡撰
清(1644-1911)抄本. -- (清)黄丕烈校，张元济抄补并跋。
1986年摄制. -- 1盘卷片(10米203拍) :
1:10, 2B ; 35mm银盐
收藏馆：缩微中心，国图

00O014216
鲁斋先生集：六卷首一卷 / (元)许衡撰
清(1644-1911)沈维恭抄本
1992年摄制. -- 1盘卷片(11米202拍) :
1:10, 2B ; 35mm银盐
收藏馆：缩微中心，国图

00O005180
鲁斋先生集：六卷 / (元)许衡撰
明嘉靖九年(1530)许泰和刻本
1986年摄制. -- 1盘卷片(10.5米215拍) :
1:10, 2B ; 35mm银盐
收藏馆：缩微中心，国图

00O016291
鲁斋先生集：六卷 / (元)许衡撰
清(1644-1911)三省堂抄本. -- (清)唐翰题跋。
1993年摄制. -- 1盘卷片(9米149拍) : 1:10,
2B ; 35mm银盐
收藏馆：缩微中心，国图

00O007175
鲁斋遗书：十四卷 / (元)许衡撰
明万历(1573-1620)怡愉刻清雍正(1723-1735)

增刻本
1987年摄制. -- 1盘卷片(18米383拍) :
1:10, 2B ; 35mm银盐
收藏馆：缩微中心，山东

00O028563
鲁斋遗书：十四卷 / (元)许衡撰
清初(1644-1722)抄本. -- 清康熙五十六年(1717)查慎行题识。
1998年摄制. -- 1盘卷片(20米401拍) :
1:10, 2B ; 35mm银盐
收藏馆：缩微中心，广东

00O015211
稼村先生类稿：三十卷附录一卷 / (元)王义山撰
明正德十一年(1516)王冠刻本
1992年摄制. -- 1盘卷片(16米315拍) :
1:10, 2B ; 35mm银盐
收藏馆：缩微中心，国图

00O020732
稼村先生类稿：十卷附录一卷 / (元)王义山撰
明万历十一年(1583)王汝立刻本. -- 存三卷：卷八至卷十。
1994年摄制. -- 1盘卷片(5米59拍) : 1:10,
2B ; 35mm银盐
收藏馆：缩微中心，国图

00O002371
藏春诗集：六卷 / (元)刘秉忠撰
清(1644-1911)彭氏知圣道斋抄本
1986年摄制. -- 1盘卷片(7米117拍) : 1:10,
2B ; 35mm银盐
收藏馆：缩微中心，国图

00O003243
刘太傅藏春集：六卷 / (元)刘秉忠撰
清(1644-1911)抄本. -- (清)宋宾王校。
1986年摄制. -- 1盘卷片(7米112拍) : 1:10,
2B ; 35mm银盐
收藏馆：缩微中心，国图

00O024082
刘太傅藏春集：六卷 / (元)刘秉忠撰
清(1644-1911)抄本
1995年摄制. -- 1盘卷片(6.5米110拍) :
1:10, 2B ; 35mm银盐
收藏馆：缩微中心，湖北

00O024967
藏春诗集：六卷 / (元)刘秉忠撰
清(1644-1911)抄本. -- (清)王闻远校并跋。
1996年摄制. -- 1盘卷片(8米134拍) : 1:10,

2B ；35mm银盐
收藏馆：缩微中心，南京

000O003277
瓢泉吟稿：五卷 / (元)朱晞颜撰
清乾隆(1736-1795)翰林院抄本
1986年摄制. -- 1盘卷片(7米115拍) : 1:10,
2B ；35mm银盐
收藏馆：缩微中心，国图

000O005612
双溪醉隐集：六卷 / (元)耶律铸撰
清乾隆四十九年(1784)吴长元抄本. -- (清)
吴长元校并跋。
1987年摄制. -- 1盘卷片(13米266拍) :
1:10, 2B ；35mm银盐
收藏馆：缩微中心，国图

000O020278
双溪醉隐集：六卷 / (元)耶律铸撰
清光绪(1875-1908)李文田抄本. -- (清)李文
田校注并跋。
1994年摄制. -- 1盘卷片(12米220拍) :
1:10, 2B ；35mm银盐
收藏馆：缩微中心，国图

000O020299
**双溪醉隐集：六卷 / (元)耶律铸撰；(清)李文田
笺**
清光绪十八年(1892)顺德龙氏刻知服斋丛书朱
印本. -- (清)李文田校订补笺。
1994年摄制. -- 1盘卷片(9米168拍) : 1:10,
2B ；35mm银盐
收藏馆：缩微中心，国图

000O031895
**双溪醉隐集：六卷 / (元)耶律铸撰；(清)李文田
笺**
清光绪十八年(1892)顺德龙氏刻知服斋丛书朱
印本. -- 傅增湘校补并跋。
2010年摄制. -- 1盘卷片(13米217拍) :
1:10, 2B ；35mm银盐
收藏馆：缩微中心，国图

000O000596
双溪醉隐集：六卷 / (元)耶律铸撰
清(1644-1911)抄本
1985年摄制. -- 1盘卷片(14米295拍) :
1:10, 2B ；35mm银盐
收藏馆：缩微中心，国图

000O025503
双溪醉隐集：六卷 / (元)耶律铸撰

抄本. -- 王国维校。
1996年摄制. -- 1盘卷片(15米268拍) :
1:10, 2B ；35mm银盐
收藏馆：缩微中心，国图

000O021513
郝文忠公陵川文集：三十九卷 / (元)郝经撰
清初(1644-1722)抄本
1995年摄制. -- 2盘卷片(38米768拍) :
1:10, 2B ；35mm银盐
收藏馆：缩微中心，国图

000O009028
**郝文忠公陵川文集：三十九卷附录一卷 / (元)郝
经撰**
清乾隆三年(1738)刻本
1988年摄制. -- 2盘卷片(42.5米892拍) :
1:10, 2B ；35mm银盐
收藏馆：缩微中心，湖北

000O005583
郝文忠公陵川文集：三十九卷 / (元)郝经撰
清(1644-1911)抄本. -- 存三十八卷：卷一至
卷十五、卷十七至卷三十九。
1987年摄制. -- 2盘卷片(36米766拍) :
1:10, 2B ；35mm银盐
收藏馆：缩微中心，国图

000O004032
郝文忠公陵川文集：三十九卷 / (元)郝经撰
清(1644-1911)抄本
1985年摄制. -- 2盘卷片(37.2米812拍) :
1:10, 2B ；35mm银盐
收藏馆：缩微中心，国图

000O026929
白云集：三卷题赠附录一卷 / (元)释英撰
清(1644-1911)鲍氏知不足斋抄本. -- (清)丁
丙跋。
1996年摄制. -- 1盘卷片(4米45拍) : 1:10,
2B ；35mm银盐
收藏馆：缩微中心，南京

000O005776
白云集：三卷题赠附录一卷 / (元)释英撰
清(1644-1911)抄本
1987年摄制. -- 1盘卷片(3.2米37拍) :
1:10, 2B ；35mm银盐
收藏馆：缩微中心，国图

000O017744
白云集：三卷题赠附录一卷 / (元)释英撰
清(1644-1911)抄本

1993年摄制. -- 1盘卷片(3米26拍) : 1:10,
2B ; 35mm银盐
收藏馆：缩微中心，国图

000O022087
白云集：三卷题赠附录一卷 / (元)释英撰
清(1644-1911)抄本
1995年摄制. -- 1盘卷片(3米24拍) : 1:10,
2B ; 35mm银盐
收藏馆：缩微中心，国图

000O001098
艮斋诗集：十四卷 / (元)侯克中撰
清(1644-1911)抄本
1985年摄制. -- 1盘卷片(9米160拍) : 1:10,
2B ; 35mm银盐
收藏馆：缩微中心，国图

000O003296
青崖集：五卷 / (元)魏初撰
清乾隆(1736-1795)翰林院抄本
1986年摄制. -- 1盘卷片(10.1米203拍) :
1:10, 2B ; 35mm银盐
收藏馆：缩微中心，国图

000O000923
青崖集：五卷 / (元)魏初撰
清(1644-1911)抄本
1985年摄制. -- 1盘卷片(10.5米214拍) :
1:10, 2B ; 35mm银盐
收藏馆：缩微中心，国图

000O018708
荣祭酒遗文：一卷 / (元)荣肇撰
清(1644-1911)陈鳣抄本. -- (清)陈鳣校并
序。
1994年摄制. -- 1盘卷片(4米38拍) : 1:10,
2B ; 35mm银盐
收藏馆：缩微中心，国图

000O015500
荣祭酒遗文：一卷 / (元)荣肇撰
清(1644-1911)蒋氏别下斋抄本
1993年摄制. -- 1盘卷片(4米33拍) : 1:10,
2B ; 35mm银盐
收藏馆：缩微中心，国图

000O025527
紫山大全集：二十六卷 / (元)胡祗遹撰
瞿氏铁琴铜剑楼抄本
1996年摄制. -- 2盘卷片(40米763拍) :
1:10, 2B ; 35mm银盐
收藏馆：缩微中心，国图

000O004013
方虚谷桐江集：四卷 / (元)方回撰
清(1644-1911)抄本. -- (清)鲍廷博校。
1985年摄制. -- 1盘卷片(16米346拍) :
1:10, 2B ; 35mm银盐
收藏馆：缩微中心，国图

000O004033
方虚谷桐江集：四卷 / (元)方回撰
清(1644-1911)抄本. -- (清)鲍廷博校跋。
1985年摄制. -- 1盘卷片(16米344拍) :
1:10, 2B ; 35mm银盐
收藏馆：缩微中心，国图

000O006641
方虚谷桐江集：四卷 / (元)方回撰
清(1644-1911)抄本
1987年摄制. -- 1盘卷片(16米341拍) :
1:10, 2B ; 35mm银盐
收藏馆：缩微中心，国图

000O026035
方虚谷桐江集：四卷 / (元)方回撰
清(1644-1911)抄本. -- 卷二至卷四配清光绪
二十九年(1903)周大辅家抄本。(清)鲍廷博校
并跋，(清)周大辅、(清)丁丙跋。
1993年摄制. -- 1盘卷片(17米360拍) :
1:10, 2B ; 35mm银盐
收藏馆：缩微中心，南京

000O006009
虚谷桐江续集：四十八卷 / (元)方回撰
清(1644-1911)抄本. -- 存三十六卷：卷一至
卷二、卷四至卷十三、卷十五至卷二十、卷
二十二、卷二十五、卷二十七至卷三十一、卷
三十三、卷三十五、卷三十七至卷三十八、卷
四十二至卷四十八。
1987年摄制. -- 2盘卷片(40米865拍) :
1:10, 2B ; 35mm银盐
收藏馆：缩微中心，国图

000O015613
虚谷桐江续集：四十八卷 / (元)方回撰
清(1644-1911)抄本. -- 存三十二卷：卷一至
卷二、卷四至卷十三、卷十五至卷二十、卷
二十二、卷二十五、卷二十七至卷三十二、卷
三十五、卷三十七至卷三十八、卷四十二至卷
四十四。(清)孔广杙校并跋。
1993年摄制. -- 2盘卷片(42米851拍) :
1:10, 2B ; 35mm银盐
收藏馆：缩微中心，国图

00O001410

桐江集：不分卷 / (元)方回撰

清(1644-1911)抄本. -- 佚名录(清)鲍廷博校。

1985年摄制. -- 1盘卷片(16米344拍)：1:10, 2B；35mm银盐

收藏馆：缩微中心，国图

00O023014

秋涧先生大全文集：一百卷 / (元)王恽撰

元至治元年至二年(1321-1322)嘉兴路儒学刻明(1368-1644)重修本. -- 存六十六卷：卷一至卷七、卷十四至卷十九、卷二十六至卷三十一、卷三十九至卷四十九、卷五十五至卷六十三、卷六十六至卷八十四、卷九十三至卷一百。

1995年摄制. -- 2盘卷片(57米1162拍)：1:10, 2B；35mm银盐

收藏馆：缩微中心，国图

00O027873

秋涧先生大全文集：一百卷附录一卷 / (元)王恽撰

明弘治十一年(1498)马龙金舜臣刻本. -- (清)丁丙跋。

1996年摄制. -- 3盘卷片(90米2108拍)：1:10, 2B；35mm银盐

收藏馆：缩微中心，南京

00O014751

秋涧先生大全文集：一百卷 / (元)王恽撰

清(1644-1911)抄本. -- 卷四十六至卷四十九、卷五十二至卷六十一配清刘履芬抄本。

1992年摄制. -- 4盘卷片(96米1833拍)：1:10, 2B；35mm银盐

收藏馆：缩微中心，国图

00O027715

秋涧大全集：一百卷附一卷 / (元)王恽撰

明弘治十一年(1498)车玺刻本

1997年摄制. -- 4盘卷片(98米1886拍)：1:10, 2B；35mm银盐

收藏馆：缩微中心，国图

00O022077

秋涧先生大全集：一百卷附录一卷 / (元)王恽撰

清嘉庆十一年(1806)王宗炎抄本. -- (清)王宗炎校并跋。

1995年摄制. -- 3盘卷片(94米1931拍)：1:10, 2B；35mm银盐

收藏馆：缩微中心，国图

00O016351

秋涧先生大全集：一百卷附录一卷 / (元)王恽撰

清(1644-1911)抄本. -- 存七十四卷：卷一至卷七十四。(清)金檀跋。

1992年摄制. -- 3盘卷片(71米1464拍)：1:10, 2B；35mm银盐

收藏馆：缩微中心，国图

00O022815

秋涧先生大全文集：一百卷 / (元)王恽撰

清(1644-1911)抄本. -- (清)宋宾王校补跋，(清)丁丙跋。

1995年摄制. -- 4盘卷片(96米2044拍)：1:10, 2B；35mm银盐

收藏馆：缩微中心，南京

00O004659

野趣有声画：二卷 / (元)杨公远撰

清(1644-1911)抄本

1987年摄制. -- 1盘卷片(6米90拍)：1:10, 2B；35mm银盐

收藏馆：缩微中心，国图

00O004916

野趣有声画：二卷 / (元)杨公远撰

清(1644-1911)抄本. -- (清)鲍廷博校，(清)劳权校并跋。

1987年摄制. -- 1盘卷片(5.9米106拍)：1:10, 2B；35mm银盐

收藏馆：缩微中心，国图

00O019804

张淮阳诗集：一卷乐府一卷 / (元)张弘范撰

明(1368-1644)抄本

1994年摄制. -- 1盘卷片(4米42拍)：1:10, 2B；35mm银盐

收藏馆：缩微中心，国图

00O022126

张淮阳诗集：一卷乐府一卷 / (元)张弘范撰

清(1644-1911)抄本

1995年摄制. -- 1盘卷片(4米42拍)：1:10, 2B；35mm银盐

收藏馆：缩微中心，国图

00O026738

张淮阳诗集：一卷乐府一卷 / (元)张弘范撰

清(1644-1911)抄本. -- (清)丁丙跋。

1996年摄制. -- 1盘卷片(4米57拍)：1:10, 2B；35mm银盐

收藏馆：缩微中心，南京

00O010028

张淮阳诗集：一卷附诗余 / (元)张弘范撰；(明)
周越校

清(1644-1911)墨格抄本. -- 版框高十八厘米
宽十三厘米。

1989年摄制. -- 1盘卷片(4米67拍) ： 1:10,
2B ; 35mm银盐

收藏馆：缩微中心，广东

00O024527

牧庵集：三十六卷年谱一卷 / (元)姚燧撰

清(1644-1911)抄本. -- 存三十四卷：卷四至
卷三十六、年谱一卷。

1996年摄制. -- 1盘卷片(31.5米638拍) ：
1:10, 2B ; 35mm银盐

收藏馆：缩微中心，浙江

00O018566

姚文公牧庵集：二卷 / (元)姚燧撰

清(1644-1911)抄本

1993年摄制. -- 1盘卷片(10米169拍) ：
1:10, 2B ; 35mm银盐

收藏馆：缩微中心，国图

00O004903

姚文公牧庵集：不分卷 / (元)姚燧撰

清(1644-1911)抄本. -- (清)黄丕烈跋。

1987年摄制. -- 1盘卷片(14米275拍) ：
1:10, 2B ; 35mm银盐

收藏馆：缩微中心，国图

00O020199

姚文公牧庵集：不分卷 / (元)姚燧撰；(明)刘昌
辑

清(1644-1911)抄本

1994年摄制. -- 1盘卷片(12米225拍) ：
1:10, 2B ; 35mm银盐

收藏馆：缩微中心，国图

00O026725

陈刚中诗集：三卷附录一卷 / (元)陈孚撰

清(1644-1911)抄本. -- (清)孙峻校跋，(清)
丁丙跋。

1996年摄制. -- 1盘卷片(10米106拍) ：
1:10, 2B ; 35mm银盐

收藏馆：缩微中心，南京

00O002811

东庵集：四卷 / (元)滕安上撰

清乾隆(1736-1795)翰林院抄本

1986年摄制. -- 1盘卷片(5米79拍) ： 1:10,
2B ; 35mm银盐

收藏馆：缩微中心，国图

00O022124

养蒙先生文集：十卷 / (元)张伯淳撰

1995年摄制. -- 1盘卷片(10米170拍) ：
1:10, 2B ; 35mm银盐

收藏馆：缩微中心，国图

00O003294

中庵集：二十卷 / (元)刘敏中撰

清乾隆(1736-1795)翰林院抄本

1986年摄制. -- 1盘卷片(19米397拍) ：
1:10, 2B ; 35mm银盐

收藏馆：缩微中心，国图

00O001643

中庵先生刘文简公文集：二十五卷 / (元)刘敏中
撰

清(1644-1911)抄本

1986年摄制. -- 1盘卷片(26.5米593拍) ：
1:10, 2B ; 35mm银盐

收藏馆：缩微中心，国图

00O005764

戴剡源先生文集：二十六卷诗集二卷 / (元)戴表
元撰

清(1644-1911)抄本

1987年摄制. -- 2盘卷片(33米696拍) ：
1:10, 2B ; 35mm银盐

收藏馆：缩微中心，国图

00O001415

剡源先生文集：六卷；文：不分卷 / (元)戴表元
撰

明(1368-1644)刻本

1985年摄制. -- 1盘卷片(10.1米204拍) ：
1:10, 2B ; 35mm银盐

收藏馆：缩微中心，国图

00O008623

剡源戴先生文集：三十卷 / (元)戴表元撰

清(1644-1911)抄本

1988年摄制. -- 1盘卷片(29米642拍) ：
1:10, 2B ; 35mm银盐

收藏馆：缩微中心，国图

00O004573

戴剡源先生文集：二十六卷 / (元)戴表元撰

明(1368-1644)耕心堂抄本. -- 存十六卷：卷
三至卷十四、卷二十三至卷二十六。傅增湘
跋。

1986年摄制. -- 1盘卷片(17米367拍) ：
1:10, 2B ; 35mm银盐

收藏馆：缩微中心，国图

000O021515
剡源戴先生文集：二十六卷 / (元)戴表元撰
清(1644-1911)抄本
1995年摄制. -- 1盘卷片(22米428拍) :
1:10, 2B ; 35mm银盐
收藏馆：缩微中心，国图

000O018554
剡源文集：三十卷 / (元)戴表元撰
清(1644-1911)抄本
1993年摄制. -- 1盘卷片(31米650拍) :
1:10, 2B ; 35mm银盐
收藏馆：缩微中心，国图

000O024962
剡源文集：五卷 / (元)戴表元撰
清(1644-1911)抄本. -- (清)王振声校并跋。
1996年摄制. -- 1盘卷片(6米90拍) : 1:10,
2B ; 35mm银盐
收藏馆：缩微中心，南京

000O018745
剡源先生文钞：四卷 / (元)戴表元撰
清康熙二十七年(1688)马思赞刻本
1994年摄制. -- 1盘卷片(8米118拍) : 1:10,
2B ; 35mm银盐
收藏馆：缩微中心，国图

000O008536
刘文靖公文集：二十八卷 / (元)刘因撰
明成化十五年(1479)蜀藩刻本
1988年摄制. -- 1盘卷片(18米379拍) :
1:10, 2B ; 35mm银盐
收藏馆：缩微中心，国图

000O009420
静修先生文集：三十卷 / (元)刘因撰
明弘治十八年(1505)崔昌刻本
1988年摄制. -- 1盘卷片(22.2米482拍) :
1:11, 2B ; 35mm银盐
收藏馆：缩微中心，重庆

000O007329
静修先生遗文：六卷遗诗六卷诗文拾遗七卷续
集三卷丁亥集五卷樵庵词一卷附录二卷 / (元)
刘因撰
明弘治十四年(1501)崔昌刻递修本
1987年摄制. -- 1盘卷片(20米440拍) :
1:10, 2B ; 35mm银盐
收藏馆：缩微中心，国图

000O017520
静修先生丁亥集：六卷遗文六卷遗诗六卷拾遗

七卷续集三卷附录二卷 / (元)刘因撰
明弘治十八年(1505)崔昌刻嘉靖十六年(1537)
汪坚重修本
1993年摄制. -- 1盘卷片(22米435拍) :
1:10, 2B ; 35mm银盐
收藏馆：缩微中心，国图

000O013998
静修先生遗诗：六卷诗文拾遗七卷续集三卷文
集附录二卷 / (元)刘因撰
清(1644-1911)抄本
1992年摄制. -- 1盘卷片(12米236拍) :
1:10, 2B ; 35mm银盐
收藏馆：缩微中心，国图

000O021128
静修先生文集：十卷 / (元)刘因撰
明万历十六年(1588)刻本
1994年摄制. -- 1盘卷片(19米368拍) :
1:10, 2B ; 35mm银盐
收藏馆：缩微中心，国图

000O022810
静修先生文集：十卷 / (元)刘因撰
明万历十六年(1588)方义壮蒋如苹刻本. --
(清)汪知非、(清)丁丙跋。
1995年摄制. -- 1盘卷片(20米416拍) :
1:10, 2B ; 35mm银盐
收藏馆：缩微中心，南京

000O008489
静修先生文集：十卷 / (元)刘因撰
清(1644-1911)抄本
1988年摄制. -- 1盘卷片(18米392拍) :
1:10, 2B ; 35mm银盐
收藏馆：缩微中心，国图

000O014122
楚国文宪公雪楼程先生文集：三十卷 / (元)程钜
夫撰. 年谱：一卷 / (元)程世京撰. 附录：一卷
明洪武二十八年(1395)与耕书堂刻本. -- 存
三十一卷：文集卷一至卷二、卷四至卷三十，
年谱一卷，附录一卷。
1992年摄制. -- 1盘卷片(29米587拍) :
1:10, 2B ; 35mm银盐
收藏馆：缩微中心，国图

000O009465
楚国文宪公雪楼程先生文集：三十卷 / (元)程钜
夫撰；(元)程大本辑
清(1644-1911)藕香簃抄本. -- 缪荃孙校。
1988年摄制. -- 2盘卷片(39.8米855拍) :
1:10, 2B ; 35mm银盐

收藏馆：缩微中心，重庆

000O021516

临川吴文正公集：一百卷 / (元)吴澄撰
明宣德十年(1435)吴炬刻本. -- 存二十八卷：卷四十一至卷五十、卷五十三至卷七十。
1995年摄制. -- 1盘卷片(12米207拍) ：1:10, 2B ；35mm银盐
收藏馆：缩微中心，国图

000O003270

临川吴文正公外集：三卷 / (元)吴澄撰
明成化二十年(1484)方中刻本
1986年摄制. -- 1盘卷片(5米79拍) ：1:10, 2B ；35mm银盐
收藏馆：缩微中心，国图

000O018596

临川吴文正公集：四十九卷外集三卷道学基统一卷 / (元)吴澄撰
明成化二十年(1484)方中陈辉刻本. -- 还有合刻著作：年谱一卷/(明)危素撰。
1993年摄制. -- 3盘卷片(77米1550拍) ：1:10, 2B ；35mm银盐
收藏馆：缩微中心，国图

000O021517

临川吴文正公集：四十九卷外集三卷道学基统一卷 / (元)吴澄撰
明成化二十年(1484)方中陈辉刻本. -- 还有合刻著作：年谱一卷/(明)危素撰，神道碑一卷，元史列传一卷，行状一卷。卷四十配清(1644-1911)抄本。
1995年摄制. -- 3盘卷片(78米1552拍) ：1:10, 2B ；35mm银盐
收藏馆：缩微中心，国图

000O021520

草庐集：四十九卷首一卷 / (元)吴澄撰
清乾隆(1736-1795)内府抄文津阁四库全书本. -- 目录、卷首、卷一至卷五、卷十四至卷十六配清(1644-1911)抄本。
1995年摄制. -- 3盘卷片(98米1917拍) ：1:10, 2B ；35mm银盐
收藏馆：缩微中心，国图

000O022052

文公感兴诗通：一卷 / (元)胡炳文撰
明成化二十三年(1487)熊绣刻本
1995年摄制. -- 1盘卷片(5米55拍) ：1:10, 2B ；35mm银盐
收藏馆：缩微中心，国图

000O003006

文公感兴诗通：一卷 / (元)胡炳文撰
明(1368-1644)刻本
1986年摄制. -- 1盘卷片(5米67拍) ：1:10, 2B ；35mm银盐
收藏馆：缩微中心，国图

000O014572

云峰胡先生文集：十卷 / (元)胡炳文撰
明正德二年(1507)何歆罗缙刻递修本
1992年摄制. -- 1盘卷片(10米157拍) ：1:10, 2B ；35mm银盐
收藏馆：缩微中心，国图

000O022814

云峰胡先生文集：八卷 / (元)胡炳文撰
明正德二年(1507)何歆罗缙刻递修本. -- (清)丁丙跋。
1995年摄制. -- 1盘卷片(10米172拍) ：1:10, 2B ；35mm银盐
收藏馆：缩微中心，南京

000O002318

云峰胡先生文集：六卷 / (元)胡炳文撰
清(1644-1911)抄本
1986年摄制. -- 1盘卷片(7米121拍) ：1:10, 2B ；35mm银盐
收藏馆：缩微中心，国图

000O009023

陈定宇先生文集：十六卷别集一卷 / (元)陈栎撰
清康熙(1662-1722)陈嘉基刻本
1988年摄制. -- 1盘卷片(27米539拍) ：1:10, 2B ；35mm银盐
收藏馆：缩微中心，湖北

000O014811

陈定宇先生文集：十四卷 / (元)陈栎撰
清(1644-1911)汪氏裘杼楼抄本
1992年摄制. -- 1盘卷片(24米491拍) ：1:10, 2B ；35mm银盐
收藏馆：缩微中心，国图

000O022106

张大家兰雪集：二卷后附一卷 / (元)张玉娘撰
清乾隆三十四年(1769)鲍氏知不足斋抄本
1995年摄制. -- 1盘卷片(4米41拍) ：1:10, 2B ；35mm银盐
收藏馆：缩微中心，国图

000O004919

张大家兰雪集：二卷后附一卷 / (元)张玉娘撰
清乾隆四十一年(1776)孔继涵抄本. -- (清)

孔继涵校并跋。
1987年摄制. -- 1盘卷片(3米53拍) ： 1:10,
2B ； 35mm银盐
收藏馆：缩微中心，国图

000O005645
兰雪集：二卷附录一卷 / (元)张玉娘撰
清(1644-1911)抄本. -- (清)陈文述跋并题
诗，(清)潘曾莹题诗。
1987年摄制. -- 1盘卷片(3.8米52拍) ：
1:10, 2B ； 35mm银盐
收藏馆：缩微中心，国图

000O006648
元松乡先生文集：十卷 / (元)任士林撰
明初(1368-1424)刻本
1987年摄制. -- 1盘卷片(8米153拍) ： 1:10,
2B ； 35mm银盐
收藏馆：缩微中心，国图

000O018632
松乡先生文集：十卷 / (元)任士林撰
明泰昌元年(1620)重刻本
1992年摄制. -- 1盘卷片(12.5米255拍) ：
1:9, 2B ； 35mm银盐
收藏馆：缩微中心，重庆

000O011659
松乡先生文集：十卷 / (元)任士林撰
清(1644-1911)抄本. -- 钤"小李山房""柯
溪藏书"印。(明)邬淮琏校。
1989年摄制. -- 1盘卷片(17米350拍) ：
1:10, 2B ； 35mm银盐
收藏馆：缩微中心，天津

000O004902
元松乡先生文集：十卷 / (元)任士林撰
清(1644-1911)抄本
1987年摄制. -- 1盘卷片(9米152拍) ： 1:10,
2B ； 35mm银盐
收藏馆：缩微中心，国图

000O006305
松雪斋集：十卷 / (元)赵孟頫撰
明初(1368-1424)刻本
1987年摄制. -- 1盘卷片(18米377拍) ：
1:10, 2B ； 35mm银盐
收藏馆：缩微中心，吉林

000O002992
松雪斋文集：十卷外集一卷 / (元)赵孟頫撰
明初(1368-1424)刻本
1986年摄制. -- 1盘卷片(13米278拍) ：

1:10, 2B ； 35mm银盐
收藏馆：缩微中心，国图

000O011361
松雪斋文集：十卷 / (元)赵孟頫撰
明初(1368-1424)刻本
1989年摄制. -- 1盘卷片(12米240拍) ：
1:10, 2B ； 35mm银盐
收藏馆：缩微中心，吉林

000O022071
松雪斋文集：十卷外集一卷 / (元)赵孟頫撰
清(1644-1911)抄本
1995年摄制. -- 1盘卷片(13米254拍) ：
1:10, 2B ； 35mm银盐
收藏馆：缩微中心，国图

000O006286
松雪斋文集：十卷 / (元)赵孟頫撰
明万历(1573-1620)刻本
1987年摄制. -- 1盘卷片(20米435拍) ：
1:10, 2B ； 35mm银盐
收藏馆：缩微中心，吉林

000O010648
松雪斋文集：十二卷 / (元)赵孟頫撰
明万历(1573-1620)刻本
1989年摄制. -- 1盘卷片(20米433拍) ：
1:10, 2B ； 35mm银盐
收藏馆：缩微中心，吉林

000O019035
松雪斋文集：十卷外集二卷 / (元)赵孟頫撰
明万历(1573-1620)校刻本. -- (明)崔邦亮
校，(清)王懿荣题识。
1994年摄制. -- 1盘卷片(20米413拍) ：
1:10, 2B ； 35mm银盐
收藏馆：缩微中心，天津

000O016031
**赵文敏公松雪斋全集：十卷外集一卷续集一卷 /
(元)赵孟頫撰**
清康熙五十二年(1713)曹培廉城书室刻光绪八
年(1882)杨氏重修本. -- 章钰校并跋。
1993年摄制. -- 1盘卷片(18米345拍) ：
1:10, 2B ； 35mm银盐
收藏馆：缩微中心，国图

000O016374
松雪斋文集：二卷 / (元)赵孟頫撰
明正德六年(1511)方选刻本
1993年摄制. -- 1盘卷片(6米82拍) ： 1:10,
2B ； 35mm银盐

收藏馆：缩微中心，国图

000O026731

松雪斋集：二卷 / (元)赵孟頫撰
明万历四十二年(1614)刻本
1996年摄制. -- 1盘卷片(9米152拍) : 1:10,
2B ；35mm银盐
收藏馆：缩微中心，南京

000O014729

新刊赵松雪文集：四卷外集一卷 / (元)赵孟頫撰
明(1368-1644)唐廷仁刻本
1992年摄制. -- 1盘卷片(13米243拍) :
1:10, 2B ；35mm银盐
收藏馆：缩微中心，国图

000O003314

矩庵集：十五卷 / (元)同恕撰
清乾隆(1736-1795)翰林院抄本
1986年摄制. -- 1盘卷片(15米323拍) :
1:10, 2B ；35mm银盐
收藏馆：缩微中心，国图

000O025889

秋岩诗集：二卷 / (元)陈宜甫撰
清(1644-1911)翰林院抄本. -- (清)丁丙跋。
1996年摄制. -- 1盘卷片(4米48拍) : 1:10,
2B ；35mm银盐
收藏馆：缩微中心，浙江

000O002812

秋岩诗集：二卷 / (元)陈宜甫撰
清(1644-1911)抄本
1986年摄制. -- 1盘卷片(4米48拍) : 1:10,
2B ；35mm银盐
收藏馆：缩微中心，国图

000O001390

汉泉曹文贞公诗集：七卷附录一卷 / (元)曹伯启撰
清(1644-1911)抄本
1985年摄制. -- 1盘卷片(9米162拍) : 1:10,
2B ；35mm银盐
收藏馆：缩微中心，国图

000O014362

汉泉曹文贞公诗集：十卷后录一卷 / (元)曹伯启撰
清(1644-1911)抄本
1992年摄制. -- 1盘卷片(9米150拍) : 1:10,
2B ；35mm银盐
收藏馆：缩微中心，国图

000O018808

筠溪牧潜集：七卷 / (元)释圆至撰
明崇祯十二年(1639)毛氏汲古阁刻本
1994年摄制. -- 1盘卷片(7米109拍) : 1:10,
2B ；35mm银盐
收藏馆：缩微中心，国图

000O028109

筠溪牧潜集：七卷 / (元)释圆至撰
明崇祯十二年(1639)毛氏汲古阁刻本. --
(清)焦循跋。
1996年摄制. -- 1盘卷片(8米120拍) : 1:10,
2B ；35mm银盐
收藏馆：缩微中心，南京

000O014690

筠溪牧潜集：七卷 / (元)释圆至撰
清(1644-1911)抄本
1992年摄制. -- 1盘卷片(6米83拍) : 1:10,
2B ；35mm银盐
收藏馆：缩微中心，国图

000O004642

素履斋稿：二卷 / (元)邓文原撰 ；(清)鲍廷博,(清)鲍正言辑
清(1644-1911)稿本. -- (清)鲍廷博、(清)鲍正言校。
1987年摄制. -- 1盘卷片(4米43拍) : 1:10,
2B ；35mm银盐
收藏馆：缩微中心，国图

000O004045

巴西邓先生文集：一卷 / (元)邓文原撰
清(1644-1911)刘氏味经书屋抄本. -- (清)翁心存跋,(清)翁同龢校。
1985年摄制. -- 1盘卷片(6米108拍) : 1:10,
2B ；35mm银盐
收藏馆：缩微中心，国图

000O018579

巴西邓先生文集：一卷 / (元)邓文原撰
清(1644-1911)抄本
1993年摄制. -- 1盘卷片(6米87拍) : 1:10,
2B ；35mm银盐
收藏馆：缩微中心，国图

000O020367

巴西邓先生文集：一卷 / (元)邓文原撰
清(1644-1911)抄本
1994年摄制. -- 1盘卷片(6米88拍) : 1:10,
2B ；35mm银盐
收藏馆：缩微中心，国图

00O023012
巴西文集：一卷 / (元)邓文原撰
清(1644-1911)抄本
1995年摄制. -- 1盘卷片(8米136拍)：1:10,
2B；35mm银盐
收藏馆：缩微中心，国图

000O005589
巴西文集：不分卷 / (元)邓文原撰
抄本. -- 袁克文跋，傅增湘校并跋。
1987年摄制. -- 1盘卷片(9米163拍)：1:10,
2B；35mm银盐
收藏馆：缩微中心，国图

000O000058
翠寒集：一卷 / (元)宋无撰
明末(1621-1644)毛氏汲古阁刻元人十集
本. -- 傅增湘校并跋。
1985年摄制. -- 1盘卷片(5米84拍)：1:10,
2B；35mm银盐
收藏馆：缩微中心，国图

000O022108
翠寒集：一卷 / (元)宋无撰
清(1644-1911)抄本
1995年摄制. -- 1盘卷片(4米40拍)：1:10,
2B；35mm银盐
收藏馆：缩微中心，国图

000O023961
啽呓集：一卷 / (元)宋无撰
明(1368-1644)刻本. -- (清)丁丙跋。
1995年摄制. -- 1盘卷片(5米72拍)：1:10,
2B；35mm银盐
收藏馆：缩微中心，南京

000O004429
啽呓集：一卷 / (元)宋无撰
清(1644-1911)抄本
1986年摄制. -- 1盘卷片(6米76拍)：1:10,
2B；35mm银盐
收藏馆：缩微中心，国图

000O003845
**顺斋先生闲居丛稿：二十六卷附录一卷 / (元)蒲
道源撰**
明(1368-1644)抄本
1985年摄制. -- 1盘卷片(24米541拍)：
1:10, 2B；35mm银盐
收藏馆：缩微中心，国图

000O002283
申斋刘先生文集：十五卷 / (元)刘岳申撰
清(1644-1911)陆香圃三间草堂抄本
1986年摄制. -- 1盘卷片(15米207拍)：
1:10, 2B；35mm银盐
收藏馆：缩微中心，国图

000O003729
申斋刘先生文集：十五卷 / (元)刘岳申撰
清(1644-1911)抄本
1985年摄制. -- 1盘卷片(11.6米249拍)：
1:10, 2B；35mm银盐
收藏馆：缩微中心，国图

000O003695
樵云独唱集：六卷 / (元)叶颙撰
明(1368-1644)刻本
1985年摄制. -- 1盘卷片(5米76拍)：1:10,
2B；35mm银盐
收藏馆：缩微中心，国图

000O022078
樵云独唱：一卷 / (元)叶颙撰
清(1644-1911)抄本. -- 温忠善跋。
1995年摄制. -- 1盘卷片(5米60拍)：1:10,
2B；35mm银盐
收藏馆：缩微中心，国图

000O018560
樵云独唱诗集：八卷 / (元)叶颙撰
清(1644-1911)抄本
1993年摄制. -- 1盘卷片(12米269拍)：
1:10, 2B；35mm银盐
收藏馆：缩微中心，国图

000O026750
**兴观集：一卷；山邨遗稿：一卷；山邨词：一卷 /
(元)仇远撰**
清(1644-1911)抄本. -- (清)丁丙跋。
1996年摄制. -- 1盘卷片(4米40拍)：1:10,
2B；35mm银盐
收藏馆：缩微中心，南京

000O015558
山村遗稿：四卷杂著一卷 / (元)仇远撰
清咸丰十年(1860)江蔼吉抄本. -- (清)韩应
陛跋。
1993年摄制. -- 1盘卷片(4米49拍)：1:10,
2B；35mm银盐
收藏馆：缩微中心，国图

000O001670
金渊集：六卷 / (元)仇远撰
清乾隆(1736-1795)武英殿聚珍版丛书活字印
本. -- 傅增湘跋并录(清)卢文弨校注。

1986年摄制. -- 1盘卷片(7米122拍) : 1:10,
2B ; 35mm银盐
收藏馆：缩微中心，国图

00O014104
杏庭摘稿：一卷 / (元)洪焱祖撰
清(1644-1911)抄本. -- 还有合刻著作：郴江
百咏一卷/(宋)阮阅撰。
1992年摄制. -- 1盘卷片(3米23拍) : 1:10,
2B ; 35mm银盐
收藏馆：缩微中心，国图

00O016178
杏庭摘稿：一卷 / (元)洪焱祖撰
清(1644-1911)抄本
1993年摄制. -- 1盘卷片(3米23拍) : 1:10,
2B ; 35mm银盐
收藏馆：缩微中心，国图

00O013181
方叔渊遗稿：一卷 / (元)方澜撰
清(1644-1911)董氏丛碧搂抄本
1991年摄制. -- 1盘卷片(2.5米23拍) :
1:10, 2B ; 35mm银盐
收藏馆：缩微中心，辽宁

00O023289
知非堂稿：六卷 / (元)何中撰
清初(1644-1722)曹氏倦圃抄本
1995年摄制. -- 1盘卷片(9米159拍) : 1:10,
2B ; 35mm银盐
收藏馆：缩微中心，国图

00O002239
知非堂稿：六卷 / (元)何中撰
清(1644-1911)抄本
1986年摄制. -- 1盘卷片(7米120拍) : 1:10,
2B ; 35mm银盐
收藏馆：缩微中心，国图

00O008483
知非堂稿：六卷 / (元)何中撰
清(1644-1911)抄本. -- (清)黄廷鉴题款。
1987年摄制. -- 1盘卷片(7米119拍) : 1:10,
2B ; 35mm银盐
收藏馆：缩微中心，国图

00O026737
知非堂稿：六卷 / (元)何中撰
清(1644-1911)抄本. -- (清)黄丕烈、(清)丁
丙跋。
1996年摄制. -- 1盘卷片(7米118拍) : 1:10,
2B ; 35mm银盐

收藏馆：缩微中心，南京

00O002310
知非堂稿：六卷 / (元)何中撰
清(1644-1911)抄本
1986年摄制. -- 1盘卷片(7米116拍) : 1:10,
2B ; 35mm银盐
收藏馆：缩微中心，国图

00O002982
清容居士集：五十卷 / (元)袁桷撰
清(1644-1911)抄本
1986年摄制. -- 2盘卷片(52米1140拍) :
1:10, 2B ; 35mm银盐
收藏馆：缩微中心，国图

00O018847
**清容居士集：五十卷目录二卷附录一卷 / (元)袁
桷撰**
清(1644-1911)抄本. -- (清)宋宾王校。
1994年摄制. -- 2盘卷片(53米1090拍) :
1:10, 2B ; 35mm银盐
收藏馆：缩微中心，国图

00O017569
桂隐文集：四卷附录一卷 / (元)刘诜撰
清(1644-1911)抄本
1993年摄制. -- 1盘卷片(8米126拍) : 1:10,
2B ; 35mm银盐
收藏馆：缩微中心，国图

00O016388
桂隐诗集：四卷文集四卷附录一卷 / (元)刘诜撰
清(1644-1911)抄本. -- 存六卷：诗集卷三至
卷四、文集四卷。
1992年摄制. -- 1盘卷片(12米214拍) :
1:10, 2B ; 35mm银盐
收藏馆：缩微中心，国图

00O022845
桂隐诗集：四卷文集四卷 / (元)刘诜撰
清(1644-1911)抄本. -- (清)丁丙跋。
1995年摄制. -- 1盘卷片(15米331拍) :
1:10, 2B ; 35mm银盐
收藏馆：缩微中心，南京

00O026742
桂隐诗集：四卷 / (元)刘诜撰
明末(1621-1644)刻本. -- (清)丁丙跋。
1996年摄制. -- 1盘卷片(10米194拍) :
1:10, 2B ; 35mm银盐
收藏馆：缩微中心，南京

00O009187

清河集：七卷 / (元)元明善撰

清(1644-1911)抄本

1988年摄制. -- 1盘卷片(8米135拍) : 1:10, 2B ; 35mm银盐

收藏馆：缩微中心，湖南

00O022055

贡文靖公云林诗集：六卷附录一卷 / (元)贡奎撰

清初(1644-1722)曹氏倦圃抄本

1995年摄制. -- 1盘卷片(12米218拍) : 1:10, 2B ; 35mm银盐

收藏馆：缩微中心，国图

00O005847

默庵安先生文集：五卷附录一卷 / (元)安熙撰

清道光十一年(1831)刘氏味经书屋抄本. -- (清)刘喜海跋。

1987年摄制. -- 1盘卷片(5米78拍) : 1:10, 2B ; 35mm银盐

收藏馆：缩微中心，国图

00O015412

默庵安先生文集：五卷附录一卷 / (元)安熙撰

清(1644-1911)抄本

1992年摄制. -- 1盘卷片(5米58拍) : 1:10, 2B ; 35mm银盐

收藏馆：缩微中心，国图

00O003512

默庵安先生文集：五卷 / (元)安熙撰

清(1644-1911)抄本

1985年摄制. -- 1盘卷片(7米134拍) : 1:10, 2B ; 35mm银盐

收藏馆：缩微中心，国图

00O028577

张文忠公文集：二十八卷附录一卷 / (元)张养浩撰

清乾隆四十二年(1777)邵晋涵抄本

1998年摄制. -- 1盘卷片(25米509拍) : 1:10, 2B ; 35mm银盐

收藏馆：缩微中心，广东

00O023267

柳待制文集：二十卷 / (元)柳贯撰

元至正十年(1350)浦江学官刻递修本. -- 存六卷：卷十至卷十五。

1995年摄制. -- 1盘卷片(8米126拍) : 1:10, 2B ; 35mm银盐

收藏馆：缩微中心，国图

00O004131

柳待制文集：二十卷标目二卷附录一卷 / (元)柳贯撰

明天顺七年(1463)张和欧阳溥刻本

1986年摄制. -- 1盘卷片(23.5米525拍) : 1:10, 2B ; 35mm银盐

收藏馆：缩微中心，国图

00O001459

柳待制文集：二十卷标目二卷附录一卷 / (元)柳贯撰

明(1368-1644)抄本

1985年摄制. -- 1盘卷片(24.4米540拍) : 1:10, 2B ; 35mm银盐

收藏馆：缩微中心，国图

00O022079

柳待制文集：二十卷标目二卷附录一卷 / (元)柳贯撰

清(1644-1911)抄本

1995年摄制. -- 1盘卷片(24米494拍) : 1:10, 2B ; 35mm银盐

收藏馆：缩微中心，国图

00O015866

玉井樵唱：三卷 / (元)尹廷高撰

清(1644-1911)抄本

1993年摄制. -- 1盘卷片(5米68拍) : 1:10, 2B ; 35mm银盐

收藏馆：缩微中心，国图

00O016054

周此山先生诗集：四卷 / (元)周权撰

清同治十三年(1874)刘履芬抄本. -- (清)刘履芬跋，章钰校并跋。

1993年摄制. -- 1盘卷片(7米104拍) : 1:10, 2B ; 35mm银盐

收藏馆：缩微中心，国图

00O016716

周此山先生诗集：四卷 / (元)周权撰

清(1644-1911)李氏研录山房抄本

1993年摄制. -- 1盘卷片(5米70拍) : 1:10, 2B ; 35mm银盐

收藏馆：缩微中心，国图

00O014546

周此山诗集：四卷 / (元)周权撰

清(1644-1911)抄本

1992年摄制. -- 1盘卷片(7米110拍) : 1:10, 2B ; 35mm银盐

收藏馆：缩微中心，国图

000O005429
周此山先生诗集：四卷 / (元)周权撰
清(1644-1911)抄本. -- (清)查慎行跋。
1986年摄制. -- 1盘卷片(6米103拍) ： 1:10,
2B ；35mm银盐
收藏馆：缩微中心，国图

000O014161
月屋樵吟：四卷 / (元)黄庚撰
清(1644-1911)抄本. -- 存二卷：卷一至卷
二。(清)章绶衔跋。
1991年摄制. -- 1盘卷片(4米46拍) ： 1:10,
2B ；35mm银盐
收藏馆：缩微中心，国图

000O005844
月屋漫稿：一卷 / (元)黄庚撰
清康熙十二年(1673)王乃昭抄本. -- 李盛铎
跋。
1987年摄制. -- 1盘卷片(5.4米90拍) ：
1:10, 2B ；35mm银盐
收藏馆：缩微中心，国图

000O013630
月屋漫稿：一卷 / (元)黄庚撰
清(1644-1911)汪氏裘杼楼抄本
1991年摄制. -- 1盘卷片(6米77拍) ： 1:10,
2B ；35mm银盐
收藏馆：缩微中心，国图

000O016329
月屋谩稿：一卷 / (元)黄庚撰
清(1644-1911)抄本
1992年摄制. -- 1盘卷片(5米72拍) ： 1:10,
2B ；35mm银盐
收藏馆：缩微中心，国图

000O001882
月屋漫稿：四卷 / (元)黄庚撰
清(1644-1911)抄本
1986年摄制. -- 1盘卷片(7米129拍) ： 1:10,
2B ；35mm银盐
收藏馆：缩微中心，国图

000O020240
月屋漫稿：一卷 / (元)黄庚撰
清(1644-1911)抄本
1994年摄制. -- 1盘卷片(5米76拍) ： 1:10,
2B ；35mm银盐
收藏馆：缩微中心，国图

000O014941
翰林杨仲弘诗：八卷 / (元)杨载撰

明嘉靖十五年(1536)辽藩朱宠瀼刻本
1992年摄制. -- 1盘卷片(8米119拍) ： 1:10,
2B ；35mm银盐
收藏馆：缩微中心，国图

000O015554
翰林杨仲弘诗：八卷 / (元)杨载撰
明嘉靖十五年(1536)辽藩朱宠瀼刻本
1993年摄制. -- 1盘卷片(7米107拍) ： 1:10,
2B ；35mm银盐
收藏馆：缩微中心，国图

000O024957
翰林杨仲弘诗：八卷 / (元)杨载撰
明嘉靖十五年(1536)辽藩朱宠瀼刻本. --
(清)丁丙跋。
1996年摄制. -- 1盘卷片(8米131拍) ： 1:10,
2B ；35mm银盐
收藏馆：缩微中心，南京

000O003987
梅花字字香：二卷 / (元)郭豫亨撰
清(1644-1911)抄本
1985年摄制. -- 1盘卷片(3.4米46拍) ：
1:10, 2B ；35mm银盐
收藏馆：缩微中心，国图

000O022817
梅花字字香前集：一卷后集一卷 / (元)郭豫亨撰
清(1644-1911)抄本. -- (清)丁丙跋。
1995年摄制. -- 1盘卷片(4米37拍) ： 1:10,
2B ；35mm银盐
收藏馆：缩微中心，南京

000O007281
梅花字字香：一卷 / (元)郭豫亨撰
清(1644-1911)抄本
1987年摄制. -- 1盘卷片(3米42拍) ： 1:10,
2B ；35mm银盐
收藏馆：缩微中心，国图

000O015114
竹素山房诗集：三卷附录一卷 / (元)吾衍撰
清(1644-1911)抄本. -- (清)鲍廷博校。
1992年摄制. -- 1盘卷片(4米49拍) ： 1:10,
2B ；35mm银盐
收藏馆：缩微中心，国图

000O005875
桧亭稿：九卷 / (元)丁复撰
清(1644-1911)抄本. -- (清)陆心源校并跋。
1987年摄制. -- 1盘卷片(7米118拍) ： 1:10,
2B ；35mm银盐

收藏馆：缩微中心，国图

000O001760
桧亭稿：九卷 / (元)丁复撰
清(1644-1911)抄本
1986年摄制. -- 1盘卷片(6米102拍) : 1:10,
2B ; 35mm银盐
收藏馆：缩微中心，国图

000O022095
桧亭稿：五卷 / (元)丁复撰
清(1644-1911)抄本
1995年摄制. -- 1盘卷片(6米78拍) : 1:10,
2B ; 35mm银盐
收藏馆：缩微中心，国图

000O005613
范德机诗集：七卷 / (元)范梈撰
明(1368-1644)抄本. -- (清)何大成校并补
目，(清)何煌、周叔弢跋。
1987年摄制. -- 1盘卷片(7米124拍) : 1:10,
2B ; 35mm银盐
收藏馆：缩微中心，国图

000O013442
范德机诗集：七卷 / (元)范梈撰
清(1644-1911)抄本
1991年摄制. -- 1盘卷片(5米116拍) : 1:10,
2B ; 35mm银盐
收藏馆：缩微中心，国图

000O006627
范德机诗：十卷 / (元)范梈撰
清康熙三十年(1691)金侃抄本. -- (清)金侃
跋。
1987年摄制. -- 1盘卷片(9米163拍) : 1:10,
2B ; 35mm银盐
收藏馆：缩微中心，国图

000O014253
选校范文白公诗集：六卷续选三卷 / (元)范梈撰；
(明)杨翠,(明)方叙辑
清初(1644-1722)抄本
1992年摄制. -- 1盘卷片(13米229拍) :
1:10, 2B ; 35mm银盐
收藏馆：缩微中心，国图

000O001599
范德机诗：不分卷 / (元)范梈撰
清(1644-1911)抄本. -- (清)翁同龢跋。
1986年摄制. -- 1盘卷片(5米77拍) : 1:10,
2B ; 35mm银盐
收藏馆：缩微中心，国图

000O016290
弁山小隐吟录：二卷 / (元)黄玠撰
清(1644-1911)抄本. -- (清)鲍廷博校。
1993年摄制. -- 1盘卷片(9米114拍) : 1:10,
2B ; 35mm银盐
收藏馆：缩微中心，国图

000O028999
弁山小隐吟录：二卷 / (元)黄玠撰
清(1644-1911)抄本. -- 四库底本。(清)丁丙
跋。
1990年摄制. -- 1盘卷片(7米128拍) : 1:10,
2B ; 35mm银盐
收藏馆：缩微中心，南京

000O019829
道园学古录：五十卷 / (元)虞集撰
明景泰(1450-1456)刻本
1994年摄制. -- 2盘卷片(45米939拍) :
1:10, 2B ; 35mm银盐
收藏馆：缩微中心，天津

000O018577
道园学古录：五十卷 / (元)虞集撰
明景泰七年(1456)郑达黄仕达刻本
1993年摄制. -- 2盘卷片(45米865拍) :
1:10, 2B ; 35mm银盐
收藏馆：缩微中心，国图

000O006245
道园学古录：五十卷 / (元)虞集撰
明嘉靖四年(1525)陶谐虞茂刻本
1986年摄制. -- 2盘卷片(40米878拍) :
1:10, 2B ; 35mm银盐
收藏馆：缩微中心，国图

000O015636
道园学古录：五十卷 / (元)虞集撰
明嘉靖四年(1525)陶谐虞茂刻本
1993年摄制. -- 2盘卷片(44米838拍) :
1:10, 2B ; 35mm银盐
收藏馆：缩微中心，国图

000O018755
道园学古录：五十卷 / (元)虞集撰
明嘉靖四年(1525)陶谐虞茂刻本
1994年摄制. -- 2盘卷片(43米835拍) :
1:10, 2B ; 35mm银盐
收藏馆：缩微中心，国图

000O007044
道园学古录：五十卷 / (元)虞集撰
明(1368-1644)刻本

1987年摄制. -- 2盘卷片(44米904拍) ：
1:10, 2B ; 35mm银盐
收藏馆：缩微中心，国图

000O007511
道园学古录：五十卷 / (元)虞集撰
明(1368-1644)刻本
1987年摄制. -- 2盘卷片(45米965拍) ：
1:10, 2B ; 35mm银盐
收藏馆：缩微中心，国图

000O014384
道园学古录：五十卷 / (元)虞集撰
清康熙(1662-1722)吕无隐抄本
1992年摄制. -- 2盘卷片(48米978拍) ：
1:10, 2B ; 35mm银盐
收藏馆：缩微中心，国图

000O018806
道园学古录：五十卷 / (元)虞集撰
清(1644-1911)蒋氏西圃抄本
1994年摄制. -- 2盘卷片(42米832拍) ：
1:10, 2B ; 35mm银盐
收藏馆：缩微中心，国图

000O025009
虞道园类稿选：一卷 / (元)虞集撰；(明)葛鼎评
辑
明末(1621-1644)刻本
1996年摄制. -- 1盘卷片(6米99拍) ： 1:10,
2B ; 35mm银盐
收藏馆：缩微中心，安徽

000O022090
道园遗稿：六卷 / (元)虞集撰
清(1644-1911)影元(1271-1368)抄本. --
(清)翁方纲批校并跋。
1995年摄制. -- 1盘卷片(9米151拍) ： 1:10,
2B ; 35mm银盐
收藏馆：缩微中心，国图

000O002234
道园续稿：六卷 / (元)虞集撰
清(1644-1911)抄本
1986年摄制. -- 1盘卷片(9米162拍) ： 1:10,
2B ; 35mm银盐
收藏馆：缩微中心，国图

000O017136
道园集：不分卷 / (元)虞集撰
清康熙四十九年(1710)刻本
1993年摄制. -- 2盘卷片(40.4米890拍) ：
1:10, 2B ; 35mm银盐

收藏馆：缩微中心，辽宁

000O012095
翰林珠玉：六卷 / (元)虞集撰
清道光(1821-1850)顾沅艺海楼抄本
1990年摄制. -- 1盘卷片(10米191拍) ：
1:10, 2B ; 35mm银盐
收藏馆：缩微中心，山东

000O003767
翰林珠玉：六卷 / (元)虞集撰
清(1644-1911)抄本. -- (清)季锡畴校并跋。
1985年摄制. -- 1盘卷片(9米162拍) ： 1:10,
2B ; 35mm银盐
收藏馆：缩微中心，国图

000O018000
翰林珠玉：六卷 / (元)虞集撰
清(1644-1911)抄本
1993年摄制. -- 1盘卷片(9米148拍) ： 1:10,
2B ; 35mm银盐
收藏馆：缩微中心，国图

000O015167
石屋禅师山居诗：一卷 / (元)释清珙撰
清(1644-1911)抄本
1992年摄制. -- 1盘卷片(4米43拍) ： 1:10,
2B ; 35mm银盐
收藏馆：缩微中心，国图

000O004918
萨天锡诗集：五卷 / (元)萨都剌撰
明弘治十六年(1503)李举刻本
1987年摄制. -- 1盘卷片(9米164拍) ： 1:10,
2B ; 35mm银盐
收藏馆：缩微中心，国图

000O005044
萨天锡诗集：五卷 / (元)萨都剌撰
明弘治十六年(1503)李举刻本
1986年摄制. -- 1盘卷片(8米155拍) ： 1:10,
2B ; 35mm银盐
收藏馆：缩微中心，国图

000O022074
萨天锡诗集：五卷 / (元)萨都剌撰
明弘治十六年(1503)李举刻本. -- (明)叶恭
焕题款。
1995年摄制. -- 1盘卷片(7米141拍) ： 1:10,
2B ; 35mm银盐
收藏馆：缩微中心，国图

00O013997

萨天锡诗集：五卷 / (元)萨都剌撰

明弘治十六年(1503)李举刻嘉靖十五年(1536)张邦教重修本

1992年摄制. -- 1盘卷片(8米141拍) : 1:10, 2B ; 35mm银盐

收藏馆：缩微中心，国图

00O020532 .

萨天锡诗集：八卷 / (元)萨都剌撰

明(1368-1644)潘是仁刻宋元诗四十二种本. -- (清)吕肇龄跋。

1994年摄制. -- 1盘卷片(9米167拍) : 1:10, 2B ; 35mm银盐

收藏馆：缩微中心，文登

00O015320

萨天锡诗集：六卷 / (元)萨都剌撰

明(1368-1644)祁氏淡生堂抄本. -- 存二卷：卷一至卷二。

1992年摄制. -- 1盘卷片(6米87拍) : 1:10, 2B ; 35mm银盐

收藏馆：缩微中心，国图

00O022827

雁门集：八卷 / (元)萨都剌撰

清(1644-1911)抄本. -- (清)宋宾王校，(清)黄丕烈、(清)朱文懋、(清)丁丙跋。

1995年摄制. -- 1盘卷片(8米120拍) : 1:10, 2B ; 35mm银盐

收藏馆：缩微中心，南京

00O017903

元懒翁诗集：二卷 / (元)董寿民撰

清嘉庆二十五年(1820)董占魁克念堂活字印本

1993年摄制. -- 1盘卷片(6米84拍) : 1:10, 2B ; 35mm银盐

收藏馆：缩微中心，国图

00O005005

贞一斋杂著：一卷诗稿一卷 / (元)朱思本撰

清(1644-1911)抄本

1986年摄制. -- 1盘卷片(6米101拍) : 1:10, 2B ; 35mm银盐

收藏馆：缩微中心，国图

00O025983

揭文安公诗集：三卷续集二卷文九卷 / (元)揭傒斯撰

清(1644-1911)抄本. -- (清)丁丙跋。

1996年摄制. -- 1盘卷片(13米255拍) : 1:10, 2B ; 35mm银盐

收藏馆：缩微中心，南京

00O001784

元音独步揭文安公诗集：二卷拾遗一卷 / (元)揭傒斯撰

清(1644-1911)刘氏味经书屋抄本

1986年摄制. -- 1盘卷片(5米72拍) : 1:10, 2B ; 35mm银盐

收藏馆：缩微中心，国图

00O007259

元音独步揭文安公诗集：二卷拾遗一卷 / (元)揭傒斯撰

清(1644-1911)抄本. -- (清)陈墫校并跋。

1987年摄制. -- 1盘卷片(5米90拍) : 1:10, 2B ; 35mm银盐

收藏馆：缩微中心，国图

00O004514

揭文安公诗钞：不分卷 / (元)揭傒斯撰

清(1644-1911)抄本. -- (清)翁心存跋，(清)翁同龢临(清)彭元瑞校跋。

1986年摄制. -- 1盘卷片(4米65拍) : 1:10, 2B ; 35mm银盐

收藏馆：缩微中心，国图

00O003790

揭文安公集：六卷 / (元)揭傒斯撰

明(1368-1644)抄本

1985年摄制. -- 1盘卷片(9.1米179拍) : 1:10, 2B ; 35mm银盐

收藏馆：缩微中心，国图

00O009188

揭文安公集：十四卷 / (元)揭傒斯撰

清(1644-1911)抄本

1988年摄制. -- 1盘卷片(18.8米393拍) : 1:10, 2B ; 35mm银盐

收藏馆：缩微中心，湖南

00O001261

揭文安公集：六卷 / (元)揭傒斯撰

清(1644-1911)抄本

1985年摄制. -- 1盘卷片(7.2米129拍) : 1:10, 2B ; 35mm银盐

收藏馆：缩微中心，国图

00O022134

揭文安公集：六卷 / (元)揭傒斯撰

清(1644-1911)抄本

1995年摄制. -- 1盘卷片(7米115拍) : 1:10, 2B ; 35mm银盐

收藏馆：缩微中心，国图

000O010960

揭文安公文集：四卷／(元)揭傒斯撰
明正德十五年(1520)揭富文刻本
1989年摄制. -- 1盘卷片(9米149拍)：1:10,
2B；35mm银盐
收藏馆：缩微中心，湖北

000O007263

揭文安公文集：二卷／(元)揭傒斯撰
清(1644-1911)抄本
1987年摄制. -- 1盘卷片(7米128拍)：1:10,
2B；35mm银盐
收藏馆：缩微中心，国图

000O004003

揭文安公文粹：一卷／(元)揭傒斯撰
明天顺五年(1461)沈琼广州府学刻本. --
(清)张蓉镜、(清)季锡畴、(清)王振声跋。
1986年摄制. -- 1盘卷片(6米104拍)：1:10,
2B；35mm银盐
收藏馆：缩微中心，国图

000O019993

揭文安公文粹：一卷／(元)揭傒斯撰
清(1644-1911)抄本. -- (清)孙原湘跋，(清)
黄丕烈校并跋。
1994年摄制. -- 1盘卷片(6米84拍)：1:10,
2B；35mm银盐
收藏馆：缩微中心，国图

000O005611

谷响集：一卷／(元)释善住撰
清(1644-1911)抄本
1987年摄制. -- 1盘卷片(5米68拍)：1:10,
2B；35mm银盐
收藏馆：缩微中心，国图

000O006891

清江碧嶂集：一卷／(元)杜本撰；(元)程嗣祖编
明末(1621-1644)常熟毛氏汲古阁刻本
1987年摄制. -- 1盘卷片(3.7米50拍)：
1:10, 2B；35mm银盐
收藏馆：缩微中心，重庆

000O001896

金华黄先生文集：四十三卷／(元)黄溍撰
元(1271-1368)刻明(1368-1644)重修本. --
存二卷：卷三十一至卷三十二。
1986年摄制. -- 1盘卷片(4米63拍)：1:10,
2B；35mm银盐
收藏馆：缩微中心，国图

000O006244

金华黄先生文集：四十三卷／(元)黄溍撰
清(1644-1911)席渼抄本. -- 存十九卷：卷
四至卷七、卷九至卷十三、卷二十二至卷
三十一。
1986年摄制. -- 1盘卷片(8米144拍)：1:10,
2B；35mm银盐
收藏馆：缩微中心，国图

000O007486

黄文献公集：二十三卷／(元)黄溍撰
元(1271-1368)刻明(1368-1644)重修本
1987年摄制. -- 1盘卷片(25米553拍)：
1:10, 2B；35mm银盐
收藏馆：缩微中心，国图

000O022394

黄文献公集：二十三卷／(元)黄溍撰
元(1271-1368)刻本. -- 存十五卷：卷一至卷
三、卷十二至卷二十三。
1995年摄制. -- 1盘卷片(15米281拍)：
1:10, 2B；35mm银盐
收藏馆：缩微中心，国图

000O004665

黄文献公集：二十三卷／(元)黄溍撰
清(1644-1911)席渼抄本
1987年摄制. -- 1盘卷片(25米553拍)：
1:10, 2B；35mm银盐
收藏馆：缩微中心，国图

000O007509

黄文献公集：二十三卷／(元)黄溍撰
清(1644-1911)席渼抄本
1987年摄制. -- 1盘卷片(26米572拍)：
1:10, 2B；35mm银盐
收藏馆：缩微中心，国图

000O006860

黄文献公集：二十三卷／(元)黄溍撰
清初(1644-1722)抄本
1987年摄制. -- 1盘卷片(27米593拍)：
1:10, 2B；35mm银盐
收藏馆：缩微中心，吉林

000O004920

黄文献公文集：八卷／(元)黄溍撰
清(1644-1911)抄本
1987年摄制. -- 2盘卷片(31.8米755拍)：
1:10, 2B；35mm银盐
收藏馆：缩微中心，国图

000O003435
重刊黄文献公文集：十卷 / (元)黄溍撰
明嘉靖十年(1531)虞守愚刻本
1986年摄制. -- 1盘卷片(31米689拍)：
1:10，2B；35mm银盐
收藏馆：缩微中心，国图

000O001328
重刊黄文献公文集：十卷 / (元)黄溍撰；(明)张维枢辑
明万历(1573-1620)刻清康熙五十年(1711)王廷曾重修本
1985年摄制. -- 2盘卷片(34.5米740拍)：
1:10，2B；35mm银盐
收藏馆：缩微中心，国图

000O024668
重刊黄文献公文集：十卷 / (元)黄溍撰；(明)张维枢辑
明万历(1573-1620)刻清康熙三十年(1691)王廷曾重修本. --(清)宋宾王校并跋。
1996年摄制. -- 2盘卷片(39米766拍)：
1:10，2B；35mm银盐
收藏馆：缩微中心，浙江

000O005983
黄文献公文集：六卷附录一卷 / (元)黄溍撰
清(1644-1911)抄本. --(清)孔继涵跋。
1986年摄制. -- 1盘卷片(9米170拍)：1:10，
2B；35mm银盐
收藏馆：缩微中心，国图

000O001049
伊滨集：二十四卷 / (元)王沂撰
清(1644-1911)抄本
1985年摄制. -- 1盘卷片(20米439拍)：
1:10，2B；35mm银盐
收藏馆：缩微中心，国图

000O004661
溧阳路总管水镜元公诗集：一卷 / (元)元淮撰
清(1644-1911)迁松阁抄本
1987年摄制. -- 1盘卷片(5米56拍)：1:10，
2B；35mm银盐
收藏馆：缩微中心，国图

000O013453
溧阳路总管水镜元公诗集：一卷 / (元)元淮撰
清(1644-1911)抄本
1991年摄制. -- 1盘卷片(4米46拍)：1:10，
2B；35mm银盐
收藏馆：缩微中心，国图

000O003284
子渊诗集：六卷 / (元)张仲深撰
清乾隆(1736-1795)翰林院抄本
1986年摄制. -- 1盘卷片(6米102拍)：1:10，
2B；35mm银盐
收藏馆：缩微中心，国图

000O022092
居竹轩诗集：四卷 / (元)成廷珪撰
清乾隆三十四年(1769)鲍氏知不足斋抄本. --
(清)鲍廷博跋
1995年摄制. -- 1盘卷片(8米142拍)：1:10，
2B；35mm银盐
收藏馆：缩微中心，国图

000O010015
居竹轩集：四卷 / (元)成廷珪撰
清光绪(1875-1908)孔氏岳雪楼影抄本. -- 据文澜阁本影抄。版框高二十八点四厘米宽十四点七厘米。
1989年摄制. -- 1盘卷片(7米118拍)：1:10，
2B；35mm银盐
收藏馆：缩微中心，广东

000O002305
居竹轩诗集：四卷 / (元)成廷珪撰
清(1644-1911)抄本
1986年摄制. -- 1盘卷片(11.2米230拍)：
1:10，2B；35mm银盐
收藏馆：缩微中心，国图

000O031212
元鹿皮子集：四卷 / (元)陈樵撰
清康熙(1662-1722)董肇勋寓楼书室刻本
2004年摄制. -- 1盘卷片(7米120拍)：1:10，
2B；35mm银盐
收藏馆：缩微中心，国图

000O021173
鹿皮子陈先生文集：四卷 / (元)陈樵撰
清(1644-1911)抄本
1995年摄制. -- 1盘卷片(6米89拍)：1:10，
2B；35mm银盐
收藏馆：缩微中心，国图

000O022094
鹿皮子陈先生文集：四卷 / (元)陈樵撰
清(1644-1911)抄本
1995年摄制. -- 1盘卷片(6米80拍)：1:10，
2B；35mm银盐
收藏馆：缩微中心，国图

000O026728
赵宝峰先生文集：二卷 / (宋)赵偕撰
明嘉靖二十二年(1543)赵文华刻本. -- (清)丁丙跋。
1996年摄制. -- 1盘卷片(6米96拍) ：1:10,
2B ；35mm银盐
收藏馆：缩微中心，南京

000O014222
赵宝峰先生文集：二卷 / (宋)赵偕撰
清(1644-1911)抄本
1992年摄制. -- 1盘卷片(6米80拍) ：1:10,
2B ；35mm银盐
收藏馆：缩微中心，国图

000O021519
郑君举诗集：一卷 / (元)郑君举撰
清(1644-1911)抄本
1995年摄制. -- 1盘卷片(3米14拍) ：1:10,
2B ；35mm银盐
收藏馆：缩微中心，国图

000O014327
书林外集：七卷 / (元)袁士元撰
明正统(1436-1449)刻本
1992年摄制. -- 1盘卷片(7米110拍) ：1:10,
2B ；35mm银盐
收藏馆：缩微中心，国图

000O026673
书林外集：七卷 / (元)袁士元撰
明正统(1436-1449)刻本. -- (明)徐延寿跋。
1996年摄制. -- 1盘卷片(7米125拍) ：1:10,
2B ；35mm银盐
收藏馆：缩微中心，福建

000O003300
性情集：六卷 / (元)周巽撰
清乾隆(1736-1795)翰林院抄本
1986年摄制. -- 1盘卷片(6米90拍) ：1:10,
2B ；35mm银盐
收藏馆：缩微中心，国图

000O001095
性情集：六卷 / (元)周巽撰
清(1644-1911)抄本
1985年摄制. -- 1盘卷片(5.7米98拍) ：
1:10, 2B ；35mm银盐
收藏馆：缩微中心，国图

000O021512
后圃集：四卷 / (元)黄枢撰 . 向明斋诗文附卷：
一卷 / (明)黄维天撰
清(1644-1911)抄本
1995年摄制. -- 1盘卷片(6米94拍) ：1:10,
2B ；35mm银盐
收藏馆：缩微中心，国图

000O023957
后圃集：四卷 / (元)黄枢撰 . 向明斋诗文附卷：
一卷 / (明)黄维天撰
清(1644-1911)抄本. -- (清)丁丙跋。
1995年摄制. -- 1盘卷片(7米106拍) ：1:10,
2B ；35mm银盐
收藏馆：缩微中心，南京

000O015173
玉笥集：十卷 / (元)张宪撰
清(1644-1911)经鉏堂抄本. -- (清)李之郇
跋。
1992年摄制. -- 1盘卷片(11米183拍) ：
1:10, 2B ；35mm银盐
收藏馆：缩微中心，国图

000O023995
玉笥集：十卷 / (元)张宪撰
清(1644-1911)陆锡熊抄本. -- 配清(1644-1911)
抄本。存六卷：卷五至卷十。(清)陆锡熊、
(清)丁丙跋。
1996年摄制. -- 1盘卷片(10米184拍) ：
1:10, 2B ；35mm银盐
收藏馆：缩微中心，南京

000O000181
玉笥集：十卷 / (元)张宪撰
清(1644-1911)抄本
1985年摄制. -- 1盘卷片(11.2米226拍) ：
1:10, 2B ；35mm银盐
收藏馆：缩微中心，国图

000O001787
玉笥集：十卷 / (元)张宪撰
清(1644-1911)抄本
1986年摄制. -- 1盘卷片(11米217拍) ：
1:10, 2B ；35mm银盐
收藏馆：缩微中心，国图

000O008459
玉笥集：十卷 / (元)张宪撰
清(1644-1911)抄本
1988年摄制. -- 1盘卷片(9米165拍) ：1:10,
2B ；35mm银盐
收藏馆：缩微中心，国图

000O018561
玉笥集：十卷 / (元)张宪撰

清(1644-1911)抄本
1993年摄制. -- 1盘卷片(11米182拍) :
1:10, 2B ; 35mm银盐
收藏馆：缩微中心，国图

00O001268
玉笥集：十卷 / (元)张宪撰
清(1644-1911)抄本. -- (清)张廷枚跋并题
诗。
1985年摄制. -- 1盘卷片(9.7米193拍) :
1:10, 2B ; 35mm银盐
收藏馆：缩微中心，国图

00O002989
玉笥集：十卷 / (元)张宪撰
清(1644-1911)抄本. -- (清)季锡畴校并跋。
1986年摄制. -- 1盘卷片(11米229拍) :
1:10, 2B ; 35mm银盐
收藏馆：缩微中心，国图

00O007031
玉笥集：十卷 / (元)张宪撰
清(1644-1911)抄本. -- (清)李兆洛跋。
1987年摄制. -- 1盘卷片(9米170拍) : 1:10,
2B ; 35mm银盐
收藏馆：缩微中心，国图

00O022835
玉笥集：十卷 / (元)张宪撰
清(1644-1911)抄本. -- (清)章憬校跋。
1995年摄制. -- 1盘卷片(13米258拍) :
1:10, 2B ; 35mm银盐
收藏馆：缩微中心，南京

00O014204
青村遗稿：一卷 / (元)刘涓撰
清光绪二十九年(1903)李盛铎抄本
1992年摄制. -- 1盘卷片(4米26拍) : 1:10,
2B ; 35mm银盐
收藏馆：缩微中心，国图

00O025925
山窗余稿：一卷 / (元)甘复撰
清(1644-1911)抄本. -- 四库底本。(清)丁丙
跋。
1996年摄制. -- 1盘卷片(4米49拍) : 1:10,
2B ; 35mm银盐
收藏馆：缩微中心，南京

00O022202
山窗余稿：一卷 / (元)甘复撰
清(1644-1911)抄本
1995年摄制. -- 1盘卷片(4米35拍) : 1:10,

2B ; 35mm银盐
收藏馆：缩微中心，国图

00O005851
所安遗集：一卷 / (元)陈泰撰
清初(1644-1722)抄本
1987年摄制. -- 1盘卷片(3.6米51拍) :
1:10, 2B ; 35mm银盐
收藏馆：缩微中心，国图

00O006979
所安遗集：一卷 / (元)陈泰撰
清嘉庆(1796-1820)戴光曾抄本
1986年摄制. -- 1盘卷片(4米49拍) : 1:10,
2B ; 35mm银盐
收藏馆：缩微中心，国图

00O022091
所安遗集：一卷 / (元)陈泰撰
清嘉庆十九年(1814)戴光曾抄本. -- (清)戴
光曾跋。
1995年摄制. -- 1盘卷片(4米36拍) : 1:10,
2B ; 35mm银盐
收藏馆：缩微中心，国图

00O024892
所安遗集：一卷 / (元)陈泰撰
清(1644-1911)马氏道古楼抄本. -- (清)马思
赞录(清)王士祯跋，(清)王承真校并跋。
1996年摄制. -- 1盘卷片(3米52拍) : 1:10,
2B ; 35mm银盐
收藏馆：缩微中心，南京

00O005852
所安遗集：一卷 / (元)陈泰撰
清(1644-1911)抄本
1987年摄制. -- 1盘卷片(3.6米51拍) :
1:10, 2B ; 35mm银盐
收藏馆：缩微中心，国图

00O006246
马石田文集：十五卷附录一卷 / (元)马祖常撰
明弘治六年(1493)熊翀刻本
1986年摄制. -- 1盘卷片(17米364拍) :
1:10, 2B ; 35mm银盐
收藏馆：缩微中心，国图

00O025958
马石田文集：十五卷附录一卷 / (元)马祖常撰
清(1644-1911)赵氏小山堂抄本. -- (清)丁丙
跋。
1996年摄制. -- 1盘卷片(17米384拍) :
1:10, 2B ; 35mm银盐

收藏馆：缩微中心，南京

000○004917
马石田文集：十五卷附录一卷 / (元)马祖常撰
清(1644-1911)抄本
1987年摄制. -- 1盘卷片(17米363拍)：
1:10, 2B ；35mm银盐
收藏馆：缩微中心，国图

000○003297
积斋集：五卷 / (元)程端学撰
清乾隆(1736-1795)翰林院抄本
1986年摄制. -- 1盘卷片(7米120拍)：1:10,
2B ；35mm银盐
收藏馆：缩微中心，国图

000○002127
梅花道人遗墨：三卷附录一卷 / (元)吴镇撰
清(1644-1911)抄本
1986年摄制. -- 1盘卷片(4.2米63拍)：
1:10, 2B ；35mm银盐
收藏馆：缩微中心，国图

000○003332
俟庵李先生文集：三十一卷 / (元)李存撰
清(1644-1911)全氏鲒埼亭抄本
1986年摄制. -- 1盘卷片(15米313拍)：
1:10, 2B ；35mm银盐
收藏馆：缩微中心，国图

000○009181
李仲公文集(番阳俟庵先生文集)：三十卷附录
一卷 / (元)李存撰；(明)夏霖校编
清初(1644-1722)抄本
1988年摄制. -- 1盘卷片(19.7米413拍)：
1:10, 2B ；35mm银盐
收藏馆：缩微中心，湖南

000○001941
番阳仲公李先生文集：三十一卷 / (元)李存撰
清(1644-1911)经鉏堂抄本
1986年摄制. -- 1盘卷片(19米421拍)：
1:10, 2B ；35mm银盐
收藏馆：缩微中心，国图

000○022816
番阳仲公李先生文集：三十一卷 / (元)李存撰
清(1644-1911)倪氏经鉏堂抄本. -- (清)丁丙
跋。
1995年摄制. -- 1盘卷片(20米436拍)：
1:10, 2B ；35mm银盐
收藏馆：缩微中心，南京

000○000225
番阳仲公李先生文集：三十一卷 / (元)李存撰
清(1644-1911)抄本
1985年摄制. -- 1盘卷片(14.7米311拍)：
1:10, 2B ；35mm银盐
收藏馆：缩微中心，国图

000○026749
续轩渠诗集：十卷附录一卷 / (元)洪希文撰
清(1644-1911)抄本. -- (清)丁丙跋。
1996年摄制. -- 1盘卷片(10米168拍)：
1:10, 2B ；35mm银盐
收藏馆：缩微中心，南京

000○002979
圭斋文集：十六卷 / (元)欧阳玄撰
明成化七年(1471)刘釪刻本
1986年摄制. -- 1盘卷片(15米315拍)：
1:10, 2B ；35mm银盐
收藏馆：缩微中心，国图

000○004600
圭斋文集：十六卷 / (元)欧阳玄撰
明成化七年(1471)刘釪刻本
1986年摄制. -- 1盘卷片(15米309拍)：
1:10, 2B ；35mm银盐
收藏馆：缩微中心，国图

000○014065
圭斋文集：十六卷 / (元)欧阳玄撰
明成化七年(1471)刘釪刻本. -- (清)黄丕
烈、(清)潘祖荫跋。
1992年摄制. -- 1盘卷片(16米303拍)：
1:10, 2B ；35mm银盐
收藏馆：缩微中心，国图

000○002293
圭斋文集：十六卷 / (元)欧阳玄撰
清(1644-1911)抄本. -- (清)翁同书、(清)翁
同龢校并跋。
1986年摄制. -- 1盘卷片(14.7米312拍)：
1:10, 2B ；35mm银盐
收藏馆：缩微中心，国图

000○032063
圭斋文集：十六卷 / (元)欧阳玄撰
清(1644-1911)抄本. -- 十一行二十一字无
格。(清)翁同书、(清)翁同龢校并跋。
2011年摄制. -- 1盘卷片(18米317拍)：
1:10, 2B ；35mm银盐
收藏馆：缩微中心，国图

00O003771
吴礼部文集：二十卷附录一卷 / (元)吴师道撰
清(1644-1911)抄本
1985年摄制. -- 2盘卷片(35米746拍) :
1:10, 2B ; 35mm银盐
收藏馆：缩微中心，国图

00O023887
吴礼部文集：二十卷附录一卷 / (元)吴师道撰
清(1644-1911)抄本. -- (清)丁丙跋。
1995年摄制. -- 1盘卷片(18米386拍) :
1:10, 2B ; 35mm银盐
收藏馆：缩微中心，南京

00O026875
蒲室集：十五卷 / (元)释大欣撰
清(1644-1911)抄本. -- (清)丁丙跋。
1996年摄制. -- 1盘卷片(14米289拍) :
1:10, 2B ; 35mm银盐
收藏馆：缩微中心，南京

00O018197
李五峰先生集：六卷 / (元)李孝光撰
明(1368-1644)抄本
1993年摄制. -- 1盘卷片(11米216拍) :
1:10, 2B ; 35mm银盐
收藏馆：缩微中心，山东

00O015132
五峰诗集：六卷 / (元)李孝光撰
清(1644-1911)抄本
1992年摄制. -- 1盘卷片(4米46拍) : 1:10,
2B ; 35mm银盐
收藏馆：缩微中心，国图

00O022047
李五峰文集：十一卷 / (元)李孝光撰
清(1644-1911)抄本
1995年摄制. -- 1盘卷片(10米181拍) :
1:10, 2B ; 35mm银盐
收藏馆：缩微中心，国图

00O002975
李五峰集：十一卷 / (元)李孝光撰
清(1644-1911)抄本
1986年摄制. -- 1盘卷片(10米196拍) :
1:10, 2B ; 35mm银盐
收藏馆：缩微中心，国图

00O013486
五峰诗集：十三卷 / (元)李孝光撰
清(1644-1911)抄本. -- (清)劳格校补并跋。
1991年摄制. -- 1盘卷片(10米170拍) :

1:10, 2B ; 35mm银盐
收藏馆：缩微中心，国图

00O010379
栲栳山人诗集：三卷 / (元)岑安卿撰；(清)张廷
枚重编
清乾隆四十七年(1782)宝墨斋刻本
1989年摄制. -- 1盘卷片(4.5米76拍) :
1:10, 2B ; 35mm银盐
收藏馆：缩微中心，湖北

00O004666
栲栳山人诗集：三卷 / (元)岑安卿撰
清(1644-1911)味书室抄本
1987年摄制. -- 1盘卷片(4米59拍) : 1:10,
2B ; 35mm银盐
收藏馆：缩微中心，国图

00O013008
栲栳山人诗集：三卷 / (元)岑安卿撰
清(1644-1911)抄本
1991年摄制. -- 1盘卷片(4米37拍) : 1:10,
2B ; 35mm银盐
收藏馆：缩微中心，国图

00O016326
栲栳山人诗集：三卷 / (元)岑安卿撰
清(1644-1911)抄本
1992年摄制. -- 1盘卷片(5米52拍) : 1:10,
2B ; 35mm银盐
收藏馆：缩微中心，国图

00O018447
至正集：八十一卷 / (元)许有壬撰
清(1644-1911)抄本
1993年摄制. -- 2盘卷片(38米705拍) :
1:10, 2B ; 35mm银盐
收藏馆：缩微中心，国图

00O006563
圭塘小稿：十三卷别集二卷续集一卷附录一卷 /
(元)许有壬撰
明成化六年(1470)许颙刻本
1987年摄制. -- 1盘卷片(16米344拍) :
1:10, 2B ; 35mm银盐
收藏馆：缩微中心，国图

00O004644
圭塘小稿：十三卷别集二卷续集一卷附录一卷 /
(元)许有壬撰
清雍正二年(1724)蒋继轼抄本. -- (清)蒋继
轼跋。
1987年摄制. -- 1盘卷片(15米319拍) :

1:10，2B；35mm银盐
收藏馆：缩微中心，国图

000O020192
圭塘小稿：续集一卷别集二卷附录一卷 / (元)许有壬撰
清(1644-1911)抄本
1994年摄制. -- 1盘卷片(6米98拍)：1:10，2B；35mm银盐
收藏馆：缩微中心，国图

000O002111
圭塘小稿：续集一卷别集二卷附录一卷 / (元)许有壬撰
清(1644-1911)抄本
1986年摄制. -- 1盘卷片(7米113拍)：1:10，2B；35mm银盐
收藏馆：缩微中心，国图

000O004053
蜕庵诗：四卷；蜕岩词：二卷 / (元)张翥撰
清初(1644-1722)抄本
1985年摄制. -- 1盘卷片(7.2米132拍)：1:10，2B；35mm银盐
收藏馆：缩微中心，国图

000O022088
蜕庵诗：四卷附录一卷；集外诗：一卷；蜕岩词：二卷 / (元)张翥撰
清(1644-1911)汪氏摘藻堂抄本
1995年摄制. -- 1盘卷片(10米172拍)：1:10，2B；35mm银盐
收藏馆：缩微中心，国图

000O026810
蜕庵诗：五卷；蜕岩词：二卷 / (元)张翥撰
清(1644-1911)鲍氏知不足斋抄本. -- 蜕庵诗卷四至卷五、蜕岩词配清(1644-1911)抄本。
1996年摄制. -- 1盘卷片(12米220拍)：1:10，2B；35mm银盐
收藏馆：缩微中心，南京

000O013478
蜕庵诗：四卷；蜕岩词：一卷 / (元)张翥撰
清(1644-1911)抄本
1991年摄制. -- 1盘卷片(7米121拍)：1:10，2B；35mm银盐
收藏馆：缩微中心，国图

000O008387
蜕庵诗：不分卷；蜕岩词：一卷 / (元)张翥撰
清(1644-1911)抄本
1988年摄制. -- 1盘卷片(10.5米208拍)：

000O022818
蜕庵诗：四卷 / (元)张翥撰
清嘉庆八年(1803)鲍正言抄本. -- (清)鲍廷博校跋，(清)鲍正言、(清)丁丙跋。
1995年摄制. -- 1盘卷片(9米146拍)：1:10，2B；35mm银盐
收藏馆：缩微中心，南京

000O013479
蜕庵集：二卷 / (元)张翥撰．补遗：一卷 / (清)劳权辑
清(1644-1911)抄本. -- (清)劳权校补。
1991年摄制. -- 1盘卷片(6米90拍)：1:10，2B；35mm银盐
收藏馆：缩微中心，国图

000O022089
陈众仲文集：十三卷 / (元)陈旅撰
元至正(1341-1368)刻明(1368-1644)重修本. -- 存七卷：卷一至卷七。
1995年摄制. -- 1盘卷片(9米162拍)：1:10，2B；35mm银盐
收藏馆：缩微中心，国图

000O014701
安雅堂集：十三卷 / (元)陈旅撰
明(1368-1644)祁氏淡生堂抄本
1992年摄制. -- 1盘卷片(17米308拍)：1:10，2B；35mm银盐
收藏馆：缩微中心，国图

000O020227
安雅堂集：十三卷 / (元)陈旅撰
清(1644-1911)抄本. -- 存七卷：卷一至卷七。
1994年摄制. -- 1盘卷片(9米147拍)：1:10，2B；35mm银盐
收藏馆：缩微中心，国图

000O008509
秋声集：九卷 / (元)黄镇成撰
清顺治十一年(1654)萧雯刻本. -- (清)薄启源校跋并抄补缺页。
1988年摄制. -- 1盘卷片(7米123拍)：1:10，2B；35mm银盐
收藏馆：缩微中心，国图

000O023885
秋声集：九卷 / (元)黄镇成撰
清咸丰元年(1851)劳权抄本. -- (清)劳权、

(清)丁丙跋。
1995年摄制. -- 1盘卷片(6米91拍) : 1:10,
2B ; 35mm银盐
收藏馆：缩微中心，南京

00O004660
秋声集：九卷 / (元)黄镇成撰
清(1644-1911)抄本. -- 瞿熙邦校跋并录(清)
张蓉镜等题识。
1987年摄制. -- 1盘卷片(7米115拍) : 1:10,
2B ; 35mm银盐
收藏馆：缩微中心，国图

00O001165
秋声集：四卷 / (元)黄镇成撰
明(1368-1644)刻本
1985年摄制. -- 1盘卷片(5.9米102拍) :
1:10, 2B ; 35mm银盐
收藏馆：缩微中心，国图

00O000860
秋声集：四卷 / (元)黄镇成撰
清顺治十一年(1654)萧雯刻本
1985年摄制. -- 1盘卷片(6.1米109拍) :
1:10, 2B ; 35mm银盐
收藏馆：缩微中心，国图

00O023975
秋声集：四卷 / (元)黄镇成撰
清(1644-1911)抄本. -- (清)丁丙跋。
1995年摄制. -- 1盘卷片(7米101拍) : 1:10,
2B ; 35mm银盐
收藏馆：缩微中心，南京

00O024090
秋声集：四卷 / (元)黄镇成撰
清(1644-1911)抄本
1996年摄制. -- 1盘卷片(5.5米90拍) :
1:10, 2B ; 35mm银盐
收藏馆：缩微中心，湖北

00O018637
秋声集：八卷 / (元)黄镇成撰
清(1644-1911)抄本
1993年摄制. -- 1盘卷片(6.4米114拍) :
1:10, 2B ; 35mm银盐
收藏馆：缩微中心，重庆

00O018853
张光弼诗集：二卷 / (元)张昱撰
清(1644-1911)抄本
1994年摄制. -- 1盘卷片(10米186拍) :
1:10, 2B ; 35mm银盐

收藏馆：缩微中心，国图

00O008537
燕石集：十五卷附录一卷 / (元)宋褧撰
清(1644-1911)抄本. -- (清)宋宾王校并跋。
1988年摄制. -- 1盘卷片(12米258拍) :
1:10, 2B ; 35mm银盐
收藏馆：缩微中心，国图

00O001039
药房樵唱：三卷 / (元)吴景奎撰 . 附录：一卷 /
(元)吴履[等]撰
清初(1644-1722)抄本
1985年摄制. -- 1盘卷片(5.9米102拍) :
1:10, 2B ; 35mm银盐
收藏馆：缩微中心，国图

00O002988
药房樵唱：三卷 / (元)吴景奎撰 . 附录：一卷 /
(元)吴履[等]撰
清(1644-1911)抄本
1986年摄制. -- 1盘卷片(6米94拍) : 1:10,
2B ; 35mm银盐
收藏馆：缩微中心，国图

00O004054
药房樵唱：三卷 / (元)吴景奎撰 . 附录：一卷 /
(元)吴履[等]撰
清(1644-1911)抄本
1985年摄制. -- 1盘卷片(6米91拍) : 1:10,
2B ; 35mm银盐
收藏馆：缩微中心，国图

00O018814
药房樵唱：三卷 / (元)吴景奎撰 . 附录：一卷 /
(元)吴履[等]撰
清(1644-1911)抄本
1994年摄制. -- 1盘卷片(6米79拍) : 1:10,
2B ; 35mm银盐
收藏馆：缩微中心，国图

00O022069
药房樵唱：三卷 / (元)吴景奎撰 . 附录：一卷 /
(元)吴履[等]撰
清(1644-1911)抄本
1995年摄制. -- 1盘卷片(6米82拍) : 1:10,
2B ; 35mm银盐
收藏馆：缩微中心，国图

00O029306
侨吴遗集：不分卷 / (元)郑元祐撰
清康熙三十一年(1692)刻本
1999年摄制. -- 1盘卷片(6米68拍) : 1:10,

2B ；35mm银盐
收藏馆：缩微中心，苏州

000O025957
侨吴集：十二卷附录一卷 / (元)郑元祐撰
明弘治九年(1496)张习刻本. -- 卷一至卷
七、卷十至卷十二配清(1644-1911)抄本。
(清)罗榘校并跋，(清)丁丙跋。
1996年摄制. -- 1盘卷片(14米266拍) ：
1:10，2B ；35mm银盐
收藏馆：缩微中心，南京

000O006593
侨吴集：十二卷附录一卷 / (元)郑元祐撰
明弘治九年(1496)张习刻公文纸印本. --
(清)黄丕烈、(清)顾广圻抄补并跋，(清)潘祖
荫、(清)费念慈、叶昌炽跋。
1987年摄制. -- 1盘卷片(14米283拍) ：
1:10，2B ；35mm银盐
收藏馆：缩微中心，国图

000O002971
侨吴集：十二卷附录一卷 / (元)郑元祐撰
清(1644-1911)抄本
1986年摄制. -- 1盘卷片(16米343拍) ：
1:10，2B ；35mm银盐
收藏馆：缩微中心，国图

000O003847
滋溪文稿：三十卷 / (元)苏天爵撰
清(1644-1911)抄本. -- (清)毛岳生校。
1985年摄制. -- 2盘卷片(33米710拍) ：
1:10，2B ；35mm银盐
收藏馆：缩微中心，国图

000O018860
存复斋文集：十卷附录一卷 / (元)朱德润撰
清(1644-1911)金氏文瑞楼抄本
1994年摄制. -- 1盘卷片(11米197拍) ：
1:10，2B ；35mm银盐
收藏馆：缩微中心，国图

000O005632
存复斋文集：十卷附录一卷 / (元)朱德润撰
清(1644-1911)抄本. -- 周叔弢校并跋。
1987年摄制. -- 1盘卷片(9.3米184拍) ：
1:10，2B ；35mm银盐
收藏馆：缩微中心，国图

000O004905
存复斋文集：十卷附录一卷 / (元)朱德润撰
清(1644-1911)抄本
1987年摄制. -- 1盘卷片(8米156拍) ：1:10,

2B ；35mm银盐
收藏馆：缩微中心，国图

000O009162
杨铁崖先生古乐府：八卷古赋二卷补遗一卷 / (元)杨维桢撰
明天启(1621-1627)马宏道抄本
1988年摄制. -- 1盘卷片(15米290拍) ：
1:10，2B ；35mm银盐
收藏馆：缩微中心，湖南

000O026764
杨铁崖文集：五卷史义拾遗二卷香奁集一卷 / (元)杨维桢撰 . 西湖竹枝词：一卷 / (元)杨维桢[等]撰
明(1368-1644)陈于京漱云楼刻本. -- (清)丁丙跋。
1996年摄制. -- 1盘卷片(17米359拍) ：
1:10，2B ；35mm银盐
收藏馆：缩微中心，南京

000O008657
杨铁崖文集：五卷史义拾遗二卷香奁集一卷 / (元)杨维桢撰 . 西湖竹枝词：一卷 / (元)杨维桢[等]撰
明末(1621-1644)诸暨陈于京刻本
1987年摄制. -- 1盘卷片(17米364拍) ：1:9,
2B ；35mm银盐
收藏馆：缩微中心，重庆

000O021088
铁崖乐府注：十卷；铁崖逸编注：八卷；铁崖咏史注：八卷 / (元)杨维桢撰；(清)楼卜瀍注
清乾隆三十九年(1774)联桂堂刻本
1994年摄制. -- 1盘卷片(26米525拍) ：
1:10，2B ；35mm银盐
收藏馆：缩微中心，国图

000O001846
铁崖先生古乐府：十六卷 / (元)杨维桢撰
明成化五年(1469)刘效刻本. -- 存十卷：卷一至卷十。
1985年摄制. -- 1盘卷片(7.4米140拍) ：
1:10，2B ；35mm银盐
收藏馆：缩微中心，国图

000O009163
铁崖先生古乐府：十卷复古诗集六卷 / (元)杨维桢撰；(元)吴复编
明初(1368-1424)刻本
1988年摄制. -- 1盘卷片(11米217拍) ：
1:10，2B ；35mm银盐
收藏馆：缩微中心，湖南

00O020565
丽则遗音：四卷附录一卷 / (元)杨维桢撰
明末(1621-1644)毛氏汲古阁刻本
1994年摄制. -- 1盘卷片(6米88拍)：1:10,
2B；35mm银盐
收藏馆：缩微中心，国图

00O009164
杨铁崖咏史古乐府：一卷 / (元)杨维桢撰；(明)顾亮辑录
明成化(1465-1487)刻本
1988年摄制. -- 1盘卷片(5米80拍)：1:10,
2B；35mm银盐
收藏馆：缩微中心，湖南

00O004680
铁崖文集：五卷 / (元)杨维桢撰
明弘治十四年(1501)冯允中刻本
1987年摄制. -- 1盘卷片(10米185拍)：
1:10, 2B；35mm银盐
收藏馆：缩微中心，国图

00O004914
铁崖文集：五卷 / (元)杨维桢撰
明弘治十四年(1501)冯允中刻本
1987年摄制. -- 1盘卷片(10米186拍)：
1:10, 2B；35mm银盐
收藏馆：缩微中心，国图

00O013448
铁崖文集：五卷 / (元)杨维桢撰
明弘治十四年(1501)冯允中刻本
1991年摄制. -- 1盘卷片(10米170拍)：
1:10, 2B；35mm银盐
收藏馆：缩微中心，国图

00O031885
铁崖文集：五卷 / (元)杨维桢撰
明弘治十四年(1501)冯允中刻本. -- (清)陈鳣跋。
2010年摄制. -- 1盘卷片(13米211拍)：
1:10, 2B；35mm银盐
收藏馆：缩微中心，国图

00O007715
杨铁崖文集：五卷古乐府八卷古赋二卷 / (元)杨维桢撰
清(1644-1911)抄本
1987年摄制. -- 1盘卷片(29米620拍)：
1:10, 2B；35mm银盐
收藏馆：缩微中心，湖南

00O015375
东维子文集：三十一卷 / (元)杨维桢撰
明(1368-1644)刻本
1992年摄制. -- 1盘卷片(21米399拍)：
1:10, 2B；35mm银盐
收藏馆：缩微中心，国图

00O009558
东维子文集：三十卷附录一卷 / (元)杨维桢撰
清(1644-1911)抄本. -- 缪荃孙校。
1988年摄制. -- 1盘卷片(24.2米526拍)：
1:10, 2B；35mm银盐
收藏馆：缩微中心，重庆

00O023956
铁崖先生文集：一卷 / (元)杨维桢撰
清(1644-1911)抄本. -- (清)劳格校跋，(清)丁丙跋。
1995年摄制. -- 1盘卷片(6米96拍)：1:10,
2B；35mm银盐
收藏馆：缩微中心，南京

00O003685
杨铁崖先生文集：一卷 / (元)杨维桢撰
清(1644-1911)抄本
1985年摄制. -- 1盘卷片(5.7米100拍)：
1:10, 2B；35mm银盐
收藏馆：缩微中心，国图

00O014744
铁崖先生文集钞：一卷 / (元)杨维桢撰
清嘉庆十九年(1814)陈征芝抄本. -- (清)陈树枸跋。
1992年摄制. -- 1盘卷片(4米34拍)：1:10,
2B；35mm银盐
收藏馆：缩微中心，国图

00O003799
杨铁崖先生文集全录：四卷 / (元)杨维桢撰
清(1644-1911)抄本
1985年摄制. -- 1盘卷片(8.2米159拍)：
1:10, 2B；35mm银盐
收藏馆：缩微中心，国图

00O022041
北游诗集：一卷 / (元)释梵琦撰
清(1644-1911)抄本
1995年摄制. -- 1盘卷片(5米64拍)：1:10,
2B；35mm银盐
收藏馆：缩微中心，国图

00O029847
龟巢诗文钞：二卷 / (元)谢应芳撰. 兰皋集：二

卷 / (宋)吴锡畴撰
清嘉庆二十三年(1818)杨复吉抄本. -- (清)
杨复吉跋。
2001年摄制. -- 1盘卷片(4米49拍) : 1:10,
2B ; 35mm银盐
收藏馆：缩微中心，国图

000O023279
龟巢稿：十七卷 / (元)谢应芳撰
清(1644-1911)抄本
1995年摄制. -- 2盘卷片(42米843拍) :
1:10, 2B ; 35mm银盐
收藏馆：缩微中心，国图

000O023989
龟巢稿：二十卷 / (元)谢应芳撰
清(1644-1911)抄本
1995年摄制. -- 2盘卷片(46米985拍) :
1:10, 2B ; 35mm银盐
收藏馆：缩微中心，南京

000O009547
龟巢稿：二十卷 / (元)谢应芳撰
清(1644-1911)抄本
1988年摄制. -- 2盘卷片(47.5米1034拍) :
1:10, 2B ; 35mm银盐
收藏馆：缩微中心，重庆

000O003816
龟巢摘稿：三卷 / (元)谢应芳撰
清(1644-1911)抄本
1985年摄制. -- 1盘卷片(4.2米65拍) :
1:10, 2B ; 35mm银盐
收藏馆：缩微中心，国图

000O013438
龟巢摘稿：三卷 / (元)谢应芳撰
清(1644-1911)抄本
1991年摄制. -- 1盘卷片(5米62拍) : 1:10,
2B ; 35mm银盐
收藏馆：缩微中心，国图

000O003209
渊颖吴先生集：十二卷附录一卷 / (元)吴莱撰
明嘉靖元年(1522)祝銮刻本
1986年摄制. -- 1盘卷片(15米325拍) :
1:10, 2B ; 35mm银盐
收藏馆：缩微中心，国图

000O005413
渊颖吴先生集：十二卷附录一卷 / (元)吴莱撰
明嘉靖元年(1522)祝銮刻本
1986年摄制. -- 1盘卷片(15.8米337拍) :

1:10, 2B ; 35mm银盐
收藏馆：缩微中心，国图

000O005848
渊颖吴先生集：十二卷附录一卷 / (元)吴莱撰
明嘉靖元年(1522)祝銮刻本
1987年摄制. -- 1盘卷片(16米345拍) :
1:10, 2B ; 35mm银盐
收藏馆：缩微中心，国图

000O008595
渊颖吴先生集：十二卷附录一卷 / (元)吴莱撰
明嘉靖元年(1522)祝銮刻本
1988年摄制. -- 1盘卷片(15米329拍) :
1:10, 2B ; 35mm银盐
收藏馆：缩微中心，国图

000O020825
渊颖吴先生集：十二卷附录一卷 / (元)吴莱撰
明嘉靖元年(1522)吴銮刻本. -- 配清
(1644-1911)抄本。存二卷：卷八至卷九。
1994年摄制. -- 1盘卷片(16米301拍) :
1:10, 2B ; 35mm银盐
收藏馆：缩微中心，国图

000O009037
吴渊颖先生集：十二卷 / (元)吴莱撰；(清)王邦采注
清康熙六十年(1721)林养堂刻本
1988年摄制. -- 1盘卷片(23米433拍) :
1:10, 2B ; 35mm银盐
收藏馆：缩微中心，湖北

000O001590
吴渊颖先生文集：四卷 / (元)吴莱撰；(清)孙承泽辑
清顺治十八年(1661)孙承泽抄本
1986年摄制. -- 1盘卷片(14米289拍) :
1:10, 2B ; 35mm银盐
收藏馆：缩微中心，国图

000O002274
师山先生全集：十二卷 / (元)郑玉撰
清(1644-1911)抄本. -- (清)翁同龢跋。
1986年摄制. -- 1盘卷片(9米163拍) : 1:10,
2B ; 35mm银盐
收藏馆：缩微中心，国图

000O023061
济美录：九卷 / (明)陈杲[等]辑
明(1368-1644)刻清康熙三十五年(1696)重修本
1995年摄制. -- 1盘卷片(19米370拍) :

1:10，2B ；35mm银盐
收藏馆：缩微中心，国图

00O021545
济美录：四卷 / (明)郑烛辑
明嘉靖十四年(1535)郑氏刻本
1995年摄制. -- 1盘卷片(5米57拍) ：1:10,
2B ；35mm银盐
收藏馆：缩微中心，国图

00O026396
师山先生文集：八卷遗文五卷附录一卷；济美录：四卷 / (元)郑玉撰
清(1644-1911)汪氏裘杼楼抄本. -- (清)丁丙跋。
1996年摄制. -- 1盘卷片(15米299拍) ：1:10, 2B ；35mm银盐
收藏馆：缩微中心，南京

00O007317
师山先生文集：八卷遗文五卷 / (元)郑玉撰
明(1368-1644)祁氏淡生堂抄本
1987年摄制. -- 1盘卷片(11米225拍) ：1:10, 2B ；35mm银盐
收藏馆：缩微中心，国图

00O016905
师山先生文集：八卷 / (元)郑玉撰
明(1368-1644)刻递修本
1993年摄制. -- 1盘卷片(7米118拍) ：1:10, 2B ；35mm银盐
收藏馆：缩微中心，国图

00O004424
师山先生文集：八卷遗文五卷附录一卷 / (元)郑玉撰
明(1368-1644)刻递修本
1986年摄制. -- 1盘卷片(12米234拍) ：1:10, 2B ；35mm银盐
收藏馆：缩微中心，国图

00O000253
周翰林近光集：三卷扈从诗一卷 / (元)周伯琦撰
清初(1644-1722)抄本
1985年摄制. -- 1盘卷片(7米121拍) ：1:10, 2B ；35mm银盐
收藏馆：缩微中心，国图

00O002981
周翰林近光集：三卷扈从诗一卷 / (元)周伯琦撰
清(1644-1911)抄本
1986年摄制. -- 1盘卷片(5米75拍) ：1:10, 2B ；35mm银盐

收藏馆：缩微中心，国图

00O013485
贡礼部玩斋集：十卷 / (元)贡师泰撰．纪年录：一卷 / (元)朱燧撰
明(1368-1644)刻嘉靖十四年(1535)徐万壁重修本. -- 存九卷：卷一至卷九。
1991年摄制. -- 1盘卷片(16米312拍) ：1:10, 2B ；35mm银盐
收藏馆：缩微中心，国图

00O001994
贡礼部玩斋集：十卷拾遗一卷 / (元)贡师泰撰．纪年录：一卷 / (元)朱燧撰
清(1644-1911)抄本
1986年摄制. -- 1盘卷片(13米278拍) ：1:10, 2B ；35mm银盐
收藏馆：缩微中心，国图

00O002104
贡礼部玩斋集：十卷拾遗一卷 / (元)贡师泰撰．纪年录：一卷 / (元)朱燧撰
清(1644-1911)抄本
1986年摄制. -- 1盘卷片(17米343拍) ：1:10, 2B ；35mm银盐
收藏馆：缩微中心，国图

00O004767
贡礼部玩斋集：十卷拾遗一卷 / (元)贡师泰撰．纪年录：一卷 / (元)朱燧撰
清(1644-1911)抄本
1987年摄制. -- 1盘卷片(16.5米356拍) ：1:10, 2B ；35mm银盐
收藏馆：缩微中心，国图

00O018563
贡礼部玩斋集：十卷拾遗一卷 / (元)贡师泰撰．纪年录：一卷 / (元)朱燧撰
清(1644-1911)抄本
1993年摄制. -- 1盘卷片(18米317拍) ：1:10, 2B ；35mm银盐
收藏馆：缩微中心，国图

00O022038
贡礼部玩斋集：十卷拾遗一卷 / (元)贡师泰撰．纪年录：一卷 / (元)朱燧撰
清(1644-1911)抄本. -- 存三卷：卷九至卷十、拾遗一卷。(清)黄骞跋。
1995年摄制. -- 1盘卷片(7米121拍) ：1:10, 2B ；35mm银盐
收藏馆：缩微中心，国图

000O019741

贡礼部玩斋集：十卷 / (元)贡师泰撰
明(1368-1644)祁氏淡生堂抄本. -- 存四卷：
卷四至卷七。
1994年摄制. -- 1盘卷片(7米113拍) ： 1:10,
2B ； 35mm银盐
收藏馆：缩微中心，国图

000O000121

羽庭集：六卷 / (元)刘仁本撰
清(1644-1911)抄本
1985年摄制. -- 1盘卷片(10.7米215拍) ：
1:10, 2B ； 35mm银盐
收藏馆：缩微中心，国图

000O001232

羽庭集：六卷 / (元)刘仁本撰
清(1644-1911)抄本
1985年摄制. -- 1盘卷片(12.4米257拍) ：
1:10, 2B ； 35mm银盐
收藏馆：缩微中心，国图

000O026065

卢圭峰先生集：三卷 / (元)卢琦撰
清(1644-1911)抄本
1993年摄制. -- 1盘卷片(4米47拍) ： 1:10,
2B ； 35mm银盐
收藏馆：缩微中心，南京

000O018570

清閟阁全集：十二卷 / (元)倪瓒撰
清康熙五十二年(1713)曹氏城书室刻本
1993年摄制. -- 1盘卷片(15米297拍) ：
1:10, 2B ； 35mm银盐
收藏馆：缩微中心，国图

000O014895

清閟阁遗稿：十五卷 / (元)倪瓒撰．云林世系图：
一卷 / (明)倪卓撰
明万历二十八年(1600)倪珵刻本. -- 罗振玉
跋。
1992年摄制. -- 1盘卷片(19.1米420拍) ：
1:10, 2B ； 35mm银盐
收藏馆：缩微中心，辽宁

000O002977

清閟阁遗稿：□□卷 / (元)倪瓒撰
明万历(1573-1620)倪珵刻本. -- 存七卷：卷
一至卷七。
1986年摄制. -- 1盘卷片(10米190拍) ：
1:10, 2B ； 35mm银盐
收藏馆：缩微中心，国图

000O008521

清閟阁遗稿：十四卷 / (元)倪瓒撰
明万历二十八年(1600)倪珵刻本
1988年摄制. -- 1盘卷片(15米311拍) ：
1:10, 2B ； 35mm银盐
收藏馆：缩微中心，国图

000O000205

倪云林先生诗集：六卷附录一卷 / (元)倪瓒撰
明万历十九年(1591)倪珵刻本
1985年摄制. -- 1盘卷片(10.7米217拍) ：
1:10, 2B ； 35mm银盐
收藏馆：缩微中心，国图

000O002968

倪云林先生诗集：六卷附录一卷 / (元)倪瓒撰
明万历十九年(1591)倪珵刻本. -- 卷一配影
明(1368-1644)抄本。
1986年摄制. -- 1盘卷片(11米217拍) ：
1:10, 2B ； 35mm银盐
收藏馆：缩微中心，国图

000O015335

倪云林先生诗集：六卷附录一卷 / (元)倪瓒撰
明万历十九年(1591)倪珵刻本
1992年摄制. -- 1盘卷片(10米172拍) ：
1:10, 2B ； 35mm银盐
收藏馆：缩微中心，国图

000O026746

倪云林先生诗集：六卷附录一卷 / (元)倪瓒撰
明万历十九年(1591)倪珵刻本. -- (清)丁丙
跋。
1996年摄制. -- 1盘卷片(12米222拍) ：
1:10, 2B ； 35mm银盐
收藏馆：缩微中心，南京

000O006774

倪云林先生诗集：六卷附录一卷乐府一卷 / (元)
倪瓒撰
明(1368-1644)抄本
1986年摄制. -- 1盘卷片(13米267拍) ：
1:10, 2B ； 35mm银盐
收藏馆：缩微中心，国图

000O009495

倪云林先生诗集：六卷附录一卷 / (元)倪瓒撰；
(清)倪大培增订
清乾隆六年(1741)广泰楼刻本
1987年摄制. -- 1盘卷片(11.7米237拍) ：
1:9, 2B ； 35mm银盐
收藏馆：缩微中心，重庆

00O023235
石初集：十卷附录一卷 / (元)周霆震撰
清(1644-1911)鹤洲鸳渚之间抄本
1995年摄制. -- 1盘卷片(9米153拍) ：1:10,
2B ；35mm银盐
收藏馆：缩微中心，国图

00O001740
石初集：十卷附录一卷 / (元)周霆震撰
清(1644-1911)抄本
1986年摄制. -- 1盘卷片(9米167拍) ：1:10,
2B ；35mm银盐
收藏馆：缩微中心，国图

00O015095
石初集：十卷附录一卷 / (元)周霆震撰
清(1644-1911)抄本. -- (清)王士祯跋，(清)
彭元瑞校并跋。
1992年摄制. -- 1盘卷片(10米171拍) ：
1:10, 2B ；35mm银盐
收藏馆：缩微中心，国图

00O013370
余忠宣公集：四卷 / (元)余阙撰
明万历十六年(1588)张道明刻本
1991年摄制. -- 1盘卷片(10米170拍) ：
1:10, 2B ；35mm银盐
收藏馆：缩微中心，国图

00O027103
余忠宣公青阳山房集：五卷 / (元)余阙撰
清康熙(1662-1722)刻本
1997年摄制. -- 1盘卷片(8米136拍) ：1:10,
2B ；35mm银盐
收藏馆：缩微中心，国图

00O025930
青阳先生文集：九卷 / (元)余阙撰 . 忠节附录：
二卷 / (明)张毅辑
明弘治三年(1490)徐杰刻本
1996年摄制. -- 1盘卷片(9米186拍) ：1:10,
2B ；35mm银盐
收藏馆：缩微中心，南京

00O025932
青阳先生文集：九卷 / (元)余阙撰 . 忠节附录：
二卷 / (明)张毅辑
明正德(1506-1521)沈俊刻本. -- (清)丁丙
跋。
1996年摄制. -- 1盘卷片(10米204拍) ：
1:10, 2B ；35mm银盐
收藏馆：缩微中心，南京

00O005047
青阳先生文集：六卷 / (元)余阙撰 . 忠节附录：
二卷 / (明)张毅辑；(明)汪龄重辑
明嘉靖十七年(1538)郑锡麒刻本
1986年摄制. -- 1盘卷片(11米222拍) ：
1:10, 2B ；35mm银盐
收藏馆：缩微中心，国图

00O005181
青阳先生文集：六卷 / (元)余阙撰
明嘉靖十七年(1538)郑锡麒刻本
1986年摄制. -- 1盘卷片(7.2米132拍) ：
1:10, 2B ；35mm银盐
收藏馆：缩微中心，国图

00O022081
青阳先生文集：六卷 / (元)余阙撰 . 忠节附录：
二卷 / (明)张毅辑；(明)汪龄重辑
明嘉靖十七年(1538)郑锡麒刻本
1995年摄制. -- 1盘卷片(11米206拍) ：
1:10, 2B ；35mm银盐
收藏馆：缩微中心，国图

00O009137
余忠宣集：六卷附青阳先生忠节附录二卷 / (元)
余阙撰；(明)郭奎辑
明嘉靖三十三年(1554)刻本
1988年摄制. -- 1盘卷片(12米240拍) ：
1:10, 2B ；35mm银盐
收藏馆：缩微中心，湖南

00O014388
余忠宣集：六卷 / (元)余阙撰
明嘉靖三十三年(1554)雷逵洪大滨刻本
1992年摄制. -- 1盘卷片(7米117拍) ：1:10,
2B ；35mm银盐
收藏馆：缩微中心，国图

00O015351
余忠宣集：六卷 / (元)余阙撰
明嘉靖三十三年(1554)雷逵洪大滨刻本
1992年摄制. -- 1盘卷片(8米117拍) ：1:10,
2B ；35mm银盐
收藏馆：缩微中心，国图

00O025961
青阳先生文集：六卷 / (元)余阙撰
明正德十五年(1520)胡汝登刻本
1996年摄制. -- 1盘卷片(11米212拍) ：
1:10, 2B ；35mm银盐
收藏馆：缩微中心，南京

00O006027
傅与砺诗集：八卷 / (元)傅若金撰
明(1368-1644)刻本. -- 存二卷：卷一至卷二。
1987年摄制. -- 1盘卷片(5米66拍) ：1:10,
2B ；35mm银盐
收藏馆：缩微中心，国图

00O013395
傅与砺诗集：八卷 / (元)傅若金撰
清(1644-1911)金氏文瑞楼抄本
1991年摄制. -- 1盘卷片(10米169拍) ：
1:10, 2B ；35mm银盐
收藏馆：缩微中心，国图

00O002980
傅与砺诗集：八卷 / (元)傅若金撰
清(1644-1911)查慎行抄本. -- (清)查慎行、
佚名校并跋。
1986年摄制. -- 1盘卷片(10米182拍) ：
1:10, 2B ；35mm银盐
收藏馆：缩微中心，国图

00O024546
**华阳贞素斋文集：七卷附录一卷 / (元)舒頔撰；
(明)舒旭辑**
清(1644-1911)抄本
1996年摄制. -- 1盘卷片(14米269拍) ：
1:10, 2B ；35mm银盐
收藏馆：缩微中心，浙江

00O003585
华阳贞素斋文集：八卷 / (元)舒頔撰
清(1644-1911)抄本. -- (清)诸成璋校并跋。
1985年摄制. -- 1盘卷片(14米293拍) ：
1:10, 2B ；35mm银盐
收藏馆：缩微中心，国图

00O017400
林外野言：二卷 / (元)郭翼撰
清(1644-1911)抄本
1993年摄制. -- 1盘卷片(4米35拍) ：1:10,
2B ；35mm银盐
收藏馆：缩微中心，国图

00O022103
林外野言：二卷 / (元)郭翼撰
清(1644-1911)抄本
1995年摄制. -- 1盘卷片(4米49拍) ：1:10,
2B ；35mm银盐
收藏馆：缩微中心，国图

00O013425
林外野言：二卷补遗一卷 / (元)郭翼撰
清(1644-1911)环碧山房抄本
1991年摄制. -- 1盘卷片(4米46拍) ：1:10,
2B ；35mm银盐
收藏馆：缩微中心，国图

00O002236
林外野言：二卷补遗一卷 / (元)郭翼撰
清(1644-1911)王氏十万卷楼抄本
1986年摄制. -- 1盘卷片(4米57拍) ：1:10,
2B ；35mm银盐
收藏馆：缩微中心，国图

00O022097
吕敬夫诗：三卷 / (元)吕诚撰 . 鹤亭倡和：一卷
清(1644-1911)抄本
1995年摄制. -- 1盘卷片(7米108拍) ：1:10,
2B ；35mm银盐
收藏馆：缩微中心，国图

00O024873
吕敬夫诗：五卷 / (元)吕诚撰 . 鹤亭倡和：一卷
清(1644-1911)抄本. -- (清)丁丙跋。
1996年摄制. -- 1盘卷片(10米167拍) ：
1:10, 2B ；35mm银盐
收藏馆：缩微中心，南京

00O015117
吕敬夫诗：四卷 / (元)吕诚撰 . 鹤亭倡和：一卷
清(1644-1911)抄本
1992年摄制. -- 1盘卷片(6米93拍) ：1:10,
2B ；35mm银盐
收藏馆：缩微中心，国图

00O027377
乐志园诗集：八卷补遗一卷 / (元)吕诚撰
清(1644-1911)抄本. -- (清)鲍廷博校并跋，
(清)丁丙跋。
1996年摄制. -- 1盘卷片(10米100拍) ：
1:10, 2B ；35mm银盐
收藏馆：缩微中心，南京

00O003301
樗隐集：六卷 / (元)胡行简撰
清乾隆(1736-1795)翰林院抄本
1986年摄制. -- 1盘卷片(6米104拍) ：1:10,
2B ；35mm银盐
收藏馆：缩微中心，国图

00O013729
东皋先生诗集：五卷附录一卷 / (元)马玉麟撰
清初(1644-1722)抄本

1991年摄制. -- 1盘卷片(4米38拍) : 1:10,
2B ; 35mm银盐
收藏馆：缩微中心，国图

000O003274
吾吾类稿：三卷 / (元)吴皋撰
清乾隆(1736-1795)翰林院抄本
1986年摄制. -- 1盘卷片(6米95拍) : 1:10,
2B ; 35mm银盐
收藏馆：缩微中心，国图

000O002286
吾吾类稿：三卷 / (元)吴皋撰
清(1644-1911)抄本
1986年摄制. -- 1盘卷片(5.3米88拍) :
1:10, 2B ; 35mm银盐
收藏馆：缩微中心，国图

000O006564
栖碧先生黄杨集：三卷补遗一卷 / (元)华幼武撰 .
附录：一卷 / (明)俞贞木[等]撰
明万历四十六年(1618)华子虚刻本
1987年摄制. -- 1盘卷片(8米147拍) : 1:10,
2B ; 35mm银盐
收藏馆：缩微中心，国图

000O026743
栖碧先生黄杨集：三卷补遗一卷 / (元)华幼武撰 .
附录：一卷 / (明)俞贞木[等]撰
明万历四十六年(1618)华五伦刻重修本. --
(清)丁丙跋。
1996年摄制. -- 1盘卷片(8米148拍) : 1:10,
2B ; 35mm银盐
收藏馆：缩微中心，南京

000O008547
金台集：二卷 / (元)乃贤撰
明末(1621-1644)毛氏汲古阁刻元人十集
本. -- (清)曹炎校补。
1988年摄制. -- 1盘卷片(7米114拍) : 1:10,
2B ; 35mm银盐
收藏馆：缩微中心，国图

000O005579
拱和诗集：一卷附一卷 / (元)曹志撰
清乾隆三十四年(1769)鲍氏知不足斋抄本
1987年摄制. -- 1盘卷片(3.8米53拍) :
1:10, 2B ; 35mm银盐
收藏馆：缩微中心，国图

000O000103
南湖集：六卷 / (元)贡性之撰
清(1644-1911)抄本

1985年摄制. -- 1盘卷片(7米122拍) : 1:10,
2B ; 35mm银盐
收藏馆：缩微中心，国图

000O013399
南湖集：六卷 / (元)贡性之撰
清(1644-1911)抄本. -- 傅增湘校。
1991年摄制. -- 1盘卷片(6米81拍) : 1:10,
2B ; 35mm银盐
收藏馆：缩微中心，国图

000O018710
蚁术诗选：八卷词选四卷 / (元)邵亨贞撰
清(1644-1911)抄本
1994年摄制. -- 1盘卷片(9米148拍) : 1:10,
2B ; 35mm银盐
收藏馆：缩微中心，国图

000O008601
蚁术诗选：八卷 / (元)邵亨贞撰
清(1644-1911)抄本
1988年摄制. -- 1盘卷片(7米128拍) : 1:10,
2B ; 35mm银盐
收藏馆：缩微中心，国图

000O016912
蚁术诗选：八卷 / (元)邵亨贞撰
清(1644-1911)抄本
1993年摄制. -- 1盘卷片(8米122拍) : 1:10,
2B ; 35mm银盐
收藏馆：缩微中心，国图

000O005781
玉山璞稿：一卷 / (元)顾瑛撰
清(1644-1911)抄本. -- 还有合刻著作：玉山
纪游一卷/(明)袁华辑。(清)黄廷鉴跋。
1987年摄制. -- 1盘卷片(3米30拍) : 1:10,
2B ; 35mm银盐
收藏馆：缩微中心，国图

000O015400
玉山璞稿：一卷 / (元)顾瑛撰
清(1644-1911)抄本
1992年摄制. -- 1盘卷片(6米96拍) : 1:10,
2B ; 35mm银盐
收藏馆：缩微中心，国图

000O015264
玉山逸稿：四卷附录一卷 / (元)顾瑛撰；(清)鲍
廷博辑
清(1644-1911)抄本
1992年摄制. -- 1盘卷片(7米113拍) : 1:10,
2B ; 35mm银盐

收藏馆：缩微中心，国图

000O026790

玉山逸稿：四卷附录一卷 / (元)顾瑛撰；(清)鲍廷博辑

清(1644-1911)抄本

1996年摄制. -- 1盘卷片(8米139拍)：1:10,
2B；35mm银盐

收藏馆：缩微中心，南京

000O005245

玉山璞稿：二卷 / (元)顾瑛撰

清(1644-1911)抄本

1986年摄制. -- 1盘卷片(4米66拍)：1:10,
2B；35mm银盐

收藏馆：缩微中心，国图

000O017671

玉山璞稿：二卷 / (元)顾瑛撰

清(1644-1911)抄本

1993年摄制. -- 1盘卷片(6米79拍)：1:10,
2B；35mm银盐

收藏馆：缩微中心，国图

000O018567

玉山璞稿：二卷 / (元)顾瑛撰

清(1644-1911)抄本. -- (清)朱厚章跋。

1993年摄制. -- 1盘卷片(7米102拍)：1:10,
2B；35mm银盐

收藏馆：缩微中心，国图

000O026047

经济文集：六卷附录一卷 / (元)李士瞻撰

明正统九年(1444)刻本. -- 附录配清
(1644-1911)抄本。(清)丁丙跋。

1990年摄制. -- 1盘卷片(8米128拍)：1:10,
2B；35mm银盐

收藏馆：缩微中心，南京

000O016724

经济文集：六卷附录一卷 / (元)李士瞻撰

清(1644-1911)李氏研录山房抄本

1993年摄制. -- 1盘卷片(6米81拍)：1:10,
2B；35mm银盐

收藏馆：缩微中心，国图

000O003964

经济文集：六卷附录一卷 / (元)李士瞻撰

清(1644-1911)抄本

1985年摄制. -- 1盘卷片(5.9米102拍)：
1:10, 2B；35mm银盐

收藏馆：缩微中心，国图

000O000925

不系舟渔集：十六卷 / (元)陈高撰

清(1644-1911)抄本. -- 存四卷：卷十三至卷
十六。

1985年摄制. -- 1盘卷片(5米65拍)：1:10,
2B；35mm银盐

收藏馆：缩微中心，国图

000O006668

不系舟渔集：十六卷 / (元)陈高撰

清(1644-1911)抄本

1987年摄制. -- 1盘卷片(14米303拍)：
1:10, 2B；35mm银盐

收藏馆：缩微中心，国图

000O022084

不系舟渔集：十六卷 / (元)陈高撰

清(1644-1911)抄本

1995年摄制. -- 1盘卷片(13米235拍)：
1:10, 2B；35mm银盐

收藏馆：缩微中心，国图

000O026923

不系舟渔集：十六卷 / (元)陈高撰

清(1644-1911)抄本. -- (清)丁丙跋。

1996年摄制. -- 1盘卷片(11米208拍)：
1:10, 2B；35mm银盐

收藏馆：缩微中心，南京

000O006452

夷白集：十二卷附录一卷 / (元)陈基撰

明弘治八年(1495)张习刻本

1987年摄制. -- 1盘卷片(14米285拍)：
1:10, 2B；35mm银盐

收藏馆：缩微中心，国图

000O004056

夷白斋稿：三十五卷外集一卷 / (元)陈基撰

明(1368-1644)抄本

1985年摄制. -- 1盘卷片(16米329拍)：
1:10, 2B；35mm银盐

收藏馆：缩微中心，国图

000O019368

夷白斋稿：三十五卷外集一卷 / (元)陈基撰

清(1644-1911)抄本

1994年摄制. -- 1盘卷片(23米461拍)：
1:10, 2B；35mm银盐

收藏馆：缩微中心，国图

000O004772

夷白斋稿：三十五卷拾遗一卷外集二卷 / (元)陈
基撰

清(1644-1911)抄本
1987年摄制. -- 1盘卷片(16米351拍) ：
1:10, 2B ；35mm银盐
收藏馆：缩微中心，国图

000O001054
花溪集：三卷 / (元)沈梦麟撰
清(1644-1911)抄本
1985年摄制. -- 1盘卷片(8米153拍) ： 1:10,
2B ；35mm银盐
收藏馆：缩微中心，国图

000O022111
吴兴沈梦麟先生花溪集：三卷 / (元)沈梦麟撰
清(1644-1911)抄本
1995年摄制. -- 1盘卷片(8米125拍) ：1:10,
2B ；35mm银盐
收藏馆：缩微中心，国图

000O014246
麟原王先生文集：十二卷后集十二卷 / (元)王礼撰
清(1644-1911)抄本
1992年摄制. -- 1盘卷片(15米278拍) ：
1:10, 2B ；35mm银盐
收藏馆：缩微中心，国图

000O026669
闻过斋集：八卷 / (元)吴海撰
明(1368-1644)郑浚校刻本
1996年摄制. -- 1盘卷片(11米211拍) ：
1:10, 2B ；35mm银盐
收藏馆：缩微中心，福建

000O013414
闻过斋集：八卷 / (元)吴海撰
明(1368-1644)抄本. -- 卷一至卷三配清
(1644-1911)抄本。
1991年摄制. -- 1盘卷片(12米216拍) ：
1:10, 2B ；35mm银盐
收藏馆：缩微中心，国图

000O027383
闻过斋集：八卷 / (元)吴海撰
清(1644-1911)李氏小李山房抄本
1996年摄制. -- 1盘卷片(5米63拍) ： 1:10,
2B ；35mm银盐
收藏馆：缩微中心，南京

000O001058
闻过斋集：八卷 / (元)吴海撰
清(1644-1911)抄本
1985年摄制. -- 1盘卷片(10.8米208拍) ：

1:10, 2B ；35mm银盐
收藏馆：缩微中心，国图

000O029271
闻过斋集：八卷 / (元)吴海撰；(元)王偁编
清(1644-1911)抄本. -- (元)胡宁校。
1999年摄制. -- 1盘卷片(12米237拍) ：
1:10, 2B ；35mm银盐
收藏馆：缩微中心，湖南

000O005749
闻过斋集：八卷 / (元)吴海撰
清(1644-1911)抄本
1987年摄制. -- 1盘卷片(10米202拍) ：
1:10, 2B ；35mm银盐
收藏馆：缩微中心，国图

000O002313
静思先生诗集：二卷 / (元)郭钰撰
清(1644-1911)抄本
1986年摄制. -- 1盘卷片(8米155拍) ： 1:10,
2B ；35mm银盐
收藏馆：缩微中心，国图

000O022085
静思先生诗集：二卷 / (元)郭钰撰
清(1644-1911)抄本
1995年摄制. -- 1盘卷片(9米152拍) ： 1:10,
2B ；35mm银盐
收藏馆：缩微中心，国图

000O024969
静思先生诗集：二卷 / (元)郭钰撰
清(1644-1911)抄本
1996年摄制. -- 1盘卷片(9米156拍) ： 1:10,
2B ；35mm银盐
收藏馆：缩微中心，南京

000O006461
静思先生诗集：十卷 / (元)郭钰撰
清道光元年(1821)经鉏堂抄本
1987年摄制. -- 1盘卷片(11.2米228拍) ：
1:10, 2B ；35mm银盐
收藏馆：缩微中心，国图

000O018741
九灵山房集：三十卷 / (元)戴良撰
明正统十年(1445)戴旒刻本. -- 存十卷：卷
五至卷十四。
1997年摄制. -- 1盘卷片(5.4米87拍) ：
1:10, 2B ；35mm银盐
收藏馆：缩微中心，福建

00O028710
九灵山房集：三十卷 / (元)戴良撰
清乾隆(1736-1795)刻本
1997年摄制. -- 1盘卷片(28米663拍) ：
1:10, 2B ；35mm银盐
收藏馆：缩微中心，吉林

00O018568
九灵山房集：三十卷 / (元)戴良撰
清(1644-1911)抄本. -- (清)周心如跋。
1993年摄制. -- 1盘卷片(22米444拍) ：
1:10, 2B ；35mm银盐
收藏馆：缩微中心，国图

00O013431
东山赵先生文集：十二卷诗补一卷文补一卷附
录一卷 / (元)赵汸撰
明(1368-1644)抄本
1991年摄制. -- 1盘卷片(21米394拍) ：
1:10, 2B ；35mm银盐
收藏馆：缩微中心，国图

00O005998
梧溪集：七卷 / (元)王逢撰
元至正至明洪武(1341-1398)刻明景泰七年
(1456)陈敏政重修本. -- 卷一至卷四配影元
(1271-1368)抄本。(清)陆贻典跋。
1987年摄制. -- 1盘卷片(16米350拍) ：
1:10, 2B ；35mm银盐
收藏馆：缩微中心，国图

00O004921
梧溪集：七卷 / (元)王逢撰
清(1644-1911)吕氏明农草堂抄本
1987年摄制. -- 1盘卷片(21.7米478拍) ：
1:10, 2B ；35mm银盐
收藏馆：缩微中心，国图

00O001723
梧溪集：七卷 / (元)王逢撰
清(1644-1911)抄本
1986年摄制. -- 1盘卷片(15米324拍) ：
1:10, 2B ；35mm银盐
收藏馆：缩微中心，国图

00O015908
肃雍集：一卷 / (元)郑允端撰
清(1644-1911)抄本. -- (清)吴骞跋。
1993年摄制. -- 1盘卷片(5米58拍) ： 1:10,
2B ；35mm银盐
收藏馆：缩微中心，国图

00O002978
邓伯言玉笥集：九卷 / (元)邓雅撰
清(1644-1911)抄本
1986年摄制. -- 1盘卷片(6米104拍) ：1:10,
2B ；35mm银盐
收藏馆：缩微中心，国图

00O028832
友石山人遗稿：一卷附录一卷 / (元)王翰撰
清(1644-1911)鲍氏知不足斋抄本
1998年摄制. -- 1盘卷片(4米47拍) ： 1:10,
2B ；35mm银盐
收藏馆：缩微中心，广东

00O005853
友石山人遗稿：一卷 / (元)王翰撰
清(1644-1911)味书轩抄本
1987年摄制. -- 1盘卷片(3.6米50拍) ：
1:10, 2B ；35mm银盐
收藏馆：缩微中心，国图

00O026919
友石山人遗稿：一卷附录一卷 / (元)王翰撰
明弘治八年(1495)袁文纪刻本. -- (清)丁丙
跋。
1996年摄制. -- 1盘卷片(5米76拍) ： 1:10,
2B ；35mm银盐
收藏馆：缩微中心，南京

00O002976
友石山人遗稿：一卷附录一卷 / (元)王翰撰
清(1644-1911)抄本
1986年摄制. -- 1盘卷片(3米40拍) ： 1:10,
2B ；35mm银盐
收藏馆：缩微中心，国图

00O024865
友石山人遗稿：一卷附录一卷 / (元)王翰撰
清(1644-1911)抄本. -- (清)丁丙跋。
1996年摄制. -- 1盘卷片(3米54拍) ： 1:10,
2B ；35mm银盐
收藏馆：缩微中心，南京

00O006763
一山文集：九卷 / (元)李继本撰
清康熙二十八年(1689)金侃抄本. -- (清)金
侃跋。
1986年摄制. -- 1盘卷片(9.7米192拍) ：
1:10, 2B ；35mm银盐
收藏馆：缩微中心，国图

00O003652
一山文集：九卷 / (元)李继本撰

清(1644-1911)抄本
1985年摄制. -- 1盘卷片(11.2米230拍)：
1:10, 2B；35mm银盐
收藏馆：缩微中心，国图

000O015152
江月松风集：十二卷 / (元)钱惟善撰
清(1644-1911)吕留良抄本. -- (清)丁泳涣
跋。
1992年摄制. -- 1盘卷片(8米131拍)：1:10,
2B；35mm银盐
收藏馆：缩微中心，国图

000O018558
江月松风集：十二卷 / (元)钱惟善撰
清(1644-1911)抄本
1993年摄制. -- 1盘卷片(6米79拍)：1:10,
2B；35mm银盐
收藏馆：缩微中心，国图

000O013491
江月松风集：十二卷续集一卷 / (元)钱惟善撰
清(1644-1911)赵氏小山堂抄本
1991年摄制. -- 1盘卷片(8米125拍)：1:10,
2B；35mm银盐
收藏馆：缩微中心，国图

000O002123
江月松风集：十二卷续集一卷 / (元)钱惟善撰
清(1644-1911)抄本
1986年摄制. -- 1盘卷片(7米119拍)：1:10,
2B；35mm银盐
收藏馆：缩微中心，国图

000O018549
江月松风集：十二卷续集一卷 / (元)钱惟善撰
清(1644-1911)抄本
1993年摄制. -- 1盘卷片(9米152拍)：1:10,
2B；35mm银盐
收藏馆：缩微中心，国图

000O013451
江月松风集：十二卷；钱思复诗补：一卷 / (元)钱惟善撰
清(1644-1911)抄本
1991年摄制. -- 1盘卷片(6米82拍)：1:10,
2B；35mm银盐
收藏馆：缩微中心，国图

000O020008
全相二十四孝诗选：一卷 / (元)郭居敬撰
明初(1368-1424)刻本
1994年摄制. -- 1盘卷片(2米6拍)：1:10,

2B；35mm银盐
收藏馆：缩微中心，国图

000O012988
荻溪集：二卷 / (元)王偕撰
清(1644-1911)抄本
1991年摄制. -- 1盘卷片(6米78拍)：1:10,
2B；35mm银盐
收藏馆：缩微中心，国图

000O022096
荻溪集：二卷 / (元)王偕撰
清(1644-1911)抄本
1995年摄制. -- 1盘卷片(6米78拍)：1:10,
2B；35mm银盐
收藏馆：缩微中心，国图

000O027857
刘仲修先生诗集：六卷；文集：二卷 / (明)刘承之撰
清(1644-1911)抄本. -- (清)丁丙跋。
1996年摄制. -- 1盘卷片(9米140拍)：1:10,
2B；35mm银盐
收藏馆：缩微中心，南京

000O004035
丁鹤年先生诗集：一卷 / (明)丁鹤年撰. 附录：一卷 / (元)吉雅谟丁,(元)爱理沙,(元)吴惟善撰
清(1644-1911)抄本
1985年摄制. -- 1盘卷片(6米92拍)：1:10,
2B；35mm银盐
收藏馆：缩微中心，国图

000O023690
海巢集：三卷附录一卷 / (明)丁鹤年[等]撰
清乾隆四十一年(1776)抄本. -- 撰者还有：
(元)戴稷等。
1995年摄制. -- 1盘卷片(7米107拍)：1:10,
2B；35mm银盐
收藏馆：缩微中心，浙江

000O008519
丁鹤年先生诗集：一卷 / (明)丁鹤年撰
清(1644-1911)抄本. -- (清)鲍廷博校,(清)
丁丙校并跋, (清)陶运百跋。
1988年摄制. -- 1盘卷片(7米123拍)：1:10,
2B；35mm银盐
收藏馆：缩微中心，国图

000O015139
丁鹤年先生诗集：一卷 / (明)丁鹤年撰. 附录：一卷 / (元)吉雅谟丁,(元)爱理沙,(元)吴惟善撰
清(1644-1911)抄本

1992年摄制. -- 1盘卷片(6米92拍) : 1:10, 2B ; 35mm银盐
收藏馆：缩微中心，国图

000O014464
丁鹤年集：三卷续集一卷 / (明)丁鹤年撰
清(1644-1911)抄本
1992年摄制. -- 1盘卷片(5.8米99拍) : 1:11, 2B ; 35mm银盐
收藏馆：缩微中心，重庆

000O022842
鹤年诗集：三卷附录一卷 / (明)丁鹤年[等]撰
清(1644-1911)抄本. -- 撰者还有：(元)吉雅谟丁、(元)爱理沙、(元)吴惟善。(清)丁丙跋。
1995年摄制. -- 1盘卷片(7米110拍) : 1:10, 2B ; 35mm银盐
收藏馆：缩微中心，南京

000O011061
鹤年海巢集：四卷附录一卷 / (明)丁鹤年撰；(元)戴稷编
清(1644-1911)抄本
1989年摄制. -- 1盘卷片(6米91拍) : 1:10, 2B ; 35mm银盐
收藏馆：缩微中心，天津

000O004662
鹤年海巢集：一卷续集一卷；方外集：一卷；哀思集：一卷 / (明)丁鹤年撰
清(1644-1911)抄本
1987年摄制. -- 1盘卷片(6米97拍) : 1:10, 2B ; 35mm银盐
收藏馆：缩微中心，国图

000O021690
正思斋文集：十二卷 / (元)夏天祐撰
清(1644-1911)抄本
1995年摄制. -- 1盘卷片(16米307拍) : 1:10, 2B ; 35mm银盐
收藏馆：缩微中心，国图

明代之属

000O006893
朱枫林集：十卷 / (明)朱升撰
明万历(1573-1620)刻本
1987年摄制. -- 1盘卷片(11.9米244拍) : 1:9, 2B ; 35mm银盐
收藏馆：缩微中心，重庆

000O007277
朱枫林集：十卷 / (明)朱升撰
明万历(1573-1620)歙邑朱府刻本
1987年摄制. -- 1盘卷片(12米236拍) : 1:10, 2B ; 35mm银盐
收藏馆：缩微中心，国图

000O005646
翠屏诗集：一卷后集一卷文集三卷 / (明)张以宁撰
明(1368-1644)悠然斋抄本
1987年摄制. -- 1盘卷片(7.4米140拍) : 1:10, 2B ; 35mm银盐
收藏馆：缩微中心，国图

000O024949
翠屏诗集：四卷 / (明)张以宁撰
明宣德三年(1428)刻本. -- 目录、卷一、卷三至卷四配清(1644-1911)抄本。(清)丁丙跋。
1996年摄制. -- 1盘卷片(11米198拍) : 1:10, 2B ; 35mm银盐
收藏馆：缩微中心，南京

000O005985
翠屏集：四卷 / (明)张以宁撰
明成化十六年(1480)张淮刻本
1987年摄制. -- 1盘卷片(11米221拍) : 1:10, 2B ; 35mm银盐
收藏馆：缩微中心，国图

000O006622
翠屏集：四卷 / (明)张以宁撰
明成化十六年(1480)张淮刻本
1987年摄制. -- 1盘卷片(10.7米221拍) : 1:10, 2B ; 35mm银盐
收藏馆：缩微中心，国图

000O023288
翠屏集：四卷 / (明)张以宁撰
明成化十六年(1480)张淮刻本
1995年摄制. -- 1盘卷片(11米192拍) : 1:10, 2B ; 35mm银盐
收藏馆：缩微中心，国图

000O022082
翠屏集：四卷 / (明)张以宁撰
清(1644-1911)抄本
1995年摄制. -- 1盘卷片(11米197拍) : 1:10, 2B ; 35mm银盐
收藏馆：缩微中心，国图

000O015402
临安集：诗五卷文五卷 / (明)钱宰撰

明(1368-1644)祁氏淡生堂抄本
1992年摄制. -- 1盘卷片(7米115拍) : 1:10,
2B ; 35mm银盐
收藏馆：缩微中心，国图

00O014711
临安集：六卷 / (明)钱宰撰
清乾隆(1736-1795)翰林院抄本
1992年摄制. -- 1盘卷片(6米92拍) : 1:10,
2B ; 35mm银盐
收藏馆：缩微中心，国图

00O018553
危太朴云林集：二卷；说学斋稿：不分卷 / (明)危素撰
清(1644-1911)抄本
1993年摄制. -- 1盘卷片(8米123拍) : 1:10,
2B ; 35mm银盐
收藏馆：缩微中心，国图

00O022110
危太朴云林集：二卷 / (明)危素撰
明(1368-1644)抄本
1995年摄制. -- 1盘卷片(3米24拍) : 1:10,
2B ; 35mm银盐
收藏馆：缩微中心，国图

00O012951
危太朴云林集：二卷 / (明)危素撰
清(1644-1911)抄本
1991年摄制. -- 1盘卷片(3米31拍) : 1:10,
2B ; 35mm银盐
收藏馆：缩微中心，国图

00O024955
危太朴云林集：二卷文集不分卷 / (明)危素撰
清(1644-1911)抄本. -- (清)丁丙跋。
1996年摄制. -- 1盘卷片(10米175拍) :
1:10, 2B ; 35mm银盐
收藏馆：缩微中心，南京

00O002001
危太朴文集：不分卷 / (明)危素撰
清(1644-1911)抄本
1986年摄制. -- 1盘卷片(8米148拍) : 1:10,
2B ; 35mm银盐
收藏馆：缩微中心，国图

00O013790
危太朴文集：不分卷 / (明)危素撰
清(1644-1911)抄本
1991年摄制. -- 1盘卷片(11米203拍) :
1:10, 2B ; 35mm银盐

收藏馆：缩微中心，国图

00O026871
危太朴集：四卷 / (明)危素撰
清(1644-1911)吴允嘉抄本. -- (清)吴允嘉
校，(清)丁丙跋。
1996年摄制. -- 1盘卷片(11米195拍) :
1:10, 2B ; 35mm银盐
收藏馆：缩微中心，南京

00O014056
危太朴集续补：不分卷 / (明)危素撰
清乾隆五十年(1785)许庭坚抄本. -- (清)许
庭坚校并跋，(清)季锡畴、(清)王振声校。
1992年摄制. -- 1盘卷片(7米114拍) : 1:10,
2B ; 35mm银盐
收藏馆：缩微中心，国图

00O007279
说学斋稿：不分卷 / (明)危素撰
清初(1644-1722)曹氏倦圃抄本
1987年摄制. -- 1盘卷片(8米143拍) : 1:10,
2B ; 35mm银盐
收藏馆：缩微中心，国图

00O002301
说学斋稿：不分卷 / (明)危素撰
清咸丰七年(1857)翁同书抄本. -- (清)翁同
书跋。
1986年摄制. -- 1盘卷片(17米354拍) :
1:10, 2B ; 35mm银盐
收藏馆：缩微中心，国图

00O013629
说学斋稿：不分卷 / (明)危素撰
清(1644-1911)抄本
1991年摄制. -- 1盘卷片(9米134拍) : 1:10,
2B ; 35mm银盐
收藏馆：缩微中心，国图

00O017261
说学斋稿：不分卷 / (明)危素撰
清(1644-1911)抄本. -- 钤"小李山房""徐
维则印""柯溪"印。(清)李宏信校并录(明)
归有光跋。
1993年摄制. -- 1盘卷片(18米379拍) :
1:10, 2B ; 35mm银盐
收藏馆：缩微中心，天津

00O025679
说学斋稿：不分卷 / (明)危素撰
清(1644-1911)抄本
1996年摄制. -- 1盘卷片(9米147拍) : 1:10,

2B ；35mm银盐
收藏馆：缩微中心，南京

00O031202

说学斋稿：不分卷 / (明)危素撰

清(1644-1911)抄本
2004年摄制. -- 1盘卷片（12米215拍）：
1:11，2B ；35mm银盐
收藏馆：缩微中心，国图

00O000150

说学斋稿：四卷 / (明)危素撰

清(1644-1911)彭氏知圣道斋抄本. -- (清)彭
元瑞校并跋。
1985年摄制. -- 1盘卷片（15.6米334拍）：
1:10，2B ；35mm银盐
收藏馆：缩微中心，国图

00O005136

说学斋稿：不分卷又二卷 / (明)危素撰

清(1644-1911)东武刘氏味经书屋抄本
1986年摄制. -- 1盘卷片（12.2米155拍）：
1:10，2B ；35mm银盐
收藏馆：缩微中心，国图

00O016713

说学斋稿：二卷 / (明)危素撰

清(1644-1911)抄本
1993年摄制. -- 1盘卷片（11米188拍）：
1:10，2B ；35mm银盐
收藏馆：缩微中心，国图

00O025985

陈聘君海棻先生集：十卷 / (明)陈谟撰

明(1368-1644)刻本
1996年摄制. -- 1盘卷片（17米346拍）：
1:10，2B ；35mm银盐
收藏馆：缩微中心，南京

00O023276

蒲山牧唱：不分卷 / (明)魏观撰

明成化四年(1468)魏铭刻本
1995年摄制. -- 1盘卷片（6米90拍）： 1:10，
2B ；35mm银盐
收藏馆：缩微中心，国图

00O022130

胡仲子集：十卷 / (明)胡翰撰

明洪武十三年至十四年(1380-1381)王懋温刻
本. -- 存五卷：卷六至卷十。
1995年摄制. -- 1盘卷片（7米108拍）： 1:10，
2B ；35mm银盐
收藏馆：缩微中心，国图

00O006597

胡仲子集：十卷 / (明)胡翰撰

明(1368-1644)抄本
1987年摄制. -- 1盘卷片（10米199拍）：
1:10，2B ；35mm银盐
收藏馆：缩微中心，国图

00O007213

胡仲子集：十卷 / (明)胡翰撰

清初(1644-1722)抄本
1987年摄制. -- 1盘卷片（12米236拍）：
1:10，2B ；35mm银盐
收藏馆：缩微中心，国图

00O022068

胡仲子集：十卷 / (明)胡翰撰

清(1644-1911)抄本
1995年摄制. -- 1盘卷片（12米218拍）：
1:10，2B ；35mm银盐
收藏馆：缩微中心，国图

00O005556

东皋录：三卷 / (明)释妙声撰

清(1644-1911)抄本
1987年摄制. -- 1盘卷片（8米149拍）： 1:10，
2B ；35mm银盐
收藏馆：缩微中心，南京

00O016563

东皋录：三卷 / (明)释妙声撰

清(1644-1911)抄本
1991年摄制. -- 1盘卷片（8.6米152拍）：
1:10，2B ；35mm银盐
收藏馆：缩微中心，辽宁

00O022120

东皋录：一卷 / (明)释妙声撰

清(1644-1911)抄本
1995年摄制. -- 1盘卷片（4米51拍）： 1:10，
2B ；35mm银盐
收藏馆：缩微中心，国图

00O008029

石门集：不分卷 / (明)梁寅撰

清(1644-1911)马氏小玲珑山馆抄本
1988年摄制. -- 1盘卷片（12米226拍）：
1:10，2B ；35mm银盐
收藏馆：缩微中心，湖南

00O015228

石门集：十五卷 / (明)梁寅撰

清(1644-1911)抄本
1992年摄制. -- 1盘卷片（11米201拍）：

1:10, 2B ; 35mm银盐
收藏馆：缩微中心，国图

000O004942
石门先生集：十五卷 / (明)梁寅撰
清(1644-1911)抄本
1987年摄制. -- 1盘卷片(7米121拍) : 1:10,
2B ; 35mm银盐
收藏馆：缩微中心，国图

000O019260
新刊宋学士全集：三十三卷 / (明)宋濂撰
明嘉靖二十九年(1550)韩叔阳刻本
1994年摄制. -- 3盘卷片(71米1416拍) :
1:10, 2B ; 35mm银盐
收藏馆：缩微中心，国图

000O007600
新刊宋学士全集：三十三卷 / (明)宋濂撰
明嘉靖三十年(1551)韩淑阳刻明末(1621-1644)
增刻本
1987年摄制. -- 3盘卷片(69米1482拍) :
1:10, 2B ; 35mm银盐
收藏馆：缩微中心，山东

000O010597
宋学士全集：三十二卷附录一卷 / (明)宋濂撰
清康熙四十八年(1709)彭始博刻本
1989年摄制. -- 3盘卷片(73.4米1574拍) :
1:10, 2B ; 35mm银盐
收藏馆：缩微中心，山西

000O005758
潜溪集：八卷附录一卷 / (明)宋濂撰
明嘉靖(1522-1566)温秀刻本
1987年摄制. -- 1盘卷片(21.7米481拍) :
1:10, 2B ; 35mm银盐
收藏馆：缩微中心，国图

000O020153
潜溪集：八卷附录一卷 / (明)宋濂撰
明嘉靖(1522-1566)温秀刻本
1994年摄制. -- 1盘卷片(21米407拍) :
1:10, 2B ; 35mm银盐
收藏馆：缩微中心，国图

000O020610
潜溪集：八卷附录一卷 / (明)宋濂撰
明嘉靖(1522-1566)温秀刻本
1994年摄制. -- 1盘卷片(21米416拍) :
1:10, 2B ; 35mm银盐
收藏馆：缩微中心，国图

000O006229
潜溪先生集：十八卷附录一卷 / (明)宋濂,(明)黄溥辑
明天顺元年(1457)黄溥严壩刻本. -- (清)黄丕烈、(清)丁丙跋。
1987年摄制. -- 1盘卷片(25米581拍) :
1:10, 2B ; 35mm银盐
收藏馆：缩微中心，南京

000O020863
潜溪先生集：十八卷 / (明)宋濂撰 ; (明)黄溥辑
明天顺元年(1457)黄溥严壩刻本. -- 存一卷：卷九。(清)李文田跋。
1994年摄制. -- 1盘卷片(3米29拍) : 1:10,
2B ; 35mm银盐
收藏馆：缩微中心，国图

000O020176
潜溪后集：十卷 / (明)宋濂撰
明初(1368-1424)刻本
1994年摄制. -- 1盘卷片(9米158拍) : 1:10,
2B ; 35mm银盐
收藏馆：缩微中心，国图

000O004580
宋学士文集：七十五卷 / (明)宋濂撰
明正德九年(1514)张缙刻本. -- 存十卷：卷一至卷十。
1986年摄制. -- 1盘卷片(11米208拍) :
1:10, 2B ; 35mm银盐
收藏馆：缩微中心，国图

000O006007
宋学士文集：七十五卷 / (明)宋濂撰
明正德九年(1514)张缙刻本
1987年摄制. -- 2盘卷片(54米1210拍) :
1:10, 2B ; 35mm银盐
收藏馆：缩微中心，国图

000O018821
宋学士文集：七十五卷 / (明)宋濂撰
明正德九年(1514)张缙刻本
1994年摄制. -- 2盘卷片(56米1097拍) :
1:10, 2B ; 35mm银盐
收藏馆：缩微中心，国图

000O024908
宋学士文集：七十五卷 / (明)宋濂撰
明正德九年(1514)张缙刻本. -- (清)丁丙跋。
1996年摄制. -- 2盘卷片(54米1172拍) :
1:10, 2B ; 35mm银盐
收藏馆：缩微中心，南京

00O024890
重刻宋濂学士先生文集：二十六卷附录二卷 / (明)宋濂撰
明嘉靖三年(1524)安正堂刻本. -- (清)丁丙跋。
1996年摄制. -- 2盘卷片(49米1067拍) : 1:10, 2B ; 35mm银盐
收藏馆：缩微中心，南京

00O014276
重刊宋濂学士先生文集：□□卷 / (明)宋濂撰
明(1368-1644)刻本. -- 存二十六卷：卷一至卷二十六。
1992年摄制. -- 2盘卷片(41米952拍) : 1:10, 2B ; 35mm银盐
收藏馆：缩微中心，国图

00O000236
宋学士文粹：十卷 / (明)宋濂撰
明初(1368-1424)刻本. -- 存六卷：卷一至卷六。
1985年摄制. -- 1盘卷片(8.2米157拍) : 1:10, 2B ; 35mm银盐
收藏馆：缩微中心，国图

00O006647
宋学士文粹：十卷 / (明)宋濂撰
明初(1368-1424)刻本. -- 存四卷：卷七至卷十。
1987年摄制. -- 1盘卷片(6米98拍) : 1:10, 2B ; 35mm银盐
收藏馆：缩微中心，国图

00O008568
宋学士文粹：十卷补遗一卷 / (明)宋濂撰
明初(1368-1424)刻本
1988年摄制. -- 1盘卷片(12.2米251拍) : 1:10, 2B ; 35mm银盐
收藏馆：缩微中心，国图

00O015836
宋景濂先生未刻集：不分卷 / (明)宋濂撰
清康熙三年(1664)陈国珍刻本. -- 四库底本。
1993年摄制. -- 1盘卷片(9米137拍) : 1:10, 2B ; 35mm银盐
收藏馆：缩微中心，国图

00O022121
望云集：五卷 / (明)郭奎撰
清(1644-1911)金氏文瑞楼抄本
1995年摄制. -- 1盘卷片(4米49拍) : 1:10, 2B ; 35mm银盐

收藏馆：缩微中心，国图

00O025986
望云集：五卷 / (明)郭奎撰
清(1644-1911)汪氏裘杼楼抄本. -- (清)丁丙跋。
1996年摄制. -- 1盘卷片(6米75拍) : 1:10, 2B ; 35mm银盐
收藏馆：缩微中心，南京

00O029021
刘文成公文集：十二卷 / (明)刘基撰；(明)钟惺辑评
明(1368-1644)榜花居刻本
1999年摄制. -- 1盘卷片(21米445拍) : 1:10, 2B ; 35mm银盐
收藏馆：缩微中心，湖南

00O001693
覆瓿集：二十四卷 / (明)刘基撰
明宣德五年(1430)刘貊刻本. -- 存六卷：卷十九至卷二十四。
1986年摄制. -- 1盘卷片(6米100拍) : 1:10, 2B ; 35mm银盐
收藏馆：缩微中心，国图

00O004510
覆瓿集：二十四卷 / (明)刘基撰
明宣德五年(1430)刘貊刻本. -- 存六卷：卷十三至卷十八。
1986年摄制. -- 1盘卷片(5米87拍) : 1:10, 2B ; 35mm银盐
收藏馆：缩微中心，国图

00O019752
太师诚意伯刘文成公集：十八卷 / (明)刘基撰
明嘉靖三十五年(1556)樊献科刻本
1994年摄制. -- 1盘卷片(32米664拍) : 1:10, 2B ; 35mm银盐
收藏馆：缩微中心，国图

00O007422
太师诚意伯刘文成公集：十八卷 / (明)刘基撰
明嘉靖(1522-1566)刻本
1987年摄制. -- 1盘卷片(32米717拍) : 1:10, 2B ; 35mm银盐
收藏馆：缩微中心，吉林

00O006003
太师诚意伯刘文成公集：二十卷 / (明)刘基撰
明隆庆六年(1572)谢廷杰陈烈刻本
1987年摄制. -- 2盘卷片(42.6米937拍) : 1:10, 2B ; 35mm银盐

收藏馆：缩微中心，国图

00O026683

诚意伯刘先生文集：二十卷 / (明)刘基撰
明正德十四年(1519)林富刻本
1996年摄制. -- 2盘卷片(43米880拍) ：
1:10, 2B ；35mm银盐
收藏馆：缩微中心，福建

00O008665

诚意伯刘先生文集：二十卷 / (明)刘基撰
明正德十四年(1519)林富刻嘉靖七年(1528)方
远宜增修本
1987年摄制. -- 2盘卷片(43.6米944拍) ：
1:10, 2B ；35mm银盐
收藏馆：缩微中心，重庆

00O024960

西隐文稿：十卷附录一卷 / (明)宋讷撰
明万历六年(1578)刘师鲁刻本. -- (清)丁丙
跋。
1996年摄制. -- 1盘卷片(13米266拍) ：
1:10, 2B ；35mm银盐
收藏馆：缩微中心，南京

00O020161

岁寒集：二卷附录一卷 / (明)孙玙撰
明嘉靖七年(1528)孙㝮刻本
1994年摄制. -- 1盘卷片(8米135拍) ：1:10,
2B ；35mm银盐
收藏馆：缩微中心，国图

00O022127

岁寒集：二卷附录一卷 / (明)孙玙撰
清(1644-1911)抄本
1995年摄制. -- 1盘卷片(8米137拍) ：1:10,
2B ；35mm银盐
收藏馆：缩微中心，国图

00O011675

春雨轩诗正集：□□卷 / (明)刘炳撰
明(1368-1644)刻本. -- 存五卷：卷一至卷
五；本书总目被改，以残充全。
1989年摄制. -- 1盘卷片(5米81拍) ：1:10,
2B ；35mm银盐
收藏馆：缩微中心，天津

00O009344

鄱阳刘彦昺诗集：九卷 / (明)刘彦昺撰
清(1644-1911)古炤堂抄本. -- (清)丁丙跋。
1988年摄制. -- 1盘卷片(7米99拍) ：1:10,
2B ；35mm银盐
收藏馆：缩微中心，南京

00O022117

春雨轩集：八卷 / (明)刘炳撰
清(1644-1911)抄本
1995年摄制. -- 1盘卷片(5米67拍) ：1:10,
2B ；35mm银盐
收藏馆：缩微中心，国图

00O022119

春雨轩集：八卷 / (明)刘炳撰
清(1644-1911)抄本
1995年摄制. -- 1盘卷片(5米63拍) ：1:10,
2B ；35mm银盐
收藏馆：缩微中心，国图

00O009183

坦斋刘先生文集：二卷 / (明)刘三吾撰
明天启元年(1621)刻本. -- 存一卷：卷上。
1988年摄制. -- 1盘卷片(6.25米108拍) ：
1:10, 2B ；35mm银盐
收藏馆：缩微中心，湖南

00O011052

坦斋刘先生文集：二卷 / (明)刘三吾撰
明万历六年(1578)刻本. -- 钤"丁氏八千卷
楼藏书记"印。
1989年摄制. -- 1盘卷片(10米194拍) ：
1:10, 2B ；35mm银盐
收藏馆：缩微中心，天津

00O013004

坦斋刘先生文集：二卷附录一卷 / (明)刘三吾撰
明万历六年(1578)刻本
1991年摄制. -- 1盘卷片(10米178拍) ：
1:10, 2B ；35mm银盐
收藏馆：缩微中心，国图

00O015119

刘坦斋先生文集：二卷 / (明)刘三吾撰
清(1644-1911)抄本
1992年摄制. -- 1盘卷片(11米181拍) ：
1:10, 2B ；35mm银盐
收藏馆：缩微中心，国图

00O006140

刘尚宾文集：五卷续集四卷 / (明)刘夏撰
明永乐(1403-1424)刘拙刻成化(1465-1487)刘
衢续刻本
1987年摄制. -- 1盘卷片(11米221拍) ：
1:10, 2B ；35mm银盐
收藏馆：缩微中心，南京

00O023436

白云稿：十二卷 / (明)朱右撰

明初(1368-1424)刻本. -- 卷八至卷十二配抄本。
1995年摄制. -- 1盘卷片(13米243拍) : 1:10, 2B ; 35mm银盐
收藏馆：缩微中心，国图

000O022125
白云稿：十二卷 / (明)朱右撰
清(1644-1911)抄本. -- 存五卷：卷一至卷五。
1995年摄制. -- 1盘卷片(9米151拍) : 1:10, 2B ; 35mm银盐
收藏馆：缩微中心，国图

000O022045
朱一斋先生文集：前十卷后五卷；广游文集：一卷 / (明)朱善继撰
明成化二十二年(1486)朱维鉴刻本
1995年摄制. -- 1盘卷片(11米174拍) : 1:10, 2B ; 35mm银盐
收藏馆：缩微中心，国图

000O009322
乌先生春草斋诗集：五卷文集六卷 / (明)乌斯道撰
清(1644-1911)抄本
1988年摄制. -- 1盘卷片(14.5米281拍) : 1:10, 2B ; 35mm银盐
收藏馆：缩微中心，湖南

000O010459
春草斋文集：六卷诗集五卷附赞词一卷 / (明)乌斯道撰
明崇祯二年(1629)刻本. -- (明)肃基校。
1989年摄制. -- 1盘卷片(15米327拍) : 1:10, 2B ; 35mm银盐
收藏馆：缩微中心，天津

000O009850
春草斋文集选：六卷诗集选一卷附录一卷 / (明)乌斯道撰；(清)熊伯龙辑；(清)黄敬修评
清康熙(1662-1722)乌震刻本
1989年摄制. -- 1盘卷片(11米222拍) : 1:10, 2B ; 35mm银盐
收藏馆：缩微中心，浙江

000O005859
李草阁诗集：六卷拾遗一卷 / (明)李晔撰．筠谷诗集：一卷 / (明)李辕撰
清(1644-1911)抄本
1987年摄制. -- 1盘卷片(7.4米141拍) : 1:10, 2B ; 35mm银盐
收藏馆：缩微中心，国图

000O001293
李草阁诗集：六卷拾遗一卷文集一卷 / (明)李晔撰．筠谷诗：一卷 / (明)李辕撰
清(1644-1911)抄本
1985年摄制. -- 1盘卷片(8米151拍) : 1:10, 2B ; 35mm银盐
收藏馆：缩微中心，国图

000O026720
李草阁诗集：六卷拾遗一卷文集一卷 / (明)李晔撰．筠谷诗集：一卷 / (明)李辕撰
清(1644-1911)抄本. -- (清)吴允嘉校，(清)丁丙跋。
1996年摄制. -- 1盘卷片(8米141拍) : 1:10, 2B ; 35mm银盐
收藏馆：缩微中心，南京

000O020238
云间清啸集：一卷 / (明)陶振撰
清(1644-1911)抄本
1994年摄制. -- 1盘卷片(3米23拍) : 1:10, 2B ; 35mm银盐
收藏馆：缩微中心，国图

000O004775
陶学士先生文集：二十卷事迹一卷 / (明)陶安撰
明弘治十三年(1500)项经刻递修本
1986年摄制. -- 1盘卷片(24米527拍) : 1:10, 2B ; 35mm银盐
收藏馆：缩微中心，国图

000O013859
陶学士先生文集：二十卷事迹一卷 / (明)陶安撰
明弘治十三年(1500)项经刻递修本. -- 四库底本。
1992年摄制. -- 1盘卷片(25米456拍) : 1:10, 2B ; 35mm银盐
收藏馆：缩微中心，国图

000O015099
陶学士先生文集：二十卷事迹一卷 / (明)陶安撰
明弘治十三年(1500)项经刻递修本
1992年摄制. -- 1盘卷片(27米501拍) : 1:10, 2B ; 35mm银盐
收藏馆：缩微中心，国图

000O007829
蓝山先生诗集：六卷 / (明)蓝仁撰
明嘉靖五年(1526)蓝鉏刻明(1368-1644)重修本
1987年摄制. -- 1盘卷片(9.5米187拍) : 1:10, 2B ; 35mm银盐
收藏馆：缩微中心，重庆

00O027463
蓝山集：六卷 / (明)蓝仁撰
清(1644-1911)翰林院抄本. -- 四库底本。
(清)丁丙跋。
1996年摄制. -- 1盘卷片(8米138拍) ：1:10,
2B ；35mm银盐
收藏馆：缩微中心，南京

00O026924
蓝涧集：六卷 / (明)蓝智撰
清(1644-1911)翰林院抄本. -- 四库底本。
(清)丁丙跋。
1996年摄制. -- 1盘卷片(7米113拍) ：1:10,
2B ；35mm银盐
收藏馆：缩微中心，南京

00O000785
耕学斋诗集：十卷 / (明)袁华撰
清(1644-1911)抄本
1985年摄制. -- 1盘卷片(9.7米191拍) ：
1:10, 2B ；35mm银盐
收藏馆：缩微中心，国图

00O025678
耕学斋诗集：十卷 / (明)袁华撰
清(1644-1911)抄本. -- (清)丁丙跋。
1996年摄制. -- 1盘卷片(11米193拍) ：
1:10, 2B ；35mm银盐
收藏馆：缩微中心，南京

00O005536
在野集：二卷 / (明)彭凯撰
明(1368-1644)祁氏淡生堂抄本. -- (清)丁丙
跋。
1987年摄制. -- 1盘卷片(3米45拍) ：1:10,
2B ；35mm银盐
收藏馆：缩微中心，南京

00O031127
海叟集：三卷 / (明)袁凯撰
明正德(1506-1521)刻本
2004年摄制. -- 1盘卷片(5米60拍) ：1:10,
2B ；35mm银盐
收藏馆：缩微中心，国图

00O027375
海叟集：四卷 / (明)袁凯撰
明隆庆四年(1570)何玄之活字印本. -- (明)
张重熙题款，(清)杨引传跋。
1996年摄制. -- 1盘卷片(8米120拍) ：1:10,
2B ；35mm银盐
收藏馆：缩微中心，南京

00O026900
海叟集：四卷 / (明)袁凯撰
明万历三十七年(1609)张所望刻本. -- (清)
丁丙跋。
1996年摄制. -- 1盘卷片(8米133拍) ：1:10,
2B ；35mm银盐
收藏馆：缩微中心，南京

00O023015
海叟集：四卷 / (明)袁凯撰
明(1368-1644)刻本
1995年摄制. -- 1盘卷片(5米70拍) ：1:10,
2B ；35mm银盐
收藏馆：缩微中心，国图

00O024894
始丰稿：十四卷 / (明)徐一夔撰
明初(1368-1424)刻本. -- 卷七至卷十四配
清(1644-1911)抄本。(清)黄丕烈、(清)丁丙
跋，(清)唐翰题，(清)王棻题款。
1996年摄制. -- 1盘卷片(13米255拍) ：
1:10, 2B ；35mm银盐
收藏馆：缩微中心，南京

00O015798
始丰稿：十四卷 / (明)徐一夔撰
清(1644-1911)抄本. -- (清)吴允嘉校。
1993年摄制. -- 1盘卷片(19米348拍) ：
1:10, 2B ；35mm银盐
收藏馆：缩微中心，国图

00O022395
始丰稿：六卷 / (明)徐一夔撰
清(1644-1911)抄本
1995年摄制. -- 1盘卷片(10米181拍) ：
1:10, 2B ；35mm银盐
收藏馆：缩微中心，国图

00O024589
元丰文集：四卷 / (明)徐一夔撰
清(1644-1911)抄本
1996年摄制. -- 1盘卷片(11米194拍) ：
1:10, 2B ；35mm银盐
收藏馆：缩微中心，浙江

00O006337
永嘉集：十二卷 / (明)张著撰
清(1644-1911)抄本
1987年摄制. -- 1盘卷片(8米159拍) ：1:10,
2B ；35mm银盐
收藏馆：缩微中心，国图

000O015268

全室外集：九卷 / (明)释宗泐撰
明永乐(1403-1424)刻本
1992年摄制. -- 1盘卷片(7米92拍) : 1:10,
2B ; 35mm银盐
收藏馆：缩微中心，国图

000O022093

补刊全室外集：九卷续一卷 / (明)释宗泐撰
清(1644-1911)抄本
1995年摄制. -- 1盘卷片(7米105拍) : 1:10,
2B ; 35mm银盐
收藏馆：缩微中心，国图

000O006240

梁园寓稿诗集：九卷 / (明)王翰撰
明正德十三年(1518)刻本. -- (清)丁丙跋。
1987年摄制. -- 1盘卷片(6米139拍) : 1:10,
2B ; 35mm银盐
收藏馆：缩微中心，南京

000O013066

爱礼先生集：十卷 / (明)刘驷撰
明(1368-1644)刻本
1991年摄制. -- 1盘卷片(9米159拍) : 1:10,
2B ; 35mm银盐
收藏馆：缩微中心，国图

000O007663

**蒲庵集：六卷 / (明)释来复撰. 幻庵诗：一卷 /
(明)释法住撰**
明正统五年(1440)孙以宁刻本. -- (清)丁丙
跋。
1988年摄制. -- 1盘卷片(13米235拍) :
1:10, 2B ; 35mm银盐
收藏馆：缩微中心，南京

000O018807

蒲庵集：六卷 / (明)释来复撰
清初(1644-1722)抄本
1994年摄制. -- 1盘卷片(11米184拍) :
1:10, 2B ; 35mm银盐
收藏馆：缩微中心，国图

000O016873

蒲庵诗：三卷 / (明)释来复撰
清(1644-1911)抄本
1993年摄制. -- 1盘卷片(6米77拍) : 1:10,
2B ; 35mm银盐
收藏馆：缩微中心，国图

000O022969

种菊庵诗：四卷 / (明)钱子义撰

明正统(1436-1449)刻锡山钱氏三华诗集
本. -- (清)唐翰题跋。
1995年摄制. -- 1盘卷片(4米37拍) : 1:10,
2B ; 35mm银盐
收藏馆：缩微中心，国图

000O005515

耕隐集：二卷 / (明)邓定撰
明天启七年(1627)邓庆寀刻本
1987年摄制. -- 1盘卷片(4米67拍) : 1:10,
2B ; 35mm银盐
收藏馆：缩微中心，南京

000O026071

槎翁诗：八卷 / (明)刘崧撰
明万历三十八年(1610)王应遴刻本. -- (清)
丁丙跋。
1993年摄制. -- 1盘卷片(30米652拍) :
1:10, 2B ; 35mm银盐
收藏馆：缩微中心，南京

000O024959

槎翁文集：十八卷 / (明)刘崧撰
明嘉靖元年(1522)徐冠刻本. -- (清)丁丙
跋。
1996年摄制. -- 1盘卷片(22米472拍) :
1:10, 2B ; 35mm银盐
收藏馆：缩微中心，南京

000O018841

**元释集：一卷 / (明)释克新撰. 剩祖心集：一卷 /
(明)释函可撰**
清(1644-1911)抄本
1994年摄制. -- 1盘卷片(3米19拍) : 1:10,
2B ; 35mm银盐
收藏馆：缩微中心，国图

000O010488

**王忠文公文集：二十四卷传一卷 / (明)王祎撰；
(明)刘杰编. 继志斋文集：二卷 / (明)王绅撰.
王暗斋诗稿：一卷 / (明)王汶辑**
明万历三十二年(1604)刻本. -- 王忠文公文
集二十四卷、继志斋文稿二卷为连卷。(明)张
维枢、(明)刘同校。
1989年摄制. -- 2盘卷片(45米987拍) :
1:10, 2B ; 35mm银盐
收藏馆：缩微中心，天津

000O015621

王忠文公文集：二十四卷 / (明)王祎撰
明(1368-1644)张齐刻本. -- 四库底本。
1993年摄制. -- 2盘卷片(50米962拍) :
1:10, 2B ; 35mm银盐

收藏馆：缩微中心，国图

000O002043

王忠文公文集：二十四卷 / (明)王祎撰
明嘉靖元年(1522)张齐刻本
1986年摄制. -- 2盘卷片(42.7米947拍) :
1:10, 2B ; 35mm银盐
收藏馆：缩微中心，国图

000O016365

王忠文公文集：二十四卷 / (明)王祎撰
明嘉靖元年(1522)张齐刻本
1993年摄制. -- 2盘卷片(43米857拍) :
1:10, 2B ; 35mm银盐
收藏馆：缩微中心，国图

000O001500

王忠文公文集：二十四卷 / (宋)王十朋撰
明嘉靖(1522-1566)刻本
1986年摄制. -- 2盘卷片(38.6米853拍) :
1:10, 2B ; 35mm银盐
收藏馆：缩微中心，吉林

000O024789

王忠文公集：二十五卷附家集一卷 / (明)王祎撰
清康熙三十年(1691)王廷曾刻本
1995年摄制. -- 2盘卷片(49米977拍) :
1:10, 2B ; 35mm银盐
收藏馆：缩微中心，浙江

000O025991

陶情稿：六卷 / (明)易恒撰
明永乐(1403-1424)刻本. -- (明)陆嘉颖、
(清)盛昱跋。
1996年摄制. -- 1盘卷片(7米114拍) : 1:10,
2B ; 35mm银盐
收藏馆：缩微中心，南京

000O022116

陶情稿：六卷 / (明)易恒撰
清初(1644-1722)抄本
1995年摄制. -- 1盘卷片(5米75拍) : 1:10,
2B ; 35mm银盐
收藏馆：缩微中心，国图

000O021511

柘轩诗集：三卷文集一卷词一卷 / (明)凌云翰撰
清(1644-1911)抄本
1995年摄制. -- 1盘卷片(9米158拍) : 1:10,
2B ; 35mm银盐
收藏馆：缩微中心，国图

000O014689

柘轩集：四卷词一卷 / (明)凌云翰撰
清(1644-1911)抄本
1992年摄制. -- 1盘卷片(13米235拍) :
1:10, 2B ; 35mm银盐
收藏馆：缩微中心，国图

000O013036

仁山遗稿：一卷附录一卷 / (明)程弥寿撰
明嘉靖四年(1525)程昌程钟刻本
1991年摄制. -- 1盘卷片(4米29拍) : 1:10,
2B ; 35mm银盐
收藏馆：缩微中心，国图

000O012965

林登州遗集：二十三卷附录一卷 / (明)林唐臣撰
清康熙四十五年(1706)林兴刻本
1991年摄制. -- 1盘卷片(26米534拍) :
1:10, 2B ; 35mm银盐
收藏馆：缩微中心，国图

000O028098

南海新声：五卷 / (明)欧著撰 . 怀集公歌：二首诗一首 / (明)欧昌撰
清(1644-1911)荔枝庄刻本
1997年摄制. -- 1盘卷片(4米57拍) : 1:10,
2B ; 35mm银盐
收藏馆：缩微中心，广东

000O006993

眉庵集：十二卷补遗一卷 / (明)杨基撰
明成化二十一年(1485)张习刻本. -- (明)王
献臣、(明)王玉芝题款，(清)黄丕烈跋。
1986年摄制. -- 1盘卷片(12米230拍) :
1:10, 2B ; 35mm银盐
收藏馆：缩微中心，国图

000O015610

庄击壤公诗集：一卷附录一卷 / (明)庄希俊撰
明万历四十四年(1616)庄若华刻本
1992年摄制. -- 1盘卷片(5米54拍) : 1:10,
2B ; 35mm银盐
收藏馆：缩微中心，国图

000O006785

凤池吟稿：十卷 / (明)汪广洋撰
明万历四十五年(1617)王百祥刻本
1987年摄制. -- 1盘卷片(10米201拍) :
1:10, 2B ; 35mm银盐
收藏馆：缩微中心，国图

000O022118

淮南汪广洋朝宗先生凤池吟稿：八卷 / (明)汪广

洋撰

明(1368-1644)刻本. -- 存三卷：卷一至卷
三。
1995年摄制. -- 1盘卷片(5米65拍) ：1:10,
2B ；35mm银盐
收藏馆：缩微中心，国图

000O020028

虞山人诗：三卷 / (明)虞堪撰
清(1644-1911)抄本. -- (清)鲍廷博跋，(清)
劳格校并跋。
1994年摄制. -- 1盘卷片(6米88拍) ：1:10,
2B ；35mm银盐
收藏馆：缩微中心，国图

000O024618

虞山人诗：四卷 / (明)虞堪撰
清(1644-1911)抄本
1996年摄制. -- 1盘卷片(7米126拍) ：1:10,
2B ；35mm银盐
收藏馆：缩微中心，浙江

000O004027

鼓枻稿：一卷 / (明)虞堪撰
清(1644-1911)抄本
1985年摄制. -- 1盘卷片(7米122拍) ：1:10,
2B ；35mm银盐
收藏馆：缩微中心，国图

000O018675

鼓枻稿：一卷 / (明)虞堪撰
清(1644-1911)抄本. -- (清)鲍廷博校。
1994年摄制. -- 1盘卷片(6米73拍) ：1:10,
2B ；35mm银盐
收藏馆：缩微中心，国图

000O014538

鼓枻稿：六卷补遗一卷 / (明)虞堪撰
清光绪三十年(1904)李盛铎抄本
1992年摄制. -- 1盘卷片(5米70拍) ：1:10,
2B ；35mm银盐
收藏馆：缩微中心，国图

000O017326

鼓枻稿：六卷补遗一卷 / (明)虞堪撰
清(1644-1911)吴氏四古堂抄本. -- (清)吴允
嘉校补，邓邦述跋。
1993年摄制. -- 1盘卷片(5米71拍) ：1:10,
2B ；35mm银盐
收藏馆：缩微中心，国图

000O023259

御制文集：三十卷 / (明)太祖朱元璋撰

明初(1368-1424)刻本. -- 存六卷：丙集文卷
十至卷十四、诗一卷。
1995年摄制. -- 1盘卷片(6米76拍) ：1:10,
2B ；35mm银盐
收藏馆：缩微中心，国图

000O026076

御制文集：二十九卷丙集诗一卷 / (明)太祖朱元
璋撰
明初(1368-1424)刻本. -- (清)丁丙跋。
1993年摄制. -- 1盘卷片(19米418拍) ：
1:10, 2B ；35mm银盐
收藏馆：缩微中心，南京

000O023272

御制文集：二十卷 / (明)太祖朱元璋撰
明初(1368-1424)刻本. -- 存十卷：卷一至卷
十。
1995年摄制. -- 1盘卷片(10米164拍) ：
1:10, 2B ；35mm银盐
收藏馆：缩微中心，国图

000O019500

御制文集：二十卷 / (明)太祖朱元璋撰
明嘉靖八年(1529)唐胄刻本. -- 存五卷：卷
十六至卷二十。
1994年摄制. -- 1盘卷片(6米83拍) ：1:10,
2B ；35mm银盐
收藏馆：缩微中心，国图

000O006436

高皇帝御制文集：二十卷 / (明)太祖朱元璋撰
明嘉靖十四年(1535)徐九皋王惟贤刻本
1987年摄制. -- 1盘卷片(21米464拍) ：
1:10, 2B ；35mm银盐
收藏馆：缩微中心，国图

000O005186

高皇帝御制文集：二十卷 / (明)太祖朱元璋撰
明万历十年(1582)姚士观沈铁刻本
1986年摄制. -- 1盘卷片(25米556拍) ：
1:10, 2B ；35mm银盐
收藏馆：缩微中心，国图

000O013452

高皇帝御制文集：二十卷 / (明)太祖朱元璋撰
明万历十年(1582)姚士观沈铁刻本
1991年摄制. -- 1盘卷片(26米537拍) ：
1:10, 2B ；35mm银盐
收藏馆：缩微中心，国图

000O022841

高皇帝御制文集：二十卷 / (明)太祖朱元璋撰

明万历十年(1582)姚士观沈铁刻本. -- (清)
丁丙跋。
1995年摄制. -- 1盘卷片(28米605拍) :
1:10, 2B ; 35mm银盐
收藏馆：缩微中心，南京

000O021514
高皇帝御制文集：二十卷 / (明)太祖朱元璋撰
明(1368-1644)刻本
1995年摄制. -- 1盘卷片(27米526拍) :
1:10, 2B ; 35mm银盐
收藏馆：缩微中心，国图

000O001562
高皇帝御制文集：二十卷 / (明)太祖朱元璋撰
明嘉靖十四年(1535)刻本
1987年摄制. -- 1盘卷片(21.1米466拍) :
1:10, 2B ; 35mm银盐
收藏馆：缩微中心，吉林

000O001392
大明太祖高皇帝御制文集：二十一卷 / (明)太祖朱元璋撰
明(1368-1644)抄本. -- 存一卷：卷十五。
1985年摄制. -- 1盘卷片(3.8米53拍) :
1:10, 2B ; 35mm银盐
收藏馆：缩微中心，国图

000O013895
清江贝先生诗集：十卷文集三十卷 / (明)贝琼撰
清康熙五十八年(1719)金檀燕翼堂刻本
1992年摄制. -- 1盘卷片(25米509拍) :
1:10, 2B ; 35mm银盐
收藏馆：缩微中心，国图

000O020108
清江贝先生诗集：十卷文集三十卷 / (明)贝琼撰
清康熙五十八年(1719)金檀燕翼堂刻本. --
佚名校。
1994年摄制. -- 1盘卷片(25米511拍) :
1:10, 2B ; 35mm银盐
收藏馆：缩微中心，国图

000O008989
清江贝先生诗集：十卷文集三十卷 / (明)贝琼撰
清乾隆二十四年(1759)屐砚斋刻本
1988年摄制. -- 1盘卷片(28米545拍) :
1:10, 2B ; 35mm银盐
收藏馆：缩微中心，湖北

000O008777
清江贝先生文集：三十卷诗集十卷诗余一卷 / (明)贝琼撰

明洪武(1368-1398)刻本. -- (清)贝塘跋。
1988年摄制. -- 1盘卷片(22.3米483拍) :
1:11, 2B ; 35mm银盐
收藏馆：缩微中心，重庆

000O025984
清江贝先生诗集：十卷 / (明)贝琼撰
明初(1368-1424)刻本. -- (清)丁丙跋。
1996年摄制. -- 1盘卷片(11米197拍) :
1:10, 2B ; 35mm银盐
收藏馆：缩微中心，南京

000O000157
清江贝先生诗集：十卷 / (明)贝琼撰
清(1644-1911)抄本
1985年摄制. -- 1盘卷片(9.1米177拍) :
1:10, 2B ; 35mm银盐
收藏馆：缩微中心，国图

000O019265
清江贝先生集：三卷续集一卷 / (明)贝琼撰
明万历三年(1575)李诗刻本
1994年摄制. -- 1盘卷片(13米138拍) :
1:10, 2B ; 35mm银盐
收藏馆：缩微中心，国图

000O005855
清江贝先生文集：三十卷 / (明)贝琼撰
清(1644-1911)抄本
1987年摄制. -- 1盘卷片(13米275拍) :
1:10, 2B ; 35mm银盐
收藏馆：缩微中心，国图

000O016368
苏平仲文集：十六卷 / (明)苏伯衡撰
明正统七年(1442)黎谅刻本
1993年摄制. -- 1盘卷片(20米411拍) :
1:10, 2B ; 35mm银盐
收藏馆：缩微中心，国图

000O029834
苏平仲文集：十六卷 / (明)苏伯衡撰
明正统七年(1442)黎谅刻本. -- 存八卷：卷九至卷十六。
2001年摄制. -- 1盘卷片(11米213拍) :
1:10, 2B ; 35mm银盐
收藏馆：缩微中心，国图

000O010482
罗德安文集：三卷 / (明)罗子理撰
明隆庆四年(1570)刻本. -- (明)罗梦禹、
(明)罗文卿编校。
1989年摄制. -- 1盘卷片(7米98拍) : 1:10,

2B ；35mm银盐
收藏馆：缩微中心，天津

000O005561
甘白先生张子宜诗集：六卷补遗三卷文集六卷 / (明)张适撰
清(1644-1911)王氏十万卷楼抄本. -- (清)丁丙跋。
1987年摄制. -- 1盘卷片(14米302拍) ：1:10，2B ；35mm银盐
收藏馆：缩微中心，南京

000O000659
甘白先生文集：六卷 / (明)张适撰
清(1644-1911)释就堂抄本
1987年摄制. -- 1盘卷片(7米116拍) ：1:10，2B ；35mm银盐
收藏馆：缩微中心，国图

000O015293
丹崖集：八卷附录一卷 / (明)唐肃撰
清(1644-1911)抄本. -- (清)黄丕烈校并跋。
1992年摄制. -- 1盘卷片(7米109拍) ：1:10，2B ；35mm银盐
收藏馆：缩微中心，国图

000O015431
丹崖集：八卷 / (明)唐肃撰
清(1644-1911)抄本. -- 存四卷：卷一至卷四。
1992年摄制. -- 1盘卷片(5米55拍) ：1:10，2B ；35mm银盐
收藏馆：缩微中心，国图

000O005538
殷强斋先生文集：十卷 / (明)殷奎撰
明正统十三年(1448)王叔政刻本. -- (清)何焯、(清)丁丙跋。
1987年摄制. -- 1盘卷片(10米239拍) ：1:10，2B ；35mm银盐
收藏馆：缩微中心，南京

000O005551
蓬蜗录：十卷 / (明)卢熊撰
清乾隆(1736-1795)叶启祥抄本. -- (清)叶启祥跋。
1987年摄制. -- 1盘卷片(8米157拍) ：1:10，2B ；35mm银盐
收藏馆：缩微中心，南京

000O026053
半轩集：十二卷补遗二卷；楮园草：一卷 / (明)王行撰

明弘治四年(1491)刻本. -- 序、传、目录、补遗、楮园草配清黄氏士礼居抄本. (清)黄丕烈校补并跋，(清)丁丙跋。
1989年摄制. -- 1盘卷片(17米357拍) ：1:10，2B ；35mm银盐
收藏馆：缩微中心，南京

000O020170
半轩集：十二卷补遗一卷 / (明)王行撰
明(1368-1644)刻本. -- 存十一卷：卷一、卷四至卷十二，补遗一卷。(清)李文田跋。
1994年摄制. -- 1盘卷片(12米213拍) ：1:10，2B ；35mm银盐
收藏馆：缩微中心，国图

000O005858
张来仪先生文集：不分卷 / (明)张羽撰
清光绪二十三年(1897)章寿康抄本. -- (清)章寿康校跋并录(清)黄丕烈题识。
1987年摄制. -- 1盘卷片(6米106拍) ：1:10，2B ；35mm银盐
收藏馆：缩微中心，国图

000O013678
张来仪先生文集：不分卷 / (明)张羽撰
清(1644-1911)抄本
1991年摄制. -- 1盘卷片(6米73拍) ：1:10，2B ；35mm银盐
收藏馆：缩微中心，国图

000O012975
得月稿：七卷 / (明)吕不用撰
清(1644-1911)抄本
1991年摄制. -- 1盘卷片(7米109拍) ：1:10，2B ；35mm银盐
收藏馆：缩微中心，国图

000O020181
西庵集：九卷 / (明)孙蕡撰
明万历十五年(1587)叶初春刻本
1994年摄制. -- 1盘卷片(10米183拍) ：1:10，2B ；35mm银盐
收藏馆：缩微中心，国图

000O005065
韩山人诗续集：七卷词一卷 / (元)韩奕撰
清(1644-1911)抄本
1986年摄制. -- 1盘卷片(6米102拍) ：1:10，2B ；35mm银盐
收藏馆：缩微中心，国图

000O013457
韩山人诗集：一卷附集一卷 / (元)韩奕撰

清初(1644-1722)抄本. -- (清)杨继震跋。
1991年摄制. -- 1盘卷片(6米89拍)：1:10,
2B；35mm银盐
收藏馆：缩微中心，国图

000O015130
韩山人诗集：一卷附集一卷 / (元)韩奕撰
清(1644-1911)抄本
1992年摄制. -- 1盘卷片(7米102拍)：1:10,
2B；35mm银盐
收藏馆：缩微中心，国图

000O018863
韩山人诗集：九卷续集八卷 / (元)韩奕撰
清(1644-1911)抄本
1994年摄制. -- 1盘卷片(10米158拍)：
1:10, 2B；35mm银盐
收藏馆：缩微中心，国图

000O014313
松月集：一卷 / (明)释睿略撰
明永乐(1403-1424)刻本
1992年摄制. -- 1盘卷片(5米57拍)：1:10,
2B；35mm银盐
收藏馆：缩微中心，国图

000O023425
松月集：一卷 / (明)释睿略撰
清(1644-1911)抄本
1995年摄制. -- 1盘卷片(5米57拍)：1:10,
2B；35mm银盐
收藏馆：缩微中心，国图

000O003776
竹斋诗集：三卷续集一卷附录一卷 / (明)王冕撰
清(1644-1911)抄本. -- (□)□集义跋。
1985年摄制. -- 1盘卷片(11米209拍)：
1:10, 2B；35mm银盐
收藏馆：缩微中心，国图

000O013028
心远先生存稿：十二卷附二卷 / (明)杨琢撰
明(1368-1644)抄本
1991年摄制. -- 1盘卷片(14米251拍)：
1:10, 2B；35mm银盐
收藏馆：缩微中心，国图

000O018852
斗南先生诗集：六卷 / (明)胡奎撰
清(1644-1911)抄本
1994年摄制. -- 1盘卷片(15米293拍)：
1:10, 2B；35mm银盐
收藏馆：缩微中心，国图

000O011638
斗南老人诗集：四卷 / (明)胡奎撰；(明)周冕编次
明(1368-1644)姚绶抄本. -- 钤"项墨林鉴赏章"印。
1990年摄制. -- 1盘卷片(7米113拍)：1:10,
2B；35mm银盐
收藏馆：缩微中心，天津

000O023290
逃虚子诗集：十卷续集一卷逃虚类稿五卷 / (明)姚广孝撰
清(1644-1911)金氏文瑞楼抄本. -- (清)宋宾王校。
1995年摄制. -- 1盘卷片(12米232拍)：
1:10, 2B；35mm银盐
收藏馆：缩微中心，国图

000O001263
逃虚集：四卷 / (明)姚广孝撰
清(1644-1911)抄本
1985年摄制. -- 1盘卷片(5.7米98拍)：
1:10, 2B；35mm银盐
收藏馆：缩微中心，国图

000O006417
逃虚类稿：五卷 / (明)姚广孝撰
清初(1644-1722)抄本. -- 傅增湘跋。
1987年摄制. -- 1盘卷片(7米119拍)：1:10,
2B；35mm银盐
收藏馆：缩微中心，国图

000O014937
逃虚类稿：五卷 / (明)姚广孝撰
清(1644-1911)抄本
1992年摄制. -- 1盘卷片(7米100拍)：1:10,
2B；35mm银盐
收藏馆：缩微中心，国图

000O004426
高太史凫藻集：五卷 / (明)高启撰
明正统九年(1444)郑颙邵昕刻本. -- 存三卷：卷一至卷三。
1986年摄制. -- 1盘卷片(4米68拍)：1:10,
2B；35mm银盐
收藏馆：缩微中心，国图

000O026716
高太史凫藻集：五卷；扣舷集：一卷 / (明)高启撰
明正统九年(1444)郑颙邵昕刻本. -- (清)丁丙跋。
1996年摄制. -- 1盘卷片(10米172拍)：

1:10, 2B ; 35mm银盐
收藏馆：缩微中心，南京

00O027859
高太史凫藻集：五卷；扣舷集：一卷 / (明)高启撰
清(1644-1911)龙池山房抄本
1996年摄制. -- 1盘卷片(9米150拍) : 1:10, 2B ; 35mm银盐
收藏馆：缩微中心，南京

00O005857
高太史大全集：十八卷 / (明)高启撰
明景泰元年(1450)刘宗文[等]刻本. -- (明)叶盛、(明)叶棐跋。
1987年摄制. -- 1盘卷片(19米413拍) : 1:10, 2B ; 35mm银盐
收藏馆：缩微中心，国图

00O013441
高太史大全集：十八卷 / (明)高启撰
明景泰元年(1450)刘宗文[等]刻成化五年(1469)刘以则重修本
1991年摄制. -- 1盘卷片(20米392拍) : 1:10, 2B ; 35mm银盐
收藏馆：缩微中心，国图

00O008952
高太史大全集：十八卷 / (明)高启撰；(明)刘景韶校；(明)徐庸辑
明嘉靖(1522-1566)刘景韶刻蓝印本
1988年摄制. -- 1盘卷片(25米444拍) : 1:10, 2B ; 35mm银盐
收藏馆：缩微中心，湖北

00O006400
高太史大全集：十八卷 / (明)高启撰
明(1368-1644)刻本
1987年摄制. -- 1盘卷片(20米430拍) : 1:10, 2B ; 35mm银盐
收藏馆：缩微中心，国图

00O013394
高太史大全集：十八卷 / (明)高启撰
明(1368-1644)刻本
1991年摄制. -- 1盘卷片(20米405拍) : 1:10, 2B ; 35mm银盐
收藏馆：缩微中心，国图

00O011577
高季迪先生大全集：十八卷 / (明)高启撰
清康熙(1662-1722)许氏竹素园刻本. -- (清)沈德潜批。

1990年摄制. -- 1盘卷片(21.5米424拍) : 1:10, 2B ; 35mm银盐
收藏馆：缩微中心，湖北

00O028225
高季迪先生大全集：十八卷 / (明)高启撰
清康熙(1662-1722)刻本. -- (清)叶廷琯批校并跋。
1997年摄制. -- 1盘卷片(21米402拍) : 1:10, 2B ; 35mm银盐
收藏馆：缩微中心，苏州

00O017264
高季迪先生大全集：十八卷 / (明)高启撰
清(1644-1911)刻本. -- (清)刘熙载批校。
1993年摄制. -- 1盘卷片(21米460拍) : 1:10, 2B ; 35mm银盐
收藏馆：缩微中心，天津

00O005647
姑苏杂咏：一卷 / (明)高启撰
明成化二十二年(1486)张习刻本
1987年摄制. -- 1盘卷片(5米76拍) : 1:10, 2B ; 35mm银盐
收藏馆：缩微中心，国图

00O013455
缶鸣集：十二卷 / (明)高启撰
明(1368-1644)刻本
1991年摄制. -- 1盘卷片(13米226拍) : 1:10, 2B ; 35mm银盐
收藏馆：缩微中心，国图

00O004462
青邱高季迪先生凫藻集：五卷 / (明)高启撰
清雍正六年(1728)金檀文瑞楼刻本. -- 吴梅校补并跋。
1986年摄制. -- 1盘卷片(7米120拍) : 1:10, 2B ; 35mm银盐
收藏馆：缩微中心，国图

00O013901
青邱高季迪先生诗集：十八卷遗诗一卷 / (明)高启撰；(清)金檀辑注
清雍正六年至七年(1728-1729)金氏文瑞楼刻本
1991年摄制. -- 2盘卷片(37米754拍) : 1:10, 2B ; 35mm银盐
收藏馆：缩微中心，国图

00O020111
青邱诗集撷华：八卷 / (明)高启撰；(清)费仲子辑

清(1644-1911)费仲子抄本
1994年摄制. -- 1盘卷片(13米221拍)：
1:10，2B；35mm银盐
收藏馆：缩微中心，国图

00O027874
王常宗集：四卷补遗一卷 / (明)王彝撰
明弘治十五年(1502)刘廷璋刻本. -- (清)丁丙跋。
1996年摄制. -- 1盘卷片(6米90拍)：1:10，
2B；35mm银盐
收藏馆：缩微中心，南京

00O022104
白石山房逸稿：二卷 / (明)张丁撰 . 附录：一卷 / (明)刘基撰
清(1644-1911)抄本
1995年摄制. -- 1盘卷片(4米46拍)：1:10，
2B；35mm银盐
收藏馆：缩微中心，国图

00O026739
白石山房逸稿：二卷 / (明)张丁撰 . 附录：一卷 / (明)刘基撰
清(1644-1911)抄本. -- (清)劳权校补并跋，
(清)丁丙跋。
1996年摄制. -- 1盘卷片(6米87拍)：1:10，
2B；35mm银盐
收藏馆：缩微中心，南京

00O018583
蚓窍集：十卷 / (明)管时敏撰；(明)丁鹤年评
清(1644-1911)抄本
1993年摄制. -- 1盘卷片(6米79拍)：1:10，
2B；35mm银盐
收藏馆：缩微中心，国图

00O019485
蚓窍集：十卷 / (明)管时敏撰；(明)丁鹤年评
清(1644-1911)抄本. -- 王献唐跋。
1994年摄制. -- 1盘卷片(5米76拍)：1:10，
2B；35mm银盐
收藏馆：缩微中心，国图

00O005513
西郊笑端集：一卷 / (明)董纪撰
清(1644-1911)抄本. -- (清)丁丙跋。
1987年摄制. -- 1盘卷片(8米154拍)：1:10，
2B；35mm银盐
收藏馆：缩微中心，南京

00O024644
吹剑稿：二卷 / (明)王野撰

明万历十六年(1588)刻本
1996年摄制. -- 1盘卷片(8米129拍)：1:10，
2B；35mm银盐
收藏馆：缩微中心，浙江

00O009476
覆瓿集：七卷附录一卷 / (明)朱同撰
明万历四十四年(1616)歙邑朱氏刻本. -- 存
七卷：覆瓿集七卷。
1988年摄制. -- 1盘卷片(9.2米177拍)：
1:9，2B；35mm银盐
收藏馆：缩微中心，重庆

00O008034
巽隐程先生文集：四卷 / (明)程本立撰
明嘉靖(1522-1566)刻本
1988年摄制. -- 1盘卷片(9米166拍)：1:10，
2B；35mm银盐
收藏馆：缩微中心，湖南

00O024968
重刻巽隐先生集：四卷 / (明)程本立撰
明万历元年(1573)濮阳裴刻本. -- (清)丁丙
跋。
1996年摄制. -- 1盘卷片(9米177拍)：1:10，
2B；35mm银盐
收藏馆：缩微中心，南京

00O020697
青阳集：不分卷 / (明)张宣撰
清(1644-1911)抄本
1994年摄制. -- 1盘卷片(6米62拍)：1:10，
2B；35mm银盐
收藏馆：缩微中心，国图

00O024089
畦乐先生诗集：一卷附录一卷 / (明)梁兰,(明)杨士奇撰
清初(1644-1722)抄本. -- (清)欧阳凤跋。
1996年摄制. -- 1盘卷片(6米100拍)：1:10，
2B；35mm银盐
收藏馆：缩微中心，湖北

00O001768
竹居诗集：一卷 / (明)王珙撰
清嘉庆六年(1801)王氏十万卷楼抄本. --
(清)王端履校并跋。
1986年摄制. -- 1盘卷片(3米38拍)：1:10，
2B；35mm银盐
收藏馆：缩微中心，国图

00O002304
竹居诗集：一卷 / (明)王珙撰

清(1644-1911)抄本
1986年摄制. -- 1盘卷片(3.6米46拍) ：
1:10, 2B ; 35mm银盐
收藏馆：缩微中心，国图

00O013110
敬所小稿：三卷 / (明)苏境撰
清(1644-1911)抄本
1991年摄制. -- 1盘卷片(4.3米95拍) ：
1:10, 2B ; 35mm银盐
收藏馆：缩微中心，辽宁

00O023013
自怡集：一卷 / (明)刘琏撰
明初(1368-1424)刻本
1995年摄制. -- 1盘卷片(3米24拍) ： 1:10,
2B ; 35mm银盐
收藏馆：缩微中心，国图

00O027464
自怡集：一卷 / (明)刘琏撰
清乾隆三十三年(1768)赵氏竹影庵抄本. --
(清)丁丙跋。
1996年摄制. -- 1盘卷片(4米39拍) ： 1:10,
2B ; 35mm银盐
收藏馆：缩微中心，南京

00O005520
希董先生遗集：五卷 / (明)茅大方撰
清(1644-1911)抄本. -- (清)丁丙跋。
1987年摄制. -- 1盘卷片(4米64拍) ： 1:10,
2B ; 35mm银盐
收藏馆：缩微中心，南京

00O013038
青城山人诗集：八卷 / (明)王璲撰
明景泰四年(1453)华靖刻本
1991年摄制. -- 1盘卷片(9米155拍) ： 1:10,
2B ; 35mm银盐
收藏馆：缩微中心，国图

00O023292
青城山人诗集：八卷 / (明)王璲撰
清(1644-1911)抄本
1995年摄制. -- 1盘卷片(9米157拍) ： 1:10,
2B ; 35mm银盐
收藏馆：缩微中心，国图

00O027462
易斋稿：十卷补遗一卷 / (明)刘璟撰
明初(1368-1424)刻本. -- 补遗配清(1644-1911)
抄本。存六卷：卷一至卷五、补遗一卷。
1996年摄制. -- 1盘卷片(6米98拍) ： 1:10,

2B ; 35mm银盐
收藏馆：缩微中心，南京

00O022129
易斋稿：十卷附录一卷 / (明)刘璟撰
明(1368-1644)刻本
1995年摄制. -- 1盘卷片(7米116拍) ： 1:10,
2B ; 35mm银盐
收藏馆：缩微中心，国图

00O013092
翰林学士耐轩王先生天游杂稿：十卷 / (明)王达撰
明正统六年(1441)胡滨刻本. -- 傅增湘跋。
1991年摄制. -- 1盘卷片(11米190拍) ：
1:10, 2B ; 35mm银盐
收藏馆：缩微中心，国图

00O022123
翰林学士耐轩王先生天游杂稿：十卷 / (明)王达撰
明正统六年(1441)胡滨刻本. -- 傅增湘跋。
1995年摄制. -- 1盘卷片(11米181拍) ：
1:10, 2B ; 35mm银盐
收藏馆：缩微中心，国图

00O024092
天游文集：五卷 / (明)王达撰；(明)翟厚辑
清(1644-1911)抄本
1996年摄制. -- 1盘卷片(9米160拍) ： 1:10,
2B ; 35mm银盐
收藏馆：缩微中心，湖北

00O007526
高漫士诗集：□□卷 / (明)高棅撰
明(1368-1644)姚宗甲抄本. -- 存九卷：卷一
至卷二、卷五至卷十一。
1987年摄制. -- 1盘卷片(14米301拍) ：
1:10, 2B ; 35mm银盐
收藏馆：缩微中心，国图

00O011055
赵考古先生遗集：六卷 / (明)赵㧑谦撰；(清)张廷枚辑
清乾隆三十八年(1773)铭西堂刻本
1989年摄制. -- 1盘卷片(8米139拍) ： 1:10,
2B ; 35mm银盐
收藏馆：缩微中心，天津

00O026901
节庵集：八卷续稿一卷 / (明)高得旸撰
清(1644-1911)抄本. -- (清)罗槩校，(清)丁
丙跋。

1996年摄制. -- 1盘卷片(7米124拍) ： 1:10,
2B ；35mm银盐
收藏馆：缩微中心，南京

000O006234
王静学先生文集：三卷首一卷末一卷 / (明)王叔英撰
清光绪十七年(1891)王棻抄本. -- (清)丁丙跋。
1987年摄制. -- 1盘卷片(7米160拍) ： 1:10,
2B ；35mm银盐
收藏馆：缩微中心，南京

000O013493
金川玉屑集：六卷 / (明)练子宁撰
明(1368-1644)刻本
1991年摄制. -- 1盘卷片(6米90拍) ： 1:10,
2B ；35mm银盐
收藏馆：缩微中心，国图

000O009555
金川玉屑集：六卷附录一卷 / (明)练子宁撰
清(1644-1911)抄本. -- (清)陈壿校并跋。
1988年摄制. -- 1盘卷片(7.2米132拍) ：
1:10, 2B ；35mm银盐
收藏馆：缩微中心，重庆

000O023286
刍荛集：六卷 / (明)周是修撰
明万历十八年(1590)周应鳌刻本
1995年摄制. -- 1盘卷片(8米126拍) ： 1:10,
2B ；35mm银盐
收藏馆：缩微中心，国图

000O018463
刍荛集：六卷 / (明)周是修撰
清(1644-1911)抄本
1993年摄制. -- 1盘卷片(12米228拍) ：
1:10, 2B ；35mm银盐
收藏馆：缩微中心，国图

000O023287
逊志斋集：三十卷 / (明)方孝孺撰；(明)谢铎,(明)黄孔昭辑
明成化十六年(1480)郭绅刻本. -- (清)盛昱、杨晨跋。
1995年摄制. -- 2盘卷片(45米921拍) ：
1:10, 2B ；35mm银盐
收藏馆：缩微中心，国图

000O008669
逊志斋集：二十四卷附录一卷 / (明)方孝儒撰
明嘉靖四十年(1561)王可大刻万历四年(1576)

重修本
1987年摄制. -- 2盘卷片(61米1352拍) ：
1:10, 2B ；35mm银盐
收藏馆：缩微中心，重庆

000O013560
逊志斋集：二十四卷 / (明)方孝孺撰
明嘉靖四十年(1561)王可大刻本
1991年摄制. -- 2盘卷片(63米1264拍) ：
1:10, 2B ；35mm银盐
收藏馆：缩微中心，浙江

000O019269
逊志斋集：二十四卷附录一卷 / (明)方孝孺撰
明嘉靖四十年(1561)王可大刻本
1994年摄制. -- 2盘卷片(57米1140拍) ：
1:10, 2B ；35mm银盐
收藏馆：缩微中心，国图

000O019797
逊志斋集：二十四卷附录一卷 / (明)方孝孺撰
明嘉靖四十年(1561)王可大刻本
1994年摄制. -- 2盘卷片(57米1187拍) ：
1:10, 2B ；35mm银盐
收藏馆：缩微中心，国图

000O023285
逊志斋集：二十四卷附录一卷 / (明)方孝孺撰
明正德十五年(1520)顾璘刻本
1995年摄制. -- 2盘卷片(56米1133拍) ：
1:10, 2B ；35mm银盐
收藏馆：缩微中心，国图

000O024942
方正学先生逊志斋集：二十四卷 / (明)方孝孺撰
明崇祯十五年(1642)张绍谦刻本. -- 本书还装订有：拾补一卷外纪一卷/(明)卢演辑。
1996年摄制. -- 3盘卷片(66米1390拍) ：
1:10, 2B ；35mm银盐
收藏馆：缩微中心，南京

000O021032
李卓吾评选方正学文集：十一卷首一卷 / (明)方孝孺撰；(明)李贽评
明(1368-1644)刻本
1994年摄制. -- 1盘卷片(14米253拍) ：
1:10, 2B ；35mm银盐
收藏馆：缩微中心，国图

000O018779
逊志斋集唐落花百咏：一卷 / (明)逊志主人撰
清乾隆(1736-1795)刻本
1994年摄制. -- 1盘卷片(3米15拍) ： 1:10,

2B；35mm银盐
收藏馆：缩微中心，国图

000O024790
慎独斋诗集：十六卷 / (明)赵文撰；(明)赵宗礼编
清(1644-1911)抄本
1995年摄制. -- 1盘卷片(10米172拍)：
1:10，2B；35mm银盐
收藏馆：缩微中心，浙江

000O024911
耆山无为天师岘泉集：六卷 / (明)张宇初撰
明崇祯四年(1631)刻本. -- (清)丁丙跋。
1996年摄制. -- 1盘卷片(28米603拍)：
1:10，2B；35mm银盐
收藏馆：缩微中心，南京

000O009918
岘泉集：六卷 / (明)张宇初撰
清乾隆十九年(1754)刻本
1989年摄制. -- 1盘卷片(26米554拍)：
1:10，2B；35mm银盐
收藏馆：缩微中心，天津

000O015290
三山王养静先生集：十卷 / (明)王褒撰
明成化十年(1474)谢光刻本
1992年摄制. -- 1盘卷片(8米134拍)：1:10,
2B；35mm银盐
收藏馆：缩微中心，国图

000O006586
寥寥集：四十卷 / (明)俞安期撰
明万历(1573-1620)刻本
1987年摄制. -- 2盘卷片(40米856拍)：
1:10,2B；35mm银盐
收藏馆：缩微中心，国图

000O017817
继志斋集：十二卷 / (明)王绅撰
清(1644-1911)抄本. -- 四库底本。存八卷：卷二至卷九。
1993年摄制. -- 1盘卷片(11米249拍)：
1:10，2B；35mm银盐
收藏馆：缩微中心，国图

000O013012
胡祭酒集：十四卷 / (明)胡俨撰
明隆庆(1567-1572)李迁刻本. -- 存八卷：卷七至卷十四。
1991年摄制. -- 1盘卷片(8米139拍)：1:10,
2B；35mm银盐

收藏馆：缩微中心，国图

000O022109
颐庵文选：二卷 / (明)胡俨撰
明宣德(1426-1435)刻本. -- 存一卷：卷下。
1995年摄制. -- 1盘卷片(4米39拍)：1:10,
2B；35mm银盐
收藏馆：缩微中心，国图

000O014304
古崖先生诗集：八卷 / (明)吴溥撰
明(1368-1644)刻本
1992年摄制. -- 1盘卷片(8米132拍)：1:10,
2B；35mm银盐
收藏馆：缩微中心，国图

000O024958
黄忠宣公文集：十三卷别集六卷 / (明)黄福撰
明嘉靖(1522-1566)冯时雍刻本
1996年摄制. -- 1盘卷片(25米520拍)：
1:10，2B；35mm银盐
收藏馆：缩微中心，南京

000O028046
淇园编：四卷 / (明)陈道潜撰
明末(1621-1644)陈震龙刻本
1996年摄制. -- 1盘卷片(15.4米295拍)：
1:10，2B；35mm银盐
收藏馆：缩微中心，福建

000O005528
职方周先生诗文集：二卷 / (明)周鸣撰
明正统(1436-1449)刻本. -- 存一卷。
1987年摄制. -- 1盘卷片(5米85拍)：1:10,
2B；35mm银盐
收藏馆：缩微中心，南京

000O013687
东里诗集：三卷文集二十五卷续编六十二卷别集三卷附录四卷 / (明)杨士奇撰
明嘉靖二十九年(1550)黄如桂刻本. -- (清)黄虞稷跋。
1991年摄制. -- 4盘卷片(110米2283拍)：
1:10，2B；35mm银盐
收藏馆：缩微中心，国图

000O016345
东里文集续编：六十二卷 / (明)杨士奇撰
明嘉靖二十九年(1550)黄如桂刻本. -- 卷五十至卷五十三配清(1644-1911)抄本。
1992年摄制. -- 3盘卷片(72米1477拍)：
1:10，2B；35mm银盐
收藏馆：缩微中心，国图

000O015786
东里诗集：三卷 / (明)杨士奇撰
明(1368-1644)刻本
1993年摄制. -- 1盘卷片(8米135拍) ：1:10,
2B ；35mm银盐
收藏馆：缩微中心，国图

000O001345
南归纪行：三卷南归稿一卷 / (明)杨士奇撰
明(1368-1644)抄本
1985年摄制. -- 1盘卷片(5米64拍) ：1:10,
2B ；35mm银盐
收藏馆：缩微中心，国图

000O022132
东里文集：二十五卷 / (明)杨士奇撰
明正统(1436-1449)刻本. -- 存十二卷：卷一
至卷六、卷二十至卷二十五。
1995年摄制. -- 1盘卷片(14米256拍) ：
1:10, 2B ；35mm银盐
收藏馆：缩微中心，国图

000O012122
东里文集：二十五卷 / (明)杨士奇撰
明正统(1436-1449)沈玹刻正德十年(1515)重
修本
1990年摄制. -- 1盘卷片(26米575拍) ：
1:10, 2B ；35mm银盐
收藏馆：缩微中心，山东

000O007428
东里文集：二十六卷 / (明)杨士奇撰
明万历(1573-1620)刻本
1987年摄制. -- 1盘卷片(30米671拍) ：
1:10, 2B ；35mm银盐
收藏馆：缩微中心，吉林市

000O004778
东里文集：二十五卷 / (明)杨士奇撰
明(1368-1644)刻本
1986年摄制. -- 1盘卷片(25米549拍) ：
1:10, 2B ；35mm银盐
收藏馆：缩微中心，国图

000O013440
夏忠靖公集：六卷遗事一卷 / (明)夏原吉撰
明弘治十三年(1500)袁经刻本
1991年摄制. -- 1盘卷片(11米200拍) ：
1:10, 2B ；35mm银盐
收藏馆：缩微中心，国图

000O011065
夏忠靖集：六卷附录一卷 / (明)夏原吉撰

清(1644-1911)眠云精舍抄本. -- 铃"八千卷
楼藏书之记""嘉惠堂丁氏藏书之记""光绪
辛卯嘉画堂丁氏藏书"印。
1989年摄制. -- 1盘卷片(7米122拍) ：1:10,
2B ；35mm银盐
收藏馆：缩微中心，天津

000O016370
金文靖公集：十卷 / (明)金幼孜撰
明成化四年(1468)金昭伯刻弘治六年(1493)卢
渊重修本
1993年摄制. -- 1盘卷片(25米504拍) ：
1:10, 2B ；35mm银盐
收藏馆：缩微中心，国图

000O014740
解学士先生集：三十一卷 / (明)解缙撰
明天顺元年(1457)黄谏刻本
1992年摄制. -- 1盘卷片(14米248拍) ：
1:10, 2B ；35mm银盐
收藏馆：缩微中心，国图

000O007400
解学士全集：十卷 / (明)解缙撰
明(1368-1644)刻本
1987年摄制. -- 2盘卷片(54米1201拍) ：
1:10, 2B ；35mm银盐
收藏馆：缩微中心，吉林

000O007813
解学士文集：十卷 / (明)解缙撰
明嘉靖四十一年(1562)刻本
1988年摄制. -- 2盘卷片(34.3米729拍) ：
1:10, 2B ；35mm银盐
收藏馆：缩微中心，重庆

000O022396
虚舟集：五卷 / (明)王偁撰
明弘治六年(1493)王俊刻嘉靖元年(1522)郑铭
重修本
1995年摄制. -- 1盘卷片(8米125拍) ：1:10,
2B ；35mm银盐
收藏馆：缩微中心，国图

000O019279
虚舟集：五卷 / (明)王偁撰
明(1368-1644)抄本
1994年摄制. -- 1盘卷片(5米56拍) ：1:10,
2B ；35mm银盐
收藏馆：缩微中心，国图

000O006235
觉非斋文集：二十八卷附录一卷 / (明)金实撰

明成化元年(1465)唐瑜刻本. -- (清)丁丙跋。
1987年摄制. -- 1盘卷片(23米546拍) : 1:10, 2B ; 35mm银盐
收藏馆：缩微中心，南京

00O020413
杨文敏公集：二十五卷附录一卷 / (明)杨荣撰
明正德十年(1515)刻本
1994年摄制. -- 1盘卷片(32米670拍) : 1:10, 2B ; 35mm银盐
收藏馆：缩微中心，国图

00O023302
思庵先生文粹：十一卷 / (明)吴讷撰
明嘉靖二十七年(1548)范来贤刻本
1995年摄制. -- 1盘卷片(13米244拍) : 1:10, 2B ; 35mm银盐
收藏馆：缩微中心，国图

00O005614
思庵先生文粹：十一卷 / (明)吴讷撰
清(1644-1911)曹炎抄本
1987年摄制. -- 1盘卷片(13.1米277拍) : 1:10, 2B ; 35mm银盐
收藏馆：缩微中心，国图

00O005535
杨文定公诗集：七卷 / (明)杨溥撰
明(1368-1644)抄本. -- 存六卷：卷一至卷五、卷七。
1987年摄制. -- 1盘卷片(8米169拍) : 1:10, 2B ; 35mm银盐
收藏馆：缩微中心，南京

00O013042
觉非集：十卷 / (明)罗亨信撰
清(1644-1911)罗哲刻本
1991年摄制. -- 1盘卷片(24米489拍) : 1:10, 2B ; 35mm银盐
收藏馆：缩微中心，国图

00O001644
观颐摘稿：一卷 / (明)姚旬撰. 附录：一卷 / (明)钱福撰
明嘉靖三十五年(1556)姚堵刻姚氏世刻本
1986年摄制. -- 1盘卷片(3米37拍) : 1:10, 2B ; 35mm银盐
收藏馆：缩微中心，国图

00O023673
风树亭稿：十二卷 / (明)姚福撰
清(1644-1911)金氏文瑞楼抄本

1995年摄制. -- 1盘卷片(10米184拍) : 1:10, 2B ; 35mm银盐
收藏馆：缩微中心，浙江

00O017418
鸡肋集：一卷 / (明)郑珞撰
明嘉靖(1522-1566)刻本
1993年摄制. -- 1盘卷片(3米26拍) : 1:10, 2B ; 35mm银盐
收藏馆：缩微中心，国图

00O027757
宜秋集：四卷 / (明)周玄撰
清(1644-1911)抄本. -- (清)廖炳跋。
1996年摄制. -- 1盘卷片(4.4米64拍) : 1:10, 2B ; 35mm银盐
收藏馆：缩微中心，福建

00O006565
古廉李先生诗集：十一卷 / (明)李时勉撰
明景泰七年(1456)姚堂刻本
1987年摄制. -- 1盘卷片(11米224拍) : 1:10, 2B ; 35mm银盐
收藏馆：缩微中心，国图

00O009078
古廉李先生诗集：十七卷 / (明)李时勉撰
明景泰七年(1456)姚堂刻本
1988年摄制. -- 1盘卷片(12.2米245拍) : 1:10, 2B ; 35mm银盐
收藏馆：缩微中心，湖南

00O005430
谥忠文古廉文集：六卷 / (明)李时勉撰
清(1644-1911)金氏文瑞楼抄本
1986年摄制. -- 1盘卷片(10米195拍) : 1:10, 2B ; 35mm银盐
收藏馆：缩微中心，国图

00O028791
运甓漫稿：七卷 / (明)李祯撰；(明)郑钢编
明天启三年(1623)郑钢刻本. -- 存四卷：卷四至卷七。(明)张瑄校。
1998年摄制. -- 1盘卷片(6米104拍) : 1:10, 2B ; 35mm银盐
收藏馆：缩微中心，湖南

00O013015
南斋先生魏文靖公摘稿：十卷 / (明)魏骥撰
明弘治十一年(1498)洪钟刻本
1991年摄制. -- 1盘卷片(19米361拍) : 1:10, 2B ; 35mm银盐
收藏馆：缩微中心，国图

00O023293
南斋先生魏文靖公摘稿：十卷附录一卷 / (明)魏骥撰
明弘治十一年(1498)洪钟刻清康熙八年(1669)王余高重修本
1995年摄制. -- 1盘卷片(20米374拍)：1:10，2B；35mm银盐
收藏馆：缩微中心，国图

00O000404
南斋先生魏文靖公摘稿：十卷 / (明)魏骥撰
清(1644-1911)抄本. -- 存六卷：卷一至卷四、卷九至卷十。
1985年摄制. -- 1盘卷片(10.5米210拍)：1:10，2B；35mm银盐
收藏馆：缩微中心，国图

00O013487
咏梅集句：一卷 / (明)沈行撰
明弘治(1488-1505)刻本
1991年摄制. -- 1盘卷片(4米36拍)：1:10，2B；35mm银盐
收藏馆：缩微中心，国图

00O025879
重刻质庵章先生文集：不分卷附录一卷 / (明)章敞撰
清(1644-1911)抄本
1996年摄制. -- 1盘卷片(8米141拍)：1:10，2B；35mm银盐
收藏馆：缩微中心，浙江

00O006228
王文安公诗集：五卷文集六卷 / (明)王英撰
清(1644-1911)叶氏朴学斋抄本. -- (清)丁丙跋。
1987年摄制. -- 1盘卷片(16米320拍)：1:10，2B；35mm银盐
收藏馆：缩微中心，南京

00O027465
王文安公诗集：五卷文集六卷 / (明)王英撰
清(1644-1911)朴学斋抄本. -- (清)丁丙跋。
1996年摄制. -- 1盘卷片(15米318拍)：1:10，2B；35mm银盐
收藏馆：缩微中心，南京

00O006219
退翁文集：六卷 / (明)王沦撰
明嘉靖二十四年(1545)王朝贤刻本
1987年摄制. -- 1盘卷片(15米311拍)：1:10，2B；35mm银盐
收藏馆：缩微中心，南京

00O018843
觉非先生文集：五卷 / (明)罗泰撰
清(1644-1911)林氏朴学斋抄本
1994年摄制. -- 1盘卷片(6米81拍)：1:10，2B；35mm银盐
收藏馆：缩微中心，国图

00O019694
陈文定公澹然遗书全集：十三卷 / (明)陈敬宗撰
明(1368-1644)刻本
1994年摄制. -- 2盘卷片(37米722拍)：1:10，2B；35mm银盐
收藏馆：缩微中心，国图

00O013024
澹然居士文集：十卷 / (明)陈敬宗撰
明嘉靖十四年(1535)陈文誉来汝贤刻本
1991年摄制. -- 1盘卷片(11米198拍)：1:10，2B；35mm银盐
收藏馆：缩微中心，国图

00O001396
大明仁宗皇帝御制集：二卷 / (明)仁宗朱高炽撰
明(1368-1644)抄本. -- 存：目录。
1985年摄制. -- 1盘卷片(2.8米27拍)：1:10，2B；35mm银盐
收藏馆：缩微中心，国图

00O009471
潜虬山人诗集：十卷 / (明)佘育撰
明嘉靖(1522-1566)刻本
1988年摄制. -- 1盘卷片(11米220拍)：1:9，2B；35mm银盐
收藏馆：缩微中心，重庆

00O003424
汀西诗集：六卷 / (明)赵珏撰
明嘉靖十七年(1538)刻本
1986年摄制. -- 1盘卷片(6米93拍)：1:10，2B；35mm银盐
收藏馆：缩微中心，国图

00O022075
盘谷集：十卷 / (明)刘鹰撰
明永乐(1403-1424)刻本
1995年摄制. -- 1盘卷片(8米132拍)：1:10，2B；35mm银盐
收藏馆：缩微中心，国图

00O012984
盘谷集：十卷 / (明)刘鹰撰
清(1644-1911)抄本
1991年摄制. -- 1盘卷片(8米126拍)：1:10，

2B ；35mm银盐
收藏馆：缩微中心，国图

000O003208
诚斋牡丹百咏：一卷；玉堂春百咏：一卷；梅花
百咏：一卷 / (明)朱有燉撰
明嘉靖十二年(1533)周藩刻本
1986年摄制. -- 1盘卷片(5米76拍) ：1:10,
2B ；35mm银盐
收藏馆：缩微中心，国图

000O009240
毅斋王先生文集：八卷附录一卷 / (明)王洪撰
明成化十一年(1475)刻本. -- 存四卷：卷六
至卷八、附录一卷。(清)王礼培题识。
1988年摄制. -- 1盘卷片(8米152拍) ：1:10,
2B ；35mm银盐
收藏馆：缩微中心，湖南

000O027753
旂山翁文集：六卷 / (明)黄泽撰
清(1644-1911)抄本
1996年摄制. -- 1盘卷片(9米167拍) ：1:10,
2B ；35mm银盐
收藏馆：缩微中心，福建

000O028494
黄旂山先生文稿：不分卷 / (明)黄泽撰
清(1644-1911)抄本
1997年摄制. -- 1盘卷片(9.2米173拍) ：
1:10, 2B ；35mm银盐
收藏馆：缩微中心，福建

000O009080
芳洲文集：十卷附录一卷 / (明)陈循撰
明万历三十五年(1607)刻本
1988年摄制. -- 1盘卷片(27米580拍) ：
1:10, 2B ；35mm银盐
收藏馆：缩微中心，湖南

000O014430
默庵诗集：五卷 / (明)曹义撰
明成化四年(1468)曹景刻本
1992年摄制. -- 1盘卷片(7米105拍) ：1:10,
2B ；35mm银盐
收藏馆：缩微中心，国图

000O003471
止园集：二十四卷续集一卷 / (明)吴亮撰
明天启元年(1621)吴亮刻本
1986年摄制. -- 2盘卷片(39米841拍) ：
1:10, 2B ；35mm银盐
收藏馆：缩微中心，国图

000O013877
止园集：二十八卷 / (明)吴亮撰
明天启元年(1621)吴亮刻本. -- 存二十五
卷：卷一至卷五、卷八至卷二十七。
1992年摄制. -- 2盘卷片(46米876拍) ：
1:10, 2B ；35mm银盐
收藏馆：缩微中心，国图

000O021769
寻乐习先生文集：二十卷遗事一卷 / (明)习经撰；
(明)黄仲昭校正
明成化九年至十年(1473-1474)习襄莆田郡刻
本
1995年摄制. -- 1盘卷片(14米266拍) ：
1:10, 2B ；35mm银盐
收藏馆：缩微中心，国图

000O022401
闽中稿：一卷 / (明)李奎撰
明(1368-1644)刻本
1995年摄制. -- 1盘卷片(3米10拍) ：1:10,
2B ；35mm银盐
收藏馆：缩微中心，国图

000O012619
勤有诗文集：诗集一卷文集一卷 / (明)朱孟烷撰
明正统六年(1441)楚藩朱季垅刻本
1990年摄制. -- 1盘卷片(10.5米215拍) ：
1:10, 2B ；35mm银盐
收藏馆：缩微中心，辽宁

000O026665
薛文清公全集：四十卷附录一卷 / (明)薛瑄撰
明嘉靖四十三年(1564)赵孔昭刻本
1996年摄制. -- 3盘卷片(58米1176拍) ：
1:10, 2B ；35mm银盐
收藏馆：缩微中心，福建

000O008658
薛文清公全集：四十卷附录一卷 / (明)薛瑄撰
明万历四十三年(1615)崔尔进刻本
1987年摄制. -- 2盘卷片(53.3米1173拍) ：
1:10, 2B ；35mm银盐
收藏馆：缩微中心，重庆

000O017364
薛文清公全集：四十卷 / (明)薛瑄撰
明(1368-1644)刻本. -- 存八卷：卷一至卷
二、卷十八至卷二十、卷三十四至卷三十六。
1993年摄制. -- 1盘卷片(15米278拍) ：
1:10, 2B ；35mm银盐
收藏馆：缩微中心，国图

00○005378
河汾诗集：八卷 / (明)薛瑄撰
明成化五年(1469)谢庭桂朱维吉刻本
1986年摄制. -- 1盘卷片(13米264拍) :
1:10, 2B ; 35mm银盐
收藏馆：缩微中心，国图

00○007482
敬轩薛先生文集：二十四卷 / (明)薛瑄撰
明弘治十六年(1503)李越刻递修本
1987年摄制. -- 1盘卷片(16米343拍) :
1:10, 2B ; 35mm银盐
收藏馆：缩微中心，国图

00○029986
敬轩薛先生文集：二十四卷 / (明)薛瑄撰
明弘治十六年(1503)李越刻递修本
2001年摄制. -- 1盘卷片(29米605拍) :
1:10, 2B ; 35mm银盐
收藏馆：缩微中心，国图

00○005487
文清公薛先生文集：二十四卷 / (明)薛瑄撰
明万历四十二年(1614)薛士弘刻本
1987年摄制. -- 1盘卷片(31.2米678拍) :
1:10, 2B ; 35mm银盐
收藏馆：缩微中心，山西

00○004777
敬轩薛先生文集：二十四卷 / (明)薛瑄撰
明万历(1573-1620)张铨刻本
1987年摄制. -- 1盘卷片(30米669拍) :
1:10, 2B ; 35mm银盐
收藏馆：缩微中心，国图

00○010238
文清公薛先生文集：二十四卷 / (明)薛瑄撰；
(明)张鼎校正编辑
清雍正十二年(1734)刻本
1989年摄制. -- 1盘卷片(32米713拍) :
1:10, 2B ; 35mm银盐
收藏馆：缩微中心，天津

00○028499
淡轩先生诗文集：十二卷补遗一卷 / (明)林文撰
明嘉靖四十五年(1566)林炳章刻本. -- 诗集
三卷、文集九卷为连卷。
1997年摄制. -- 1盘卷片(15.6米336拍) :
1:10, 2B ; 35mm银盐
收藏馆：缩微中心，福建

00○028657
康斋先生文集：十三卷附录一卷 / (明)吴与弼撰

明弘治七年(1494)吴泰刻本. -- （清)丁丙
跋。
1996年摄制. -- 1盘卷片(23米473拍) :
1:10, 2B ; 35mm银盐
收藏馆：缩微中心，南京

00○005068
康斋先生文集：十二卷附录一卷 / (明)吴与弼撰
明嘉靖五年(1526)林维德刻本
1986年摄制. -- 1盘卷片(22米475拍) :
1:10, 2B ; 35mm银盐
收藏馆：缩微中心，国图

00○015650
康斋先生文集：十二卷附录一卷 / (明)吴与弼撰
明嘉靖五年(1526)林维德刻递修本
1993年摄制. -- 1盘卷片(24米455拍) :
1:10, 2B ; 35mm银盐
收藏馆：缩微中心，国图

00○012035
两溪刘忠悯先生文集：二十四卷诗集四卷 / (明)
刘球撰
清乾隆三十五年(1770)辰翰楼刻本. -- 文集
二十四卷(九册)为辰翰楼刻本，清乾隆三十五
年(1770)重镌；诗集四卷(三册)为辰翰楼刻
本，清乾隆三十八年(1773)重修。
1990年摄制. -- 2盘卷片(37米740拍) :
1:10, 2B ; 35mm银盐
收藏馆：缩微中心，山西

00○028003
石溪集：十一卷 / (明)周叙撰
明成化六年(1470)周蒙刻本
1996年摄制. -- 1盘卷片(30米650拍) :
1:10, 2B ; 35mm银盐
收藏馆：缩微中心，南京

00○028929
石溪周先生文集：八卷 / (明)周叙撰
明万历二十二年(1594)刻本
1998年摄制. -- 1盘卷片(26米509拍) :
1:10, 2B ; 35mm银盐
收藏馆：缩微中心，苏州

00○005525
素轩集：十二卷 / (明)沐昂撰
明(1368-1644)刻本. -- （清)丁丙、丁立中
跋。
1987年摄制. -- 1盘卷片(12米242拍) :
1:10, 2B ; 35mm银盐
收藏馆：缩微中心，南京

000O023320

东原集：七卷 / (明)杜琼撰

清(1644-1911)抄本

1995年摄制. -- 1盘卷片(7米108拍) ： 1:10,
2B ； 35mm银盐

收藏馆：缩微中心，国图

000O008596

杜东原杂著：一卷补遗一卷 / (明)杜琼撰

清(1644-1911)抄本

1988年摄制. -- 1盘卷片(4米64拍) ： 1:10,
2B ； 35mm银盐

收藏馆：缩微中心，国图

000O000275

大明宣宗皇帝御制集：四十四卷 / (明)宣宗朱瞻
基撰

明(1368-1644)抄本. -- 存四卷：卷五至卷
八。

1985年摄制. -- 1盘卷片(4.2米61拍) ：
1:10, 2B ； 35mm银盐

收藏馆：缩微中心，国图

000O027109

忠肃公和梅花百咏：一卷 / (明)于慎行撰

清康熙六十年(1721)于继先刻本

1997年摄制. -- 1盘卷片(2米20拍) ： 1:10,
2B ； 35mm银盐

收藏馆：缩微中心，国图

000O007698

于忠肃公集：十二卷附录四卷 / (明)于谦撰

明天启元年(1621)孙昌斋刻本

1987年摄制. -- 2盘卷片(53.7米1142拍) ：
1:9, 2B ； 35mm银盐

收藏馆：缩微中心，重庆

000O028072

于忠肃公集：十卷 / (明)于谦撰；(清)于继先辑

清康熙六十年（1721）刻本. -- 配清
(1644-1911)抄本。存三卷：卷三至卷五。

1997年摄制. -- 1盘卷片(11.3米218拍) ：
1:10, 2B ； 35mm银盐

收藏馆：缩微中心，福建

000O025673

楳读先生存稿：十卷附录五卷 / (明)杨自惩撰

明弘治十八年(1505)杨守阯刻本

1996年摄制. -- 1盘卷片（10米189拍） ：
1:10, 2B ； 35mm银盐

收藏馆：缩微中心，南京

000O016717

傀寮集：二卷 / (明)释宗贤撰

清(1644-1911)李氏研录山房抄本

1993年摄制. -- 1盘卷片(4米49拍) ： 1:10,
2B ； 35mm银盐

收藏馆：缩微中心，国图

000O024595

勿斋诗稿：一卷遗稿一卷 / (明)陈员韬撰

清(1644-1911)抄本

1996年摄制. -- 1盘卷片(3米41拍) ： 1:10,
2B ； 35mm银盐

收藏馆：缩微中心，浙江

000O024525

土苴集：二卷外诗一卷续集一卷附录一卷 / (明)
周鼎撰

清(1644-1911)抄本

1996年摄制. -- 1盘卷片(8.5米149拍) ：
1:10, 2B ； 35mm银盐

收藏馆：缩微中心，浙江

000O014952

大明一统赋：三卷 / (明)莫旦撰

明嘉靖三十年(1551)汪云程刻本

1992年摄制. -- 1盘卷片(9米189拍) ： 1:10,
2B ； 35mm银盐

收藏馆：缩微中心，国图

000O007673

天全翁集：□□卷 / (明)徐有贞撰

清(1644-1911)抄本. -- 存五卷：卷一至卷五。

1988年摄制. -- 1盘卷片(9米158拍) ： 1:10,
2B ； 35mm银盐

收藏馆：缩微中心，南京

000O016383

东安李都宪先生文集：五卷 / (明)李侃撰

明弘治六年(1493)李德仁刻本

1993年摄制. -- 1盘卷片(7米104拍) ： 1:10,
2B ； 35mm银盐

收藏馆：缩微中心，国图

000O005514

鸣秋集：二卷 / (明)赵迪撰．赵南海诗：一卷 /
(明)赵壮撰

清(1644-1911)抄本. -- (清)丁丙跋。

1987年摄制. -- 1盘卷片(4米64拍) ： 1:10,
2B ； 35mm银盐

收藏馆：缩微中心，南京

000O014666

鸣秋集：二卷 / (明)赵迪撰

清(1644-1911)抄本
1992年摄制. -- 1盘卷片(4米40拍) ： 1:10,
2B ； 35mm银盐
收藏馆：缩微中心，国图

00O018495
古穰文集：三十卷 / (明)李贤撰
明成化十年(1474)李璋刻万历四十六年(1618)
李弘勋重修本
1993年摄制. -- 1盘卷片(24米479拍) ：
1:10, 2B ； 35mm银盐
收藏馆：缩微中心，国图

00O008751
完庵刘先生诗集：二卷 / (明)刘珏撰
清(1644-1911)抄本
1988年摄制. -- 1盘卷片(5.5米92拍) ：
1:10, 2B ； 35mm银盐
收藏馆：缩微中心，重庆

00O023303
完庵集：一卷 / (明)刘珏撰
明(1368-1644)刻本
1995年摄制. -- 1盘卷片(4米50拍) ：
2B ； 35mm银盐
收藏馆：缩微中心，国图

00O027376
完庵集：四卷 / (明)刘珏撰
清(1644-1911)抄本
1996年摄制. -- 1盘卷片(10米108拍) ：
1:10, 2B ； 35mm银盐
收藏馆：缩微中心，南京

00O008967
布衣陈先生存稿：九卷 / (明)陈真晟撰
明万历(1573-1620)李畿嗣漳州刻本
1988年摄制. -- 1盘卷片(10米136拍) ：
1:10, 2B ； 35mm银盐
收藏馆：缩微中心，湖北

00O023006
袜线集：五卷 / (明)史杰撰
明弘治四年(1491)史诚刻本
1995年摄制. -- 1盘卷片(7米122拍) ：
1:10, 2B ； 35mm银盐
收藏馆：缩微中心，国图

00O009874
沈兰轩集：五卷 / (明)沈彬撰
明(1368-1644)刻本
1989年摄制. -- 1盘卷片(5米88拍) ： 1:10,
2B ； 35mm银盐

收藏馆：缩微中心，浙江

00O020136
平桥稿：十八卷 / (明)郑文康撰
清(1644-1911)抄本
1994年摄制. -- 1盘卷片(14米267拍) ：
1:10, 2B ； 35mm银盐
收藏馆：缩微中心，国图

00O022135
姚文敏公遗稿：十卷附录一卷 / (明)姚夔撰
明弘治三年(1490)姚玺刻本
1995年摄制. -- 1盘卷片(16米307拍) ：
1:10, 2B ； 35mm银盐
收藏馆：缩微中心，国图

00O029063
姚文敏公遗稿：十卷 / (明)姚夔撰
明弘治三年(1490)姚玺刻本. -- 存五卷：卷
一至卷五。
1999年摄制. -- 1盘卷片(6米142拍) ： 1:10,
2B ； 35mm银盐
收藏馆：缩微中心，国图

00O016362
类博稿：十卷 / (明)岳正撰
明(1368-1644)刻本
1992年摄制. -- 1盘卷片(12米224拍) ：
1:10, 2B ； 35mm银盐
收藏馆：缩微中心，国图

00O013517
类博稿：十卷附录二卷 / (明)岳正撰
清(1644-1911)吴氏绣谷亭抄本
1991年摄制. -- 1盘卷片(9米200拍) ： 1:10,
2B ； 35mm银盐
收藏馆：缩微中心，国图

00O011640
类博稿：十卷 / (明)岳正撰
明嘉靖(1522-1566)刻本
1990年摄制. -- 1盘卷片(11米228拍) ：
1:10, 2B ； 35mm银盐
收藏馆：缩微中心，天津

00O008692
商文毅公集：十一卷 / (明)商辂撰
明隆庆六年(1572)郑应龄刻本
1987年摄制. -- 1盘卷片(15米313拍) ： 1:9,
2B ； 35mm银盐
收藏馆：缩微中心，重庆

000O005367
商文毅公集：十卷 / (明)商辂撰
明万历三十年(1602)刘体元刻本
1986年摄制. -- 1盘卷片(14米298拍) :
1:10, 2B ; 35mm银盐
收藏馆：缩微中心, 国图

000O026741
商文毅公集：十卷 / (明)商辂撰
明万历三十年(1602)刘体元刻本. -- (清)丁
丙跋。
1996年摄制. -- 1盘卷片(15米299拍) :
1:10, 2B ; 35mm银盐
收藏馆：缩微中心, 南京

000O006082
商文毅公集：六卷 / (明)商辂撰
清顺治(1644-1661)刻本
1987年摄制. -- 1盘卷片(11米221拍) :
1:10, 2B ; 35mm银盐
收藏馆：缩微中心, 吉林

000O006524
友梅集：不分卷 / (明)季篪撰
清(1644-1911)抄本
1987年摄制. -- 1盘卷片(6米96拍) : 1:10,
2B ; 35mm银盐
收藏馆：缩微中心, 国图

000O024902
倪文僖公集：三十二卷 / (明)倪谦撰
明弘治六年(1493)倪岳刻本. -- (清)丁丙
跋。
1996年摄制. -- 1盘卷片(30米627拍) :
1:10, 2B ; 35mm银盐
收藏馆：缩微中心, 南京

000O005552
杨宜间诗集：六卷文集十三卷 / (明)杨璿撰
明(1368-1644)宝敕堂刻本
1987年摄制. -- 1盘卷片(18米392拍) :
1:10, 2B ; 35mm银盐
收藏馆：缩微中心, 南京

000O014631
杨宜间文集：十二卷 / (明)杨璿撰
明(1368-1644)刻本. -- 存六卷：卷一至卷六。
1992年摄制. -- 1盘卷片(8米117拍) : 1:10,
2B ; 35mm银盐
收藏馆：缩微中心, 国图

000O016134
王端毅公文集：九卷 / (明)王恕撰

明嘉靖三十一年(1552)乔世宁刻本
1993年摄制. -- 1盘卷片(11米195拍) :
1:10, 2B ; 35mm银盐
收藏馆：缩微中心, 国图

000O020517
认真子集：三卷 / (明)朱英辑
清乾隆十六年(1751)刻本
1994年摄制. -- 1盘卷片(10米203拍) :
1:10, 2B ; 35mm银盐
收藏馆：缩微中心, 广西二

000O024909
吕文懿公全集：十二卷 / (明)吕原撰
明嘉靖四十三年(1564)吕科吕程刻本. --
(清)丁丙跋。
1996年摄制. -- 2盘卷片(36米748拍) :
1:10, 2B ; 35mm银盐
收藏馆：缩微中心, 南京

000O023291
卞郎中诗集：七卷 / (明)卞荣撰
明成化十二年(1476)吴缵刻本. -- 存三卷：
卷一至卷三。
1995年摄制. -- 1盘卷片(11米193拍) :
1:10, 2B ; 35mm银盐
收藏馆：缩微中心, 国图

000O026851
卞郎中诗集：七卷 / (明)卞荣撰
明成化十六年(1480)吴缵刻本
1996年摄制. -- 1盘卷片(19米403拍) :
1:10, 2B ; 35mm银盐
收藏馆：缩微中心, 南京

000O019312
叶文庄公全集：三十卷 / (明)叶盛撰
清初(1644-1722)刻本
1994年摄制. -- 2盘卷片(51米1007拍) :
1:10, 2B ; 35mm银盐
收藏馆：缩微中心, 国图

000O031404
叶文庄公全集：三十卷 / (明)叶盛撰
清康熙(1662-1722)叶氏赐书楼刻乾隆四年
(1739)印本
2004年摄制. -- 2盘卷片(50米1067拍) :
1:10, 2B ; 35mm银盐
收藏馆：缩微中心, 国图

000O022463
叶文庄公全集：十六卷 / (明)叶盛撰
清(1644-1911)叶氏五百经幢馆抄本

1995年摄制. -- 1盘卷片(28米621拍) :
1:10, 2B ; 35mm银盐
收藏馆：缩微中心，南京

00O015794
鄞邑形胜赋：一卷
清(1644-1911)抄本
1993年摄制. -- 1盘卷片(3米16拍) : 1:10,
2B ; 35mm银盐
收藏馆：缩微中心，国图

00O005553
雪溪渔唱集：十卷补遗一卷附录一卷 / (明)苏平撰
明景泰六年(1455)刻本. -- 补遗附录配清
(1644-1911)抄本。存十卷：卷一至卷八、补遗一卷、附录一卷。(清)丁丙跋。
1987年摄制. -- 1盘卷片(12米214拍) :
1:10, 2B ; 35mm银盐
收藏馆：缩微中心，南京

00O014846
琼台会稿：十二卷 / (明)丘濬撰
明嘉靖三十二年(1553)郑廷鹄刻本
1992年摄制. -- 1盘卷片(20米394拍) :
1:10, 2B ; 35mm银盐
收藏馆：缩微中心，国图

00O023672
琼台会稿：十二卷 / (明)丘濬撰
明万历八年(1580)刘倬马千乘刻本
1995年摄制. -- 1盘卷片(22米434拍) :
1:10, 2B ; 35mm银盐
收藏馆：缩微中心，浙江

00O028299
琼台诗文会稿重编：二十四卷 / (明)丘濬撰
明天启元年(1621)琼山丘尔谷刻本
1997年摄制. -- 2盘卷片(53米1092拍) :
1:10, 2B ; 35mm银盐
收藏馆：缩微中心，广东

00O009562
琼台诗文会稿重编：二十四卷 / (明)丘濬撰
明天启(1621-1627)丘尔谷刻清康熙二十二年
(1683)补刻本
1988年摄制. -- 2盘卷片(52米1129拍) :
1:10, 2B ; 35mm银盐
收藏馆：缩微中心，山东

00O024671
项襄毅公遗稿：一卷实纪四卷年谱五卷 / (明)项德祯汇编

明万历二十六年(1598)嘉兴项皋谟刻本. --
存六卷：项襄毅公遗稿一卷、实纪四卷、年谱卷五。
1996年摄制. -- 1盘卷片(17米323拍) :
1:10, 2B ; 35mm银盐
收藏馆：缩微中心，浙江

00O022107
项襄毅公遗稿：一卷 / (明)项忠撰
清(1644-1911)抄本
1995年摄制. -- 1盘卷片(4米40拍) : 1:10,
2B ; 35mm银盐
收藏馆：缩微中心，国图

00O010467
竹岩集：十八卷补遗一卷附录一卷 / (明)柯潜撰；(明)柯维骐编
清(1644-1911)刻本. -- 弘字缺笔。
1989年摄制. -- 1盘卷片(16米333拍) :
1:10, 2B ; 35mm银盐
收藏馆：缩微中心，天津

00O022076
竹岩先生文集：十二卷 / (明)柯潜撰
清(1644-1911)范氏天一阁抄本
1995年摄制. -- 1盘卷片(8米127拍) : 1:10,
2B ; 35mm银盐
收藏馆：缩微中心，国图

00O017365
韩襄毅公家藏文集：十五卷 / (明)韩雍撰
明(1368-1644)刻本. -- 存三卷：卷二至卷四。
1993年摄制. -- 1盘卷片(5米67拍) : 1:10,
2B ; 35mm银盐
收藏馆：缩微中心，国图

00O025657
徐氏海隅集：诗编二十二卷文编四十三卷外编十四卷 / (明)徐学谟撰
明万历五年(1577)刻万历四十年(1612)徐元嘏重修本
1996年摄制. -- 3盘卷片(90米1982拍) :
1:10, 2B ; 35mm银盐
收藏馆：缩微中心，南京

00O023347
徐氏海隅集：诗编二十二卷 / (明)徐学谟撰
明万历(1573-1620)刻本
1995年摄制. -- 1盘卷片(17米324拍) :
1:10, 2B ; 35mm银盐
收藏馆：缩微中心，国图

00O013689
归有园稿：诗编七卷文编二十二卷 / (明)徐学谟撰
明万历二十一年(1593)张汝济刻万历四十年(1612)徐元嘏重修本
1991年摄制. -- 2盘卷片(40米819拍)：1:10, 2B；35mm银盐
收藏馆：缩微中心, 国图

00O017292
畏斋存稿：一卷附录五卷 / (明)林鹗撰
明正德八年(1513)林薇刻本
1992年摄制. -- 1盘卷片(9米136拍)：1:10, 2B；35mm银盐
收藏馆：缩微中心, 国图

00O014797
畏斋存稿：十卷 / (明)林鹗撰
明嘉靖(1522-1566)刻本. -- 存一卷：卷一。
1992年摄制. -- 1盘卷片(5米57拍)：1:10, 2B；35mm银盐
收藏馆：缩微中心, 国图

00O018106
黎文僖公集：十七卷 / (明)黎淳撰
明嘉靖三十五年(1556)陈甘雨刻本
1993年摄制. -- 1盘卷片(17米355拍)：1:10, 2B；35mm银盐
收藏馆：缩微中心, 山东

00O022953
黎阳王太傅诗选：一卷 / (明)王越撰；(明)杨仪辑
明正德三年(1508)杨仪石椂刻本
1995年摄制. -- 1盘卷片(5米56拍)：1:10, 2B；35mm银盐
收藏馆：缩微中心, 国图

00O013863
黎阳王襄敏公集：四卷 / (明)王越撰 . 年谱：一卷 / (明)王绍雍,(明)王正蒙撰
明万历十三年(1585)赫瀛王凤竹[等]刻本
1992年摄制. -- 1盘卷片(22米438拍)：1:10, 2B；35mm银盐
收藏馆：缩微中心, 国图

00O020383
黎阳王襄敏公集：四卷 / (明)王越撰 . 年谱：一卷 / (明)王绍雍,(明)王正蒙撰
明万历十三年(1585)赫瀛王凤竹[等]刻本
1994年摄制. -- 1盘卷片(22米435拍)：1:10, 2B；35mm银盐
收藏馆：缩微中心, 国图

00O023295
黎阳王襄敏公集：四卷 / (明)王越撰 . 年谱：一卷 / (明)王绍雍,(明)王正蒙撰
明万历十三年(1585)赫瀛王凤竹[等]刻本
1995年摄制. -- 1盘卷片(23米446拍)：1:10, 2B；35mm银盐
收藏馆：缩微中心, 国图

00O006221
王襄敏公集：四卷 / (明)王越撰
明万历元年(1573)王籥刻本. -- (清)丁丙跋。
1987年摄制. -- 1盘卷片(7米125拍)：1:10, 2B；35mm银盐
收藏馆：缩微中心, 南京

00O016783
庸斋先生集：二卷 / (明)陶承学撰
清(1644-1911)陶氏贤奕书楼抄本
1993年摄制. -- 1盘卷片(6米94拍)：1:10, 2B；35mm银盐
收藏馆：缩微中心, 国图

00O014624
王文肃公集：十二卷 / (明)王玙撰
明正德二年(1507)王昇刻本. -- 存八卷：卷五至卷十二。
1992年摄制. -- 1盘卷片(11米193拍)：1:10, 2B；35mm银盐
收藏馆：缩微中心, 国图

00O010511
方洲先生集：二十六卷；读史录：六卷 / (明)张宁撰；(明)许清编
明万历(1573-1620)海宁钱世垚[等]刻本
1989年摄制. -- 2盘卷片(50米1054拍)：1:10, 2B；35mm银盐
收藏馆：缩微中心, 天津

00O020418
东海张先生文集：五卷 / (明)张弼撰
明正德十三年(1518)张弘至刻本
1994年摄制. -- 1盘卷片(11米197拍)：1:10, 2B；35mm银盐
收藏馆：缩微中心, 国图

00O000829
张东海先生诗集：四卷文集五卷 / (明)张弼撰
明正德十二年(1517)张弘至刻本. -- 存四卷：文集卷一至卷四。
1985年摄制. -- 1盘卷片(15米318拍)：1:10, 2B；35mm银盐
收藏馆：缩微中心, 国图

000O012094
张东海先生诗集：四卷文集五卷 / (明)张弼撰
明正德十三年(1518)张弘至刻万历(1573-1620)
重修本
1990年摄制. -- 1盘卷片(18米383拍) ：
1:10, 2B ; 35mm银盐
收藏馆：缩微中心，山东

000O015018
杨文懿公文集：三十卷 / (明)杨守陈撰
明弘治十二年(1499)杨茂仁刻本
1992年摄制. -- 1盘卷片(25米476拍) ：
1:10, 2B ; 35mm银盐
收藏馆：缩微中心，国图

000O027926
杨文懿公文集：三十卷 / (明)杨守陈撰
明弘治十二年(1499)杨茂仁刻本. -- (清)丁
丙跋。
1996年摄制. -- 1盘卷片(24米520拍) ：
1:10, 2B ; 35mm银盐
收藏馆：缩微中心，南京

000O009444
杨文懿公文集：三十六卷 / (明)杨守陈撰
明万历十六年(1588)杨德政刻万历二十八年
(1600)增修本
1988年摄制. -- 2盘卷片(45.6米991拍) ：
1:10, 2B ; 35mm银盐
收藏馆：缩微中心，重庆

000O016305
枕肱亭文集：二十卷目录二卷附录一卷 / (明)童
轩撰
明成化六年(1470)万僖刻本. -- 存十三卷：
诗卷二至卷十、文卷一至卷二、目录二卷
1993年摄制. -- 1盘卷片(25米505拍) ：
1:10, 2B ; 35mm银盐
收藏馆：缩微中心，国图

000O014330
括囊稿：一卷 / (明)文洪撰
清(1644-1911)抄本
1992年摄制. -- 1盘卷片(4米26拍) ： 1:10,
2B ; 35mm银盐
收藏馆：缩微中心，国图

000O011089
明夏赤城先生文集：二十三卷首一卷 / (明)夏鍭
撰
清乾隆(1736-1795)夏氏映南轩活字印本
1989年摄制. -- 1盘卷片(25米538拍) ：
1:10, 2B ; 35mm银盐

收藏馆：缩微中心，天津

000O018225
刘文和公集：十六卷附录一卷 / (明)刘翊撰
明嘉靖(1522-1566)刻本
1993年摄制. -- 1盘卷片(18米376拍) ：
1:10, 2B ; 35mm银盐
收藏馆：缩微中心，山东

000O006631
古直先生文集：十六卷附录一卷 / (明)刘翊撰
明嘉靖三年(1524)刘鈗刻本
1987年摄制. -- 1盘卷片(17米367拍) ：
1:10, 2B ; 35mm银盐
收藏馆：缩微中心，国图

000O017855
古直先生文集：十六卷附录一卷 / (明)刘翊撰
明嘉靖三年(1524)刘鈗刻本. -- 存十卷：卷
一至卷五、卷九、卷十三至卷十六。
1993年摄制. -- 1盘卷片(10米165拍) ：
1:10, 2B ; 35mm银盐
收藏馆：缩微中心，国图

000O006136
马端肃公诗集：一卷 / (明)马文升撰
明万历十八年(1590)马悫刻本. -- (清)丁丙
跋。
1987年摄制. -- 1盘卷片(5米86拍) ： 1:10,
2B ; 35mm银盐
收藏馆：缩微中心，南京

000O027881
椒丘文集：三十四卷外集一卷 / (明)何乔新撰
明嘉靖元年(1522)余礬刻本. -- (清)丁丙
跋。
1996年摄制. -- 2盘卷片(43米888拍) ：
1:10, 2B ; 35mm银盐
收藏馆：缩微中心，南京

000O019178
椒丘先生文集：三十五卷 / (明)何乔新撰
明嘉靖元年(1522)余礬刻本. -- 卷一至卷七
配明书林刘氏慎独斋刻本。
1994年摄制. -- 2盘卷片(40米786拍) ：
1:10, 2B ; 35mm银盐
收藏馆：缩微中心，国图

000O010418
文肃公文集：三十四卷外集一卷 / (明)何乔新撰
清康熙三十三年(1694)刻本
1989年摄制. -- 2盘卷片(57米1261拍) ：
1:10, 2B ; 35mm银盐

收藏馆：缩微中心，天津

00O017401
石田先生诗钞：八卷文钞一卷 / (明)沈周撰；
(明)瞿式耜辑．事略：一卷 / (清)钱谦益辑
明崇祯十七年(1644)瞿式耜刻本． -- 郑振铎
跋。
1993年摄制． -- 1盘卷片(14米276拍)：
1:10，2B；35mm银盐
收藏馆：缩微中心，国图

00O007780
沈石田先生集：不分卷 / (明)沈周撰
清(1644-1911)汪坊抄本
1987年摄制． -- 1盘卷片(25米534拍)：
1:10，2B；35mm银盐
收藏馆：缩微中心，湖南

00O017745
石田先生集：十一卷 / (明)沈周撰
明万历四十三年(1615)陈仁锡刻本． -- 邓邦
述、郑振铎跋。
1993年摄制． -- 1盘卷片(19米377拍)：
1:10，2B；35mm银盐
收藏馆：缩微中心，国图

00O020427
石田先生集：十一卷 / (明)沈周撰
明万历四十三年(1615)陈仁锡刻本
1994年摄制． -- 1盘卷片(20米379拍)：
1:10，2B；35mm银盐
收藏馆：缩微中心，国图

00O021518
石田稿：三卷 / (明)沈周撰
明弘治十六年(1503)集义堂刻本
1995年摄制． -- 1盘卷片(16米315拍)：
1:10，2B；35mm银盐
收藏馆：缩微中心，国图

00O028120
石田稿：三卷 / (明)沈周撰
明弘治十六年(1503)黄淮集义堂刻本． --
(清)安璿跋。
1996年摄制． -- 1盘卷片(17米342拍)：
1:10，2B；35mm银盐
收藏馆：缩微中心，南京

00O016253
一舫斋诗：一卷 / (明)张渊撰
明万历(1573-1620)刻本
1993年摄制． -- 1盘卷片(4米33拍)：1:10，
2B；35mm银盐

收藏馆：缩微中心，国图

00O015140
徐康懿公余力稿：十二卷 / (明)徐贯撰
明(1368-1644)徐健刻本． -- 存三卷：卷四至
卷六。
1992年摄制． -- 1盘卷片(6米82拍)：1:10，
2B；35mm银盐
收藏馆：缩微中心，国图

00O006655
林泉高士孙西川诗稿：一卷 / (明)孙艾撰
明嘉靖十五年(1536)孙耒刻本
1987年摄制． -- 1盘卷片(4米65拍)：1:10，
2B；35mm银盐
收藏馆：缩微中心，国图

00O029161
使蜀稿：二卷 / (明)刘惟□撰
明永乐八年(1410)刻本． -- 存十一页：卷上
六页、卷下五页。
1999年摄制． -- 1盘卷片(3米63拍)：1:10，
2B；35mm银盐
收藏馆：缩微中心，国图

00O016318
白沙先生全集：二十卷 / (明)陈献章撰
明弘治十八年(1505)罗侨刻本． -- 存八卷：
卷一至卷八。
1993年摄制． -- 1盘卷片(19米362拍)：
1:10，2B；35mm银盐
收藏馆：缩微中心，国图

00O016476
白沙先生全集：二十一卷 / (明)陈献章撰
明嘉靖三十年(1551)萧世延刻本
1992年摄制． -- 2盘卷片(40米801拍)：
1:10，2B；35mm银盐
收藏馆：缩微中心，国图

00O016375
白沙先生全集：二十卷 / (明)陈献章撰
明(1368-1644)刻本
1992年摄制． -- 1盘卷片(30米629拍)：
1:10，2B；35mm银盐
收藏馆：缩微中心，国图

00O006001
白沙子全集：九卷附录一卷 / (明)陈献章撰
明万历四十年(1612)何上新刻本
1987年摄制． -- 2盘卷片(40米856拍)：
1:10，2B；35mm银盐
收藏馆：缩微中心，国图

000O016372
白沙子全集：九卷附录一卷 / (明)陈献章撰
清顺治十二年(1655)黄之正刻本
1993年摄制. -- 2盘卷片(41米809拍) :
1:10, 2B ; 35mm银盐
收藏馆：缩微中心，国图

000O030181
白沙子全集：十卷首一卷古诗教解二卷 / (明)陈
献章撰 ; (明)湛若水辑解
清乾隆三十六年(1771)碧玉楼刻本
2001年摄制. -- 2盘卷片(46.3米930拍) :
1:10, 2B ; 35mm银盐
收藏馆：缩微中心，厦门

000O029318
白沙先生诗近稿：十卷 / (明)陈献章撰
明弘治九年(1496)刻本
1999年摄制. -- 1盘卷片(8米143拍) : 1:10,
2B ; 35mm银盐
收藏馆：缩微中心，湖南

000O015068
白沙子：八卷 / (明)陈献章撰
明嘉靖十二年(1533)高简卞崃刻本
1992年摄制. -- 1盘卷片(32米649拍) :
1:10, 2B ; 35mm银盐
收藏馆：缩微中心，国图

000O005239
白沙先生文编：六卷 / (明)陈献章撰 ; (明)唐伯
元辑 . 年谱：一卷 / (明)王弘诲撰
明万历十一年(1583)郭惟贤汪应蛟[等]刻本
1986年摄制. -- 1盘卷片(17米354拍) :
1:10, 2B ; 35mm银盐
收藏馆：缩微中心，国图

000O024674
恭愍公遗稿：不分卷 / (明)陈选撰
清(1644-1911)抄本
1996年摄制. -- 1盘卷片(5米75拍) : 1:10,
2B ; 35mm银盐
收藏馆：缩微中心，浙江

000O028741
彭惠安公文集：十一卷 / (明)彭韶撰
明万历(1573-1620)刻本
1998年摄制. -- 1盘卷片(11米180拍) :
1:10, 2B ; 35mm银盐
收藏馆：缩微中心，苏州

000O016929
林初文诗文全集：十五卷 / (明)林章撰

明天启(1621-1627)刻本
1993年摄制. -- 1盘卷片(28米561拍) :
1:10, 2B ; 35mm银盐
收藏馆：缩微中心，国图

000O023297
翠渠摘稿：八卷 / (明)周瑛撰
明嘉靖七年(1528)林近龙刻清雍正十三年
(1735)周成续刻本. -- 卷八系清周维镰辑。
四库底本. (清)孔广陶跋。
1995年摄制. -- 1盘卷片(13米230拍) :
1:10, 2B ; 35mm银盐
收藏馆：缩微中心，国图

000O028055
翠渠先生续稿：不分卷 / (明)周瑛撰
明(1368-1644)抄本
1997年摄制. -- 1盘卷片(5.3米86拍) :
1:10, 2B ; 35mm银盐
收藏馆：缩微中心，福建

000O010537
一峰先生文集：十一卷 / (明)罗伦撰
明正德(1506-1521)刻本
1989年摄制. -- 1盘卷片(12米235拍) :
1:10, 2B ; 35mm银盐
收藏馆：缩微中心，吉林

000O006911
一峰先生文集：十四卷 / (明)罗伦撰
明嘉靖二十八年(1549)修吉刻本
1987年摄制. -- 1盘卷片(15.7米330拍) :
1:9, 2B ; 35mm银盐
收藏馆：缩微中心，重庆

000O008944
重校一峰先生集：十卷 / (明)罗伦撰
明万历十八年(1590)吴期照邹元标刻本
1988年摄制. -- 1盘卷片(25米470拍) :
1:10, 2B ; 35mm银盐
收藏馆：缩微中心，湖北

000O014646
西村集：八卷 / (明)史鉴撰
明嘉靖八年(1529)史壁刻本
1992年摄制. -- 1盘卷片(10米159拍) :
1:10, 2B ; 35mm银盐
收藏馆：缩微中心，国图

000O017383
西村集：八卷 / (明)史鉴撰
明嘉靖八年(1529)史壁刻本
1993年摄制. -- 1盘卷片(11米157拍) :

1:10, 2B ; 35mm银盐
收藏馆：缩微中心，国图

00O020425
西村集：八卷附录一卷 / (明)史鉴撰
明嘉靖八年(1529)史璧刻本
1994年摄制. -- 1盘卷片(10米160拍) : 1:10, 2B ; 35mm银盐
收藏馆：缩微中心，国图

00O001455
西村集：八卷 / (明)史鉴撰
清乾隆十一年(1746)史开基刻本
1985年摄制. -- 1盘卷片(16.6米359拍) : 1:10, 2B ; 35mm银盐
收藏馆：缩微中心，国图

00O022122
西村先生集：二十八卷附录一卷 / (明)史鉴撰
清初(1644-1722)抄本. -- (清)徐釚录(清)钱谦益题识，(清)徐渭仁跋。
1995年摄制. -- 1盘卷片(30米626拍) : 1:10, 2B ; 35mm银盐
收藏馆：缩微中心，国图

00O005567
邢丽文先生遗稿：一卷 / (明)邢参撰
清(1644-1911)抄本
1987年摄制. -- 1盘卷片(4米63拍) : 1:10, 2B ; 35mm银盐
收藏馆：缩微中心，南京

00O009679
林文安公文集：四卷 / (明)林瀚撰
明嘉靖三年(1524)刻本. -- 版框高二十一厘米宽十五厘米。
1989年摄制. -- 1盘卷片(7米119拍) : 1:10, 2B ; 35mm银盐
收藏馆：缩微中心，广东

00O024554
充然子诗文集：一卷 / (明)顾悫撰
清初(1644-1722)抄本. -- (清)舸月批校。
1996年摄制. -- 1盘卷片(5米76拍) : 1:10, 2B ; 35mm银盐
收藏馆：缩微中心，浙江

00O015638
匏翁家藏集：七十七卷补遗一卷 / (明)吴宽撰
明正德三年(1508)吴奭刻本
1993年摄制. -- 2盘卷片(50米1026拍) : 1:10, 2B ; 35mm银盐
收藏馆：缩微中心，国图

00O016061
匏翁家藏集：七十七卷补遗一卷 / (明)吴宽撰
明正德三年(1508)吴奭刻本. -- 章钰校并跋。
1993年摄制. -- 2盘卷片(51米1019拍) : 1:10, 2B ; 35mm银盐
收藏馆：缩微中心，国图

00O006635
匏翁家藏集：七十七卷补遗一卷 / (明)吴宽撰
明正德三年(1508)吴奭刻本
1987年摄制. -- 2盘卷片(50米1119拍) : 1:10, 2B ; 35mm银盐
收藏馆：缩微中心，国图

00O005298
未轩公文集：十二卷附录一卷 / (明)黄仲昭撰
明嘉靖(1522-1566)黄希白刻本. -- 存十二卷：卷一、卷三至卷十二，附录一卷。
1986年摄制. -- 1盘卷片(16米349拍) : 1:10, 2B ; 35mm银盐
收藏馆：缩微中心，国图

00O017788
未轩公文集：十二卷附录一卷 / (明)黄仲昭撰；(明)刘节校
明嘉靖三十四年(1555)黄希白刻本
1993年摄制. -- 1盘卷片(21米442拍) : 1:10, 2B ; 35mm银盐
收藏馆：缩微中心，天津

00O011670
桃溪净稿文集：三十九卷诗集四十五卷 / (明)谢铎撰
明嘉靖(1522-1566)刻本
1990年摄制. -- 2盘卷片(36米771拍) : 1:10, 2B ; 35mm银盐
收藏馆：缩微中心，天津

00O014645
桃溪类稿：六十卷附录一卷 / (明)谢铎撰
明嘉靖二十五年(1546)谢适然刻本. -- 存五十一卷：卷一、卷七至卷十、卷十五至卷六十。
1992年摄制. -- 2盘卷片(42米866拍) : 1:10, 2B ; 35mm银盐
收藏馆：缩微中心，国图

00O016857
祁阊杂咏：一卷 / (明)汪敬撰 . 续：一卷 / (明)汪璪撰
明正德元年(1506)汪衍刻本
1993年摄制. -- 1盘卷片(4米44拍) : 1:10,

2B ；35mm银盐
收藏馆：缩微中心，国图

000O003254
玉罄山房遗稿：八卷 / (明)王毓宗撰
明(1368-1644)刻本
1986年摄制. -- 1盘卷片(28米624拍) ：
1:10, 2B ；35mm银盐
收藏馆：缩微中心，国图

000O023344
自由堂稿：十一卷 / (明)马三才撰
明(1368-1644)刻本
1995年摄制. -- 1盘卷片(9米149拍) ：1:10,
2B ；35mm银盐
收藏馆：缩微中心，国图

000O026684
愧斋文粹：十卷附录一卷 / (明)陈音撰
明嘉靖十五年(1536)刻本
1996年摄制. -- 1盘卷片(11米209拍) ：
1:10, 2B ；35mm银盐
收藏馆：缩微中心，福建

000O015282
愧斋文粹：五卷附录一卷 / (明)陈音撰
清(1644-1911)范氏天一阁抄本
1992年摄制. -- 1盘卷片(5米71拍) ：1:10,
2B ；35mm银盐
收藏馆：缩微中心，国图

000O028118
碧川文选：四卷 / (明)杨宗祉撰
明嘉靖四年(1525)陆钶刻本. -- (清)丁丙
跋。
1996年摄制. -- 1盘卷片(14米277拍) ：
1:10, 2B ；35mm银盐
收藏馆：缩微中心，南京

000O008599
东山诗集：二卷 / (明)刘大夏撰
明正德十六年(1521)李承勋刻本
1988年摄制. -- 1盘卷片(6米99拍) ： 1:10,
2B ；35mm银盐
收藏馆：缩微中心，国图

000O023048
东山诗集：二卷 / (明)刘大夏撰
明(1368-1644)刻本
1995年摄制. -- 1盘卷片(8米128拍) ： 1:10,
2B ；35mm银盐
收藏馆：缩微中心，国图

000O005449
南坡诗稿：十五卷 / (明)赵辅撰
明(1368-1644)刻本. -- 存八卷：卷八至卷
十五。
1986年摄制. -- 1盘卷片(9米176拍) ：1:10,
2B ；35mm银盐
收藏馆：缩微中心，国图

000O011637
白州诗集：三卷 / (明)李士实撰
明正德(1506-1521)刻本
1990年摄制. -- 1盘卷片(12米247拍) ：
1:10, 2B ；35mm银盐
收藏馆：缩微中心，天津

000O009929
定山先生集：十卷附录一卷 / (明)庄昶撰
清康熙(1662-1722)刻校刻本. -- (清)庄清佐
校。
1989年摄制. -- 1盘卷片(21米447拍) ：
1:10, 2B ；35mm银盐
收藏馆：缩微中心，天津

000O023301
医闾先生集：九卷附录一卷 / (明)贺钦撰
明(1368-1644)齐道刻本. -- 四库底本。
1995年摄制. -- 1盘卷片(14米270拍) ：
1:10, 2B ；35mm银盐
收藏馆：缩微中心，国图

000O016555
医闾先生集：九卷附录一卷 / (明)贺钦撰
明嘉靖三十三年(1554)齐宗道刻本
1992年摄制. -- 1盘卷片(13.7米265拍) ：
1:10, 2B ；35mm银盐
收藏馆：缩微中心，辽宁

000O023304
枫山章先生文集：四卷实纪一卷 / (明)章懋撰
明(1368-1644)虞守愚刻本. -- 四库底本。
1995年摄制. -- 1盘卷片(16米306拍) ：
1:10, 2B ；35mm银盐
收藏馆：缩微中心，国图

000O006633
枫山章先生文集：九卷 / (明)章懋撰
明嘉靖九年(1530)张大纶刻章翰重修本
1987年摄制. -- 1盘卷片(26米584拍) ：
1:10, 2B ；35mm银盐
收藏馆：缩微中心，国图

000O022166
丰正元先生诗：四卷 / (明)丰越人撰

明天启七年(1627)丰建刻本
1995年摄制. -- 1盘卷片(8米133拍) : 1:10,
2B ; 35mm银盐
收藏馆：缩微中心，国图

000O016925
卧痴阁汇稿：不分卷 / (明)史忠撰
清初(1644-1722)刻本
1993年摄制. -- 1盘卷片(6米81拍) : 1:10,
2B ; 35mm银盐
收藏馆：缩微中心，国图

000O012523
水西稿：不分卷 / (明)张晓撰
明(1368-1644)刻本
1990年摄制. -- 1盘卷片(4.6米74拍) :
1:10, 2B ; 35mm银盐
收藏馆：缩微中心，辽宁

000O010498
东园郑先生文集续编：十三卷附录一卷 / (明)郑
纪撰
明(1368-1644)刻本
1989年摄制. -- 1盘卷片(14米294拍) :
1:10, 2B ; 35mm银盐
收藏馆：缩微中心，天津

000O025881
雁门胜迹诗集：不分卷 / (明)王钥撰
清(1644-1911)抄本
1996年摄制. -- 1盘卷片(5米79拍) : 1:10,
2B ; 35mm银盐
收藏馆：缩微中心，浙江

000O028092
桂轩稿：十卷 / (明)江源撰
明弘治四年(1491)刻本
1997年摄制. -- 1盘卷片(12.5米244拍) :
1:10, 2B ; 35mm银盐
收藏馆：缩微中心，广东

000O009126
邵半江存稿：四卷 / (明)邵珪撰
明万历四十六年(1618)邵维祯刻本
1988年摄制. -- 1盘卷片(12米227拍) :
1:10, 2B ; 35mm银盐
收藏馆：缩微中心，湖南

000O015796
梅花集咏：一卷 / (明)杨光溥撰
明(1368-1644)杨东野刻本
1993年摄制. -- 1盘卷片(4米45拍) : 1:10,
2B ; 35mm银盐

收藏馆：缩微中心，国图

000O027484
韩忠定公集：四卷 / (明)韩文撰
明万历(1573-1620)刻本
1996年摄制. -- 1盘卷片(17米361拍) :
1:10, 2B ; 35mm银盐
收藏馆：缩微中心，南京

000O010602
韩忠定公集：四卷 / (明)韩文撰；(明)乔因羽编
清乾隆三年(1738)刻本
1989年摄制. -- 1盘卷片(16.5米344拍) :
1:10, 2B ; 35mm银盐
收藏馆：缩微中心，祁县

000O014206
龙皋文稿：十九卷 / (明)陆简撰
明嘉靖(1522-1566)刻本. -- 存十一卷：卷五
至卷九、卷十四至卷十九。
1992年摄制. -- 1盘卷片(9米155拍) : 1:10,
2B ; 35mm银盐
收藏馆：缩微中心，国图

000O028996
戴氏集：十二卷 / (明)戴冠撰
明嘉靖二十七年(1548)张鲁刻本. -- (清)丁
丙跋。
1989年摄制. -- 1盘卷片(11米220拍) :
1:10, 2B ; 35mm银盐
收藏馆：缩微中心，南京

000O006217
王世周先生诗集：二十卷 / (明)王伯稠撰
明万历(1573-1620)刻本
1987年摄制. -- 1盘卷片(19米401拍) :
1:10, 2B ; 35mm银盐
收藏馆：缩微中心，南京

000O007662
石城山房稿：□□卷 / (明)李杰撰
明(1368-1644)刻本. -- 存六卷：卷二十二至
卷二十七。
1988年摄制. -- 1盘卷片(13米279拍) :
1:10, 2B ; 35mm银盐
收藏馆：缩微中心，南京

000O002297
青溪漫稿：二十四卷 / (明)倪岳撰
清(1644-1911)抄本. -- 存二十三卷：卷一至
卷十一、卷十三至卷二十四。
1986年摄制. -- 1盘卷片(15.4米330拍) :
1:10, 2B ; 35mm银盐

收藏馆：缩微中心，国图

000O004461
文温州集：十二卷 / (明)文林撰
明(1368-1644)刻本. -- 卷一至卷二配另一明
刻本。吴梅跋。
1986年摄制. -- 1盘卷片(10.7米219拍)：
1:10，2B；35mm银盐
收藏馆：缩微中心，国图

000O007370
文温州集：十二卷 / (明)文林撰
明(1368-1644)刻本. -- 卷一至卷二配另一明
刻本。(清)林佶跋。
1987年摄制. -- 1盘卷片(11米216拍)：
1:10，2B；35mm银盐
收藏馆：缩微中心，国图

000O017280
**篁墩程先生文集：九十三卷拾遗一卷 / (明)程敏
政撰**
明正德二年(1507)何歆程曾刻本. -- 卷
六十九至卷七十四配清(1644-1911)抄本。
存九十二卷：卷一至卷十二、卷十五至卷
九十三，拾遗一卷。
1992年摄制. -- 3盘卷片(80米1564拍)：
1:10，2B；35mm银盐
收藏馆：缩微中心，国图

000O017283
**篁墩程先生文集：九十三卷拾遗一卷 / (明)程敏
政撰**
明正德二年(1507)何歆程曾刻本
1993年摄制. -- 3盘卷片(82米1618拍)：
1:10，2B；35mm银盐
收藏馆：缩微中心，国图

000O000348
篁墩程先生文集：九十四卷 / (明)程敏政撰
明嘉靖十二年(1533)书林宗文堂刻本
1985年摄制. -- 3盘卷片(79.4米1744拍)：
1:10，2B；35mm银盐
收藏馆：缩微中心，国图

000O005993
**篁墩程先生文粹：二十五卷 / (明)程敏政撰；
(明)程曾,(明)戴铣辑**
明弘治十八年(1505)张九逵刻本
1987年摄制. -- 1盘卷片(27.5米621拍)：
1:10，2B；35mm银盐
收藏馆：缩微中心，国图

000O024300
瓜泾集：二卷 / (明)徐源撰
明正德(1506-1521)刻本
1996年摄制. -- 1盘卷片(6米91拍)：1:10，
2B；35mm银盐
收藏馆：缩微中心，国图

000O014046
屠康僖公文集：六卷附录一卷 / (明)屠勋撰
清初(1644-1722)刻本
1991年摄制. -- 1盘卷片(20米395拍)：
1:10，2B；35mm银盐
收藏馆：缩微中心，国图

000O017309
太保东湖屠公遗稿：七卷 / (明)屠勋撰
清(1644-1911)抄本
1993年摄制. -- 1盘卷片(9米140拍)：1:10，
2B；35mm银盐
收藏馆：缩微中心，国图

000O021790
马东田漫稿：六卷 / (明)马中锡撰
明嘉靖(1522-1566)刻本. -- (清)丁丙跋。
1994年摄制. -- 1盘卷片(23米452拍)：
1:10，2B；35mm银盐
收藏馆：缩微中心，南京

000O016878
马东田漫稿：六卷 / (明)马中锡撰；(明)孙绪评
清(1644-1911)抄本
1993年摄制. -- 1盘卷片(21米414拍)：
1:10，2B；35mm银盐
收藏馆：缩微中心，国图

000O013364
思玄集：十六卷 / (明)桑悦撰
明万历二年(1574)桑大协活字印本. -- 四
库底本。存八卷：卷六至卷七、卷十一至卷
十六。
1991年摄制. -- 1盘卷片(11米191拍)：
1:10，2B；35mm银盐
收藏馆：缩微中心，国图

000O013638
思玄集：十六卷附录一卷 / (明)桑悦撰
明万历二年(1574)桑大协活字印本
1991年摄制. -- 1盘卷片(19米381拍)：
1:10，2B；35mm银盐
收藏馆：缩微中心，国图

000O000629
思玄集：十六卷 / (明)桑悦撰；(明)徐威注

明万历四十四年(1616)翁宪祥刻本
1985年摄制. -- 1盘卷片(22米487拍) :
1:10, 2B ; 35mm银盐
收藏馆:缩微中心, 国图

000O001083
怀麓堂文后稿:三十卷讲读录一卷东祀录一卷
集句录一卷集句后录一卷哭子录一卷求退录三
卷 / (明)李东阳撰
明正德(1506-1521)刻本
1985年摄制. -- 2盘卷片(39.6米863拍) :
1:10, 2B ; 35mm银盐
收藏馆:缩微中心, 国图

000O010192
怀麓堂诗稿:二十卷诗后稿十卷文稿三十卷文
后稿三十卷文后续稿十卷 / (明)李东阳撰
清初(1644-1722)抄本. -- 文后稿存二十六
卷:卷五至卷三十, 文后续稿存八卷:卷一至
卷八。
1989年摄制. -- 3盘卷片(89米1904拍) :
1:10, 2B ; 35mm银盐
收藏馆:缩微中心, 湖南

000O005654
东祀录:三卷附一卷 / (明)李东阳撰
明弘治(1488-1505)刻本
1987年摄制. -- 1盘卷片(4.2米63拍) :
1:10, 2B ; 35mm银盐
收藏馆:缩微中心, 国图

000O017890
东祀录:三卷 / (明)李东阳撰
明正德元年(1506)王麟刻本
1993年摄制. -- 1盘卷片(4米52拍) : 1:10,
2B ; 35mm银盐
收藏馆:缩微中心, 国图

000O016594
翰林罗圭峰先生文集:十八卷续集十五卷 / (明)
罗玘撰
明嘉靖五年(1526)余载仕刻本
1993年摄制. -- 2盘卷片(38米750拍) :
1:10, 2B ; 35mm银盐
收藏馆:缩微中心, 山西

000O009011
罗圭峰先生文集:三十卷首一卷 / (明)罗玘撰
明崇祯七年(1634)黄端伯吴兆刻本
1988年摄制. -- 2盘卷片(35.5米745拍) :
1:10, 2B ; 35mm银盐
收藏馆:缩微中心, 湖北

000O008975
文肃公圭峰罗先生文集:三十七卷附录一卷 /
(明)罗玘撰
明崇祯七年(1634)书林单六我刻本
1988年摄制. -- 2盘卷片(43米903拍) :
1:10, 2B ; 35mm银盐
收藏馆:缩微中心, 湖北

000O013477
文肃公圭峰罗先生文集:三十七卷附录一卷 /
(明)罗玘撰
明崇祯七年(1634)罗寰罗冕罗宽代文堂刻
本. -- (清)钱陆灿批点。
1991年摄制. -- 2盘卷片(48米895拍) :
1:10, 2B ; 35mm银盐
收藏馆:缩微中心, 国图

000O023310
翰林罗圭峰先生文集:十八卷 / (明)罗玘撰
明(1368-1644)刻本
1995年摄制. -- 1盘卷片(29米590拍) :
1:10, 2B ; 35mm银盐
收藏馆:缩微中心, 国图

000O006231
东溪续稿:三卷;别稿:一卷 / (明)邓庠撰
明正德十年(1515)刻本
1987年摄制. -- 1盘卷片(10米211拍) :
1:10, 2B ; 35mm银盐
收藏馆:缩微中心, 南京

000O015637
静轩先生文集:十五卷附录一卷 / (明)汪舜民撰
明正德六年(1511)张鹏汪愈刻本
1993年摄制. -- 1盘卷片(15米289拍) :
1:10, 2B ; 35mm银盐
收藏馆:缩微中心, 国图

000O004513
静轩文钞:不分卷 / (明)汪舜民撰
清(1644-1911)汪氏裘杼楼抄本. -- (清)刘喜
海跋。
1986年摄制. -- 1盘卷片(6米92拍) : 1:10,
2B ; 35mm银盐
收藏馆:缩微中心, 国图

000O026675
石田清啸集:□□卷 / (明)朱翰撰
明成化十七年(1481)周瑾刻本
1996年摄制. -- 1盘卷片(4.4米64拍) :
1:10, 2B ; 35mm银盐
收藏馆:缩微中心, 福建

00O021521
震泽先生集：三十六卷 / (明)王鏊撰
明嘉靖(1522-1566)刻本. -- (清)张隽跋。
1995年摄制. -- 1盘卷片(33米660拍)：
1:10，2B；35mm银盐
收藏馆：缩微中心，国图

00O021791
震泽先生集：三十六卷 / (明)王鏊撰
明嘉靖(1522-1566)刻本. -- (清)丁丙跋。
1994年摄制. -- 1盘卷片(30米669拍)：
1:10，2B；35mm银盐
收藏馆：缩微中心，南京

00O029178
震泽先生集：三十六卷 / (明)王鏊撰
明嘉靖(1522-1566)刻本
1999年摄制. -- 1盘卷片(30米690拍)：
1:10，2B；35mm银盐
收藏馆：缩微中心，国图

00O001855
鹍音：一卷白社诗草一卷 / (明)王禹声撰
明万历(1573-1620)王氏三槐堂刻本
1985年摄制. -- 1盘卷片(3米29拍)：1:10，
2B；35mm银盐
收藏馆：缩微中心，国图

00O016052
王文恪公集：三十六卷 / (明)王鏊撰. 名公笔记：一卷
明(1368-1644)三槐堂刻本. -- 章钰跋。
1993年摄制. -- 2盘卷片(41米830拍)：
1:10，2B；35mm银盐
收藏馆：缩微中心，国图

00O009877
王文恪公集：三十六卷 / (明)王鏊撰. 鹍音：一卷白社诗草一卷 / (明)王禹声撰
明万历(1573-1620)王氏三槐堂刻清(1644-1911)
重修本. -- 还有合刻著作：名公笔记一卷。
1989年摄制. -- 2盘卷片(42米917拍)：
1:10，2B；35mm银盐
收藏馆：缩微中心，浙江

00O010442
杨维斗先生评订王文恪公家藏未刻稿：不分卷 / (明)王鏊撰；(明)杨延枢评
清顺治十三年(1656)三槐堂刻本. -- 本书无
页码。存：上论、下论。
1989年摄制. -- 1盘卷片(5米77拍)：1:10，
2B；35mm银盐
收藏馆：缩微中心，天津

00O009179
牡丹百咏集：一卷 / (明)张淮撰
明(1368-1644)抄本
1988年摄制. -- 1盘卷片(4米43拍)：1:10，
2B；35mm银盐
收藏馆：缩微中心，湖南

00O005558
云坪集：四卷 / (明)张天瑞撰
明嘉靖二十七年(1548)赵府味经堂刻本
1987年摄制. -- 1盘卷片(9米166拍)：1:10，
2B；35mm银盐
收藏馆：缩微中心，南京

00O009194
古城文集：四卷诗集二卷补遗一卷首一卷 / (明)张吉撰
清康熙三十年(1691)杨榆刻本. -- 古城文
集、诗集为连卷。
1988年摄制. -- 1盘卷片(14米280拍)：
1:10，2B；35mm银盐
收藏馆：缩微中心，湖南

00O026786
西轩郊唐集录：十二卷 / (明)丁养浩撰
明(1368-1644)刻本. -- (清)丁丙跋。
1996年摄制. -- 1盘卷片(14米282拍)：
1:10，2B；35mm银盐
收藏馆：缩微中心，南京

00O015344
石谷达意稿：三十四卷 / (明)吴伯通撰
明正德十一年(1516)汪城刻本
1992年摄制. -- 1盘卷片(24米475拍)：
1:10，2B；35mm银盐
收藏馆：缩微中心，国图

00O005550
荷亭文集：十四卷 / (明)卢格撰
明崇祯十二年(1639)卢迪刻本
1987年摄制. -- 1盘卷片(17米338拍)：
1:10，2B；35mm银盐
收藏馆：缩微中心，南京

00O020493
荷亭文集：十四卷 / (明)卢格撰
明崇祯十三年(1640)卢叔惠刻本. -- 存六
卷：卷一至卷六。
1994年摄制. -- 1盘卷片(8米125拍)：1:10，
2B；35mm银盐
收藏馆：缩微中心，国图

00O013299
大崖李先生诗集：十二卷文集八卷 / (明)李承箕
撰
明正德四年(1509)吴廷举刻本
1991年摄制. -- 1盘卷片(14.5米293拍)：
1:10，2B；35mm银盐
收藏馆：缩微中心，湖北

00O026075
大崖李先生诗集：十二卷文集八卷 / (明)李承箕
撰. 附录：一卷 / (明)李宝蒙辑
明正德(1506-1521)吴廷举刻本. -- 诗集和文
集为连卷。(清)丁丙跋。
1993年摄制. -- 1盘卷片(14米288拍)：
1:10，2B；35mm银盐
收藏馆：缩微中心，南京

00O017389
大崖李先生文集：二十卷 / (明)李承箕撰. 年谱：
一卷附录一卷 / (明)朱整撰
明(1368-1644)刻本. -- 存四卷：卷十七至卷
二十。
1993年摄制. -- 1盘卷片(6米80拍)：1:10，
2B；35mm银盐
收藏馆：缩微中心，国图

00O023294
少傅野亭刘公遗稿：八卷 / (明)刘忠撰
明嘉靖(1522-1566)刻本
1995年摄制. -- 1盘卷片(13米232拍)：
1:10，2B；35mm银盐
收藏馆：缩微中心，国图

00O022157
少傅野亭刘公遗稿：八卷 / (明)刘忠撰
清(1644-1911)抄本
1995年摄制. -- 1盘卷片(13米236拍)：
1:10，2B；35mm银盐
收藏馆：缩微中心，国图

00O012096
杨文恪公集：六十二卷 / (明)杨廉撰
明(1368-1644)刻本. -- 目录配清(1644-1911)
抄本。
1990年摄制. -- 2盘卷片(51米1118拍)：
1:10，2B；35mm银盐
收藏馆：缩微中心，山东

00O006637
见素集：二十八卷奏议七卷续集十二卷 / (明)林
俊撰
明万历十三年(1585)林及祖林大黼刻本. --
缺一卷：续集卷六。

1987年摄制. -- 2盘卷片(48米1049拍)：
1:10，2B；35mm银盐
收藏馆：缩微中心，国图

00O017804
见素集：二十八卷续集十二卷奏议七卷 / (明)林
俊撰；(明)黄佐校
明万历十三年(1585)林及祖刻本
1993年摄制. -- 2盘卷片(48米1050拍)：
1:10，2B；35mm银盐
收藏馆：缩微中心，天津

00O006030
见素诗集：十四卷 / (明)林俊撰
明正德十四年(1519)林达刻本. -- 存八卷：
卷一至卷八。
1987年摄制. -- 1盘卷片(10.3米209拍)：
1:10，2B；35mm银盐
收藏馆：缩微中心，国图

00O020973
见素诗集：十四卷 / (明)林俊撰
明正德十四年(1519)林达刻本. -- (清)丁丙
跋。
1994年摄制. -- 1盘卷片(16米323拍)：
1:10，2B；35mm银盐
收藏馆：缩微中心，南京

00O020160
石淙诗稿：十九卷 / (明)杨一清撰
明嘉靖(1522-1566)刻本
1994年摄制. -- 1盘卷片(25米490拍)：
1:10，2B；35mm银盐
收藏馆：缩微中心，国图

00O028091
南海杂咏：十卷 / (明)张诩撰
明弘治十八年(1505)刻本
1997年摄制. -- 1盘卷片(7米119拍)：1:10，
2B；35mm银盐
收藏馆：缩微中心，广东

00O015276
东所先生文集：十三卷 / (明)张诩撰
明嘉靖三十年(1551)张希举刻本
1992年摄制. -- 1盘卷片(11米188拍)：
1:10，2B；35mm银盐
收藏馆：缩微中心，国图

00O026795
草窗梅花集句：三卷；红梅集句：一卷 / (明)童
琥撰
明弘治十五年(1502)沙璧杨观刻本. -- (清)

丁丙跋。
1996年摄制. -- 1盘卷片(7米106拍)：1:10,
2B；35mm银盐
收藏馆：缩微中心，南京

000O014149
草窗梅花集句：三卷附录一卷 / (明)童琥撰
明崇祯七年(1634)汪载德刻本
1992年摄制. -- 1盘卷片(7米103拍)：1:10,
2B；35mm银盐
收藏馆：缩微中心，国图

000O018016
草窗梅花集句：四卷 / (明)童琥撰 . 竹浪亭集补
梅花集句：一卷 / (明)洪九畴,(明)程起骏撰
明崇祯十六年(1643)穴砚斋刻本
1993年摄制. -- 1盘卷片(8米136拍)：1:10,
2B；35mm银盐
收藏馆：缩微中心，国图

000O008433
草窗梅花集句：四卷 / (明)童琥撰 . 竹浪亭集补
梅花集句：一卷 / (明)洪九畴,(明)程起骏撰
清(1644-1911)竹泉庄抄本
1988年摄制. -- 1盘卷片(7米136拍)：1:10,
2B；35mm银盐
收藏馆：缩微中心，国图

000O005130
重订集古梅花诗：四卷 / (明)童琥撰
明(1368-1644)刻本
1986年摄制. -- 1盘卷片(5.5米96拍)：
1:10, 2B；35mm银盐
收藏馆：缩微中心，国图

000O019377
和梅花百咏诗稿：二卷 / (明)章琥撰
明(1368-1644)刻本
1994年摄制. -- 1盘卷片(5米64拍)：1:10,
2B；35mm银盐
收藏馆：缩微中心，国图

000O008772
梅花百咏诗：不分卷 / (明)敖毓元撰
明天启三年(1623)刻本
1988年摄制. -- 1盘卷片(3.8米52拍)：
1:11, 2B；35mm银盐
收藏馆：缩微中心，重庆

000O003339
松筹堂集：十二卷 / (明)杨循吉撰
清(1644-1911)金氏文瑞楼抄本
1986年摄制. -- 1盘卷片(13米261拍)：

1:10, 2B；35mm银盐
收藏馆：缩微中心，国图

000O022397
南峰杨先生松筹堂文集：十二卷 / (明)杨循吉撰
清(1644-1911)抄本
1995年摄制. -- 1盘卷片(21米431拍)：
1:10, 2B；35mm银盐
收藏馆：缩微中心，国图

000O026724
勉斋先生遗稿：三卷 / (明)郑满撰
清康熙(1662-1722)刻本. -- (清)徐时栋跋。
1996年摄制. -- 1盘卷片(7米116拍)：1:10,
2B；35mm银盐
收藏馆：缩微中心，南京

000O000400
半江赵先生文集：十五卷附录一卷 / (明)赵宽撰
明嘉靖四十年(1561)赵禴刻本
1985年摄制. -- 1盘卷片(24米533拍)：
1:10, 2B；35mm银盐
收藏馆：缩微中心，国图

000O024896
半江赵先生文集：十五卷附录一卷 / (明)赵宽撰
明嘉靖四十年(1561)赵禴刻本. -- (清)丁丙
跋。
1996年摄制. -- 1盘卷片(25米550拍)：
1:10, 2B；35mm银盐
收藏馆：缩微中心，南京

000O008558
柴墟文集：十五卷首一卷 / (明)储巏撰
明万历四十二年(1614)储燿刻本. -- (清)储
镇藩跋。
1988年摄制. -- 1盘卷片(20米449拍)：
1:10, 2B；35mm银盐
收藏馆：缩微中心，国图

000O026752
吴文肃公摘稿：四卷 / (明)吴俨撰
明万历十二年(1584)吴士遇刻本. -- (清)丁
丙跋。
1996年摄制. -- 1盘卷片(11米199拍)：
1:10, 2B；35mm银盐
收藏馆：缩微中心，南京

000O024602
湖海集：三卷 / (明)董沄撰
清(1644-1911)抄本
1996年摄制. -- 1盘卷片(4米60拍)：1:10,
2B；35mm银盐

收藏馆：缩微中心，浙江

00O017983
十岳山人诗集：四卷 / (明)王寅撰
明万历(1573-1620)程开泰项仲连刻本
1993年摄制. -- 1盘卷片(19米362拍) :
1:10, 2B ; 35mm银盐
收藏馆：缩微中心，国图

00O015882
丰村集：三十六卷 / (明)魏圻撰
明嘉靖(1522-1566)刻本
1993年摄制. -- 1盘卷片(19米372拍) :
1:10, 2B ; 35mm银盐
收藏馆：缩微中心，国图

00O005559
黄丹岩先生集：十卷 / (明)黄云撰
明嘉靖(1522-1566)王朝用刻本. -- 存四卷：
卷一至卷四。
1987年摄制. -- 1盘卷片(8米118拍) : 1:10,
2B ; 35mm银盐
收藏馆：缩微中心，南京

00O028103
西樵遗稿：八卷 / (明)方献夫撰
清康熙三十五年(1696)方林鹤刻本
1997年摄制. -- 1盘卷片(15米300拍) :
1:10, 2B ; 35mm银盐
收藏馆：缩微中心，广东

00O030024
**蔡文庄公集：八卷；艾庵密箴：一卷；太极图说：
一卷 / (明)蔡清撰；(清)蔡鹤村重订**
清乾隆七年(1742)逊敏斋刻本. -- 还有合刻
著作：河洛私见一卷/(明)蔡清撰，(清)蔡鹤
村重订。
2001年摄制. -- 1盘卷片(23.3米475拍) :
1:10, 2B ; 35mm银盐
收藏馆：缩微中心，厦门

00O015300
虚斋蔡先生文集：五卷 / (明)蔡清撰
明正德十六年(1521)葛志贞刻本
1992年摄制. -- 1盘卷片(13米242拍) :
1:10, 2B ; 35mm银盐
收藏馆：缩微中心，国图

00O015714
虚斋蔡先生文集：五卷 / (明)蔡清撰
明正德十六年(1521)葛志贞刻本
1993年摄制. -- 1盘卷片(13米242拍) :
1:10, 2B ; 35mm银盐

收藏馆：缩微中心，国图

00O021818
虚斋蔡先生文集：五卷 / (明)蔡清撰
明正德十六年(1521)葛志贞刻递修本. --
(清)丁丙跋。
1994年摄制. -- 1盘卷片(13米260拍) :
1:10, 2B ; 35mm银盐
收藏馆：缩微中心，南京

00O001998
祝氏集略：三十卷 / (明)祝允明撰
明嘉靖三十六年(1557)张景贤刻本
1986年摄制. -- 2盘卷片(36.6米789拍) :
1:10, 2B ; 35mm银盐
收藏馆：缩微中心，国图

00O022457
祝氏集略：三十卷 / (明)祝允明撰
明嘉靖三十六年(1557)张景贤刻本. -- (清)
丁丙跋。
1995年摄制. -- 2盘卷片(38米790拍) :
1:10, 2B ; 35mm银盐
收藏馆：缩微中心，南京

00O006237
乔庄简公集：十卷 / (明)乔宇撰
明隆庆五年(1571)王世贞孙世良刻本
1987年摄制. -- 1盘卷片(15米330拍) :
1:10, 2B ; 35mm银盐
收藏馆：缩微中心，南京

00O007679
容春堂集：六十六卷 / (明)邵宝撰
明嘉靖十三年(1534)慎独斋刻本
1988年摄制. -- 1盘卷片(30米710拍) :
1:10, 2B ; 35mm银盐
收藏馆：缩微中心，南京

00O017290
**容春堂前集：二十卷后集十四卷续集十八卷别
集九卷 / (明)邵宝撰**
明(1368-1644)刻本. -- 缺七卷：后集卷四至
卷十。
1993年摄制. -- 2盘卷片(60米1211拍) :
1:10, 2B ; 35mm银盐
收藏馆：缩微中心，国图

00O009506
东江家藏集：四十二卷附录一卷 / (明)顾清撰
明嘉靖(1522-1566)顾应阳刻本. -- 存四十一
卷：卷二至卷四十二。
1987年摄制. -- 2盘卷片(40.8米877拍) :

1:9，2B ；35mm银盐
收藏馆：缩微中心，重庆

000O023308
偲庵诗集：十卷文集十卷附录一卷 / (明)杨旦撰
明嘉靖(1522-1566)杨襄刻本
1995年摄制. -- 1盘卷片(21米403拍)：
1:10，2B ；35mm银盐
收藏馆：缩微中心，国图

000O006215
北园蛙鸣集：十二卷 / (明)郑贯撰
明隆庆元年(1567)郑国贤刻本
1987年摄制. -- 1盘卷片(20米437拍)：
1:10，2B ；35mm银盐
收藏馆：缩微中心，南京

000O005506
三江遗稿：二卷 / (明)毛澄撰
清(1644-1911)抄本
1987年摄制. -- 1盘卷片(5米99拍)：1:10，
2B ；35mm银盐
收藏馆：缩微中心，南京

000O000867
鲁文恪公文集：十卷 / (明)鲁铎撰
明隆庆元年(1567)方梁刻本
1985年摄制. -- 1盘卷片(14.7米314拍)：
1:10，2B ；35mm银盐
收藏馆：缩微中心，国图

000O019854
怀柏先生诗集：十卷 / (明)徐霖撰
明万历四十五年(1617)徐时建[等]刻本
1994年摄制. -- 1盘卷片(10米174拍)：
1:10，2B ；35mm银盐
收藏馆：缩微中心，国图

000O005665
熊士选集：一卷附录一卷 / (明)熊卓撰
明嘉靖二十二年(1543)范钦陈德文刻本
1987年摄制. -- 1盘卷片(3米35拍)：1:10，
2B ；35mm银盐
收藏馆：缩微中心，国图

000O007043
熊士选集：一卷附录一卷 / (明)熊卓撰
明嘉靖二十二年(1543)范钦陈德文刻本
1987年摄制. -- 1盘卷片(3米35拍)：1:10，
2B ；35mm银盐
收藏馆：缩微中心，国图

000O017466
熊士选集：一卷附录一卷 / (明)熊卓撰
明嘉靖二十二年(1543)范钦陈德文刻本
1993年摄制. -- 1盘卷片(3米22拍)：1:10，
2B ；35mm银盐
收藏馆：缩微中心，国图

000O029305
贞翁净稿：十二卷 / (明)周伦撰
明嘉靖三十七年(1558)刻本
1999年摄制. -- 1盘卷片(15米249拍)：
1:10，2B ；35mm银盐
收藏馆：缩微中心，苏州

000O020085
鳌峰类稿：二十六卷 / (明)毛纪撰
明嘉靖(1522-1566)刻本
1994年摄制. -- 1盘卷片(23米446拍)：
1:10，2B ；35mm银盐
收藏馆：缩微中心，国图

000O005539
皋亭山诗：一卷 / (明)释崇光撰
清(1644-1911)抄本
1986年摄制. -- 1盘卷片(4米54拍)：1:10，
2B ；35mm银盐
收藏馆：缩微中心，南京

000O028316
梧山王先生集：二十卷 / (明)王缜撰
清乾隆二十九年(1764)刻本
1998年摄制. -- 1盘卷片(22米442拍)：
1:10，2B ；35mm银盐
收藏馆：缩微中心，广东

000O022059
博趣斋稿：二十三卷 / (明)王云凤撰
明(1368-1644)刻本
1995年摄制. -- 1盘卷片(11米188拍)：
1:10，2B ；35mm银盐
收藏馆：缩微中心，国图

000O006222
东泉文集：八卷 / (明)姚镆撰
明嘉靖二十六年(1547)张岳刻清(1644-1911)
重修本
1987年摄制. -- 1盘卷片(27米645拍)：
1:10，2B ；35mm银盐
收藏馆：缩微中心，南京

000O015341
整庵先生存稿：二十卷 / (明)罗钦顺撰
明嘉靖(1522-1566)刻本

1992年摄制. -- 1盘卷片（24米467拍）：
1:10, 2B ；35mm银盐
收藏馆：缩微中心，国图

00O008404
西村诗集：二卷补遗一卷 / (明)朱朴撰
明嘉靖三十一年(1552)朱朴刻万历二十九年
(1601)朱彩续刻本
1988年摄制. -- 1盘卷片（6米92拍）：1:10,
2B ；35mm银盐
收藏馆：缩微中心，国图

00O023366
西村诗集：二卷补遗一卷 / (明)朱朴撰
明嘉靖三十一年(1552)朱朴刻万历二十九年
(1601)朱彩续刻本
1995年摄制. -- 1盘卷片（5米75拍）：1:10,
2B ；35mm银盐
收藏馆：缩微中心，国图

00O027931
西村诗集：二卷补遗一卷 / (明)朱朴撰
明嘉靖三十一年(1552)刻万历二十九年(1601)
朱彩重修本. -- (清)丁丙跋。
1996年摄制. -- 1盘卷片（5米88拍）：1:10,
2B ；35mm银盐
收藏馆：缩微中心，南京

00O017385
甘泉先生两都风咏：四卷 / (明)湛若水撰
明嘉靖十四年(1535)朱敬之刻本
1993年摄制. -- 1盘卷片（8米112拍）：1:10,
2B ；35mm银盐
收藏馆：缩微中心，国图

00O023088
樵风：十卷 / (明)湛若水撰
明(1368-1644)刻本
1995年摄制. -- 1盘卷片（6米91拍）：1:10,
2B ；35mm银盐
收藏馆：缩微中心，国图

00O016377
甘泉先生文集外编：十二卷 / (明)湛若水撰
明(1368-1644)刻本
1992年摄制. -- 1盘卷片（20米381拍）：
1:10, 2B ；35mm银盐
收藏馆：缩微中心，国图

00O023314
执斋先生文集：二十卷 / (明)刘玉撰
明嘉靖二十八年(1549)傅镇济南刻本
1995年摄制. -- 1盘卷片（23米453拍）：

1:10, 2B ；35mm银盐
收藏馆：缩微中心，国图

00O022172
东溪遗稿：四卷附录一卷；纪行稿：一卷 / (明)陈谘撰
清(1644-1911)抄本
1995年摄制. -- 1盘卷片（6米77拍）：1:10,
2B ；35mm银盐
收藏馆：缩微中心，国图

00O025727
中丞马先生文集：四卷诗集四卷诗余一卷 / (明)马卿撰
明(1368-1644)三阳书屋刻崇祯九年(1636)赵
府补修本
1996年摄制. -- 1盘卷片（23米479拍）：
1:10, 2B ；35mm银盐
收藏馆：缩微中心，河南

00O008647
郑山齐先生文集：二十四卷 / (明)郑岳撰
明万历十九年(1591)郑炫刻清(1644-1911)重
修本
1996年摄制. -- 1盘卷片（19米363拍）：
1:10, 2B ；35mm银盐
收藏馆：缩微中心，山东

00O012534
重刻渼陂王太史先生全集：二十七卷 / (明)王九思撰
明嘉靖十二年(1533)王献[等]刻嘉靖二十四年
(1545)翁万达增修崇祯十三年(1640)张宗孟递
刻重修清(1644-1911)增修本
1990年摄制. -- 2盘卷片（37.8米830拍）：
1:10, 2B ；35mm银盐
收藏馆：缩微中心，辽宁

00O018633
渼陂续集：三卷 / (明)王九思撰
明嘉靖二十四年(1545)翁万达刻本
1992年摄制. -- 1盘卷片（11.6米233拍）：
1:10, 2B ；35mm银盐
收藏馆：缩微中心，重庆

00O005317
御试策：一卷
朝鲜铜活字印本
1986年摄制. -- 1盘卷片（5米72拍）：1:10,
2B ；35mm银盐
收藏馆：缩微中心，国图

00O013068

拘虚集：五卷；拘虚诗谈：一卷；游名山录：四卷 / (明)陈沂撰
明嘉靖(1522-1566)刻本. -- 还有合刻著作：[拘虚]后集三卷/(明)陈沂撰.
1991年摄制. -- 1盘卷片(9米145拍) ： 1:10, 2B ；35mm银盐
收藏馆：缩微中心，国图

00O024540

东畲先生诗选：一卷 / (明)钱琦撰；(明)俞宪辑
明隆庆五年(1571)刻本
1996年摄制. -- 1盘卷片(3米31拍) ： 1:10, 2B ；35mm银盐
收藏馆：缩微中心，浙江

00O014814

白斋先生诗集：九卷 / (明)张琦撰；(明)朱嵚指点
明正德八年(1513)张琦刻本
1992年摄制. -- 1盘卷片(13米231拍) ： 1:10, 2B ；35mm银盐
收藏馆：缩微中心，国图

00O013829

康得瞻集：四卷附录一卷 / (明)康阜撰
明嘉靖九年(1530)李镛刻本
1992年摄制. -- 1盘卷片(4米40拍) ： 1:10, 2B ；35mm银盐
收藏馆：缩微中心，国图

00O014843

袁中郎先生批评唐伯虎汇集：四卷外集一卷 / (明)唐寅撰；(明)袁宏道评 . 唐六如先生画谱：三卷 / (明)唐寅辑
明(1368-1644)刻本. -- 附：纪事一卷/(明)祝允明撰。
1992年摄制. -- 1盘卷片(11米182拍) ： 1:10, 2B ；35mm银盐
收藏馆：缩微中心，国图

00O017657

王西楼先生诗集：一卷乐府一卷 / (明)王磐撰
明(1368-1644)刻清康熙三十三年(1694)王英重修本
1993年摄制. -- 1盘卷片(5米63拍) ： 1:10, 2B ；35mm银盐
收藏馆：缩微中心，国图

00O013057

正心诗集：九卷 / (明)朱荣㶚撰
明正德十四年(1519)楚藩刻本
1991年摄制. -- 1盘卷片(14米227拍) ：
1:10, 2B ；35mm银盐
收藏馆：缩微中心，国图

00O001347

文太史诗：四卷 / (明)文征明撰
明万历十六年(1588)文肇祉刻文氏家藏诗集本
1985年摄制. -- 1盘卷片(5.7米98拍) ： 1:10, 2B ；35mm银盐
收藏馆：缩微中心，国图

00O012121

文翰林甫田诗选：二卷 / (明)文征明撰
明万历二十二年(1594)文从龙承天寺重云精舍刻本. -- (清)丁艮美跋。
1990年摄制. -- 1盘卷片(8米140拍) ： 1:10, 2B ；35mm银盐
收藏馆：缩微中心，山东

00O010595

甫田集：三十六卷 / (明)文征明撰
明(1368-1644)文然刻本. -- (清)耿文光跋。
1989年摄制. -- 1盘卷片(22.9米490拍) ： 1:10, 2B ；35mm银盐
收藏馆：缩微中心，山西

00O020322

甫田集：三十六卷 / (明)文征明撰
明(1368-1644)刻清(1644-1911)重修本
1994年摄制. -- 1盘卷片(23米453拍) ： 1:10, 2B ；35mm银盐
收藏馆：缩微中心，国图

00O010139

甫田集：三十六卷 / (明)文征明撰
明(1368-1644)刻本
1989年摄制. -- 1盘卷片(23米483拍) ： 1:10, 2B ；35mm银盐
收藏馆：缩微中心，山东

00O024910

甫田集：三十六卷 / (明)文征明撰
明嘉靖(1522-1566)刻本. -- (清)丁丙跋。
1996年摄制. -- 1盘卷片(22米476拍) ： 1:10, 2B ；35mm银盐
收藏馆：缩微中心，南京

00O015803

李侍御诗略：一卷 / (明)李尚默撰
明崇祯六年(1633)李埈刻本
1993年摄制. -- 1盘卷片(3米8拍) ： 1:10, 2B ；35mm银盐
收藏馆：缩微中心，国图

00O022171

齐云山史集：不分卷 / (明)叶泓撰
明嘉靖四十四年(1565)殷复阳[等]刻本
1995年摄制. -- 1盘卷片(8米137拍) : 1:10,
2B ; 35mm银盐
收藏馆：缩微中心，国图

00O018926

东冈小稿：六卷 / (明)李昆撰
明嘉靖(1522-1566)刻本
1993年摄制. -- 1盘卷片(8米140拍) : 1:10,
2B ; 35mm银盐
收藏馆：缩微中心，山东

00O010510

东园遗稿：二卷 / (明)黄尔撰
明嘉靖(1522-1566)刻本. -- (明)黄珦校。
1989年摄制. -- 1盘卷片(7米110拍) : 1:10,
2B ; 35mm银盐
收藏馆：缩微中心，天津

00O017692

倪小野先生全集：八卷 / (明)倪宗正撰
清康熙四十九年(1710)倪继宗吴乘权刻本
1993年摄制. -- 1盘卷片(26米515拍) :
1:10, 2B ; 35mm银盐
收藏馆：缩微中心，国图

00O015761

王文成公全书：三十八卷 / (明)王守仁撰
明隆庆六年(1572)谢廷杰刻本
1993年摄制. -- 4盘卷片(109米2223拍) :
1:10, 2B ; 35mm银盐
收藏馆：缩微中心，国图

00O020519

王文成公全书：三十八卷 / (明)王守仁撰
明万历二十四年(1596)刻本
1994年摄制. -- 4盘卷片(107米2310拍) :
1:10, 2B ; 35mm银盐
收藏馆：缩微中心，广西二

00O006332

**阳明先生文录：五卷外集九卷别录十卷 / (明)王
守仁撰**
明嘉靖十四年(1535)闻人诠刻本
1987年摄制. -- 2盘卷片(53米1152拍) :
1:10, 2B ; 35mm银盐
收藏馆：缩微中心，国图

00O016376

**阳明先生文录：五卷外集九卷别录十四卷 / (明)
王守仁撰**

明嘉靖(1522-1566)刻本
1992年摄制. -- 2盘卷片(62米1305拍) :
1:10, 2B ; 35mm银盐
收藏馆：缩微中心，国图

00O005396

居夷集：三卷 / (明)王守仁撰
明嘉靖三年(1524)丘养浩刻本
1986年摄制. -- 1盘卷片(6米98拍) : 1:10,
2B ; 35mm银盐
收藏馆：缩微中心，国图

00O007910

王阳明先生文集：二卷 / (明)王守仁撰
明万历十三年(1585)孔学易刻本
1988年摄制. -- 1盘卷片(9米149拍) : 1:10,
2B ; 35mm银盐
收藏馆：缩微中心，湖南

00O000307

**阳明先生文选：四卷 / (明)王守仁撰；(明)赵友
琴辑**
明万历(1573-1620)赵友琴刻本
1985年摄制. -- 1盘卷片(12.5米260拍) :
1:10, 2B ; 35mm银盐
收藏馆：缩微中心，国图

00O007111

**王文成公文选：八卷 / (明)王守仁撰；(明)王畿
辑；(明)钟惺评点**
明崇祯六年(1633)刻本
1987年摄制. -- 1盘卷片(25米547拍) :
1:10, 2B ; 35mm银盐
收藏馆：缩微中心，重庆

00O021050

**王文成公文选：八卷 / (明)王守仁撰；(明)王畿
编；(明)钟惺评**
明崇祯六年(1633)刻本
1994年摄制. -- 1盘卷片(28米526拍) :
1:10, 2B ; 35mm银盐
收藏馆：缩微中心，国图

00O006218

**阳明先生文粹：十一卷 / (明)王守仁撰；(明)宋
仪望辑**
明嘉靖三十二年(1553)姚良弼刻本. -- (清)
丁丙跋。
1987年摄制. -- 1盘卷片(12米255拍) :
1:10, 2B ; 35mm银盐
收藏馆：缩微中心，南京

000O025987
阳明先生文粹：十一卷 / (明)王守仁撰
明隆庆六年(1572)宋仪望福建刻本
1996年摄制. -- 1盘卷片(15米319拍) :
1:10, 2B ; 35mm银盐
收藏馆：缩微中心，南京

000O008053
阳明先生文粹：十一卷 / (明)王守仁撰；(明)宋
仪望辑
明隆庆六年(1572)宋仪望闽中刻本
1988年摄制. -- 1盘卷片(14米269拍) :
1:10, 2B ; 35mm银盐
收藏馆：缩微中心，湖南

000O009879
文成先生文要：四卷 / (明)王守仁撰
明万历三十二年(1604)陆典刻本
1989年摄制. -- 1盘卷片(19米402拍) :
1:10, 2B ; 35mm银盐
收藏馆：缩微中心，浙江

000O000816
阳明先生文录：十七卷 / (明)王守仁撰 . 语录：
三卷 / (明)徐爱辑
明嘉靖二十六年(1547)范庆刻本
1985年摄制. -- 2盘卷片(37米792拍) :
1:10, 2B ; 35mm银盐
收藏馆：缩微中心，国图

000O003487
阳明先生文录：五卷外集九卷 / (明)王守仁撰
明(1368-1644)刻本
1985年摄制. -- 2盘卷片(51米1020拍) :
1:10, 2B ; 35mm银盐
收藏馆：缩微中心，国图

000O000924
阳明先生别录：十三卷 / (明)王守仁撰
明(1368-1644)刻本
1985年摄制. -- 2盘卷片(36.8米790拍) :
1:10, 2B ; 35mm银盐
收藏馆：缩微中心，国图

000O010449
阳明先生要书：八卷附录五卷 / (明)王守仁撰；
(明)陈龙正编
明崇祯五年(1632)刻本
1989年摄制. -- 2盘卷片(40米841拍) :
1:10, 2B ; 35mm银盐
收藏馆：缩微中心，天津

000O015891
王阳明遗书：七卷 / (明)王守仁撰
明(1368-1644)刻本
1993年摄制. -- 1盘卷片(22米439拍) :
1:10, 2B ; 35mm银盐
收藏馆：缩微中心，国图

000O005547
元芝馆诗集：四卷 / (明)江禹谟撰
清康熙五十七年(1718)江绅刻本
1987年摄制. -- 1盘卷片(5米109拍) : 1:10,
2B ; 35mm银盐
收藏馆：缩微中心，南京

000O005564
桐溪存稿：四卷 / (明)钱如京撰
明嘉靖三十三年(1554)钱元善刻本
1987年摄制. -- 1盘卷片(11米237拍) :
1:10, 2B ; 35mm银盐
收藏馆：缩微中心，南京

000O014267
顾文康公文草：十卷诗草六卷首一卷 / (明)顾鼎
臣撰
明崇祯十二年(1639)顾晋璠顾咸建刻本
1992年摄制. -- 1盘卷片(27米548拍) :
1:10, 2B ; 35mm银盐
收藏馆：缩微中心，国图

000O019352
顾文康公文草：十卷诗草六卷首一卷续编六卷
三集四卷 / (明)顾鼎臣撰
明崇祯十二年至清顺治二年(1639-1645)顾氏
桂云堂刻本
1994年摄制. -- 2盘卷片(44米879拍) :
1:10, 2B ; 35mm银盐
收藏馆：缩微中心，国图

000O001405
空同诗选：四卷 / (明)李梦阳撰；(明)杨慎批选
明嘉靖二十二年(1543)张含百花书舍刻本
1985年摄制. -- 1盘卷片(4.1米60拍) :
1:10, 2B ; 35mm银盐
收藏馆：缩微中心，国图

000O002875
空同诗选：四卷 / (明)李梦阳撰；(明)杨慎批选
明嘉靖(1522-1566)刻本
1986年摄制. -- 1盘卷片(5米71拍) : 1:10,
2B ; 35mm银盐
收藏馆：缩微中心，国图

000O026686

李献吉诗选：四卷 / (明)李梦阳撰；(明)杨慎辑
明万历十年(1582)沈启南刻本
1996年摄制. -- 1盘卷片(6米102拍) ：1:10,
2B ；35mm银盐
收藏馆：缩微中心，福建

000O006683

空同诗选：一卷 / (明)李梦阳,(明)杨慎评
明(1368-1644)闵齐伋刻朱墨套印本
1987年摄制. -- 1盘卷片(4.1米62拍) ：
1:10, 2B ；35mm银盐
收藏馆：缩微中心，山西

000O023689

李氏弘德集：三十二卷 / (明)李梦阳撰
明嘉靖四年(1525)张元学刻本
1995年摄制. -- 1盘卷片(24米474拍) ：
1:10, 2B ；35mm银盐
收藏馆：缩微中心，浙江

000O007267

空同集：六十三卷 / (明)李梦阳撰
明嘉靖十一年(1532)曹嘉刻本
1987年摄制. -- 2盘卷片(47米997拍) ：
1:10, 2B ；35mm银盐
收藏馆：缩微中心，国图

000O006910

空同集：六十三卷 / (明)李梦阳撰
明嘉靖十一年(1532)曹嘉刻嘉靖三十一年
(1552)朱睦㮮增刻本
1987年摄制. -- 2盘卷片(48.9米1068拍) ：
1:10, 2B ；35mm银盐
收藏馆：缩微中心，重庆

000O000739

空同先生集：六十三卷 / (明)李梦阳撰
明嘉靖(1522-1566)刻本
1985年摄制. -- 2盘卷片(43米952拍) ：
1:10, 2B ；35mm银盐
收藏馆：缩微中心，国图

000O015640

空同先生集：六十三卷 / (明)李梦阳撰
明万历六年(1578)高文荐刻本
1993年摄制. -- 2盘卷片(46米909拍) ：
1:10, 2B ；35mm银盐
收藏馆：缩微中心，国图

000O009663

空同先生集：六十三卷 / (明)李梦阳撰
明万历七年(1579)浙江徐廷器东山堂刻本

1988年摄制. -- 2盘卷片(48米1032拍) ：
1:10, 2B ；35mm银盐
收藏馆：缩微中心，甘肃

000O014979

空同先生集：六十三卷 / (明)李梦阳撰
明万历七年(1579)徐应瑞思山堂刻本
1992年摄制. -- 2盘卷片(44米896拍) ：
1:10, 2B ；35mm银盐
收藏馆：缩微中心，国图

000O021079

**空同子集：六十六卷目录三卷附录二卷 / (明)李
梦阳撰**
明万历三十年至三十一年(1602-1603)邓云霄
刻本
1994年摄制. -- 2盘卷片(58米1171拍) ：
1:10, 2B ；35mm银盐
收藏馆：缩微中心，国图

000O020952

**空同子集：六十六卷目录三卷附录二卷 / (明)李
梦阳撰**
明万历三十年(1602)刻本
1994年摄制. -- 2盘卷片(59.1米1283拍) ：
1:10, 2B ；35mm银盐
收藏馆：缩微中心，山西

000O023312

空同集：六十四卷 / (明)李梦阳撰
明万历二十九年(1601)李思孝刻本
1995年摄制. -- 2盘卷片(53米1070拍) ：
1:10, 2B ；35mm银盐
收藏馆：缩微中心，国图

000O006870

空同子集：六十六卷 / (明)李梦阳撰
明万历(1573-1620)刻本
1987年摄制. -- 2盘卷片(55米1235拍) ：
1:10, 2B ；35mm银盐
收藏馆：缩微中心，吉林

000O007109

空同子集：六十六卷目录三卷 / (明)李梦阳撰
明(1368-1644)刻曹大章重修本. -- 明朝以后
重修。
1987年摄制. -- 2盘卷片(51.7米1132拍) ：
1:9, 2B ；35mm银盐
收藏馆：缩微中心，重庆

000O025923

空同子集：六十六卷目录三卷 / (明)李梦阳撰
明(1368-1644)刻曹大章重修本. -- (清)丁丙

跋。
1996年摄制. -- 2盘卷片(51米1080拍) ：
1:10, 2B ；35mm银盐
收藏馆：缩微中心，南京

00O005162
空同精华集：三卷 / (明)李梦阳撰 ；(明)丰坊辑
明嘉靖四十四年(1565)屠本畯刻本
1986年摄制. -- 1盘卷片(5米72拍) ： 1:10,
2B ；35mm银盐
收藏馆：缩微中心，国图

00O018652
新锲会元汤先生批评空同文选：五卷 / (明)李梦
阳撰 ；(明)汤宾尹评
明(1368-1644)书林詹霖宇刻本
1994年摄制. -- 1盘卷片(15米287拍) ：
1:10, 2B ；35mm银盐
收藏馆：缩微中心，国图

00O001252
南湖先生文选：八卷 / (明)丁奉撰
明万历三十一年(1603)丁汝宽刻递修本
1985年摄制. -- 1盘卷片(14.7米314拍) ：
1:10, 2B ；35mm银盐
收藏馆：缩微中心，国图

00O001817
南湖先生文选：八卷 / (明)丁奉撰 . 补编：一卷
明万历三十一年(1603)丁汝宽刻递修本
1987年摄制. -- 1盘卷片(13.5米282拍) ：
1:10, 2B ；35mm银盐
收藏馆：缩微中心，国图

00O006835
南湖先生文选：八卷 / (明)丁奉撰 . 补编：一卷
明万历三十一年(1603)丁汝宽刻递修本. --
补编为清雍正元年(1723)丁恂刻，丁祖荫辑补
并跋。
1987年摄制. -- 1盘卷片(16米331拍) ：
1:10, 2B ；35mm银盐
收藏馆：缩微中心，国图

00O023307
抚上郡集：一卷 / (明)周金撰
明嘉靖十四年(1535)宋宜刻本
1995年摄制. -- 1盘卷片(3米21拍) ： 1:10,
2B ；35mm银盐
收藏馆：缩微中心，国图

00O011923
抚上郡集：一卷 / (明)周金撰
明隆庆元年(1567)周伟刻本. -- (清)周怀绶

跋。
1990年摄制. -- 1盘卷片(4米38拍) ： 1:10,
2B ；35mm银盐
收藏馆：缩微中心，山东

00O020534
古园集：十二卷 / (明)卢雍撰
明(1368-1644)归仁刻本
1994年摄制. -- 1盘卷片(13米259拍) ：
1:10, 2B ；35mm银盐
收藏馆：缩微中心，文登

00O007121
玉严先生文集：九卷附录一卷 / (明)周广撰
明嘉靖三十七年(1558)杏华书屋刻清乾隆九年
(1744)周木廷重修本
1987年摄制. -- 1盘卷片(14米297拍) ：
1:10, 2B ；35mm银盐
收藏馆：缩微中心，重庆

00O006561
何燕泉诗集：四卷 / (明)何孟春撰
明嘉靖四十五年(1566)蒋文化刻本
1987年摄制. -- 1盘卷片(10米191拍) ：
1:10, 2B ；35mm银盐
收藏馆：缩微中心，国图

00O005531
何燕泉诗集：四卷 / (明)何孟春撰
明隆庆元年(1567)蒋文化刻本. -- (清)丁丙
跋。
1987年摄制. -- 1盘卷片(8米153拍) ： 1:10,
2B ；35mm银盐
收藏馆：缩微中心，南京

00O005562
何文简公文集：十八卷 / (明)何孟春撰
明万历二年(1574)郭崇嗣邵城刻万历十五年
(1587)重修本
1987年摄制. -- 1盘卷片(26米616拍) ：
1:10, 2B ；35mm银盐
收藏馆：缩微中心，南京

00O006241
东麓遗稿：十卷 / (明)汪佃撰
明(1368-1644)刻本
1987年摄制. -- 1盘卷片(21米471拍) ：
1:10, 2B ；35mm银盐
收藏馆：缩微中心，南京

00O007869
何文定公文集：十一卷 / (明)何瑭撰
明万历四年(1576)贾侍问[等]刻本

1988年摄制. -- 1盘卷片(17.9米382拍)：
1:9, 2B；35mm银盐
收藏馆：缩微中心，重庆

000O025989
柏斋文集：十卷 / (明)何瑭撰
明(1368-1644)刻本. -- (清)丁丙跋。
1996年摄制. -- 1盘卷片(12米237拍)：
1:10, 2B；35mm银盐
收藏馆：缩微中心，南京

000O003543
王氏家藏集：□□卷 / (明)王廷相撰
明嘉靖(1522-1566)刻本. -- 存二十卷：卷一
至卷二十。
1985年摄制. -- 1盘卷片(22米476拍)：
1:10, 2B；35mm银盐
收藏馆：缩微中心，国图

000O006644
王氏家藏集：□□卷 / (明)王廷相撰
明嘉靖(1522-1566)刻本. -- 存三十卷：卷一
至卷三十。
1987年摄制. -- 2盘卷片(35.9米762拍)：
1:10, 2B；35mm银盐
收藏馆：缩微中心，国图

000O023305
华阳稿：二卷 / (明)王廷相撰
明(1368-1644)抄本
1995年摄制. -- 1盘卷片(7米109拍)：1:10,
2B；35mm银盐
收藏馆：缩微中心，国图

000O006760
矩洲诗集：十卷 / (明)黄衷撰 . 樗亭集：一卷 /
(明)黄褧撰
明嘉靖(1522-1566)刻本. -- 存一卷：卷十。
1986年摄制. -- 1盘卷片(4.2米61拍)：
1:10, 2B；35mm银盐
收藏馆：缩微中心，国图

000O023692
溪田文集：十一卷 / (明)马理撰；(明)雒遵选
明万历十七年(1589)张泮刻本
1995年摄制. -- 1盘卷片(20米397拍)：
1:10, 2B；35mm银盐
收藏馆：缩微中心，浙江

000O015122
坦上翁集：不分卷 / (明)刘麟撰
清(1644-1911)抄本
1992年摄制. -- 1盘卷片(7米114拍)：1:10,

2B；35mm银盐
收藏馆：缩微中心，国图

000O006623
太师张文忠公集：十九卷 / (明)张孚敬撰
明万历四十三年(1615)张汝纲[等]贞义书院刻
本
1987年摄制. -- 1盘卷片(30米666拍)：
1:10, 2B；35mm银盐
收藏馆：缩微中心，国图

000O015440
对山集：十九卷 / (明)康海撰
明嘉靖二十四年(1545)吴孟祺刻本
1992年摄制. -- 1盘卷片(28米540拍)：
1:10, 2B；35mm银盐
收藏馆：缩微中心，国图

000O006640
康对山先生集：四十六卷 / (明)康海撰
明万历十年(1582)潘允哲刻本
1987年摄制. -- 2盘卷片(44米954拍)：
1:10, 2B；35mm银盐
收藏馆：缩微中心，国图

000O014863
康对山先生集：四十五卷 / (明)康海撰
清康熙(1662-1722)刻本
1992年摄制. -- 2盘卷片(41米912拍)：
1:10, 2B；35mm银盐
收藏馆：缩微中心，吉林

000O023691
阳峰家藏集：三十六卷 / (明)张璧撰
明嘉靖二十四年(1545)世恩堂刻本. -- 存
三十一卷：卷一至卷二、卷八至卷三十六。
1995年摄制. -- 2盘卷片(42米820拍)：
1:10, 2B；35mm银盐
收藏馆：缩微中心，浙江

000O024588
丹峰先生文集：十三卷 / (明)徐子熙撰
清(1644-1911)抄本
1996年摄制. -- 1盘卷片(16米307拍)：
1:10, 2B；35mm银盐
收藏馆：缩微中心，浙江

000O017964
南原家藏集：七卷 / (明)王韦撰
明(1368-1644)焦希程刻本. -- 存二卷：卷五
至卷六。
1993年摄制. -- 1盘卷片(4米37拍)：1:10,
2B；35mm银盐

收藏馆：缩微中心，国图

000O021808
徐文敏公集：五卷 / (明)徐缙撰
明隆庆二年(1568)刻本
1994年摄制. -- 1盘卷片(13米276拍)：
1:10, 2B ; 35mm银盐
收藏馆：缩微中心，南京

000O015763
边华泉集：八卷集稿六卷 / (明)边贡撰
明(1368-1644)刻本
1993年摄制. -- 1盘卷片(20米381拍)：
1:10, 2B ; 35mm银盐
收藏馆：缩微中心，国图

000O007503
边华泉集：八卷集稿六卷 / (明)边贡撰
清(1644-1911)抄本
1987年摄制. -- 1盘卷片(20米426拍)：
1:10, 2B ; 35mm银盐
收藏馆：缩微中心，国图

000O001521
边华泉集：八卷 / (明)边贡撰
明嘉靖十七年(1538)刻本
1986年摄制. -- 1盘卷片(13.1米275拍)：
1:10, 2B ; 35mm银盐
收藏馆：缩微中心，吉林

000O013918
竹涧先生文集：八卷奏议四卷附录一卷 / (明)潘希曾撰
明嘉靖二十年(1541)黄省曾刻本
1992年摄制. -- 1盘卷片(14米249拍)：
1:10, 2B ; 35mm银盐
收藏馆：缩微中心，国图

000O023018
竹涧先生文集：八卷奏议四卷附录一卷 / (明)潘希曾撰
明嘉靖二十年(1541)黄省曾刻本. -- 四库底本。
1995年摄制. -- 1盘卷片(14米250拍)：
1:10, 2B ; 35mm银盐
收藏馆：缩微中心，国图

000O007547
息园存稿：十四卷又九卷 / (明)顾璘撰
明嘉靖十七年(1538)蒋山卿陈大壮刻本
1987年摄制. -- 1盘卷片(26米576拍)：
1:10, 2B ; 35mm银盐
收藏馆：缩微中心，国图

000O024961
周恭肃公集：十六卷 / (明)周用撰
明嘉靖二十八年(1549)周国南川上草堂刻本. -- (清)丁丙跋。
1996年摄制. -- 1盘卷片(24米523拍)：
1:10, 2B ; 35mm银盐
收藏馆：缩微中心，南京

000O021242
周恭肃公集：十六卷附录一卷 / (明)周用撰
明嘉靖二十八年(1549)周国南川上草堂刻本
1995年摄制. -- 1盘卷片(26米499拍)：
1:10, 2B ; 35mm银盐
收藏馆：缩微中心，国图

000O022540
栖溪稿：八卷 / (明)孙钥撰
明万历七年(1579)孙应奎刻本
1995年摄制. -- 1盘卷片(4.5米66拍)：
1:10, 2B ; 35mm银盐
收藏馆：缩微中心，湖北

000O026682
行己外篇：六卷 / (明)傅汝舟撰
明(1368-1644)刻本
1996年摄制. -- 1盘卷片(5.2米83拍)：
1:10, 2B ; 35mm银盐
收藏馆：缩微中心，福建

000O028945
啽呓弃存：六卷 / (明)傅汝舟撰
明(1368-1644)抄本. -- 存四卷：卷三至卷六。
1998年摄制. -- 1盘卷片(4米46拍)：1:10, 2B ; 35mm银盐
收藏馆：缩微中心，苏州

000O014050
嘉南集：二卷 / (明)舒缨撰
明嘉靖(1522-1566)刻本
1991年摄制. -- 1盘卷片(3米24拍)：1:10, 2B ; 35mm银盐
收藏馆：缩微中心，国图

000O006795
崔东洲集：二十卷 / (明)崔桐撰
明嘉靖二十九年(1550)曹金刻本
1987年摄制. -- 1盘卷片(18米379拍)：
1:10, 2B ; 35mm银盐
收藏馆：缩微中心，国图

000O014819
崔东洲集：二十卷续集十卷 / (明)崔桐撰

明嘉靖二十九年(1550)曹金刻嘉靖三十四年
(1555)周希哲续刻本
1992年摄制. -- 1盘卷片(26米515拍) :
1:10, 2B ; 35mm银盐
收藏馆：缩微中心，国图

000O014700
入楚吟：一卷 / (明)张綖撰
明嘉靖十七年(1538)蒋芝刻本
1992年摄制. -- 1盘卷片(4米43拍) : 1:10,
2B ; 35mm银盐
收藏馆：缩微中心，国图

000O027385
张南湖先生诗集：四卷 / (明)张綖撰
明嘉靖(1522-1566)张守中刻本
1996年摄制. -- 1盘卷片(10米182拍) :
1:10, 2B ; 35mm银盐
收藏馆：缩微中心，南京

000O001569
俨山外集：四十卷 / (明)陆深撰
明嘉靖二十四年(1545)陆楫刻本
1986年摄制. -- 1盘卷片(21.2米470拍) :
1:10, 2B ; 35mm银盐
收藏馆：缩微中心，国图

000O017946
俨山外集：四十卷 / (明)陆深撰
明嘉靖二十四年(1545)陆楫刻本
1993年摄制. -- 1盘卷片(23米439拍) :
1:10, 2B ; 35mm银盐
收藏馆：缩微中心，国图

000O007082
俨山文集：一百卷外集四十卷续集十卷 / (明)陆
深撰．兼葭堂稿：十卷 / (明)陆楫撰
明嘉靖三十年(1551)陆楫刻本
1987年摄制. -- 4盘卷片(88米1934拍) :
1:10, 2B ; 35mm银盐
收藏馆：缩微中心，南京

000O015418
陆文裕公续集：十卷 / (明)陆深撰
明嘉靖三十年(1551)陆楫刻本
1992年摄制. -- 1盘卷片(9米154拍) : 1:10,
2B ; 35mm银盐
收藏馆：缩微中心，国图

000O020682
渔石唐先生诗集：八卷 / (明)唐龙撰
明嘉靖(1522-1566)刻本
1994年摄制. -- 1盘卷片(8米129拍) : 1:10,

2B ; 35mm银盐
收藏馆：缩微中心，国图

000O008717
渔石集：四卷 / (明)唐龙撰
明嘉靖(1522-1566)刻本
1988年摄制. -- 1盘卷片(15.9米336拍) :
1:9, 2B ; 35mm银盐
收藏馆：缩微中心，重庆

000O021640
渔石集：四卷 / (明)唐龙撰
明嘉靖十一年(1532)王惟贤刻本
1995年摄制. -- 1盘卷片(16米303拍) :
1:10, 2B ; 35mm银盐
收藏馆：缩微中心，国图

000O013991
唐渔石集：四卷 / (明)唐龙撰
明嘉靖(1522-1566)刻本. -- 存三卷：卷一至
卷三。
1991年摄制. -- 1盘卷片(10米165拍) :
1:10, 2B ; 35mm银盐
收藏馆：缩微中心，国图

000O007138
蓝侍御集：十卷 / (明)蓝田撰
明万历十五年(1587)蓝思绍刻本
1987年摄制. -- 1盘卷片(11.7米237拍) :
1:9, 2B ; 35mm银盐
收藏馆：缩微中心，重庆

000O011104
北泉文集：五卷 / (明)蓝田撰
清(1644-1911)抄本. -- 书名据目录题。
1989年摄制. -- 1盘卷片(14米284拍) :
1:10, 2B ; 35mm银盐
收藏馆：缩微中心，天津

000O009029
苍谷全集：十二卷附录一卷 / (明)王尚絅撰
清乾隆二十三年(1758)密止堂刻本
1988年摄制. -- 1盘卷片(25米460拍) :
1:10, 2B ; 35mm银盐
收藏馆：缩微中心，湖北

000O014839
苍谷集录：十二卷 / (明)王尚絅撰
明嘉靖三十年(1551)王同刻本. -- 存六卷：
卷一、卷六至卷九、卷十二。
1992年摄制. -- 1盘卷片(13米232拍) :
1:10, 2B ; 35mm银盐
收藏馆：缩微中心，国图

000O007132
洹词：十二卷 / (明)崔铣撰
明(1368-1644)赵府味经堂刻清乾隆三十六年
(1771)黄邦宁重修本
1987年摄制. -- 1盘卷片(25米549拍) ：1:9,
2B ；35mm银盐
收藏馆：缩微中心，重庆

000O016025
洹词：十二卷 / (明)崔铣撰
明(1368-1644)赵府味经堂刻本
1993年摄制. -- 1盘卷片(24米486拍) ：
1:10, 2B ；35mm银盐
收藏馆：缩微中心，国图

000O007116
崔氏洹词：十七卷附录四卷 / (明)崔铣撰
明嘉靖三十三年(1554)周镐[等]刻本
1987年摄制. -- 1盘卷片(16.8米356拍) ：
1:10, 2B ；35mm银盐
收藏馆：缩微中心，重庆

000O023331
涂水先生集：六卷 / (明)寇天叙撰
明嘉靖三十一年(1552)寇阳刻蓝印本
1995年摄制. -- 1盘卷片(7米100拍) ：1:10,
2B ；35mm银盐
收藏馆：缩微中心，国图

000O001645
东斋稿略：一卷 / (明)姚惟芹撰
明嘉靖十九年至三十六年(1540-1557)姚塈刻
姚氏世刻本. -- 还有合刻著作：济美录摘略
一卷/(明)姚塈辑。
1986年摄制. -- 1盘卷片(4米45拍) ：1:10,
2B ；35mm银盐
收藏馆：缩微中心，国图

000O016366
徐昌谷全集：十六卷 / (明)徐祯卿撰
明万历四十七年(1619)周文萃松涛阁刻本. --
徐元润跋。
1993年摄制. -- 1盘卷片(12米219拍) ：
1:10, 2B ；35mm银盐
收藏馆：缩微中心，国图

000O024553
徐迪功集：六卷谈艺录一卷 / (明)徐祯卿撰
明嘉靖二十九年(1550)姑苏袁氏刻本
1996年摄制. -- 1盘卷片(8米141拍) ：1:10,
2B ；35mm银盐
收藏馆：缩微中心，浙江

000O027348
徐迪功集：六卷谈艺录一卷 / (明)徐祯卿撰
明(1368-1644)李梦阳刻本
1996年摄制. -- 1盘卷片(7米133拍) ：1:10,
2B ；35mm银盐
收藏馆：缩微中心，福建

000O002106
徐迪功集：六卷谈艺录一卷 / (明)徐祯卿撰
清(1644-1911)抄本. -- (清)周星诒校并跋,
(清)周喜寅题款。
1986年摄制. -- 1盘卷片(7.4米137拍) ：
1:10, 2B ；35mm银盐
收藏馆：缩微中心，国图

000O008988
徐迪功集：六卷重选徐迪功外集四卷谈艺录一
卷 / (明)徐祯卿撰
明万历十二年(1584)傅光宅刻本
1988年摄制. -- 1盘卷片(12米214拍) ：
1:10, 2B ；35mm银盐
收藏馆：缩微中心，湖北

000O007233
徐迪功集：六卷重选徐迪功外集四卷谈艺录一
卷 / (明)徐祯卿撰
清(1644-1911)抄本
1987年摄制. -- 1盘卷片(8米156拍) ：1:10,
2B ；35mm银盐
收藏馆：缩微中心，国图

000O022966
铨部王先生文集：一卷诗集一卷 / (明)王教撰
明万历四十四年(1616)张至发刻本
1995年摄制. -- 1盘卷片(10米167拍) ：
1:10, 2B ；35mm银盐
收藏馆：缩微中心，国图

000O012711
中川先生集：三十三卷 / (明)王教撰
明(1368-1644)朱睦㮮刻本. -- 存四卷：卷四
至卷七。
1990年摄制. -- 1盘卷片(4.4米66拍) ：
1:10, 2B ；35mm银盐
收藏馆：缩微中心，辽宁

000O011082
中川遗稿：三十三卷 / (明)王教撰
明嘉靖三十九年(1560)王在任刻本
1989年摄制. -- 1盘卷片(31米670拍) ：
1:10, 2B ；35mm银盐
收藏馆：缩微中心，天津

000O006621

泾野先生文集：三十六卷 / (明)吕柟撰
明嘉靖三十四年(1555)于德昌刻本
1987年摄制. -- 3盘卷片(76.7米1717拍) ：
1:10, 2B ; 35mm银盐
收藏馆：缩微中心，国图

000O029149

泾野先生文集：三十六卷 / (明)吕柟撰
明嘉靖三十四年(1555)于德昌刻本
1999年摄制. -- 3盘卷片(77米1771拍) ：
1:10, 2B ; 35mm银盐
收藏馆：缩微中心，国图

000O017273

泾野先生别集：十二卷 / (明)吕柟撰
明嘉靖二十三年(1544)张良知刻本. -- (清)
李文藻跋。
1992年摄制. -- 1盘卷片(17米315拍) ：
1:10, 2B ; 35mm银盐
收藏馆：缩微中心，国图

000O017250

苑洛集：二十二卷 / (明)韩邦奇撰
明嘉靖(1522-1566)刻本
1993年摄制. -- 2盘卷片(38米807拍) ：
1:10, 2B ; 35mm银盐
收藏馆：缩微中心，天津

000O012870

苑洛集：二十二卷 / (明)韩邦奇撰
清乾隆十六年(1751)刻本
1990年摄制. -- 2盘卷片(36.1米787拍) ：
1:10, 2B ; 35mm银盐
收藏馆：缩微中心，辽宁

000O023668

黄门集：十二卷附录一卷；许氏诒谋四则：一
卷；品藻：一卷 / (明)许相卿撰
明万历二十六年(1598)钱蕱刻本. -- 还有合
刻著作：云邨先生年谱一卷/(明)许相卿撰。
1995年摄制. -- 1盘卷片(27米539拍) ：
1:10, 2B ; 35mm银盐
收藏馆：缩微中心，浙江

000O023306

张禺山戊巳吟：三卷附作诗一卷续一卷 / (明)张
含撰；(明)杨慎评
明嘉靖(1522-1566)刻本
1995年摄制. -- 1盘卷片(6米78拍) ： 1:10,
2B ; 35mm银盐
收藏馆：缩微中心，国图

000O005546

后峰集：不分卷 / (明)黄巩撰
明(1368-1644)抄本
1987年摄制. -- 1盘卷片(10米191拍) ：
1:10, 2B ; 35mm银盐
收藏馆：缩微中心，南京

000O028479

黄忠裕公文集：八卷 / (明)黄巩撰
明崇祯十年(1637)曾樱刻本
1997年摄制. -- 1盘卷片(12.6米245拍) ：
1:10, 2B ; 35mm银盐
收藏馆：缩微中心，福建

000O018058

二谷山人诗文集：不分卷缑山侯氏谱附录一卷 /
(明)侯一元撰
明嘉靖三十七年(1558)刻本. -- 存二谷山人
诗文集不分卷，缑山侯氏谱凡例、传、女传、
艺文。书名据夏鲸跋题。
1993年摄制. -- 2盘卷片(45米945拍) ：
1:10, 2B ; 35mm银盐
收藏馆：缩微中心，天津

000O010470

二谷山人集：十卷 / (明)侯一元撰
明嘉靖(1522-1566)刻本. -- 目录题二谷山人
近稿，以天干分卷第：甲卷至癸卷。
1989年摄制. -- 1盘卷片(13米283拍) ：
1:10, 2B ; 35mm银盐
收藏馆：缩微中心，天津

000O006122

东洲初稿：十四卷 / (明)夏良胜撰
明正德嘉靖(1506-1566)危德朱挥［等］刻
本. -- (清)丁丙跋。
1987年摄制. -- 1盘卷片(27米617拍) ：
1:10, 2B ; 35mm银盐
收藏馆：缩微中心，南京

000O001272

改亭存稿：十卷续稿二卷 / (明)方凤撰
清(1644-1911)抄本
1985年摄制. -- 1盘卷片(16.4米353拍) ：
1:10, 2B ; 35mm银盐
收藏馆：缩微中心，国图

000O008650

鸟鼠山人全集：四十九卷 / (明)胡缵宗撰
明嘉靖(1522-1566)刻清顺治十三年(1656)周
盛时重修本
1988年摄制. -- 3盘卷片(89米1870拍) ：
1:10, 2B ; 35mm银盐

收藏馆：缩微中心，山东

000O002020
拟汉乐府：八卷补遗一卷附录二卷 / (明)胡缵宗
撰；(明)谷继宗辑解；(明)邹颐贤评校
明嘉靖十八年(1539)杨祐李人龙刻本
1986年摄制. -- 1盘卷片(8米159拍) ： 1:10,
2B ； 35mm银盐
收藏馆：缩微中心，国图

000O001649
可泉拟涯翁拟古乐府：二卷 / (明)胡缵宗撰；
(明)胡统宗注；(明)张光孝评
明嘉靖(1522-1566)刻本
1986年摄制. -- 1盘卷片(5米80拍) ： 1:10,
2B ； 35mm银盐
收藏馆：缩微中心，国图

000O006619
钤山堂集：三十二卷附录一卷 / (明)严嵩撰
明嘉靖二十四年(1545)严嵩刻本
1987年摄制. -- 1盘卷片(27米610拍) ：
1:10, 2B ； 35mm银盐
收藏馆：缩微中心，国图

000O017311
钤山堂集：四十卷附录一卷 / (明)严嵩撰
明嘉靖二十四年(1545)严嵩刻本
1992年摄制. -- 2盘卷片(36米696拍) ：
1:10, 2B ； 35mm银盐
收藏馆：缩微中心，国图

000O007385
钤山堂集：四十卷 / (明)严嵩撰
明嘉靖(1522-1566)刻本
1987年摄制. -- 2盘卷片(36米775拍) ：
1:10, 2B ； 35mm银盐
收藏馆：缩微中心，吉林

000O014306
直庐稿：十卷 / (明)严嵩撰
明嘉靖三十一年(1552)严嵩刻本
1992年摄制. -- 1盘卷片(13米245拍) ：
1:10, 2B ； 35mm银盐
收藏馆：缩微中心，国图

000O003307
直庐稿：十卷 / (明)严嵩撰
明嘉靖三十二年(1553)严嵩刻本
1986年摄制. -- 1盘卷片(11米223拍) ：
1:10, 2B ； 35mm银盐
收藏馆：缩微中心，国图

000O028028
人瑞翁诗集：五卷 / (明)林春泽撰
清(1644-1911)抄本
1996年摄制. -- 1盘卷片(8.6米157拍) ：
1:10, 2B ； 35mm银盐
收藏馆：缩微中心，福建

000O010460
朔野山人集：六卷 / (明)尹耕撰
明崇祯十年(1637)刻本
1989年摄制. -- 1盘卷片(16米346拍) ：
1:10, 2B ； 35mm银盐
收藏馆：缩微中心，天津

000O023342
朱福州集：六卷 / (明)朱豹撰
明嘉靖三十一年(1552)朱察卿刻本
1995年摄制. -- 1盘卷片(7米122拍) ： 1:10,
2B ； 35mm银盐
收藏馆：缩微中心，国图

000O011083
欧阳恭简公遗集：二十二卷 / (明)欧阳铎撰
明(1368-1644)刻本
1989年摄制. -- 1盘卷片(20米424拍) ：
1:10, 2B ； 35mm银盐
收藏馆：缩微中心，天津

000O013069
孙文简公灊溪草堂稿：五十八卷 / (明)孙承恩撰
明(1368-1644)孙克弘孙友仁刻本. -- 存
四十八卷：卷一至卷四十八。
1991年摄制. -- 2盘卷片(44米871拍) ：
1:10, 2B ； 35mm银盐
收藏馆：缩微中心，国图

000O010419
同安林次崖先生文集：十八卷 / (明)林希元撰
清乾隆十八年(1753)诒燕堂刻本
1989年摄制. -- 2盘卷片(37米786拍) ：
1:10, 2B ； 35mm银盐
收藏馆：缩微中心，天津

000O027474
黼庵遗稿：十卷 / (明)柴奇撰
清(1644-1911)叶氏五百经幢馆抄本
1996年摄制. -- 1盘卷片(13米264拍) ：
1:10, 2B ； 35mm银盐
收藏馆：缩微中心，南京

000O000203
龙石诗集：□□卷文集□□卷 / (明)许成名撰
明嘉靖四十二年(1563)许鹍刻本. -- 存十三

卷：诗集卷一上、卷二上、卷三上、卷四上、卷六下、卷七下、卷八下，文集卷一上、卷二下、卷三下、卷四下、卷五下、卷六下。
1985年摄制. -- 1盘卷片(9.3米182拍) : 1:10, 2B ; 35mm银盐
收藏馆：缩微中心，国图

000O027882
太保费文宪公摘稿：二十卷 / (明)费宏撰
明嘉靖三十四年(1555)吴遵之刻本. -- (清)丁丙跋。
1996年摄制. -- 2盘卷片(43米911拍) : 1:10, 2B ; 35mm银盐
收藏馆：缩微中心，南京

000O008672
费文宪公摘稿：二十卷 / (明)费宏撰
明嘉靖三十四年(1555)吴遵之刻本
1987年摄制. -- 2盘卷片(45.2米982拍) : 1:10, 2B ; 35mm银盐
收藏馆：缩微中心，重庆

000O015847
王太史季孺诗草：一卷 / (明)王萱撰
明万历十七年(1589)屠本畯刻本
1993年摄制. -- 1盘卷片(3米28拍) : 1:10, 2B ; 35mm银盐
收藏馆：缩微中心，国图

000O015001
八厓集：十三卷 / (明)周廷用撰
明(1368-1644)刻本. -- 存三卷：卷二、卷四、卷九。
1992年摄制. -- 1盘卷片(9米149拍) : 1:10, 2B ; 35mm银盐
收藏馆：缩微中心，国图

000O001955
东塘集：十卷 / (明)毛伯温撰
明嘉靖十九年(1540)王仪刻本
1986年摄制. -- 1盘卷片(12米232拍) : 1:10, 2B ; 35mm银盐
收藏馆：缩微中心，国图

000O010463
桂洲诗集：二十四卷 / (明)夏言撰
明嘉靖(1522-1566)刻本
1989年摄制. -- 1盘卷片(22米490拍) : 1:10, 2B ; 35mm银盐
收藏馆：缩微中心，天津

000O015348
应制集：四卷 / (明)夏言撰

明嘉靖十六年(1537)何邦美刻本
1992年摄制. -- 1盘卷片(8米111拍) : 1:10, 2B ; 35mm银盐
收藏馆：缩微中心，国图

000O008990
夏桂洲先生文集：十八卷年谱一卷 / (明)夏言撰
明崇祯十一年(1638)吴一璘刻本
1988年摄制. -- 3盘卷片(71米1506拍) : 1:10, 2B ; 35mm银盐
收藏馆：缩微中心，湖北

000O010414
夏桂洲先生文集：十八卷首一卷 / (明)夏言撰
明崇祯十一年(1638)吴一璘刻清康熙五十八年(1719)吴桥重修本
1989年摄制. -- 3盘卷片(72米1515拍) : 1:10, 2B ; 35mm银盐
收藏馆：缩微中心，天津

000O026077
赐闲堂稿：十卷 / (明)夏言撰
明嘉靖二十五年(1546)杨九泽罗尚绸刻本. -- (清)丁丙跋。
1993年摄制. -- 1盘卷片(13米269拍) : 1:10, 2B ; 35mm银盐
收藏馆：缩微中心，南京

000O023321
均奕集：一卷附录一卷 / (明)郭凤仪撰
明(1368-1644)桐冈书院刻本
1995年摄制. -- 1盘卷片(4米53拍) : 1:10, 2B ; 35mm银盐
收藏馆：缩微中心，国图

000O016503
和陶小稿：一卷 / (明)陈良谟撰
明嘉靖四十四年(1565)陈氏天目山房刻本
1993年摄制. -- 1盘卷片(3米27拍) : 1:10, 2B ; 35mm银盐
收藏馆：缩微中心，国图

000O014342
海岱会稿：一卷 / (明)杨应奎撰
明(1368-1644)抄本
1992年摄制. -- 1盘卷片(4米42拍) : 1:10, 2B ; 35mm银盐
收藏馆：缩微中心，国图

000O013081
天游山人集：二十卷 / (明)杨应诏撰
明(1368-1644)刻本. -- 存四卷：卷十至卷十三。

1991年摄制. -- 1盘卷片(7米90拍) : 1:10,
2B ; 35mm银盐
收藏馆：缩微中心，国图

00O005436
何氏集：二十六卷 / (明)何景明撰
明嘉靖(1522-1566)义阳书院刻本
1986年摄制. -- 1盘卷片(23米506拍) :
1:10, 2B ; 35mm银盐
收藏馆：缩微中心，国图

00O007266
何氏集：二十六卷 / (明)何景明撰
明嘉靖(1522-1566)沈氏野竹斋刻本
1987年摄制. -- 1盘卷片(22米486拍) :
1:10, 2B ; 35mm银盐
收藏馆：缩微中心，国图

00O017514
何氏集：二十六卷 / (明)何景明撰
明嘉靖(1522-1566)沈氏野竹斋刻本
1993年摄制. -- 1盘卷片(22米445拍) :
1:10, 2B ; 35mm银盐
收藏馆：缩微中心，国图

00O006642
何仲默先生诗集：十五卷 / (明)何景明撰
明(1368-1644)吴勉学刻本
1987年摄制. -- 1盘卷片(16米340拍) :
1:10, 2B ; 35mm银盐
收藏馆：缩微中心，国图

00O026678
何仲默诗选：四卷 / (明)何景明撰
明(1368-1644)沈启南刻本
1996年摄制. -- 1盘卷片(6.1米103拍) :
1:10, 2B ; 35mm银盐
收藏馆：缩微中心，福建

00O016547
大复集：三十七卷 / (明)何景明撰
明嘉靖三十四年(1555)袁璨刻本
1992年摄制. -- 1盘卷片(32米727拍) :
1:10, 2B ; 35mm银盐
收藏馆：缩微中心，辽宁

00O005391
何大复先生集：三十八卷附录一卷 / (明)何景明撰
明万历(1573-1620)陈堂胡秉性刻本
1986年摄制. -- 1盘卷片(29米657拍) :
1:10, 2B ; 35mm银盐
收藏馆：缩微中心，国图

00O005059
何大复先生集：三十八卷附录一卷 / (明)何景明撰
明万历五年(1577)陈堂胡秉性刻本
1986年摄制. -- 1盘卷片(30米663拍) :
1:10, 2B ; 35mm银盐
收藏馆：缩微中心，国图

00O024907
何大复先生集：三十八卷附录一卷 / (明)何景明撰
明万历五年(1577)陈堂胡秉性刻本. -- (清)瞿钟淑批并跋。
1996年摄制. -- 1盘卷片(30米667拍) :
1:10, 2B ; 35mm银盐
收藏馆：缩微中心，南京

00O008477
何大复先生集：三十八卷附录一卷 / (明)何景明撰
明(1368-1644)刻本
1987年摄制. -- 2盘卷片(35米712拍) :
1:10, 2B ; 35mm银盐
收藏馆：缩微中心，国图

00O020690
何大复先生集：三十八卷附录一卷 / (明)何景明撰
明(1368-1644)刻本
1994年摄制. -- 1盘卷片(32米633拍) :
1:10, 2B ; 35mm银盐
收藏馆：缩微中心，国图

00O011706
大复集：十三卷 / (明)何景明撰
明(1368-1644)杨保刻本
1990年摄制. -- 1盘卷片(18米388拍) :
1:10, 2B ; 35mm银盐
收藏馆：缩微中心，山西

00O026679
大复遗稿：一卷新论一卷附录一卷 / (明)何景明撰
明嘉靖十八年(1539)任良干刻本
1996年摄制. -- 1盘卷片(8米144拍) : 1:10,
2B ; 35mm银盐
收藏馆：缩微中心，福建

00O016784
孟有涯集：十七卷 / (明)孟洋撰
明嘉靖十七年(1538)王廷相徐九皋刻本
1993年摄制. -- 1盘卷片(17米336拍) :
1:10, 2B ; 35mm银盐

收藏馆：缩微中心，国图

000O019313
入夏录：三卷赠言一卷附录一卷 / (明)齐之鸾撰
清康熙二十年(1681)齐山悠然亭刻本
1994年摄制. -- 1盘卷片(8米125拍) : 1:10,
2B ; 35mm银盐
收藏馆：缩微中心，国图

000O009661
重镌心斋王先生全集：六卷 / (明)王艮撰
明(1368-1644)耿定力刻本
1988年摄制. -- 1盘卷片(18米382拍) :
1:10, 2B ; 35mm银盐
收藏馆：缩微中心，甘肃

000O015035
镜山诗集：□□卷 / (明)李汛撰
明(1368-1644)刻本. -- 存六卷：卷三至卷
八。
1992年摄制. -- 1盘卷片(11米195拍) :
1:10, 2B ; 35mm银盐
收藏馆：缩微中心，国图

000O006789
庄渠先生遗书：十二卷 / (明)魏校撰
明嘉靖四十年(1561)王道行张焊刻本. -- 四
库底本。
1987年摄制. -- 1盘卷片(22米487拍) :
1:10, 2B ; 35mm银盐
收藏馆：缩微中心，国图

000O011569
庄渠先生遗书：十二卷 / (明)魏校撰
明嘉靖四十年(1561)刻本
1990年摄制. -- 1盘卷片(24米504拍) :
1:10, 2B ; 35mm银盐
收藏馆：缩微中心，甘肃

000O004780
庄渠先生遗书：十六卷 / (明)魏校撰
明嘉靖四十年(1561)王道行张焊刻本
1987年摄制. -- 1盘卷片(25.2米565拍) :
1:10, 2B ; 35mm银盐
收藏馆：缩微中心，国图

000O006685
庄渠先生遗书：十六卷又十卷 / (明)魏校撰
明嘉靖四十年(1561)王道行张焊刻本
1987年摄制. -- 2盘卷片(51.1米1055拍) :
1:10, 2B ; 35mm银盐
收藏馆：缩微中心，山西

000O017749
陈白阳集：十卷附录四卷 / (明)陈淳撰
明万历四十三年(1615)陈仁锡阅帆堂刻本. --
郑振铎跋。
1993年摄制. -- 1盘卷片(11米183拍) :
1:10, 2B ; 35mm银盐
收藏馆：缩微中心，国图

000O005549
和梅花百咏：□□卷 / (明)屈冲霄撰
明(1368-1644)刻本. -- 存一卷：卷三。(清)
屈钦跋。
1987年摄制. -- 1盘卷片(3米59拍) : 1:10,
2B ; 35mm银盐
收藏馆：缩微中心，南京

000O005530
春音集：不分卷 / (明)屈冲霄撰
清顺治十三年(1656)屈钦抄本. -- (清)屈钦
跋。
1987年摄制. -- 1盘卷片(5米118拍) : 1:10,
2B ; 35mm银盐
收藏馆：缩微中心，南京

000O003455
董中峰先生文选：十一卷又一卷 / (明)董玘撰；
(明)唐顺之辑
明嘉靖四十年(1561)王国桢刻本
1986年摄制. -- 1盘卷片(13.5米286拍) :
1:10, 2B ; 35mm银盐
收藏馆：缩微中心，国图

000O009675
中峰文选：六卷应制稿一卷 / (明)董玘撰；(明)
唐顺之选
明嘉靖(1522-1566)刻本. -- 版框高十九厘米
宽十三厘米。
1989年摄制. -- 1盘卷片(13米254拍) :
1:10, 2B ; 35mm银盐
收藏馆：缩微中心，广东

000O023317
长谷集：十五卷 / (明)徐献忠撰
明(1368-1644)刻本
1995年摄制. -- 1盘卷片(26米526拍) :
1:10, 2B ; 35mm银盐
收藏馆：缩微中心，国图

000O008785
太白山人诗：五卷 / (明)孙一元撰
明正德十五年(1520)刻本
1988年摄制. -- 1盘卷片(7.3米136拍) :
1:10, 2B ; 35mm银盐

收藏馆：缩微中心，重庆

00O011056
太白山人诗：五卷附录一卷 / (明)孙一元撰
明(1368-1644)刻本. -- 序题："太白山人漫稿"。卷一至卷二白纸本。
1989年摄制. -- 1盘卷片(8米129拍) ：1:10，
2B ；35mm银盐
收藏馆：缩微中心，天津

00O008979
增定太白山人漫稿：八卷附录一卷 / (明)孙一元撰；(明)张睿卿辑
明万历二十五年(1597)张睿卿刻本
1988年摄制. -- 1盘卷片(10米184拍) ：
1:10，2B ；35mm银盐
收藏馆：缩微中心，湖北

00O023330
增定太白山人漫稿：八卷补遗一卷附录一卷 / (明)孙一元撰；(明)张睿卿辑
明万历三十九年(1611)张睿卿刻本
1995年摄制. -- 1盘卷片(11米182拍) ：
1:10，2B ；35mm银盐
收藏馆：缩微中心，国图

00O024963
太白山人漫稿：八卷补遗一卷附录一卷 / (明)孙一元撰
明崇祯十二年(1639)周道仁刻本. -- (清)丁丙跋。
1996年摄制. -- 1盘卷片(10米186拍) ：
1:10，2B ；35mm银盐
收藏馆：缩微中心，南京

00O022376
韦庵集：二卷 / (明)皇甫信撰
明嘉靖五年(1526)皇甫录世叶堂刻本
1995年摄制. -- 1盘卷片(4米41拍) ：1:10，
2B ；35mm银盐
收藏馆：缩微中心，国图

00O015845
舒梓溪先生集：十卷 / (明)舒芬撰
明嘉靖三十二年(1553)万虞恺[等]刻本
1993年摄制. -- 1盘卷片(16米298拍) ：
1:10，2B ；35mm银盐
收藏馆：缩微中心，国图

00O009894
梓溪文集：五卷 / (明)舒芬撰
明嘉靖三十年(1551)张希举刻本
1989年摄制. -- 1盘卷片(8米143拍) ：1:10，

2B ；35mm银盐
收藏馆：缩微中心，浙江

00O010487
张文定公观光楼集：十卷；环辟楼集：十六卷 / (明)张邦奇撰
明(1368-1644)刻本
1989年摄制. -- 1盘卷片(22米482拍) ：
1:10，2B ；35mm银盐
收藏馆：缩微中心，天津

00O020971
张文定公文选：三十九卷 / (明)张邦奇撰
明嘉靖二十八年(1549)刻本
1994年摄制. -- 2盘卷片(46米903拍) ：
1:10，2B ；35mm银盐
收藏馆：缩微中心，南京

00O014123
端溪先生集：八卷 / (明)王崇庆撰
明嘉靖三十一年(1552)张蕴刻本. -- 存六卷：卷二至卷五、卷七至卷八。
1992年摄制. -- 1盘卷片(23米460拍) ：
1:10，2B ；35mm银盐
收藏馆：缩微中心，国图

00O018285
端溪先生集：八卷 / (明)王崇庆撰；(明)孔天胤编
明嘉靖三十一年(1552)张蕴刻本. -- 钤"宛平王氏家藏"印。
1993年摄制. -- 2盘卷片(35米726拍) ：
1:10，2B ；35mm银盐
收藏馆：缩微中心，天津

00O014794
愧暗集：二十一卷 / (明)林大辂撰
明嘉靖四十年(1561)林敦履刻本
1992年摄制. -- 2盘卷片(34米671拍) ：
1:10，2B ；35mm银盐
收藏馆：缩微中心，国图

00O012990
颐山私稿：十卷 / (明)吴仕撰
明(1368-1644)刻本
1991年摄制. -- 1盘卷片(13米218拍) ：
1:10，2B ；35mm银盐
收藏馆：缩微中心，国图

00O005543
玉坡张先生黄花集：七卷 / (明)张原撰
明正德(1506-1521)刻本. -- 存三卷：卷一至卷三。(清)丁丙跋。

1987年摄制. -- 1盘卷片(7米143拍) ： 1:10,
2B ；35mm银盐
收藏馆：缩微中心，南京

000O001616
董汉阳碧里后集：鸣存一卷疑存一卷杂存一卷
达存二卷 / (明)董谷撰
明嘉靖四十四年(1565)董鲲刻本
1986年摄制. -- 1盘卷片(12米233拍) ：
1:10, 2B ；35mm银盐
收藏馆：缩微中心，国图

000O004164
郑少谷先生全集：二十卷 / (明)郑善夫撰．附录：
二卷 / (明)邵捷春辑
明崇祯九年(1636)郑奎光刻本
1986年摄制. -- 1盘卷片(31米688拍) ：
1:10, 2B ；35mm银盐
收藏馆：缩微中心，国图

000O007857
郑文：十五卷郑诗十三卷附录二卷 / (明)郑善夫
撰
明嘉靖(1522-1566)汪文盛刻本
1988年摄制. -- 1盘卷片(18.2米410拍) ：
1:10, 2B ；35mm银盐
收藏馆：缩微中心，重庆

000O020223
郑诗：十三卷附录一卷 / (明)郑善夫撰
明(1368-1644)刻本
1994年摄制. -- 1盘卷片(11米192拍) ：
1:10, 2B ；35mm银盐
收藏馆：缩微中心，国图

000O000879
郑诗：□□卷 / (明)郑善夫撰
明万历二十四年(1596)谢肇淛刻本. -- 存八
卷：卷一至卷八。
1985年摄制. -- 1盘卷片(13.7米286拍) ：
1:10, 2B ；35mm银盐
收藏馆：缩微中心，国图

000O004377
季彭山先生文集：四卷 / (明)季本撰
清初(1644-1722)抄本
1986年摄制. -- 1盘卷片(9米169拍) ： 1:10,
2B ；35mm银盐
收藏馆：缩微中心，国图

000O006238
卢次楩诗集：二卷 / (明)卢楩撰
明隆庆五年(1571)张正道刻本

1987年摄制. -- 1盘卷片(6米111拍) ： 1:10,
2B ；35mm银盐
收藏馆：缩微中心，南京

000O006362
蠛蠓集：五卷 / (明)卢柟撰
明嘉靖(1522-1566)刻本
1987年摄制. -- 1盘卷片(13米279拍) ：
1:10, 2B ；35mm银盐
收藏馆：缩微中心，国图

000O007798
蠛蠓集：五卷 / (明)卢柟撰
明万历三十年(1602)张其忠刻本
1988年摄制. -- 1盘卷片(13.7米283拍) ：
1:11, 2B ；35mm银盐
收藏馆：缩微中心，重庆

000O014198
蠛蠓集：五卷 / (明)卢柟撰
明万历三十年(1602)张其忠刻本
1992年摄制. -- 1盘卷片(16米302拍) ：
1:10, 2B ；35mm银盐
收藏馆：缩微中心，国图

000O010341
天马山房遗稿：八卷 / (明)朱浙撰
明隆庆三年(1569)张秉铎刻清乾隆(1736-1795)
重印本
1989年摄制. -- 1盘卷片(10.5米201拍) ：
1:10, 2B ；35mm银盐
收藏馆：缩微中心，湖北

000O029299
王文定公文录：十二卷 / (明)王道撰
明万历三十七年(1609)刻本
1999年摄制. -- 1盘卷片(23米426拍) ：
1:10, 2B ；35mm银盐
收藏馆：缩微中心，苏州

000O011900
张太微诗集：十二卷后集四卷 / (明)张治道撰
明嘉靖十年至二十年(1531-1541)刻本. -- 明
嘉靖十年(1531)刻诗集，明嘉靖二十年(1541)
刻后集。
1990年摄制. -- 1盘卷片(24米522拍) ：
1:10, 2B ；35mm银盐
收藏馆：缩微中心，山东

000O015587
嘉靖集：八卷拾遗一卷 / (明)张治道撰
明嘉靖三十一年(1552)孔天胤刻本
1993年摄制. -- 1盘卷片(12米226拍) ：

1:10，2B ；35mm银盐
收藏馆：缩微中心，国图

000O024555
明聂双江先生文集：十四卷首一卷 / (明)聂豹撰
清康熙四十年(1701)云丘书院刻本
1996年摄制. -- 2盘卷片(48.5米1016拍)：
1:10，2B ；35mm银盐
收藏馆：缩微中心，浙江

000O010496
张水南文集：十一卷 / (明)张衮撰
明隆庆元年(1567)范惟一刻本
1989年摄制. -- 1盘卷片(18米374拍)：
1:10，2B ；35mm银盐
收藏馆：缩微中心，天津

000O024524
容庵集：七卷周易传义存疑一卷 / (明)应大猷撰
明万历(1573-1620)刻本
1996年摄制. -- 1盘卷片(17米332拍)：
1:10，2B ；35mm银盐
收藏馆：缩微中心，浙江

000O009254
克斋集：二卷 / (明)王昈撰
明万历(1573-1620)刻本
1988年摄制. -- 1盘卷片(9米169拍)：1:10，
2B ；35mm银盐
收藏馆：缩微中心，湖南

000O007078
王彭衙诗：九卷 / (明)王讴撰
明嘉靖十四年(1535)陈嘉言范钦刻本. --
(清)丁丙跋。
1987年摄制. -- 1盘卷片(15米356拍)：
1:10，2B ；35mm银盐
收藏馆：缩微中心，南京

000O006665
省庵漫稿：四卷 / (明)陈逅撰
明崇祯十年(1637)陈星枢刻本
1987年摄制. -- 1盘卷片(11米236拍)：
1:10，2B ；35mm银盐
收藏馆：缩微中心，国图

000O022161
山陵赋：一卷 / (明)颜木撰
明嘉靖十八年(1539)刘祚刻本
1995年摄制. -- 1盘卷片(3米18拍)：1:10，
2B ；35mm银盐
收藏馆：缩微中心，国图

000O003370
烬余稿：□□卷 / (明)颜木撰
明(1368-1644)抄本. -- 存一卷。(清)朱昌燕
跋。
1986年摄制. -- 1盘卷片(4米58拍)：1:10，
2B ；35mm银盐
收藏馆：缩微中心，国图

000O013089
明山先生存集：四卷 / (明)姚涞撰
明嘉靖三十六年(1557)姚稽刻本
1991年摄制. -- 1盘卷片(12米225拍)：
1:10，2B ；35mm银盐
收藏馆：缩微中心，国图

000O021951
明山先生存集：四卷 / (明)姚涞撰
明嘉靖三十六年(1557)姚稽刻本
1995年摄制. -- 1盘卷片(12米225拍)：
1:10，2B ；35mm银盐
收藏馆：缩微中心，国图

000O002004
韩五泉诗：四卷 / (明)韩邦靖撰
明嘉靖十六年(1537)赵伯一刻本
1986年摄制. -- 1盘卷片(7米114拍)：1:10，
2B ；35mm银盐
收藏馆：缩微中心，国图

000O026680
韩五泉诗：四卷附录二卷 / (明)韩邦靖撰
明嘉靖十九年(1540)樊得仁刻本
1996年摄制. -- 1盘卷片(6米111拍)：1:10，
2B ；35mm银盐
收藏馆：缩微中心，福建

000O008729
张龙湖先生文集：十五卷 / (明)张治撰
清雍正四年(1726)彭思眷刻本
1988年摄制. -- 1盘卷片(18.8米401拍)：
1:10，2B ；35mm银盐
收藏馆：缩微中心，重庆

000O001444
太史升庵文集：八十一卷 / (明)杨慎撰
明万历十年(1582)蔡汝贤刻本
1985年摄制. -- 3盘卷片(66.5米1571拍)：
1:10，2B ；35mm银盐
收藏馆：缩微中心，国图

000O004465
太史升庵文集：八十一卷目录四卷 / (明)杨慎撰
明(1368-1644)刻本

1986年摄制. -- 3盘卷片(69米1532拍)：
1:10, 2B ; 35mm银盐
收藏馆：缩微中心，国图

000O022140
太史升庵文集：八十一卷目录四卷 / (明)杨慎撰
明(1368-1644)刻本
1995年摄制. -- 3盘卷片(73米1482拍)：
1:10, 2B ; 35mm银盐
收藏馆：缩微中心，国图

000O008703
升庵先生文集：八十一卷目录四卷 / (明)杨慎撰
明万历二十九年(1601)王藩臣萧如松刻本
1988年摄制. -- 3盘卷片(74.7米1646拍)：
1:10, 2B ; 35mm银盐
收藏馆：缩微中心，重庆

000O028084
升庵诗集：九卷文集十二卷 / (明)杨慎撰
明嘉靖三十六年(1557)刻本. -- 存十七卷：
诗集卷一至卷五、文集十二卷。(明)徐焜等
跋。
1997年摄制. -- 1盘卷片(14米289拍)：
1:10, 2B ; 35mm银盐
收藏馆：缩微中心，福建

000O017662
杨升庵诗：五卷 / (明)杨慎撰
明嘉靖二十四年(1545)谭少嵋刻本
1993年摄制. -- 1盘卷片(4米41拍) : 1:10,
2B ; 35mm银盐
收藏馆：缩微中心，国图

000O017071
杨升庵诗：五卷 / (明)杨慎撰
明(1368-1644)刻本
1993年摄制. -- 1盘卷片(6米80拍) : 1:10,
2B ; 35mm银盐
收藏馆：缩微中心，国图

000O027127
杨升庵诗：五卷 / (明)杨慎撰
明(1368-1644)刻本
1996年摄制. -- 1盘卷片(6米80拍) : 1:10,
2B ; 35mm银盐
收藏馆：缩微中心，国图

000O007136
**李卓吾先生读升庵集：二十卷 / (明)杨慎撰；
(明)李贽辑并评**
明(1368-1644)刻本
1987年摄制. -- 1盘卷片(23米502拍)：

1:10, 2B ; 35mm银盐
收藏馆：缩微中心，重庆

000O017034
升庵南中集：七卷 / (明)杨慎撰
明嘉靖十四年(1535)王廷刻本
1993年摄制. -- 1盘卷片(5米73拍) : 1:10,
2B ; 35mm银盐
收藏馆：缩微中心，国图

000O017663
升庵南中续集：四卷 / (明)杨慎撰
明嘉靖(1522-1566)刻本
1993年摄制. -- 1盘卷片(4米36拍) : 1:10,
2B ; 35mm银盐
收藏馆：缩微中心，国图

000O008667
太史升庵遗集：二十六卷 / (明)杨慎撰
明万历三十四年(1606)汤日昭刻本
1987年摄制. -- 1盘卷片(18.9米407拍)：
1:9, 2B ; 35mm银盐
收藏馆：缩微中心，重庆

000O006541
留余堂集：二卷 / (明)陈儒撰
清(1644-1911)抄本
1987年摄制. -- 1盘卷片(13米274拍)：
1:10, 2B ; 35mm银盐
收藏馆：缩微中心，国图

000O013072
嵩渚文集：一百卷目录二卷 / (明)李濂撰
明嘉靖(1522-1566)刻本
1991年摄制. -- 3盘卷片(71米1416拍)：
1:10, 2B ; 35mm银盐
收藏馆：缩微中心，国图

000O023318
乙巳春游稿：五卷 / (明)李濂撰
明嘉靖二十五年(1546)白浚刻本
1995年摄制. -- 1盘卷片(5米67拍) : 1:10,
2B ; 35mm银盐
收藏馆：缩微中心，国图

000O013907
西原全集：十卷遗集一卷 / (明)薛蕙撰
明崇祯(1628-1644)薛邦瑞刻本
1991年摄制. -- 1盘卷片(24米497拍)：
1:10, 2B ; 35mm银盐
收藏馆：缩微中心，国图

00O023933
西原全集：十二卷 / (明)薛蕙撰
清乾隆(1736-1795)薛世喜抄本
1995年摄制. -- 1盘卷片(27米617拍)：
1:10，2B；35mm银盐
收藏馆：缩微中心，河南

00O013819
薛西原集：二卷 / (明)薛蕙撰
明嘉靖十四年(1535)李宗枢刻本
1991年摄制. -- 1盘卷片(7米102拍)：1:10，
2B；35mm银盐
收藏馆：缩微中心，国图

00O004484
薛吏部诗：六卷 / (明)薛蕙撰
明(1368-1644)五湖书屋抄本. -- 存三卷：卷
四至卷六。
1986年摄制. -- 1盘卷片(4米52拍)：1:10，
2B；35mm银盐
收藏馆：缩微中心，国图

00O026078
薛考功集：十卷附集一卷 / (明)薛蕙撰
明(1368-1644)刻本. -- (清)丁丙跋。
1993年摄制. -- 1盘卷片(15米309拍)：
1:10，2B；35mm银盐
收藏馆：缩微中心，南京

00O007139
薛考功集：十卷附集一卷 / (明)薛蕙撰
明嘉靖(1522-1566)刻本
1987年摄制. -- 1盘卷片(15.4米324拍)：
1:10，2B；35mm银盐
收藏馆：缩微中心，重庆

00O014614
薛考功集：十卷附一卷 / (明)薛蕙撰
明(1368-1644)抄本
1992年摄制. -- 1盘卷片(12米213拍)：
1:10，2B；35mm银盐
收藏馆：缩微中心，国图

00O007512
薛考功集：十卷 / (明)薛蕙撰
明万历十九年(1591)□道行刻本
1987年摄制. -- 1盘卷片(14米293拍)：
1:10，2B；35mm银盐
收藏馆：缩微中心，国图

00O013733
西原先生遗书：二卷 / (明)薛蕙撰
明嘉靖四十二年(1563)王廷刻本

1991年摄制. -- 1盘卷片(7米112拍)：1:10，
2B；35mm银盐
收藏馆：缩微中心，国图

00O026814
西原先生遗书：二卷 / (明)薛蕙撰
明嘉靖四十二年(1563)王廷刻本. -- (清)丁
丙跋。
1996年摄制. -- 1盘卷片(8米128拍)：1:10，
2B；35mm银盐
收藏馆：缩微中心，南京

00O011639
北游漫稿 / (明)郑若庸撰
明隆庆(1567-1572)刻本
1990年摄制. -- 1盘卷片(10米192拍)：
1:10，2B；35mm银盐
收藏馆：缩微中心，天津

00O023357
蛣蜣集：八卷 / (明)郑若庸撰
明隆庆四年(1570)胡迪刻本
1995年摄制. -- 1盘卷片(16米298拍)：
1:10，2B；35mm银盐
收藏馆：缩微中心，国图

00O013496
东游集：一卷 / (明)黄金撰
明(1368-1644)抄本
1991年摄制. -- 1盘卷片(3米17拍)：1:10，
2B；35mm银盐
收藏馆：缩微中心，国图

00O012959
少华山人前集：十三卷后集九卷 / (明)许宗鲁撰
明嘉靖(1522-1566)刻本
1991年摄制. -- 1盘卷片(22米430拍)：
1:10，2B；35mm银盐
收藏馆：缩微中心，国图

00O022902
少华山人文集：八卷诗集十二卷 / (明)许宗鲁撰
明(1368-1644)抄本
1995年摄制. -- 1盘卷片(18.5米393拍)：
1:10，2B；35mm银盐
收藏馆：缩微中心，广东

00O023328
五岳山人集：三十八卷 / (明)黄省曾撰
明(1368-1644)刻本. -- 卷二十二至卷二十三
配清(1644-1911)抄本。
1995年摄制. -- 1盘卷片(31米643拍)：
1:10，2B；35mm银盐

收藏馆：缩微中心，国图

00O019680
石湖集：一卷 / (明)王守撰
明(1368-1644)抄本
1994年摄制. -- 1盘卷片(3米24拍) ： 1:10,
2B ； 35mm银盐
收藏馆：缩微中心，国图

00O006213
桃川剩集：二卷 / (明)王廷表撰
清(1644-1911)抄本. -- (清)丁丙跋。
1987年摄制. -- 1盘卷片(3米37拍) ： 1:10,
2B ； 35mm银盐
收藏馆：缩微中心，南京

00O022143
戴中丞遗集：八卷附录一卷 / (明)戴璧撰
明嘉靖三十九年(1560)戴士充刻本
1995年摄制. -- 1盘卷片(11米202拍) ：
1:10, 2B ； 35mm银盐
收藏馆：缩微中心，国图

00O022062
渌江集：十二卷附录一卷 / (明)徐一鸣撰
明隆庆三年(1569)五泉书院徐卿绪徐卿述刻本
1995年摄制. -- 1盘卷片(17米330拍) ：
1:10, 2B ； 35mm银盐
收藏馆：缩微中心，国图

00O003542
玉华子游艺集：二十四卷 / (明)马一龙撰
明万历三十二年(1604)马震伯马巽翰[等]刻本
1985年摄制. -- 3盘卷片(62米1240拍) ：
1:10, 2B ； 35mm银盐
收藏馆：缩微中心，国图

00O020420
泰泉集：十卷 / (明)黄佐撰
明嘉靖二十一年(1542)李时行刻本
1994年摄制. -- 1盘卷片(13米231拍) ：
1:10, 2B ； 35mm银盐
收藏馆：缩微中心，国图

00O028690
泰泉集：六十卷 / (明)黄佐撰；(明)黄在中[等]辑
明万历元年(1573)刻本. -- 叶启勋题识。
1998年摄制. -- 3盘卷片(75米1591拍) ：
1:10, 2B ； 35mm银盐
收藏馆：缩微中心，湖南

00O028734
泰泉集：六十卷 / (明)黄佐撰
明万历元年(1573)刻本
1997年摄制. -- 3盘卷片(76米1433拍) ：
1:10, 2B ； 35mm银盐
收藏馆：缩微中心，苏州

00O006755
素轩吟稿：十一卷 / (明)傅伦撰
明嘉靖五年(1526)朱肃斋刻本
1986年摄制. -- 1盘卷片(10.1米202拍) ：
1:10, 2B ； 35mm银盐
收藏馆：缩微中心，国图

00O014431
金子有集：一卷 / (明)金大车撰
明嘉靖二十六年(1547)何世守刻本
1992年摄制. -- 1盘卷片(3米22拍) ： 1:10,
2B ； 35mm银盐
收藏馆：缩微中心，国图

00O015833
龙川骈语：不分卷 / (明)孟思撰
明(1368-1644)紫芝堂抄本. -- 罗振常跋。
1993年摄制. -- 1盘卷片(6米80拍) ： 1:10,
2B ； 35mm银盐
收藏馆：缩微中心，国图

00O028748
丰山集：四十卷 / (明)孙存撰
明嘉靖三十三年(1554)孙孟刻本
1998年摄制. -- 1盘卷片(29米631拍) ：
1:10, 2B ； 35mm银盐
收藏馆：缩微中心，苏州

00O028088
东廓先生文集：九卷 / (明)邹守益撰
明嘉靖十七年(1538)洪垣刻本
1997年摄制. -- 1盘卷片(12米228拍) ：
1:10, 2B ； 35mm银盐
收藏馆：缩微中心，广东

00O024912
东廓邹先生文集：十二卷 / (明)邹守益撰
明隆庆六年(1572)邵廉刻本. -- (清)丁丙
跋。
1996年摄制. -- 1盘卷片(27米583拍) ：
1:10, 2B ； 35mm银盐
收藏馆：缩微中心，南京

00O010504
邹东廓先生文选：四卷 / (明)邹守益撰；(明)邹善编
明隆庆六年(1572)刻本. -- (明)宋仪望校。
1989年摄制. -- 1盘卷片(11米217拍) ：

1:10，2B ；35mm银盐
收藏馆：缩微中心，天津

000O013328

东廓邹先生遗稿：十一卷 / (明)邹守益撰
明(1368-1644)刻本
1990年摄制. -- 1盘卷片(3米48拍) ：1:10，
2B ；35mm银盐
收藏馆：缩微中心，重庆

000O024530

弘艺录：三十二卷首一卷 / (明)邵经邦撰；(明)
林魁,(明)林钚选次
清康熙二十四年(1685)邵远平刻本
1996年摄制. -- 1盘卷片(23米463拍) ：
1:10，2B ；35mm银盐
收藏馆：缩微中心，浙江

000O023335

陈征士集：四卷 / (明)陈銮撰
明(1368-1644)熊桴刻本
1995年摄制. -- 1盘卷片(5米72拍) ：1:10，
2B ；35mm银盐
收藏馆：缩微中心，国图

000O010450

南沙先生文集：八卷 / (明)熊过著
明泰昌元年(1620)熊胤衡刻本. -- (明)杨述
中、(明)孙之蓝校。
1989年摄制. -- 1盘卷片(19米413拍) ：
1:10，2B ；35mm银盐
收藏馆：缩微中心，天津

000O022141

内方文集：五卷 / (明)童承叙撰
明万历二十五年(1597)苏潢刻本
1995年摄制. -- 1盘卷片(19米365拍) ：
1:10，2B ；35mm银盐
收藏馆：缩微中心，国图

000O026688

佩兰子文集：三卷 / (明)袁达撰
明(1368-1644)同文书院刻本
1996年摄制. -- 1盘卷片(6米101拍) ：1:10，
2B ；35mm银盐
收藏馆：缩微中心，福建

000O019323

常评事集：四卷；写情集：二卷 / (明)常伦撰
明(1368-1644)刻本
1994年摄制. -- 1盘卷片(8米121拍) ：1:10，
2B ；35mm银盐
收藏馆：缩微中心，国图

000O007209

小山类稿选：二十卷；张襄惠公辑略：一卷 /
(明)张岳撰
明(1368-1644)刻重修本
1987年摄制. -- 1盘卷片(26米554拍) ：
1:10，2B ；35mm银盐
收藏馆：缩微中心，山东

000O003449

谷原诗集：八卷 / (明)苏佑撰
明(1368-1644)刻本
1986年摄制. -- 1盘卷片(11米208拍) ：
1:10，2B ；35mm银盐
收藏馆：缩微中心，国图

000O018013

谷原诗集：八卷 / (明)苏佑撰
明(1368-1644)刻本. -- 存一卷：卷三。
1993年摄制. -- 1盘卷片(4米49拍) ：1:10，
2B ；35mm银盐
收藏馆：缩微中心，国图

000O024384

三巡集稿：一卷 / (明)苏佑撰
明嘉靖(1522-1566)刻本
1996年摄制. -- 1盘卷片(5米73拍) ：1:10，
2B ；35mm银盐
收藏馆：缩微中心，国图

000O022144

太常少卿魏水洲先生文集：六卷 / (明)魏良弼撰
明万历三十五年(1607)熊剑化徐良彦刻本
1995年摄制. -- 1盘卷片(11米220拍) ：
1:10，2B ；35mm银盐
收藏馆：缩微中心，国图

000O015257

半洲稿：四卷 / (明)蔡经撰
明嘉靖十六年(1537)司马泰刻本
1992年摄制. -- 1盘卷片(9米156拍) ：1:10，
2B ；35mm银盐
收藏馆：缩微中心，国图

000O014374

施信阳文集：七卷 / (明)施文显撰
明嘉靖元年(1522)施逢原施颖刻本. -- 存四
卷：卷一至卷四。
1992年摄制. -- 1盘卷片(5米57拍) ：1:10，
2B ；35mm银盐
收藏馆：缩微中心，国图

000O024247

留省稿：二十卷 / (明)康大和撰

明嘉靖四十四年(1565)刻本. -- 存十三卷:
卷一至卷六、卷九至卷十五。
1996年摄制. -- 1盘卷片(18米387拍) :
1:10, 2B ; 35mm银盐
收藏馆: 缩微中心, 安徽

00O007696
刘凤川遗稿: 九卷 / (明)刘良臣撰; (明)薛一鹗评
清(1644-1911)抄本
1988年摄制. -- 1盘卷片(16.6米347拍) :
1:10, 2B ; 35mm银盐
收藏馆: 缩微中心, 山西

00O021903
桂林斧斯: 不分卷 / (明)刘良臣撰
明(1368-1644)稿本
1995年摄制. -- 1盘卷片(4米60拍) : 1:10,
2B ; 35mm银盐
收藏馆: 缩微中心, 芮城

00O013660
浮槎稿: 十二卷 / (明)潘滋撰
明嘉靖(1522-1566)刻本
1991年摄制. -- 1盘卷片(9米136拍) : 1:10,
2B ; 35mm银盐
收藏馆: 缩微中心, 国图

00O014815
游梁集: 一卷 / (明)陈全之撰
明嘉靖(1522-1566)刻本
1992年摄制. -- 1盘卷片(3米19拍) : 1:10,
2B ; 35mm银盐
收藏馆: 缩微中心, 国图

00O012662
还峰宋先生集: 十卷首一卷附录一卷 / (明)宋淳撰
明万历(1573-1620)刻本
1990年摄制. -- 1盘卷片(12.4米260拍) :
1:10, 2B ; 35mm银盐
收藏馆: 缩微中心, 辽宁

00O023325
少室山人集: 二十五卷 / (明)杨本仁撰
明嘉靖(1522-1566)刻本
1995年摄制. -- 1盘卷片(17米323拍) :
1:10, 2B ; 35mm银盐
收藏馆: 缩微中心, 国图

00O012709
碧淛堂诗草: 一卷 / (明)王光鲁撰
清顺治十三年(1656)刻本

1990年摄制. -- 1盘卷片(3.6米51拍) :
1:10, 2B ; 35mm银盐
收藏馆: 缩微中心, 辽宁

00O010505
石联遗稿: 八卷 / (明)沈燧撰
明万历(1573-1620)刻本
1989年摄制. -- 1盘卷片(11米220拍) :
1:10, 2B ; 35mm银盐
收藏馆: 缩微中心, 天津

00O013267
俟知堂集: 十三卷 / (明)邹守愚撰; (明)林大春辑
明万历(1573-1620)刻本
1991年摄制. -- 1盘卷片(18.5米390拍) :
1:10, 2B ; 35mm银盐
收藏馆: 缩微中心, 湖北

00O020036
桐冈集: 不分卷小稿一卷 / (明)杨凤撰
明(1368-1644)抄本
1994年摄制. -- 1盘卷片(5米70拍) : 1:10,
2B ; 35mm银盐
收藏馆: 缩微中心, 国图

00O023365
玩梅亭集稿: 二卷 / (明)柴惟道撰
明(1368-1644)刻本
1995年摄制. -- 1盘卷片(6米90拍) : 1:10,
2B ; 35mm银盐
收藏馆: 缩微中心, 国图

00O023917
汪师训词存稿: 九卷 / (明)汪嘉宾撰
明万历(1573-1620)刻本
1996年摄制. -- 1盘卷片(11米245拍) :
1:10, 2B ; 35mm银盐
收藏馆: 缩微中心, 河南

00O019208
玄素子集: 十二卷 / (明)廖道南撰
明(1368-1644)刻本
1994年摄制. -- 1盘卷片(13米226拍) :
1:10, 2B ; 35mm银盐
收藏馆: 缩微中心, 国图

00O006605
赵梅峰先生遗稿: 四卷 / (明)赵仲全撰
明万历二十四年(1596)赵健刻本
1987年摄制. -- 1盘卷片(7米112拍) : 1:10,
2B ; 35mm银盐
收藏馆: 缩微中心, 国图

00O018784

郑少白诗集：□□卷 / (明)郑允璋撰
明(1368-1644)刻本. -- 存四卷：卷四至卷七。
1994年摄制. -- 1盘卷片(4米50拍) : 1:10, 2B ; 35mm银盐
收藏馆：缩微中心，国图

00O013732

过庭私录：七卷；泉亭外集：一卷 / (明)吴鼎撰
明嘉靖四十一年(1562)吴遵晦吴遵道刻本
1991年摄制. -- 1盘卷片(15米283拍) : 1:10, 2B ; 35mm银盐
收藏馆：缩微中心，国图

00O004205

斛山杨先生遗稿：四卷 / (明)杨爵撰
明万历六年(1578)陈世宝曾如春刻本
1986年摄制. -- 1盘卷片(9米176拍) : 1:10, 2B ; 35mm银盐
收藏馆：缩微中心，国图

00O018220

斛山杨先生遗稿：五卷 / (明)杨爵撰
明万历十六年(1588)聂士润刻万历至天启(1573-1627)增修本
1993年摄制. -- 1盘卷片(13米257拍) : 1:10, 2B ; 35mm银盐
收藏馆：缩微中心，山东

00O005397

梦泽集：十七卷 / (明)王廷陈撰
明嘉靖四十一年(1562)王廷瞻刻本. -- (清)吴仰贤批注并跋。
1986年摄制. -- 1盘卷片(15米210拍) : 1:10, 2B ; 35mm银盐
收藏馆：缩微中心，国图

00O014140

梦泽集：十七卷 / (明)王廷陈撰
明嘉靖四十一年(1562)王廷瞻刻本
1992年摄制. -- 1盘卷片(14米260拍) : 1:10, 2B ; 35mm银盐
收藏馆：缩微中心，国图

00O007804

梦泽集：十七卷 / (明)王廷陈撰
明嘉靖四十四年(1565)王同道刻本
1987年摄制. -- 1盘卷片(13米270拍) : 1:10, 2B ; 35mm银盐
收藏馆：缩微中心，重庆

00O017327

梦泽集：十七卷 / (明)王廷陈撰
明嘉靖(1522-1566)刻蓝印本
1993年摄制. -- 1盘卷片(19米363拍) : 1:10, 2B ; 35mm银盐
收藏馆：缩微中心，国图

00O010964

梦泽集：二十三卷 / (明)王廷陈撰
明万历三十年(1602)王追淳刻本. -- (清)王家璧校并跋。
1989年摄制. -- 1盘卷片(21米414拍) : 1:10, 2B ; 35mm银盐
收藏馆：缩微中心，湖北

00O010536

梦泽集：十八卷 / (明)王廷陈撰
明万历(1573-1620)刻本
1989年摄制. -- 1盘卷片(18米383拍) : 1:10, 2B ; 35mm银盐
收藏馆：缩微中心，吉林

00O022154

西浙泉厓邵先生文集：十卷诗集十卷 / (明)邵经济撰
明嘉靖四十一年(1562)张景贤张鉴[等]刻本
1995年摄制. -- 1盘卷片(28米564拍) : 1:10, 2B ; 35mm银盐
收藏馆：缩微中心，国图

00O006110

漫游稿：六卷 / (明)冯世雍撰
明嘉靖十五年(1536)刘时济刻本. -- (清)丁丙跋。
1987年摄制. -- 1盘卷片(6米128拍) : 1:10, 2B ; 35mm银盐
收藏馆：缩微中心，南京

00O017373

两厓集：八卷 / (明)朱廷立撰
明(1368-1644)刻本. -- 存三卷：卷一至卷三。
1993年摄制. -- 1盘卷片(5米64拍) : 1:10, 2B ; 35mm银盐
收藏馆：缩微中心，国图

00O008035

重镌两厓集：八卷 / (明)朱廷立撰
明(1368-1644)朱之楫刻本
1988年摄制. -- 1盘卷片(9米170拍) : 1:10, 2B ; 35mm银盐
收藏馆：缩微中心，湖南

000O013456
雅宜山人集：十卷 / (明)王宠撰
明嘉靖十六年(1537)董宜阳朱浚明刻本
1991年摄制. -- 1盘卷片(12米226拍) ：
1:10, 2B ；35mm银盐
收藏馆：缩微中心，国图

000O016988
雅宜山人集：十卷 / (明)王宠撰
明嘉靖十六年(1537)董宜阳朱浚明刻本
1993年摄制. -- 1盘卷片(12米224拍) ：
1:10, 2B ；35mm银盐
收藏馆：缩微中心，国图

000O005398
雅宜山人集：十卷 / (明)王宠撰
明(1368-1644)刻本
1986年摄制. -- 1盘卷片(11.6米240拍) ：
1:10, 2B ；35mm银盐
收藏馆：缩微中心，国图

000O006010
雅宜山人集：十卷 / (明)王宠撰
明(1368-1644)刻本
1987年摄制. -- 1盘卷片(12米254拍) ：
1:10, 2B ；35mm银盐
收藏馆：缩微中心，国图

000O016132
雅宜山人集：十卷 / (明)王宠撰
明(1368-1644)刻本
1993年摄制. -- 1盘卷片(12米228拍) ：
1:10, 2B ；35mm银盐
收藏馆：缩微中心，国图

000O011678
甓余杂集：十二卷 / (明)朱纨撰 ；(明)朱篁订
明(1368-1644)刻本. -- (明)朱质校。
1989年摄制. -- 2盘卷片(62米1290拍) ：
1:10, 2B ；35mm银盐
收藏馆：缩微中心，天津

000O006616
陆子余集：八卷附录一卷 / (明)陆灿撰
明嘉靖四十三年(1564)陆延枝刻本
1987年摄制. -- 1盘卷片(15米319拍) ：
1:10, 2B ；35mm银盐
收藏馆：缩微中心，国图

000O024590
卯洞集：四卷 / (明)徐珊撰 ；(明)陈煦校
明嘉靖二十四年(1545)刻本
1996年摄制. -- 1盘卷片(5米82拍) ：1:10,

2B ；35mm银盐
收藏馆：缩微中心，浙江

000O005532
沁南稿：二卷 ；诗余：一卷 / (明)胡汝嘉撰
明万历(1573-1620)刻本
1987年摄制. -- 1盘卷片(7米126拍) ：1:10,
2B ；35mm银盐
收藏馆：缩微中心，南京

000O023341
许默斋集：四卷 / (明)许论撰
明(1368-1644)贺贲刻本
1995年摄制. -- 1盘卷片(10米167拍) ：
1:10, 2B ；35mm银盐
收藏馆：缩微中心，国图

000O006600
四溟山人全集：二十四卷 / (明)谢榛撰
明万历二十四年(1596)赵府冰玉堂刻本
1987年摄制. -- 2盘卷片(37米790拍) ：
1:10, 2B ；35mm银盐
收藏馆：缩微中心，国图

000O016511
四溟山人诗：十卷 / (明)谢榛撰 ；(明)盛以进辑
明万历四十年(1612)盛以进刻本
1993年摄制. -- 1盘卷片(14米274拍) ：
1:10, 2B ；35mm银盐
收藏馆：缩微中心，国图

000O029317
四溟山人诗集：十卷诗说二卷 / (明)谢榛撰
明万历四十年(1612)刻本
1999年摄制. -- 1盘卷片(20米431拍) ：
1:10, 2B ；35mm银盐
收藏馆：缩微中心，湖南

000O007322
谢茂秦集：二卷 / (明)谢榛撰 ；(明)王世贞辑
明(1368-1644)刻本
1987年摄制. -- 1盘卷片(5米82拍) ：1:10,
2B ；35mm银盐
收藏馆：缩微中心，国图

000O005526
朱玉洲集：八卷 / (明)朱曜撰
明嘉靖十五年(1536)朱蟾刻本. -- (清)丁丙
跋。
1987年摄制. -- 1盘卷片(8米172拍) ：1:10,
2B ；35mm银盐
收藏馆：缩微中心，南京

000O019548

欧阳南野先生文集：三十卷 / (明)欧阳德撰

明嘉靖(1522-1566)刻本. -- 存二十九卷：卷
一、卷三至卷三十。

1994年摄制. -- 2盘卷片(49米974拍)：
1:10, 2B；35mm银盐

收藏馆：缩微中心，国图

000O013911

**欧阳南野先生文选：五卷 / (明)欧阳德撰；(明)
李春芳辑**

明隆庆三年(1569)周之屏刻本

1991年摄制. -- 1盘卷片(13米245拍)：
1:10, 2B；35mm银盐

收藏馆：缩微中心，国图

000O024603

骆雨溪集：十四卷附录一卷 / (明)骆文盛撰

明万历四十二年(1614)张时震刻武康四先生集
本

1996年摄制. -- 1盘卷片(12米232拍)：
1:10, 2B；35mm银盐

收藏馆：缩微中心，浙江

000O017734

**玉涵堂诗选：十卷 / (明)吴子孝撰；(明)皇甫汸
辑**

明嘉靖(1522-1566)刻本

1993年摄制. -- 1盘卷片(10米177拍)：
1:10, 2B；35mm银盐

收藏馆：缩微中心，国图

000O015592

潘笠江先生集：十二卷 / (明)潘恩撰

明嘉靖(1522-1566)刻本

1993年摄制. -- 1盘卷片(18米352拍)：
1:10, 2B；35mm银盐

收藏馆：缩微中心，国图

000O018691

潘笠江先生集：十二卷 / (明)潘恩撰

明嘉靖(1522-1566)刻本. -- 存十卷：卷三至
卷十二。

1994年摄制. -- 1盘卷片(14米258拍)：
1:10, 2B；35mm银盐

收藏馆：缩微中心，国图

000O018638

**潘恭定公全集：二十五卷近稿不分卷 / (明)潘恩
撰**

明嘉靖(1522-1566)刻万历(1573-1620)递修
本. -- 存十二卷：卷一至卷十二、近稿不分
卷。

1992年摄制. -- 1盘卷片(26.5米581拍)：
1:9, 2B；35mm银盐

收藏馆：缩微中心，重庆

000O007672

午坡文集：四卷 / (明)江以达撰

明嘉靖三十六年(1557)黄铸刻本

1988年摄制. -- 1盘卷片(16米336拍)：
1:10, 2B；35mm银盐

收藏馆：缩微中心，南京

000O029768

杨梦羽集：不分卷 / (明)杨仪撰

清康熙(1662-1722)抄本

1996年摄制. -- 1盘卷片(7米90拍)：1:10,
2B；35mm银盐

收藏馆：缩微中心，苏州

000O015133

屠渐山兰晖堂集：十二卷 / (明)屠应埈撰

明嘉靖三十一年(1552)屠仲律刻本

1992年摄制. -- 1盘卷片(17米304拍)：
1:10, 2B；35mm银盐

收藏馆：缩微中心，国图

000O023322

太史屠渐山文集：四卷附录一卷 / (明)屠应埈撰

清初(1644-1722)刻合刻屠氏家藏二集本

1995年摄制. -- 1盘卷片(17米330拍)：
1:10, 2B；35mm银盐

收藏馆：缩微中心，国图

000O005518

中丞松洲柴公遗稿：一卷 / (明)柴经撰

明(1368-1644)柴懋贤刻本

1987年摄制. -- 1盘卷片(3米42拍)：1:10,
2B；35mm银盐

收藏馆：缩微中心，南京

000O004287

拟寒山诗：一卷 / (明)张守约撰

明(1368-1644)刻本

1986年摄制. -- 1盘卷片(5米80拍)：1:10,
2B；35mm银盐

收藏馆：缩微中心，国图

000O005563

关游稿：一卷 / (明)张守约撰

明嘉靖十六年(1537)计朝聘刻本

1987年摄制. -- 1盘卷片(4米37拍)：1:10,
2B；35mm银盐

收藏馆：缩微中心，南京

000○023937
大谷诗集：二卷 / (明)温新撰
明嘉靖三十四年(1555)温氏刻本
1996年摄制. -- 1盘卷片(6米136拍) ： 1:10,
2B ；35mm银盐
收藏馆：缩微中心，河南

000○025718
备忘集：十二卷 / (明)温新撰
明嘉靖三十四年(1555)温氏刻本
1996年摄制. -- 2盘卷片(38米843拍) ：
1:10, 2B ；35mm银盐
收藏馆：缩微中心，河南

000○006354
皇甫司勋集：六十卷 / (明)皇甫汸撰
明万历二年(1574)皇甫汸刻本
1987年摄制. -- 2盘卷片(40米866拍) ：
1:10, 2B ；35mm银盐
收藏馆：缩微中心，国图

000○018844
皇甫司勋集：六十卷 / (明)皇甫汸撰
明万历二年(1574)皇甫汸刻本
1994年摄制. -- 2盘卷片(40米789拍) ：
1:10, 2B ；35mm银盐
收藏馆：缩微中心，国图

000○005750
皇甫司勋庆历稿：□□卷 / (明)皇甫汸撰
明万历(1573-1620)刻本. -- 存二十一卷：卷
一至卷二十一。
1987年摄制. -- 1盘卷片(9米179拍) ： 1:10,
2B ；35mm银盐
收藏馆：缩微中心，国图

000○022170
李石叠集：四卷附录一卷 / (明)李宗枢撰
明嘉靖二十九年(1550)西亭书院刻本
1995年摄制. -- 1盘卷片(10米175拍) ：
1:10, 2B ；35mm银盐
收藏馆：缩微中心，国图

000○006614
皇甫少玄集：二十六卷外集十卷 / (明)皇甫涍撰
明嘉靖三十年至四十五年(1551-1566)皇甫秦
皇甫枢刻本
1987年摄制. -- 1盘卷片(24.6米551拍) ：
1:10, 2B ；35mm银盐
收藏馆：缩微中心，国图

000○022151
午塘先生集：七卷 / (明)闵如霖撰

明万历二年(1574)闵世誉刻本
1995年摄制. -- 1盘卷片(7米106拍) ： 1:10,
2B ；35mm银盐
收藏馆：缩微中心，国图

000○007270
五龙山人集：六卷 / (明)王同祖撰
明万历(1573-1620)刻本
1987年摄制. -- 1盘卷片(7米124拍) ： 1:10,
2B ；35mm银盐
收藏馆：缩微中心，国图

000○006845
程文恭公遗稿：十二卷 / (明)程文德撰
明万历十二年(1584)刻本
1987年摄制. -- 1盘卷片(32米709拍) ：
1:10, 2B ；35mm银盐
收藏馆：缩微中心，山东

000○007827
岩居稿：八卷 / (明)华察撰
明嘉靖三十五年(1556)王懋刻本
1988年摄制. -- 1盘卷片(6.7米122拍) ：
1:9, 2B ；35mm银盐
收藏馆：缩微中心，重庆

000○009882
王仲山先生诗选：八卷文选一卷 / (明)王问撰；
(明)殷邦靖辑
明嘉靖至万历(1522-1620)刻本
1989年摄制. -- 1盘卷片(20米430拍) ：
1:10, 2B ；35mm银盐
收藏馆：缩微中心，浙江

000○013075
长春竞辰稿：十三卷余稿三卷 / (明)朱让栩撰
明嘉靖二十八年(1549)蜀藩朱承爝刻本
1991年摄制. -- 1盘卷片(15米252拍) ：
1:10, 2B ；35mm银盐
收藏馆：缩微中心，国图

000○014445
海樵先生全集：二十一卷 / (明)陈鹤撰
明隆庆元年(1567)陈经国刻本. -- 存十八
卷：卷一至卷十八。
1992年摄制. -- 1盘卷片(25米481拍) ：
1:10, 2B ；35mm银盐
收藏馆：缩微中心，国图

000○012983
畏斋薛先生艺文类稿：十四卷续集三卷 / (明)薛
甲撰
明隆庆(1567-1572)刻本. -- (清)曾剑跋。

1991年摄制. -- 1盘卷片（18米356拍）：
1:10，2B；35mm银盐
收藏馆：缩微中心，国图

00O024541
玩鹿亭稿：八卷附录一卷 / (明)万表撰
明万历(1573-1620)万邦孚刻本
1996年摄制. -- 1盘卷片（22米437拍）：
1:10，2B；35mm银盐
收藏馆：缩微中心，浙江

00O026729
玩鹿亭稿：二卷 / (明)万表撰
明(1368-1644)刻本. -- (清)丁丙跋。
1996年摄制. -- 1盘卷片（6米96拍）： 1:10，
2B；35mm银盐
收藏馆：缩微中心，南京

00O018029
龙溪王先生全集：二十卷 / (明)王畿撰；(明)周
怡辑；(明)查铎校
明万历十六年(1588)萧良干刻本. -- 钤"嘉
惠堂藏阅书"印。
1991年摄制. -- 2盘卷片（47米1024拍）：
1:10，2B；35mm银盐
收藏馆：缩微中心，天津

00O028498
慕蓼王先生樗全集：八卷 / (明)王畿撰
清乾隆二十四年(1759)王宗敏刻本
1997年摄制. -- 2盘卷片（36.4米744拍）：
1:10，2B；35mm银盐
收藏馆：缩微中心，福建

00O010029
愚谷集：十卷 / (明)李舜臣撰
明隆庆四年(1570)刻本. -- 版框高十九厘米
宽十四厘米。
1989年摄制. -- 1盘卷片（10米190拍）：
1:10，2B；35mm银盐
收藏馆：缩微中心，广东

00O015187
沱村先生集：六卷 / (明)史褒善撰
明万历三十三年(1605)史彦实刻本. -- 存一
卷：卷六。
1992年摄制. -- 1盘卷片（4米35拍）： 1:10，
2B；35mm银盐
收藏馆：缩微中心，国图

00O004187
端简郑公文集：十二卷 / (明)郑晓撰
明万历二十八年(1600)郑心材刻本

1986年摄制. -- 2盘卷片（37米799拍）：
1:10，2B；35mm银盐
收藏馆：缩微中心，国图

00O026723
陈后冈诗集：一卷文集一卷 / (明)陈束撰
明嘉靖二十五年(1546)张时彻刻本. -- (清)
丁丙跋。
1996年摄制. -- 1盘卷片（7米105拍）：1:10，
2B；35mm银盐
收藏馆：缩微中心，南京

00O014265
陈后冈诗集：一卷 / (明)陈束撰；(明)林可成校
疏
明万历十九年(1591)林可成刻本
1992年摄制. -- 1盘卷片（5米55拍）： 1:10，
2B；35mm银盐
收藏馆：缩微中心，国图

00O022160
环溪漫集：八卷 / (明)沈恺撰
明嘉靖(1522-1566)刻本
1995年摄制. -- 1盘卷片（30米618拍）：
1:10，2B；35mm银盐
收藏馆：缩微中心，国图

00O017656
世敬堂集：四卷 / (明)赵文华撰
清(1644-1911)抄本
1993年摄制. -- 1盘卷片（7米111拍）：1:10，
2B；35mm银盐
收藏馆：缩微中心，国图

00O005537
行吾先生摘稿：二卷附录一卷 / (明)张志选撰
明嘉靖四十五年(1566)张守为刻本
1987年摄制. -- 1盘卷片（14米281拍）：
1:10，2B；35mm银盐
收藏馆：缩微中心，南京

00O013259
燕诒录：十三卷 / (明)孙应奎撰
明万历三年(1575)刻本
1991年摄制. -- 1盘卷片（13.5米294拍）：
1:10，2B；35mm银盐
收藏馆：缩微中心，湖北

00O023266
云仙集：□□卷 / (明)朱勋潏撰
明嘉靖十八年(1539)沈藩刻本. -- 存十七
卷：卷一至卷五、卷九至卷十四、卷十八至卷
二十、卷二十六至卷二十八。

1995年摄制. -- 1盘卷片（15米275拍）：
1:10, 2B ; 35mm银盐
收藏馆：缩微中心，国图

000O022152
云冈选稿：二十卷 / (明)龚用卿撰
明万历三十五年(1607)龚燿刻本
1995年摄制. -- 1盘卷片（27米537拍）：
1:10, 2B ; 35mm银盐
收藏馆：缩微中心，国图

000O029845
少村漫稿：四卷 / (明)黄廷用撰
明万历(1573-1620)刻本
2001年摄制. -- 1盘卷片（13米254拍）：
1:10, 2B ; 35mm银盐
收藏馆：缩微中心，国图

000O021155
少岳诗集：四卷 / (明)项元淇撰
明万历三年(1575)项氏墨林山堂刻本
1992年摄制. -- 1盘卷片（10米179拍）：
1:10, 2B ; 35mm银盐
收藏馆：缩微中心，国图

000O002021
芝园集：□□卷别集□□卷 / (明)张时彻撰
明嘉靖二十三年(1544)邹守愚刻本. -- 存
三十五卷：卷一至卷二十八、别集七卷（奏议
一卷、公移卷一至卷六）。
1986年摄制. -- 2盘卷片（45.2米1006拍）：
1:10, 2B ; 35mm银盐
收藏馆：缩微中心，国图

000O007786
芝园定集：五十一卷 / (明)张时彻撰
明嘉靖(1522-1566)刻本
1987年摄制. -- 2盘卷片（52.5米1154拍）：
1:10, 2B ; 35mm银盐
收藏馆：缩微中心，重庆

000O012708
天启圣德中兴颂：一卷 / (明)朱拱榴撰
明嘉靖十六年(1537)朱拱榴刻本
1990年摄制. -- 1盘卷片（4.4米67拍）：
1:10, 2B ; 35mm银盐
收藏馆：缩微中心，辽宁

000O007570
豫章既白诗稿：三卷 / (明)朱拱榴撰
明嘉靖二十九年(1550)朱拱榴刻本
1987年摄制. -- 1盘卷片（5米70拍）：1:10,
2B ; 35mm银盐

收藏馆：缩微中心，国图

000O014266
骊山集：十四卷 / (明)赵统撰
明(1368-1644)刻本. -- 存一卷：卷十。
1992年摄制. -- 1盘卷片（4米49拍）：1:10,
2B ; 35mm银盐
收藏馆：缩微中心，国图

000O014573
骊山集：十四卷 / (明)赵统撰
明万历三十一年(1603)杨光训刻本
1992年摄制. -- 2盘卷片（40米800拍）：
1:10, 2B ; 35mm银盐
收藏馆：缩微中心，国图

000O027679
菲泉先生存稿：八卷 / (明)来汝贤撰
明崇祯(1628-1644)刻本
1997年摄制. -- 1盘卷片（11米189拍）：
1:10, 2B ; 35mm银盐
收藏馆：缩微中心，国图

000O009423
莲峰先生集：七卷附录一卷 / (明)叶份撰
明万历四十五年(1617)李履顺詹召衡刻本
1987年摄制. -- 1盘卷片（18米391拍）：1:9,
2B ; 35mm银盐
收藏馆：缩微中心，重庆

000O009886
孙文恪公集：二十卷附录夫人杨氏诗稿一卷 /
(明)孙升撰
明嘉靖(1522-1566)袁洪愈徐栻刻本
1989年摄制. -- 1盘卷片（20米425拍）：
1:10, 2B ; 35mm银盐
收藏馆：缩微中心，浙江

000O008069
何吉阳诗集：五卷 / (明)何迁撰
清乾隆(1736-1795)黄福三抄本
1988年摄制. -- 1盘卷片（4米73拍）：1:10,
2B ; 35mm银盐
收藏馆：缩微中心，安陆

000O005565
斗南黄先生辽阳稿：二卷别稿一卷附一卷 / (明)
黄正色撰
明万历三十七年(1609)黄学海刻本
1987年摄制. -- 1盘卷片（7米130拍）：1:10,
2B ; 35mm银盐
收藏馆：缩微中心，南京

00O022146

重刻三渠先生集：十六卷附录一卷 / (明)王用宾撰
明天启二年(1622)王绍贞刻本
1995年摄制. -- 1盘卷片(22米419拍) :
1:10, 2B ; 35mm银盐
收藏馆：缩微中心，国图

00O002047

张中丞诗集：二卷 / (明)张焕撰
明万历(1573-1620)刻本
1986年摄制. -- 1盘卷片(6米101拍) : 1:10,
2B ; 35mm银盐
收藏馆：缩微中心，国图

00O024529

苏门集：八卷 / (明)高叔嗣撰
明嘉靖十六年(1537)陈东刻本
1996年摄制. -- 1盘卷片(10米183拍) :
1:10, 2B ; 35mm银盐
收藏馆：缩微中心，浙江

00O010603

苏门集：八卷 / (明)高叔嗣撰
明嘉靖三十七年(1558)刻本
1989年摄制. -- 1盘卷片(9.1米175拍) :
1:10, 2B ; 35mm银盐
收藏馆：缩微中心，山西

00O028113

苏门集：八卷 / (明)高叔嗣撰
明嘉靖四十二年(1563)张正位刻本. -- (清)
丁丙跋。
1996年摄制. -- 1盘卷片(10米177拍) :
1:10, 2B ; 35mm银盐
收藏馆：缩微中心，南京

00O015639

苏门集：八卷 / (明)高叔嗣撰
明万历四十一年(1613)马之骏刻本
1993年摄制. -- 1盘卷片(11米207拍) :
1:10, 2B ; 35mm银盐
收藏馆：缩微中心，国图

00O019267

袁永之集：二十卷 / (明)袁袠撰
明嘉靖二十六年(1547)袁尊尼刻本
1994年摄制. -- 1盘卷片(23米460拍) :
1:10, 2B ; 35mm银盐
收藏馆：缩微中心，国图

00O006352

衡藩重刻胥台先生集：二十卷 / (明)袁袠撰

明万历十二年(1584)衡藩刻本
1987年摄制. -- 1盘卷片(24米530拍) :
1:10, 2B ; 35mm银盐
收藏馆：缩微中心，国图

00O009885

海石先生文集：二十八卷目录二卷 / (明)钱薇撰
明万历四十一年至四十二年(1613-1614)钱瑞唤刻本. -- 卷二十八系附录。
1989年摄制. -- 2盘卷片(41米910拍) :
1:10, 2B ; 35mm银盐
收藏馆：缩微中心，浙江

00O010010

海石先生文集：二十九卷附录一卷 / (明)钱薇撰；(明)严从简纂集
明万历四十二年(1614)刻清乾隆(1736-1795)修补本. -- 版框高二十一厘米宽十四厘米。
1989年摄制. -- 2盘卷片(46米982拍) :
1:10, 2B ; 35mm银盐
收藏馆：缩微中心，广东

00O024558

海石先生诗集：六卷 / (明)钱薇撰
明万历(1573-1620)刻本
1996年摄制. -- 1盘卷片(6.5米110拍) :
1:10, 2B ; 35mm银盐
收藏馆：缩微中心，浙江

00O000224

钱海石先生诗集：七卷 / (明)钱薇撰
清(1644-1911)范希仁抄本
1985年摄制. -- 1盘卷片(9.1米175拍) :
1:10, 2B ; 35mm银盐
收藏馆：缩微中心，国图

00O016458

李中麓闲居集：十二卷 / (明)李开先撰
明嘉靖(1522-1566)刻本
1992年摄制. -- 2盘卷片(58米1185拍) :
1:10, 2B ; 35mm银盐
收藏馆：缩微中心，国图

00O003900

李中麓闲居集：十二卷 / (明)李开先撰
明嘉靖(1522-1566)刻本
1986年摄制. -- 3盘卷片(62.9米1383拍) :
1:10, 2B ; 35mm银盐
收藏馆：缩微中心，国图

00O015384

李中麓闲居集：十二卷 / (明)李开先撰
明嘉靖(1522-1566)刻本

1992年摄制. -- 2盘卷片(61米1262拍) :
1:10, 2B ; 35mm银盐
收藏馆：缩微中心，国图

000O002360
李中麓闲居集：十二卷 / (明)李开先撰
清(1644-1911)抄本. -- (清)李文藻跋。
1986年摄制. -- 2盘卷片(55米1214拍) :
1:10, 2B ; 35mm银盐
收藏馆：缩微中心，国图

000O013943
李中麓闲居集：十二卷 / (明)李开先撰
清(1644-1911)抄本
1992年摄制. -- 3盘卷片(63米1261拍) :
1:10, 2B ; 35mm银盐
收藏馆：缩微中心，国图

000O005296
塞上曲：一卷 / (明)李开先撰
明嘉靖(1522-1566)刻本
1986年摄制. -- 1盘卷片(3米35拍) : 1:10,
2B ; 35mm银盐
收藏馆：缩微中心，国图

000O013990
中麓山人拙对：二卷续对一卷 / (明)李开先撰
清(1644-1911)抄本
1991年摄制. -- 1盘卷片(9米158拍) : 1:10,
2B ; 35mm银盐
收藏馆：缩微中心，国图

000O023329
吴疏山先生遗集：五卷 / (明)吴悌撰
明万历二十三年(1595)吴仁度刻本. -- 卷
一、卷四至卷五系像赞、墓表、祭文等。
1995年摄制. -- 1盘卷片(14米270拍) :
1:10, 2B ; 35mm银盐
收藏馆：缩微中心，国图

000O012624
梧冈诗集：六卷 / (明)陈尧撰
明(1368-1644)刻本
1990年摄制. -- 1盘卷片(8.2米159拍) :
1:10, 2B ; 35mm银盐
收藏馆：缩微中心，辽宁

000O024552
少泉诗集：十卷 / (明)王格撰
明嘉靖二十年(1541)刻本
1996年摄制. -- 1盘卷片(18米374拍) :
1:10, 2B ; 35mm银盐
收藏馆：缩微中心，浙江

000O029769
祐山先生文集：十卷 / (明)冯汝弼撰
明(1368-1644)刻本
1996年摄制. -- 1盘卷片(13米217拍) :
1:10, 2B ; 35mm银盐
收藏馆：缩微中心，苏州

000O022155
玄庵晚稿：二卷 / (明)穆孔晖撰
清(1644-1911)抄本
1995年摄制. -- 1盘卷片(4米41拍) : 1:10,
2B ; 35mm银盐
收藏馆：缩微中心，国图

000O001993
林榕江先生集：三十卷 / (明)林炫撰
清(1644-1911)范氏天一阁抄本
1986年摄制. -- 1盘卷片(17米359拍) :
1:10, 2B ; 35mm银盐
收藏馆：缩微中心，国图

000O023352
冰玉堂缀逸稿：二卷；兰舟温稿：一卷；二余词：
一卷 / (明)陈如纶撰
明万历(1573-1620)刻本
1995年摄制. -- 1盘卷片(11米191拍) :
1:10, 2B ; 35mm银盐
收藏馆：缩微中心，国图

000O007554
寒村集：四卷 / (明)苏志皋撰
明嘉靖三十六年(1557)许应元刻本
1987年摄制. -- 1盘卷片(7米125拍) : 1:10,
2B ; 35mm银盐
收藏馆：缩微中心，国图

000O020686
梅谷萧山稿：一卷 / (明)萧敬德撰
明嘉靖(1522-1566)刻本
1994年摄制. -- 1盘卷片(5米71拍) : 1:10,
2B ; 35mm银盐
收藏馆：缩微中心，国图

000O023327
序芳园稿：二卷 / (明)赵伊撰；(明)刘子伯评点
明万历二年(1574)赵邦秩赵邦程[等]刻本
1995年摄制. -- 1盘卷片(7米110拍) : 1:10,
2B ; 35mm银盐
收藏馆：缩微中心，国图

000O003458
田叔禾小集：十二卷 / (明)田汝成撰
明嘉靖四十二年(1563)田汝成刻本

1986年摄制. -- 1盘卷片(19.6米429拍)：
1:10，2B；35mm银盐
收藏馆：缩微中心，国图

000O016334
田叔禾小集：十二卷 / (明)田汝成撰
明嘉靖四十二年(1563)田汝成刻本
1992年摄制. -- 1盘卷片(21米403拍)：
1:10，2B；35mm银盐
收藏馆：缩微中心，国图

000O023319
樊氏集：十二卷 / (明)樊鹏撰
明嘉靖十三年(1534)孔天胤刻嘉靖二十三年
(1544)吴九经续刻本
1995年摄制. -- 1盘卷片(20米376拍)：
1:10，2B；35mm银盐
收藏馆：缩微中心，国图

000O014771
江山人集：七卷 / (明)江瓘撰
明嘉靖(1522-1566)刻本
1992年摄制. -- 1盘卷片(9米155拍)：1:10，
2B；35mm银盐
收藏馆：缩微中心，国图

000O024643
高光州诗选：二卷 / (明)高应冕撰；(明)茅坤选
明嘉靖(1522-1566)刻本
1996年摄制. -- 1盘卷片(7米123拍)：1:10，
2B；35mm银盐
收藏馆：缩微中心，浙江

000O008391
夵山先生遗稿：三卷 / (明)张文宪撰
明万历十一年(1583)张汝贤刻本
1988年摄制. -- 1盘卷片(11米213拍)：
1:10，2B；35mm银盐
收藏馆：缩微中心，国图

000O006333
张弘山先生集：四卷 / (明)张后觉撰
清初(1644-1722)刻本
1987年摄制. -- 1盘卷片(6米88拍)：1:10，
2B；35mm银盐
收藏馆：缩微中心，国图

000O007080
重镌一庵王先生遗集：二卷 / (明)王栋撰
明天启四年(1624)王家俊刻清(1644-1911)王
真重修本
1987年摄制. -- 1盘卷片(8米149拍)：1:10，
2B；35mm银盐

收藏馆：缩微中心，南京

000O011160
世经堂集：二十六卷 / (明)徐阶撰
明万历(1573-1620)徐氏刻本
1989年摄制. -- 3盘卷片(65.8米1403拍)：
1:10，2B；35mm银盐
收藏馆：缩微中心，祁县

000O021778
世经堂集：二十六卷目录一卷 / (明)徐阶撰
明万历(1573-1620)徐氏刻本
1995年摄制. -- 2盘卷片(62米1264拍)：
1:10，2B；35mm银盐
收藏馆：缩微中心，国图

000O009422
世经堂集：二十六卷 / (明)徐阶撰
明万历(1573-1620)徐氏刻清康熙二十年
(1681)重修本
1987年摄制. -- 3盘卷片(65.1米1411拍)：
1:9，2B；35mm银盐
收藏馆：缩微中心，重庆

000O024002
世经堂续集：十四卷 / (明)徐阶撰
明(1368-1644)徐肇惠刻本
1996年摄制. -- 1盘卷片(30米684拍)：
1:10，2B；35mm银盐
收藏馆：缩微中心，南京

000O006643
少湖先生文集：七卷 / (明)徐阶撰
明嘉靖三十六年(1557)宿应麟刻本
1987年摄制. -- 1盘卷片(14米290拍)：
1:10，2B；35mm银盐
收藏馆：缩微中心，国图

000O027922
少湖先生文集：七卷 / (明)徐阶撰
明嘉靖三十六年(1557)宿应麟刻本. -- (清)
丁丙跋。
1996年摄制. -- 1盘卷片(15米313拍)：
1:10，2B；35mm银盐
收藏馆：缩微中心，南京

000O008783
寄闲堂稿：四卷 / (明)杨宗气撰
明万历二十五年(1597)杨坦刻本
1988年摄制. -- 1盘卷片(10.4米207拍)：
1:11，2B；35mm银盐
收藏馆：缩微中心，重庆

000O023315
定斋先生诗集：二卷 / (明)王应鹏撰
明嘉靖三十九年(1560)陆激刻本
1995年摄制. -- 1盘卷片(6米93拍) ： 1:10,
2B ；35mm银盐
收藏馆：缩微中心，国图

000O020248
在筜集：十卷 / (明)徐繗撰
明万历(1573-1620)刻本
1994年摄制. -- 1盘卷片(11米184拍) ：
1:10, 2B ；35mm银盐
收藏馆：缩微中心，国图

000O009468
见一诗稿：不分卷 / (明)王崇义撰
明(1368-1644)王晓刻本
1988年摄制. -- 1盘卷片(3.3米42拍) ：
1:10, 2B ；35mm银盐
收藏馆：缩微中心，重庆

000O006898
念庵罗先生集：十三卷 / (明)罗洪先撰
明嘉靖四十二年(1563)刘玠刻本
1987年摄制. -- 1盘卷片(30米668拍) ：
1:10, 2B ；35mm银盐
收藏馆：缩微中心，重庆

000O016359
念庵罗先生集：十三卷 / (明)罗洪先撰
明嘉靖四十三年(1564)甄津刻本
1992年摄制. -- 1盘卷片(29米600拍) ：
1:10, 2B ；35mm银盐
收藏馆：缩微中心，国图

000O028664
念庵罗先生文集：八卷外集十五卷别集四卷 /
(明)罗洪先撰
明隆庆二年(1568)王篆苏士润[等]刻本. --
(清)丁丙跋。
1996年摄制. -- 3盘卷片(74米1689拍) ：
1:10, 2B ；35mm银盐
收藏馆：缩微中心，南京

000O008950
石莲洞罗先生文集：二十五卷 / (明)罗洪先撰
明万历四十五年(1617)陈于廷刻本. -- (清)
佚名批校。
1988年摄制. -- 2盘卷片(61米1380拍) ：
1:10, 2B ；35mm银盐
收藏馆：缩微中心，湖北

000O021639
念庵罗先生文要：六卷 / (明)罗洪先撰；(明)王
时槐删订
明万历三十一年(1603)吴达可刻本
1995年摄制. -- 1盘卷片(17米338拍) ：
1:10, 2B ；35mm银盐
收藏馆：缩微中心，国图

000O000108
学易斋集：二十卷 / (明)万廷言撰
明万历(1573-1620)刻本
1985年摄制. -- 1盘卷片(19米415拍) ：
1:10, 2B ；35mm银盐
收藏馆：缩微中心，国图

000O000434
省中稿：四卷 / (明)许谷撰
明嘉靖(1522-1566)刻本
1985年摄制. -- 1盘卷片(11米223拍) ：
1:10, 2B ；35mm银盐
收藏馆：缩微中心，国图

000O000418
许太常归田稿：八卷 / (明)许谷撰
明万历十五年(1587)卓明卿刻本
1985年摄制. -- 1盘卷片(14.7米310拍) ：
1:10, 2B ；35mm银盐
收藏馆：缩微中心，国图

000O017848
许太常归田稿：十卷 / (明)许谷撰
明万历十五年(1587)卓明卿刻本
1993年摄制. -- 1盘卷片(18米355拍) ：
1:10, 2B ；35mm银盐
收藏馆：缩微中心，国图

000O005523
期斋吕先生集：十四卷 / (明)吕本撰
明隆庆(1567-1572)郑云鎏彭富[等]刻本. --
(清)丁丙跋。
1987年摄制. -- 1盘卷片(27米590拍) ：
1:10, 2B ；35mm银盐
收藏馆：缩微中心，南京

000O007812
期斋吕先生集：十四卷 / (明)吕本撰
明万历三年(1575)郑云鎏[等]刻本
1988年摄制. -- 1盘卷片(27.1米596拍) ：
1:10, 2B ；35mm银盐
收藏馆：缩微中心，重庆

000O007117
笔山崔先生文集：十卷 / (明)崔涯撰

明万历三十六年(1608)崔廷健刻本
1987年摄制. -- 1盘卷片(15米322拍) :
1:10, 2B ; 35mm银盐
收藏馆：缩微中心，重庆

000O016782
伐檀斋集：十二卷 / (明)张元凯撰
明万历(1573-1620)刻本
1993年摄制. -- 1盘卷片(15米281拍) :
1:10, 2B ; 35mm银盐
收藏馆：缩微中心，国图

000O028090
贡西园集：三卷 / (明)贡镛撰 . 西园先生遗训：
六卷 / (明)贡汝成录
明隆庆六年(1572)刻本
1997年摄制. -- 1盘卷片(8米146拍) : 1:10,
2B ; 35mm银盐
收藏馆：缩微中心，广东

000O023363
隆池山樵诗集：二卷 / (明)彭年撰
明(1368-1644)刻本
1995年摄制. -- 1盘卷片(7米103拍) : 1:10,
2B ; 35mm银盐
收藏馆：缩微中心，国图

000O017794
葛端肃公文集：十八卷 / (明)葛守礼撰
明万历(1573-1620)刻本
1993年摄制. -- 1盘卷片(25米548拍) :
1:10, 2B ; 35mm银盐
收藏馆：缩微中心，天津

000O008265
葛端肃公文集：十八卷 / (明)葛守礼撰
明万历十年(1582)刻清乾隆五十六年(1791)钟
大受重修本
1988年摄制. -- 1盘卷片(26米544拍) :
1:10, 2B ; 35mm银盐
收藏馆：缩微中心，山东

000O011158
孔文谷集：十六卷续集四卷 / (明)孔天胤撰
明万历(1573-1620)孔氏家塾刻本
1989年摄制. -- 1盘卷片(29米626拍) :
1:10, 2B ; 35mm银盐
收藏馆：缩微中心，祁县

000O007917
镡墟堂摘稿：二十卷 / (明)雷礼撰
明(1368-1644)刻本
1988年摄制. -- 2盘卷片(37.2米756拍) :

1:10, 2B ; 35mm银盐
收藏馆：缩微中心，湖南

000O014940
方山薛先生全集：六十八卷 / (明)薛应旂撰
明(1368-1644)刻本
1992年摄制. -- 3盘卷片(68米1319拍) :
1:10, 2B ; 35mm银盐
收藏馆：缩微中心，国图

000O014213
方山先生文录：二十二卷 / (明)薛应旂撰
明嘉靖三十三年(1554)东吴书林刻本
1992年摄制. -- 1盘卷片(25米483拍) :
1:10, 2B ; 35mm银盐
收藏馆：缩微中心，国图

000O021570
靳两城先生集：二十卷 / (明)靳学颜撰
明万历十七年(1589)刻本
1995年摄制. -- 1盘卷片(23米459拍) :
1:10, 2B ; 35mm银盐
收藏馆：缩微中心，国图

000O000037
靳两城先生集：二十卷 / (明)靳学颜撰
明万历十七年(1589)刻本
1986年摄制. -- 1盘卷片(23.3米499拍) :
1:10, 2B ; 35mm银盐
收藏馆：缩微中心，山西

000O013972
间存集：八卷 / (明)靳学颜撰
明(1368-1644)刻本
1992年摄制. -- 1盘卷片(10米160拍) :
1:10, 2B ; 35mm银盐
收藏馆：缩微中心，国图

000O010519
马恭敏集：六卷 / (明)马森撰；(明)马燮辑
明万历十八年(1590)刻本
1989年摄制. -- 1盘卷片(11米213拍) :
1:10, 2B ; 35mm银盐
收藏馆：缩微中心，天津

000O007079
蓳塘闲草：十卷；蓳塘汇录诸名公赠言：一卷
续附一卷 / (明)孙铨撰
明(1368-1644)孙懋机刻本
1987年摄制. -- 1盘卷片(7米140拍) : 1:10,
2B ; 35mm银盐
收藏馆：缩微中心，南京

00O023903

西野李先生遗稿：十四卷 / (明)李玑撰
明崇祯七年(1634)李玉铉李玉钺刻本
1996年摄制. -- 1盘卷片(22米501拍)：
1:10, 2B ；35mm银盐
收藏馆：缩微中心，河南

00O024557

罗司勋文集：八卷外集一卷 / (明)罗虞臣撰
清康熙五十年(1711)罗氏刻重修本
1996年摄制. -- 1盘卷片(18米361拍)：
1:10, 2B ；35mm银盐
收藏馆：缩微中心，浙江

00O026674

群玉楼稿：八卷 / (明)李默撰
清雍正四年(1726)李氏刻本
1996年摄制. -- 1盘卷片(28米611拍)：
1:10, 2B ；35mm银盐
收藏馆：缩微中心，福建

00O006137

陥堂摘稿：十六卷 / (明)许应元撰
明嘉靖(1522-1566)刻本. -- (清)丁丙跋。
1987年摄制. -- 1盘卷片(14米329拍)：
1:10, 2B ；35mm银盐
收藏馆：缩微中心，南京

00O005382

陥堂摘稿：十六卷 / (明)许应元撰
明嘉靖四十年(1561)李金黄中[等]刻本
1986年摄制. -- 1盘卷片(15米324拍)：
1:10, 2B ；35mm银盐
收藏馆：缩微中心，国图

00O024885

大司马凤冈沈先生文集：四卷 / (明)沈良才撰
明(1368-1644)刻本
1996年摄制. -- 1盘卷片(12米231拍)：
1:10, 2B ；35mm银盐
收藏馆：缩微中心，南京

00O028116

大司马凤冈沈先生文集：四卷 / (明)沈良才撰
明(1368-1644)刻本
1996年摄制. -- 1盘卷片(14米271拍)：
1:10, 2B ；35mm银盐
收藏馆：缩微中心，南京

00O010481

讷溪先生诗录：九卷文录十卷尺牍四卷 / (明)周怡撰
明万历二年(1574)刻本. -- 还有合刻著作：

讷溪先生杂录三卷/ (明)周怡撰；书名依目录题。
1989年摄制. -- 2盘卷片(37米781拍)：
1:10, 2B ；35mm银盐
收藏馆：缩微中心，天津

00O027880

讷溪先生诗录：九卷文录十卷奏疏一卷 / (明)周怡撰
明万历二年(1574)周恪刻本. -- 还有合刻著作：讷溪先生杂录三卷/ (明)周怡撰，讷溪先生尺牍四卷/ (明)周怡撰。(清)丁丙跋。
1996年摄制. -- 2盘卷片(40米876拍)：
1:10, 2B ；35mm银盐
收藏馆：缩微中心，南京

00O003627

吴皋先生文集：四卷 / (明)喻时撰
明嘉靖二十四年(1545)陈大宾刻本
1986年摄制. -- 1盘卷片(13米272拍)：
1:10, 2B ；35mm银盐
收藏馆：缩微中心，国图

00O001424

海上老人别集：二卷 / (明)喻时撰
明嘉靖四十五年(1566)安希尧刻本
1985年摄制. -- 1盘卷片(9.4米185拍)：
1:10, 2B ；35mm银盐
收藏馆：缩微中心，国图

00O004038

震川先生集：三十卷别集十卷附录一卷 / (明)归有光撰
清康熙十年至十四年(1671-1675)归庄归玠[等]刻本. -- (清)翁心存录佚名批点。
1985年摄制. -- 2盘卷片(49.2米1098拍)：
1:10, 2B ；35mm银盐
收藏馆：缩微中心，国图

00O005060

震川先生集：三十卷别集十卷附录一卷 / (明)归有光撰
清康熙十年至十四年(1671-1675)归庄归玠[等]刻本. -- (清)钱泰吉跋并录(清)王元启批点，(清)潘蔼人录(清)方垌、(清)张鲈江评语。
1986年摄制. -- 2盘卷片(51米1146拍)：
1:10, 2B ；35mm银盐
收藏馆：缩微中心，国图

00O006659

震川先生集：三十卷别集十卷附录一卷 / (明)归有光撰

清康熙十年至十四年(1671-1675)归庄归玠
[等]刻本. -- (清)管庭芬抄附录及题跋并录
(清)钱泰吉录(清)王元启批点又录(清)方坰、
(清)张鲈江评语。
1987年摄制. -- 2盘卷片(51米1101拍)：
1:10, 2B；35mm银盐
收藏馆：缩微中心，国图

000O013217
震川先生集：三十卷别集十卷附录一卷 / (明)归
有光撰
清康熙十年至十四年(1671-1675)归庄归玠
[等]刻本. -- (清)李兆洛批校并跋。
1991年摄制. -- 2盘卷片(50米1195拍)：
1:10, 2B；35mm银盐
收藏馆：缩微中心，山东

000O019921
震川先生集：三十卷别集十卷附录一卷 / (明)归
有光撰
清康熙十年至十四年(1671-1675)归庄归玠
[等]刻本. -- 佚名录(清)董说批注，(清)庞
钟璐、(清)翁同龢跋。
1994年摄制. -- 2盘卷片(51米1058拍)：
1:10, 2B；35mm银盐
收藏馆：缩微中心，国图

000O011007
震川先生集：三十卷别集十卷附录一卷 / (明)归
有光撰
清康熙十四年(1675)刻本. -- (清)李国松转
录(清)姚姬传评点。
1989年摄制. -- 2盘卷片(56米1122拍)：
1:10, 2B；35mm银盐
收藏馆：缩微中心，湖北

000O018027
震川先生集：三十卷别集十卷附录一卷 / (明)归
有光撰
清康熙十四年(1675)刻本. -- (清)归玠等校
刻，(清)杨伦批校并跋。
1991年摄制. -- 2盘卷片(51米1127拍)：
1:10, 2B；35mm银盐
收藏馆：缩微中心，天津

000O006360
震川先生集：三十卷别集十卷 / (明)归有光撰
清康熙十年至十四年(1671-1675)归庄归玠
[等]刻乾隆四十八年(1783)归景灏归景沘重修
本. -- (清)言侣白录(清)钱谦益、(清)钱良
择批点，(清)翁同龢跋并录(明)董说批点。
1987年摄制. -- 2盘卷片(52米1137拍)：
1:10, 2B；35mm银盐

收藏馆：缩微中心，国图

000O023977
震川先生集：三十卷别集十卷 / (明)归有光撰
清康熙十年至十四年(1671-1675)归庄归玠
[等]刻乾隆四十八年(1783)归景灏归景沘重修
本. -- (清)王振声跋并录(清)黄宗羲、(清)
释宝云、(清)彭绍升、(清)冯伟批，(清)归令
瑜跋。
1995年摄制. -- 2盘卷片(52米1160拍)：
1:10, 2B；35mm银盐
收藏馆：缩微中心，南京

000O019274
归震川先生全稿：不分卷 / (明)归有光撰；(清)
吕留良评点
清康熙十八年(1679)吕氏天盖楼刻本
1994年摄制. -- 1盘卷片(33米708拍)：
1:10, 2B；35mm银盐
收藏馆：缩微中心，国图

000O009706
补刊震川先生集：八卷 / (明)归有光撰
清康熙四十三年(1704)王標刻本
1989年摄制. -- 1盘卷片(8米130拍)：1:10,
2B；35mm银盐
收藏馆：缩微中心，湖北

000O000954
归先生文集：三十二卷附录一卷 / (明)归有光撰
明万历四年(1576)翁良瑜雨金堂刻本
1985年摄制. -- 1盘卷片(28.8米645拍)：
1:10, 2B；35mm银盐
收藏馆：缩微中心，国图

000O005616
归先生文集：三十二卷附录一卷 / (明)归有光撰
明万历四年(1576)翁良瑜雨金堂刻本
1987年摄制. -- 1盘卷片(29.2米658拍)：
1:10, 2B；35mm银盐
收藏馆：缩微中心，国图

000O007513
归先生文集：三十二卷附录一卷 / (明)归有光撰
明万历四年(1576)翁良瑜雨金堂刻本
1987年摄制. -- 1盘卷片(28米628拍)：
1:10, 2B；35mm银盐
收藏馆：缩微中心，国图

000O014322
归先生文集：三十二卷附录一卷 / (明)归有光撰
明万历四年(1576)翁良瑜雨金堂刻本
1992年摄制. -- 1盘卷片(30米611拍)：

1:10, 2B ; 35mm银盐
收藏馆：缩微中心，国图

00O006866

震川先生文集：二十卷 / (明)归有光撰
明万历(1573-1620)刻本
1987年摄制. -- 1盘卷片(30米682拍) :
1:10, 2B ; 35mm银盐
收藏馆：缩微中心，吉林

00O008998

归震川先生尺牍：二卷 / (明)归有光撰 . 钱牧斋
先生尺牍：三卷 / (清)钱谦益撰
清康熙三十八年(1699)如月楼刻本
1988年摄制. -- 1盘卷片(17米334拍) :
1:10, 2B ; 35mm银盐
收藏馆：缩微中心，湖北

00O019202

归震川先生尺牍：二卷 / (明)归有光撰
清康熙三十八年(1699)顾氏如月楼刻本
1994年摄制. -- 1盘卷片(7米112拍) : 1:10,
2B ; 35mm银盐
收藏馆：缩微中心，国图

00O004040

震川先生应试论策集：二卷 / (明)归有光撰
清(1644-1911)抄本
1985年摄制. -- 1盘卷片(5.9米106拍) :
1:10, 2B ; 35mm银盐
收藏馆：缩微中心，国图

00O006873

何翰林集：二十八卷 / (明)何良俊撰
明嘉靖四十四年(1565)何氏香严精舍刻本
1987年摄制. -- 1盘卷片(23.1米504拍) :
1:10, 2B ; 35mm银盐
收藏馆：缩微中心，重庆

00O002119

陈子兼文稿：不分卷 / (明)陈鎏撰
清(1644-1911)稿本. -- (清)陈德大补目，
(清)蒋凤藻跋。
1986年摄制. -- 1盘卷片(5米69拍) : 1:10,
2B ; 35mm银盐
收藏馆：缩微中心，国图

00O010497

王槐溪先生文集：五卷 / (明)王三接撰；(明)王
用言辑
明万历三十六年(1608)王学曾刻本
1989年摄制. -- 1盘卷片(17米366拍) :
1:10, 2B ; 35mm银盐

收藏馆：缩微中心，天津

00O016592

王槐溪先生文集：五卷 / (明)王三接撰；(明)王
用言辑
清雍正八年(1730)洪洞王氏刻本
1993年摄制. -- 1盘卷片(17.5米368拍) :
1:10, 2B ; 35mm银盐
收藏馆：缩微中心，山西

00O026663

洞麓堂集：三十八卷 / (明)尹台撰
明万历三十五年(1607)刻本
1997年摄制. -- 3盘卷片(66米1246拍) :
1:10, 2B ; 35mm银盐
收藏馆：缩微中心，苏州

00O018028

借山亭前集：六卷续集六卷；来青轩文选：八
卷 / (明)陈柏撰
明万历(1573-1620)刻本. -- 还有合刻著作：
来青轩诗选四卷/(明)陈柏撰，见南江阁诗选
十卷/(明)陈柏撰，见南江阁文选十四卷/(明)
陈柏撰，退乐轩诗选一卷/(明)陈柏撰，大业
堂尺牍六卷/(明)陈柏撰。见南江阁诗选存五
卷：卷四至卷八，见南江阁文选存十一卷：卷
四至卷十四。
1991年摄制. -- 1盘卷片(31米637拍) :
1:10, 2B ; 35mm银盐
收藏馆：缩微中心，天津

00O014637

苏山选集：七卷 / (明)陈柏撰
明万历十五年(1587)陈文烛刻本
1992年摄制. -- 1盘卷片(8米141拍) : 1:10,
2B ; 35mm银盐
收藏馆：缩微中心，国图

00O018288

王氏存笥稿：二十卷 / (明)王维桢撰
明嘉靖三十六年(1557)刻本
1993年摄制. -- 1盘卷片(21米455拍) :
1:10, 2B ; 35mm银盐
收藏馆：缩微中心，天津

00O020298

王氏存笥稿：二十卷 / (明)王维桢撰
明嘉靖(1522-1566)刻本
1994年摄制. -- 1盘卷片(23米443拍) :
1:10, 2B ; 35mm银盐
收藏馆：缩微中心，国图

00O008676

王槐野先生存笥稿：二十卷续集九卷 / (明)王维桢撰

明万历七年(1579)尹应元徐学礼刻本

1988年摄制. -- 2盘卷片(38.2米891拍)：
1:10, 2B；35mm银盐

收藏馆：缩微中心，重庆

00O015928

槐野先生存笥稿：三十八卷附录一卷 / (明)王维桢撰

明万历三十四年(1606)黄升王九叙刻本

1993年摄制. -- 2盘卷片(39米780拍)：
1:10, 2B；35mm银盐

收藏馆：缩微中心，国图

00O004161

司成遗翰：四卷 / (明)王维桢撰

明万历三十八年(1610)王承祚刻本

1986年摄制. -- 1盘卷片(7米119拍)：1:10,
2B；35mm银盐

收藏馆：缩微中心，国图

00O018774

洞庭集：五十三卷 / (明)孙宜撰

明嘉靖二十八年至二十九年(1549-1550)孙斯亿刻本. -- 存二十三卷：卷一至卷二十三。

1994年摄制. -- 1盘卷片(20米400拍)：
1:10, 2B；35mm银盐

收藏馆：缩微中心，国图

00O013039

洞庭集：五十三卷 / (明)孙宜撰

明嘉靖三十二年(1553)孙宗刻本

1991年摄制. -- 2盘卷片(43米832拍)：
1:10, 2B；35mm银盐

收藏馆：缩微中心，国图

00O022156

洞庭集：五十三卷 / (明)孙宜撰

明嘉靖三十二年(1553)孙宗刻本

1995年摄制. -- 2盘卷片(44米850拍)：
1:10, 2B；35mm银盐

收藏馆：缩微中心，国图

00O026853

洞庭集：四卷 / (明)孙宜撰

明(1368-1644)抄本

1996年摄制. -- 1盘卷片(9米114拍)：1:10,
2B；35mm银盐

收藏馆：缩微中心，南京

00O031150

乐府：一卷 / (明)沈錬撰

明(1368-1644)抄本

2004年摄制. -- 1盘卷片(3米25拍)：1:10,
2B；35mm银盐

收藏馆：缩微中心，国图

00O009915

青霞沈公遗集：十六卷 / (明)沈錬撰

清(1644-1911)源远堂刻本

1989年摄制. -- 1盘卷片(21米457拍)：
1:10, 2B；35mm银盐

收藏馆：缩微中心，天津

00O006280

唐荆川先生文编集：六十四卷 / (明)唐顺之撰

明天启(1621-1627)姚衙刻本

1987年摄制. -- 4盘卷片(120米2694拍)：
1:10, 2B；35mm银盐

收藏馆：缩微中心，吉林

00O005025

重刊校正唐荆川先生文集：十二卷 / (明)唐顺之撰

明嘉靖三十二年(1553)叶氏宝山堂刻本

1986年摄制. -- 1盘卷片(26米582拍)：
1:10, 2B；35mm银盐

收藏馆：缩微中心，国图

00O007251

重刊校正唐荆川先生文集：十二卷 / (明)唐顺之撰

明嘉靖三十四年(1555)安如石刻嘉靖三十四年(1555)金陵书林重修本

1987年摄制. -- 1盘卷片(25.4米568拍)：
1:10, 2B；35mm银盐

收藏馆：缩微中心，国图

00O017138

唐荆川先生文集：十二卷 / (明)唐顺之撰

明万历(1573-1620)唐国达刻本

1993年摄制. -- 1盘卷片(25.5米571拍)：
1:10, 2B；35mm银盐

收藏馆：缩微中心，辽宁

00O019092

重刊校正唐荆川先生文集：十二卷续集六卷奉使集二卷 / (明)唐顺之撰

明嘉靖三十四年(1555)安如石刻嘉靖三十四年(1555)金陵书林重修本

1994年摄制. -- 2盘卷片(47米898拍)：
1:10, 2B；35mm银盐

收藏馆：缩微中心，国图

000O027928
唐荆川先生文集：十二卷／(明)唐顺之撰
明嘉靖二十八年(1549)安如石刻本. -- (清)
丁丙跋。
1996年摄制. -- 1盘卷片(26米563拍)：
1:10，2B；35mm银盐
收藏馆：缩微中心，南京

000O011913
重刊荆川先生文集：十七卷外集三卷附录一卷／(明)唐顺之撰
明万历元年(1573)纯白斋刻本. -- (清)陈元
龙批校，(清)刘峋跋。
1990年摄制. -- 2盘卷片(45米954拍)：
1:10，2B；35mm银盐
收藏馆：缩微中心，山东

000O018104
重刊荆川先生文集：十七卷外集三卷附录一卷／(明)唐顺之撰
明万历元年(1573)纯白斋刻本. -- (清)陈元
龙批校，(清)刘峋跋。
1993年摄制. -- 2盘卷片(44米923拍)：
1:10，2B；35mm银盐
收藏馆：缩微中心，山东

000O009583
重刻荆川先生文集：十七卷外集三卷附录一卷／(明)唐顺之撰
明万历元年(1573)纯白斋刻本
1989年摄制. -- 2盘卷片(44米954拍)：1:9，
2B；35mm银盐
收藏馆：缩微中心，重庆

000O005501
荆川文集：十八卷／(明)唐顺之撰
清康熙五十一年(1712)唐玉刻本
1987年摄制. -- 2盘卷片(36.6米770拍)：
1:10，2B；35mm银盐
收藏馆：缩微中心，山西

000O019089
唐荆川先生传稿：不分卷／(明)唐顺之撰；(清)吕留良评点
清康熙(1662-1722)吕葆中刻本
1994年摄制. -- 1盘卷片(16米304拍)：
1:10，2B；35mm银盐
收藏馆：缩微中心，国图

000O018227
册川先生集：六卷／(明)于玭撰
明万历二十六年(1598)于慎行刻本
1993年摄制. -- 1盘卷片(5米78拍)：1:10，

2B；35mm银盐
收藏馆：缩微中心，山东

000O005790
剪彩集：二卷／(明)张之象撰
明嘉靖二十八年(1549)程卫道刻本
1987年摄制. -- 1盘卷片(3.4米43拍)：
1:10，2B；35mm银盐
收藏馆：缩微中心，国图

000O017262
袁文荣公文集：八卷诗集八卷／(明)袁炜撰；(明)王锡爵[等]校
明万历(1573-1620)冯孜张德夫刻本. -- 正文
起卷二终卷十五，文集卷一为目，诗集书口题
八卷，卷一为目，正文从卷九起。
1993年摄制. -- 1盘卷片(19米415拍)：
1:10，2B；35mm银盐
收藏馆：缩微中心，天津

000O006004
袁文荣公集：十二卷／(明)袁炜撰
明万历元年(1573)袁□刻本
1987年摄制. -- 1盘卷片(16.4米354拍)：
1:10，2B；35mm银盐
收藏馆：缩微中心，国图

000O018644
赵文肃公文集：二十三卷／(明)赵贞吉撰
明万历十三年(1585)赵德仲刻本
1993年摄制. -- 2盘卷片(36.7米783拍)：
1:11，2B；35mm银盐
收藏馆：缩微中心，重庆

000O027876
赵文肃公文集：二十三卷／(明)赵贞吉撰
明万历(1573-1620)王藩臣萧如松刻本
1996年摄制. -- 2盘卷片(40米782拍)：
1:10，2B；35mm银盐
收藏馆：缩微中心，南京

000O013995
赵文肃公文集：二十三卷／(明)赵贞吉撰
明万历(1573-1620)刻本. -- 存十五卷：卷九
至卷二十三。
1992年摄制. -- 1盘卷片(24米477拍)：
1:10，2B；35mm银盐
收藏馆：缩微中心，国图

000O010486
赵文肃公集：四卷／(明)赵典吉撰；(明)李贽辑并评
明(1368-1644)刻本

1989年摄制. -- 1盘卷片(9米151拍) ： 1:10, 2B ； 35mm银盐
收藏馆：缩微中心，天津

000O003923
宋祠部集：六卷 / (明)宋延年撰
明万历三年(1575)宋伯华刻本
1986年摄制. -- 1盘卷片(10米191拍) ： 1:10, 2B ； 35mm银盐
收藏馆：缩微中心，国图

000O023332
崇兰馆集：二十卷 / (明)莫如忠撰
明万历十四年(1586)冯大受董其昌[等]刻本
1995年摄制. -- 2盘卷片(44米890拍) ： 1:10, 2B ； 35mm银盐
收藏馆：缩微中心，国图

000O023324
遵岩先生文集：四十一卷 / (明)王慎中撰
明嘉靖四十五年(1566)刘滧刻本
1995年摄制. -- 2盘卷片(62米1263拍) ： 1:10, 2B ； 35mm银盐
收藏馆：缩微中心，国图

000O022149
遵岩先生文集：二十五卷 / (明)王慎中撰
明隆庆五年(1571)严镃刻本
1995年摄制. -- 2盘卷片(50米1001拍) ： 1:10, 2B ； 35mm银盐
收藏馆：缩微中心，国图

000O005387
遵岩王先生文集：二十五卷 / (明)王慎中撰
明隆庆(1567-1572)刻本. -- 卷一至卷三配明隆庆六年(1572)施观民刻遵岩王先生文粹本。
1986年摄制. -- 2盘卷片(49.7米1106拍) ： 1:10, 2B ； 35mm银盐
收藏馆：缩微中心，国图

000O028101
遵严先生文集：四十二卷 / (明)王慎中撰
清康熙五十年(1711)闽中同人书社刻本
1997年摄制. -- 3盘卷片(82米1707拍) ： 1:10, 2B ； 35mm银盐
收藏馆：缩微中心，广东

000O015017
遵严王先生文粹：十六卷 / (明)王慎中撰；(明)施观民辑
明隆庆六年(1572)施观民刻本
1992年摄制. -- 1盘卷片(14米270拍) ： 1:10, 2B ； 35mm银盐

收藏馆：缩微中心，国图

000O016382
遵岩王先生文粹：十六卷 / (明)王慎中撰
明隆庆六年(1572)施观民刻本
1993年摄制. -- 1盘卷片(15米273拍) ： 1:10, 2B ； 35mm银盐
收藏馆：缩微中心，国图

000O019150
何礼部集：十卷 / (明)何良傅撰
明嘉靖四十五年(1566)何氏塾刻本. -- 存四卷：卷一至卷四。
1994年摄制. -- 1盘卷片(6米78拍) ： 1:10, 2B ； 35mm银盐
收藏馆：缩微中心，国图

000O026677
浚谷赵先生文粹：五卷 / (明)赵时春撰；(明)胡直辑
明隆庆五年(1571)刻本
1996年摄制. -- 1盘卷片(8.1米144拍) ： 1:10, 2B ； 35mm银盐
收藏馆：缩微中心，福建

000O010517
大椿堂诗选：二卷 / (明)杨博撰；(明)杨俊民辑
明万历二十一年(1593)裴述祖刻本. -- (明)杨俊彦增校。
1989年摄制. -- 1盘卷片(5米92拍) ： 1:10, 2B ； 35mm银盐
收藏馆：缩微中心，天津

000O023362
黄淳父先生全集：二十四卷 / (明)黄姬水撰
明(1368-1644)刻本
1995年摄制. -- 1盘卷片(26米510拍) ： 1:10, 2B ； 35mm银盐
收藏馆：缩微中心，国图

000O005534
陆文定公集：二十六卷 / (明)陆树声撰
明万历四十四年(1616)陆彦章刻本
1987年摄制. -- 2盘卷片(51.5米1210拍) ： 1:10, 2B ； 35mm银盐
收藏馆：缩微中心，南京

000O023311
听真稿：二卷 / (明)陆奎章撰
明嘉靖(1522-1566)刻本
1995年摄制. -- 1盘卷片(3米29拍) ： 1:10, 2B ； 35mm银盐
收藏馆：缩微中心，国图

000O004254

宛谿先生沧州摘稿：□□卷；沧州近稿：二卷；无文漫草：□□卷 / (明)梅守德撰

明隆庆万历(1567-1620)递刻本. -- 存十六卷：沧州摘稿卷一至卷二、近稿二卷、无文漫草卷三至卷十四。

1986年摄制. -- 1盘卷片(17米372拍) : 1:10, 2B ; 35mm银盐

收藏馆：缩微中心，国图

000O016785

校刻具茨先生文集：八卷 / (明)王立道撰

明万历六年(1578)王化弘嘉乐堂刻本

1993年摄制. -- 1盘卷片(14米244拍) : 1:10, 2B ; 35mm银盐

收藏馆：缩微中心，国图

000O005540

内台钱俊峰先生存真文稿：六卷 / (明)钱应扬撰

明万历九年(1581)钱应乾刻本

1987年摄制. -- 1盘卷片(7米142拍) : 1:10, 2B ; 35mm银盐

收藏馆：缩微中心，南京

000O001811

燕石集：五卷 / (明)赵大佑撰

明隆庆六年(1572)赵成妥刻本

1985年摄制. -- 1盘卷片(11.8米242拍) : 1:10, 2B ; 35mm银盐

收藏馆：缩微中心，国图

000O007108

李文定公贻安堂集：十卷 / (明)李春芳撰

明万历十七年(1589)李戴刻本

1987年摄制. -- 1盘卷片(31.3米692拍) : 1:10, 2B ; 35mm银盐

收藏馆：缩微中心，重庆

000O009474

董学士泌园集：三十七卷 / (明)董份撰 . 董黄门稿：一卷 / (明)董道醇撰

明万历(1573-1620)董嗣茂刻本. -- 存三十七卷：董学士泌园集三十七卷。

1988年摄制. -- 2盘卷片(55.8米1229拍) : 1:9, 2B ; 35mm银盐

收藏馆：缩微中心，重庆

000O028218

董学士泌园集：三十七卷 / (明)董份撰

明万历(1573-1620)董嗣茂刻本

1997年摄制. -- 3盘卷片(61米1177拍) : 1:10, 2B ; 35mm银盐

收藏馆：缩微中心，苏州

000O009549

瑞泉南伯子：二十二卷附录一卷后记一卷 / (明)南大吉撰

明嘉靖四十四年(1565)南轩刻本. -- 存七卷：卷十六至卷二十二。

1988年摄制. -- 1盘卷片(9米209拍) : 1:10, 2B ; 35mm银盐

收藏馆：缩微中心，重庆

000O008026

陂门山人集：八卷 / (明)冯惟健撰

明嘉靖三十五年(1556)冯惟讷刻本

1988年摄制. -- 1盘卷片(11米211拍) : 1:10, 2B ; 35mm银盐

收藏馆：缩微中心，山东

000O014810

周子弼集：不分卷 / (明)周天佐撰

明(1368-1644)抄本

1992年摄制. -- 1盘卷片(5米55拍) : 1:10, 2B ; 35mm银盐

收藏馆：缩微中心，国图

000O001266

严文靖公集：十二卷 / (明)严讷撰

明万历十五年(1587)严治刻本

1985年摄制. -- 1盘卷片(15.1米324拍) : 1:10, 2B ; 35mm银盐

收藏馆：缩微中心，国图

000O007341

严文靖公集：十二卷 / (明)严讷撰

明万历十五年(1587)严治刻本

1987年摄制. -- 1盘卷片(16米349拍) : 1:10, 2B ; 35mm银盐

收藏馆：缩微中心，国图

000O010462

冯北湖先生鸣春集：八卷 / (明)冯光浙撰；(明)冯柯辑

明万历三十九年(1611)刻本. -- (明)冯埏校。

1989年摄制. -- 1盘卷片(10米185拍) : 1:10, 2B ; 35mm银盐

收藏馆：缩微中心，天津

000O028595

天山草堂存稿：六卷 / (明)何维柏撰；(明)叶梦熊辑

清(1644-1911)沙溶何氏抄本

1998年摄制. -- 1盘卷片(19米395拍) : 1:10, 2B ; 35mm银盐

收藏馆：缩微中心，广东

000O017708
奚囊蠹余：二十卷 / (明)张瀚撰
明隆庆三年(1569)庄应祯张佳胤刻本. -- 存十七卷：卷一至卷十、卷十四至卷二十。
1993年摄制. -- 1盘卷片(18米322拍) ：1:10，2B ；35mm银盐
收藏馆：缩微中心，国图

000O027924
奚囊蠹余：二十卷 / (明)张瀚撰
明隆庆(1567-1572)张佳胤刻本. -- (清)丁丙跋。
1996年摄制. -- 1盘卷片(19米406拍) ：1:10，2B ；35mm银盐
收藏馆：缩微中心，南京

000O014240
奚囊蠹余：二十卷 / (明)张瀚撰
明万历元年(1573)吴道明刻本
1992年摄制. -- 1盘卷片(19米376拍) ：1:10，2B ；35mm银盐
收藏馆：缩微中心，国图

000O020091
奚囊蠹余：二十卷 / (明)张瀚撰
明(1368-1644)庄应祯夏道南刻本
1994年摄制. -- 1盘卷片(20米372拍) ：1:10，2B ；35mm银盐
收藏馆：缩微中心，国图

000O023075
东岱山房诗录江右稿：二卷 / (明)李先芳撰
明嘉靖(1522-1566)刻本
1995年摄制. -- 1盘卷片(4米45拍) ：1:10，2B ；35mm银盐
收藏馆：缩微中心，国图

000O023333
东岱山房诗录：十三卷外集一卷 / (明)李先芳撰
明(1368-1644)刻本
1995年摄制. -- 1盘卷片(19米417拍) ：1:10，2B ；35mm银盐
收藏馆：缩微中心，国图

000O023336
东岱山房诗录：二卷外集一卷 / (明)李先芳撰
明(1368-1644)刻本
1995年摄制. -- 1盘卷片(5米60拍) ：1:10，2B ；35mm银盐
收藏馆：缩微中心，国图

000O011084
李氏山房集：四卷 / (明)李先芳撰
明(1368-1644)刻本. -- 记事止：明万历三年(1575)。
1989年摄制. -- 1盘卷片(20米429拍) ：1:10，2B ；35mm银盐
收藏馆：缩微中心，天津

000O007990
濠梁集：一卷；高斋集：一卷 / (明)李先芳撰
明万历五年(1577)刻本
1988年摄制. -- 1盘卷片(6米83拍) ：1:10，2B ；35mm银盐
收藏馆：缩微中心，湖南

000O001676
绿槐堂槁：二十二卷 / (明)王交撰
明隆庆五年(1571)王益荃刻本
1986年摄制. -- 1盘卷片(27米604拍) ：1:10，2B ；35mm银盐
收藏馆：缩微中心，国图

000O025894
新岑诗草：一卷文草一卷制义一卷 / (明)陶大年撰
清(1644-1911)抄本
1996年摄制. -- 1盘卷片(5米74拍) ：1:10，2B ；35mm银盐
收藏馆：缩微中心，浙江

000O011085
循夫先生集：四卷 / (明)郭廷序撰
明崇祯七年(1634)郭守命[等]刻本. -- (明)吴仕训校。
1989年摄制. -- 1盘卷片(11米214拍) ：1:10，2B ；35mm银盐
收藏馆：缩微中心，天津

000O028102
东莆先生文集：五卷 / (明)林大钦撰
清康熙(1662-1722)刻本
1997年摄制. -- 1盘卷片(15米302拍) ：1:10，2B ；35mm银盐
收藏馆：缩微中心，广东

000O000442
冯光禄诗集：十卷 / (明)冯惟讷撰
明万历十四年(1586)冯琦冯珣刻本
1985年摄制. -- 1盘卷片(9米168拍) ：1:10，2B ；35mm银盐
收藏馆：缩微中心，国图

000O001435
程刺史栖霞集：一卷 / (明)程应登撰
明(1368-1644)刻清康熙(1662-1722)重订本

1985年摄制. -- 1盘卷片(5米66拍) ： 1:10,
2B ；35mm银盐
收藏馆：缩微中心，国图

000○017949
程刺史栖霞集：不分卷 / (明)程应登撰
明天启(1621-1627)程尚勤程正巳刻清康熙
二十九年(1690)程之珩重修本
1993年摄制. -- 1盘卷片(8米128拍) ： 1:10,
2B ；35mm银盐
收藏馆：缩微中心，国图

000○023339
高文襄公集：四十四卷 / (明)高拱撰
明万历(1573-1620)刻本
1995年摄制. -- 2盘卷片(64米1315拍) ：
1:10, 2B ；35mm银盐
收藏馆：缩微中心，国图

000○023334
白华楼续稿：十五卷 / (明)茅坤撰
明万历(1573-1620)刻本
1995年摄制. -- 1盘卷片(22米425拍) ：
1:10, 2B ；35mm银盐
收藏馆：缩微中心，国图

000○006608
**白华楼藏稿：十一卷续稿十五卷吟稿十卷 / (明)
茅坤撰**
明万历(1573-1620)刻本
1987年摄制. -- 2盘卷片(49.8米1087拍) ：
1:10, 2B ；35mm银盐
收藏馆：缩微中心，国图

000○006606
茅鹿门先生文集：三十六卷 / (明)茅坤撰
明万历(1573-1620)刻本
1987年摄制. -- 2盘卷片(53米1167拍) ：
1:10, 2B ；35mm银盐
收藏馆：缩微中心，国图

000○020883
茅鹿门先生文集：三十四卷附二卷 / (明)茅坤撰
明万历(1573-1620)刻本
1994年摄制. -- 2盘卷片(49米978拍) ：
1:10, 2B ；35mm银盐
收藏馆：缩微中心，国图

000○022164
历下集：一卷；花县集：四卷 / (明)莫叔明撰
明嘉靖三十五年(1556)莫抑刻本
1995年摄制. -- 1盘卷片(7米79拍) ： 1:10,
2B ；35mm银盐
收藏馆：缩微中心，国图

000○014678
白狼山人漫稿：二卷 / (明)卢枫撰
明嘉靖三十七年(1558)邓霓[等]刻本. --
(清)朱鼎煦跋。
1992年摄制. -- 1盘卷片(4米37拍) ： 1:10,
2B ；35mm银盐
收藏馆：缩微中心，国图

000○022168
樾墩集：□□卷 / (明)陶益撰
明嘉靖四十三年(1564)王子充[等]刻本. --
存七卷：卷一至卷七。
1995年摄制. -- 1盘卷片(7米100拍) ： 1:10,
2B ；35mm银盐
收藏馆：缩微中心，国图

000○006818
双栢草堂集：七卷 / (明)程良锡撰
明隆庆三年至六年(1569-1572)程宗颢程宗颐
[等]刻本
1987年摄制. -- 1盘卷片(7米112拍) ： 1:10,
2B ；35mm银盐
收藏馆：缩微中心，国图

000○024631
平山先生诗集：五卷 / (明)徐应丰撰
清(1644-1911)抄本
1996年摄制. -- 1盘卷片(8米142拍) ： 1:10,
2B ；35mm银盐
收藏馆：缩微中心，浙江

000○003216
鸣玉堂稿：七卷 / (明)张天复撰
清(1644-1911)抄本
1986年摄制. -- 1盘卷片(10米207拍) ：
1:10, 2B ；35mm银盐
收藏馆：缩微中心，国图

000○016892
仲蔚先生集：二十四卷附录一卷 / (明)俞允文撰
明万历十年(1582)程善定刻本. -- 存二十
卷：卷一至卷五、卷十至卷二十四。
1993年摄制. -- 1盘卷片(23米463拍) ：
1:10, 2B ；35mm银盐
收藏馆：缩微中心，国图

000○018033
仲蔚先生集：二十四卷附录一卷 / (明)俞允文撰
明万历十年(1582)程善定西野书屋校刻本. --
钤"赵氏种芸仙馆收藏印"印。
1993年摄制. -- 1盘卷片(25米550拍) ：

1:10，2B ；35mm银盐
收藏馆：缩微中心，天津

000O009445
后乐园集：八卷 / (明)郭朝宾撰
明崇祯(1628-1644)刻本
1988年摄制. -- 1盘卷片(13.1米269拍) ：
1:10，2B ；35mm银盐
收藏馆：缩微中心，重庆

000O016261
石阳山人蠡海：二卷 / (明)陈德文撰
明(1368-1644)刻蓝印本
1993年摄制. -- 1盘卷片(4米44拍) ：1:10，
2B ；35mm银盐
收藏馆：缩微中心，国图

000O011360
天目山斋岁编：二十八卷 / (明)吴维岳撰
明嘉靖(1522-1566)刻本
1989年摄制. -- 1盘卷片(13米275拍) ：
1:10，2B ；35mm银盐
收藏馆：缩微中心，吉林

000O006868
白雪楼诗集：十卷 / (明)李攀龙撰
明嘉靖(1522-1566)刻本
1987年摄制. -- 1盘卷片(15米308拍) ：
1:10，2B ；35mm银盐
收藏馆：缩微中心，吉林

000O004190
白雪楼诗集：十卷 / (明)李攀龙撰
明隆庆六年(1572)姚□刻本
1986年摄制. -- 1盘卷片(14米298拍) ：
1:10，2B ；35mm银盐
收藏馆：缩微中心，国图

000O016435
白雪楼诗集：十二卷 / (明)李攀龙撰
明隆庆四年(1570)汪时元刻本
1992年摄制. -- 1盘卷片(20米390拍) ：
1:10，2B ；35mm银盐
收藏馆：缩微中心，国图

000O017751
白雪楼诗集：十二卷 / (明)李攀龙撰
明隆庆四年(1570)汪时元刻本
1993年摄制. -- 1盘卷片(21米395拍) ：
1:10，2B ；35mm银盐
收藏馆：缩微中心，国图

000O023969
沧溟先生集：三十卷附录一卷 / (明)李攀龙撰
明隆庆六年(1572)王世贞刻本. -- (清)屈轶跋.
1995年摄制. -- 2盘卷片(38米807拍) ：
1:10，2B ；35mm银盐
收藏馆：缩微中心，南京

000O016381
沧溟先生集：三十卷附录一卷 / (明)李攀龙撰
明隆庆(1567-1572)刻本
1993年摄制. -- 2盘卷片(35米716拍) ：
1:10，2B ；35mm银盐
收藏馆：缩微中心，国图

000O016880
沧溟先生集：三十卷附录一卷 / (明)李攀龙撰
明隆庆(1567-1572)刻本
1993年摄制. -- 2盘卷片(38米728拍) ：
1:10，2B ；35mm银盐
收藏馆：缩微中心，国图

000O021284
沧溟先生集：三十卷附录一卷 / (明)李攀龙撰
明隆庆(1567-1572)刻本
1995年摄制. -- 2盘卷片(38米728拍) ：
1:10，2B ；35mm银盐
收藏馆：缩微中心，国图

000O006859
沧溟先生集：三十卷附录一卷 / (明)李攀龙撰
明万历(1573-1620)刻本
1987年摄制. -- 2盘卷片(36米776拍) ：
1:10，2B ；35mm银盐
收藏馆：缩微中心，吉林

000O028823
沧溟先生集：三十卷附录一卷 / (明)李攀龙撰
明万历三年(1575)胡来贡刻本
1998年摄制. -- 2盘卷片(36米721拍) ：
1:10，2B ；35mm银盐
收藏馆：缩微中心，广东

000O016530
沧溟先生集：三十卷附录一卷 / (明)李攀龙撰
明万历二十八年(1600)吴用光平阳刻本
1990年摄制. -- 2盘卷片(38.3米805拍) ：
1:10，2B ；35mm银盐
收藏馆：缩微中心，祁县

000O011169
沧溟先生集：三十卷附录一卷 / (明)李攀龙撰
明万历三十四年(1606)陈陛刻本

1989年摄制. -- 2盘卷片（38米802拍）：
1:10, 2B ; 35mm银盐
收藏馆：缩微中心，山东

000O023996
**沧溟先生集：三十一卷附录一卷附录补遗一卷 /
(明)李攀龙撰**
明万历二十六年(1598)刻本
1996年摄制. -- 2盘卷片（40米803拍）：
1:10, 2B ; 35mm银盐
收藏馆：缩微中心，南京

000O007392
沧溟先生集：三十二卷 / (明)李攀龙撰
明隆庆(1567-1572)刻本
1987年摄制. -- 2盘卷片（36米769拍）：
1:10, 2B ; 35mm银盐
收藏馆：缩微中心，吉林

000O010522
**沧溟先生文钞：九卷 / (明)李攀龙撰；(明)杨应
时阅**
明万历(1573-1620)刻本. -- (明)杨士经校。
1989年摄制. -- 1盘卷片（13米259拍）：
1:10, 2B ; 35mm银盐
收藏馆：缩微中心，天津

000O008023
**补注李沧溟先生文选：四卷 / (明)李攀龙撰；
(明)宋祖骏,(明)宋祖晔注**
明(1368-1644)宋光庭刻本
1988年摄制. -- 1盘卷片（23米480拍）：
1:10, 2B ; 35mm银盐
收藏馆：缩微中心，山东

000O002843
海刚峰先生集：六卷政事四卷 / (明)海瑞撰
明万历二十二年(1594)阮尚宾刻本
1986年摄制. -- 1盘卷片（29米661拍）：
1:10, 2B ; 35mm银盐
收藏馆：缩微中心，国图

000O002240
备忘集：八卷附录二卷 / (明)海瑞撰
清(1644-1911)抄本
1986年摄制. -- 1盘卷片（17米373拍）：
1:10, 2B ; 35mm银盐
收藏馆：缩微中心，国图

000O009680
**海忠介公集：六卷首一卷 / (明)海瑞撰；(明)焦
映汉选；(明)贾棠编**
清康熙(1662-1722)刻本. -- 版框高二十厘米，

宽十四厘米。
1989年摄制. -- 1盘卷片（12米249拍）：
1:10, 2B ; 35mm银盐
收藏馆：缩微中心，广东

000O007416
海忠介公文集：十卷 / (明)海瑞撰
明万历(1573-1620)刻本
1987年摄制. -- 1盘卷片（20米436拍）：
1:10, 2B ; 35mm银盐
收藏馆：缩微中心，吉林

000O026681
海忠介公文集：十卷 / (明)海瑞撰
明万历四十六年(1618)蔡钟有刻本
1996年摄制. -- 1盘卷片（24.2米503拍）：
1:10, 2B ; 35mm银盐
收藏馆：缩微中心，福建

000O009554
山居存稿：十一卷 / (明)邓迁撰
明嘉靖(1522-1566)刻本
1988年摄制. -- 1盘卷片（20.7米446拍）：
1:9, 2B ; 35mm银盐
收藏馆：缩微中心，重庆

000O013865
**瞿文懿公集：十六卷制科集四卷制敕稿一卷 /
(明)瞿景淳撰**
明(1368-1644)刻本
1992年摄制. -- 1盘卷片（25米519拍）：
1:10, 2B ; 35mm银盐
收藏馆：缩微中心，国图

000O016379
**瞿文懿公集：十六卷制科集四卷制敕稿一卷 /
(明)瞿景淳撰**
明(1368-1644)刻本
1992年摄制. -- 1盘卷片（26米522拍）：
1:10, 2B ; 35mm银盐
收藏馆：缩微中心，国图

000O013787
石室私抄：九卷 / (明)魏文焲撰
明万历(1573-1620)刻本
1991年摄制. -- 1盘卷片（20米389拍）：
1:10, 2B ; 35mm银盐
收藏馆：缩微中心，国图

000O027923
石室私抄：五卷 / (明)魏文焲撰
明崇祯四年(1631)魏贤切刻本
1996年摄制. -- 1盘卷片（19米390拍）：

1:10，2B ；35mm银盐
收藏馆：缩微中心，南京

00O010509
山带阁集：三十三卷 / (明)朱曰藩撰
明嘉靖(1522-1566)刻本
1989年摄制. -- 1盘卷片(20米427拍) :
1:10，2B ；35mm银盐
收藏馆：缩微中心，天津

00O024248
山带阁集：三十三卷 / (明)朱曰藩撰；(清)朱效端批校
明万历(1573-1620)刻本
1996年摄制. -- 1盘卷片(19米419拍) :
1:10，2B ；35mm银盐
收藏馆：缩微中心，安徽

00O013276
刘唐岩先生文集：八卷 / (明)刘悫撰
明万历三年(1575)何子寿刻本
1991年摄制. -- 1盘卷片(19米392拍) :
1:10，2B ；35mm银盐
收藏馆：缩微中心，湖北

00O010477
刘子威禅悦小草：十五卷 / (明)刘凤撰
明万历(1573-1620)刻本
1989年摄制. -- 1盘卷片(23米499拍) :
1:10，2B ；35mm银盐
收藏馆：缩微中心，天津

00O024559
客建集：四卷 / (明)刘凤撰
明嘉靖(1522-1566)刻重修本
1996年摄制. -- 1盘卷片(8米136拍) : 1:10,
2B ；35mm银盐
收藏馆：缩微中心，浙江

00O006357
刘子威集：五十二卷 / (明)刘凤撰
明万历(1573-1620)刻本
1987年摄制. -- 3盘卷片(77米1648拍) :
1:10，2B ；35mm银盐
收藏馆：缩微中心，国图

00O017932
刘子威集：五十二卷 / (明)刘凤撰
明万历(1573-1620)刻本. -- 存三十二卷：卷一至卷三十二。
1993年摄制. -- 2盘卷片(40米766拍) :
1:10，2B ；35mm银盐
收藏馆：缩微中心，国图

00O025933
慎修堂集：二十卷 / (明)亢思谦撰
明万历(1573-1620)刻本
1996年摄制. -- 2盘卷片(37米803拍) :
1:10，2B ；35mm银盐
收藏馆：缩微中心，南京

00O024532
慎修堂集：二十卷 / (明)亢思谦撰
明万历(1573-1620)亢宗瑗刻清康熙十五年(1676)重修本
1996年摄制. -- 2盘卷片(40米786拍) :
1:10，2B ；35mm银盐
收藏馆：缩微中心，浙江

00O009681
瑶石山人诗稿：十六卷 / (明)黎民表撰
明万历十六年(1588)刻本. -- 版框高十八厘米宽十四厘米。
1989年摄制. -- 1盘卷片(23米492拍) :
1:10，2B ；35mm银盐
收藏馆：缩微中心，广东

00O006758
刻孙百川先生文集：十二卷 / (明)孙楼撰
明万历四十八年(1620)华滋蕃刻本
1986年摄制. -- 1盘卷片(13.7米285拍) :
1:10，2B ；35mm银盐
收藏馆：缩微中心，国图

00O006954
孙百川先生未刻稿：不分卷 / (明)孙楼撰
明(1368-1644)抄本
1987年摄制. -- 1盘卷片(22米487拍) :
1:10，2B ；35mm银盐
收藏馆：缩微中心，国图

00O002852
寄篱稿诗：六卷文一卷杂稿一卷 / (明)石玺撰
明万历(1573-1620)刻本. -- 存三卷：诗一卷、文一卷、杂稿一卷。
1986年摄制. -- 1盘卷片(7米113拍) : 1:10,
2B ；35mm银盐
收藏馆：缩微中心，国图

00O023368
公余漫稿：五卷 / (明)王崇古撰
明隆庆二年(1568)栗永禄冯惟讷刻本
1995年摄制. -- 1盘卷片(8米120拍) : 1:10,
2B ；35mm银盐
收藏馆：缩微中心，国图

00O006128
归云集前稿：二十卷 / (明)陈士元撰
明万历(1573-1620)浩然堂刻本
1987年摄制. -- 1盘卷片(20米384拍) ：
1:10，2B ；35mm银盐
收藏馆：缩微中心，南京

00O002259
月川类草：十卷 / (明)夏浚撰
清(1644-1911)抄本
1986年摄制. -- 1盘卷片(15米325拍) ：
1:10，2B ；35mm银盐
收藏馆：缩微中心，国图

00O015012
杨忠愍公集：三卷附一卷 / (明)杨继盛撰
明隆庆三年(1569)王世贞刻本
1992年摄制. -- 1盘卷片(8米122拍) ：1:10，
2B ；35mm银盐
收藏馆：缩微中心，国图

00O021426
杨忠愍公集：三卷附一卷 / (明)杨继盛撰
明隆庆三年(1569)王世贞刻本
1995年摄制. -- 1盘卷片(8米116拍) ：1:10，
2B ；35mm银盐
收藏馆：缩微中心，国图

00O020404
杨忠愍公集：不分卷遗集一卷 / (明)杨继盛撰 .
行状：一卷
明万历二十六年(1598)刻本
1994年摄制. -- 1盘卷片(9米154拍) ：1:10，
2B ；35mm银盐
收藏馆：缩微中心，国图

00O009553
杨忠愍公集：三卷 / (明)杨继盛撰 . 行状：一卷
明(1368-1644)杨如莘刻本
1988年摄制. -- 1盘卷片(7.4米138拍) ：
1:10，2B ；35mm银盐
收藏馆：缩微中心，重庆

00O029322
明椒山杨忠愍公全集：四卷 / (明)杨继盛撰
明(1368-1644)杜士雅刻本. -- 叶启勋、叶启
发题识。
1999年摄制. -- 1盘卷片(9米179拍) ：1:10，
2B ；35mm银盐
收藏馆：缩微中心，湖南

00O020706
杨忠愍公集：四卷 / (明)杨继盛撰；(清)朱永辉

辑
清康熙三十三年(1694)朱永辉刻本
1994年摄制. -- 1盘卷片(12米213拍) ：
1:10，2B ；35mm银盐
收藏馆：缩微中心，国图

00O028888
杨椒山先生集：四卷 / (明)杨继盛撰
清同治五年(1866)刻本. -- (清)莫友芝批
校。
1998年摄制. -- 1盘卷片(10米177拍) ：
1:10，2B ；35mm银盐
收藏馆：缩微中心，苏州

00O000333
自知堂集：二十四卷 / (明)蔡汝楠撰
明嘉靖(1522-1566)刻本
1985年摄制. -- 1盘卷片(30米671拍) ：
1:10，2B ；35mm银盐
收藏馆：缩微中心，国图

00O023309
程右永稿：八卷 / (明)程珌撰
明万历十九年(1591)程绍刻本
1995年摄制. -- 1盘卷片(8米136拍) ：1:10，
2B ；35mm银盐
收藏馆：缩微中心，国图

00O023337
万文恭公摘集：十二卷 / (明)万士和撰
明(1368-1644)刻本
1995年摄制. -- 1盘卷片(24米488拍) ：
1:10，2B ；35mm银盐
收藏馆：缩微中心，国图

00O017790
半山藏稿：二十卷 / (明)王叔果撰
明万历二十八年(1600)刻本
1993年摄制. -- 1盘卷片(25米553拍) ：
1:10，2B ；35mm银盐
收藏馆：缩微中心，天津

00O001248
刻毅斋查先生阐道集：十卷附一卷 / (明)查铎撰
明万历三十一年(1603)查一训[等]刻本
1985年摄制. -- 1盘卷片(18.5米403拍) ：
1:10，2B ；35mm银盐
收藏馆：缩微中心，国图

00O005527
许正吾集：二十八卷 / (明)许言诗撰
明万历十六年(1588)张斗刻本
1987年摄制. -- 1盘卷片(29米668拍) ：

1:10，2B ；35mm银盐
收藏馆：缩微中心，南京

000O000377
欧虞部集：十五种七十九卷 / (明)欧大任撰
清(1644-1911)刻本
1985年摄制. -- 3盘卷片(77.8米1736拍) :
1:10，2B ；35mm银盐
收藏馆：缩微中心，国图

000O022167
秣陵集：八卷 / (明)欧大任撰
清(1644-1911)抄本
1995年摄制. -- 1盘卷片(8米124拍) :
1:10，2B ；35mm银盐
收藏馆：缩微中心，国图

000O014179
北辕集：一卷 / (明)欧大任撰
明隆庆六年(1572)赵用光抄本. -- (明)赵用
光跋。
1992年摄制. -- 1盘卷片(4米29拍) : 1:10，
2B ；35mm银盐
收藏馆：缩微中心，国图

000O020530
欧虞部选集：十四卷 / (明)欧大任撰
明万历(1573-1620)刻本. -- 第六册卷七目录
十至十五页在第七册卷首。
1994年摄制. -- 1盘卷片(28米589拍) :
1:10，2B ；35mm银盐
收藏馆：缩微中心，文登

000O025560
欧虞部集：十五种七十九卷 / (明)欧大任撰
清(1644-1911)刻本. -- 存十一种六十五卷。
1996年摄制. -- 3盘卷片(71米1366拍) :
1:10，2B ；35mm银盐
收藏馆：缩微中心，国图

000O019533
笔峰诗草：一卷 / (明)高应玘撰
明嘉靖(1522-1566)刻本
1994年摄制. -- 1盘卷片(4米46拍) : 1:10，
2B ；35mm银盐
收藏馆：缩微中心，国图

000O005114
丰阳先生集：十二卷附录一卷 / (明)冯皋谟撰
明天启二年(1622)冯振宗刻本
1986年摄制. -- 1盘卷片(10.3米213拍) :
1:10，2B ；35mm银盐
收藏馆：缩微中心，国图

000O008704
青萝馆诗：六卷 / (明)徐中行撰
明隆庆五年(1571)汪时元刻本
1988年摄制. -- 1盘卷片(7.3米134拍) :
1:10，2B ；35mm银盐
收藏馆：缩微中心，重庆

000O008705
青萝馆诗：前集四卷续集二卷 / (明)徐中行撰
明万历(1573-1620)刻本
1988年摄制. -- 1盘卷片(7米116拍) : 1:10，
2B ；35mm银盐
收藏馆：缩微中心，重庆

000O001775
天目先生集：二十一卷 / (明)徐中行撰. 附录：
一卷 / (明)郭造卿撰
明万历十二年(1584)张佳胤刻本
1986年摄制. -- 1盘卷片(24米538拍) :
1:10，2B ；35mm银盐
收藏馆：缩微中心，国图

000O025929
天目先生集：二十一卷 / (明)徐中行撰. 附录：
一卷 / (明)郭造卿撰
明万历十二年(1584)张佳胤刻本. -- (清)丁
丙跋。
1996年摄制. -- 1盘卷片(28米549拍) :
1:10，2B ；35mm银盐
收藏馆：缩微中心，南京

000O006604
天目先生集：二十一卷 / (明)徐中行撰
明(1368-1644)刻本
1987年摄制. -- 1盘卷片(22米518拍) :
1:10，2B ；35mm银盐
收藏馆：缩微中心，国图

000O019669
王西塘春煦轩集：二十二卷 / (明)王好问撰
清(1644-1911)抄本. -- 卷一至卷十配另一清
抄本。存十六卷：卷一至卷十一、卷十三、卷
十六至卷十八、卷二十二。
1994年摄制. -- 1盘卷片(9米157拍) : 1:10，
2B ；35mm银盐
收藏馆：缩微中心，国图

000O010440
衡庐精舍藏稿：三十卷续稿十一卷 / (明)胡直撰
明(1368-1644)刻本. -- 钤"八千卷楼藏书
印"印。存二十九卷：卷一至卷二十一、卷
二十三至卷三十；卷二十一抄配，卷八：
五十一至五十三页颠倒，卷九：三十六页页码

错，卷十四：一页缺半页，卷十九：一页缺半页，卷二十一：三十四至三十五页和缺半页。
1989年摄制. -- 2盘卷片(48米751拍)：1:10, 2B；35mm银盐
收藏馆：缩微中心，天津

000O023349
太虚轩稿：一卷 / (明)胡直撰
明万历二十一年(1593)旷骥刻本
1995年摄制. -- 1盘卷片(5米60拍)：1:10, 2B；35mm银盐
收藏馆：缩微中心，国图

000O023356
玉介园存稿：十八卷附录四卷行状传墓志铭等一卷 / (明)王叔杲撰
明万历二十九年(1601)王光美刻本
1995年摄制. -- 2盘卷片(40米780拍)：1:10, 2B；35mm银盐
收藏馆：缩微中心，国图

000O024542
可也居集：五卷续一卷 / (明)高鹤撰
明万历十九年(1591)陈汝元刻万历二十四年(1596)续刻本
1996年摄制. -- 1盘卷片(6米89拍)：1:10, 2B；35mm银盐
收藏馆：缩微中心，浙江

000O013845
梦山存家诗稿：八卷 / (明)杨巍撰
明万历三十年(1602)杨岑刻本
1991年摄制. -- 1盘卷片(9米145拍)：1:10, 2B；35mm银盐
收藏馆：缩微中心，国图

000O009443
林居集：十二卷 / (明)恽绍芳撰；(明)恽厥初辑
明崇祯二年(1629)恽厥初刻本
1987年摄制. -- 1盘卷片(18米384拍)：1:10, 2B；35mm银盐
收藏馆：缩微中心，重庆

000O008776
考槃集：四卷 / (明)恽绍芳撰；(明)恽厥初辑
明崇祯五年(1632)恽厥初刻本
1988年摄制. -- 1盘卷片(8.6米166拍)：1:10, 2B；35mm银盐
收藏馆：缩微中心，重庆

000O006611
丘隅集：十九卷 / (明)乔世宁撰
明嘉靖(1522-1566)刻本

1987年摄制. -- 1盘卷片(17米368拍)：1:10, 2B；35mm银盐
收藏馆：缩微中心，国图

000O020386
丘隅集：十九卷 / (明)乔世宁撰
明嘉靖(1522-1566)刻本
1994年摄制. -- 1盘卷片(16米304拍)：1:10, 2B；35mm银盐
收藏馆：缩微中心，国图

000O023338
少司马谷公文集：二卷 / (明)谷中虚撰
明天启元年(1621)谷迁乔葛如麟刻本
1995年摄制. -- 1盘卷片(7米113拍)：1:10, 2B；35mm银盐
收藏馆：缩微中心，国图

000O023343
周叔夜先生集：十一卷 / (明)周思兼撰
明万历十年(1582)刻本
1995年摄制. -- 1盘卷片(19米372拍)：1:10, 2B；35mm银盐
收藏馆：缩微中心，国图

000O006366
农丈人文集：二十卷诗集八卷 / (明)余寅撰
明万历(1573-1620)刻本
1987年摄制. -- 2盘卷片(41米875拍)：1:10, 2B；35mm银盐
收藏馆：缩微中心，国图

000O017724
农丈人诗集：八卷 / (明)余寅撰
明万历(1573-1620)刻本
1993年摄制. -- 1盘卷片(10米184拍)：1:10, 2B；35mm银盐
收藏馆：缩微中心，国图

000O010521
丛桂堂全集：四卷 / (明)颜延榘撰；(明)颜尧揆,(明)颜胤镰辑
明(1368-1644)刻本. -- (明)王命岳校。
1989年摄制. -- 1盘卷片(12米232拍)：1:10, 2B；35mm银盐
收藏馆：缩微中心，天津

000O006537
北虞先生遗文：六卷 / (明)邵圭洁撰
明万历(1573-1620)刻本
1987年摄制. -- 1盘卷片(15米323拍)：1:10, 2B；35mm银盐
收藏馆：缩微中心，国图

000O006955
邵北虞先生遗文：不分卷 / (明)邵圭洁撰
明(1368-1644)芝兰书室抄本. -- (清)王振声
录目并跋。
1987年摄制. -- 1盘卷片(4米56拍) : 1:10,
2B ; 35mm银盐
收藏馆：缩微中心，国图

000O006602
华阳洞稿：二十二卷 / (明)张祥鸢撰
明万历(1573-1620)刻本
1987年摄制. -- 1盘卷片(22米489拍) :
1:10, 2B ; 35mm银盐
收藏馆：缩微中心，国图

000O000352
董幼海先生全集：采薇集四卷邕歈稿六卷奇游
漫记八卷附录一卷 / (明)董传策撰
明万历(1573-1620)刻本
1985年摄制. -- 1盘卷片(16.1米345拍) :
1:10, 2B ; 35mm银盐
收藏馆：缩微中心，国图

000O025743
凤岩山房文草：二十六卷 / (明)黄甲撰
明万历(1573-1620)刻本. -- 存二十四卷。
1996年摄制. -- 2盘卷片(43米748拍) :
1:10, 2B ; 35mm银盐
收藏馆：缩微中心，国图

000O003364
嘉靖二十二年癸卯科山东丘亚元墨卷：不分卷 /
(明)丘橓撰
明(1368-1644)抄本
1986年摄制. -- 1盘卷片(4米52拍) : 1:10,
2B ; 35mm银盐
收藏馆：缩微中心，国图

000O015242
王明甫先生桂子园集：二十三卷近稿不分卷 /
(明)王道行撰
明万历(1573-1620)刻本
1992年摄制. -- 2盘卷片(37米699拍) :
1:10, 2B ; 35mm银盐
收藏馆：缩微中心，国图

000O023345
云山堂集：六卷 / (明)魏裳撰
明万历七年(1579)魏文可刻本
1995年摄制. -- 1盘卷片(19米371拍) :
1:10, 2B ; 35mm银盐
收藏馆：缩微中心，国图

000O024594
一哂斋漫稿：十卷 / (明)葛臬撰；(明)郑一麟选
明万历(1573-1620)刻本
1996年摄制. -- 1盘卷片(16米306拍) :
1:10, 2B ; 35mm银盐
收藏馆：缩微中心，浙江

000O006865
大鄣山人集：五十三卷 / (明)吴子玉撰
明万历(1573-1620)刻本
1987年摄制. -- 2盘卷片(58米1305拍) :
1:10, 2B ; 35mm银盐
收藏馆：缩微中心，吉林

000O023351
曹太史含斋先生文集：十五卷 / (明)曹大章撰
明万历二十八年(1600)曹祖鹤刻本
1995年摄制. -- 1盘卷片(21米400拍) :
1:10, 2B ; 35mm银盐
收藏馆：缩微中心，国图

000O015944
曹太史含斋先生文集：十六卷 / (明)曹大章撰
明万历二十八年(1600)曹祖鹤刻本
1993年摄制. -- 1盘卷片(24米469拍) :
1:10, 2B ; 35mm银盐
收藏馆：缩微中心，国图

000O006596
徐文长三集：二十九卷 / (明)徐渭撰
明万历二十八年(1600)商濬刻本
1987年摄制. -- 2盘卷片(43米884拍) :
1:10, 2B ; 35mm银盐
收藏馆：缩微中心，国图

000O025668
徐文长三集：二十九卷四声猿一卷 / (明)徐渭撰
明万历二十八年(1600)商濬半野堂刻本
1996年摄制. -- 2盘卷片(50米1071拍) :
1:10, 2B ; 35mm银盐
收藏馆：缩微中心，南京

000O019211
徐文长三集：二十九卷文长杂纪二卷 / (明)徐渭
撰
明万历二十八年(1600)商濬刻万历四十七年
(1619)印本
1994年摄制. -- 2盘卷片(47米943拍) :
1:10, 2B ; 35mm银盐
收藏馆：缩微中心，国图

000O003520
徐文长文集：三十卷四声猿一卷 / (明)徐渭撰；

(明)袁宏道评点
明万历四十二年(1614)钟人杰刻本
1985年摄制. -- 2盘卷片(33米720拍) :
1:10, 2B ; 35mm银盐
收藏馆:缩微中心, 国图

000O006599
徐文长文集:三十卷 / (明)徐渭撰;(明)袁宏道评点
明(1368-1644)刻本
1987年摄制. -- 1盘卷片(29米661拍) :
1:10, 2B ; 35mm银盐
收藏馆:缩微中心, 国图

000O004285
徐文长逸稿:二十四卷 / (明)徐渭撰
明天启三年(1623)张维城刻本
1986年摄制. -- 1盘卷片(24米518拍) :
1:10, 2B ; 35mm银盐
收藏馆:缩微中心, 国图

000O011063
天池杂稿:不分卷
蓝格稿本
1989年摄制. -- 1盘卷片(4米59拍) : 1:10,
2B ; 35mm银盐
收藏馆:缩微中心, 天津

000O019301
留余堂尺牍:□□卷 / (明)潘季驯撰
明(1368-1644)刻本. -- 存五卷:卷二至卷六。
1994年摄制. -- 1盘卷片(12米228拍) :
1:10, 2B ; 35mm银盐
收藏馆:缩微中心, 国图

000O011704
济美堂集:四卷 / (明)吴文华撰
明万历(1573-1620)耿定力刻本
1990年摄制. -- 1盘卷片(16米330拍) :
1:10, 2B ; 35mm银盐
收藏馆:缩微中心, 山西

000O010483
方麓居士集:□□卷 / (明)王樵撰
明万历(1573-1620)刻本. -- 有缺页。存十四卷:卷一至卷十四。
1989年摄制. -- 1盘卷片(24米526拍) :
1:10, 2B ; 35mm银盐
收藏馆:缩微中心, 天津

000O005533
虚岩山人集:六卷 / (明)周诗撰

明嘉靖三十五年(1556)孙取益刻本
1987年摄制. -- 1盘卷片(6米117拍) : 1:10,
2B ; 35mm银盐
收藏馆:缩微中心, 南京

000O023392
鹿城诗集:二十八卷 / (明)梁辰鱼撰
清(1644-1911)抄本
1995年摄制. -- 1盘卷片(15米293拍) :
1:10, 2B ; 35mm银盐
收藏馆:缩微中心, 国图

000O024604
楼云馆集:二十卷 / (明)李昭祥撰;(明)张之象校
明(1368-1644)刻本. -- 存十七卷:卷一至卷十四、卷十八至卷二十。
1996年摄制. -- 1盘卷片(16米307拍) :
1:10, 2B ; 35mm银盐
收藏馆:缩微中心, 浙江

000O023326
太华山人集:四卷 / (明)何栋撰
明(1368-1644)刻本
1995年摄制. -- 1盘卷片(9米138拍) : 1:10,
2B ; 35mm银盐
收藏馆:缩微中心, 国图

000O005617
勾漏集:四卷 / (明)顾起纶撰
明(1368-1644)抄本
1987年摄制. -- 1盘卷片(5.3米89拍) :
1:10, 2B ; 35mm银盐
收藏馆:缩微中心, 国图

000O026697
九愚山房集:九十七卷 / (明)何东序撰
明万历二十八年(1600)刻本
1996年摄制. -- 4盘卷片(106.7米2233拍) :
1:10, 2B ; 35mm银盐
收藏馆:缩微中心, 福建

000O001295
佐右集:□□卷 / (明)何东序撰
明万历三十一年(1603)何东序刻本. -- 存十三卷:诗卷一、卷四至卷六,文卷一至卷九。
1985年摄制. -- 1盘卷片(14.5米307拍) :
1:10, 2B ; 35mm银盐
收藏馆:缩微中心, 国图

000O002791
石西集:八卷 / (明)汪子祐撰. 崇礼堂诗:一卷 /

(明)汪伯荐撰
清康熙十八年(1679)汪宗豫刻本
1986年摄制. -- 1盘卷片(7米132拍) : 1:10,
2B ; 35mm银盐
收藏馆：缩微中心，国图

000O006601
金舆山房稿：十四卷 / (明)殷士儋撰
明万历十七年(1589)邵陛刻本
1987年摄制. -- 1盘卷片(23米499拍) :
1:10, 2B ; 35mm银盐
收藏馆：缩微中心，国图

000O009087
刘尧诲先生全集：十六卷 / (明)刘尧诲撰；(明)
刘心忠辑
清(1644-1911)抄本. -- 存七卷：南垣疏稿一
卷、抚闽疏稿一卷、虚籁集五卷。
1988年摄制. -- 1盘卷片(15米302拍) :
1:10, 2B ; 35mm银盐
收藏馆：缩微中心，湖南

000O013280
友庆堂存稿：十四卷 / (明)王时槐撰
明万历三十八年(1610)萧近高贺沚刻本
1991年摄制. -- 1盘卷片(20.5米434拍) :
1:10, 2B ; 35mm银盐
收藏馆：缩微中心，湖北

000O008775
华阳馆诗集：十四卷文集十二卷附录一卷 / (明)
宋仪望撰
明万历三年(1575)魏学礼刻本
1988年摄制. -- 1盘卷片(27.9米614拍) :
1:9, 2B ; 35mm银盐
收藏馆：缩微中心，重庆

000O006226
观颐先生集：二十卷墓志铭一卷附录一卷 / (明)
沈桐撰
明万历三十九年(1611)陈嗣洁刻本
1987年摄制. -- 1盘卷片(19米370拍) :
1:10, 2B ; 35mm银盐
收藏馆：缩微中心，南京

000O005516
林学士诗集：六卷文集十六卷 / (明)林谦撰
清(1644-1911)抄本
1987年摄制. -- 1盘卷片(24米506拍) :
1:10, 2B ; 35mm银盐
收藏馆：缩微中心，南京

000O009997
井丹先生集：十八卷首一卷 / (明)林大春撰
明万历十九年(1591)潮阳林氏刻本. -- 版框
高二十厘米宽十三厘米。
1989年摄制. -- 2盘卷片(51米1077拍) :
1:10, 2B ; 35mm银盐
收藏馆：缩微中心，广东

000O006225
敬所王先生文集：三十卷 / (明)王宗沐撰
明万历元年(1573)刘良弼刻本. -- (清)丁丙
跋。
1987年摄制. -- 3盘卷片(63米1445拍) :
1:10, 2B ; 35mm银盐
收藏馆：缩微中心，南京

000O006331
醢鸡鸣瓿：□□卷 / (明)张子中撰
明(1368-1644)刻本. -- 存十一卷：卷十六至
卷二十一、卷二十八至卷三十二。张元济跋。
1987年摄制. -- 1盘卷片(9米172拍) : 1:10,
2B ; 35mm银盐
收藏馆：缩微中心，国图

000O006130
阳春草稿：不分卷；西行稿：不分卷 / (明)邱集
撰
清(1644-1911)次欧山馆抄本. -- 本书还装订
有：西行稿不分卷。
1987年摄制. -- 1盘卷片(10米179拍) :
1:10, 2B ; 35mm银盐
收藏馆：缩微中心，南京

000O018512
旧业堂集：十卷 / (明)凌儒撰
明天启三年(1623)凌似祖刻本. -- 郑振铎
跋。
1993年摄制. -- 1盘卷片(26米541拍) :
1:10, 2B ; 35mm银盐
收藏馆：缩微中心，国图

000O023353
旧业堂集：十卷 / (明)凌儒撰
明天启三年(1623)凌似祖刻本
1995年摄制. -- 1盘卷片(24米471拍) :
1:10, 2B ; 35mm银盐
收藏馆：缩微中心，国图

000O023348
李子田诗集：四卷；一悦园稿：一卷 / (明)李蓘
撰
明(1368-1644)刻本
1995年摄制. -- 1盘卷片(10米181拍) :

1:10，2B；35mm银盐
收藏馆：缩微中心，国图

000O024534
石泉山房文集：十三卷／(明)郭汝霖撰；(明)金士衡校
明万历二十五年(1597)郭氏刻本
1996年摄制. -- 1盘卷片(19米375拍)：
1:10，2B；35mm银盐
收藏馆：缩微中心，浙江

000O007045
横槎集：十卷／(明)吴时来撰
明万历十六年(1588)吴时来刻本
1987年摄制. -- 1盘卷片(14米285拍)：
1:10，2B；35mm银盐
收藏馆：缩微中心，国图

000O006227
姜凤阿文集：三十八卷／(明)姜宝撰
明万历十三年(1585)刻本
1987年摄制. -- 2盘卷片(62米1440拍)：
1:10，2B；35mm银盐
收藏馆：缩微中心，南京

000O002276
白云集：七卷附录一卷／(明)陈昂撰
明万历四十六年(1618)宋珏刻本. -- (清)翁
同书跋。
1986年摄制. -- 1盘卷片(10米203拍)：
1:10，2B；35mm银盐
收藏馆：缩微中心，国图

000O008947
白云集：七卷附录一卷／(明)陈昂撰
明万历四十六年(1618)宋珏刻本
1988年摄制. -- 1盘卷片(11.5米198拍)：
1:10，2B；35mm银盐
收藏馆：缩微中心，湖北

000O005521
白云集：十卷／(明)陈昂撰
清顺治三年(1646)左楩抄本
1987年摄制. -- 1盘卷片(15米300拍)：
1:10，2B；35mm银盐
收藏馆：缩微中心，南京

000O018595
石盂集：十七卷／(明)汪坦撰
明(1368-1644)刻本. -- 存四卷：卷十一至卷
十四。
1993年摄制. -- 1盘卷片(4米47拍)：1:10，
2B；35mm银盐

收藏馆：缩微中心，国图

000O017908
谢海门窗稿：一卷／(明)谢谠撰
明嘉靖二十五年(1546)谢襜周岳[等]刻本
1993年摄制. -- 1盘卷片(5米74拍)：1:10，
2B；35mm银盐
收藏馆：缩微中心，国图

000O019366
**谢海门窗稿：一卷；谢进士墨卷：一卷／(明)谢
谠撰**
明嘉靖二十五年(1546)谢襜周岳[等]刻本
1994年摄制. -- 1盘卷片(6米91拍)：1:10，
2B；35mm银盐
收藏馆：缩微中心，国图

000O019324
集诗：四卷／(明)吴褒撰
清(1644-1911)抄本
1994年摄制. -- 1盘卷片(11米202拍)：
1:10，2B；35mm银盐
收藏馆：缩微中心，国图

000O019380
刘初人存痴草：一卷未刻草一卷／(明)刘樾茜撰
明(1368-1644)刻本
1994年摄制. -- 1盘卷片(6米86拍)：1:10，
2B；35mm银盐
收藏馆：缩微中心，国图

000O016327
玩画斋杂著编：八卷／(明)姚翼撰
明隆庆(1567-1572)姚翼刻本
1992年摄制. -- 1盘卷片(17米330拍)：
1:10，2B；35mm银盐
收藏馆：缩微中心，国图

000O004169
鲲溟先生诗集：四卷奏疏一卷／(明)郭谏臣撰
清康熙五十二年(1713)郭鸾刻本. -- 四库底
本。
1986年摄制. -- 1盘卷片(9.3米185拍)：
1:10，2B；35mm银盐
收藏馆：缩微中心，国图

000O030176
黄吾野先生诗集：五卷／(明)黄克晦撰
清乾隆二十五年(1760)黄隆恩刻本
2001年摄制. -- 1盘卷片(25.4米515拍)：
1:10，2B；35mm银盐
收藏馆：缩微中心，厦门

00○006018
游梁诗集：六卷 / (明)吴镇撰
明万历(1573-1620)绿雨楼刻本
1987年摄制. -- 1盘卷片(8米149拍) : 1:10,
2B ; 35mm银盐
收藏馆：缩微中心，国图

00○009419
甑甄洞稿：五十四卷目录二卷 / (明)吴国伦撰
明万历(1573-1620)刻本
1988年摄制. -- 3盘卷片(65米1407拍) :
1:10, 2B ; 35mm银盐
收藏馆：缩微中心，重庆

00○014867
甑甄洞稿：五十四卷 / (明)吴国伦撰
明万历(1573-1620)刻本
1992年摄制. -- 2盘卷片(59米1330拍) :
1:10, 2B ; 35mm银盐
收藏馆：缩微中心，吉林

00○021645
甑甄洞稿：五十四卷目录二卷续稿诗部十二卷
文部十五卷 / (明)吴国伦撰
明万历(1573-1620)刻本. -- (清)方功惠跋。
1995年摄制. -- 3盘卷片(96米2031拍) :
1:10, 2B ; 35mm银盐
收藏馆：缩微中心，国图

00○008951
评林新锲甑甄洞稿文类：二十卷诗集六卷 / (明)
吴国伦,(明)王世贞评
明万历十六年(1588)杨新泉清白堂刻本
1988年摄制. -- 1盘卷片(30.5米695拍) :
1:10, 2B ; 35mm银盐
收藏馆：缩微中心，湖北

00○009489
甑甄洞续稿诗部：十二卷文部十五卷目录二卷 /
(明)吴国伦撰
明万历三十一年(1603)吴七良刻本
1987年摄制. -- 2盘卷片(39米839拍) : 1:9,
2B ; 35mm银盐
收藏馆：缩微中心，重庆

00○016294
藏甲岩稿：六卷 / (明)吴国伦撰
明万历二年(1574)唐汝礼刻本
1993年摄制. -- 1盘卷片(7米107拍) : 1:10,
2B ; 35mm银盐
收藏馆：缩微中心，国图

00○023888
耿天台先生文集：二十卷 / (明)耿定向撰
明万历二十六年(1598)刘元卿刻本. -- (清)
丁丙跋。
1995年摄制. -- 2盘卷片(52米1121拍) :
1:10, 2B ; 35mm银盐
收藏馆：缩微中心，南京

00○007126
宗子相集：八卷 / (明)宗臣撰
明嘉靖三十九年(1560)林朝聘黄中刻本
1987年摄制. -- 1盘卷片(20.4米440拍) :
1:9, 2B ; 35mm银盐
收藏馆：缩微中心，重庆

00○011189
宗子相先生集：二十五卷 / (明)宗臣撰
明(1368-1644)天华阁刻本. -- (清)李澄中批
校。
1989年摄制. -- 1盘卷片(29米610拍) :
1:10, 2B ; 35mm银盐
收藏馆：缩微中心，山东

00○026080
新锲宗先生子相文集：十二卷 / (明)宗臣撰
明万历二十七年(1599)书林郑氏云竹斋刻本
1993年摄制. -- 1盘卷片(20米463拍) :
1:10, 2B ; 35mm银盐
收藏馆：缩微中心，南京

00○017386
孟我疆先生集：八卷 / (明)孟秋撰
明万历十四年(1586)孟化鲤[等]刻蓝印本. --
存四卷：卷五至卷八。
1993年摄制. -- 1盘卷片(5米62拍) : 1:10,
2B ; 35mm银盐
收藏馆：缩微中心，国图

00○007870
新刻张太岳先生诗文集：四十七卷 / (明)张居正
撰
明万历四十年(1612)唐国达刻本
1988年摄制. -- 2盘卷片(57.6米1269拍) :
1:10, 2B ; 35mm银盐
收藏馆：缩微中心，重庆

00○010485
太岳集书牍：十五卷 / (明)张居正撰
明万历(1573-1620)刻本
1989年摄制. -- 1盘卷片(25米561拍) :
1:10, 2B ; 35mm银盐
收藏馆：缩微中心，天津

000O023360

何震川先生集：二十八卷 / (明)何洛文撰
明天启五年(1625)何奕刻本
1995年摄制. -- 1盘卷片(28米562拍) :
1:10, 2B ; 35mm银盐
收藏馆：缩微中心，国图

000O007199

太函集：一百二十卷目录六卷 / (明)汪道昆撰
明万历(1573-1620)刻本
1987年摄制. -- 5盘卷片(141米3063拍) :
1:10, 2B ; 35mm银盐
收藏馆：缩微中心，山东

000O018498

太函集：一百十二卷目录四卷 / (明)汪道昆撰
明万历(1573-1620)刻本. -- 卷三十三至卷
三十六配抄本。
1993年摄制. -- 4盘卷片(123米2520拍) :
1:10, 2B ; 35mm银盐
收藏馆：缩微中心，国图

000O009873

新锲会元汤先生批评南明文选：四卷 / (明)汪道
昆撰；(明)汤宾尹评
明万历二十五年(1597)书林詹圣泽刻本
1989年摄制. -- 1盘卷片(13米275拍) :
1:10, 2B ; 35mm银盐
收藏馆：缩微中心，浙江

000O005992

副墨：八卷 / (明)汪道昆撰
明(1368-1644)刻本
1987年摄制. -- 1盘卷片(26.7米600拍) :
1:10, 2B ; 35mm银盐
收藏馆：缩微中心，国图

000O011914

副墨：五卷 / (明)汪道昆撰
明万历二年(1574)金陵毛少池刻本
1990年摄制. -- 1盘卷片(14米278拍) :
1:10, 2B ; 35mm银盐
收藏馆：缩微中心，山东

000O018221

副墨：五卷 / (明)汪道昆撰
明万历二年(1574)金陵毛少池刻本
1993年摄制. -- 1盘卷片(14米279拍) :
1:10, 2B ; 35mm银盐
收藏馆：缩微中心，山东

000O010237

皆非集：二卷；一枝轩吟草：一卷 / (明)万达甫

撰
清(1644-1911)万世标精刻本
1989年摄制. -- 1盘卷片(8米140拍) : 1:10,
2B ; 35mm银盐
收藏馆：缩微中心，天津

000O002868

十洲宫辞：三卷 / (明)倪伯鳌撰
明嘉靖隆庆(1522-1572)递刻本
1986年摄制. -- 1盘卷片(7米117拍) : 1:10,
2B ; 35mm银盐
收藏馆：缩微中心，国图

000O016593

条麓堂集：三十四卷目录一卷 / (明)张四维撰
明万历(1573-1620)刻本
1993年摄制. -- 3盘卷片(80米1575拍) :
1:10, 2B ; 35mm银盐
收藏馆：缩微中心，山西

000O020954

弇州山人四部稿：一百七十四卷目录十二卷附
遗一卷 / (明)王世贞撰
明万历五年(1577)世经堂刻本
1994年摄制. -- 7盘卷片(196.9米4258拍) :
1:10, 2B ; 35mm银盐
收藏馆：缩微中心，山西

000O007383

弇州山人四部稿：一百七十四卷 / [(明)王世贞
撰]
明万历(1573-1620)抄本
1987年摄制. -- 7盘卷片(210米4293拍) :
1:10, 2B ; 35mm银盐
收藏馆：缩微中心，吉林市

000O006509

弇州山人四部稿：一百八十卷目录十二卷 / (明)
王世贞撰
明万历五年(1577)世经堂刻本
1987年摄制. -- 7盘卷片(204米4564拍) :
1:10, 2B ; 35mm银盐
收藏馆：缩微中心，国图

000O015381

弇州山人四部稿：一百八十卷目录十二卷 / (明)
王世贞撰
明万历五年(1577)世经堂刻本
1992年摄制. -- 7盘卷片(198米4100拍) :
1:10, 2B ; 35mm银盐
收藏馆：缩微中心，国图

00O015599
弇州山人续稿：二百七卷目录十卷 / (明)王世贞撰
明(1368-1644)刻本
1993年摄制. -- 8盘卷片(224米4660拍) : 1:10, 2B ; 35mm银盐
收藏馆：缩微中心，国图

00O021288
弇州山人续稿：二百七卷目录十卷 / (明)王世贞撰
明(1368-1644)刻本
1995年摄制. -- 7盘卷片(224米4661拍) : 1:10, 2B ; 35mm银盐
收藏馆：缩微中心，国图

00O010484
弇州山人四部稿选：十六卷 / (明)王世贞撰；(明)沈一贯选
明(1368-1644)刻本. -- 赋部一卷，诗部四卷，文部六卷，说部五卷。
1989年摄制. -- 2盘卷片(42米904拍) : 1:10, 2B ; 35mm银盐
收藏馆：缩微中心，天津

00O011274
弇州山人续稿选：三十八卷 / (明)王世贞撰；(明)顾起元选
明(1368-1644)刻本
1988年摄制. -- 3盘卷片(88米1762拍) : 1:10, 2B ; 35mm银盐
收藏馆：缩微中心，甘肃

00O019498
入楚稿：一卷 / (明)王世贞撰
明(1368-1644)刻本
1994年摄制. -- 1盘卷片(3米27拍) : 1:10, 2B ; 35mm银盐
收藏馆：缩微中心，国图

00O009866
弇州山人文抄：十二卷 / (明)王世贞撰
明万历(1573-1620)刻本
1989年摄制. -- 1盘卷片(25米552拍) : 1:10, 2B ; 35mm银盐
收藏馆：缩微中心，浙江

00O009414
王元美先生文选：二十六卷 / (明)王世贞撰；(明)乔时敏辑
明万历四十三年(1615)吴德聚刻本
1988年摄制. -- 2盘卷片(45.3米983拍) : 1:10, 2B ; 35mm银盐

收藏馆：缩微中心，重庆

00O016398
弇州山人读书后：八卷 / (明)王世贞撰
明(1368-1644)刻本
1993年摄制. -- 1盘卷片(16米303拍) : 1:10, 2B ; 35mm银盐
收藏馆：缩微中心，国图

00O002810
凤洲笔记：二十四卷 / (明)王世贞撰
明隆庆三年(1569)黄美中活字印本
1986年摄制. -- 1盘卷片(21米466拍) : 1:10, 2B ; 35mm银盐
收藏馆：缩微中心，国图

00O003187
凤洲笔记：二十四卷 / (明)王世贞撰
明隆庆三年(1569)黄美中活字印本
1986年摄制. -- 1盘卷片(21.4米473拍) : 1:10, 2B ; 35mm银盐
收藏馆：缩微中心，国图

00O003554
凤洲笔记：二十四卷 / (明)王世贞撰
明隆庆三年(1569)黄美中活字印本
1985年摄制. -- 1盘卷片(21米466拍) : 1:10, 2B ; 35mm银盐
收藏馆：缩微中心，国图

00O023382
游参知藏山集：十卷 / (明)游朴撰
明万历四十五年(1617)游仲卿[等]刻本
1995年摄制. -- 1盘卷片(21米421拍) : 1:10, 2B ; 35mm银盐
收藏馆：缩微中心，国图

00O023350
居来先生集：六十五卷 / (明)张佳胤撰
明万历(1573-1620)刻本. -- 存三十三卷：卷一至卷三十三。
1995年摄制. -- 1盘卷片(32米657拍) : 1:10, 2B ; 35mm银盐
收藏馆：缩微中心，国图

00O028652
余文敏公文集：十二卷 / (明)余有丁撰
明万历(1573-1620)刻本
1996年摄制. -- 1盘卷片(20米416拍) : 1:10, 2B ; 35mm银盐
收藏馆：缩微中心，南京

000O015135
郑松庵漫稿：七卷附录一卷 / (明)郑明宝撰
明嘉靖(1522-1566)刻本. -- 存五卷：卷三至卷七。
1992年摄制. -- 1盘卷片(4米51拍) ： 1:10,
2B ；35mm银盐
收藏馆：缩微中心，国图

000O006584
丰对楼诗选：四十三卷 / (明)沈明臣撰
明万历二十四年(1596)陈大科陈尧佐刻本
1987年摄制. -- 2盘卷片(54米1202拍) ：
1:10, 2B ；35mm银盐
收藏馆：缩微中心，国图

000O006626
丰对楼诗选：四十三卷 / (明)沈明臣撰
明万历二十四年(1596)陈大科陈尧佐刻本. --
存三十九卷：卷一至卷二十二、卷二十七至卷
四十三。
1987年摄制. -- 2盘卷片(49米1075拍) ：
1:10, 2B ；35mm银盐
收藏馆：缩微中心，国图

000O016307
丰对楼诗选：四十三卷 / (明)沈明臣撰
明万历二十四年(1596)陈大科陈尧佐刻本
1993年摄制. -- 2盘卷片(52米1098拍) ：
1:10, 2B ；35mm银盐
收藏馆：缩微中心，国图

000O003438
用拙集：一卷；丁艾集：一卷 / (明)沈明臣撰
明隆庆(1567-1572)刻本
1986年摄制. -- 1盘卷片(3.6米51拍) ：
1:10, 2B ；35mm银盐
收藏馆：缩微中心，国图

000O006216
丰对楼文集：六卷 / (明)沈明臣撰
清(1644-1911)沈光宁抄本
1987年摄制. -- 1盘卷片(15米295拍) ：
1:10, 2B ；35mm银盐
收藏馆：缩微中心，南京

000O010514
潜学稿：十九卷 / (明)邓元锡撰
明崇祯十二年(1639)刻清乾隆八年(1743)补刻
本
1989年摄制. -- 2盘卷片(35米749拍) ：
1:10, 2B ；35mm银盐
收藏馆：缩微中心，天津

000O009496
潜学编：十二卷 / (明)邓元锡撰
明万历三十五年(1607)左宗郢刻本
1987年摄制. -- 2盘卷片(37.2米797拍) ：
1:9, 2B ；35mm银盐
收藏馆：缩微中心，重庆

000O011093
许文穆公全集：二十卷 / (明)许国撰
明末(1621-1644)许奇钺重刻本. -- 本书为其
孙辑刻于天启五年(1625)间，此本系其玄孙许
奇钺重刻。
1989年摄制. -- 2盘卷片(46米962拍) ：
1:10, 2B ；35mm银盐
收藏馆：缩微中心，天津

000O021950
赐麟堂集：六卷 / (明)梁梦龙撰
明末(1621-1644)抄本. -- 存四卷：卷一至卷
二、卷五至卷六。
1995年摄制. -- 1盘卷片(13米238拍) ：
1:10, 2B ；35mm银盐
收藏馆：缩微中心，国图

000O018697
李温陵集：二十卷 / (明)李贽撰
明(1368-1644)刻本
1994年摄制. -- 1盘卷片(30米595拍) ：
1:10, 2B ；35mm银盐
收藏馆：缩微中心，国图

000O024866
李氏文集：二十卷 / (明)李贽撰
明(1368-1644)刻本
1996年摄制. -- 1盘卷片(30米629拍) ：
1:10, 2B ；35mm银盐
收藏馆：缩微中心，南京

000O008318
李氏焚书：六卷 / (明)李贽撰
明(1368-1644)刻朱墨套印本
1988年摄制. -- 1盘卷片(13米241拍) ：
1:10, 2B ；35mm银盐
收藏馆：缩微中心，山东

000O021154
李氏焚书：六卷 / (明)李贽撰
明(1368-1644)刻本
1992年摄制. -- 1盘卷片(20米380拍) ：
1:10, 2B ；35mm银盐
收藏馆：缩微中心，国图

000O021208
李温陵外纪：五卷 / (明)袁小修撰
明万历(1573-1620)刻本
1995年摄制. -- 1盘卷片(8米128拍) : 1:10,
2B ; 35mm银盐
收藏馆：缩微中心，国图

000O015061
渭上续稿：十一卷 / (明)南轩撰
明万历二十年(1592)刻本
1992年摄制. -- 1盘卷片(9米152拍) : 1:10,
2B ; 35mm银盐
收藏馆：缩微中心，国图

000O011654
明张伯起诗稿：不分卷 / (明)张凤翼撰
明(1368-1644)稿本
1989年摄制. -- 1盘卷片(3米25拍) : 1:10,
2B ; 35mm银盐
收藏馆：缩微中心，天津

000O017106
处实堂集：八卷续集十卷 / (明)张凤翼撰
明万历(1573-1620)刻本
1993年摄制. -- 1盘卷片(33米686拍) :
1:10, 2B ; 35mm银盐
收藏馆：缩微中心，国图

000O022538
志园集：三卷 / (明)张凤翼撰
明(1368-1644)张凤翼张燕翼刻本
1995年摄制. -- 1盘卷片(7.5米135拍) :
1:10, 2B ; 35mm银盐
收藏馆：缩微中心，湖北

000O012120
处实堂集选：十二卷后集六卷 / (明)张凤翼撰
明万历(1573-1620)刻本
1990年摄制. -- 1盘卷片(21米454拍) :
1:10, 2B ; 35mm银盐
收藏馆：缩微中心，山东

000O018216
处实堂集选：十二卷后集六卷 / (明)张凤翼撰
明万历(1573-1620)刻本
1993年摄制. -- 1盘卷片(23米486拍) :
1:10, 2B ; 35mm银盐
收藏馆：缩微中心，山东

000O023364
万一楼集：五十六卷续集六卷 / (明)骆问礼撰
明万历三十九年(1611)骆先行骆中行刻本. --
存四十八卷：卷十一至卷五十六、续集卷一至

卷二。
1995年摄制. -- 2盘卷片(52米1083拍) :
1:10, 2B ; 35mm银盐
收藏馆：缩微中心，国图

000O026714
止止堂集：五卷 / (明)戚继光撰
明万历(1573-1620)刻本. -- 存二卷：横槊稿
卷中、卷下。
1996年摄制. -- 1盘卷片(7米134拍) : 1:10,
2B ; 35mm银盐
收藏馆：缩微中心，南京

000O014334
穆考功逍遥园集选：二十卷 / (明)穆文熙撰；(明)南师仲辑
明万历二十九年(1601)穆光胤刻本
1992年摄制. -- 1盘卷片(28米539拍) :
1:10, 2B ; 35mm银盐
收藏馆：缩微中心，国图

000O010421
蔡恭靖公诗稿：十卷 / (明)蔡国珍撰
清乾隆十六年(1751)刻本. -- (清)蔡尚才
校。
1989年摄制. -- 1盘卷片(16米331拍) :
1:10, 2B ; 35mm银盐
收藏馆：缩微中心，天津

000O014289
童子鸣集：六卷 / (明)童珮撰
明万历(1573-1620)谈氏天籁堂刻本
1992年摄制. -- 1盘卷片(8米128拍) : 1:10,
2B ; 35mm银盐
收藏馆：缩微中心，国图

000O023396
藏澄馆集：十五卷 / (明)刘黄裳撰
明万历(1573-1620)刻本
1995年摄制. -- 1盘卷片(18米341拍) :
1:10, 2B ; 35mm银盐
收藏馆：缩微中心，国图

000O022174
长啸轩近稿：一卷续草一卷 / (明)陈纯撰；(明)冒愈昌,(明)钱良胤评
明万历四十一年至四十二年(1613-1614)朱之
蕃刻本
1995年摄制. -- 1盘卷片(4米46拍) : 1:10,
2B ; 35mm银盐
收藏馆：缩微中心，国图

000O024581
玉恩堂集：十卷 / (明)林景旸撰
明万历三十五年(1607)林有麟刻本
1996年摄制. -- 1盘卷片(29米607拍) ：
1:10, 2B ；35mm银盐
收藏馆：缩微中心，浙江

000O006143
朱宗良集：十二卷 / (明)朱多奎撰
明万历二十五年(1597)游及远刻本
1987年摄制. -- 1盘卷片(13米257拍) ：
1:10, 2B ；35mm银盐
收藏馆：缩微中心，南京

000O008779
范太仆集：十四卷 / (明)范惟一撰
明万历十三年(1585)范允豫[等]刻本
1988年摄制. -- 1盘卷片(18.6米397拍) ：
1:10, 2B ；35mm银盐
收藏馆：缩微中心，重庆

000O025876
振文堂集：十三卷 / (明)范惟一撰
明万历十六年(1588)范允豫刻本
1996年摄制. -- 1盘卷片(20米399拍) ：
1:10, 2B ；35mm银盐
收藏馆：缩微中心，浙江

000O013178
张月泉诗集：不分卷 / (明)张元谕撰
明(1368-1644)抄本
1991年摄制. -- 1盘卷片(3.6米49拍) ：
1:10, 2B ；35mm银盐
收藏馆：缩微中心，辽宁

000O026818
王鹤泉集：八卷 / (明)王健撰
明嘉靖三十五年(1556)孙昭郑纲刻本. -- 存
五卷：卷四至卷八。
1996年摄制. -- 1盘卷片(7米118拍) ：1:10,
2B ；35mm银盐
收藏馆：缩微中心，南京

000O026813
兰汀存稿：八卷 / (明)梁有誉撰
明嘉靖四十四年(1565)刻本
1996年摄制. -- 1盘卷片(9米154拍) ：1:10,
2B ；35mm银盐
收藏馆：缩微中心，南京

000O009272
兰汀存稿：八卷 / (明)梁有誉撰
清康熙二十四年(1685)岭海梁氏治燕堂刻本

1988年摄制. -- 1盘卷片(8.5米150拍) ：
1:10, 2B ；35mm银盐
收藏馆：缩微中心，湖南

000O014994
师竹堂集：三十七卷目录二卷 / (明)王祖嫡撰
明(1368-1644)刻本
1992年摄制. -- 2盘卷片(41米831拍) ：
1:10, 2B ；35mm银盐
收藏馆：缩微中心，国图

000O019337
师竹堂集：三十七卷目录二卷 / (明)王祖嫡撰
明(1368-1644)刻本. -- 存三十四卷：卷一至
卷二十七、卷三十三至卷三十七，目录二卷。
1994年摄制. -- 1盘卷片(34米699拍) ：
1:10, 2B ；35mm银盐
收藏馆：缩微中心，国图

000O023373
师竹堂集：三十七卷 / (明)王祖嫡撰
清雍正五年(1727)王兑抄本. -- (清)王兑
跋。
1995年摄制. -- 2盘卷片(41米795拍) ：
1:10, 2B ；35mm银盐
收藏馆：缩微中心，国图

000O003350
横戈集：一卷附录一卷 / (明)邓子龙撰
清(1644-1911)抄本
1986年摄制. -- 1盘卷片(5米86拍) ：1:10,
2B ；35mm银盐
收藏馆：缩微中心，国图

000O006592
喙鸣文集：二十一卷 / (明)沈一贯撰
明(1368-1644)刻本
1987年摄制. -- 2盘卷片(43米908拍) ：
1:10, 2B ；35mm银盐
收藏馆：缩微中心，国图

000O009884
亦玉堂稿：十卷 / (明)沈鲤撰
清康熙二十九年(1690)刘榛刻本
1989年摄制. -- 1盘卷片(16米333拍) ：
1:10, 2B ；35mm银盐
收藏馆：缩微中心，浙江

000O011066
五体集唐：五卷 / (明)朱多炤撰
明(1368-1644)刻本
1989年摄制. -- 1盘卷片(4米60拍) ：1:10,
2B ；35mm银盐

收藏馆：缩微中心，天津

000O014535
起曹稿：□□卷 / (明)叶逢春撰
明(1368-1644)刻本. -- 存一卷：卷三。
1992年摄制. -- 1盘卷片(4米42拍)：1:10,
2B；35mm银盐
收藏馆：缩微中心，国图

000O001989
白莲泮文选：九卷诗选六卷 / (明)程德良撰
明(1368-1644)刻本
1986年摄制. -- 1盘卷片(20米440拍)：
1:10, 2B；35mm银盐
收藏馆：缩微中心，国图

000O006133
新刻程凝之先生白莲泮文集：十五卷 / (明)程德良撰
明(1368-1644)刻本
1987年摄制. -- 1盘卷片(20米389拍)：
1:10, 2B；35mm银盐
收藏馆：缩微中心，南京

000O019445
龙坞集：□□卷 / (明)王时济撰
明(1368-1644)刻本. -- 存十六卷：诗卷
十七、卷二十二至卷二十六，文卷二十至卷
二十九。
1994年摄制. -- 1盘卷片(11米206拍)：
1:10, 2B；35mm银盐
收藏馆：缩微中心，国图

000O006682
龙坞集：五十五卷 / (明)王时济撰
清顺治(1644-1661)王震亨刻本
1987年摄制. -- 1盘卷片(21.9米467拍)：
1:10, 2B；35mm银盐
收藏馆：缩微中心，山西

000O018439
䌹斋先生文集：□□卷 / (明)叶春及撰
明(1368-1644)刻本. -- 存四卷：卷五至卷
八。
1993年摄制. -- 1盘卷片(8米122拍)：1:10,
2B；35mm银盐
收藏馆：缩微中心，国图

000O005509
潘象安诗集：四卷 / (明)潘纬撰
明万历(1573-1620)刻本
1987年摄制. -- 1盘卷片(11米236拍)：
1:10, 2B；35mm银盐

收藏馆：缩微中心，南京

000O011096
吴非熊诗：十一卷 / (明)吴兆撰；(明)李继桢阅
清(1644-1911)抄本
1989年摄制. -- 1盘卷片(10米193拍)：
1:10, 2B；35mm银盐
收藏馆：缩微中心，天津

000O018266
交绣阁诗草：四卷文一卷 / (明)张梦鲤撰
清(1644-1911)抄本
1993年摄制. -- 1盘卷片(5米80拍)：1:10,
2B；35mm银盐
收藏馆：缩微中心，山东

000O024251
绿波楼文集：五卷 / (明)张九一撰
清(1644-1911)刻本
1996年摄制. -- 1盘卷片(16米343拍)：
1:10, 2B；35mm银盐
收藏馆：缩微中心，安徽

000O023354
泉湖山房稿：三十卷 / (明)曾同亨撰
明(1368-1644)刻本. -- 存十二卷：卷一至卷
十二。
1995年摄制. -- 1盘卷片(19米374拍)：
1:10, 2B；35mm银盐
收藏馆：缩微中心，国图

000O015079
香宇集：三十四卷 / (明)田艺蘅撰
明嘉靖(1522-1566)刻本. -- 卷一至卷五初
集、卷六至卷三十四续集。
1992年摄制. -- 1盘卷片(30米624拍)：
1:10, 2B；35mm银盐
收藏馆：缩微中心，国图

000O028114
王文肃公牍草：十八卷 / (明)王锡爵撰
明万历四十三年(1615)王时敏刻本
1996年摄制. -- 2盘卷片(42米883拍)：
1:10, 2B；35mm银盐
收藏馆：缩微中心，南京

000O027883
王文肃公文草：十四卷 / (明)王锡爵撰
明万历四十三年(1615)王时敏刻本
1996年摄制. -- 1盘卷片(30米667拍)：
1:10, 2B；35mm银盐
收藏馆：缩微中心，南京

000O014250
王文肃公文集：五十五卷 / (明)王锡爵撰
明(1368-1644)唐氏广庆堂刻本
1992年摄制. -- 4盘卷片(108米2199拍) ：
1:10，2B ；35mm银盐
收藏馆：缩微中心，国图

000O009864
王文肃公全集：五十五卷 / (明)王锡爵撰
明天启二年(1622)王时敏刻本
1989年摄制. -- 4盘卷片(116米2615拍) ：
1:10，2B ；35mm银盐
收藏馆：缩微中心，浙江

000O006236
潇湘编：二卷 / (明)王叔承撰
明万历(1573-1620)刻本
1987年摄制. -- 1盘卷片(5米75拍) ：1:10，
2B ；35mm银盐
收藏馆：缩微中心，南京

000O020587
娄子静文集：六卷 / (明)娄枢撰
明隆庆(1567-1572)王元登刻本
1994年摄制. -- 1盘卷片(10米163拍) ：
1:10，2B ；35mm银盐
收藏馆：缩微中心，国图

000O023915
娄子静文集：六卷附醇儒传一卷 / (明)娄枢撰
明(1368-1644)王元登刻清顺治十年(1653)娄
聚玄增修本
1996年摄制. -- 1盘卷片(11米253拍) ：
1:10，2B ；35mm银盐
收藏馆：缩微中心，河南

000O006106
卓澄甫诗集：十卷 / (明)卓明卿撰
明万历八年(1580)胡心得沈修刻本. -- (清)
丁丙跋。
1987年摄制. -- 1盘卷片(15米350拍) ：
1:10，2B ；35mm银盐
收藏馆：缩微中心，南京

000O024012
卓光禄集：三卷 / (明)卓明卿撰
明万历二十四年(1596)卓尔康刻本. -- (清)
丁丙跋。
1996年摄制. -- 1盘卷片(9米157拍) ：1:10，
2B ；35mm银盐
收藏馆：缩微中心，南京

000O023962
松石斋集：二十卷又六卷 / (明)赵用贤撰
明万历四十六年(1618)赵琦美刻本
1995年摄制. -- 2盘卷片(56米1197拍) ：
1:10，2B ；35mm银盐
收藏馆：缩微中心，南京

000O006957
松石斋集：二十卷又六卷 / (明)赵用贤撰
明万历四十六年(1618)赵琦美[等]刻本
1987年摄制. -- 2盘卷片(38米813拍) ：
1:10，2B ；35mm银盐
收藏馆：缩微中心，国图

000O016075
敬和堂集：三卷 / (明)许孚远撰
明万历(1573-1620)刻本
1993年摄制. -- 1盘卷片(7米101拍) ：1:10，
2B ；35mm银盐
收藏馆：缩微中心，国图

000O008970
朱文懿公文集：十二卷 / (明)朱赓撰
明天启元年(1621)刻本
1988年摄制. -- 1盘卷片(30.5米705拍) ：
1:10，2B ；35mm银盐
收藏馆：缩微中心，湖北

000O019689
朱文懿文稿：不分卷 / (明)朱赓撰
清(1644-1911)稿本
1994年摄制. -- 1盘卷片(3米9拍) ：1:10，
2B ；35mm银盐
收藏馆：缩微中心，国图

000O002307
南有堂诗集：十卷 / (明)王穉登撰
明末(1621-1644)徐树丕抄本. -- 存三卷：卷
一至卷三。
1986年摄制. -- 1盘卷片(7.2米132拍) ：
1:10，2B ；35mm银盐
收藏馆：缩微中心，国图

000O016453
燕市集：二卷；青雀集：二卷 / (明)王穉登撰
明隆庆四年(1570)朱宅快阁刻本
1992年摄制. -- 1盘卷片(7米111拍) ：1:10，
2B ；35mm银盐
收藏馆：缩微中心，国图

000O014194
雨航记：一卷 / (明)王穉登撰
明嘉靖四十年(1561)顾元庆大石山房刻本

1992年摄制. -- 1盘卷片(3米16拍)：1:10,
2B；35mm银盐
收藏馆：缩微中心，国图

000O017914
青雀集：二卷 / (明)王稺登撰
明隆庆四年(1570)朱宅快阁刻本
1993年摄制. -- 1盘卷片(5米105拍)：1:10,
2B；35mm银盐
收藏馆：缩微中心，国图

000O012573
谋野集：十卷 / (明)王稺登撰
明万历(1573-1620)江阴郁氏玉树堂刻本
1990年摄制. -- 1盘卷片(19.3米442拍)：
1:10, 2B；35mm银盐
收藏馆：缩微中心，辽宁

000O014822
屠先生评释谋野集：四卷 / (明)王稺登撰；(明)
屠隆评
明(1368-1644)程德符刻本
1992年摄制. -- 1盘卷片(10米174拍)：
1:10, 2B；35mm银盐
收藏馆：缩微中心，国图

000O017642
屠先生评释谋野集：四卷 / (明)王稺登撰；(明)
屠隆评
明(1368-1644)熊云滨宏远堂刻本
1993年摄制. -- 1盘卷片(10米169拍)：
1:10, 2B；35mm银盐
收藏馆：缩微中心，国图

000O020786
王百谷先生谋野集：四卷 / (明)王稺登撰；(清)
汪淇,(清)查望注释
清康熙元年(1662)刻本
1994年摄制. -- 1盘卷片(20米382拍)：
1:10, 2B；35mm银盐
收藏馆：缩微中心，国图

000O026844
谋野乙集：十卷 / (明)王稺登撰
明万历(1573-1620)刻本
1996年摄制. -- 1盘卷片(19米413拍)：
1:10, 2B；35mm银盐
收藏馆：缩微中心，南京

000O020464
荆溪疏：二卷 / (明)王稺登撰
明万历(1573-1620)常州吴宅云栖馆刻本
1994年摄制. -- 1盘卷片(4米49拍)：1:10,

2B；35mm银盐
收藏馆：缩微中心，国图

000O015450
竹箭编：二卷；明月篇：二卷 / (明)王稺登撰
明万历八年(1580)屠隆青浦县斋刻本
1992年摄制. -- 1盘卷片(6米95拍)：1:10,
2B；35mm银盐
收藏馆：缩微中心，国图

000O015396
南门仲子续集：二卷 / (明)陆之裘撰
明嘉靖四十年(1561)王道刻本
1992年摄制. -- 1盘卷片(8米125拍)：1:10,
2B；35mm银盐
收藏馆：缩微中心，国图

000O006962
刻孙齐之先生松韵堂集：十二卷 / (明)孙七政撰
明万历四十五年(1617)孙朝肃刻本
1987年摄制. -- 1盘卷片(19米401拍)：
1:10, 2B；35mm银盐
收藏馆：缩微中心，国图

000O013589
刻孙齐之先生松韵堂集：十二卷 / (明)孙七政撰
明万历四十五年(1617)孙朝肃刻本
1991年摄制. -- 1盘卷片(19米359拍)：
1:10, 2B；35mm银盐
收藏馆：缩微中心，国图

000O017393
刻孙齐之先生松韵堂集：十二卷 / (明)孙七政撰
明万历四十五年(1617)孙朝肃刻本
1993年摄制. -- 1盘卷片(18米370拍)：
1:10, 2B；35mm银盐
收藏馆：缩微中心，国图

000O007371
赐闲堂集：四十卷 / (明)申时行撰
明万历(1573-1620)申氏刻本
1987年摄制. -- 3盘卷片(83.4米1837拍)：
1:9, 2B；35mm银盐
收藏馆：缩微中心，重庆

000O012734
纶扉简牍：十卷 / (明)申时行撰
明万历二十四年(1596)刻本
1990年摄制. -- 2盘卷片(42米830拍)：
1:10, 2B；35mm银盐
收藏馆：缩微中心，辽宁

000O000078
温函野诗集：二卷 / (明)温如璋撰
明(1368-1644)抄本
1985年摄制. -- 1盘卷片(5.5米94拍)：
1:10, 2B ; 35mm银盐
收藏馆：缩微中心, 国图

000O019291
客越集：一卷 / (明)王巽撰
明万历二十一年(1593)谈修刻本
1994年摄制. -- 1盘卷片(4米34拍)：1:10,
2B ; 35mm银盐
收藏馆：缩微中心, 国图

000O009888
王奉常集诗：十五卷目录三卷文五十四卷目录
二卷 / (明)王世懋撰
明万历(1573-1620)刻本
1989年摄制. -- 3盘卷片(76米1632拍)：
1:10, 2B ; 35mm银盐
收藏馆：缩微中心, 浙江

000O000831
纪游稿：二卷 / (明)王世懋撰
明万历(1573-1620)刻本
1985年摄制. -- 1盘卷片(4米58拍)：1:10,
2B ; 35mm银盐
收藏馆：缩微中心, 国图

000O019045
西征集：二卷 / (明)王世懋撰
明(1368-1644)刻本. -- 存一卷：下。
1994年摄制. -- 1盘卷片(4米47拍)：1:10,
2B ; 35mm银盐
收藏馆：缩微中心, 国图

000O023367
王文端公诗集：二卷奏疏八卷尺牍四卷 / (明)王
家屏撰
明万历四十年至四十五年(1612-1617)刻本
1995年摄制. -- 1盘卷片(25米505拍)：
1:10, 2B ; 35mm银盐
收藏馆：缩微中心, 国图

000O002375
复宿山房集：四十卷 / (明)王家屏撰
明万历(1573-1620)王浚初徐中元[等]刻本
1986年摄制. -- 2盘卷片(60米1346拍)：
1:10, 2B ; 35mm银盐
收藏馆：缩微中心, 国图

000O006526
王文端公尺牍：八卷 / (明)王家屏撰

明(1368-1644)刻本
1987年摄制. -- 1盘卷片(15.6米333拍)：
1:10, 2B ; 35mm银盐
收藏馆：缩微中心, 国图

000O005037
尚友堂诗集：十三卷 / (明)龚勉撰
明万历十二年(1584)龚勉刻本. -- 孙毓修
跋。
1986年摄制. -- 1盘卷片(8米149拍)：1:10,
2B ; 35mm银盐
收藏馆：缩微中心, 国图

000O014224
尚友堂诗集：十三卷 / (明)龚勉撰
明万历十二年(1584)龚勉刻本
1992年摄制. -- 1盘卷片(14米270拍)：
1:10, 2B ; 35mm银盐
收藏馆：缩微中心, 国图

000O023371
管子惕若斋集：四卷续集二卷 / (明)管志道撰
明万历(1573-1620)刻本
1995年摄制. -- 1盘卷片(21米412拍)：
1:10, 2B ; 35mm银盐
收藏馆：缩微中心, 国图

000O015021
管子宪章余集：二卷 / (明)管志道撰
明万历(1573-1620)刻本
1992年摄制. -- 1盘卷片(9米165拍)：1:10,
2B ; 35mm银盐
收藏馆：缩微中心, 国图

000O008315
吕新吾先生去伪斋文集：十卷 / (明)吕坤撰
清康熙十三年(1674)吕慎多刻本
1988年摄制. -- 1盘卷片(33米713拍)：
1:10, 2B ; 35mm银盐
收藏馆：缩微中心, 山东

000O021123
吕新吾先生去伪斋文集：十卷 / (明)吕坤撰
清康熙十三年(1674)吕氏绳其居刻本
1994年摄制. -- 1盘卷片(33米669拍)：
1:10, 2B ; 35mm银盐
收藏馆：缩微中心, 国图

000O017105
新刻吕新吾先生文集：十卷 / (明)吕坤撰
明万历(1573-1620)王凤翔刻本
1993年摄制. -- 1盘卷片(32米664拍)：
1:10, 2B ; 35mm银盐

收藏馆：缩微中心，国图

000O003469
新乐王甲戌稿：一卷 / (明)朱载玺撰
明(1368-1644)稿本
1986年摄制. -- 1盘卷片(3米23拍) : 1:10,
2B ; 35mm银盐
收藏馆：缩微中心，国图

000O019294
小雅堂诗稿：不分卷 / (明)莫云卿撰
明(1368-1644)稿本
1994年摄制. -- 1盘卷片(3米10拍) : 1:10,
2B ; 35mm银盐
收藏馆：缩微中心，国图

000O024009
石秀斋集：十卷 / (明)莫云卿撰
明(1368-1644)刻本
1996年摄制. -- 1盘卷片(15米304拍) :
1:10, 2B ; 35mm银盐
收藏馆：缩微中心，南京

000O023407
小雅堂集：八卷 / (明)莫是龙撰
明崇祯五年(1632)莫后昌莫远刻本
1995年摄制. -- 1盘卷片(12米221拍) :
1:10, 2B ; 35mm银盐
收藏馆：缩微中心，国图

000O023346
李裕州萧然亭集：四卷 / (明)李尚实撰
明万历(1573-1620)刻本
1995年摄制. -- 1盘卷片(13米239拍) :
1:10, 2B ; 35mm银盐
收藏馆：缩微中心，国图

000O024243
刘潇湘先生集：四卷 / (明)刘绍恒撰
明万历(1573-1620)刻本
1996年摄制. -- 1盘卷片(11米248拍) :
1:10, 2B ; 35mm银盐
收藏馆：缩微中心，安徽

000O023385
片玉斋存稿：二卷 / (明)丁元复撰
明天启(1621-1627)刻本
1995年摄制. -- 1盘卷片(8米123拍) : 1:10,
2B ; 35mm银盐
收藏馆：缩微中心，国图

000O007665
邹聚所先生文集：六卷易教一卷语录三卷外集

一卷 / (明)邹德涵撰
明万历(1573-1620)邹衮邹褰刻本
1988年摄制. -- 1盘卷片(25米517拍) :
1:10, 2B ; 35mm银盐
收藏馆：缩微中心，南京

000O024578
张阳和先生不二斋稿：十六卷首一卷 / (明)张元忭撰 ; (明)罗万化,(明)朱赓选
明万历(1573-1620)张汝霖张汝懋刻本. -- 存
十五卷：卷一至卷四、卷七至卷十六，首一
卷。
1996年摄制. -- 1盘卷片(29米603拍) :
1:10, 2B ; 35mm银盐
收藏馆：缩微中心，浙江

000O008008
张阳和先生不二斋文选：七卷附录一卷 / (明)张元忭撰 ; (明)邹元标辑
明万历(1573-1620)张汝霖张汝懋刻本
1988年摄制. -- 1盘卷片(18米360拍) :
1:10, 2B ; 35mm银盐
收藏馆：缩微中心，山东

000O013789
张阳和先生不二斋文选：七卷 / (明)张元忭撰
明万历三十年(1602)张汝霖张汝懋刻本. --
张煌曾跋。
1991年摄制. -- 1盘卷片(18米344拍) :
1:10, 2B ; 35mm银盐
收藏馆：缩微中心，国图

000O016583
姑射山人吟稿：二卷 / (明)王体复撰
清乾隆四十年(1775)赵熟典刻本
1993年摄制. -- 1盘卷片(6米105拍) : 1:10,
2B ; 35mm银盐
收藏馆：缩微中心，山西

000O006918
西园公文集：八卷 / (明)许承周撰
清康熙三十二年(1693)许氏肯穰堂刻本
1987年摄制. -- 1盘卷片(12米240拍) :
1:10, 2B ; 35mm银盐
收藏馆：缩微中心，国图

000O008306
西园全集：十六卷 阳里公诗稿：一卷 / (明)许承周,(明)许观吉撰
明崇祯十四年至清康熙三十四年(1641-1695)
许氏肯穰堂刻本
1988年摄制. -- 1盘卷片(20米417拍) :
1:10, 2B ; 35mm银盐

收藏馆：缩微中心，山东

00O025665
长水先生文钞：二十五卷 / (明)沈懋孝撰
明万历(1573-1620)刻本
1996年摄制. -- 3盘卷片(84米1861拍)：
1:10, 2B ; 35mm银盐
收藏馆：缩微中心，南京

00O006224
沈司成先生集：□□卷 / (明)沈懋孝撰
明万历(1573-1620)刻本
1987年摄制. -- 3盘卷片(75米1500拍)：
1:10, 2B ; 35mm银盐
收藏馆：缩微中心，南京

00O020356
**李英诗：一卷；餐霞集：一卷；历游集：二卷 /
(明)李英撰**
清(1644-1911)刻本. -- 还有合刻著作：当垆
集一卷/(明)李英撰，都下赠言集一卷/(明)卢
师孔辑。
1994年摄制. -- 1盘卷片(9米146拍)：1:10,
2B ; 35mm银盐
收藏馆：缩微中心，国图

00O012034
朱秉器诗集：四卷 / (明)朱孟震撰
明万历十八年(1590)张九一刻本
1990年摄制. -- 1盘卷片(11米224拍)：
1:10, 2B ; 35mm银盐
收藏馆：缩微中心，山西

00O013797
郊居遗稿：十卷 / (明)沈懋学撰
明万历三十三年(1605)何乔远刻本
1992年摄制. -- 1盘卷片(18米327拍)：
1:10, 2B ; 35mm银盐
收藏馆：缩微中心，国图

00O001743
环碧斋集：三种九卷 / (明)祝世禄撰
明万历(1573-1620)刻本
1986年摄制. -- 1盘卷片(23米510拍)：
1:10, 2B ; 35mm银盐
收藏馆：缩微中心，国图

00O026104
**云藜稿：八卷附何伯子自注年谱一卷 / (明)何出
图撰**
清乾隆(1736-1795)扶沟何氏刻本
1996年摄制. -- 1盘卷片(21米447拍)：
1:10, 2B ; 35mm银盐

收藏馆：缩微中心，河南

00O008290
方初庵先生集：十六卷 / (明)方扬撰
明万历四十年(1612)方时化刻本
1988年摄制. -- 1盘卷片(29米613拍)：
1:10, 2B ; 35mm银盐
收藏馆：缩微中心，山东

00O023369
赐余堂集：十四卷 / (明)吴中行撰
明万历二十八年(1600)吴亮吴奕[等]刻本
1995年摄制. -- 1盘卷片(26米513拍)：
1:10, 2B ; 35mm银盐
收藏馆：缩微中心，国图

00O009875
焦氏澹园集：四十九卷 / (明)焦竑撰
明万历三十四年(1606)黄云蛟刻本
1989年摄制. -- 2盘卷片(51米1153拍)：
1:10, 2B ; 35mm银盐
收藏馆：缩微中心，浙江

00O020885
焦氏澹园集：四十九卷 / (明)焦竑撰
明万历三十四年(1606)刻本
1994年摄制. -- 2盘卷片(53米1082拍)：
1:10, 2B ; 35mm银盐
收藏馆：缩微中心，国图

00O019191
焦氏澹园集：四十九卷 / (明)焦竑撰
明万历(1573-1620)刻本. -- 存三十八卷：卷
一至卷三十一、卷三十五至卷四十一。
1994年摄制. -- 2盘卷片(46米908拍)：
1:10, 2B ; 35mm银盐
收藏馆：缩微中心，国图

00O017726
焦氏澹园续集：二十七卷 / (明)焦竑撰
明万历三十九年(1611)金励朱汝鳌刻本. --
郑振铎跋。
1993年摄制. -- 1盘卷片(23米472拍)：
1:10, 2B ; 35mm银盐
收藏馆：缩微中心，国图

00O023390
焦氏澹园续集：二十七卷 / (明)焦竑撰
明万历三十九年(1611)当涂金励朱汝鳌刻本
1995年摄制. -- 1盘卷片(31米632拍)：
1:10, 2B ; 35mm银盐
收藏馆：缩微中心，国图

00O015165
心逸道人吟稿：二卷 / (明)吴宗汉撰
清道光十年(1830)马泰荣抄本
1992年摄制. -- 1盘卷片(7米91拍) ：1:10,
2B ；35mm银盐
收藏馆：缩微中心，国图

00O031782
三余集：□□卷 / (明)苏濬撰
明(1368-1644)刻本. -- 包角装不能拆，有颠
倒页。卷十二至卷十五、卷十七至卷二十、卷
二十九至卷三十二配清(1644-1911)抄本。
2005年摄制. -- 1盘卷片(28米600拍) ：
1:10, 2B ；35mm银盐
收藏馆：缩微中心，国图

00O019949
碧山学士集：二十一卷别集四卷 / (明)黄洪宪撰
明(1368-1644)刻本
1994年摄制. -- 2盘卷片(48米942拍) ：
1:10, 2B ；35mm银盐
收藏馆：缩微中心，国图

00O008288
由拳集：二十三卷 / (明)屠隆撰
明万历八年(1580)冯梦祯刻本
1988年摄制. -- 1盘卷片(30米643拍) ：
1:10, 2B ；35mm银盐
收藏馆：缩微中心，山东

00O008762
由拳集：二十三卷 / (明)屠隆撰
明万历八年(1580)冯梦祯刻重修本
1988年摄制. -- 1盘卷片(28.2米621拍) ：
1:9, 2B ；35mm银盐
收藏馆：缩微中心，重庆

00O010641
由拳集：二十三卷 / (明)屠隆撰
明万历(1573-1620)刻本
1989年摄制. -- 1盘卷片(26米575拍) ：
1:10, 2B ；35mm银盐
收藏馆：缩微中心，吉林

00O021648
由拳集：二十三卷 / (明)屠隆撰
明万历(1573-1620)刻本
1995年摄制. -- 1盘卷片(30米594拍) ：
1:10, 2B ；35mm银盐
收藏馆：缩微中心，国图

00O007123
由拳集：二十三卷 / (明)屠隆撰

明(1368-1644)余碧泉克勤斋刻本
1987年摄制. -- 1盘卷片(28.5米628拍) ：
1:9, 2B ；35mm银盐
收藏馆：缩微中心，重庆

00O009005
栖真馆集：三十一卷 / (明)屠隆撰；(明)吕胤基辑
明万历十八年(1590)吕氏栖真馆刻本
1988年摄制. -- 2盘卷片(35.5米745拍) ：
1:10, 2B ；35mm银盐
收藏馆：缩微中心，湖北

00O017802
白榆集：二十八卷 / (明)屠隆撰
明万历二十八年(1600)程元方刻本
1993年摄制. -- 2盘卷片(39米813拍) ：
1:10, 2B ；35mm银盐
收藏馆：缩微中心，天津

00O006364
白榆集：二十八卷 / (明)屠隆撰
明万历二十二年(1594)程元方刻本
1987年摄制. -- 2盘卷片(42米915拍) ：
1:10, 2B ；35mm银盐
收藏馆：缩微中心，国图

00O013935
屠长卿集：十九卷 / (明)屠隆撰
明万历(1573-1620)刻本. -- 存十三卷：诗卷
一至卷七、文卷二至卷七。
1991年摄制. -- 1盘卷片(13米233拍) ：
1:10, 2B ；35mm银盐
收藏馆：缩微中心，国图

00O010559
鸿苞：四十八卷 / (明)屠隆撰
明万历三十八年(1610)茅元仪刻本
1989年摄制. -- 5盘卷片(128米2587拍) ：
1:10, 2B ；35mm银盐
收藏馆：缩微中心，四川

00O021627
鸿苞集：四十八卷 / (明)屠隆撰
明万历三十八年(1610)茅元仪刻本
1995年摄制. -- 4盘卷片(106米2156拍) ：
1:10, 2B ；35mm银盐
收藏馆：缩微中心，国图

00O015251
西林全集：二十卷 / (明)安绍芳撰
明万历四十七年(1619)安绍芳刻本
1992年摄制. -- 1盘卷片(22米434拍) ：

1:10, 2B ；35mm银盐
收藏馆：缩微中心，国图

00O024164

西征集：十卷；冯文所诗稿：三卷；黔中语录：
一卷 / (明)冯时可撰
明万历(1573-1620)冯曾可刻本. -- 还有合刻
著作：黔中续语录一卷/(明)冯时可撰，黔中
程式一卷/(明)冯时可撰。
1996年摄制. -- 1盘卷片(31米650拍) ：
1:10, 2B ；35mm银盐
收藏馆：缩微中心，湖北

00O006370

冯文所诗稿：三卷 / (明)冯时可撰
明(1368-1644)刻本
1987年摄制. -- 1盘卷片(6米106拍) ：1:10,
2B ；35mm银盐
收藏馆：缩微中心，国图

00O006615

雨航吟稿：三卷 / (明)冯时可撰
明(1368-1644)刻本
1987年摄制. -- 1盘卷片(5米79拍) ：1:10,
2B ；35mm银盐
收藏馆：缩微中心，国图

00O006002

西征集：十卷 / (明)冯时可撰
明万历(1573-1620)冯曾可刻本. -- 存九卷：
卷一、卷三至卷十。
1987年摄制. -- 1盘卷片(19米404拍) ：
1:10, 2B ；35mm银盐
收藏馆：缩微中心，国图

00O006008

石湖稿：二卷 / (明)冯时可撰
明(1368-1644)刻本
1987年摄制. -- 1盘卷片(5.3米91拍) ：
1:10, 2B ；35mm银盐
收藏馆：缩微中心，国图

00O014649

石湖稿：二卷 / (明)冯时可撰
明(1368-1644)刻本
1992年摄制. -- 1盘卷片(6米74拍) ：1:10,
2B ；35mm银盐
收藏馆：缩微中心，国图

00O005755

金阊稿：二卷 / (明)冯时可撰
明(1368-1644)刻本
1987年摄制. -- 1盘卷片(4米60拍) ：1:10,

2B ；35mm银盐
收藏馆：缩微中心，国图

00O006361

冯文所严栖稿：三卷 / (明)冯时可撰
明万历(1573-1620)刻本. -- 存二卷：卷上、
卷中。
1987年摄制. -- 1盘卷片(8米152拍) ：1:10,
2B ；35mm银盐
收藏馆：缩微中心，国图

00O024930

冯文所严栖稿：三卷 / (明)冯时可撰
明万历(1573-1620)刻本
1996年摄制. -- 1盘卷片(12米224拍) ：
1:10, 2B ；35mm银盐
收藏馆：缩微中心，南京

00O016864

冯元成宝善编选刻：二卷 / (明)冯时可撰
明(1368-1644)承训堂刻本. -- 郑振铎跋。
1993年摄制. -- 1盘卷片(10米166拍) ：
1:10, 2B ；35mm银盐
收藏馆：缩微中心，国图

00O006138

曼衍斋文集：不分卷 / (明)庄元臣撰
清(1644-1911)抄本
1987年摄制. -- 1盘卷片(8米176拍) ：1:10,
2B ；35mm银盐
收藏馆：缩微中心，南京

00O013257

青藜馆诗集：六卷 / (明)刘楚先撰
明(1368-1644)刻本
1991年摄制. -- 1盘卷片(20.5米430拍) ：
1:10, 2B ；35mm银盐
收藏馆：缩微中心，湖北

00O014325

丁清惠公遗集：八卷 / (明)丁宾撰
明崇祯(1628-1644)刻本
1992年摄制. -- 1盘卷片(31米628拍) ：
1:10, 2B ；35mm银盐
收藏馆：缩微中心，国图

00O005524

丁清惠公遗集：八卷 / (明)丁宾撰
明崇祯十二年(1639)丁矿丁钫刻本. -- (清)
丁丙跋。
1987年摄制. -- 1盘卷片(30米679拍) ：
1:10, 2B ；35mm银盐
收藏馆：缩微中心，南京

000O006108

邓定宇先生文集：六卷 / (明)邓以赞撰
明万历三十一年(1603)吴达可刻本
1987年摄制. -- 1盘卷片(14米244拍) ：
1:10, 2B ；35mm银盐
收藏馆：缩微中心，南京

000O023355

邓定宇先生文集：四卷 / (明)邓以赞撰
明(1368-1644)周文光刻本
1995年摄制. -- 1盘卷片(13米244拍) ：
1:10, 2B ；35mm银盐
收藏馆：缩微中心，国图

000O010525

邓文洁公侠稿：十卷 / (明)邓以赞撰；(明)刘日
升[等]编；(明)邓以诰参订
明万历(1573-1620)刻本. -- (明)万尚烈等
校。
1989年摄制. -- 1盘卷片(12米238拍) ：
1:10, 2B ；35mm银盐
收藏馆：缩微中心，天津

000O028997

长孺先生集：十卷附录一卷 / (明)许闻造撰
明天启七年(1627)刻本
1989年摄制. -- 1盘卷片(17米333拍) ：
1:10, 2B ；35mm银盐
收藏馆：缩微中心，南京

000O014274

二酉园文集：十四卷 / (明)陈文烛撰
明天启三年(1623)陈之蘐刻本
1992年摄制. -- 1盘卷片(19米367拍) ：
1:10, 2B ；35mm银盐
收藏馆：缩微中心，国图

000O018656

二酉园文集：十四卷诗集十二卷续集二十三卷 /
(明)陈文烛撰
明天启三年(1623)陈之蘐刻本
1994年摄制. -- 2盘卷片(59米1194拍) ：
1:10, 2B ；35mm银盐
收藏馆：缩微中心，国图

000O019362

二酉园文集：十四卷诗集十二卷续集二十三卷 /
(明)陈文烛撰
明天启三年(1623)陈之蘐刻本. -- 存三十四
卷：文集卷一至卷十、诗集卷一至卷六、续集
卷一至卷十八。
1994年摄制. -- 2盘卷片(43米813拍) ：
1:10, 2B ；35mm银盐

收藏馆：缩微中心，国图

000O013635

淮上诗：四卷 / (明)陈文烛撰
明隆庆(1567-1572)刻本
1991年摄制. -- 1盘卷片(6米91拍) ：1:10,
2B ；35mm银盐
收藏馆：缩微中心，国图

000O025891

五岳山人后集：十一卷 / (明)陈文烛撰
明万历(1573-1620)刻本
1996年摄制. -- 1盘卷片(9米154拍) ：1:10,
2B ；35mm银盐
收藏馆：缩微中心，浙江

000O022162

五岳山人尺牍：十七卷 / (明)陈文烛撰
明万历十三年(1585)张淳刻本
1995年摄制. -- 2盘卷片(54米1079拍) ：
1:10, 2B ；35mm银盐
收藏馆：缩微中心，国图

000O003425

镜心堂草：十六卷 / (明)陶允宜撰
明(1368-1644)刻本
1986年摄制. -- 1盘卷片(12米251拍) ：
1:10, 2B ；35mm银盐
收藏馆：缩微中心，国图

000O011905

中丞念山公集：不分卷 / (明)张发撰
明(1368-1644)刻明清(1368-1911)递修本
1997年摄制. -- 1盘卷片(9米176拍) ：1:10,
2B ；35mm银盐
收藏馆：缩微中心，山东

000O007081

墨池初稿：九卷 / (明)汤焕撰
清(1644-1911)吴允嘉抄本. -- 存四卷：卷一
至卷四。
1987年摄制. -- 1盘卷片(8米134拍) ：1:10,
2B ；35mm银盐
收藏馆：缩微中心，南京

000O000156

月峰先生居业：四卷 / (明)孙鑛撰
明万历(1573-1620)刻本
1985年摄制. -- 1盘卷片(23米447拍) ：
1:10, 2B ；35mm银盐
收藏馆：缩微中心，国图

000O003468
月峰先生居业：四卷 / (明)孙鑛撰
明万历(1573-1620)刻本
1986年摄制. -- 1盘卷片(21米460拍) :
1:10, 2B ; 35mm银盐
收藏馆：缩微中心，国图

000O000165
月峰先生居业次编：五卷 / (明)孙鑛撰
明万历四十年(1612)吕胤筜刻本
1985年摄制. -- 1盘卷片(18.7米409拍) :
1:10, 2B ; 35mm银盐
收藏馆：缩微中心，国图

000O005332
蟫衣生粤草：十卷蜀草十卷 / (明)郭子章撰
明万历(1573-1620)金陵书坊刻本
1986年摄制. -- 1盘卷片(22米477拍) :
1:10, 2B ; 35mm银盐
收藏馆：缩微中心，国图

000O022399
蟫衣生黔草：二十一卷 / (明)郭子章撰
明万历(1573-1620)刻本
1995年摄制. -- 2盘卷片(56米1112拍) :
1:10, 2B ; 35mm银盐
收藏馆：缩微中心，国图

000O001217
洛草：三卷 / (明)陆应阳撰
明(1368-1644)刻本
1985年摄制. -- 1盘卷片(5米75拍) : 1:10,
2B ; 35mm银盐
收藏馆：缩微中心，国图

000O005383
五瓠山人诗集：四卷续附一卷 / (明)宗训撰
明嘉靖四十一年(1562)潘嘉刻本
1986年摄制. -- 1盘卷片(6米91拍) : 1:10,
2B ; 35mm银盐
收藏馆：缩微中心，国图

000O028104
勾漏集：五卷咏史诗一卷 / (明)郑学醇撰；(清)
郑凤翔,(清)郑时达重辑
清康熙六十一年(1722)郑时达刻本
1997年摄制. -- 1盘卷片(15米300拍) :
1:10, 2B ; 35mm银盐
收藏馆：缩微中心，广东

000O010003
梅谷庄先生文集：十六卷 / (明)庄履丰撰；(明)
黄汝良编

明万历二十四年(1596)刻本. -- 版框高
二十二厘米宽十六厘米。
1989年摄制. -- 2盘卷片(32米714拍) :
1:10, 2B ; 35mm银盐
收藏馆：缩微中心，广东

000O005495
苍雪轩全集：二十卷 / (明)赵用光撰
明崇祯(1628-1644)刻本
1987年摄制. -- 1盘卷片(18.8米396拍) :
1:10, 2B ; 35mm银盐
收藏馆：缩微中心，山西

000O014434
折麻集：一卷；水影堂编：一卷 / (明)吴敏道撰
明(1368-1644)刻本
1992年摄制. -- 1盘卷片(4米46拍) : 1:10,
2B ; 35mm银盐
收藏馆：缩微中心，国图

000O006441
观槿稿：六卷 / (明)吴敏道撰
明隆庆(1567-1572)刻本
1987年摄制. -- 1盘卷片(7米125拍) : 1:10,
2B ; 35mm银盐
收藏馆：缩微中心，国图

000O023370
观槿稿：六卷 / (明)吴敏道撰
明隆庆(1567-1572)刻本
1995年摄制. -- 1盘卷片(7米114拍) : 1:10,
2B ; 35mm银盐
收藏馆：缩微中心，国图

000O023384
观槿续稿：十九卷 / (明)吴敏道撰
明万历(1573-1620)耿随龙曹大咸[等]刻本
1995年摄制. -- 1盘卷片(10米179拍) :
1:10, 2B ; 35mm银盐
收藏馆：缩微中心，国图

000O020850
清华轩集：六卷 / (明)苏潢撰
明万历(1573-1620)刻本
1994年摄制. -- 1盘卷片(5米64拍) : 1:10,
2B ; 35mm银盐
收藏馆：缩微中心，国图

000O020788
越吟：一卷 / (明)包大炯撰
明万历元年(1573)玉树斋木活字蓝印本
1994年摄制. -- 1盘卷片(3米27拍) : 1:10,
2B ; 35mm银盐

收藏馆：缩微中心，国图

00○014019
藿园诗存：六卷 / (明)李应征撰
清初(1644-1722)刻本
1991年摄制. -- 1盘卷片(10米166拍)：
1:10, 2B；35mm银盐
收藏馆：缩微中心，国图

00○023375
藿园集：八卷 / (明)李应征撰
明万历(1573-1620)刻本
1995年摄制. -- 1盘卷片(13米245拍)：
1:10, 2B；35mm银盐
收藏馆：缩微中心，国图

00○015874
侣鹤堂诗集：八卷 / (明)祝彦撰
明(1368-1644)刻本
1993年摄制. -- 1盘卷片(11米194拍)：
1:10, 2B；35mm银盐
收藏馆：缩微中心，国图

00○019378
紫柏老人集：十五卷首一卷 / (明)释真可撰
明天启七年(1627)释三炬刻本. -- 存十四
卷：卷一至卷五、卷八至卷十五，首一卷。
1994年摄制. -- 2盘卷片(44米855拍)：
1:10, 2B；35mm银盐
收藏馆：缩微中心，国图

00○012103
紫柏老人集：十五卷首一卷 / (明)释真可撰
明崇祯四年(1631)刻本
1990年摄制. -- 2盘卷片(49米1039拍)：
1:10, 2B；35mm银盐
收藏馆：缩微中心，山东

00○026687
碧麓堂集：一卷 / (明)林如楚撰
明崇祯九年(1636)刻本. -- 三公诗集合刻
本。
1996年摄制. -- 1盘卷片(5米77拍)： 1:10,
2B；35mm银盐
收藏馆：缩微中心，福建

00○003453
胡伯良集：六卷；诗说纪事：三卷；游庐山诗
一卷 / (明)胡之骥撰
明万历(1573-1620)刻本
1986年摄制. -- 1盘卷片(15米313拍)：
1:10, 2B；35mm银盐
收藏馆：缩微中心，国图

00○017803
支华平先生集：四十卷附录一卷 / (明)支大纶撰
明泰昌元年(1620)清旦阁刻本
1993年摄制. -- 2盘卷片(48米1024拍)：
1:10, 2B；35mm银盐
收藏馆：缩微中心，天津

00○016698
支华平先生集：四十卷 / (明)支大纶撰. 附录：
一卷 / (明)支如璔辑
明(1368-1644)清旦阁刻本. -- 存二十五卷：
卷一至卷四、卷十四至卷十五、卷二十二至卷
四十。
1993年摄制. -- 1盘卷片(33米661拍)：
1:10, 2B；35mm银盐
收藏馆：缩微中心，国图

00○013398
蜀都赋：不分卷 / (明)范檄撰；(明)江鎏注
明万历(1573-1620)刻本
1991年摄制. -- 1盘卷片(7米97拍)： 1:10,
2B；35mm银盐
收藏馆：缩微中心，国图

00○013932
余鹤池诗集：十卷 / (明)余承恩撰
明万历(1573-1620)刻本
1991年摄制. -- 1盘卷片(12米216拍)：
1:10, 2B；35mm银盐
收藏馆：缩微中心，国图

00○024632
水月轩漫吟稿：四卷 / (明)徐月汀撰
明(1368-1644)刻本
1996年摄制. -- 1盘卷片(7米125拍)： 1:10,
2B；35mm银盐
收藏馆：缩微中心，浙江

00○014791
我有轩集：四卷哀挽诗一卷 / (明)范之默撰
明万历四十四年(1616)范之熊刻本
1992年摄制. -- 1盘卷片(8米124拍)： 1:10,
2B；35mm银盐
收藏馆：缩微中心，国图

00○008942
甲秀园集：四十七卷 / (明)费元禄撰
明万历三十五年(1607)刻本
1988年摄制. -- 2盘卷片(48.5米1018拍)：
1:10, 2B；35mm银盐
收藏馆：缩微中心，湖北

00O013975

甲秀园集：四十七卷 / (明)费元禄撰
明万历三十五年(1607)费元禄刻本. -- 存
十九卷：卷一至卷九、卷十四至卷十六、卷
二十四至卷三十。
1991年摄制. -- 1盘卷片(24米480拍)：
1:10, 2B；35mm银盐
收藏馆：缩微中心，国图

00O024639

转情集：二卷 / (明)费元禄撰
明(1368-1644)刻本
1996年摄制. -- 1盘卷片(16米309拍)：
1:10, 2B；35mm银盐
收藏馆：缩微中心，浙江

00O008317

转情集：二卷 / (明)费元禄撰
清康熙九年(1670)甲秀园刻本
1988年摄制. -- 1盘卷片(17米353拍)：
1:10, 2B；35mm银盐
收藏馆：缩微中心，山东

00O019780

紫霞阁文集：十三卷 / (明)周如锦撰
清(1644-1911)抄本. -- 存十二卷：卷一至卷
八、卷十至卷十三。
1994年摄制. -- 2盘卷片(56米1133拍)：
1:10, 2B；35mm银盐
收藏馆：缩微中心，国图

00O011529

奕善堂集：一卷 / (明)朱小溪撰
明嘉靖三十三年(1554)刻本
1990年摄制. -- 1盘卷片(6米103拍)：1:10,
2B；35mm银盐
收藏馆：缩微中心，甘肃

00O023323

王椒园先生集：四卷 / (明)王讷言撰
明万历三十九年(1611)王凤征刻本
1995年摄制. -- 1盘卷片(10米167拍)：
1:10, 2B；35mm银盐
收藏馆：缩微中心，国图

00O004065

二楞庵诗卷：一卷 / (明)释通润撰
清初(1644-1722)刻本
1985年摄制. -- 1盘卷片(5米70拍)：1:10,
2B；35mm银盐
收藏馆：缩微中心，国图

00O010469

管涔集：六卷 / (明)丁惟喧撰
明(1368-1644)刻本
1989年摄制. -- 1盘卷片(20米437拍)：
1:10, 2B；35mm银盐
收藏馆：缩微中心，天津

00O015116

湖海长吟：八卷；操瑟迂谭：二卷 / (明)王文祯
撰
清(1644-1911)抄本
1992年摄制. -- 1盘卷片(6米81拍)：1:10,
2B；35mm银盐
收藏馆：缩微中心，国图

00O005548

华严径遗草：二卷 / (明)释广询撰
明万历四十二年(1614)释真非刻本
1987年摄制. -- 1盘卷片(5米81拍)：1:10,
2B；35mm银盐
收藏馆：缩微中心，南京

00O024249

涧滨先生文集：六卷附集一卷 / (明)徐文泂撰
明嘉靖四十四年(1565)何镗刻本. -- 存五
卷：卷一至卷二、卷四至卷六。
1996年摄制. -- 1盘卷片(7米144拍)：1:10,
2B；35mm银盐
收藏馆：缩微中心，安徽

00O016137

刻野鹤洪山人水云诗选：二卷 / (明)洪载撰
明万历四十六年(1618)洪守授洪守抱刻本
1993年摄制. -- 1盘卷片(8米126拍)：1:10,
2B；35mm银盐
收藏馆：缩微中心，国图

00O011364

尺牍双鱼：十九卷 / (明)陈继儒评释
明万历(1573-1620)刻本
1989年摄制. -- 1盘卷片(22米492拍)：
1:10, 2B；35mm银盐
收藏馆：缩微中心，吉林

00O000475

北游漫稿：三卷附录一卷 / (明)顾圣之撰
明(1368-1644)抄本
1985年摄制. -- 1盘卷片(7.8米146拍)：
1:10, 2B；35mm银盐
收藏馆：缩微中心，国图

00O013723

瑞云楼稿：□□卷 / (明)王承勋撰

明(1368-1644)刻本. -- 存三卷：卷七至卷
九。
1991年摄制. -- 1盘卷片(4米45拍) ： 1:10,
2B ; 35mm银盐
收藏馆：缩微中心，国图

00O006956
三峰藏禅师山居诗：一卷；三峰三十景诗：一
卷 / (明)释法藏撰
明万历(1573-1620)刻本
1987年摄制. -- 1盘卷片(4米47拍) ： 1:10,
2B ; 35mm银盐
收藏馆：缩微中心，国图

00O023403
三峰藏禅师山居诗：一卷；三峰三十景诗：一
卷 / (明)释法藏撰
明万历(1573-1620)刻本
1995年摄制. -- 1盘卷片(4米32拍) ： 1:10,
2B ; 35mm银盐
收藏馆：缩微中心，国图

00O010542
三峰藏禅诗山居诗：一卷；三峰三十景诗：一
卷 / (明)释法藏撰
明万历(1573-1620)刻本
1989年摄制. -- 1盘卷片(4米45拍) ： 1:10,
2B ; 35mm银盐
收藏馆：缩微中心，吉林

00O006129
静远堂集：十六卷 / (明)秦冈撰
清顺治(1644-1661)刻本
1987年摄制. -- 1盘卷片(20米427拍) ：
1:10, 2B ; 35mm银盐
收藏馆：缩微中心，南京

00O011902
太霞洞集：三十二卷 / (明)杜文焕撰
明天启(1621-1627)刻本
1990年摄制. -- 1盘卷片(31米684拍) ：
1:10, 2B ; 35mm银盐
收藏馆：缩微中心，山东

00O003472
太霞集选：二十八卷 / (明)杜文焕撰
明天启(1621-1627)刻本
1986年摄制. -- 1盘卷片(20米428拍) ：
1:10, 2B ; 35mm银盐
收藏馆：缩微中心，国图

00O017742
五鹊别集：二卷 / (明)卢宁撰

明嘉靖三十八年(1559)刘珙刻本
1993年摄制. -- 1盘卷片(9米146拍) ： 1:10,
2B ; 35mm银盐
收藏馆：缩微中心，国图

00O024572
碣石编：二卷 / (明)杨承鲲撰
明万历(1573-1620)桓溪山房刻本
1996年摄制. -- 1盘卷片(5米71拍) ： 1:10,
2B ; 35mm银盐
收藏馆：缩微中心，浙江

00O011922
希声馆藏稿：十卷附录一卷 / (明)黄廷鹄撰
明崇祯(1628-1644)刻本
1990年摄制. -- 1盘卷片(25米545拍) ：
1:10, 2B ; 35mm银盐
收藏馆：缩微中心，山东

00O018268
希声馆藏稿：十卷附录一卷 / (明)黄廷鹄撰
明崇祯(1628-1644)刻本
1993年摄制. -- 1盘卷片(27米567拍) ：
1:10, 2B ; 35mm银盐
收藏馆：缩微中心，山东

00O003459
韵谭：八卷 / (明)朱至溓撰
明万历四十六年至天启四年(1618-1624)朱至
溓刻本
1986年摄制. -- 1盘卷片(21米431拍) ：
1:10, 2B ; 35mm银盐
收藏馆：缩微中心，国图

00O019373
薛荔山房藏稿：十卷 / (明)敖文祯撰
明(1368-1644)牛应元刻本. -- 存九卷：卷
一、卷三至卷十。
1994年摄制. -- 1盘卷片(33米650拍) ：
1:10, 2B ; 35mm银盐
收藏馆：缩微中心，国图

00O023381
薛荔山房藏稿：十卷 / (明)敖文祯撰
明(1368-1644)牛应元刻本
1995年摄制. -- 2盘卷片(41米816拍) ：
1:10, 2B ; 35mm银盐
收藏馆：缩微中心，国图

00O006139
薛荔山房藏稿：十卷 / (明)敖文祯撰
明万历(1573-1620)牛应元刻清康熙(1662-1722)
重修本

1987年摄制. -- 2盘卷片(40.8米876拍) :
1:10, 2B ; 35mm银盐
收藏馆：缩微中心，南京

000O013576
梨云馆集：十二卷别论二卷 / (明)何伟然撰
明末(1621-1644)刻本
1991年摄制. -- 1盘卷片(26米528拍) :
1:10, 2B ; 35mm银盐
收藏馆：缩微中心，浙江

000O011070
趾庵归养草：六卷 / (明)郑一麟撰
明万历四十一年(1613)刻本. -- (明)诸葛元
声校正。
1989年摄制. -- 1盘卷片(9米170拍) : 1:10,
2B ; 35mm银盐
收藏馆：缩微中心，天津

000O023421
梅季豹居诸集：八卷二集十四卷 / (明)梅守箕撰
明万历(1573-1620)刻崇祯十五年(1642)杨昭
亭[等]续刻本
1995年摄制. -- 2盘卷片(38米751拍) :
1:10, 2B ; 35mm银盐
收藏馆：缩微中心，国图

000O026706
钟贵溪先生四体诗稿：一卷 / (明)钟夏撰
明(1368-1644)复初堂刻本
1996年摄制. -- 1盘卷片(5米70拍) : 1:10,
2B ; 35mm银盐
收藏馆：缩微中心，南京

000O013573
淡然轩集：八卷 / (明)余继登撰
明万历三十年(1602)吴达可李开芳[等]刻本
1991年摄制. -- 1盘卷片(23米466拍) :
1:10, 2B ; 35mm银盐
收藏馆：缩微中心，浙江

000O013794
雍野李先生快独集：十八卷 / (明)李尧民撰
明万历三十六年(1608)康丕扬刻本
1991年摄制. -- 1盘卷片(21米413拍) :
1:10, 2B ; 35mm银盐
收藏馆：缩微中心，国图

000O006594
巢鹊楼吟稿：不分卷 / (明)姚应龙撰
清道光十一年(1831)姚凤翰抄本
1987年摄制. -- 1盘卷片(4米60拍) : 1:10,
2B ; 35mm银盐

收藏馆：缩微中心，国图

000O013891
徐汝思诗：二卷 / (明)徐文通撰
明(1368-1644)刻本
1992年摄制. -- 1盘卷片(5米62拍) : 1:10,
2B ; 35mm银盐
收藏馆：缩微中心，国图

000O001973
楚游稿：二卷 / (明)李多见撰
明(1368-1644)刻本
1986年摄制. -- 1盘卷片(3米37拍) : 1:10,
2B ; 35mm银盐
收藏馆：缩微中心，国图

000O006125
白云篇：七卷 / (明)谢杰撰
清(1644-1911)抄本
1987年摄制. -- 1盘卷片(6米125拍) : 1:10,
2B ; 35mm银盐
收藏馆：缩微中心，南京

000O014967
明志稿：□□卷 / (明)张恒撰
明(1368-1644)刻本. -- 存二卷：卷一至卷
二。
1992年摄制. -- 1盘卷片(12米212拍) :
1:10, 2B ; 35mm银盐
收藏馆：缩微中心，国图

000O014636
石语斋集：二十六卷 / (明)邹迪光撰
明(1368-1644)刻本
1992年摄制. -- 2盘卷片(41米823拍) :
1:10, 2B ; 35mm银盐
收藏馆：缩微中心，国图

000O029171
调象庵稿：四十卷 / (明)邹迪光撰
明万历(1573-1620)刻本
1999年摄制. -- 2盘卷片(51米1173拍) :
1:10, 2B ; 35mm银盐
收藏馆：缩微中心，国图

000O010473
正始堂诗集：□□卷 / (明)陆君弼撰
明(1368-1644)刻本. -- 存七卷：卷一至卷
七。
1989年摄制. -- 1盘卷片(9米180拍) : 1:10,
2B ; 35mm银盐
收藏馆：缩微中心，天津

000O031764

孟云浦先生集：八卷附录一卷 / (明)孟化鲤撰
明万历二十五年(1597)张维新刻本
2005年摄制. -- 1盘卷片(14米270拍)：
1:10, 2B ; 35mm银盐
收藏馆：缩微中心, 国图

000O015713

谷城山馆诗集：二十卷文集四十二卷 / (明)于慎行撰
明万历(1573-1620)刻本
1993年摄制. -- 4盘卷片(98米1974拍)：
1:10, 2B ; 35mm银盐
收藏馆：缩微中心, 国图

000O007706

谷城山馆诗集：二十卷 / (明)于慎行撰
明万历三十三年(1605)于慎行刻本
1988年摄制. -- 1盘卷片(24.6米538拍)：
1:9, 2B ; 35mm银盐
收藏馆：缩微中心, 重庆

000O013791

谷城山馆诗集：二十卷 / (明)于慎行撰
明(1368-1644)刻本
1991年摄制. -- 1盘卷片(21米419拍)：
1:10, 2B ; 35mm银盐
收藏馆：缩微中心, 国图

000O006233

掖垣稿：二卷；郎陵稿：二卷；入蜀稿：三卷 /
(明)王士性撰
明万历(1573-1620)刻本. -- 还有合刻著作：
尺牍三卷、燕市稿二卷/(明)王士性撰。
1987年摄制. -- 1盘卷片(17米389拍)：
1:10, 2B ; 35mm银盐
收藏馆：缩微中心, 南京

000O015947

由庚堂诗集：四卷 / (明)郑汝璧撰
明万历(1573-1620)刻本
1993年摄制. -- 1盘卷片(9米149拍)：1:10,
2B ; 35mm银盐
收藏馆：缩微中心, 国图

000O017727

咏物诗：六卷 / (明)何三畏撰；(明)陈继儒注；
(明)陆万言评
明(1368-1644)刻本
1993年摄制. -- 1盘卷片(5米70拍)：1:10,
2B ; 35mm银盐
收藏馆：缩微中心, 国图

000O011632

何氏芝园集：二十五卷；居庐集：十五卷 / (明)
何三畏撰
明万历二十四年(1596)刻本. -- 芝园集为楷
体，居庐集为匠体。居庐集为明万历二十七年
(1599)刻本。
1990年摄制. -- 2盘卷片(52米1151拍)：
1:10, 2B ; 35mm银盐
收藏馆：缩微中心, 天津

000O011156

何士抑宛委斋集：八卷 / (明)何三畏撰
明(1368-1644)刻本
1989年摄制. -- 1盘卷片(15米320拍)：
1:10, 2B ; 35mm银盐
收藏馆：缩微中心, 祁县

000O003238

玄象山馆诗草：□□卷 / (明)南师仲撰
明万历十七年(1589)崔邦亮刻本. -- 存十
卷：卷一至卷十。
1986年摄制. -- 1盘卷片(12米254拍)：
1:10, 2B ; 35mm银盐
收藏馆：缩微中心, 国图

000O017306

黄玄龙先生诗集：十卷小品四卷 / (明)黄奂撰
清康熙(1662-1722)刻本
1992年摄制. -- 1盘卷片(16米306拍)：
1:10, 2B ; 35mm银盐
收藏馆：缩微中心, 国图

000O019331

龙潭集：□□卷 / (明)龚黄撰
明(1368-1644)刻本. -- 存十七卷：卷四至卷
二十。
1994年摄制. -- 1盘卷片(20米378拍)：
1:10, 2B ; 35mm银盐
收藏馆：缩微中心, 国图

000O008471

络纬吟：十二卷 / (明)徐媛撰
明万历四十一年(1613)范允临刻本
1988年摄制. -- 1盘卷片(11米229拍)：
1:10, 2B ; 35mm银盐
收藏馆：缩微中心, 国图

000O015709

络纬吟：十二卷 / (明)徐媛撰
明万历四十一年(1613)范允临刻本
1993年摄制. -- 1盘卷片(13米239拍)：
1:10, 2B ; 35mm银盐
收藏馆：缩微中心, 国图

00O016185
梅雪轩诗稿：二卷 / (明)朱敬鑑撰
明万历(1573-1620)刻本
1993年摄制. -- 1盘卷片(5米65拍)： 1:10,
2B ；35mm银盐
收藏馆：缩微中心，国图

00O000598
荪堂集：十卷 / (明)吴文奎撰
明万历三十二年(1604)吴可中[等]刻本
1985年摄制. -- 1盘卷片(23.3米508拍)：
1:10, 2B ；35mm银盐
收藏馆：缩微中心，国图

00O005511
程仲权先生诗集：十卷文集十六卷 / (明)程可中撰
明(1368-1644)程胤万程胤兆刻本
1987年摄制. -- 1盘卷片(18米387拍)：
1:10, 2B ；35mm银盐
收藏馆：缩微中心，南京

00O006638
丛桂轩诗：二卷 / (明)吴大经撰
明万历(1573-1620)刻蓝印本
1987年摄制. -- 1盘卷片(7米129拍)： 1:10,
2B ；35mm银盐
收藏馆：缩微中心，国图

00O006550
在原咏：一卷题赠一卷 / (明)吴大经撰
明万历(1573-1620)刻本
1987年摄制. -- 1盘卷片(5米79拍)： 1:10,
2B ；35mm银盐
收藏馆：缩微中心，国图

00O015380
宝庵集：二十四卷 / (明)顾绍芳撰
明万历四十年(1612)赵标刻本
1992年摄制. -- 1盘卷片(29米593拍)：
1:10, 2B ；35mm银盐
收藏馆：缩微中心，国图

00O014639
续刻杨复所先生家藏文集：八卷 / (明)杨起元撰
明(1368-1644)杨见晛刻本
1992年摄制. -- 1盘卷片(21米426拍)：
1:10, 2B ；35mm银盐
收藏馆：缩微中心，国图

00O015851
大泌山房集：一百三十四卷 / (明)李维桢撰
明万历(1573-1620)刻本

1993年摄制. -- 9盘卷片(270米5588拍)：
1:10, 2B ；35mm银盐
收藏馆：缩微中心，国图

00O024037
新刻楚郢大泌山人四游集：二十二卷 / (明)李维桢撰
明(1368-1644)徐善生刻本
1996年摄制. -- 2盘卷片(38米787拍)：
1:10, 2B ；35mm银盐
收藏馆：缩微中心，南京

00O009863
东越证学录：十六卷 / (明)周汝登撰
明万历(1573-1620)刻本
1989年摄制. -- 1盘卷片(31米701拍)：
1:10, 2B ；35mm银盐
收藏馆：缩微中心，浙江

00O007502
东越证学录：二十卷 / (明)周汝登撰
明万历(1573-1620)刻本
1987年摄制. -- 2盘卷片(39米814拍)：
1:10, 2B ；35mm银盐
收藏馆：缩微中心，国图

00O010453
张洺南诗集：十卷 / (明)张成教撰
明万历(1573-1620)刻本
1989年摄制. -- 1盘卷片(12米251拍)：
1:10, 2B ；35mm银盐
收藏馆：缩微中心，天津

00O023340
张洺南文集：十二卷 / (明)张成教撰
明万历五年(1577)张成教刻万历六年(1578)续刻本
1995年摄制. -- 1盘卷片(15米271拍)：
1:10, 2B ；35mm银盐
收藏馆：缩微中心，国图

00O006636
紫薇堂集：八卷附录一卷 / (明)陆明扬撰
清(1644-1911)抄本
1987年摄制. -- 1盘卷片(10米192拍)：
1:10, 2B ；35mm银盐
收藏馆：缩微中心，国图

00O002890
仪部张先生文集：二卷 / (明)张敬撰
明万历四十三年(1615)张至发刻本
1986年摄制. -- 1盘卷片(9.3米186拍)：
1:10, 2B ；35mm银盐

收藏馆：缩微中心，国图

000O006919
王稺玉文集：八卷 / (明)王亮撰
清(1644-1911)抄本. -- 黄瑞校。
1986年摄制. -- 1盘卷片(10米199拍) :
1:10, 2B ; 35mm银盐
收藏馆：缩微中心，国图

000O011109
憨山大师梦游全集：一卷 / (明)释德清撰
清(1644-1911)抄本. -- (明)姚莹俊题识。
1989年摄制. -- 1盘卷片(6米99拍) : 1:10,
2B ; 35mm银盐
收藏馆：缩微中心，天津

000O010471
刘大司成文集：十六卷 / (明)刘应秋撰；(明)汤
显祖选；(明)谈自省阅
明万历(1573-1620)刻本
1989年摄制. -- 1盘卷片(31米646拍) :
1:10, 2B ; 35mm银盐
收藏馆：缩微中心，天津

000O001320
快雪堂集：六十四卷 / (明)冯梦祯撰
明万历四十四年(1616)黄汝亨朱之蕃[等]刻本
1985年摄制. -- 3盘卷片(83.9米1883拍) :
1:10, 2B ; 35mm银盐
收藏馆：缩微中心，国图

000O023960
快雪堂集：六十四卷 / (明)冯梦祯撰
明万历四十四年(1616)黄汝亨朱之蕃刻本. --
(清)丁丙跋。
1995年摄制. -- 3盘卷片(84米1914拍) :
1:10, 2B ; 35mm银盐
收藏馆：缩微中心，南京

000O006455
学半斋集：不分卷 / (明)陈禹谟撰
明(1368-1644)挹爽楼抄本
1987年摄制. -- 1盘卷片(19米399拍) :
1:10, 2B ; 35mm银盐
收藏馆：缩微中心，国图

000O013459
金陵图咏：一卷 / (明)朱之蕃撰. 雅游编：一卷 /
(明)余孟麟,(明)焦竑,(明)顾起元[等]撰
明天启三年(1623)朱之蕃刻本. -- 撰者还
有：(明)朱之蕃。
1991年摄制. -- 1盘卷片(5米65拍) : 1:10,
2B ; 35mm银盐

收藏馆：缩微中心，国图

000O000467
蓟丘集：四十七卷 / (明)王嘉谟撰
明(1368-1644)刻本
1985年摄制. -- 2盘卷片(46.6米1031拍) :
1:10, 2B ; 35mm银盐
收藏馆：缩微中心，国图

000O019371
李长卿集：二十八卷 / (明)李鼎撰
明万历四十年(1612)李嗣宗刻本. -- 存十九
卷：卷一至卷十九。
1994年摄制. -- 1盘卷片(24米471拍) :
1:10, 2B ; 35mm银盐
收藏馆：缩微中心，国图

000O000129
李长卿集：二十卷 / (明)李鼎撰
明万历四十年(1612)李嗣宗刻本
1985年摄制. -- 2盘卷片(34.7米735拍) :
1:10, 2B ; 35mm银盐
收藏馆：缩微中心，国图

000O015771
唐文恪公遗牍：一卷 / (明)唐文献撰
明(1368-1644)稿本. -- (清)黄令荀跋，(清)
周洽题诗。
1992年摄制. -- 1盘卷片(3米15拍) : 1:10,
2B ; 35mm银盐
收藏馆：缩微中心，国图

000O010384
鹿裘石室集：六十五卷 / (明)梅鼎祚撰
明天启三年(1623)玄白堂刻本
1989年摄制. -- 1盘卷片(24.5米491拍) :
1:10, 2B ; 35mm银盐
收藏馆：缩微中心，湖北

000O021759
鹿裘石室集：六十五卷 / (明)梅鼎祚撰
明天启三年(1623)玄白堂刻本. -- 卷十五至
卷十七、卷二十一至卷二十二、卷二十六、卷
三十五至卷四十、卷五十四至卷五十九系抄
配。
1995年摄制. -- 3盘卷片(87米1738拍) :
1:10, 2B ; 35mm银盐
收藏馆：缩微中心，国图

000O000626
刻李衷一先生清源洞文集：六卷 / (明)李光缙撰
明万历四十一年(1613)李洪宇刻本
1985年摄制. -- 1盘卷片(10.1米203拍) :

1:10, 2B ；35mm银盐
收藏馆：缩微中心，国图

00O000311
孙宗伯集：十卷 / (明)孙继皋撰
明(1368-1644)陈一教刘毅[等]刻本
1985年摄制. -- 2盘卷片(43.7米853拍) :
1:10, 2B ；35mm银盐
收藏馆：缩微中心，国图

00O013709
泾皋藏稿：二十二卷 / (明)顾宪成撰
明(1368-1644)刻本
1991年摄制. -- 1盘卷片(25米500拍) :
1:10, 2B ；35mm银盐
收藏馆：缩微中心，国图

00O019200
玉茗堂全集：四十卷 / (明)汤显祖撰
明天启(1621-1627)刻本
1994年摄制. -- 2盘卷片(65米1274拍) :
1:10, 2B ；35mm银盐
收藏馆：缩微中心，国图

00O007389
玉茗堂全集：四十六卷 / (明)汤显祖撰
清康熙(1662-1722)刻本
1987年摄制. -- 3盘卷片(73米1484拍) :
1:10, 2B ；35mm银盐
收藏馆：缩微中心，吉林

00O019658
临川汤若士先生玉茗堂尺牍：六卷绝句选二卷 /
(明)汤显祖撰
明万历(1573-1620)刻本. -- (清)陈元禄跋。
1994年摄制. -- 1盘卷片(17米358拍) :
1:10, 2B ；35mm银盐
收藏馆：缩微中心，国图

00O005285
玉茗堂文集：七卷诗集十三卷尺牍六卷南柯梦：
二卷 / (明)汤显祖撰；(明)沈际飞辑
明(1368-1644)刻本
1986年摄制. -- 2盘卷片(48米1045拍) :
1:10, 2B ；35mm银盐
收藏馆：缩微中心，国图

00O024699
南柯记：二卷 / (明)汤显祖撰
明万历(1573-1620)刻本
1996年摄制. -- 1盘卷片(9米158拍) : 1:10,
2B ；35mm银盐
收藏馆：缩微中心，浙江

00O005217
南柯梦：二卷 / (明)汤显祖撰
明(1368-1644)刻玉茗堂全集本
1986年摄制. -- 1盘卷片(9米171拍) : 1:10,
2B ；35mm银盐
收藏馆：缩微中心，国图

00O017451
南柯梦：二卷 / (明)汤显祖撰
明(1368-1644)刻本
1993年摄制. -- 1盘卷片(7米106拍) : 1:10,
2B ；35mm银盐
收藏馆：缩微中心，国图

00O020571
南柯梦：二卷 / (明)汤显祖撰
明万历(1573-1620)刻本
1994年摄制. -- 1盘卷片(7米113拍) : 1:10,
2B ；35mm银盐
收藏馆：缩微中心，国图

00O018455
汤海若问棘邮草：二卷 / (明)汤显祖撰；(明)徐
渭评
明(1368-1644)刻本
1993年摄制. -- 1盘卷片(5米74拍) : 1:10,
2B ；35mm银盐
收藏馆：缩微中心，国图

00O008307
玉茗堂文集：十卷 / (明)汤显祖撰
明万历(1573-1620)刻本
1988年摄制. -- 1盘卷片(11米201拍) :
1:10, 2B ；35mm银盐
收藏馆：缩微中心，山东

00O023383
负苞堂诗选：五卷文选四卷 / (明)臧懋循撰
明天启元年(1621)臧尔炳刻本
1995年摄制. -- 1盘卷片(13米246拍) :
1:10, 2B ；35mm银盐
收藏馆：缩微中心，国图

00O017720
负苞堂文选：四卷诗选五卷 / (明)臧懋循撰
明天启元年(1621)臧尔炳刻本
1993年摄制. -- 1盘卷片(13米245拍) :
1:10, 2B ；35mm银盐
收藏馆：缩微中心，国图

00O024626
南征集：二卷 / (明)章嘉桢撰
明万历(1573-1620)刻本

1996年摄制. -- 1盘卷片(8米133拍) : 1:10,
2B ; 35mm银盐
收藏馆：缩微中心，浙江

000O022169
吴文恪公文集：三十二卷附录一卷 / (明)吴道南撰
明崇祯(1628-1644)刻本
1995年摄制. -- 2盘卷片(39米777拍) :
1:10, 2B ; 35mm银盐
收藏馆：缩微中心，国图

000O019257
梦白先生集：三卷 / (明)赵南星撰
明(1368-1644)挹霞阁刻本
1994年摄制. -- 1盘卷片(10米178拍) :
1:10, 2B ; 35mm银盐
收藏馆：缩微中心，国图

000O002893
赵忠毅公集：二十四卷 / (明)赵南星撰
明崇祯十年(1637)姜大受刻本. -- (清)申涵
光评点并跋。
1986年摄制. -- 3盘卷片(71米1573拍) :
1:10, 2B ; 35mm银盐
收藏馆：缩微中心，国图

000O018141
目前集：二卷
明(1368-1644)刻本. -- (清)孙佩卿跋。
1993年摄制. -- 1盘卷片(7米105拍) : 1:10,
2B ; 35mm银盐
收藏馆：缩微中心，山东

000O024577
赵进士文论：不分卷 / (明)赵南星撰
明万历八年(1580)刻本
1996年摄制. -- 1盘卷片(5米68拍) : 1:10,
2B ; 35mm银盐
收藏馆：缩微中心，浙江

000O017735
幔亭集：十五卷 / (明)徐熥撰；(明)陈荐夫辑
明万历二十九年(1601)王若刻本. -- 郑振铎
跋。
1993年摄制. -- 1盘卷片(21米416拍) :
1:10, 2B ; 35mm银盐
收藏馆：缩微中心，国图

000O016310
刻庚辰进士少薇许先生窗稿：一卷会试墨卷一卷 / (明)许弘纲撰；(明)唐卿辑
明万历十年(1582)江志省刻本

1993年摄制. -- 1盘卷片(7米115拍) : 1:10,
2B ; 35mm银盐
收藏馆：缩微中心，国图

000O025667
群玉山房疏草：二卷文集七卷 / (明)许弘纲撰
清康熙四十一年(1702)许嘉祐[等]刻本
1996年摄制. -- 1盘卷片(30米654拍) :
1:10, 2B ; 35mm银盐
收藏馆：缩微中心，南京

000O000527
群玉山房文集：七卷 / (明)许弘纲撰
清康熙四十一年(1702)许氏百城楼刻本
1985年摄制. -- 1盘卷片(16.2米347拍) :
1:10, 2B ; 35mm银盐
收藏馆：缩微中心，国图

000O005555
雪柏堂稿：十卷 / (明)姜士昌撰
明天启三年(1623)姜志濂刻本
1987年摄制. -- 1盘卷片(20米419拍) :
1:10, 2B ; 35mm银盐
收藏馆：缩微中心，南京

000O014795
烟鬟子集：十四卷 / (明)李茂春撰
明(1368-1644)刻本
1992年摄制. -- 1盘卷片(14米269拍) :
1:10, 2B ; 35mm银盐
收藏馆：缩微中心，国图

000O006113
沛圆集：一卷 / (明)邢侗撰
明(1368-1644)刻本
1987年摄制. -- 1盘卷片(4米67拍) : 1:10,
2B ; 35mm银盐
收藏馆：缩微中心，南京

000O018036
来禽馆集：二十九卷 / (明)邢侗撰
明万历四十六年(1618)刻本. -- 卷二十至卷
二十二间有抄配。
1993年摄制. -- 2盘卷片(44米880拍) :
1:10, 2B ; 35mm银盐
收藏馆：缩微中心，天津

000O008933
来禽馆集：二十八卷目录一卷 / (明)邢侗撰
明崇祯十年(1637)版筑居刻本
1988年摄制. -- 2盘卷片(46.5米976拍) :
1:10, 2B ; 35mm银盐
收藏馆：缩微中心，湖北

000O024570
太平山房诗集选：五卷 / (明)邹元标撰
明万历四十八年(1620)张璜[等]刻本
1996年摄制. -- 1盘卷片(17.5米356拍)：
1:10，2B；35mm银盐
收藏馆：缩微中心，浙江

000O023380
邹子愿学集：八卷 / (明)邹元标撰
明万历四十七年(1619)龙遇奇郭一鹗刻本
1995年摄制. -- 1盘卷片(31米647拍)：
1:10，2B；35mm银盐
收藏馆：缩微中心，国图

000O007156
邹子存真集：十二卷；方外集：一卷 / (明)邹元标撰
明天启(1621-1627)李生文张璜刻本
1987年摄制. -- 2盘卷片(59米1285拍)：
1:10，2B；35mm银盐
收藏馆：缩微中心，山东

000O020083
邹子存真集：六卷 / (明)邹元标撰
明(1368-1644)李生文张璜[等]刻本
1994年摄制. -- 1盘卷片(31米619拍)：
1:10，2B；35mm银盐
收藏馆：缩微中心，国图

000O007162
邹南皋集选：七卷 / (明)邹元林撰
明万历三十五年(1607)余懋衡刻本
1987年摄制. -- 1盘卷片(22米456拍)：
1:10，2B；35mm银盐
收藏馆：缩微中心，山东

000O023387
芦花湄集：二十九卷 / (明)张鹤鸣撰
明万历(1573-1620)刻本
1995年摄制. -- 1盘卷片(22米433拍)：
1:10，2B；35mm银盐
收藏馆：缩微中心，国图

000O015520
匡南先生诗集：四卷 / (明)朱拱樋撰
明嘉靖(1522-1566)刻本
1993年摄制. -- 1盘卷片(5米65拍)：1:10，
2B；35mm银盐
收藏馆：缩微中心，国图

000O006006
瑞鹤堂近稿：三卷 / (明)朱拱樋撰
明嘉靖(1522-1566)刻本

1987年摄制. -- 1盘卷片(3.6米51拍)：
1:10，2B；35mm银盐
收藏馆：缩微中心，国图

000O022150
江皋集：六卷遗稿一卷 / (明)冯淮撰
明(1368-1644)刻本
1995年摄制. -- 1盘卷片(7米119拍)：1:10，
2B；35mm银盐
收藏馆：缩微中心，国图

000O019490
采蓝集：四卷 / (明)周应辰撰
明天启三年(1623)李子启刻本
1994年摄制. -- 1盘卷片(6米85拍)：1:10，
2B；35mm银盐
收藏馆：缩微中心，国图

000O009459
弗告堂集：二十六卷 / (明)于若瀛撰
明万历(1573-1620)刻本
1988年摄制. -- 1盘卷片(18.7米401拍)：
1:11，2B；35mm银盐
收藏馆：缩微中心，重庆

000O010008
林忠宣公全集：二十一卷 / (明)林熙春撰
清乾隆五十七年(1792)刻本. -- 版框高十九
厘米宽十三厘米。
1989年摄制. -- 2盘卷片(42米883拍)：
1:10，2B；35mm银盐
收藏馆：缩微中心，广东

000O024246
释义雁字诗：二卷附释义吊辽诗一卷 / (明)孙继统撰并注
明天启(1621-1627)刻本
1996年摄制. -- 1盘卷片(9米191拍)：1:10，
2B；35mm银盐
收藏馆：缩微中心，安徽

000O028932
景玄堂集：十卷 / (明)高道素撰
明天启七年(1627)刻本. -- 存五卷：诗集卷
一至卷五。
1998年摄制. -- 1盘卷片(6米121拍)：1:10，
2B；35mm银盐
收藏馆：缩微中心，苏州

000O014212
释义美人染甲诗：二卷 / (明)孙继统撰并注
明天启(1621-1627)刻本
1992年摄制. -- 1盘卷片(7米115拍)：1:10，

2B ；35mm银盐
收藏馆：缩微中心，国图

00O016853
释义雁字诗：二卷 / (明)孙继统撰并注
明天启(1621-1627)刻本
1993年摄制. -- 1盘卷片(9米164拍) ：1:10,
2B ；35mm银盐
收藏馆：缩微中心，国图

00O006857
万二愚先生遗集：六卷 / (明)万国钦撰
明万历(1573-1620)刻本
1987年摄制. -- 1盘卷片(9米176拍) ：1:10,
2B ；35mm银盐
收藏馆：缩微中心，吉林

00O006123
韩山汇稿：二卷 / (明)庄诚撰
明(1368-1644)谢绍纳余绍堂刻本
1987年摄制. -- 1盘卷片(3米40拍) ：1:10,
2B ；35mm银盐
收藏馆：缩微中心，南京

00O025516
黄发翁全集：四卷首一卷末一卷戏笔一卷 / (明)
毕木撰
清(1644-1911)毕丰增［等］刻本
1996年摄制. -- 1盘卷片(6米80拍) ：1:10,
2B ；35mm银盐
收藏馆：缩微中心，国图

00O024254
三径集：一卷 / (明)朱家宠撰
明(1368-1644)刻本
1996年摄制. -- 1盘卷片(4米70拍) ：1:10,
2B ；35mm银盐
收藏馆：缩微中心，安徽

00O010454
申椒馆散帛集：四卷 / (明)凌湛初撰
明万历(1573-1620)刻本
1989年摄制. -- 1盘卷片(11米214拍) ：
1:10, 2B ；35mm银盐
收藏馆：缩微中心，天津

00O024637
邹太史文集：八卷 / (明)邹德溥撰
明末(1621-1644)刻本. -- (清)邹道沂跋。
1996年摄制. -- 1盘卷片(24米474拍) ：
1:10, 2B ；35mm银盐
收藏馆：缩微中心，浙江

00O030995
虞德园先生集：二十五卷又八卷 / (明)虞淳熙撰
明天启(1621-1627)刻本
2004年摄制. -- 2盘卷片(55米1160拍) ：
1:10, 2B ；35mm银盐
收藏馆：缩微中心，国图

00O005560
甜雪斋诗：十卷文十卷 / (明)单思恭撰
清(1644-1911)抄本. -- 存十一卷：诗卷一至
诗卷三、文卷一至文卷八。
1987年摄制. -- 1盘卷片(11米225拍) ：
1:10, 2B ；35mm银盐
收藏馆：缩微中心，南京

00O020426
李于田诗集：十二卷 / (明)李化龙撰
明万历(1573-1620)刻本. -- 存二卷。
1994年摄制. -- 1盘卷片(5米46拍) ：1:10,
2B ；35mm银盐
收藏馆：缩微中心，国图

00O023378
李于田诗集：十二卷 / (明)李化龙撰
明万历(1573-1620)刻本
1995年摄制. -- 1盘卷片(21米392拍) ：
1:10, 2B ；35mm银盐
收藏馆：缩微中心，国图

00O023386
镌黄离草：十卷 / (明)郭正域撰
明万历(1573-1620)刻本. -- 目录、卷一配抄
本。
1995年摄制. -- 2盘卷片(41米790拍) ：
1:10, 2B ；35mm银盐
收藏馆：缩微中心，国图

00O029319
梅花草堂集：十六卷 / (明)张大复撰
明万历(1573-1620)刻本
1999年摄制. -- 2盘卷片(37米764拍) ：
1:10, 2B ；35mm银盐
收藏馆：缩微中心，湖南

00O016938
碟园诗稿：二卷 / (明)王潾撰
明末(1621-1644)刻本
1993年摄制. -- 1盘卷片(5米72拍) ：1:10,
2B ；35mm银盐
收藏馆：缩微中心，国图

00O023399
玉蝉庵散编：六卷 / (明)郑邦祥撰

清(1644-1911)抄本
1995年摄制. -- 1盘卷片(6米92拍) ： 1:10,
2B ； 35mm银盐
收藏馆：缩微中心，国图

000O019509
亦颓集：八卷 / (明)倪大继撰
明(1368-1644)刻本
1994年摄制. -- 1盘卷片(7米108拍) ： 1:10,
2B ； 35mm银盐
收藏馆：缩微中心，国图

000O006132
贻清堂集：不分卷 / (明)钱养廉撰
清(1644-1911)抄本. -- (清)丁丙跋。
1987年摄制. -- 1盘卷片(12米225拍) ：
1:10, 2B ； 35mm银盐
收藏馆：缩微中心，南京

000O013548
雪涛阁集：十四卷 / (明)江盈科撰
明万历二十八年(1600)刻本
1991年摄制. -- 2盘卷片(41米814拍) ：
1:10, 2B ； 35mm银盐
收藏馆：缩微中心，浙江

000O003522
容台文集：九卷诗集四卷 / (明)董其昌撰
明崇祯三年(1630)董庭刻本
1985年摄制. -- 2盘卷片(38.4米838拍) ：
1:10, 2B ； 35mm银盐
收藏馆：缩微中心，国图

000O017948
容台文集：九卷诗集五卷别集四卷 / (明)董其昌
撰
明崇祯三年(1630)董庭刻本
1993年摄制. -- 2盘卷片(51米1031拍) ：
1:10, 2B ； 35mm银盐
收藏馆：缩微中心，国图

000O011275
容台文集：十卷诗集四卷别集六卷 / (明)董其昌
撰
明崇祯八年(1635)刻本
1989年摄制. -- 3盘卷片(83米1745拍) ：
1:10, 2B ； 35mm银盐
收藏馆：缩微中心，甘肃

000O024162
朱陵洞稿：三十三卷中州武录一卷 / (明)王一鸣
撰
明(1368-1644)抄本

1996年摄制. -- 2盘卷片(39米840拍) ：
1:10, 2B ； 35mm银盐
收藏馆：缩微中心，湖北

000O026355
朱陵洞稿：三十三卷中州武录一卷拾残一卷伯
固公诗拾遗一卷 / (明)王一鸣撰
清(1644-1911)抄本. -- (清)王家璧批校。
1997年摄制. -- 2盘卷片(42米850拍) ：
1:10, 2B ； 35mm银盐
收藏馆：缩微中心，湖北

000O008780
空华集：二卷；饮河集：二卷；石头庵集：五卷 /
(明)释如愚撰
明万历三十年(1602)刻本
1988年摄制. -- 1盘卷片(15.9米336拍) ：
1:10, 2B ； 35mm银盐
收藏馆：缩微中心，重庆

000O007824
止啼斋集：一卷 / (明)释如愚撰；(明)袁宏道选
明万历(1573-1620)刘戡之刻本
1987年摄制. -- 1盘卷片(2.3米49拍) ：
1:10, 2B ； 35mm银盐
收藏馆：缩微中心，重庆

000O006498
宝善堂稿：二卷 / (明)朱慎钟撰
明万历三年(1575)朱慎钟刻本
1987年摄制. -- 1盘卷片(5米87拍) ： 1:10,
2B ； 35mm银盐
收藏馆：缩微中心，国图

000O019052
漪游草：三卷 / (明)潘之恒撰
明万历(1573-1620)刻本
1994年摄制. -- 1盘卷片(6米90拍) ： 1:10,
2B ； 35mm银盐
收藏馆：缩微中心，国图

000O001456
东游草：一卷 / (明)陆应阳撰
明(1368-1644)刻本
1985年摄制. -- 1盘卷片(3.2米39拍) ：
1:10, 2B ； 35mm银盐
收藏馆：缩微中心，国图

000O015578
冯少墟集：二十二卷 / (明)冯从吾撰
明天启元年(1621)冯嘉年刻本
1993年摄制. -- 2盘卷片(46米915拍) ：
1:10, 2B ； 35mm银盐

收藏馆：缩微中心，国图

00O024636

走越卮言：不分卷 / (明)刘启元撰；(明)林廷奎选

明万历(1573-1620)刻本

1996年摄制. -- 1盘卷片(3米35拍) ：1:10,
2B ；35mm银盐

收藏馆：缩微中心，浙江

00O005070

晋录：不分卷 / (明)王士骐撰

明万历三十六年(1608)王士骐刻本

1986年摄制. -- 1盘卷片(4米61拍) ：1:10,
2B ；35mm银盐

收藏馆：缩微中心，国图

00O013851

徐孝廉遗稿：二卷 / (明)徐学质撰

明万历二十八年(1600)叶永盛刻本

1992年摄制. -- 1盘卷片(6米96拍) ：1:10,
2B ；35mm银盐

收藏馆：缩微中心，国图

00O023377

竹素园集：九卷 / (明)冯大受撰

明万历(1573-1620)刻本

1995年摄制. -- 1盘卷片(9米143拍) ：1:10,
2B ；35mm银盐

收藏馆：缩微中心，国图

00O024165

紫原文集：十二卷 / (明)罗大纮撰

明天启(1621-1627)集庆堂刻本

1996年摄制. -- 2盘卷片(42米620拍) ：
1:10, 2B ；35mm银盐

收藏馆：缩微中心，湖北

00O022173

诒美堂集：二十四卷 / (明)祝以豳撰

明天启(1621-1627)刻本

1995年摄制. -- 1盘卷片(28米568拍) ：
1:10, 2B ；35mm银盐

收藏馆：缩微中心，国图

00O002824

尊拙堂文集：十二卷 / (明)丁元荐撰

清顺治十七年(1660)丁世浚刻本

1986年摄制. -- 2盘卷片(37米791拍) ：
1:10, 2B ；35mm银盐

收藏馆：缩微中心，国图

00O019322

荷华山房摘稿：七卷 / (明)陈邦瞻撰

明万历三十年(1602)吕胤昌刻本

1994年摄制. -- 1盘卷片(9米139拍) ：1:10,
2B ；35mm银盐

收藏馆：缩微中心，国图

00O009343

何氏镜山集：不分卷 / (明)何乔远撰

清(1644-1911)抄本

1988年摄制. -- 1盘卷片(9米177拍) ：1:10,
2B ；35mm银盐

收藏馆：缩微中心，南京

00O001563

崇相集：十七卷 / (明)董应举撰

明天启三年(1623)刻本

1986年摄制. -- 3盘卷片(79.6米1750拍) ：
1:10, 2B ；35mm银盐

收藏馆：缩微中心，吉林

00O007590

宗伯集：八十一卷 / (明)冯琦撰

明万历(1573-1620)刻本

1987年摄制. -- 4盘卷片(95米2119拍) ：
1:10, 2B ；35mm银盐

收藏馆：缩微中心，吉林

00O018105

文敏冯先生诗集：六卷 / (明)冯琦撰

明末(1621-1644)刻本

1993年摄制. -- 1盘卷片(9米172拍) ：1:10,
2B ；35mm银盐

收藏馆：缩微中心，山东

00O022165

冯琢庵先生北海集：五十八卷 / (明)冯琦撰

明万历三十七年(1609)刻本

1995年摄制. -- 3盘卷片(75米1510拍) ：
1:10, 2B ；35mm银盐

收藏馆：缩微中心，国图

00O000057

宗伯集：六卷 / (明)冯琦撰

明万历三十九年(1611)书林余泗泉萃庆堂刻本

1985年摄制. -- 1盘卷片(24米538拍) ：
1:10, 2B ；35mm银盐

收藏馆：缩微中心，国图

00O008309

宗伯冯先生尺牍：四卷 / (明)冯琦撰

明末(1621-1644)刻本

1988年摄制. -- 1盘卷片(11米195拍) ：

1:10，2B ；35mm银盐
收藏馆：缩微中心，山东

000O009889
冯用韫先生书牍：四卷 / (明)冯琦撰
清乾隆三年(1738)程銮刻本
1989年摄制. -- 1盘卷片(8米150拍) ：1:10，
2B ；35mm银盐
收藏馆：缩微中心，浙江

000O023388
沈伯含集：十三卷附录一卷 / (明)沈朝焕撰
明万历(1573-1620)刻本
1995年摄制. -- 1盘卷片(29米592拍) ：
1:10，2B ；35mm银盐
收藏馆：缩微中心，国图

000O015151
尊生馆稿：不分卷 / (明)沈濆撰
清初(1644-1722)抄本
1992年摄制. -- 1盘卷片(18米348拍) ：
1:10，2B ；35mm银盐
收藏馆：缩微中心，国图

000O006784
寓林集：三十二卷诗六卷 / (明)黄汝亨撰
明天启四年(1624)吴敬吴芝[等]刻本
1987年摄制. -- 3盘卷片(79米1709拍) ：
1:10，2B ；35mm银盐
收藏馆：缩微中心，国图

000O001357
朱文肃公诗集：七卷 / (明)朱国祯撰
清初(1644-1722)抄本
1985年摄制. -- 1盘卷片(5.3米86拍) ：
1:10，2B ；35mm银盐
收藏馆：缩微中心，国图

000O012877
仰节堂集：十四卷 / (明)曹于汴撰
清康熙二年(1663)吕崇烈刻本
1990年摄制. -- 1盘卷片(25米458拍) ：
1:10，2B ；35mm银盐
收藏馆：缩微中心，辽宁

000O005510
天谷山人集：十卷 / (明)薛三省撰
明末(1621-1644)刻本
1987年摄制. -- 1盘卷片(14米320拍) ：
1:10，2B ；35mm银盐
收藏馆：缩微中心，南京

000O010474
薛文介公文集：四卷 / (明)薛三省撰
明末(1621-1644)刻本
1989年摄制. -- 1盘卷片(11米227拍) ：
1:10，2B ；35mm银盐
收藏馆：缩微中心，天津

000O010263
陈眉公先生全集：六十卷年谱一卷 / (明)陈继儒撰
明崇祯元年(1628)吴震元刻本. -- 卷一系抄配。
1988年摄制. -- 5盘卷片(143.5米3130拍) ：
1:10，2B ；35mm银盐
收藏馆：缩微中心，湖北

000O006786
陈眉公集：十七卷 / (明)陈继儒撰
明万历四十三年(1615)史辰伯刻本
1987年摄制. -- 1盘卷片(24米541拍) ：
1:10，2B ；35mm银盐
收藏馆：缩微中心，国图

000O017304
陈眉公集：十七卷 / (明)陈继儒撰
明万历四十三年(1615)史辰伯刻本
1992年摄制. -- 1盘卷片(26米515拍) ：
1:10，2B ；35mm银盐
收藏馆：缩微中心，国图

000O018810
晚香堂集：十卷 / (明)陈继儒撰
明(1368-1644)刻本
1994年摄制. -- 1盘卷片(17米315拍) ：
1:10，2B ；35mm银盐
收藏馆：缩微中心，国图

000O003544
眉公先生晚香堂小品：二十四卷 / (明)陈继儒撰
明(1368-1644)汤大节简绿居刻本
1985年摄制. -- 2盘卷片(40米870拍) ：
1:10，2B ；35mm银盐
收藏馆：缩微中心，国图

000O004192
眉公先生晚香堂小品：二十四卷 / (明)陈继儒撰
明(1368-1644)汤大节简绿居刻本
1986年摄制. -- 2盘卷片(40米876拍) ：
1:10，2B ；35mm银盐
收藏馆：缩微中心，国图

000O011099
苍霞草文集：二十卷苍霞草诗八卷苍霞续草文

集二十二卷 / (明)叶向高撰
明末(1621-1644)刻本. -- 还有合刻著作：苍霞
余草文集十四卷/(明)叶向高撰，纶扉奏草三十
卷/(明)叶向高撰，续纶扉奏草十四卷/(明)叶向
高撰，后纶扉尺牍十卷/(明)叶向高撰。
1989年摄制. -- 8盘卷片(246米5147拍)：
1:10, 2B；35mm银盐
收藏馆：缩微中心，天津

000O006126
方众甫集：十四卷 / (明)方应选撰
明万历(1573-1620)刻本
1987年摄制. -- 1盘卷片(25米520拍)：
1:10, 2B；35mm银盐
收藏馆：缩微中心，南京

000O009868
吴继疏先生遗集：十三卷首一卷 / (明)吴仁度撰
清乾隆(1736-1795)刻本
1989年摄制. -- 1盘卷片(21米471拍)：
1:10, 2B；35mm银盐
收藏馆：缩微中心，浙江

000O010526
朱密所先生密林漫稿：十卷 / (明)朱吾弼撰
明天启二年(1622)刻本. -- (明)谢兴栋、
(明)朱恒敬校。
1989年摄制. -- 1盘卷片(20米441拍)：
1:10, 2B；35mm银盐
收藏馆：缩微中心，天津

000O019261
**前明河南道监察御史诚所公文集：八卷 / (明)马
经纶撰**
清康熙四十三年(1704)马骐刻本
1994年摄制. -- 1盘卷片(14米263拍)：
1:10, 2B；35mm银盐
收藏馆：缩微中心，国图

000O011904
豫章云峤刘先生遗稿：二卷 / (明)刘曰宁撰
明万历四十二年(1614)徐缙芳刻本
1990年摄制. -- 1盘卷片(12米242拍)：
1:10, 2B；35mm银盐
收藏馆：缩微中心，山东

000O013875
周季平先生青藜馆集：四卷 / (明)周如砥撰
明崇祯十五年(1642)周燨刻本
1992年摄制. -- 1盘卷片(20米466拍)：
1:10, 2B；35mm银盐
收藏馆：缩微中心，国图

000O014043
大业堂诗草：十一卷 / (明)朱谊潚撰
明(1368-1644)刻本
1992年摄制. -- 1盘卷片(15米285拍)：
1:10, 2B；35mm银盐
收藏馆：缩微中心，国图

000O023280
大业堂诗草：十一卷 / (明)朱谊潚撰
明(1368-1644)刻本
1995年摄制. -- 1盘卷片(16米295拍)：
1:10, 2B；35mm银盐
收藏馆：缩微中心，国图

000O014183
**青藜斋集：二卷；祀岳集：一卷；孝行始末文稿：
一卷 / (明)朱朝瞡撰**
明万历(1573-1620)刻本. -- 还有合刻著作：
学行始末文稿一卷、洛书楼社草一卷/(明)朱
朝瞡辑，养明储郡制义一卷/(明)朱朝瞡撰。
1992年摄制. -- 1盘卷片(13米244拍)：
1:10, 2B；35mm银盐
收藏馆：缩微中心，国图

000O006144
青藜斋集：二卷 / (明)朱朝瞡撰
明万历(1573-1620)刻本. -- (清)丁丙跋。
1987年摄制. -- 1盘卷片(10米230拍)：
1:10, 2B；35mm银盐
收藏馆：缩微中心，南京

000O023282
市隐堂诗草：五卷 / (明)朱颐媢撰
明崇祯十四年(1641)朱用溱刻本
1995年摄制. -- 1盘卷片(15米286拍)：
1:10, 2B；35mm银盐
收藏馆：缩微中心，国图

000O009396
郑侯升集：四十卷 / (明)郑明选撰
明万历三十一年(1603)郑文震刻本
1988年摄制. -- 2盘卷片(46.5米976拍)：
1:10, 2B；35mm银盐
收藏馆：缩微中心，湖北

000O006212
水西全集：十卷 / (明)李培撰
明天启元年(1621)刻本
1987年摄制. -- 1盘卷片(23米528拍)：
1:10, 2B；35mm银盐
收藏馆：缩微中心，南京

000O027886

青棠集：八卷 / (明)董嗣成撰
明万历(1573-1620)刻本
1996年摄制. -- 1盘卷片(13米257拍)：
1:10，2B；35mm银盐
收藏馆：缩微中心，南京

000O017361

青棠集：八卷 / (明)董嗣成撰
明(1368-1644)刻本. -- 存三卷：卷一至卷
三。
1993年摄制. -- 1盘卷片(7米110拍)：1:10，
2B；35mm银盐
收藏馆：缩微中心，国图

000O015879

青来阁初集：十卷 / (明)方应祥撰
明万历四十五年(1617)方应祥刻本
1993年摄制. -- 1盘卷片(18米354拍)：
1:10，2B；35mm银盐
收藏馆：缩微中心，国图

000O001659

青来阁二集：十卷 / (明)方应祥撰
明天启四年(1624)易道暹[等]刻本
1986年摄制. -- 1盘卷片(20米428拍)：
1:10，2B；35mm银盐
收藏馆：缩微中心，国图

000O019960

徐笔峒先生十二部文集：十二卷 / (明)徐奋鹏撰
明(1368-1644)金陵王荆岑光启堂刻本
1994年摄制. -- 1盘卷片(29米600拍)：
1:10，2B；35mm银盐
收藏馆：缩微中心，国图

000O015863

行药吟：一卷 / (明)闻龙撰
明万历二十八年(1600)闻龙刻本
1993年摄制. -- 1盘卷片(4米41拍)：1:10，
2B；35mm银盐
收藏馆：缩微中心，国图

000O027884

霜镜集：十七卷 / (明)陆宝撰
明崇祯(1628-1644)刻本
1996年摄制. -- 1盘卷片(20米414拍)：
1:10，2B；35mm银盐
收藏馆：缩微中心，南京

000O005507

醢鸡斋稿：七卷；建阳名宦文移：一卷；乡贤文移：一卷 / (明)项应祥撰

明(1368-1644)刻本
1987年摄制. -- 1盘卷片(10米216拍)：
1:10，2B；35mm银盐
收藏馆：缩微中心，南京

000O016786

缑山先生集：二十七卷 / (明)王衡撰
明万历(1573-1620)刻本
1993年摄制. -- 2盘卷片(44米875拍)：
1:10，2B；35mm银盐
收藏馆：缩微中心，国图

000O018673

缑山先生集：二十七卷 / (明)王衡撰
明万历(1573-1620)刻本
1994年摄制. -- 2盘卷片(42米854拍)：
1:10，2B；35mm银盐
收藏馆：缩微中心，国图

000O020086

缑山先生集：二十七卷 / (明)王衡撰
明万历(1573-1620)刻本
1994年摄制. -- 2盘卷片(43米876拍)：
1:10，2B；35mm银盐
收藏馆：缩微中心，国图

000O021698

缑山先生集：二十七卷 / (明)王衡撰
明万历(1573-1620)刻本
1995年摄制. -- 2盘卷片(45米875拍)：
1:10，2B；35mm银盐
收藏馆：缩微中心，国图

000O008022

四素山房集：十九卷 / (明)刘鸿训撰
明崇祯十三年(1640)刘孔中刻清(1644-1911)
印本. -- 存十八卷：卷一至卷十八。
1988年摄制. -- 2盘卷片(38米722拍)：
1:10，2B；35mm银盐
收藏馆：缩微中心，山东

000O021591

[万历]甲午科乡试朱卷：一卷 / (明)王象晋撰
明万历(1573-1620)刻本
1995年摄制. -- 1盘卷片(4米45拍)：1:10，
2B；35mm银盐
收藏馆：缩微中心，国图

000O021781

石居士诗删：四卷 / (明)石崐玉撰
明末(1621-1644)活字印本
1995年摄制. -- 1盘卷片(13米227拍)：
1:10，2B；35mm银盐

收藏馆：缩微中心，国图

00O016679
石居士漫游纪事：二卷 / (明)石崑玉撰
明(1368-1644)刻本
1993年摄制. -- 1盘卷片(11米185拍) :
1:10，2B ；35mm银盐
收藏馆：缩微中心，国图

00O028311
抱膝居存稿：二卷 / (明)谢与思撰
清乾隆三十五年(1770)谢敦源刻本
1998年摄制. -- 1盘卷片(8米136拍) : 1:10,
2B ；35mm银盐
收藏馆：缩微中心，广东

00O012609
高子诗集：八卷文集六卷 / (明)高攀龙撰
清乾隆(1736-1795)刻本
1990年摄制. -- 1盘卷片(32.4米735拍) :
1:10，2B ；35mm银盐
收藏馆：缩微中心，辽宁

00O003195
高忠宪公诗集：八卷 / (明)高攀龙撰
明崇祯(1628-1644)刻本
1986年摄制. -- 1盘卷片(7米117拍) : 1:10,
2B ；35mm银盐
收藏馆：缩微中心，国图

00O022812
高忠宪公诗集：八卷 / (明)高攀龙撰
清雍正十二年(1734)高弥刻本
1995年摄制. -- 1盘卷片(8米139拍) : 1:10,
2B ；35mm银盐
收藏馆：缩微中心，南京

00O003365
高子遗书：十二卷 / (明)高攀龙撰．附录：一卷 /
(明)陈龙正辑
明崇祯五年(1632)钱士升陈龙正[等]刻本
1986年摄制. -- 2盘卷片(41.1米903拍) :
1:10，2B ；35mm银盐
收藏馆：缩微中心，国图

00O016920
客乘：二十八卷 / (明)张懋忠撰
明崇祯(1628-1644)刻本
1993年摄制. -- 1盘卷片(27米547拍) :
1:10，2B ；35mm银盐
收藏馆：缩微中心，国图

00O003349
望云楼稿：十八卷 / (明)徐如珂撰
清(1644-1911)抄本
1986年摄制. -- 1盘卷片(27米608拍) :
1:10，2B ；35mm银盐
收藏馆：缩微中心，国图

00O000385
汲古堂集：二十八卷 / (明)何白撰
明万历(1573-1620)刻本
1985年摄制. -- 2盘卷片(36米768拍) :
1:10，2B ；35mm银盐
收藏馆：缩微中心，国图

00O026098
汲古堂集：二十八卷续集一卷 / (明)何白撰
明万历(1573-1620)刻本
1997年摄制. -- 2盘卷片(43米955拍) :
1:10，2B ；35mm银盐
收藏馆：缩微中心，河南

00O010472
玄感轩稿：四卷 / (明)陈邦训撰
明万历四十五年(1617)刻本
1989年摄制. -- 1盘卷片(8米148拍) : 1:10,
2B ；35mm银盐
收藏馆：缩微中心，天津

00O013705
陶文简公集：十三卷 / (明)陶望龄撰
明天启六年(1626)陶履中筠阳道院刻本. --
存七卷：卷一至卷七。
1991年摄制. -- 1盘卷片(24米489拍) :
1:10，2B ；35mm银盐
收藏馆：缩微中心，国图

00O024872
陶文简公集：十三卷；功臣传草：一卷 / (明)陶
望龄撰
明天启六年(1626)陶履中筠阳道院刻本
1996年摄制. -- 2盘卷片(44米950拍) :
1:10，2B ；35mm银盐
收藏馆：缩微中心，南京

00O006369
歇庵集：二十卷附三卷 / (明)陶望龄撰
明万历三十九年(1611)乔时敏王应遴刻本
1987年摄制. -- 2盘卷片(53米1161拍) :
1:10，2B ；35mm银盐
收藏馆：缩微中心，国图

00O008719
歇庵集：十六卷 / (明)陶望龄撰

明万历三十九年(1611)王应遴刻本
1988年摄制. -- 2盘卷片(58.5米1292拍)：
1:10, 2B ; 35mm银盐
收藏馆：缩微中心，重庆

000O011910
歇庵集：十六卷 / (明)陶望龄撰
明万历三十九年(1611)真如斋刻本
1990年摄制. -- 2盘卷片(60米1301拍)：
1:10, 2B ; 35mm银盐
收藏馆：缩微中心，山东

000O011674
歇庵集：二十卷 / (明)陶望龄撰
明(1368-1644)刻本. -- 存十六卷：卷一至卷
十六。(明)王应遴校。
1989年摄制. -- 2盘卷片(62米1283拍)：
1:10, 2B ; 35mm银盐
收藏馆：缩微中心，天津

000O022446
歇庵集：十六卷 / (明)陶望龄撰
明万历(1573-1620)真如斋刻本
1995年摄制. -- 2盘卷片(60米1153拍)：
1:10, 2B ; 35mm银盐
收藏馆：缩微中心，国图

000O004279
歇庵先生集选：四卷 / (明)陶望龄撰；(明)陆梦龙辑
明万历(1573-1620)刻本
1986年摄制. -- 1盘卷片(12.2米252拍)：
1:10, 2B ; 35mm银盐
收藏馆：缩微中心，国图

000O023394
中寰集：十一卷 / (明)何出光撰
明万历(1573-1620)何稽曾何稽逊刻本
1995年摄制. -- 1盘卷片(27米536拍)：
1:10, 2B ; 35mm银盐
收藏馆：缩微中心，国图

000O017142
中寰集：十一卷 / (明)何出光撰
清乾隆二十九年(1764)何稽曾何稽逊刻本
1993年摄制. -- 1盘卷片(24.9米556拍)：
1:10, 2B ; 35mm银盐
收藏馆：缩微中心，辽宁

000O010190
荆南诗：二卷附录一卷 / (明)钱希言撰
明万历二十八年(1600)吴趋赋湘楼刻本
1989年摄制. -- 1盘卷片(4米89拍) ： 1:10,

2B ; 35mm银盐
收藏馆：缩微中心，湖南

000O010182
樟亭集：三卷附录一卷 / (明)钱希言撰
明万历二十八年(1600)吴趋雕霞馆刻本
1989年摄制. -- 1盘卷片(7米112拍) ： 1:10,
2B ; 35mm银盐
收藏馆：缩微中心，湖南

000O006965
桃叶编：一卷 / (明)钱希言撰
明万历二十八年(1600)吴趋客傲斋刻本
1987年摄制. -- 1盘卷片(4米48拍) ： 1:10,
2B ; 35mm银盐
收藏馆：缩微中心，国图

000O010188
二萧篇：一卷附录一卷 / (明)钱希言撰
明万历三十三年(1605)刻本
1989年摄制. -- 1盘卷片(7米116拍) ： 1:10,
2B ; 35mm银盐
收藏馆：缩微中心，湖南

000O010721
讨桂篇：二十卷 / (明)钱希言撰
明万历四十一年(1613)钱氏翠幄草堂刻本. --
存十九卷：卷一至卷十九。
1989年摄制. -- 1盘卷片(32米706拍) ：
1:10, 2B ; 35mm银盐
收藏馆：缩微中心，湖南

000O024566
朱太复乙集：三十八卷目录四卷 / (明)朱长春撰
明万历(1573-1620)刻本
1996年摄制. -- 2盘卷片(37米651拍) ：
1:10, 2B ; 35mm银盐
收藏馆：缩微中心，浙江

000O018776
朱太复文集：五十二卷 / (明)朱长春撰
明(1368-1644)刻本. -- 存三十卷：卷十二至
卷三十、卷三十七至卷四十七。
1994年摄制. -- 1盘卷片(29米593拍) ：
1:10, 2B ; 35mm银盐
收藏馆：缩微中心，国图

000O000426
关中集：四卷 / (明)余懋衡撰
明(1368-1644)刻本
1985年摄制. -- 1盘卷片(8米150拍) ： 1:10,
2B ; 35mm银盐
收藏馆：缩微中心，国图

000〇003200
溪南清墅集草：六卷 / (明)张应泰撰
明万历(1573-1620)刻本
1986年摄制. -- 1盘卷片(12米239拍) :
1:10, 2B ; 35mm银盐
收藏馆：缩微中心, 国图

000〇029316
陈学士先生初集：三十六卷 / (明)陈懿典撰
明万历四十八年(1620)吏隐斋刻本
1999年摄制. -- 3盘卷片(80米1733拍) :
1:10, 2B ; 35mm银盐
收藏馆：缩微中心, 湖南

000〇000133
鸡肋删：三卷 / (明)李叔元撰
明崇祯(1628-1644)李云宁[等]刻本
1985年摄制. -- 1盘卷片(13.5米283拍) :
1:10, 2B ; 35mm银盐
收藏馆：缩微中心, 国图

000〇022402
兰江集：二十卷 / (明)王在晋撰
明万历(1573-1620)刻本
1995年摄制. -- 1盘卷片(27米529拍) :
1:10, 2B ; 35mm银盐
收藏馆：缩微中心, 国图

000〇020175
越镌：二十一卷 / (明)王在晋撰
明万历(1573-1620)刻本
1994年摄制. -- 1盘卷片(24米473拍) :
1:10, 2B ; 35mm银盐
收藏馆：缩微中心, 国图

000〇007955
李宫保湘洲先生集：一卷 / (明)李腾芳撰
清(1644-1911)抄本
1988年摄制. -- 1盘卷片(7米105拍) : 1:10,
2B ; 35mm银盐
收藏馆：缩微中心, 湖南

000〇016747
绿滋馆稿：九卷考信编二卷征信录五卷 / (明)吴
士奇撰
明万历(1573-1620)刻本
1993年摄制. -- 1盘卷片(19米370拍) :
1:10, 2B ; 35mm银盐
收藏馆：缩微中心, 国图

000〇025540
木天遗草：二十八卷附录一卷 / (明)高克正撰
清康熙十年(1671)高维桧宝安公署刻本

1996年摄制. -- 1盘卷片(23米463拍) :
1:10, 2B ; 35mm银盐
收藏馆：缩微中心, 国图

000〇022613
水鉴斋稿：□□卷 / (明)丁鸿阳撰
明(1368-1644)刻本. -- 存一卷：卷一。
1994年摄制. -- 1盘卷片(4米64拍) : 1:10,
2B ; 35mm银盐
收藏馆：缩微中心, 山东

000〇027821
西楼集：十八卷诗选二卷 / (明)邓原岳撰
明崇祯(1628-1644)邓尔缵邓天士刻本
1996年摄制. -- 1盘卷片(30米650拍) :
1:10, 2B ; 35mm银盐
收藏馆：缩微中心, 南京

000〇013881
碧鸡集：一卷；金陵游稿：一卷；弹铗集：一卷 /
(明)黄德水撰
明万历(1573-1620)刻本
1991年摄制. -- 1盘卷片(5米55拍) : 1:10,
2B ; 35mm银盐
收藏馆：缩微中心, 国图

000〇024088
陶庵遗稿：二卷札记二卷 / (明)归子慕撰
清(1644-1911)抄本
1996年摄制. -- 1盘卷片(8.3米150拍) :
1:10, 2B ; 35mm银盐
收藏馆：缩微中心, 湖北

000〇006135
瑞芝山房集：十四卷 / (明)鲍应鳌撰
明崇祯三年(1630)何应瑞贾大儒刻本
1987年摄制. -- 1盘卷片(25米522拍) :
1:10, 2B ; 35mm银盐
收藏馆：缩微中心, 南京

000〇023374
苏门山房诗草：二卷文草四卷家乘一卷东事书
一卷 / (明)郭淐撰
明天启(1621-1627)刻本
1995年摄制. -- 1盘卷片(22米434拍) :
1:10, 2B ; 35mm银盐
收藏馆：缩微中心, 国图

000〇023408
谢石渠先生诗集：十三卷 / (明)谢士章撰
明天启(1621-1627)刻本
1995年摄制. -- 1盘卷片(12米207拍) :
1:10, 2B ; 35mm银盐

收藏馆：缩微中心，国图

00O014608
自娱集：十卷诗余一卷 / (明)俞琬纶撰
明万历四十六年(1618)刻本
1992年摄制. -- 1盘卷片(15米300拍)：
1:10, 2B ; 35mm银盐
收藏馆：缩微中心，国图

00O015921
自娱集：十卷诗余一卷 / (明)俞琬纶撰
清康熙三十八年(1699)俞蕙俞苏刻本
1993年摄制. -- 1盘卷片(16米296拍)：
1:10, 2B ; 35mm银盐
收藏馆：缩微中心，国图

00O011054
絮庵惭录：不分卷 / (明)吴文企撰
明(1368-1644)刻本. -- 书名据书口题；著者
姓氏据"寿贤嫂杨瑞人七十初度叙"及"蔡熊
太亲母夫人"两文定。
1989年摄制. -- 1盘卷片(6米99拍)：1:10,
2B ; 35mm银盐
收藏馆：缩微中心，天津

00O008778
景渠李先生文集：不分卷 / (明)李得阳撰
明万历十七年(1589)刻本
1988年摄制. -- 1盘卷片(12.8米265拍)：
1:10, 2B ; 35mm银盐
收藏馆：缩微中心，重庆

00O027868
陆学士先生遗稿：十六卷 / (明)陆可教撰
明万历三十六年(1608)刘曰宁杨宏科刻本
1996年摄制. -- 1盘卷片(23米491拍)：
1:10, 2B ; 35mm银盐
收藏馆：缩微中心，南京

00O022566
梅公岑草：不分卷 / (明)梅国楼撰
明万历三十三年(1605)刻本
1995年摄制. -- 1盘卷片(4.5米66拍)：
1:10, 2B ; 35mm银盐
收藏馆：缩微中心，湖北

00O005195
芑山文集：三十一卷 / (明)张自烈撰
清初(1644-1722)叶瞻泉刻本. -- 存二十六
卷：书牍卷四至卷十、杂序四卷、传记四卷、
进策二卷、杂著三卷、答问四卷、旅诗一卷、
制义一卷。
1986年摄制. -- 2盘卷片(35.1米751拍)

1:10, 2B ; 35mm银盐
收藏馆：缩微中心，国图

00O006917
芑山文集：三十一卷 / (明)张自烈撰
清初(1644-1722)叶瞻泉刻本. -- 存三十卷：
疏议二卷、书牍十卷、杂序四卷、传记四卷、
进策二卷、杂著三卷、答问四卷、旅诗一卷。
1986年摄制. -- 2盘卷片(37米795拍)：
1:10, 2B ; 35mm银盐
收藏馆：缩微中心，国图

00O009044
芑山先生文集：二十四卷 / (明)张自烈撰
清康熙二十六年(1687)俞王爵刻本
1988年摄制. -- 2盘卷片(35米740拍)：
1:10, 2B ; 35mm银盐
收藏馆：缩微中心，湖北

00O007265
澹生堂集：二十一卷 / (明)祁承㸁撰
明万历(1573-1620)刻本. -- 存六卷：诗集卷
一至卷六。
1987年摄制. -- 1盘卷片(15米321拍)：
1:10, 2B ; 35mm银盐
收藏馆：缩微中心，国图

00O005469
祁尔光先生全稿选：八卷 / (明)祁承㸁撰
明(1368-1644)刻本
1986年摄制. -- 1盘卷片(11米221拍)：
1:10, 2B ; 35mm银盐
收藏馆：缩微中心，国图

00O023395
顾太史编年集：十五卷 / (明)顾起元撰
明(1368-1644)刻本
1995年摄制. -- 2盘卷片(45米904拍)：
1:10, 2B ; 35mm银盐
收藏馆：缩微中心，国图

00O019966
遯园漫稿：四卷 / (明)顾起元撰
明(1368-1644)刻本
1994年摄制. -- 1盘卷片(16米301拍)：
1:10, 2B ; 35mm银盐
收藏馆：缩微中心，国图

00O019967
蛰庵日录：四卷 / (明)顾起元撰
明天启(1621-1627)刻本
1994年摄制. -- 1盘卷片(11米198拍)：
1:10, 2B ; 35mm银盐

收藏馆：缩微中心，国图

00O020234
雪堂随笔：五卷 / (明)顾起元撰
明天启七年(1627)顾起元刻崇祯(1628-1644)续刻本
1994年摄制. -- 1盘卷片(21米410拍) ：1:10，2B；35mm银盐
收藏馆：缩微中心，国图

00O012540
五岳诗集：四卷；槐柳纪略：一卷；二西诗草：二卷 / (明)武国功撰
清康熙(1662-1722)武氏刻本
1990年摄制. -- 1盘卷片(20.5米475拍) ：1:10，2B；35mm银盐
收藏馆：缩微中心，辽宁

00O010455
耕心子漫稿：二十二卷 / (明)五太白撰
明万历四十二年(1614)刻本
1989年摄制. -- 1盘卷片(15米321拍) ：1:10，2B；35mm银盐
收藏馆：缩微中心，天津

00O006105
随在集：十卷 / (明)潘榛撰
明万历(1573-1620)刻本
1987年摄制. -- 1盘卷片(13米243拍) ：1:10，2B；35mm银盐
收藏馆：缩微中心，南京

00O020414
程孟阳先生全集：二十五卷 / (明)程嘉燧撰
清康熙二十九年(1690)诒翼堂刻本. -- 存二十卷。
1994年摄制. -- 1盘卷片(23米459拍) ：1:10，2B；35mm银盐
收藏馆：缩微中心，国图

00O007238
耦耕堂存稿诗：三卷文二卷 / (明)程嘉燧撰
明末(1621-1644)孙石甫抄本. -- 叶恭绰跋。
1987年摄制. -- 1盘卷片(8米157拍) ：1:10，2B；35mm银盐
收藏馆：缩微中心，国图

00O010893
耦耕堂集诗：三卷集文二卷 / (明)程嘉燧撰．松园诗老小传：一卷 / (清)钱谦益撰
清顺治十二年(1655)金献金望刻本
1989年摄制. -- 1盘卷片(9.5米179拍) ：1:10，2B；35mm银盐

收藏馆：缩微中心，湖北

00O005341
松寥诗：一卷 / (明)程嘉燧撰
明天启(1621-1627)冷风台刻本
1986年摄制. -- 1盘卷片(4米54拍) ：1:10，2B；35mm银盐
收藏馆：缩微中心，国图

00O005545
抱膝斋集：三卷 / (明)袁俨撰
明(1368-1644)抱膝斋刻本. -- 卷中、卷下配抄本。
1987年摄制. -- 1盘卷片(10米183拍) ：1:10，2B；35mm银盐
收藏馆：缩微中心，南京

00O017161
问竹轩诗稿：一卷 / (明)梁南撰
清(1644-1911)稿本. -- (清)梁溥跋。
1990年摄制. -- 1盘卷片(4米50拍) ：1:10，2B；35mm银盐
收藏馆：缩微中心，山东

00O023419
陈履吉采芝堂文集：十六卷附一卷 / (明)陈益祥撰
明万历四十一年(1613)陈弘祖陈绳祖[等]刻本
1995年摄制. -- 1盘卷片(24米472拍) ：1:10，2B；35mm银盐
收藏馆：缩微中心，国图

00O017299
西巡草：一卷 / (明)吴礼嘉撰
明万历二十二年(1594)黄克缵吴尧弼刻本
1993年摄制. -- 1盘卷片(3米18拍) ：1:10，2B；35mm银盐
收藏馆：缩微中心，国图

00O008021
丛青轩集：六卷 / (明)许獬撰
明崇祯十三年(1640)许镛刻本
1988年摄制. -- 1盘卷片(14米258拍) ：1:10，2B；35mm银盐
收藏馆：缩微中心，山东

00O019262
许钟斗文集：五卷 / (明)许獬撰
明(1368-1644)李衷一刻本
1994年摄制. -- 1盘卷片(10米171拍) ：1:10，2B；35mm银盐
收藏馆：缩微中心，国图

00O010480

鸠兹集：十二卷又三卷杂著一卷 / (明)徐时进撰并修订

明万历三十六年(1608)张萱刻万历四十五年(1617)徐时进补删本. -- 卷五后增卷又五、卷六后增卷又六、卷七后增卷又七。

1989年摄制. -- 1盘卷片(31米690拍)：1:10, 2B；35mm银盐

收藏馆：缩微中心，天津

00O019441

遥连堂订王损仲先生诗乙稿：一卷 / (明)王惟俭撰

明(1368-1644)刻本

1994年摄制. -- 1盘卷片(3米20拍)：1:10, 2B；35mm银盐

收藏馆：缩微中心，国图

00O019107

西园前稿：□□卷续稿□□卷 / (明)彭尧谕撰

明(1368-1644)刻本. -- 存五卷：前稿卷一、续稿卷一至卷四。

1994年摄制. -- 1盘卷片(11米180拍)：1:10, 2B；35mm银盐

收藏馆：缩微中心，国图

00O018693

西园续稿：二十卷 / (明)彭尧谕撰

明末(1621-1644)刻本. -- 存十八卷：卷二至卷十四、卷十六至卷二十。

1994年摄制. -- 1盘卷片(23米460拍)：1:10, 2B；35mm银盐

收藏馆：缩微中心，国图

00O027403

四家评唱黍丘集：十二卷 / (明)彭尧谕撰

明(1368-1644)刻本

1997年摄制. -- 1盘卷片(21米445拍)：1:10, 2B；35mm银盐

收藏馆：缩微中心，河南

00O008750

江楼杂咏(集唐句)：不分卷 / [题](明)峨嵋洞天主人撰

明(1368-1644)刻本

1988年摄制. -- 1盘卷片(5.5米92拍)：1:10, 2B；35mm银盐

收藏馆：缩微中心，重庆

00O025724

张烈愍公全集：四卷 / (明)张振德撰

清(1644-1911)抄本

1996年摄制. -- 1盘卷片(11米234拍)：

1:10, 2B；35mm银盐

收藏馆：缩微中心，河南

00O019375

青锦园文集选：五卷 / (明)叶宪祖撰；(明)许运鹏辑

明天启(1621-1627)刻本. -- 存一卷：卷一。

1994年摄制. -- 1盘卷片(5米60拍)：1:10, 2B；35mm银盐

收藏馆：缩微中心，国图

00O006363

密娱斋诗集：九卷后集一卷 / (明)王嗣奭撰

清(1644-1911)抄本

1987年摄制. -- 1盘卷片(16米351拍)：1:10, 2B；35mm银盐

收藏馆：缩微中心，国图

00O019872

繁露园集：二十二卷 / (明)董复亨撰

明万历四十年(1612)张铨刻本

1994年摄制. -- 1盘卷片(18米343拍)：1:10, 2B；35mm银盐

收藏馆：缩微中心，国图

00O016824

夏叔夏贫居日出言：二卷；仍园日出言：二卷 / (明)夏大霱撰

明(1368-1644)刻本

1993年摄制. -- 1盘卷片(9米151拍)：1:10, 2B；35mm银盐

收藏馆：缩微中心，国图

00O002222

瑶草园初集：□□卷 / (明)吴之鲸撰

明(1368-1644)刻本. -- 存十一卷：卷一至卷十一。

1986年摄制. -- 2盘卷片(44米947拍)：1:10, 2B；35mm银盐

收藏馆：缩微中心，国图

00O008734

御龙子集：七十七卷 / (明)范守己撰

明万历十八年(1590)侯廷佩刻本

1988年摄制. -- 2盘卷片(60.6米1348拍)：1:10, 2B；35mm银盐

收藏馆：缩微中心，重庆

00O025980

方建元集：十二卷；佳日楼词：一卷；师心草：一卷 / (明)方于鲁撰

明万历三十六年(1608)方嘉树刻本

1996年摄制. -- 1盘卷片(16米320拍)：

1:10，2B ；35mm银盐
收藏馆：缩微中心，南京

000O023376
下菰集：六卷 / (明)谢肇淛撰
明万历(1573-1620)刻本
1995年摄制. -- 1盘卷片(9米144拍) : 1:10,
2B ；35mm银盐
收藏馆：缩微中心，国图

000O024898
居东集：六卷 / (明)谢肇淛撰
明(1368-1644)刻本
1996年摄制. -- 1盘卷片(17米383拍) :
1:10，2B ；35mm银盐
收藏馆：缩微中心，南京

000O020758
学古绪言：二十五卷 / (明)娄坚撰
明崇祯(1628-1644)刻本
1994年摄制. -- 1盘卷片(32米614拍) :
1:10，2B ；35mm银盐
收藏馆：缩微中心，国图

000O022178
葛震甫诗集：十七卷 / (明)葛一龙撰
明崇祯(1628-1644)刻本
1995年摄制. -- 1盘卷片(27米555拍) :
1:10，2B ；35mm银盐
收藏馆：缩微中心，国图

000O000308
葛震甫诗集：十七卷 / (明)葛一龙撰
明末(1621-1644)刻本
1985年摄制. -- 1盘卷片(20.6米453拍) :
1:10，2B ；35mm银盐
收藏馆：缩微中心，国图

000O000851
葛震甫诗集：十二卷 / (明)葛一龙撰
明末(1621-1644)刻本
1985年摄制. -- 1盘卷片(15.6米334拍) :
1:10，2B ；35mm银盐
收藏馆：缩微中心，国图

000O004150
修竹编：一卷 / (明)葛一龙撰
明(1368-1644)刻本. -- 吴梅跋。
1986年摄制. -- 1盘卷片(4米51拍) : 1:10,
2B ；35mm银盐
收藏馆：缩微中心，国图

000O024040
太乙山房文集：十五卷 / (明)陈际泰撰
明(1368-1644)刻本
1996年摄制. -- 1盘卷片(31.5米718拍) :
1:10，2B ；35mm银盐
收藏馆：缩微中心，南京

000O003223
太乙山房文集：十五卷 / (明)陈际泰撰
明崇祯六年(1633)李士奇刻本
1986年摄制. -- 2盘卷片(35米743拍) :
1:10，2B ；35mm银盐
收藏馆：缩微中心，国图

000O000510
已吾集：十四卷 / (明)陈际泰撰
清顺治(1644-1661)李来泰刻本
1985年摄制. -- 1盘卷片(13米268拍) :
1:10，2B ；35mm银盐
收藏馆：缩微中心，国图

000O023391
大司马张海虹先生文集：十七卷 / (明)张五典撰
明(1368-1644)刻本. -- 卷十七系附录恤典志
表。
1995年摄制. -- 1盘卷片(16米309拍) :
1:10，2B ；35mm银盐
收藏馆：缩微中心，国图

000O021636
袁中郎十集：十六卷 / (明)袁宏道撰；(明)周应
麇编
明(1368-1644)周应麇刻本
1995年摄制. -- 1盘卷片(18米338拍) :
1:10，2B ；35mm银盐
收藏馆：缩微中心，国图

000O031767
袁中郎十集：十六卷 / (明)袁宏道撰；(明)周应
麇编
明(1368-1644)周应麇刻本
2005年摄制. -- 1盘卷片(19米380拍) :
1:10，2B ；35mm银盐
收藏馆：缩微中心，国图

000O000043
袁中郎全集：四十卷 / (明)袁宏道撰；(明)钟惺
定
明崇祯二年(1629)武林佩兰居刻本
1986年摄制. -- 2盘卷片(48.2米1034拍) :
1:10，2B ；35mm银盐
收藏馆：缩微中心，山西

000O008706

梨云馆类定袁中郎全集：二十四卷／(明)袁宏道撰

明(1368-1644)周文炜刻本

1988年摄制. -- 2盘卷片(53米1159拍)：

1:9, 2B；35mm银盐

收藏馆：缩微中心，重庆

000O014090

潇碧堂集：二十卷／(明)袁宏道撰

明万历三十六年(1608)袁叔度书种堂刻本

1992年摄制. -- 1盘卷片(19米370拍)：

1:10, 2B；35mm银盐

收藏馆：缩微中心，国图

000O021736

锦帆集：四卷；瓶花斋集：十卷；敝箧集：二卷／(明)袁宏道撰

明万历(1573-1620)袁叔度刻本. -- 还有合刻

著作：解脱集四卷／(明)袁宏道撰。

1995年摄制. -- 1盘卷片(24米484拍)：

1:10, 2B；35mm银盐

收藏馆：缩微中心，国图

000O028606

敝箧集：二卷／(明)袁宏道撰

明万历(1573-1620)袁氏书种堂刻本

1998年摄制. -- 1盘卷片(5米74拍)：1:10,

2B；35mm银盐

收藏馆：缩微中心，广东

000O007785

张异度先生自广斋集：十六卷／(明)张世伟撰

明崇祯十一年(1638)刻本

1988年摄制. -- 1盘卷片(31.6米701拍)：

1:10, 2B；35mm银盐

收藏馆：缩微中心，重庆

000O017360

睡庵诗稿：一卷文稿二卷／(明)汤宾尹撰

明万历(1573-1620)戴谷刻本

1993年摄制. -- 1盘卷片(8米136拍)：1:10,

2B；35mm银盐

收藏馆：缩微中心，国图

000O017691

睡庵诗稿：四卷／(明)汤宾尹撰

明万历(1573-1620)刻本

1993年摄制. -- 1盘卷片(7米116拍)：1:10,

2B；35mm银盐

收藏馆：缩微中心，国图

000O017716

睡庵文稿：初刻四卷二刻六卷／(明)汤宾尹撰

明(1368-1644)李曙寰先月楼刻本

1993年摄制. -- 1盘卷片(16米300拍)：

1:10, 2B；35mm银盐

收藏馆：缩微中心，国图

000O026692

小草斋续集：二十八卷／(明)谢肇淛撰

明末(1621-1644)刻本. -- 存三卷：卷一至卷三。

1996年摄制. -- 1盘卷片(8.2米150拍)：

1:10, 2B；35mm银盐

收藏馆：缩微中心，福建

000O023416

素雯斋集：三十八卷目录二卷／(明)吴伯与撰

明天启(1621-1627)刻本

1995年摄制. -- 3盘卷片(87米1775拍)：

1:10, 2B；35mm银盐

收藏馆：缩微中心，国图

000O022952

停云馆诗选：二卷／(明)文从龙撰

明万历(1573-1620)刻本

1995年摄制. -- 1盘卷片(5米54拍)：1:10,

2B；35mm银盐

收藏馆：缩微中心，国图

000O020253

百花洲集：二卷京华元夕诗一卷／(明)邓云霄撰

明万历三十六年(1608)卫拱宸刻本

1994年摄制. -- 1盘卷片(8米128拍)：1:10,

2B；35mm银盐

收藏馆：缩微中心，国图

000O023405

百花洲集：二卷京华元夕诗一卷／(明)邓云霄撰

明万历三十六年(1608)卫拱宸刻本

1995年摄制. -- 1盘卷片(8米124拍)：1:10,

2B；35mm银盐

收藏馆：缩微中心，国图

000O002819

漱玉斋类诗：三卷；解弢集：一卷；初吟草：一卷／(明)邓云霄撰

明(1368-1644)刻本

1986年摄制. -- 1盘卷片(11.5米231拍)：

1:10, 2B；35mm银盐

收藏馆：缩微中心，国图

000O012589

循陔园集：八卷／(明)丘禾实撰

明万历四十一年(1613)刻本
1990年摄制. -- 1盘卷片(21.7米480拍) :
1:10, 2B ; 35mm银盐
收藏馆：缩微中心，辽宁

00O014357
澹志斋集：□□卷 / (明)周如磐撰
明(1368-1644)刻本. -- 存九卷：卷五至卷
十三。
1992年摄制. -- 1盘卷片(19米337拍) :
1:10, 2B ; 35mm银盐
收藏馆：缩微中心，国图

00O022601
镜山庵集：二十五卷附十八阕一卷 / (明)高出撰
清(1644-1911)活字印本
1995年摄制. -- 2盘卷片(46米1026拍) :
1:10, 2B ; 35mm银盐
收藏馆：缩微中心，河南

00O002032
郎潜集：六卷卢隐集六卷 / (明)高出撰
明万历四十五年(1617)高出刻本
1986年摄制. -- 1盘卷片(19米409拍) :
1:10, 2B ; 35mm银盐
收藏馆：缩微中心，国图

00O023959
镜山庵集：二十五卷 / (明)高出撰
明天启六年(1626)刻本
1995年摄制. -- 2盘卷片(42米891拍) :
1:10, 2B ; 35mm银盐
收藏馆：缩微中心，南京

00O023397
西游续稿：六卷 / (明)苏惟霖撰
明(1368-1644)刻本
1995年摄制. -- 1盘卷片(13米232拍) :
1:10, 2B ; 35mm银盐
收藏馆：缩微中心，国图

00O024599
霞继亭集：三卷 / (明)谢廷赞撰
明万历(1573-1620)刻本
1996年摄制. -- 1盘卷片(22.5米447拍) :
1:10, 2B ; 35mm银盐
收藏馆：缩微中心，浙江

00O022804
傅文恪公初集：八卷附录一卷 / (明)傅新德撰
清顺治十四年(1657)冯如京刻本
1995年摄制. -- 1盘卷片(16米335拍) :
1:10, 2B ; 35mm银盐

收藏馆：缩微中心，南京

00O000159
王考功鶏适轩诗集：六卷文集四卷附一卷 / (明)
王乐善撰
明万历(1573-1620)刻本
1985年摄制. -- 1盘卷片(14米296拍) :
1:10, 2B ; 35mm银盐
收藏馆：缩微中心，国图

00O027467
王考功鶏适轩诗集：十卷文集四卷附一卷 / (明)
王乐善撰
明万历(1573-1620)刻崇祯二年(1629)重修本
1996年摄制. -- 1盘卷片(18米369拍) :
1:10, 2B ; 35mm银盐
收藏馆：缩微中心，南京

00O018717
石隐园藏稿：不分卷 / (明)毕自严撰
明末(1621-1644)抄本
1994年摄制. -- 1盘卷片(5米66拍) : 1:10,
2B ; 35mm银盐
收藏馆：缩微中心，国图

00O025530
石隐园藏稿：八卷首一卷 / (明)毕自严撰
清康熙二十五年(1686)毕际有刻本
1996年摄制. -- 1盘卷片(22米445拍) :
1:10, 2B ; 35mm银盐
收藏馆：缩微中心，国图

00O020539
毕自严遗稿：一卷 / (明)毕自严撰
明(1368-1644)稿本
1994年摄制. -- 1盘卷片(4米49拍) : 1:10,
2B ; 35mm银盐
收藏馆：缩微中心，山东

00O020545
毕自严遗稿：一卷 / (明)毕自严撰
明崇祯(1628-1644)抄本
1994年摄制. -- 1盘卷片(4米39拍) : 1:10,
2B ; 35mm银盐
收藏馆：缩微中心，山东

00O023412
石隐园文稿：不分卷 / (明)毕自严撰
清初(1644-1722)抄本. -- (清)毕盛鉴跋。
1995年摄制. -- 1盘卷片(9米136拍) : 1:10,
2B ; 35mm银盐
收藏馆：缩微中心，国图

000O013707
漱石山房集：十六卷 / (明)陈一元撰
明崇祯(1628-1644)陈亨刻本
1991年摄制. -- 1盘卷片(24米486拍) :
1:10, 2B ; 35mm银盐
收藏馆：缩微中心，国图

000O023991
两洲集：十卷 / (明)吴时行撰
明崇祯(1628-1644)刻本
1995年摄制. -- 1盘卷片(26米557拍) :
1:10, 2B ; 35mm银盐
收藏馆：缩微中心，南京

000O015658
落花诗：一卷 / (明)薛冈撰
明崇祯(1628-1644)刻本. -- (清)陈劢跋。
1993年摄制. -- 1盘卷片(4米17拍) : 1:10,
2B ; 35mm银盐
收藏馆：缩微中心，国图

000O009755
白毫庵内篇：四卷外篇一卷杂篇二卷 / (明)张瑞
图撰
明崇祯(1628-1644)刻本
1989年摄制. -- 1盘卷片(21米453拍) : 1:9,
2B ; 35mm银盐
收藏馆：缩微中心，重庆

000O008932
市南子：二十二卷；制敕：六卷 / (明)李光元撰；
(明)吴士元选
明崇祯十三年(1640)刻本
1988年摄制. -- 2盘卷片(47米987拍) :
1:10, 2B ; 35mm银盐
收藏馆：缩微中心，湖北

000O013800
嵋山集：十二卷 / (明)赵秉忠撰
明(1368-1644)刻本
1991年摄制. -- 1盘卷片(20米408拍) :
1:10, 2B ; 35mm银盐
收藏馆：缩微中心，国图

000O016904
嵋山集：十二卷 / (明)赵秉忠撰
明(1368-1644)刻本
1993年摄制. -- 1盘卷片(20米386拍) :
1:10, 2B ; 35mm银盐
收藏馆：缩微中心，国图

000O024870
嵋山集：十二卷 / (明)赵秉忠撰

明(1368-1644)刻本. -- (清)丁丙跋。
1996年摄制. -- 1盘卷片(21米451拍) :
1:10, 2B ; 35mm银盐
收藏馆：缩微中心，南京

000O013957
顾仲方百咏图谱：二卷 / (明)顾正谊撰
明万历(1573-1620)刻本
1992年摄制. -- 1盘卷片(7米110拍) : 1:10,
2B ; 35mm银盐
收藏馆：缩微中心，国图

000O013454
水明楼集：十四卷 / (明)陈荐夫撰
明万历(1573-1620)刻本
1991年摄制. -- 1盘卷片(17米324拍) :
1:10, 2B ; 35mm银盐
收藏馆：缩微中心，国图

000O019207
水明楼集：十四卷 / (明)陈荐夫撰
明万历(1573-1620)刻本. -- 郑振铎跋。
1994年摄制. -- 1盘卷片(17米327拍) :
1:10, 2B ; 35mm银盐
收藏馆：缩微中心，国图

000O023430
玄对楼巳集：七卷 / (明)穆光胤撰
明(1368-1644)刻本
1995年摄制. -- 1盘卷片(11米188拍) :
1:10, 2B ; 35mm银盐
收藏馆：缩微中心，国图

000O023406
灵山藏：□□卷赋一卷诗余一卷颂铭赞一卷辞
一卷；怀玉藏洹泥集：六卷；杜吟：五卷续一卷 /
(明)郑民伟撰
明崇祯(1628-1644)刻本. -- 还有合刻著作：
鹦鹉车二卷笨庵吟六卷弥戾车二卷雨存篇二
卷/(明)郑民伟撰。存九种二十二卷。
1995年摄制. -- 2盘卷片(38米749拍) :
1:10, 2B ; 35mm银盐
收藏馆：缩微中心，国图

000O015270
秀野堂集：十卷 / (明)杨师孔撰
明万历至天启(1573-1627)刻本
1992年摄制. -- 1盘卷片(14米263拍) :
1:10, 2B ; 35mm银盐
收藏馆：缩微中心，国图

000O011097
春雪馆诗：十六卷 / (明)钱良胤撰

清(1644-1911)抄本
1989年摄制. -- 1盘卷片(17米363拍) :
1:10, 2B ; 35mm银盐
收藏馆：缩微中心，天津

000O014285
葛司农遗集：不分卷 / (明)葛寅亮撰
清(1644-1911)吴允嘉抄本
1992年摄制. -- 1盘卷片(4米48拍) : 1:10,
2B ; 35mm银盐
收藏馆：缩微中心，国图

000O010520
静俭堂集：二十卷 / (明)熊化撰
明崇祯十四年(1641)刻本
1989年摄制. -- 1盘卷片(31米631拍) :
1:10, 2B ; 35mm银盐
收藏馆：缩微中心，天津

000O003934
静悱集：十卷附录一卷 / (明)吴之甲撰
清雍正(1723-1735)吴重康刻本
1986年摄制. -- 1盘卷片(20米423拍) :
1:10, 2B ; 35mm银盐
收藏馆：缩微中心，国图

000O015919
远游集：十二卷 / (明)汪圣敩撰
明万历(1573-1620)刻本
1993年摄制. -- 1盘卷片(11米194拍) :
1:10, 2B ; 35mm银盐
收藏馆：缩微中心，国图

000O011086
秋水阁墨副：九卷；己酉科河南武试录：一卷 /
(明)董光宏撰
明(1368-1644)刻本. -- 钤"竹垹"印；卷一
至卷八为文类，卷九为诗类。书名据书口题。
卷一第一页页码错。
1989年摄制. -- 1盘卷片(20米446拍) :
1:10, 2B ; 35mm银盐
收藏馆：缩微中心，天津

000O001646
石丈斋集：四卷 / (明)葛应秋撰
明崇祯(1628-1644)郑之樊刻本
1986年摄制. -- 1盘卷片(8米155拍) : 1:10,
2B ; 35mm银盐
收藏馆：缩微中心，国图

000O004272
雪堂文集：十卷附录一卷 / (明)沈守正撰
明崇祯三年(1630)沈尤含沈美含刻本

1986年摄制. -- 1盘卷片(23米496拍) :
1:10, 2B ; 35mm银盐
收藏馆：缩微中心，国图

000O001428
霍议：不分卷 / (明)刘士龙撰
明末(1621-1644)刻本
1985年摄制. -- 1盘卷片(5.3米86拍) :
1:10, 2B ; 35mm银盐
收藏馆：缩微中心，国图

000O000896
蘧庐稿选：十三卷 / (明)韩上桂撰
明天启(1621-1627)刻本
1985年摄制. -- 1盘卷片(9.3米184拍) :
1:10, 2B ; 35mm银盐
收藏馆：缩微中心，国图

000O026775
兰雪堂集：八卷 / (明)王心一撰
清乾隆(1736-1795)刻本
1996年摄制. -- 1盘卷片(16米317拍) :
1:10, 2B ; 35mm银盐
收藏馆：缩微中心，南京

000O001641
来复斋稿：十卷 / (明)刘铎撰
明崇祯(1628-1644)刘淑刻永乐(1403-1424)重
修本
1986年摄制. -- 1盘卷片(14米291拍) :
1:10, 2B ; 35mm银盐
收藏馆：缩微中心，国图

000O011278
南都稿：三卷 / (明)傅振商撰
明崇祯三年(1630)刻本
1989年摄制. -- 1盘卷片(12米226拍) :
1:10, 2B ; 35mm银盐
收藏馆：缩微中心，甘肃

000O023404
西征稿：八卷 / (明)傅振商撰
明万历(1573-1620)刻本
1995年摄制. -- 1盘卷片(25米505拍) :
1:10, 2B ; 35mm银盐
收藏馆：缩微中心，国图

000O014602
假庵诗草：不分卷 / (明)归昌世撰
明(1368-1644)稿本. -- (清)郭鸣之跋。
1992年摄制. -- 1盘卷片(4米38拍) : 1:10,
2B ; 35mm银盐
收藏馆：缩微中心，国图

000O028488
骆先生文集：八卷 / (明)骆日升撰
明崇祯(1628-1644)刻本
1997年摄制. -- 1盘卷片(19.3米397拍)：
1:10, 2B；35mm银盐
收藏馆：缩微中心，福建

000O024587
吴吏部文集：十二卷 / (明)吴本泰撰
清顺治十年(1653)夏之中刻本. -- 存八卷：
卷一至卷八。
1996年摄制. -- 1盘卷片(15米289拍)：
1:10, 2B；35mm银盐
收藏馆：缩微中心，浙江

000O023400
携剑集：四卷恒西游草一卷 / (明)俞景寅撰
明万历(1573-1620)刻本
1995年摄制. -- 1盘卷片(6米80拍)：1:10,
2B；35mm银盐
收藏馆：缩微中心，国图

000O005476
乐中集：一卷前集七卷近集七卷 / (明)胡继先撰
明万历(1573-1620)刻本
1986年摄制. -- 1盘卷片(16.2米350拍)：
1:10, 2B；35mm银盐
收藏馆：缩微中心，国图

000O023401
率道人素草：□□卷 / (明)吴玄撰
明(1368-1644)刻本. -- 存七卷：卷一至卷
七。
1995年摄制. -- 1盘卷片(24米485拍)：
1:10, 2B；35mm银盐
收藏馆：缩微中心，国图

000O008963
隐秀轩集：三十三卷 / (明)钟惺撰
明天启二年(1622)沈春泽刻本
1988年摄制. -- 2盘卷片(42.5米892拍)：
1:10, 2B；35mm银盐
收藏馆：缩微中心，湖北

000O011691
翠娱阁评选钟伯敬先生合集文集：十一卷附录
一卷诗集五卷 / (明)钟惺,(明)谭元春撰；(明)陆
云龙评
明崇祯九年(1636)陆云龙刻本
1989年摄制. -- 2盘卷片(41米870拍)：
1:10, 2B；35mm银盐
收藏馆：缩微中心，山西

000O016869
隐秀轩集：五十一卷 / (明)钟惺撰
明天启二年(1622)沈春泽刻本
1993年摄制. -- 1盘卷片(34米685拍)：
1:10, 2B；35mm银盐
收藏馆：缩微中心，国图

000O015837
钟伯敬先生遗稿：四卷 / (明)钟惺撰
明天启七年(1627)徐波刻本
1993年摄制. -- 1盘卷片(8米127拍)：1:10,
2B；35mm银盐
收藏馆：缩微中心，国图

000O001163
徐忠烈公集：四卷 / (明)徐从治撰
明末(1621-1644)刻清康熙至乾隆(1662-1795)
补刻本
1985年摄制. -- 1盘卷片(13.7米289拍)：
1:10, 2B；35mm银盐
收藏馆：缩微中心，国图

000O013112
药园文集：二十七卷 / (明)文震孟撰
明(1368-1644)稿本. -- 存二十三卷：卷一至
卷十七、卷二十一至卷二十二、卷二十四至卷
二十七。
1991年摄制. -- 1盘卷片(21.5米477拍)：
1:10, 2B；35mm银盐
收藏馆：缩微中心，辽宁

000O023112
白门草：二卷 / (明)丁肇亨撰
明崇祯三年(1630)丁汝昌刻本
1995年摄制. -- 1盘卷片(6米79拍)：1:10,
2B；35mm银盐
收藏馆：缩微中心，国图

000O025691
群玉楼集：八十四卷 / (明)张燮撰
明崇祯十一年(1638)刻本. -- 存七十八卷：
卷一至卷六、卷十三至卷八十四。
1995年摄制. -- 3盘卷片(79米1751拍)：
1:10, 2B；35mm银盐
收藏馆：缩微中心，河南

000O013802
春别篇：一卷 / (明)曹学佺撰
明(1368-1644)刻本
1991年摄制. -- 1盘卷片(3米21拍)：1:10,
2B；35mm银盐
收藏馆：缩微中心，国图

000O023393
石仓诗文集：二十卷 / (明)曹学佺撰
明(1368-1644)刻本
1995年摄制. -- 2盘卷片(38米744拍)：
1:10, 2B；35mm银盐
收藏馆：缩微中心，国图

000O000580
浮山堂集：一卷；石仓文稿：一卷 / (明)曹学佺撰
明(1368-1644)刻本
1985年摄制. -- 1盘卷片(5.1米81拍)：
1:10, 2B；35mm银盐
收藏馆：缩微中心，国图

000O013801
金陵集：三卷 / (明)曹学佺撰
明(1368-1644)刻本. -- 存二卷：卷中、卷下。
1991年摄制. -- 1盘卷片(5米67拍)：1:10,
2B；35mm银盐
收藏馆：缩微中心，国图

000O019517
金陵集：三卷；游太湖诗：一卷 / (明)曹学佺撰
明(1368-1644)刻本
1994年摄制. -- 1盘卷片(7米116拍)：1:10,
2B；35mm银盐
收藏馆：缩微中心，国图

000O027107
石仓诗稿：三十三卷 / (明)曹学佺撰
清乾隆十九年(1754)曹岱华刻本
1997年摄制. -- 2盘卷片(50米1052拍)：
1:10, 2B；35mm银盐
收藏馆：缩微中心，国图

000O015868
文彦可先生遗稿：不分卷 / (明)文从简撰
明(1368-1644)稿本. -- (清)邵弥跋。
1993年摄制. -- 1盘卷片(3米16拍)：1:10,
2B；35mm银盐
收藏馆：缩微中心，国图

000O010032
鳌峰集：二十八卷 / (明)徐𤊹撰
明天启五年(1625)刻本. -- 版框高二十厘米
宽十四厘米。
1989年摄制. -- 2盘卷片(48米1018拍)：
1:10, 2B；35mm银盐
收藏馆：缩微中心，广东

000O006114
苍耳斋诗集：十七卷 / (明)方问孝撰
明万历(1573-1620)张定征杨初东[等]刻本
1987年摄制. -- 1盘卷片(26米519拍)：
1:10, 2B；35mm银盐
收藏馆：缩微中心，南京

000O015678
击辕草：一卷 / (明)钱薾撰
清道光六年(1826)钱泰吉抄本. -- (清)钱泰
吉跋。
1993年摄制. -- 1盘卷片(3米18拍)：1:10,
2B；35mm银盐
收藏馆：缩微中心，国图

000O023424
兰陵堂稿：十四卷 / (明)杜开美撰
明万历(1573-1620)刻本
1995年摄制. -- 1盘卷片(27米524拍)：
1:10, 2B；35mm银盐
收藏馆：缩微中心，国图

000O009449
谢耳伯先生初集：十六卷全集八卷 / (明)谢兆申
撰
明崇祯(1628-1644)玉树轩刻本
1987年摄制. -- 1盘卷片(31.9米708拍)：
1:9, 2B；35mm银盐
收藏馆：缩微中心，重庆

000O018226
长馨轩集：□□卷 / (明)王雅量撰
清初(1644-1722)刻本. -- 存一卷：卷一。
(唐)仰杜跋。
1993年摄制. -- 1盘卷片(5米63拍)：1:10,
2B；35mm银盐
收藏馆：缩微中心，山东

000O016237
辽筹：二卷奏草一卷陈谣杂咏一卷辽夷略一卷 /
(明)张鼐撰
明天启(1621-1627)刻本. -- 辽夷略配清
(1644-1911)陈氏裛露轩抄本。邓邦述跋。
1993年摄制. -- 1盘卷片(10米174拍)：
1:10, 2B；35mm银盐
收藏馆：缩微中心，国图

000O023409
宝日堂初集：三十二卷 / (明)张鼐撰
明崇祯二年(1629)汪维宽汪维信[等]刻本
1995年摄制. -- 3盘卷片(86米1702拍)：
1:10, 2B；35mm银盐
收藏馆：缩微中心，国图

000O010495

文水李忠肃先生集：六卷附录一卷 / (明)李邦华撰

清乾隆二十八年(1763)大节堂刻本

1989年摄制. -- 2盘卷片(36米753拍)：1:10, 2B ; 35mm银盐

收藏馆：缩微中心，天津

000O009871

梅中丞遗稿：八卷；西州泪：一卷 / (明)梅之焕撰

清顺治(1644-1661)卫贞元刻本

1989年摄制. -- 1盘卷片(17米363拍)：1:10, 2B ; 35mm银盐

收藏馆：缩微中心，浙江

000O026335

梅中丞遗稿：八卷 / (明)梅之焕撰

清(1644-1911)抄本

1996年摄制. -- 1盘卷片(16.5米330拍)：1:10, 2B ; 35mm银盐

收藏馆：缩微中心，湖北

000O008289

五品稿：不分卷 / (明)李若讷撰

明万历(1573-1620)刻本

1988年摄制. -- 1盘卷片(25米530拍)：1:10, 2B ; 35mm银盐

收藏馆：缩微中心，山东

000O006223

四品稿：九卷 / (明)李若讷撰

明天启(1621-1627)刻本

1987年摄制. -- 2盘卷片(36.5米849拍)：1:10, 2B ; 35mm银盐

收藏馆：缩微中心，南京

000O018193

张忠烈公存集：□□卷 / (明)张铨撰

明(1368-1644)刻本. -- 存二十九卷：卷六至卷三十、卷三十二至卷三十五。

1993年摄制. -- 2盘卷片(14米265拍)：1:10, 2B ; 35mm银盐

收藏馆：缩微中心，山东

000O016406

张纯江先生存笥集：二卷 / (明)张铨撰. 征行录：一卷 / (明)张基辑

明(1368-1644)张世俊素心堂刻本

1993年摄制. -- 1盘卷片(6米89拍)：1:10, 2B ; 35mm银盐

收藏馆：缩微中心，国图

000O010479

王惺所先生文集：十卷 / (明)王以悟撰

明天启(1621-1627)刻本

1989年摄制. -- 1盘卷片(15米320拍)：1:10, 2B ; 35mm银盐

收藏馆：缩微中心，天津

000O000131

宁澹斋全集：二十卷 / (明)杨守勤撰. 请恩疏稿：一卷 / (明)杨一琛撰. 留芳录：一卷

明天启二年(1622)卓迈刻本. -- 存十九卷：诗八卷，文卷一至卷八、卷十至卷十二。

1985年摄制. -- 2盘卷片(40.4米882拍)：1:10, 2B ; 35mm银盐

收藏馆：缩微中心，国图

000O006595

宁澹斋全集：二十卷 / (明)杨守勤撰

明天启二年(1622)卓迈刻本. -- 存十六卷：诗八卷全，文卷一至卷八。

1987年摄制. -- 1盘卷片(26米575拍)：1:10, 2B ; 35mm银盐

收藏馆：缩微中心，国图

000O006232

宁澹斋全集：二十卷 / (明)杨守勤撰

明天启二年(1622)卓迈刻本. -- 存十八卷：文卷一至卷八、诗卷一至卷八、卷十一至卷十二。

1987年摄制. -- 2盘卷片(40米797拍)：1:10, 2B ; 35mm银盐

收藏馆：缩微中心，南京

000O020147

天启宫中词：一卷雪舫集一卷 / (明)陈悰撰

清初(1644-1722)刻本

1994年摄制. -- 1盘卷片(5米70拍)：1:10, 2B ; 35mm银盐

收藏馆：缩微中心，国图

000O011106

天启宫词百咏：二卷 / (明)陈悰撰

清康熙四十一年(1702)梅壑散人抄本

1989年摄制. -- 1盘卷片(5米65拍)：1:10, 2B ; 35mm银盐

收藏馆：缩微中心，天津

000O015951

拟故宫词：一卷 / (明)唐宇昭撰

清(1644-1911)吴寿旸抄本

1993年摄制. -- 1盘卷片(2米30拍)：1:10, 2B ; 35mm银盐

收藏馆：缩微中心，国图

00O002262
天启宫中词：一卷 / (明)陈悰撰
清(1644-1911)抄本. -- (清)魏锡曾校，(清)周星诒批注并跋，(清)翁同龢跋。
1986年摄制. -- 1盘卷片(4.2米62拍) : 1:10, 2B ; 35mm银盐
收藏馆：缩微中心，国图

00O010524
藏密斋集：二十四卷 / (明)魏大中撰
明崇祯(1628-1644)刻本
1989年摄制. -- 2盘卷片(41米866拍) : 1:10, 2B ; 35mm银盐
收藏馆：缩微中心，天津

00O016021
魏忠节遗著：不分卷 / (明)魏大中撰
清同治八年(1869)刘履芬抄本. -- (清)刘履芬、(清)潘钟瑞校并跋。
1993年摄制. -- 1盘卷片(5米54拍) : 1:10, 2B ; 35mm银盐
收藏馆：缩微中心，国图

00O018184
左忠毅公集：三卷年谱二卷；左侍御公集：一卷 / (明)左光斗[等]撰
清乾隆(1736-1795)刻本
1993年摄制. -- 1盘卷片(22米457拍) : 1:10, 2B ; 35mm银盐
收藏馆：缩微中心，山东

00O013285
浮丘左先生文集：三卷首一卷 / (明)左光斗撰
明崇祯(1628-1644)刻本
1991年摄制. -- 1盘卷片(14米287拍) : 1:10, 2B ; 35mm银盐
收藏馆：缩微中心，湖北

00O009557
珂雪斋近草：十卷 / (明)袁中道撰
明(1368-1644)刻本
1988年摄制. -- 1盘卷片(26.1米572拍) : 1:10, 2B ; 35mm银盐
收藏馆：缩微中心，重庆

00O010938
无欲斋诗钞：一卷 / (明)鹿善继撰
清乾隆(1736-1795)刻本
1989年摄制. -- 1盘卷片(5米58拍) : 1:10, 2B ; 35mm银盐
收藏馆：缩微中心，湖北

00O024161
鹿忠节公集：二十一卷 / (明)鹿善继撰
清(1644-1911)刻本
1996年摄制. -- 1盘卷片(23米490拍) : 1:10, 2B ; 35mm银盐
收藏馆：缩微中心，湖北

00O016798
居易子铿铿斋外稿续集：一卷杂一卷 / (明)朱篁撰
明(1368-1644)刻本
1993年摄制. -- 1盘卷片(3米24拍) : 1:10, 2B ; 35mm银盐
收藏馆：缩微中心，国图

00O005557
溪亭集：二卷附录一卷 / (明)严衍撰
清(1644-1911)抄本
1987年摄制. -- 1盘卷片(10米185拍) : 1:10, 2B ; 35mm银盐
收藏馆：缩微中心，南京

00O027308
赐余堂集：十卷 / (明)钱士升撰 . 年谱：一卷 / (明)许重熙撰
清乾隆四年(1739)钱佳刻本
1997年摄制. -- 1盘卷片(16米307拍) : 1:10, 2B ; 35mm银盐
收藏馆：缩微中心，国图

00O015002
范勋卿诗集：二十一卷 / (明)范凤翼撰
明崇祯(1628-1644)刻本
1992年摄制. -- 1盘卷片(26米529拍) : 1:10, 2B ; 35mm银盐
收藏馆：缩微中心，国图

00O013611
范玺卿诗集：□□卷 / (明)范凤翼撰
明末(1621-1644)刻本. -- 存七卷：卷一至卷七。
1991年摄制. -- 1盘卷片(8米111拍) : 1:10, 2B ; 35mm银盐
收藏馆：缩微中心，国图

00O004088
范玺卿诗集：一卷补遗一卷 / (明)范凤翼撰
清咸丰十一年(1861)姜渭抄本
1986年摄制. -- 1盘卷片(3米37拍) : 1:10, 2B ; 35mm银盐
收藏馆：缩微中心，国图

000O010137

何长人集：八卷 / (明)何庆元撰
明万历(1573-1620)刻本
1989年摄制. -- 1盘卷片(25米519拍) :
1:10, 2B ; 35mm银盐
收藏馆：缩微中心，山东

000O007530

罾社游草：二卷 / (明)何庆元撰
明万历(1573-1620)刻本
1987年摄制. -- 1盘卷片(7米111拍) : 1:10,
2B ; 35mm银盐
收藏馆：缩微中心，国图

000O003632

漆园卮言：十七卷 / (明)庄起元撰
明万历(1573-1620)刻本
1986年摄制. -- 2盘卷片(33米703拍) :
1:10, 2B ; 35mm银盐
收藏馆：缩微中心，国图

000O018474

万历乙卯山东乡试朱卷：一卷 / (明)宁光先撰
明万历(1573-1620)刻本
1993年摄制. -- 1盘卷片(3米28拍) : 1:10,
2B ; 35mm银盐
收藏馆：缩微中心，国图

000O018589

万历丙辰会试朱卷：一卷 / (明)宁光先撰
明万历(1573-1620)刻本
1993年摄制. -- 1盘卷片(4米31拍) : 1:10,
2B ; 35mm银盐
收藏馆：缩微中心，国图

000O007345

炳烛斋稿：不分卷 / (明)顾大韶撰
清康熙十年(1671)顾晶顾淼刻本
1987年摄制. -- 1盘卷片(12米240拍) :
1:10, 2B ; 35mm银盐
收藏馆：缩微中心，国图

000O028117

炳烛斋稿：不分卷随笔一卷 / (明)顾大韶撰
清康熙十年(1671)顾晶顾淼刻本
1996年摄制. -- 1盘卷片(17米345拍) :
1:10, 2B ; 35mm银盐
收藏馆：缩微中心，南京

000O013806

落落斋遗集：十卷 / (明)李应升撰
明崇祯十七年(1644)李逊之刻本
1992年摄制. -- 2盘卷片(35米700拍) :

1:10, 2B ; 35mm银盐
收藏馆：缩微中心，国图

000O004282

王季重先生集：九种九卷 / (明)王思任撰
明末(1621-1644)清晖阁刻本
1986年摄制. -- 1盘卷片(21.7米479拍) :
1:10, 2B ; 35mm银盐
收藏馆：缩微中心，国图

000O005049

避园拟存诗集：一卷杂序一卷游唤一卷 / (明)王思任撰
明末(1621-1644)清晖阁刻本
1986年摄制. -- 1盘卷片(12米237拍) :
1:10, 2B ; 35mm银盐
收藏馆：缩微中心，国图

000O009323

王季重先生文集：十三种十三卷 / (明)王思任撰
明末(1621-1644)刻本
1988年摄制. -- 2盘卷片(40米840拍) :
1:10, 2B ; 35mm银盐
收藏馆：缩微中心，湖南

000O018467

王季重先生文集：□□卷 / (明)王思任撰
明末(1621-1644)刻本. -- 存七卷：卷二至卷
八。
1993年摄制. -- 1盘卷片(27米532拍) :
1:10, 2B ; 35mm银盐
收藏馆：缩微中心，国图

000O024690

王氏书稿：不分卷 / (明)王思任撰
清(1644-1911)稿本
1996年摄制. -- 1盘卷片(4米43拍) : 1:10,
2B ; 35mm银盐
收藏馆：缩微中心，浙江

000O004374

乡试墨卷：一卷；会试墨卷：一卷 / (明)王思任撰
明(1368-1644)刻本
1986年摄制. -- 1盘卷片(6米90拍) : 1:10,
2B ; 35mm银盐
收藏馆：缩微中心，国图

000O005051

谑庵文饭小品：五卷 / (明)王思任撰
清顺治(1644-1661)刻本
1986年摄制. -- 1盘卷片(27米592拍) :
1:10, 2B ; 35mm银盐

收藏馆：缩微中心，国图

00O018264
文饭小品：不分卷 / (明)王思任撰
明(1368-1644)稿本
1993年摄制. -- 1盘卷片(6米94拍) ： 1:10,
2B ；35mm银盐
收藏馆：缩微中心，山东

00O006127
皆春园集：四卷 / (明)陈完撰
明万历(1573-1620)刻本
1987年摄制. -- 1盘卷片(11米209拍) ：
1:10, 2B ；35mm银盐
收藏馆：缩微中心，南京

00O006230
十愿斋全集：十四卷 / (明)吴钟峦撰
清康熙(1662-1722)刻本
1987年摄制. -- 1盘卷片(23米538拍) ：
1:10, 2B ；35mm银盐
收藏馆：缩微中心，南京

00O023389
素兰集：一卷 / (明)翁孺安撰
清(1644-1911)抄本
1995年摄制. -- 1盘卷片(4米30拍) ： 1:10,
2B ；35mm银盐
收藏馆：缩微中心，国图

00O013294
妙还堂诗集：十四卷 / (明)马之骏撰
明万历四十七年(1619)刻本
1991年摄制. -- 1盘卷片(10米188拍) ：
1:10, 2B ；35mm银盐
收藏馆：缩微中心，湖北

00O017043
卧云稿：一卷 / (明)许自昌撰
明万历三十年(1602)许自昌刻本
1993年摄制. -- 1盘卷片(4米38拍) ： 1:10,
2B ；35mm银盐
收藏馆：缩微中心，国图

00O009265
清权堂集：二十二卷 / (明)沈德符撰
明(1368-1644)刻本
1988年摄制. -- 1盘卷片(24.5米515拍) ：
1:10, 2B ；35mm银盐
收藏馆：缩微中心，湖南

00O027866
可经堂集：七卷 / (明)徐石麒撰

清顺治八年(1651)徐柱臣刻本
1996年摄制. -- 1盘卷片(18米381拍) ：
1:10, 2B ；35mm银盐
收藏馆：缩微中心，南京

00O024586
蕺山刘子诗集：不分卷 / (明)刘宗周撰
清(1644-1911)抄本
1996年摄制. -- 1盘卷片(6.5米105拍) ：
1:10, 2B ；35mm银盐
收藏馆：缩微中心，浙江

00O011903
刘蕺山先生遗集：二十四卷年谱二卷 / (明)刘宗周撰
清乾隆十七年(1752)雷铉郑肇奎刻本
1990年摄制. -- 2盘卷片(39米812拍) ：
1:10, 2B ；35mm银盐
收藏馆：缩微中心，山东

00O022563
刘蕺山先生集：十种二十四卷首一卷 / (明)刘宗周撰
清乾隆十七年(1752)证人堂刻本
1995年摄制. -- 2盘卷片(41米836拍) ：
1:10, 2B ；35mm银盐
收藏馆：缩微中心，湖北

00O011095
采蕺斋集：不分卷语录一卷 / (明)刘宗周撰
清初(1644-1722)抄本
1989年摄制. -- 1盘卷片(24米536拍) ：
1:10, 2B ；35mm银盐
收藏馆：缩微中心，天津

00O019975
皇极篇：二十七卷 / (明)文翔凤撰
明万历四十五年(1617)文翔凤刻本
1994年摄制. -- 2盘卷片(41米821拍) ：
1:10, 2B ；35mm银盐
收藏馆：缩微中心，国图

00O016302
竹圣斋吟草：一卷 / (明)文翔凤撰
明(1368-1644)抄本
1993年摄制. -- 1盘卷片(3米14拍) ： 1:10,
2B ；35mm银盐
收藏馆：缩微中心，国图

00O016910
紫庭草：一卷 / (明)文翔凤撰
明(1368-1644)刻三子小草本
1993年摄制. -- 1盘卷片(4米52拍) ： 1:10,

2B ；35mm银盐
收藏馆：缩微中心，国图

000O026685
南都新赋：不分卷 / (明)文翔凤撰
明万历四十八年(1620)刻本
1996年摄制. -- 1盘卷片(5米79拍) ：1:10,
2B ；35mm银盐
收藏馆：缩微中心，福建

000O019529
勺水庵诗集：一卷 / (明)张慎言撰
明末(1621-1644)刻本. -- (清)王铎批点，王
献唐跋并题诗。
1994年摄制. -- 1盘卷片(5米61拍) ：1:10,
2B ；35mm银盐
收藏馆：缩微中心，国图

000O016597
泊水斋文钞：三卷 / (明)张慎言撰
清康熙三十九年(1700)张茂生刻本
1993年摄制. -- 1盘卷片(13.3米271拍) ：
1:10, 2B ；35mm银盐
收藏馆：缩微中心，山西

000O015378
王季木问山亭诗集选：一卷辛亥草二卷癸丑草
一卷壬子草一卷甲寅草一卷 / (明)王象春撰
明(1368-1644)抄本. -- (清)王士禛批点删
定。
1992年摄制. -- 1盘卷片(10米157拍) ：
1:10, 2B ；35mm银盐
收藏馆：缩微中心，国图

000O019311
济南百咏：一卷 / (明)王象春撰
明万历四十四年(1616)王象春刻本
1994年摄制. -- 1盘卷片(5米60拍) ：1:10,
2B ；35mm银盐
收藏馆：缩微中心，国图

000O016728
桂隐轩闲集南山招隐编：不分卷 / (明)钟离靖撰
明万历四十六年(1618)钟离靖刻本
1993年摄制. -- 1盘卷片(7米98拍) ：1:10,
2B ；35mm银盐
收藏馆：缩微中心，国图

000O021900
天东集：四卷序录一卷 / (明)李元调撰
明崇祯六年(1633)六息馆刻本
1995年摄制. -- 1盘卷片(14.6米299拍) ：
1:10, 2B ；35mm银盐

收藏馆：缩微中心，阳泉

000O024286
天东集：四卷 / (明)李元调撰
明崇祯九年(1636)六息馆刻本
1996年摄制. -- 1盘卷片(15米292拍) ：
1:10, 2B ；35mm银盐
收藏馆：缩微中心，安徽

000O006960
踦庵集：不分卷 / (明)魏浣初撰
明(1368-1644)抄本
1987年摄制. -- 1盘卷片(24米316拍) ：
1:10, 2B ；35mm银盐
收藏馆：缩微中心，国图

000O009171
四留堂杂著：二卷 / (明)魏浣初撰
清咸丰(1851-1861)抄本
1988年摄制. -- 1盘卷片(11.8米233拍) ：
1:10, 2B ；35mm银盐
收藏馆：缩微中心，湖南

000O019527
四留堂杂著：不分卷 / (明)魏浣初撰
清(1644-1911)抄本
1994年摄制. -- 1盘卷片(11米196拍) ：
1:10, 2B ；35mm银盐
收藏馆：缩微中心，国图

000O005554
九籥别集：四卷 / (明)宋懋澄撰
清(1644-1911)刻本. -- 卷一配清(1644-1911)
抄本。
1987年摄制. -- 1盘卷片(9米112拍) ：1:10,
2B ；35mm银盐
收藏馆：缩微中心，南京

000O001228
韩子榕庵集：三十一卷 / (明)韩锡撰
明(1368-1644)刻本
1985年摄制. -- 1盘卷片(14米303拍) ：
1:10, 2B ；35mm银盐
收藏馆：缩微中心，国图

000O000306
清閟全集：五十八卷 / (明)姚希孟撰
明崇祯(1628-1644)张叔籁陶兰台刻本
1985年摄制. -- 4盘卷片(102.6米2291拍) ：
1:10, 2B ；35mm银盐
收藏馆：缩微中心，国图

00O016277
清閟全集：八十九卷 / (明)姚希孟撰
明崇祯(1628-1644)张叔籁陶兰台刻本
1993年摄制. -- 6盘卷片(165米3332拍) :
1:10, 2B ; 35mm银盐
收藏馆：缩微中心，国图

00O015445
文远集：二十八卷补遗一卷 / (明)姚希孟撰
明崇祯(1628-1644)张叔籁陶兰台刻本
1992年摄制. -- 2盘卷片(43米859拍) :
1:10, 2B ; 35mm银盐
收藏馆：缩微中心，国图

00O016937
郭汝承集：□□卷 / (明)郭应宠撰
清(1644-1911)抄本. -- 存四卷：卷一至卷四。
1993年摄制. -- 1盘卷片(7米112拍) : 1:10,
2B ; 35mm银盐
收藏馆：缩微中心，国图

00O019952
来阳伯集：二十卷 / (明)来复撰
明天启(1621-1627)刻本
1994年摄制. -- 1盘卷片(25米488拍) :
1:10, 2B ; 35mm银盐
收藏馆：缩微中心，国图

00O003909
缀闲集：二卷公孙龙子达辞一卷 / (明)徐济忠撰
明末(1621-1644)刻本
1986年摄制. -- 1盘卷片(5米74拍) : 1:10,
2B ; 35mm银盐
收藏馆：缩微中心，国图

00O002840
红青绝句：二卷 / (明)吕天成撰
明万历(1573-1620)刻本
1986年摄制. -- 1盘卷片(3.8米52拍) :
1:10, 2B ; 35mm银盐
收藏馆：缩微中心，国图

00O023411
徐子卿近集：十卷 / (明)徐日久撰
明(1368-1644)刻本
1995年摄制. -- 1盘卷片(20米400拍) :
1:10, 2B ; 35mm银盐
收藏馆：缩微中心，国图

00O023418
博望山人稿：二十卷 / (明)曹履吉撰
明崇祯十七年(1644)曹台望曹台岳[等]刻本

1995年摄制. -- 1盘卷片(32米640拍) :
1:10, 2B ; 35mm银盐
收藏馆：缩微中心，国图

00O003462
存筒诗草：五卷 / (明)吴桂森撰
明崇祯(1628-1644)吴陞之刻本
1985年摄制. -- 1盘卷片(3米38拍) : 1:10,
2B ; 35mm银盐
收藏馆：缩微中心，国图

00O011677
景瞻论草：不分卷 / (明)贺仲轼撰
明(1368-1644)刻本. -- (明)岳凌霄校。
1989年摄制. -- 1盘卷片(7米125拍) : 1:10,
2B ; 35mm银盐
收藏馆：缩微中心，天津

00O009852
扫余之余：三卷 / (明)刘锡玄撰
明末(1621-1644)刻本
1989年摄制. -- 1盘卷片(5米73拍) : 1:10,
2B ; 35mm银盐
收藏馆：缩微中心，浙江

00O015809
颂帚居士戒草：一卷 / (明)刘锡玄撰
明万历四十五年(1617)刘锡玄刻本
1993年摄制. -- 1盘卷片(4米41拍) : 1:10,
2B ; 35mm银盐
收藏馆：缩微中心，国图

00O018645
颂帚二集：二卷 / (明)刘锡玄撰
明万历(1573-1620)刻本
1993年摄制. -- 1盘卷片(8米149拍) : 1:10,
2B ; 35mm银盐
收藏馆：缩微中心，重庆

00O015852
颂帚三集：二卷 / (明)刘锡玄撰
明万历(1573-1620)刻本
1993年摄制. -- 1盘卷片(8米127拍) : 1:10,
2B ; 35mm银盐
收藏馆：缩微中心，国图

00O025705
方朔明心：内篇一卷外篇一卷补集一卷 / (明)刘锡玄撰
明(1368-1644)刻本
1996年摄制. -- 1盘卷片(14米315拍) :
1:10, 2B ; 35mm银盐
收藏馆：缩微中心，河南

000O010218
识匡斋全集：十六卷 / (明)刘康杜撰
清顺治十一年(1654)刻本
1989年摄制. -- 1盘卷片(19米386拍)：
1:10，2B；35mm银盐
收藏馆：缩微中心，天津

000O028099
欧子建集：十八卷 / (明)欧必元撰
清初(1644-1722)刻本. -- 缺一卷：罗浮稿卷
二。
1997年摄制. -- 1盘卷片(26米539拍)：
1:10，2B；35mm银盐
收藏馆：缩微中心，广东

000O020355
欧子建集：十八卷 / (明)欧必元撰
清(1644-1911)刻本. -- 缺四卷：琭玉斋稿卷
十一至卷十四。
1994年摄制. -- 1盘卷片(19米385拍)：
1:10，2B；35mm银盐
收藏馆：缩微中心，国图

000O013898
陈太史无梦园初集：三十四卷 / (明)陈仁锡撰
明崇祯六年(1633)张叔籁刻本
1992年摄制. -- 4盘卷片(110米2324拍)：
1:10，2B；35mm银盐
收藏馆：缩微中心，国图

000O020016
陈太史无梦园初集：三十四卷 / (明)陈仁锡撰
明崇祯六年(1633)张叔籁刻本
1994年摄制. -- 4盘卷片(113米2341拍)：
1:10，2B；35mm银盐
收藏馆：缩微中心，国图

000O022175
陈太史无梦园初集：三十四卷 / (明)陈仁锡撰
明崇祯六年(1633)张叔籁刻本. -- 卷二配抄
本。
1995年摄制. -- 4盘卷片(114米2314拍)：
1:10，2B；35mm银盐
收藏馆：缩微中心，国图

000O026393
无梦园集：八卷 / (明)陈仁锡撰
明崇祯八年(1635)陈礼锡陈智锡刻本
1993年摄制. -- 1盘卷片(29米645拍)：
1:10，2B；35mm银盐
收藏馆：缩微中心，南京

000O002834
纫兰阁诗集：十四卷 / (明)方孟式撰
清康熙三十四年(1695)张祁度刻本
1986年摄制. -- 1盘卷片(9米179拍)：1:10，
2B；35mm银盐
收藏馆：缩微中心，国图

000O013549
刘文烈公全集：十二卷 / (明)刘理顺撰
清顺治(1644-1661)刻康熙(1662-1722)印本
1991年摄制. -- 1盘卷片(25米495拍)：
1:10，2B；35mm银盐
收藏馆：缩微中心，浙江

000O023136
瑆美堂集：一卷；沙上集：一卷 / (明)水佳胤撰
明崇祯(1628-1644)刻本
1995年摄制. -- 1盘卷片(5米60拍)：1:10，
2B；35mm银盐
收藏馆：缩微中心，国图

000O006131
绿雪楼集：□□卷 / (明)熊明遇撰
明天启(1621-1627)刻本. -- 存八种十九卷。
1987年摄制. -- 2盘卷片(42米890拍)：
1:10，2B；35mm银盐
收藏馆：缩微中心，南京

000O013803
文直行书诗：十三卷文选十七卷首一卷 / (明)熊明遇撰
清顺治十七年(1660)熊人霖刻本
1991年摄制. -- 3盘卷片(62米1213拍)：
1:10，2B；35mm银盐
收藏馆：缩微中心，国图

000O001854
新刻天佣子全集：十卷 / (明)艾南英撰
清康熙三十八年(1699)艾为珫刻本
1985年摄制. -- 1盘卷片(32米682拍)：
1:10，2B；35mm银盐
收藏馆：缩微中心，国图

000O023901
天佣子全集：六卷 / (明)艾南英撰
清康熙(1662-1722)王居安刻本
1995年摄制. -- 1盘卷片(21米481拍)：
1:10，2B；35mm银盐
收藏馆：缩微中心，河南

000O023429
琴张子萤芝集：七卷 / (明)张明弼撰
明天启五年(1625)书林段君定刻本

1995年摄制. -- 1盘卷片（12米214拍）：
1:10，2B；35mm银盐
收藏馆：缩微中心，国图

__000O006214__
适适草：一卷 / (明)沈静专撰
明崇祯(1628-1644)郁华楼刻本
1987年摄制. -- 1盘卷片（4米92拍）：1:10，
2B；35mm银盐
收藏馆：缩微中心，南京

__000O009913__
宋布衣文集：一卷诗集二卷清平阁倡和诗一卷 /
(明)宋登春撰
清康熙二十四年(1685)王培校刻本. -- （清）
王培校。
1989年摄制. -- 1盘卷片（8米136拍）：1:10，
2B；35mm银盐
收藏馆：缩微中心，天津

__000O014126__
宋布衣诗集：二卷 / (明)宋登春撰
明万历五年(1577)徐学谟刻本
1992年摄制. -- 1盘卷片（5米71拍）：1:10，
2B；35mm银盐
收藏馆：缩微中心，国图

__000O015812__
传是堂合编：五卷奏议一卷；河东文告：四卷
奏议一卷 / (明)李日宣撰
明天启(1621-1627)刻本
1993年摄制. -- 1盘卷片（27米554拍）：
1:10，2B；35mm银盐
收藏馆：缩微中心，国图

__000O001177__
李文敏公遗集定本：二卷附录一卷 / (明)李国樉
撰
清康熙七年(1668)李霨刻本
1985年摄制. -- 1盘卷片（8.2米157拍）：
1:10，2B；35mm银盐
收藏馆：缩微中心，国图

__000O024259__
孙从周诗：四卷 / (明)孙文郁撰
明万历(1573-1620)刻本
1996年摄制. -- 1盘卷片（6米90拍）：1:10，
2B；35mm银盐
收藏馆：缩微中心，安徽

__000O023871__
冰莲集：四卷 / (明)夏树芳撰
明万历(1573-1620)夏氏清远楼刻本

1993年摄制. -- 1盘卷片（10米205拍）：
1:10，2B；35mm银盐
收藏馆：缩微中心，南京

__000O010468__
冰莲集：四卷 / (明)夏树芳撰
明末(1621-1644)江阴夏氏清远楼刻本
1989年摄制. -- 1盘卷片（11米205拍）：
1:10，2B；35mm银盐
收藏馆：缩微中心，天津

__000O000887__
黄忠端公文略：三卷诗略二卷说略一卷 / (明)黄
尊素撰
清康熙十五年(1676)许三礼清远堂刻本. --
还有合刻著作：黄忠端公正气录一卷。
1985年摄制. -- 1盘卷片（9.1米176拍）：
1:10，2B；35mm银盐
收藏馆：缩微中心，国图

__000O010516__
岱宗藏稿：五十卷 / (明)杨梦衮撰
明天启四年(1624)秣陵广庆堂刻本
1989年摄制. -- 2盘卷片（53米1167拍）：
1:10，2B；35mm银盐
收藏馆：缩微中心，天津

__000O027495__
次韵落花诗：一卷 / (明)邵捷春撰
明崇祯(1628-1644)刻本
1996年摄制. -- 1盘卷片（3米28拍）：1:10，
2B；35mm银盐
收藏馆：缩微中心，福建

__000O009878__
蓝亚中文集：十八卷 / (明)蓝近任撰
明崇祯八年(1635)紫芝馆刻本
1989年摄制. -- 1盘卷片（18米399拍）：
1:10，2B；35mm银盐
收藏馆：缩微中心，浙江

__000O023372__
陈庶常遗集：四卷附一卷 / (明)陈万言撰
明崇祯三年(1630)王起隆[等]刻本
1995年摄制. -- 1盘卷片（12米216拍）：
1:10，2B；35mm银盐
收藏馆：缩微中心，国图

__000O016431__
巢云诗集：八卷 / (明)裴邦奇撰
明(1368-1644)刻本
1993年摄制. -- 1盘卷片（9米152拍）：1:10，
2B；35mm银盐

收藏馆：缩微中心，国图

000O012630
温实忠先生遗稿：十二卷 / (明)温璜撰
清顺治(1644-1661)贞石堂刻本
1990年摄制. -- 1盘卷片(10.2米208拍)：
1:10，2B；35mm银盐
收藏馆：缩微中心，辽宁

000O023428
文启美诗集：三卷 / (明)文震亨撰
明崇祯十一年(1638)长安借树轩刻崇祯十七年
(1644)采山堂续刻本
1995年摄制. -- 1盘卷片(6米92拍)： 1:10，
2B；35mm银盐
收藏馆：缩微中心，国图

000O017312
墨华集：不分卷 / (明)安舒撰
清(1644-1911)稿本
1992年摄制. -- 1盘卷片(15米277拍)：
1:10，2B；35mm银盐
收藏馆：缩微中心，国图

000O029965
太古堂遗编：十四卷 / (明)高弘图撰
清(1644-1911)抄本
2001年摄制. -- 1盘卷片(22米445拍)：
1:10，2B；35mm银盐
收藏馆：缩微中心，国图

000O011157
黄石斋先生文集：十三卷 / (明)黄道周撰
清康熙五十三年(1714)刻本
1989年摄制. -- 1盘卷片(30米654拍)：
1:10，2B；35mm银盐
收藏馆：缩微中心，山西

000O011906
黄子录：六十六卷 / (明)黄道周撰；(清)洪思考
正；(清)柯荫集解
清(1644-1911)抄本
1990年摄制. -- 2盘卷片(59米1287拍)：
1:10，2B；35mm银盐
收藏馆：缩微中心，山东

000O019950
骈枝别集：二十卷 / (明)黄道周撰
明末(1621-1644)刻本
1994年摄制. -- 1盘卷片(13米234拍)：
1:10，2B；35mm银盐
收藏馆：缩微中心，国图

000O010515
晃岩集：二十二卷 / (明)池显方撰
明崇祯十四年(1641)刻本
1989年摄制. -- 2盘卷片(38米801拍)：
1:10，2B；35mm银盐
收藏馆：缩微中心，天津

000O017310
绪言：四卷 / (明)董斯张撰
明末(1621-1644)刻本
1993年摄制. -- 1盘卷片(5米70拍)： 1:10，
2B；35mm银盐
收藏馆：缩微中心，国图

000O008300
吴文端公涣亭存稿：二十八卷 / (明)吴宗达撰
明崇祯(1628-1644)吴职思刻本
1988年摄制. -- 2盘卷片(46米882拍)：
1:10，2B；35mm银盐
收藏馆：缩微中心，山东

000O017396
岳归堂合集：十卷 / (明)谭元春撰
明万历(1573-1620)刻本
1993年摄制. -- 1盘卷片(14米273拍)：
1:10，2B；35mm银盐
收藏馆：缩微中心，国图

000O005069
新刻谭友夏合集：二十三卷 / (明)谭元春撰
明崇祯六年(1633)张泽刻本. -- 卷二十至卷
二十三配清(1644-1911)抄本。
1986年摄制. -- 1盘卷片(25米561拍)：
1:10，2B；35mm银盐
收藏馆：缩微中心，国图

000O013527
邺庵订定谭子诗归：十卷 / (明)谭元春撰
明末(1621-1644)岳归堂刻本
1991年摄制. -- 1盘卷片(17米360拍)：
1:10，2B；35mm银盐
收藏馆：缩微中心，重庆

000O021257
邺庵订定谭子诗归：十卷首一卷 / (明)谭元春撰
明末(1621-1644)岳归堂刻本
1995年摄制. -- 1盘卷片(16米294拍)：
1:10，2B；35mm银盐
收藏馆：缩微中心，国图

000O016189
漉篱集：二十五卷遗集一卷 / (明)卓发之撰
明崇祯(1628-1644)传经堂刻本

1993年摄制. -- 2盘卷片（43米895拍）：
1:10，2B；35mm银盐
收藏馆：缩微中心，国图

00O013590
印可编：一卷续编一卷 / (明)詹绍治撰
明崇祯四年至十七年(1631-1644)詹日昌刻本
1991年摄制. -- 1盘卷片（4米39拍）：1:10，
2B；35mm银盐
收藏馆：缩微中心，国图

00O003420
天耳堂文集：四卷 / (明)王傑撰
清康熙十二年(1673)王天壁刻本
1986年摄制. -- 1盘卷片（6米106拍）：1:10，
2B；35mm银盐
收藏馆：缩微中心，国图

00O013650
香国楼精选薏蕙草：十卷 / (明)孙征兰撰
明末(1621-1644)孙隆孙孙启贤刻本. -- 存四卷：半日门、芙蓉城、星镶路俸、清肺丸。
1991年摄制. -- 1盘卷片（5米63拍）：1:10，
2B；35mm银盐
收藏馆：缩微中心，国图

00O019751
半日闲：一卷 / (明)孙征兰撰
明末(1621-1644)刻本
1994年摄制. -- 1盘卷片（3米21拍）：1:10，
2B；35mm银盐
收藏馆：缩微中心，国图

00O026711
玄冰集：十一卷 / (明)陈衍撰
明崇祯(1628-1644)刻本
1996年摄制. -- 1盘卷片（11米203拍）：
1:10，2B；35mm银盐
收藏馆：缩微中心，南京

00O027754
玄冰集：十一卷 / (明)陈衍撰
清(1644-1911)抄本
1996年摄制. -- 1盘卷片（7.7米138拍）：
1:10，2B；35mm银盐
收藏馆：缩微中心，福建

00O013879
定园集：三十六卷 / (明)刘敏宽撰
明万历四十年(1612)刘宅民刻清康熙四十七年(1708)刘楩重修本. -- 存七卷：卷七至卷八、卷十八、卷二十一、卷二十三、卷三十至卷三十一。

1992年摄制. -- 1盘卷片（25米570拍）：
1:10，2B；35mm银盐
收藏馆：缩微中心，国图

00O014965
世笃堂稿：六卷 / (明)耿如杞撰
清(1644-1911)活字印本
1992年摄制. -- 1盘卷片（7米115拍）：1:10，
2B；35mm银盐
收藏馆：缩微中心，国图

00O028958
世笃堂稿：六卷；风云亭稿：二卷；风云亭外集：一卷 / (明)耿如杞，(明)耿明撰
清康熙四十五年(1706)活字印本. -- 还有合刻著作：世笃堂外集一卷 / (明)耿如杞、(明)耿明撰。
1998年摄制. -- 1盘卷片（12米198拍）：
1:10，2B；35mm银盐
收藏馆：缩微中心，苏州

00O003342
鋆专堂集：十四卷 / (明)钱继登撰
清康熙六年(1667)钱继登刻本
1986年摄制. -- 1盘卷片（26.3米589拍）：
1:10，2B；35mm银盐
收藏馆：缩微中心，国图

00O017367
檀雪斋集：二百卷 / (明)胡敬辰撰
明(1368-1644)刻本. -- 存一卷：卷一。
1993年摄制. -- 1盘卷片（5米67拍）：1:10，
2B；35mm银盐
收藏馆：缩微中心，国图

00O021569
明德先生文集：二十六卷制艺一卷 / (明)吕维祺撰. 附新安定变全城记：一卷 / (清)张鼎延撰
清康熙二年(1663)吕兆璜吕兆琳刻本
1995年摄制. -- 2盘卷片（39米780拍）：
1:10，2B；35mm银盐
收藏馆：缩微中心，国图

00O027877
明德先生文集：二十六卷制艺一卷 / (明)吕维祺撰. 新安定变全城记：一卷 / (清)张鼎延撰
清康熙二年(1663)淮南吕兆璜刻本. -- 还有合刻著作：明德先生年谱四卷 / (清)施化远撰。
1996年摄制. -- 2盘卷片（50米1048拍）：
1:10，2B；35mm银盐
收藏馆：缩微中心，南京

000O028500
范文忠公初集：十二卷 / (明)范景文撰；(清)王
孙锡辑
清康熙四十年(1701)范毓秀范继祖刻本
1997年摄制. -- 1盘卷片(20.4米421拍)：
1:10, 2B ；35mm银盐
收藏馆：缩微中心，泉州

000O020037
范文忠公文稿：不分卷 / (明)范景文撰
明(1368-1644)稿本. -- (清)张之洞题签，
(清)左宗棠、(清)张之洞、(清)李鸿藻、(清)
鹿传霖、(清)张佩纶、(清)张之万、(清)陆润
庠、(清)王懿荣、(清)刘恩溥、陈宝琛、傅增
湘跋，(清)黄国瑾、(清)兀鲁特锡缜、(清)吴
寻源题诗。
1994年摄制. -- 1盘卷片(4米43拍)：1:10,
2B ；35mm银盐
收藏馆：缩微中心，国图

000O023422
咏怀堂诗集：四卷外集二卷 / (明)阮大铖撰
明崇祯(1628-1644)刻本
1995年摄制. -- 1盘卷片(18米345拍)：
1:10, 2B ；35mm银盐
收藏馆：缩微中心，国图

000O025789
余廉堂集：八卷 / (明)吴履中撰
清康熙元年(1662)王元晋刻本
1996年摄制. -- 1盘卷片(15米290拍)：
1:10, 2B ；35mm银盐
收藏馆：缩微中心，国图

000O008227
霞上绪言：七卷；玉水千花藏著述现存书目：
一卷 / (明)汪砢玉撰
明(1368-1644)稿本
1988年摄制. -- 1盘卷片(17米394拍)：
1:10, 2B ；35mm银盐
收藏馆：缩微中心，南京

000O013746
侍御公诗集：不分卷 / (明)彭宗孟撰
清(1644-1911)抄本
1991年摄制. -- 1盘卷片(5.4米95拍)：
1:10, 2B ；35mm银盐
收藏馆：缩微中心，辽宁

000O006142
还山草：一卷 / (明)邓庆寀辑
明崇祯(1628-1644)刻本
1987年摄制. -- 1盘卷片(4米59拍)：1:10,

2B ；35mm银盐
收藏馆：缩微中心，南京

000O015200
陈靖质居士文集：六卷 / (明)陈山毓撰
明天启(1621-1627)刻本
1992年摄制. -- 1盘卷片(11米201拍)：
1:10, 2B ；35mm银盐
收藏馆：缩微中心，国图

000O024563
北征小草：十二卷 / (明)张泰阶撰
明崇祯(1628-1644)刻本
1996年摄制. -- 1盘卷片(15米282拍)：
1:10, 2B ；35mm银盐
收藏馆：缩微中心，浙江

000O000201
云黄集：□□卷 / (明)傅国撰
明崇祯十三年(1640)傅国刻本. -- 存七十七
卷：卷一至卷六十五、卷六十七至卷七十、卷
七十二至卷七十六、卷七十九至卷八十、卷
八十二。
1985年摄制. -- 3盘卷片(72.7米1614拍)：
1:10, 2B ；35mm银盐
收藏馆：缩微中心，国图

000O002050
青未了：一卷 / (明)陈函辉撰
明崇祯(1628-1644)刻本
1986年摄制. -- 1盘卷片(5米77拍)：1:10,
2B ；35mm银盐
收藏馆：缩微中心，国图

000O021613
寒山诗合选：九卷 / (明)陈函辉撰；(明)钱邦
芑,(明)杜诏先选评
明崇祯十四年(1641)刻本
1995年摄制. -- 1盘卷片(13米252拍)：
1:10, 2B ；35mm银盐
收藏馆：缩微中心，国图

000O021612
选寒江集：三卷 / (明)陈函辉撰
明崇祯(1628-1644)刻本
1995年摄制. -- 1盘卷片(12米211拍)：
1:10, 2B ；35mm银盐
收藏馆：缩微中心，国图

000O007335
徐徐集：一卷家乘一卷 / (明)王梃撰
明嘉靖(1522-1566)刻本. -- 罗振常跋。
1987年摄制. -- 1盘卷片(5米68拍)：1:10,

2B ；35mm银盐
收藏馆：缩微中心，国图

000O005541
湖上编：二卷；白下编：二卷；蓬宅编：二卷 /
(明)张遂辰撰
清乾隆(1736-1795)卢氏抱经堂抄本. -- 还有
合刻著作：衰晚编二卷 /(明)张遂辰撰。(清)
卢文弨校跋，(清)丁丙跋。
1987年摄制. -- 1盘卷片(10米203拍)：
1:10，2B ；35mm银盐
收藏馆：缩微中心，南京

000O019349
唧唧吟：一卷 / (明)杨承诲撰
明崇祯(1628-1644)刻本
1994年摄制. -- 1盘卷片(3米22拍)：1:10，
2B ；35mm银盐
收藏馆：缩微中心，国图

000O031229
张待轩先生遗集：十二卷 / (明)张次仲撰
清康熙(1662-1722)刻本
2004年摄制. -- 1盘卷片(26米540拍)：1:9，
2B ；35mm银盐
收藏馆：缩微中心，国图

000O014836
毛孺初先生评选即山集：六卷 / (明)沈承撰；
(明)毛孺初评辑
明天启(1621-1627)刻本. -- (清)徐时栋跋。
1992年摄制. -- 1盘卷片(14米253拍)：
1:10，2B ；35mm银盐
收藏馆：缩微中心，国图

000O000268
枕中草：四卷 / (明)沈弘正撰
明(1368-1644)沈弘正畅阁刻本
1985年摄制. -- 1盘卷片(7米114拍)：1:10，
2B ；35mm银盐
收藏馆：缩微中心，国图

000O005307
文嘻堂诗集：三卷 / (明)朱苻煌撰
清康熙三十七年(1698)朱端紫阳书院刻本
1986年摄制. -- 1盘卷片(9米169拍)：1:10，
2B ；35mm银盐
收藏馆：缩微中心，国图

000O000389
云隐堂文集：三十卷诗集十卷附录四卷 / (明)张
镜心撰
清康熙十一年(1672)张潜奉思堂刻本

1985年摄制. -- 2盘卷片(48.8米1084拍)：
1:10，2B ；35mm银盐
收藏馆：缩微中心，国图

000O003213
云隐堂文集：三十卷诗集十卷附录四卷 / (明)张
镜心撰
清康熙十一年(1672)张潜奉思堂刻本
1986年摄制. -- 2盘卷片(49.1米1081拍)：
1:10，2B ；35mm银盐
收藏馆：缩微中心，国图

000O023184
著作堂集：二卷 / (明)谭贞默撰
明崇祯(1628-1644)刻本
1995年摄制. -- 1盘卷片(9米154拍)：1:10，
2B ；35mm银盐
收藏馆：缩微中心，国图

000O014273
宋化卿诗草：二卷 / (明)宋守一撰
明万历(1573-1620)刻本
1992年摄制. -- 1盘卷片(5米57拍)：1:10，
2B ；35mm银盐
收藏馆：缩微中心，国图

000O005050
赐曲园今是堂集：十一卷 / (明)陶奭龄撰
明崇祯(1628-1644)刻本
1986年摄制. -- 1盘卷片(18米396拍)：
1:10，2B ；35mm银盐
收藏馆：缩微中心，国图

000O024147
激楚斋诗草：六卷 / (明)李哀纯撰
清(1644-1911)抄本
1996年摄制. -- 1盘卷片(12米230拍)：
1:10，2B ；35mm银盐
收藏馆：缩微中心，湖北

000O023432
纺授堂集：八卷二集十卷文集八卷 / (明)曾异撰
撰
明崇祯(1628-1644)益友斋刻本
1995年摄制. -- 1盘卷片(34米688拍)：
1:10，2B ；35mm银盐
收藏馆：缩微中心，国图

000O000593
纺授堂集：八卷二集十卷 / (明)曾异撰撰
明崇祯(1628-1644)益友斋刻本
1985年摄制. -- 1盘卷片(19.8米434拍)：
1:10，2B ；35mm银盐

收藏馆：缩微中心，国图

00O010475
陈恭介文集：十二卷附录一卷 / (明)陈有年撰；(明)陈启端辑；(明)邹元标[等]核
明万历(1573-1620)刻本. -- 钤"闽中徐㷿起藏书印""闽中李亚华鉴藏经籍图史之章"印。
1989年摄制. -- 1盘卷片(31米661拍)：1:10，2B；35mm银盐
收藏馆：缩微中心，天津

00O018407
槎庵诗集：八卷 / (明)来斯行撰
明末(1621-1644)百顺堂刻本
1993年摄制. -- 1盘卷片(10米181拍)：1:10，2B；35mm银盐
收藏馆：缩微中心，国图

00O025785
浪吟：二卷；方城公尺牍：一卷；[方城公]疏草：一卷 / (明)曹履泰撰
清康熙(1662-1722)刻本
1996年摄制. -- 1盘卷片(8米136拍)：1:10，2B；35mm银盐
收藏馆：缩微中心，国图

00O020560
詹詹言：一卷 / (明)王醒之撰
明(1368-1644)苍蝶斋刻本
1994年摄制. -- 1盘卷片(3米38拍)：1:10，2B；35mm银盐
收藏馆：缩微中心，山东

00O028514
玉兰馆诗草：一卷 / (明)潘燕卿撰
清(1644-1911)抄本. -- 封面题名自拟为玉兰馆诗钞。
1997年摄制. -- 1盘卷片(3.4米42拍)：1:10，2B；35mm银盐
收藏馆：缩微中心，泉州

00O016208
钟山献：续一卷再续二卷三续二卷 / (明)杨宛撰
明崇祯四年至八年(1631-1635)茅氏玄稿居刻本
1993年摄制. -- 1盘卷片(8米126拍)：1:10，2B；35mm银盐
收藏馆：缩微中心，国图

00O005542
钟山献：四卷续一卷再续二卷 / (明)杨宛撰
清(1644-1911)抄本
1987年摄制. -- 1盘卷片(9米183拍)：1:10，

2B；35mm银盐
收藏馆：缩微中心，南京

00O001403
答问草：一卷 / (明)郭尚友撰
明万历四十五年(1617)郭尚友刻本
1985年摄制. -- 1盘卷片(4.2米64拍)：1:10，2B；35mm银盐
收藏馆：缩微中心，国图

00O000565
克薪堂诗集：九卷文集十三卷 / (明)郑之玄撰
明崇祯七年(1634)许自表刻本. -- 存六卷：诗集卷一，文集卷一至卷三、卷八至卷九。
1985年摄制. -- 1盘卷片(11.8米241拍)：1:10，2B；35mm银盐
收藏馆：缩微中心，国图

00O027494
克薪堂诗集：九卷首二卷文集十三卷 / (明)郑之玄撰
明崇祯七年(1634)许氏刻本
1996年摄制. -- 1盘卷片(27米571拍)：1:10，2B；35mm银盐
收藏馆：缩微中心，福建

00O018219
松涛诗稿：四卷 / (明)周文漪撰
清(1644-1911)稿本. -- (清)孙象森、(清)赵士隶跋。
1993年摄制. -- 1盘卷片(7米122拍)：1:10，2B；35mm银盐
收藏馆：缩微中心，山东

00O001333
觳音集：一卷 / (明)于承祖撰
明万历(1573-1620)芙蓉社刻本
1985年摄制. -- 1盘卷片(5米79拍)：1:10，2B；35mm银盐
收藏馆：缩微中心，国图

00O028297
韩文恪公文集：二十一卷首一卷末一卷诗集十卷 / (明)韩日缵撰；(明)韩宗騄编次
清康熙(1662-1722)刻本
1997年摄制. -- 2盘卷片(60米1251拍)：1:10，2B；35mm银盐
收藏馆：缩微中心，广东

00O014279
黄夫人卧月轩稿：六卷续刻一卷 / (明)顾若璞撰
清顺治八年(1651)黄灿黄炜卧月轩刻本
1992年摄制. -- 1盘卷片(9米151拍)：1:10，

2B ；35mm银盐
收藏馆：缩微中心，国图

000O028119

织帘居诗：四卷 / (明)顾梦麟撰
清初(1644-1722)刻本
1996年摄制. -- 1盘卷片(11米210拍) ：
1:10，2B ；35mm银盐
收藏馆：缩微中心，南京

000O007363

玉书庭全集：三十二卷 / (明)丘兆麟撰
明崇祯(1628-1644)丘子旦丘子画[等]刻清康
熙十一年(1672)重修本
1987年摄制. -- 2盘卷片(57米1260拍) ：
1:10，2B ；35mm银盐
收藏馆：缩微中心，国图

000O000978

文几山人集：四卷附录一卷 / (明)曹臣撰
清康熙三十五年(1696)曹度带存堂刻本
1985年摄制. -- 1盘卷片(6.1米109拍) ：
1:10，2B ；35mm银盐
收藏馆：缩微中心，国图

000O025959

云液草：三卷 / (明)陆奋飞撰
清初(1644-1722)刻本
1996年摄制. -- 1盘卷片(16米334拍) ：
1:10，2B ；35mm银盐
收藏馆：缩微中心，南京

000O015843

薄游小草：一卷 / (明)李檯撰
明(1368-1644)刻本
1993年摄制. -- 1盘卷片(4米37拍) ： 1:10,
2B ；35mm银盐
收藏馆：缩微中心，国图

000O019757

恒山游草：一卷 / (明)黄宗昌撰 . 和韵诗：五卷 /
(明)黄宗昌,(明)曹臣[等]撰
明末(1621-1644)刻本
1994年摄制. -- 1盘卷片(5米59拍) ： 1:10,
2B ；35mm银盐
收藏馆：缩微中心，国图

000O023426

蒋氏敬日草：十二卷外集十二卷 / (明)蒋德璟撰
明崇祯(1628-1644)刻隆武元年(1645)续刻本
1995年摄制. -- 3盘卷片(73米1478拍) ：
1:10，2B ；35mm银盐
收藏馆：缩微中心，国图

000O002357

愆书：□□卷 / (明)蒋德璟撰
清(1644-1911)息耕堂抄本. -- 存十卷：卷二
至卷五、卷七至卷十二。(清)翁同龢跋。
1986年摄制. -- 1盘卷片(14米305拍) ：
1:10，2B ；35mm银盐
收藏馆：缩微中心，国图

000O009337

白谷山人诗集：不分卷 / (明)孙传庭撰
明(1368-1644)稿本
1988年摄制. -- 1盘卷片(6.5米117拍) ：
1:10，2B ；35mm银盐
收藏馆：缩微中心，山西

000O010445

白谷山人诗钞：二卷 / (明)孙传庭撰
明末(1621-1644)刻后印本
1989年摄制. -- 1盘卷片(6米81拍) ： 1:10,
2B ；35mm银盐
收藏馆：缩微中心，天津

000O017006

澶渊杂著：二卷 / (明)王臣直撰
明崇祯六年(1633)刻本
1993年摄制. -- 1盘卷片(10米169拍) ：
1:10，2B ；35mm银盐
收藏馆：缩微中心，国图

000O014237

凌忠清公集：六卷 / (明)凌义渠撰
清初(1644-1722)刻本
1992年摄制. -- 1盘卷片(11.6米209拍) ：
1:10，2B ；35mm银盐
收藏馆：缩微中心，国图

000O024014

凌忠清公诗集：四卷 / (明)凌义渠撰
清(1644-1911)抄本
1996年摄制. -- 1盘卷片(8米127拍) ： 1:10,
2B ；35mm银盐
收藏馆：缩微中心，南京

000O016761

倪文贞公诗文稿：不分卷 / (明)倪元璐撰
明(1368-1644)稿本
1993年摄制. -- 1盘卷片(3米25拍) ： 1:10,
2B ；35mm银盐
收藏馆：缩微中心，国图

000O021919

西曹秋思：一卷 / (明)叶廷秀,(明)董养河,(明)黄
道周撰

清(1644-1911)抄本
1995年摄制. -- 1盘卷片(3米15拍) : 1:10,
2B ; 35mm银盐
收藏馆：缩微中心，国图

000O018223
倪文正公遗稿：二卷 / (明)倪元璐[等]撰
清顺治八年(1651)刻本
1993年摄制. -- 1盘卷片(10米189拍) :
1:10, 2B ; 35mm银盐
收藏馆：缩微中心，山东

000O008954
鸿宝应本：十七卷 / (明)倪元璐撰
明崇祯十五年(1642)刻本
1988年摄制. -- 1盘卷片(30.5米671拍) :
1:10, 2B ; 35mm银盐
收藏馆：缩微中心，湖北

000O009809
鸿宝应本：十七卷 / (明)倪元璐撰
明崇祯(1628-1644)刻本
1989年摄制. -- 1盘卷片(31米707拍) :
1:10, 2B ; 35mm银盐
收藏馆：缩微中心，浙江

000O017465
鸿宝应本：十七卷 / (明)倪元璐撰
明崇祯(1628-1644)刻清顺治十四年(1657)唐
九经重修本
1993年摄制. -- 1盘卷片(30米613拍) :
1:10, 2B ; 35mm银盐
收藏馆：缩微中心，国图

000O000897
吴忠节公遗集：四卷 / (明)吴麟征撰 . 年谱：一
卷 / (明)吴蕃昌撰
清初(1644-1722)刻本. -- 卷一配抄本。
1985年摄制. -- 1盘卷片(17米368拍) :
1:10, 2B ; 35mm银盐
收藏馆：缩微中心，国图

000O015166
六柳堂遗集：二卷余一卷 / (明)袁继咸撰
清(1644-1911)抄本
1992年摄制. -- 1盘卷片(3米30拍) : 1:10,
2B ; 35mm银盐
收藏馆：缩微中心，国图

000O024585
峚阳草堂诗集：八卷 / (明)郑鄤撰
明崇祯(1628-1644)刻本
1996年摄制. -- 1盘卷片(12米229拍)

1:10, 2B ; 35mm银盐
收藏馆：缩微中心，浙江

000O009229
峚阳草堂诗集：二十卷 / (明)郑鄤撰
清康熙(1662-1722)刻本. -- 存十九卷：卷一
至卷十二、卷十四至卷二十。
1988年摄制. -- 1盘卷片(18米375拍) :
1:10, 2B ; 35mm银盐
收藏馆：缩微中心，湖南

000O019264
石民未出集：二十卷 / (明)茅元仪撰
明天启七年(1627)茅元仪刻本
1994年摄制. -- 1盘卷片(18米355拍) :
1:10, 2B ; 35mm银盐
收藏馆：缩微中心，国图

000O002804
石民赏心集：八卷 / (明)茅元仪撰
明末(1621-1644)刻本
1986年摄制. -- 1盘卷片(9米160拍) : 1:10,
2B ; 35mm银盐
收藏馆：缩微中心，国图

000O013811
石民又岘集：五卷 / (明)茅元仪撰
明末(1621-1644)刻本
1992年摄制. -- 1盘卷片(6米88拍) : 1:10,
2B ; 35mm银盐
收藏馆：缩微中心，国图

000O002833
石民又岘集：五卷 / (明)茅元仪撰
明末(1621-1644)刻本
1986年摄制. -- 1盘卷片(6米98拍) : 1:10,
2B ; 35mm银盐
收藏馆：缩微中心，国图

000O002825
石民渝水集：六卷 / (明)茅元仪撰
明末(1621-1644)刻本
1986年摄制. -- 1盘卷片(7米118拍) : 1:10,
2B ; 35mm银盐
收藏馆：缩微中心，国图

000O013810
石民渝水集：六卷 / (明)茅元仪撰
明末(1621-1644)刻本
1992年摄制. -- 1盘卷片(7米103拍) : 1:10,
2B ; 35mm银盐
收藏馆：缩微中心，国图

000O003214
石民横塘集：十卷 / (明)茅元仪撰
明末(1621-1644)刻本
1986年摄制. -- 1盘卷片（10米193拍）：
1:10, 2B ; 35mm银盐
收藏馆：缩微中心，国图

000O013642
石民横塘集：十卷 / (明)茅元仪撰
明末(1621-1644)刻本
1991年摄制. -- 1盘卷片（10米175拍）：
1:10, 2B ; 35mm银盐
收藏馆：缩微中心，国图

000O005214
石民甲戌集：□□卷 / (明)茅元仪撰
明崇祯(1628-1644)刻本. -- 存五卷：卷一至卷五。
1986年摄制. -- 1盘卷片（5.3米90拍）：
1:10, 2B ; 35mm银盐
收藏馆：缩微中心，国图

000O002822
石民江村集：二十卷 / (明)茅元仪撰
明末(1621-1644)刻本
1986年摄制. -- 1盘卷片（18米385拍）：
1:10, 2B ; 35mm银盐
收藏馆：缩微中心，国图

000O010518
简平子集：十六卷补遗一卷 / (明)王道通撰
明崇祯九年(1636)刻本
1989年摄制. -- 1盘卷片（16米344拍）：
1:10, 2B ; 35mm银盐
收藏馆：缩微中心，天津

000O002788
小筑迩言：十六卷 / (明)徐标撰
明崇祯(1628-1644)刻本
1986年摄制. -- 1盘卷片（23米515拍）：
1:10, 2B ; 35mm银盐
收藏馆：缩微中心，国图

000O015065
节愍公遗集：不分卷 / (明)彭期生撰
清(1644-1911)抄本. -- (清)吴衡照题款。
1992年摄制. -- 1盘卷片（7米118拍）：1:10,
2B ; 35mm银盐
收藏馆：缩微中心，国图

000O007366
枣林诗集：不分卷 / (明)谈迁撰
清(1644-1911)抄本. -- (清)朱昌燕跋。

1987年摄制. -- 1盘卷片（4米49拍）：：1:10,
2B ; 35mm银盐
收藏馆：缩微中心，国图

000O025616
枣林诗选：二卷 / (明)谈迁撰
清(1644-1911)吴昂驹抄本
1996年摄制. -- 1盘卷片（3米37拍）：1:10,
2B ; 35mm银盐
收藏馆：缩微中心，浙江

000O031149
枣林集：五卷 / (明)谈迁撰
清宣统元年(1909)张镡抄本. -- 朱克勤跋。
2004年摄制. -- 1盘卷片（18米355拍）：1:8,
2B ; 35mm银盐
收藏馆：缩微中心，国图

000O028039
枣林集：不分卷 / (明)谈迁撰
清(1644-1911)抄本
1996年摄制. -- 1盘卷片（20.9米431拍）：
1:10, 2B ; 35mm银盐
收藏馆：缩微中心，福建

000O029772
江南草：三卷 / (明)张拱端撰
明崇祯十五年(1642)刻本
1996年摄制. -- 1盘卷片（5米62拍）：1:10,
2B ; 35mm银盐
收藏馆：缩微中心，苏州

000O006141
率意吟：一卷 / (明)安广居撰
清顺治(1644-1661)刻本
1987年摄制. -- 1盘卷片（4米55拍）：1:10,
2B ; 35mm银盐
收藏馆：缩微中心，南京

000O014962
拜环堂文集：六卷 / (明)陶崇道撰
明末(1621-1644)刻本
1992年摄制. -- 1盘卷片（22米436拍）：
1:10, 2B ; 35mm银盐
收藏馆：缩微中心，国图

000O004455
拜环堂文集：六卷 / (明)陶崇道撰
明末(1621-1644)刻本. -- 存二卷：卷四至卷五。
1986年摄制. -- 1盘卷片（8米151拍）：1:10,
2B ; 35mm银盐
收藏馆：缩微中心，国图

00O005761

咏七十二候诗：一卷 / (明)顾德基撰

清初(1644-1722)抄本

1987年摄制. -- 1盘卷片(4米45拍) ：1:10,
2B ；35mm银盐

收藏馆：缩微中心，国图

00O005544

和西溪百咏：二卷；福胜庵八咏：一卷；曲水庵
八咏：一卷 / (明)释大善撰

明崇祯(1628-1644)刻本. -- 还有合刻著作：
梅花百咏一卷 / (明)释大善撰，流香一览一
卷 / (明)释大善撰。

1987年摄制. -- 1盘卷片(5米106拍) ：1:10,
2B ；35mm银盐

收藏馆：缩微中心，南京

00O019849

钱吉士先生全稿：不分卷 / (明)钱禧撰；(清)吕
留良评点

清康熙二十年(1681)吕氏天盖楼刻本

1994年摄制. -- 1盘卷片(16米293拍) ：
1:10, 2B ；35mm银盐

收藏馆：缩微中心，国图

00O014786

小青集：一卷阅稿一卷 / [题](明)冯小青撰

明末(1621-1644)刻本

1992年摄制. -- 1盘卷片(4米35拍) ：1:10,
2B ；35mm银盐

收藏馆：缩微中心，国图

00O018849

小青焚余集：一卷 / [题](明)冯小青撰

清咸丰九年(1859)劳权抄本

1994年摄制. -- 1盘卷片(2米6拍) ：1:10,
2B ；35mm银盐

收藏馆：缩微中心，国图

00O010214

瑶光阁诗集：四卷文集五卷新集四卷 / (明)黄端
伯撰

清(1644-1911)刻本. -- 新集存三卷：卷二至
卷四。

1989年摄制. -- 1盘卷片(19米388拍) ：
1:10, 2B ；35mm银盐

收藏馆：缩微中心，天津

00O006220

旃凤堂偶集：一卷 / (明)陆培撰

明崇祯十六年(1643)刻本

1987年摄制. -- 1盘卷片(6米92拍) ：1:10,
2B ；35mm银盐

收藏馆：缩微中心，南京

00O015142

礼部存稿：八卷 / (明)陈子壮撰

明末(1621-1644)刻本

1992年摄制. -- 1盘卷片(17米265拍) ：
1:10, 2B ；35mm银盐

收藏馆：缩微中心，国图

00O011102

南宫集：十五卷 / (明)陈子壮撰

明崇祯十一年(1638)刻本. -- 书名依序题。

1989年摄制. -- 1盘卷片(7米129拍) ：1:10,
2B ；35mm银盐

收藏馆：缩微中心，天津

00O002803

知畏堂文存：十二卷诗存四卷 / (明)张采撰

清康熙十二年(1673)金起鳞方瑛刻本

1986年摄制. -- 1盘卷片(21米465拍) ：
1:10, 2B ；35mm银盐

收藏馆：缩微中心，国图

00O026868

茅檐集：八卷 / (明)魏学洢撰

清(1644-1911)抄本

1996年摄制. -- 1盘卷片(15米306拍) ：
1:10, 2B ；35mm银盐

收藏馆：缩微中心，南京

00O008495

魏子敬遗集：八卷 / (明)魏学洢撰

明崇祯元年(1628)钱棻刻本

1988年摄制. -- 1盘卷片(12米245拍) ：
1:10, 2B ；35mm银盐

收藏馆：缩微中心，国图

00O015780

薛采诗文稿：不分卷 / (明)薛采撰

明(1368-1644)稿本

1993年摄制. -- 1盘卷片(7米99拍) ：1:10,
2B ；35mm银盐

收藏馆：缩微中心，国图

00O023379

剿事汗语：二卷 / (明)阎鸣泰撰

明(1368-1644)刻本

1995年摄制. -- 1盘卷片(9米163拍) ：1:10,
2B ；35mm银盐

收藏馆：缩微中心，国图

00O010420

天益山堂遗集：十卷续刻一卷 / (明)冯元仲撰

清乾隆八年(1743)精刻本
1989年摄制. -- 1盘卷片(9米163拍)：1:10,
2B；35mm银盐
收藏馆：缩微中心，天津

000O022163
山水移：三卷 赠言一卷 / (明)杨文骢撰
明崇祯(1628-1644)刻本
1995年摄制. -- 1盘卷片(6米79拍)：1:10,
2B；35mm银盐
收藏馆：缩微中心，国图

000O023433
张子文秕：十八卷 诗秕五卷 / (明)张岱撰
明(1368-1644)稿本
1995年摄制. -- 1盘卷片(27米431拍)：
1:10, 2B；35mm银盐
收藏馆：缩微中心，国图

000O019387
琅嬛文集：二卷 / (明)张岱撰；(明)王雨谦评
清(1644-1911)抄本
1994年摄制. -- 1盘卷片(7米100拍)：1:10,
2B；35mm银盐
收藏馆：缩微中心，国图

000O016809
金正希先生燕诒阁集：七卷 / (明)金声撰
明末(1621-1644)刻本
1993年摄制. -- 1盘卷片(14米264拍)：
1:10, 2B；35mm银盐
收藏馆：缩微中心，国图

000O017883
金正希先生文集辑略：九卷 / (明)金声撰
明末(1621-1644)邵鹏程刻本
1993年摄制. -- 1盘卷片(21米422拍)：
1:10, 2B；35mm银盐
收藏馆：缩微中心，国图

000O024253
金正希稿：不分卷 / (明)金声撰
明崇祯(1628-1644)石云居刻本
1996年摄制. -- 1盘卷片(8米166拍)：1:10,
2B；35mm银盐
收藏馆：缩微中心，安徽

000O005529
崇祯元年戊辰科会试卷：一卷 / (明)金声撰
清(1644-1911)袁氏渐西邨舍抄本
1987年摄制. -- 1盘卷片(3米52拍)：1:10,
2B；35mm银盐
收藏馆：缩微中心，南京

000O012710
奕余：一卷 二集二卷 绮语一卷 / (明)项煜撰
清初(1644-1722)刻本
1990年摄制. -- 1盘卷片(7米130拍)：1:10,
2B；35mm银盐
收藏馆：缩微中心，辽宁

000O025692
**郑中丞公益楼集：四卷；郑氏家乘：一卷；三代
遗真录：一卷 / (明)郑二阳撰**
清康熙(1662-1722)刻本
1996年摄制. -- 1盘卷片(30米630拍)：
1:10, 2B；35mm银盐
收藏馆：缩微中心，河南

000O010220
翠筠亭集：十三卷 补遗一卷 / (明)石文器撰
清初(1644-1722)刻本. -- (明)石珂校。
1989年摄制. -- 1盘卷片(25米541拍)：
1:10, 2B；35mm银盐
收藏馆：缩微中心，天津

000O011615
净信堂初集：八卷 / (明)释智旭撰；(明)果海录
明崇祯十五年(1642)刻本
1990年摄制. -- 1盘卷片(22米473拍)：
1:10, 2B；35mm银盐
收藏馆：缩微中心，天津

000O002028
绝余编：四卷 / (明)释智旭撰
明崇祯十五年(1642)释普滋[等]刻本
1986年摄制. -- 1盘卷片(7米124拍)：1:10,
2B；35mm银盐
收藏馆：缩微中心，国图

000O019589
罗纹山先生全集：十八卷 首一卷 / (明)罗明祖撰
明末(1621-1644)古雾斋刻本. -- 存十七卷：
卷一至卷十六、首一卷。
1994年摄制. -- 1盘卷片(30米604拍)：
1:10, 2B；35mm银盐
收藏馆：缩微中心，国图

000O028037
留庵文集：十八卷 / (明)卢若腾撰
清(1644-1911)抄本. -- 存三卷：卷十三至卷
十五。
1996年摄制. -- 1盘卷片(5米80拍)：1:10,
2B；35mm银盐
收藏馆：缩微中心，福建

000O023413

句曲游稿：一卷 / (明)陈魁文撰
明万历(1573-1620)刻本
1995年摄制. -- 1盘卷片(3米28拍) : 1:10,
2B ; 35mm银盐
收藏馆：缩微中心，国图

000O023101

西渼草：一卷 / (明)陈魁文撰
明崇祯(1628-1644)刻本
1995年摄制. -- 1盘卷片(4米48拍) : 1:10,
2B ; 35mm银盐
收藏馆：缩微中心，国图

000O008303

石臼前集：九卷后集七卷 / (明)邢昉撰
清初(1644-1722)刻本
1988年摄制. -- 1盘卷片(28米587拍) :
1:10, 2B ; 35mm银盐
收藏馆：缩微中心，山东

000O021254

石臼后集选：一卷 / (明)邢昉撰；(清)施闰章选
清(1644-1911)刻本
1995年摄制. -- 1盘卷片(5米58拍) : 1:10,
2B ; 35mm银盐
收藏馆：缩微中心，国图

000O004313

涂子一杯水：五卷 / (明)涂伯昌撰
清康熙(1662-1722)刻本. -- 存四卷：卷一至
卷二、卷四至卷五。
1986年摄制. -- 1盘卷片(16.2米350拍) :
1:10, 2B ; 35mm银盐
收藏馆：缩微中心，国图

000O004258

濑园诗初集：三卷后集不分卷文集二十二卷 /
(明)严首升撰
清顺治十四年(1657)刘弘陈宪冲刻本
1986年摄制. -- 2盘卷片(41米880拍) :
1:10, 2B ; 35mm银盐
收藏馆：缩微中心，国图

000O025535

濑园诗初集：三卷后集不分卷文集二十卷谈史
六卷 / (明)严首升撰
清康熙(1662-1722)书林蒋复贞刻本
1996年摄制. -- 2盘卷片(48米965拍) :
1:10, 2B ; 35mm银盐
收藏馆：缩微中心，国图

000O026458

濑园遗集：十二卷文集二十卷 / (明)严首升撰
清康熙(1662-1722)静业斋刻本
1997年摄制. -- 2盘卷片(37米678拍) :
1:10, 2B ; 35mm银盐
收藏馆：缩微中心，国图

000O028827

半庐遗稿：不分卷 / (明)李腾蛟撰
清(1644-1911)抄本
1998年摄制. -- 1盘卷片(8米147拍) : 1:10,
2B ; 35mm银盐
收藏馆：缩微中心，广东

000O017732

七录斋文集：近稿六卷馆课一卷存稿五卷诗稿
三卷论略一卷 / (明)张溥撰
明崇祯(1628-1644)刻本
1993年摄制. -- 2盘卷片(39米805拍) :
1:10, 2B ; 35mm银盐
收藏馆：缩微中心，国图

000O016463

七录斋集：六卷论略一卷 / (明)张溥撰
明崇祯(1628-1644)刻本
1992年摄制. -- 1盘卷片(21米424拍) :
1:10, 2B ; 35mm银盐
收藏馆：缩微中心，国图

000O025660

江止庵遗集：八卷首一卷 / (明)江天一撰
清康熙(1662-1722)祭书草堂刻本
1996年摄制. -- 1盘卷片(20米425拍) :
1:10, 2B ; 35mm银盐
收藏馆：缩微中心，南京

000O010361

史忠正公集：四卷首一卷末一卷 / (明)史可法撰
清乾隆五十三年(1788)教忠堂活字印本
1989年摄制. -- 1盘卷片(10.5米192拍) :
1:10, 2B ; 35mm银盐
收藏馆：缩微中心，湖北

000O018562

史忠正公集：四卷首一卷末一卷 / (明)史可法撰；
(清)史山清辑
清(1644-1911)抄本
1993年摄制. -- 1盘卷片(10米175拍) :
1:10, 2B ; 35mm银盐
收藏馆：缩微中心，国图

000O028828

史阁部遗集：不分卷补篇一卷 / (明)史可法撰

清(1644-1911)竹清山房抄本
1998年摄制. -- 1盘卷片(10米193拍) :
1:10, 2B ; 35mm银盐
收藏馆：缩微中心，广东

000O007508
祷雨文：一卷 / (明)祁彪佳撰
明崇祯十七年(1644)苏州府刻蓝印本
1987年摄制. -- 1盘卷片(2米19拍) : 1:10,
2B ; 35mm银盐
收藏馆：缩微中心，国图

000O019948
远山堂文稿：一卷 / (明)祁彪佳撰
清初(1644-1722)祁氏起元社抄本
1994年摄制. -- 1盘卷片(7米104拍) : 1:10,
2B ; 35mm银盐
收藏馆：缩微中心，国图

000O006120
远山堂尺牍：不分卷 / (明)祁彪佳撰
明末(1621-1644)抄本
1987年摄制. -- 1盘卷片(23米462拍) :
1:10, 2B ; 35mm银盐
收藏馆：缩微中心，南京

000O005519
八里尺牍：不分卷 / (明)祁彪佳撰
明末(1621-1644)祁氏远山堂抄本
1987年摄制. -- 1盘卷片(4米66拍) : 1:10,
2B ; 35mm银盐
收藏馆：缩微中心，南京

000O006104
里中尺牍：不分卷 / (明)祁彪佳撰
明末(1621-1644)祁氏远山堂抄本
1987年摄制. -- 2盘卷片(50.5米1111拍) :
1:10, 2B ; 35mm银盐
收藏馆：缩微中心，南京

000O005505
莆阳尺牍：不分卷 / (明)祁彪佳撰
明末(1621-1644)抄本
1987年摄制. -- 3盘卷片(68米1585拍) :
1:10, 2B ; 35mm银盐
收藏馆：缩微中心，南京

000O008428
莆阳谳牍：不分卷 / (明)祁彪佳撰
明末(1621-1644)抄本
1988年摄制. -- 3盘卷片(66米1367拍) :
1:10, 2B ; 35mm银盐
收藏馆：缩微中心，国图

000O009095
里居越言：不分卷 / (明)祁彪佳撰
明末(1621-1644)祁氏远山堂抄本
1988年摄制. -- 1盘卷片(4米73拍) : 1:10,
2B ; 35mm银盐
收藏馆：缩微中心，南京

000O022951
迦陵集：一卷 / (明)黎遂球撰
明崇祯十七年(1644)四知堂居士抄本
1995年摄制. -- 1盘卷片(5米66拍) : 1:10,
2B ; 35mm银盐
收藏馆：缩微中心，国图

000O025532
莲须阁集：二十六卷 / (明)黎遂球撰
清康熙(1662-1722)黎延祖刻本
1996年摄制. -- 1盘卷片(30米605拍) :
1:10, 2B ; 35mm银盐
收藏馆：缩微中心，国图

000O028355
莲须阁文钞：十八卷 / (明)黎遂球撰
清(1644-1911)抄本
1998年摄制. -- 1盘卷片(19米390拍) :
1:10, 2B ; 35mm银盐
收藏馆：缩微中心，广东

000O022179
敬民堂小集：三卷 / (明)蔡邦俊撰
明崇祯(1628-1644)刻本
1995年摄制. -- 1盘卷片(5米72拍) : 1:10,
2B ; 35mm银盐
收藏馆：缩微中心，国图

000O023414
观复庵集：十六卷 / (明)吴奕撰
明(1368-1644)刻本
1995年摄制. -- 1盘卷片(27米543拍) :
1:10, 2B ; 35mm银盐
收藏馆：缩微中心，国图

000O025538
荣木堂集赋：一卷诗集十卷 / (明)陶汝鼐撰
清顺治(1644-1661)刻本
1996年摄制. -- 1盘卷片(15米290拍) :
1:10, 2B ; 35mm银盐
收藏馆：缩微中心，国图

000O028317
喻园集：四卷 / (明)梁国钟撰
清顺治(1644-1661)番禺员冈广东刻本
1998年摄制. -- 1盘卷片(12米227拍) :

1:10，2B ；35mm银盐
收藏馆：缩微中心，广东

00O023402
剩草：一卷 / (明)杨宣撰
明崇祯六年(1633)杨宣刻本
1995年摄制. -- 1盘卷片(4米48拍) ：1:10,
2B ；35mm银盐
收藏馆：缩微中心，国图

00O019343
檗庵别录：八卷 / (明)熊开元撰
清康熙(1662-1722)刻本. -- (清)徐康跋。
1994年摄制. -- 1盘卷片(26米532拍) ：
1:10，2B ；35mm银盐
收藏馆：缩微中心，国图

00O000067
容庵诗集：十卷；辛卯集：一卷；容庵文集：二卷 / (明)孙爽撰
清康熙(1662-1722)刻本
1985年摄制. -- 1盘卷片(16.2米349拍) ：
1:10，2B ；35mm银盐
收藏馆：缩微中心，国图

00O008607
影园诗稿文稿：一卷 / (明)郑元勋撰；(清)郑开基辑
清乾隆二十七年(1762)郑开基拜影楼刻本. --
(清)吴骞批点并跋。
1988年摄制. -- 1盘卷片(5米70拍) ：1:10,
2B ；35mm银盐
收藏馆：缩微中心，国图

00O021105
影园诗稿文稿：一卷 / (明)郑元勋撰；(清)郑开基辑
清乾隆二十七年(1762)郑开基拜影楼刻本
1994年摄制. -- 1盘卷片(5米56拍) ：1:10,
2B ；35mm银盐
收藏馆：缩微中心，国图

00O031733
影园诗稿文稿：一卷 / (明)郑元勋撰；(清)郑开基辑
清乾隆二十七年(1762)郑开基拜影楼刻本
2005年摄制. -- 1盘卷片(4米80拍) ：1:10,
2B ；35mm银盐
收藏馆：缩微中心，国图

00O019770
嶠雅：二卷 / (明)邝露撰
清(1644-1911)海雪堂刻本. -- (清)郭象升

跋。
1994年摄制. -- 1盘卷片(9米150拍) ：1:10,
2B ；35mm银盐
收藏馆：缩微中心，国图

00O008645
嶠雅：二卷 / (明)邝露撰
清(1644-1911)海雪堂刻本
1988年摄制. -- 1盘卷片(10米161拍) ：
1:10，2B ；35mm银盐
收藏馆：缩微中心，山东

00O020527
简斋诗钞：十卷 / (明)刘荣嗣撰
明崇祯(1628-1644)刻本
1994年摄制. -- 1盘卷片(13米242拍) ：
1:10，2B ；35mm银盐
收藏馆：缩微中心，文登

00O027295
简斋先生文选：四卷 / (明)刘荣嗣撰
清康熙元年(1662)刘佑刻本
1997年摄制. -- 1盘卷片(13米243拍) ：
1:10，2B ；35mm银盐
收藏馆：缩微中心，国图

00O017362
几亭全书：六十四卷 / (明)陈龙正撰
清康熙(1662-1722)刻本. -- 存四十八卷：卷
五至卷八、卷十三至卷四十、卷四十五至卷
六十。
1993年摄制. -- 2盘卷片(63米1264拍) ：
1:10，2B ；35mm银盐
收藏馆：缩微中心，国图

00O005303
几亭文录：四卷 / (明)陈龙正撰
明崇祯(1628-1644)刻本
1986年摄制. -- 1盘卷片(14米306拍) ：
1:10，2B ；35mm银盐
收藏馆：缩微中心，国图

00O000603
倘湖诗：二卷 / (明)来集之撰
清康熙十四年(1675)倘湖小筑刻本
1985年摄制. -- 1盘卷片(4.2米63拍) ：
1:10，2B ；35mm银盐
收藏馆：缩微中心，国图

00O024569
倘湖遗稿：不分卷 / (明)来集之撰
清(1644-1911)稿本
1996年摄制. -- 1盘卷片(13米252拍) ：

1:10, 2B ; 35mm银盐
收藏馆：缩微中心，浙江

00O017937
南行载笔：六卷 / (明)来集之撰；(明)来道程评
清初(1644-1722)来氏倘湖小筑刻本
1993年摄制. -- 1盘卷片(7米96拍) : 1:10,
2B ; 35mm银盐
收藏馆：缩微中心，国图

00O031439
南行载笔：六卷 / (明)来集之撰；(明)来道程评
清初(1644-1722)来氏倘湖小筑刻本
2004年摄制. -- 1盘卷片(7米110拍) : 1:10,
2B ; 35mm银盐
收藏馆：缩微中心，国图

00O007421
陶庵文集：八卷 / (明)黄淳耀撰
清康熙(1662-1722)刻本
1987年摄制. -- 1盘卷片(20米442拍) :
1:10, 2B ; 35mm银盐
收藏馆：缩微中心，吉林

00O025794
圣雨斋赋集：二卷诗余二卷 / (明)周拱辰撰
清初(1644-1722)刻本
1996年摄制. -- 1盘卷片(6米87拍) : 1:10,
2B ; 35mm银盐
收藏馆：缩微中心，国图

00O014553
一苇集：二卷附录一卷 / (明)释圆复撰
明(1368-1644)刻本
1992年摄制. -- 1盘卷片(4米46拍) : 1:10,
2B ; 35mm银盐
收藏馆：缩微中心，国图

00O013641
北海亭诗集：四卷文集四卷 / (明)鹿化麟撰
明崇祯十二年(1639)鹿静观刻本
1991年摄制. -- 1盘卷片(10米162拍) :
1:10, 2B ; 35mm银盐
收藏馆：缩微中心，国图

00O006542
槐川堂留稿：六卷 / (明)王梦鼎撰
清(1644-1911)抄本
1987年摄制. -- 1盘卷片(13米274拍) :
1:10, 2B ; 35mm银盐
收藏馆：缩微中心，国图

00O016188
卓珂月先生全集：十六卷 / (明)卓人月撰
明崇祯(1628-1644)传经堂刻本
1993年摄制. -- 1盘卷片(33米657拍) :
1:10, 2B ; 35mm银盐
收藏馆：缩微中心，国图

00O003252
忠介公正气堂文集：八卷；越中集：二卷；南征集：十卷 / (明)钱肃乐撰；(清)全祖望辑
清(1644-1911)抄本
1986年摄制. -- 1盘卷片(16米334拍) :
1:10, 2B ; 35mm银盐
收藏馆：缩微中心，国图

00O014070
詹炎集：三十四卷 / (明)叶维荣撰
明万历二十八年(1600)林中梧[等]刻蓝印本. -- 存十八：卷一至卷十八。
1992年摄制. -- 2盘卷片(34米653拍) :
1:10, 2B ; 35mm银盐
收藏馆：缩微中心，国图

00O009551
自愉堂集：十卷 / (明)来俨然撰
明万历四十七年(1619)来复来临刻本
1988年摄制. -- 1盘卷片(17.6米375拍) :
1:9, 2B ; 35mm银盐
收藏馆：缩微中心，重庆

00O031225
姑山遗集：三十卷 / (明)沈寿民撰
清康熙(1662-1722)有本堂刻本. -- 存二十四卷：卷一至卷二十四。
2004年摄制. -- 1盘卷片(25米545拍) : 1:8,
2B ; 35mm银盐
收藏馆：缩微中心，国图

00O011053
南游草：一卷 / (明)王琨撰
明崇祯(1628-1644)刻本
1989年摄制. -- 1盘卷片(4米50拍) : 1:10,
2B ; 35mm银盐
收藏馆：缩微中心，天津

00O019526
恒游草：一卷；燕游草：一卷 / (明)王琨撰
明(1368-1644)刻本
1994年摄制. -- 1盘卷片(3米28拍) : 1:10,
2B ; 35mm银盐
收藏馆：缩微中心，国图

00O015091
操缦草：十二卷 / (明)熊人霖撰
明崇祯(1628-1644)刻本
1992年摄制. -- 1盘卷片(10米224拍)：
1:10，2B；35mm银盐
收藏馆：缩微中心，国图

00O006609
保闲堂续集：四卷 / (明)赵士春撰
明(1368-1644)稿本
1987年摄制. -- 1盘卷片(7米119拍)：1:10，
2B；35mm银盐
收藏馆：缩微中心，国图

00O027301
保闲堂集：二十六卷 / (明)赵士春撰
清康熙(1662-1722)刻本
1997年摄制. -- 1盘卷片(21米407拍)：
1:10，2B；35mm银盐
收藏馆：缩微中心，国图

00O027364
保闲堂集：二十六卷 / (明)赵士春撰
清乾隆四十五年(1780)赵曾爱抄本. -- (清)
赵曾爱跋，(清)赵元成校并跋。
1996年摄制. -- 1盘卷片(17米359拍)：
1:10，2B；35mm银盐
收藏馆：缩微中心，南京

00O001752
乐府：一卷 / (明)周道仁撰
明崇祯(1628-1644)嶷如馆刻本
1986年摄制. -- 1盘卷片(4米47拍)：1:10，
2B；35mm银盐
收藏馆：缩微中心，国图

00O014592
笼鹅馆集：二卷 / (明)王与玟撰
清(1644-1911)抄本
1992年摄制. -- 1盘卷片(4米46拍)：1:10，
2B；35mm银盐
收藏馆：缩微中心，国图

00O005189
笼鹅馆集：不分卷 / (明)王与玟撰
清初(1644-1722)抄本. -- (清)王士禛批点，
(清)徐元善跋。
1986年摄制. -- 1盘卷片(5米74拍)：1:10，
2B；35mm银盐
收藏馆：缩微中心，国图

00O003215
为可堂初集：四十二卷史论十卷外集二卷集选

十卷；梅里词：三卷 / (明)朱一是撰
清顺治康熙(1644-1722)朱愿愚朱愿为[等]刻本
1986年摄制. -- 3盘卷片(80米1776拍)：
1:10，2B；35mm银盐
收藏馆：缩微中心，国图

00O014681
远游篇：十二卷 / (明)周婴撰
明末(1621-1644)刻本
1992年摄制. -- 1盘卷片(22米426拍)：
1:10，2B；35mm银盐
收藏馆：缩微中心，国图

00O019480
远游篇：十二卷 / (明)周婴撰
清(1644-1911)濯来亭抄本
1994年摄制. -- 1盘卷片(18米343拍)：
1:10，2B；35mm银盐
收藏馆：缩微中心，国图

00O025568
愚囊汇稿：二卷补遗一卷 / (明)宗谊撰
清(1644-1911)抄本
1996年摄制. -- 1盘卷片(5米81拍)：1:10，
2B；35mm银盐
收藏馆：缩微中心，浙江

00O025819
横山草堂诗集：二十一卷 / (明)崔培元撰
明末(1621-1644)刻本
1996年摄制. -- 1盘卷片(7米107拍)：1:10，
2B；35mm银盐
收藏馆：缩微中心，国图

00O024004
祝子遗书：六卷 / (明)祝渊撰
清(1644-1911)抄本
1996年摄制. -- 1盘卷片(8米128拍)：1:10，
2B；35mm银盐
收藏馆：缩微中心，南京

00O024625
祝子遗书：六卷 / (明)祝渊撰；(清)陈榷编
清(1644-1911)茹实斋抄本
1996年摄制. -- 1盘卷片(7米126拍)：1:10，
2B；35mm银盐
收藏馆：缩微中心，浙江

00O020808
惕斋遗书：四卷 / (明)吴易撰
清(1644-1911)蝶园抄本
1994年摄制. -- 1盘卷片(4米47拍)：1:10，

2B ；35mm银盐
收藏馆：缩微中心，国图

000O011912
敬亭集：十卷 / (明)姜埰撰
清康熙(1662-1722)刻本. -- 配清王懿荣抄
本。存七卷：卷一至卷二、卷六至卷十。(清)
张鹏程跋。
1990年摄制. -- 1盘卷片(17米341拍)：
1:10, 2B ；35mm银盐
收藏馆：缩微中心，山东

000O021245
**敬亭集：十卷补遗一卷 / (明)姜埰撰. 附录：一
卷 / (清)魏禧[等]撰**
清康熙(1662-1722)姜氏念祖堂刻本
1995年摄制. -- 1盘卷片(16米319拍)：
1:10, 2B ；35mm银盐
收藏馆：缩微中心，国图

000O017689
**生绿堂集：六卷随笔二卷续笔二卷 / (明)杨锵撰；
(明)朱之臣评**
明崇祯(1628-1644)书林王绍川刻本. -- 存七
卷：卷一至卷二、卷五至卷六，随笔二卷，续
笔下。
1993年摄制. -- 1盘卷片(14米258拍)：
1:10, 2B ；35mm银盐
收藏馆：缩微中心，国图

000O009914
瞻六堂集：二卷 / (明)罗万杰撰
清乾隆三十年(1765)精刻本
1989年摄制. -- 1盘卷片(7米106拍)：1:10,
2B ；35mm银盐
收藏馆：缩微中心，天津

000O020876
瞻六堂集：二卷 / (明)罗万杰撰
清乾隆三十年(1765)罗正佐刻本
1994年摄制. -- 1盘卷片(6米90拍)：1:10,
2B ；35mm银盐
收藏馆：缩微中心，国图

000O016852
郭孟履集：五卷 / (明)郭文祥撰
清(1644-1911)抄本
1993年摄制. -- 1盘卷片(16米307拍)：
1:10, 2B ；35mm银盐
收藏馆：缩微中心，国图

000O015155
上海公遗稿：不分卷 / (明)彭长宜撰

清(1644-1911)抄本
1992年摄制. -- 1盘卷片(8米125拍)：1:10,
2B ；35mm银盐
收藏馆：缩微中心，国图

000O009925
**叶梧叟先生集：十八卷首一卷末一卷 / (明)叶应
震撰**
清乾隆二十八年(1763)梧冈精舍精刻本
1989年摄制. -- 1盘卷片(17米354拍)：
1:10, 2B ；35mm银盐
收藏馆：缩微中心，天津

000O016712
留补堂文集：四卷自订诗选六卷 / (明)林时对撰
清(1644-1911)抄本. -- 存九卷：文集卷一至
卷二、卷四，诗选六卷。
1993年摄制. -- 1盘卷片(19米364拍)：
1:10, 2B ；35mm银盐
收藏馆：缩微中心，国图

000O027369
**张忠烈公文集：七卷 / (明)张煌言撰；(清)傅以
礼辑. 大明崇祯十五年浙江壬午科乡试朱卷：
一卷 / (明)张煌言撰**
清光绪十年(1884)傅以礼抄本. -- (清)傅以
礼校并跋，(清)丁丙跋。
1996年摄制. -- 1盘卷片(12米225拍)：
1:10, 2B ；35mm银盐
收藏馆：缩微中心，南京

000O024606
**奇零草：不分卷；北征录：一卷；崇祯十五年壬
午科乡试朱卷：一卷 / (明)张煌言撰**
清光绪十三年(1887)傅氏抄本. -- 本书还装
订有：张忠烈公年谱一卷 / (清)全祖望撰。
(清)傅以礼校并跋。
1996年摄制. -- 1盘卷片(10米175拍)：
1:10, 2B ；35mm银盐
收藏馆：缩微中心，浙江

000O031211
**奇零草：一卷；北征录：一卷；[北征录]文：一
卷 / (明)张煌言撰**
清(1644-1911)青雷馆抄本
2004年摄制. -- 1盘卷片(9米150拍)：1:10,
2B ；35mm银盐
收藏馆：缩微中心，国图

000O005743
张忠烈公文集：一卷奇零草三卷 / (明)张煌言撰
清(1644-1911)抄本
1987年摄制. -- 1盘卷片(9米181拍)：1:10,

2B ；35mm银盐
收藏馆：缩微中心，国图

000O006607
奇零草：二卷 / (明)张煌言撰
清(1644-1911)二砚窝抄本
1987年摄制. -- 1盘卷片(6米98拍) ： 1:10,
2B ；35mm银盐
收藏馆：缩微中心，国图

000O019479
奇零草：二卷 / (明)张煌言撰
清(1644-1911)抄本. -- 存一卷：上。
1994年摄制. -- 1盘卷片(7米105拍) ： 1:10,
2B ；35mm银盐
收藏馆：缩微中心，国图

000O023939
奇零草：二卷补遗一卷 / (明)张煌言撰
清(1644-1911)抄本
1996年摄制. -- 1盘卷片(5米119拍) ： 1:10,
2B ；35mm银盐
收藏馆：缩微中心，河南

000O011108
奇零草：二卷续草一卷 / (明)张煌言撰
清(1644-1911)抄本
1989年摄制. -- 1盘卷片(7米106拍) ： 1:10,
2B ；35mm银盐
收藏馆：缩微中心，天津

000O006011
奇零草：六卷 / (明)张煌言撰
清(1644-1911)抄本
1987年摄制. -- 1盘卷片(7米132拍) ： 1:10,
2B ；35mm银盐
收藏馆：缩微中心，国图

000O023938
冰槎集：五卷 / (明)张煌言撰
清(1644-1911)抄本
1996年摄制. -- 1盘卷片(6米125拍) ： 1:10,
2B ；35mm银盐
收藏馆：缩微中心，河南

000O024607
张阁学文集：二卷 / (明)张煌言撰
清(1644-1911)傅氏长恩阁抄本. -- (清)傅以
礼校并跋。
1996年摄制. -- 1盘卷片(4米60拍) ： 1:10,
2B ；35mm银盐
收藏馆：缩微中心，浙江

000O005683
崇祯十五年浙江壬午科乡试朱卷：一卷 / (明)张煌言撰
清(1644-1911)刻本
1987年摄制. -- 1盘卷片(3米28拍) ： 1:10,
2B ；35mm银盐
收藏馆：缩微中心，国图

000O017717
玩世斋集：十二卷 / (明)华师召撰
明天启二年(1622)华师召刻本
1993年摄制. -- 1盘卷片(17米331拍) ：
1:10, 2B ；35mm银盐
收藏馆：缩微中心，国图

000O006100
钱仲子初集：四卷 / (明)钱默撰
明(1368-1644)刻本
1987年摄制. -- 1盘卷片(16米382拍) ：
1:10, 2B ；35mm银盐
收藏馆：缩微中心，南京

000O013173
绿晓斋集：一卷诗来一卷附录一卷 / (明)卜舜年撰
明(1368-1644)稿本. -- (清)王昶跋。
1991年摄制. -- 1盘卷片(3.7米53拍) ：
1:10, 2B ；35mm银盐
收藏馆：缩微中心，辽宁

000O013755
祝氏家集：不分卷 / (明)祝守范撰
清(1644-1911)抄本
1991年摄制. -- 1盘卷片(4.1米61拍) ：
1:10, 2B ；35mm银盐
收藏馆：缩微中心，辽宁

000O020236
曹子玉诗集：十卷 / (明)曹玑撰
明末(1621-1644)刻本
1994年摄制. -- 1盘卷片(14米256拍) ：
1:10, 2B ；35mm银盐
收藏馆：缩微中心，国图

000O021019
枯树斋诗集：二卷 / (明)单恂撰
明崇祯(1628-1644)刻本
1994年摄制. -- 1盘卷片(7米100拍) ： 1:10,
2B ；35mm银盐
收藏馆：缩微中心，国图

000O004269
亦园全集：六卷 / (明)姚孙棐撰

清初(1644-1722)瑞隐窝刻本
1986年摄制. -- 1盘卷片(22米478拍) :
1:10，2B ；35mm银盐
收藏馆：缩微中心，国图

00O018485
蟛蜞集：九卷 / (明)林嵋撰
清初(1644-1722)求野堂刻本
1993年摄制. -- 1盘卷片(13米241拍) :
1:10, 2B ；35mm银盐
收藏馆：缩微中心，国图

000O031226
蟛蜞集：九卷 / (明)林嵋撰
清初(1644-1722)求野堂刻本. -- 存四卷：卷
一至卷四。
2004年摄制. -- 1盘卷片(6米95拍) : 1:9,
2B ；35mm银盐
收藏馆：缩微中心，国图

000O024571
心远堂遗集：二十卷 / (明)王永积撰
清康熙(1662-1722)刻本
1996年摄制. -- 1盘卷片(26.5米555拍) :
1:10, 2B ；35mm银盐
收藏馆：缩微中心，浙江

000O004292
闲古斋集四种：四卷 / (明)杜肇勋撰
清顺治(1644-1661)刻本
1986年摄制. -- 1盘卷片(9.7米193拍) :
1:10, 2B ；35mm银盐
收藏馆：缩微中心，国图

000O020077
杜曲集：十一卷 / (明)戴澳撰
明崇祯(1628-1644)刻本
1994年摄制. -- 2盘卷片(43米839拍) :
1:10, 2B ；35mm银盐
收藏馆：缩微中心，国图

000O004304
涉志：一卷；晏赋：一卷；瘖咏：一卷 / (明)王
若之撰
明万历(1573-1620)刻本
1986年摄制. -- 1盘卷片(5米73拍) : 1:10,
2B ；35mm银盐
收藏馆：缩微中心，国图

000O015846
蒹葭什：一卷 / (明)李桐撰
明天启六年(1626)李桐刻本
1993年摄制. -- 1盘卷片(4米34拍) : 1:10,

2B ；35mm银盐
收藏馆：缩微中心，国图

00O015867
烟霞外集：一卷 / (明)范汝植撰
明崇祯(1628-1644)刻本
1993年摄制. -- 1盘卷片(4米46拍) : 1:10,
2B ；35mm银盐
收藏馆：缩微中心，国图

000O023434
万里吟：二卷 / (明)冒起宗撰
明末(1621-1644)刻本
1995年摄制. -- 1盘卷片(6米86拍) : 1:10,
2B ；35mm银盐
收藏馆：缩微中心，国图

00O013725
葛坡草堂集：四卷 / (明)韩国植撰
明崇祯(1628-1644)刻本
1991年摄制. -- 1盘卷片(7米112拍) : 1:10,
2B ；35mm银盐
收藏馆：缩微中心，国图

000O004007
退思堂焚香日录：六卷 / (明)李陈玉撰
明崇祯(1628-1644)刻本
1986年摄制. -- 1盘卷片(29米638拍) :
1:10, 2B ；35mm银盐
收藏馆：缩微中心，国图

00O020354
熹庙拾遗杂咏：一卷 / (明)秦征兰撰
清(1644-1911)抄本. -- (清)李文田校。
1994年摄制. -- 1盘卷片(4米35拍) : 1:10,
2B ；35mm银盐
收藏馆：缩微中心，国图

00O000060
草玄居诗稿：二卷 / (明)高有恒撰
明崇祯(1628-1644)刻本
1985年摄制. -- 1盘卷片(5米82拍) : 1:10,
2B ；35mm银盐
收藏馆：缩微中心，国图

00O006963
谭益之诗草编年：十一卷 / (明)谭尔进撰
清初(1644-1722)抄本
1987年摄制. -- 1盘卷片(7米120拍) : 1:10,
2B ；35mm银盐
收藏馆：缩微中心，国图

00○000595
珠树馆集：十卷 / (明)李攒撰
明(1368-1644)刻本
1985年摄制. -- 1盘卷片(9.3米184拍)：
1:10, 2B；35mm银盐
收藏馆：缩微中心, 国图

00○021047
珠树馆集：十卷 / (明)李攒撰
明(1368-1644)刻本
1994年摄制. -- 1盘卷片(10米176拍)：
1:10, 2B；35mm银盐
收藏馆：缩微中心, 国图

00○007268
坻场集：十九卷 / (明)曾益撰
明末(1621-1644)刻本
1987年摄制. -- 1盘卷片(13米261拍)：
1:10, 2B；35mm银盐
收藏馆：缩微中心, 国图

00○002798
墨巢集：十六卷 / (明)谢焜撰
明崇祯十年(1637)汪宗友刻本
1986年摄制. -- 1盘卷片(13.7米287拍)：
1:10, 2B；35mm银盐
收藏馆：缩微中心, 国图

00○018005
陶庵全集：二十卷 / (明)陈昱撰
稿本. -- 存十二卷：卷三至卷七、卷十一至
卷十四、卷十八至卷二十。
1993年摄制. -- 1盘卷片(18米339拍)：
1:10, 2B；35mm银盐
收藏馆：缩微中心, 国图

00○014640
五石居诗：二卷 / (明)陈绍英撰
清(1644-1911)抄本
1992年摄制. -- 1盘卷片(6米78拍)：1:10,
2B；35mm银盐
收藏馆：缩微中心, 国图

00○014066
雪屋二集：八卷 / (明)孙永祚撰
明崇祯五年(1632)古啸堂刻本. -- 存七卷：
卷一至卷六、卷八。
1992年摄制. -- 1盘卷片(9米157拍)：1:10,
2B；35mm银盐
收藏馆：缩微中心, 国图

00○006545
雪屋集：八卷 / (明)孙永祚撰

明崇祯五年(1632)古啸堂刻本
1987年摄制. -- 1盘卷片(9米172拍)：1:10,
2B；35mm银盐
收藏馆：缩微中心, 国图

00○022176
雪屋集：八卷 / (明)孙永祚撰
明崇祯五年(1632)古啸堂刻本
1995年摄制. -- 1盘卷片(9米153拍)：1:10,
2B；35mm银盐
收藏馆：缩微中心, 国图

00○006617
雪屋二集：五卷 / (明)孙永祚撰
清顺治十七年(1660)古啸堂刻本
1987年摄制. -- 1盘卷片(8米150拍)：1:10,
2B；35mm银盐
收藏馆：缩微中心, 国图

00○014081
雪屋二集：五卷 / (明)孙永祚撰
清顺治十七年(1660)古啸堂刻本
1992年摄制. -- 1盘卷片(8米131拍)：1:10,
2B；35mm银盐
收藏馆：缩微中心, 国图

00○005113
载之诗存：一卷 / (明)释宗乘撰
明(1368-1644)毛氏汲古阁刻本
1986年摄制. -- 1盘卷片(3米32拍)：1:10,
2B；35mm银盐
收藏馆：缩微中心, 国图

00○000076
寄巢诗：二卷 / (明)释道源撰
清顺治十八年(1661)毛表陆贻典刻本
1985年摄制. -- 1盘卷片(7.2米134拍)：
1:10, 2B；35mm银盐
收藏馆：缩微中心, 国图

00○021192
许山集：一卷承平杂咏一卷 / (明)高梦箕撰
清(1644-1911)王氏括斋抄本. -- (清)李文田
跋。
1995年摄制. -- 1盘卷片(3米13拍)：1:10,
2B；35mm银盐
收藏馆：缩微中心, 国图

00○017731
韩芹城先生乡墨：一卷 / (明)韩四维撰
明(1368-1644)刻本. -- 附：传略一卷。
1993年摄制. -- 1盘卷片(5米56拍)：1:10,
2B；35mm银盐

收藏馆：缩微中心，国图

00O020848
月当楼诗稿：八卷 / (明)季孟连撰；(清)汪有典重订
清乾隆十四年(1749)季氏刻本
1994年摄制. -- 1盘卷片(10米163拍) ：1:10, 2B ；35mm银盐
收藏馆：缩微中心，国图

00O012574
丽奇轩文集：四卷 / (明)纪克扬撰
清乾隆(1736-1795)纪迈宜刻本
1990年摄制. -- 1盘卷片(10米198拍) ：1:10, 2B ；35mm银盐
收藏馆：缩微中心，辽宁

00O011094
映玉堂集：二十卷 / (明)蒋煌撰
明崇祯十二年(1639)刻本. -- 卷端题名为小题在上，大题在下。卷十三第四十二、四十三页颠倒。
1989年摄制. -- 2盘卷片(36米767拍) ：1:10, 2B ；35mm银盐
收藏馆：缩微中心，天津

00O015860
栩栩编：□□卷 / (明)李德星撰
明崇祯(1628-1644)刻本. -- 存一卷：卷上。
1993年摄制. -- 1盘卷片(4米32拍) ：1:10, 2B ；35mm银盐
收藏馆：缩微中心，国图

00O006603
吞月子集：不分卷 / (明)毛聚奎撰
清(1644-1911)抄本. -- 徐霞邻跋。
1987年摄制. -- 1盘卷片(7米125拍) ：1:10, 2B ；35mm银盐
收藏馆：缩微中心，国图

00O010019
玄超堂藏稿：一卷 / (明)区怀年著
清康熙(1662-1722)刻本. -- 版框高十九厘米宽十三厘米。
1989年摄制. -- 1盘卷片(6米105拍) ：1:10, 2B ；35mm银盐
收藏馆：缩微中心，广东

00O026082
未学庵诗稿：十卷 / (清)钱谦贞撰 . 耐翁先生集外诗：一卷 / (清)钱龙惕辑
清初(1644-1722)抄本. -- (清)丁秉衡校。
1993年摄制. -- 1盘卷片(10米179拍) ：

1:10, 2B ；35mm银盐
收藏馆：缩微中心，南京

00O023417
未学庵诗稿：十一卷；愚公集：四卷 / (明)钱谦贞撰 . 颐仲遗稿：一卷 / (明)钱孙艾撰
清顺治二年至四年(1645-1647)毛氏汲古阁刻本. -- 还有合刻著作：集外诗一卷尺五集二卷得闲集二卷怀古集二卷/(明)钱谦贞撰。
1995年摄制. -- 1盘卷片(11米181拍) ：1:10, 2B ；35mm银盐
收藏馆：缩微中心，国图

00O009928
丘邦士文集：十八卷 / (明)丘维屏撰
清康熙五十八年(1719)易堂刻本. -- 存十七卷：卷一至卷十七。
1989年摄制. -- 1盘卷片(21米449拍) ：1:10, 2B ；35mm银盐
收藏馆：缩微中心，天津

00O000091
妙远堂诗三集：一卷 / (明)王璗撰
清初(1644-1722)王自超抄本
1985年摄制. -- 1盘卷片(3.8米54拍) ：1:10, 2B ；35mm银盐
收藏馆：缩微中心，国图

00O015042
余子畴先生杂著：六卷 / (明)余绍祉撰
明崇祯(1628-1644)刻本
1992年摄制. -- 1盘卷片(11米191拍) ：1:10, 2B ；35mm银盐
收藏馆：缩微中心，国图

00O019145
芝山集：一卷
明末(1621-1644)抄本
1994年摄制. -- 1盘卷片(3米14拍) ：1:10, 2B ；35mm银盐
收藏馆：缩微中心，国图

00O027402
中曲山房诗集：一卷 / (明)苏宇撰
清顺治(1644-1661)苏啸斋刻本
1997年摄制. -- 1盘卷片(4米97拍) ：1:10, 2B ；35mm银盐
收藏馆：缩微中心，河南

00O008628
万历丙午科浙江乡试文魁徐行忠朱卷：一卷 / (明)徐行忠撰
明万历(1573-1620)刻本

1988年摄制. -- 1盘卷片(3米29拍) ： 1:10,
2B ； 35mm银盐
收藏馆：缩微中心，国图

000O013754
伽音集：六卷附录一卷 / (明)袁九淑撰
明(1368-1644)抄本
1991年摄制. -- 1盘卷片(6.8米127拍) ：
1:10, 2B ； 35mm银盐
收藏馆：缩微中心，辽宁

000O008196
**城步宦游诗集：一卷；竹氏家谱：一卷 / (明)竹
密撰**

清(1644-1911)抄本
1988年摄制. -- 1盘卷片(7米137拍) ： 1:10,
2B ； 35mm银盐
收藏馆：缩微中心，南京

000O023420
雪浪集：二卷 / (明)释洪恩撰
明万历(1573-1620)释通泽刻本. -- (清)宋荦
批并跋。
1995年摄制. -- 1盘卷片(8米114拍) ： 1:10,
2B ； 35mm银盐
收藏馆：缩微中心，国图